www.ingramcontent.com/pod-product-compliance
Lightning Source LLC
Chambersburg PA
CBHW020337010526
44119CB00001B/24

شناسنامه

معنی و تفسیر از: دکتور محمد فرید یونس

چاپ اول: حمل / فروردین ۱۴۰۱

طرح و ویرایش: احمد فرید حیدری

تفسیر یونس
جزء اول الی ششم

تحقیق و تفسیر قرآن مجید به اساس
ایجابات، مقتضیات و تحولات قرن بیست ویکم
و بازنگری در معنی و تفسیر آیات مبارک

تحقیق و تفسیر
از
دکتور محمد فرید یونس
فرزند
مرحوم استاد محمد یونس مشهور به متخصص کیمیا
بانی اصول یونس برای سواد آموزی کلان سالان
۱۳۳۸ خورشیدی

بِسْمِ اللهِ الرَّحْمٰنِ الرَّحِيمِ

پیشگفتار
لزوم تجدید نظر بر تفسیر قرآن مجید
نظر به ایجابات عصر حاضر

موضوعی را که خدمت شما خوانندهٔ گرامی معتقد به اسلام پیشکش میکنم، تازه نیست و من به این موضوع ده سال قبل در یک گردهمایی افغانی اشاره کرده بودم. امروز احتیاج بر تفسیر جدید قرآن کریم نظر به مقتضیات عصر حاضر روز به روز زیاد تر شده میرود. یکی از دلایل تعصب، تنگ نظری و تبعیض و عقب گرایی در جامعه ما ندانستن اصول علمی و عدلی قرآن مجید است؛ کتاب که برای رهنمایی و سعادت بشرنازل شده است. قرآن مجید کتاب است که برای همه نسل ها نازل شده است و چون علم در پیشرفت است. قرآن کریم هم نظر به سیر تکاملی انسان که خلیفهٔ خداوند (ج) در زمین است، تفسیر میشود. چنانچه قرآن مجید در سورهٔ لقمان آیهٔ بیست وهفتم میگوید: « و اگر آنچه درخت در زمین است قلم باشد و دریا را هفت دریای دیگر به یاری آید، سخنان خدا (ج) پایان نپذیرد » این آیه بدین معنی است که « سخن خدا (ج) » یعنی پیشرفت علم ایستادگی ندارد. به عبارتِ دیگر با وصف اینکه قرآن مجید در« لوح محفوظ » پا بر جاست و تغییر ناپذیراست و اما تفسیر آن نظر به پیشرفت علم و روند تکامل انسانی درعرصه زمان تغییر میکند. چنانچه ابن عباس (رض) گفته است: « القرآن، یُفسِرُ الزمان » یعنی قرآن کریم نظر به زمان که زیست میکنیم تفسیر میشود. یکی از زیبایی های قرآن مجید هم همین است. درغیر آن این کتاب اگر موازی با پیشرفت انسان تحلیل و تفسیر نشود، همان است که انسان از رسالتی که به نام خلیفهٔ خدا (ج) در روی زمین برایش سپرده شده است از قافله تمدن به دور میماند چنانچه مسلمانان عقب افتاده اند و مسؤولیت را که انسان عهده دار شده، و قرآن کریم نظر به آیهٔ هفتاد و دوم سورهٔ احزاب خاطر نشان میکند و میگوید: « همانا امانت خویش را برآسمان و زمین و کوه ها عرضه کردیم، همه از پذیرش آن امتناع ورزیدند و از قبول آن ترسیدند،

اما انسان بار امانت را بدوش کشید و آن را پذیرفت »، جامهٔ عمل نمی پوشد. بلی! انسان با کشفیات و اختراعات و پیشرفت تکاملی که خداوند (ج) برایش اراده کرده است مسؤولیت جهان هستی را به دوش دارد و با رضای خداوند (ج) به پیش میرود زیرا خداوند (ج) چنین خواسته است تا این موجود که اشرف مخلوقات نام نهاده شده رسالت خداوند (ج) را در روی زمین به پیش برد. از این رو، از نگاه شرع ممانعت شرعی در تفسیر کلام الله مجید نیست و از همین لحاظ است که در گذشته تفاسیر متعدد به دسترسِ ما قرار گرفته است مانند: تفسیر «کابلی»، تفسیر «حسینی»، تفسیر «درسایه‌های قرآن»، تفسیر «نمونه»، تفسیر «ابن کثیر» وغیره. همچنان در زبانهای غربی به زبان انگلیسی میتوان از تفسیر «علامه عبدالله یوسف علی» و تفسیر «اسد» نام برد. مفسرین تفسیر نمونه در مقدمهٔ جلد بیست و پنجم درمورد تفسیر قرآن مجید چنین نگاشته اند: « اقیانوس بیکران قرآن نه چنان است که با مقیاسهای بشری قابل اندازه‌گیری باشد، و ژرفای آن قابل درک، چرا که قرآن کلام خدا است و کلام خدا مانند ذاتش بی‌انتها است. ولی با این حال هر کس میتواند از این اوقیانوس بیکران به اندازهٔ پیمانهٔ وجودش بهره گیرد، و بنابر این هرقدر بر ظرفیت وجود و وسعت فکر و روح ما افزوده شود سهم ما از معارف قرآن بیشتر، و از این خانِ نعمت بی‌دریغ فزونتر خواهد بود. درست به همین دلیل است که تفسیرِ قرآن درهیچ مرحله‌ای، و هیچ نوع، نباید متوقف گردد، چرا که اگر آن را متوقف سازیم عملاً اعتراف به محدودیت قرآن کرده ایم، و این با کلام خدا بودنش هرگز سازگار نیست ».

در یک کشوراسلامی، بدترین فقر، فقر فرهنگی است زیرا از نگاه جامعه شناسی اسلامی، فقر فرهنگی باعث نه تنها فقراقتصادی میشود بلکه باعث بدبختی های اجتماعی نیز میشود که نتیجتاً جامعه را به انحطاط و رکود مطلق مواجه میسازد؛ چنانچه مواجه شده ایم. این برعکس کشور های صنعتی است که اعتقاد دارند فقر اقتصادی باعث بدبختی‌های اجتماعی میگردد و اما هر گاهی که جامعهٔ مسلمان به فقر فرهنگی دچارشد درآن جا مصیبت دامنگیر میشود. این به خاطری است که اساس سوسیو-پولیتیک اسلامی عدل و اخلاق است. فقر فرهنگی باعث از بین رفتن اخلاق و عدالت اجتماعی میگردد و اینجاست که تدریس دین به شکل علمی آن نقش سازنده دارد. اگر ما نتوانیم دین را نظر به صوابدید و نیازمندی های جامعهٔ قرن بیست و یکم تحلیل و تفسیر کنیم، همان است که روز به روز تعصب و تبعیض زیرعنوان دین شامل حال ما میشود و صد ها بی‌گناه

ج

دیگر با حملات انتحاری جام شهادت نوشیده و ده ها فرخندهٔ دیگر به خاک وخون یکجا شده به شهادت خواهند رسید.

دین نازل شد تا انسان را از هرگونه اسارت نجات دهد، انسان را یک موجود با اخلاق بسازد، و جامعه را جامعهٔ متمدن سازد و متأسفانه ما امروز برعکس آن را مشاهده میکنیم. اینجاست که تفسیر قرآن مجید درشرایط کنونی بایست جوابگوی نیازمندی های بشری باشد.

علمای گرانقدر اسلام نظر به ایجابات عصر خود وظیفهٔ خود را انجام دادند و به یقین اجرعظیم کمایی کردند اما امروز وقتی ما تفاسیر گذشته را مطالعه میکنیم می بینیم که چون علوم پیشرفت کرده است و در اثر تحقیقات، ما مطالب قرآن کریم را امروز بهتر آموختیم و دانستیم که در تفسیر وجود ندارد. هر عصر ایجابات و ضروریات خود را دارد. طور مثال حالا عصر بردگی نیست که در قرآن مجید از آن تذکر به عمل آمده است و برعکس عصر تساوی حقوق مدنی است. پس آیهٔ بردگی مفهوم آن و تفسیر آن تغییر میکند و ما برده ماشین شدهایم و برده ای سرمایه دار شدهایم، حتی کشور های ما به نام آزادی و دموکراسی به خاک وخون کشیده شده است، برده شده است وحتی اشغال شده است. متأسفانه بردگی به شیوه های دیگرعرض اندام کرده است، مانند کارگری کودکان، کودک ربایی، قاچاق انسان، پایمال کردن حقوق کارگران که با پول ناچیز کار میکنند، فروش دختران در مراکز فحشا وغیره.

تفسیر باید عام فهم باشد تا خواننده مطلب را درک کند. متأسفانه ما با بعضی تفاسیر بر میخوریم که از فهم یک شخص اُمی (ناخوان) بسیار به دور است. مفسر برای اینکه دانش خود را به رُخ دیگران بکشد از واژه ها و یا لغات بسیار مغلق استفاده کرده که به جز ازچند تن از اهل علم و ادب زبان فارسی دیگران از آن چیزی بهره نمیگیرند. مهم اینکه همچو تفسیر مغایر هدف قرآن کریم قرار میگیرد زیرا قرآن کریم نازل شد تا همه مردم، نه چند تن دانشمند پند پذیر شوند. وقتی قرآن مجید برای همه نازل شده است وعام فهم است پس باید تفسیر آن که از زبان انسان است آسانتر باشد زیرا قرآن کریم تنها برای علما نازل نشده است، بلکه برای همه نازل شده است.

انسان یک موجود آزاد و مستقل خلق شده است و آزادی او در قبال فکر و اندیشه اوست. قرآن مجید آزادی فرد را تضمین میکند، اما متأسفانه این آزادی نه تنها در اثرجهل و بیسوادی از فرد گرفته شده در عین زمان با تدریس دهشت و وحشت، دین نیزمصالحه شده است که در این قسمت

همهٔ ما مقصریم.

در گذشته، قسمیکه گفتیم، دانشمندان در فهم قرآن کریم بسیار کوشیده اند و قابل ستایش است و اما نسل ما قرآن را با پیشرفت علوم، درعرصه های مختلف خوبتر می شناسیم. نه تنها پیشرفت علوم بلکه تغییری که دراثر عدالتخواهی در جوامع بشری رشد کرده است ما نمیتوانیم نا دیده بگیریم. جهان امروز، جهان علم و تساوی حقوق است. جهان اندیشهٔ آزاد است، پس اگرما مردم را از آزادی فکری به نام دین محروم میکنیم و فوراً مردم را به کفر میگیریم، در نهایت ما موقف فکری اسلامی را ضعیف نشان میدهیم.

یکی از دلایل عمدهٔ دهشت و وحشت و زن ستیزی و نابسامانی در کشور های اسلامی تفسیر غیر عملی و غیر عدلی قرآن کریم است که جوابگوی نیازمندی های زن و مرد امروز نیست. طور مثال زدن زن اگر از شوهر اطاعت نکند درحالیکه تفسیر آیه دوری وجدا شدن است نه زدن زن.

در گذشته های دور ساینس به شکل امروز پیشرفت نکرده بود، میکروسکوپ و تلسکوپ و دیگر افزاری که جهان هستی را خوبتر بیان میکند نبود. تحقیقات ساینس و پیشرفت علوم ما را به خداوند (ج) و قرآن مجید که یک رهنمای کامل بشریت است نزدیکتر ساخته است. طور مثال ما هزاران سال قبل نمیدانستیم که «دی ان ای» که در نباتات است در وجود انسان هم است. بدین ترتیب دسترسی با ساینس ما را با توحید زیاد تر آشنا ساخت. تحقیقات دامنه دار در علوم نباتات اشتباهات تفسیر را برملا ساخت. طورمثال امروز ما از روی تحقیقات دانشمندان میدانیم که آیهٔ ۶۱ سوره بقره، بقل از خانوادهٔ فاصلیا است و همان باقلی است و اما در تفاسیر میخوانیم که سبزی ترجمه شده است. و یا سیر را گندم ترجمه کرده اند. از این مثال ها زیاد است و این به خاطری است که در گذشته ها تحقیقات گیاه شناسی و نبات شناسی به سطح امروز پیشرفت نکرده بود. قسمیکه گفتیم میکروسکوپ وجود نداشت. نباتات دسته بندی نشده بودند و ما نمیدانستیم که کدو از کدام خانوادهٔ نباتی است. در اثر حفریات باستانشناسی نام های محلاتی که در قرآن کریم تذکار رفته، رونما گردیده است که برای ما تاریخ را روشن میسازد. پروفیسر بوکی فرانسوی (وفات ۱۹۹۸) در کتاب «کتاب مقدس، قرآن و ساینس» از کشور فرانسه مینویسد که همه مضامین گوناگون مجموعاً در یک کتاب یعنی قرآن به اساسات ساینس امروز گنجانیده شده است. اما متأسفانه از این موضوعات و تحقیقات در تفسیر قرآن خبری نیست و مسلمان امروز فکر

میکند که ساینس با قرآن هماهنگی ندارد. کلمه زوج که در قرآن آمده است هم برای نباتات و هم حیوانات استفاده میشود و همچنان برای انسان. توحید «scientifiic» یا (علمی) همین است. موضوعات کیهان شناسی و مدار زمین و آفتاب و غیره همه و همه موضوعات علمی است که در قرآن کریم تذکر یافته است. در شروع سورهٔ بقره میخوانیم: «وممارزقنهم یُنفقون» یعنی و از آنچه برایشان روزی دادیم انفاق میکنند. روزی تنها غذا نیست بلکه تمامی ثروت است. امروز از نگاه اقتصادی سرمایه در دست چندتن از سرمایه دار تمرکز یافته است و مردم در فقر و تنگدستی زندگی میکنند. قرآن مجید مسرفین را برادران شیاطین خوانده است و امروز در اثر نظام سرمایه داری مردم را از طریق اسراف، مصرف کننده ساخته است و به جای اینکه اقتصاد بردهٔ انسان باشد، انسان بردهٔ اقتصاد سرمایه داری شده است که هدفش استثمار انسان است و اما ما به گفته قرآن کریم کر و کور و لال شده‌ایم که حقیقت اقتصادی را درک کنیم.

امروز می بینیم قرآن را متنی«ترجمه» میکنند و آیه را که سمبول، نشانه، راز و پدیده معنی میدهد با عربی انسانی ترجمه کرده اند و این باعث بسیار اشتباهات شده است. درست است که قرآن کریم به عربی نازل شده است و اما فراموش نکنیم که عربی قرآن مجید به شکل آیه است نه لغت؛ و تفسیر میشود، ترجمه نمیشود. از نگاه زبانشناسی ترجمه از زبان انسان به انسان است. قرآن مجید با اینکه عربی است و اما از زبان انسان نیست. زبان خداوند (ج) نظر به تعریف یک راز است و راز باید مفهوم آن به اساس عدالت تفسیر شود زیرا خداوند (ج) عادل است و قرآن کریم کتاب حکمت، علم و عدالت است.

تفسیری که در دست شما مؤمن عزیز و گرامی قرار دارد کوششی است در راستای قرآن شناسی با ابعاد گوناگون زندگی امروز. خداوند (ج) را شکر گزارم که توفیق به من اعطا کرد تا جزء اول الی ششم را خدمت دوستان و عزیزان تقدیم کنم. باید یاد آور شد که هدف من از این تحقیقات دو چیز بود:

اول: من چندین بار پیشنهاد کرده بودم تا یک هیئت یکجا کار کند و تفسیر جدید به رشتهٔ قلم درآورده شود. این آرزوی من که عزیزان همکاری کنند برآورده نشد و من مجبور شدم تنها دست به کار شوم زیرا از سالیان سال آرزو داشتم تا این تشبث صورت گیرد.

دوم: خواستم این یک شروع باشد تا دانشمندان ما بتوانند در این راه تحقیق کنند و من راه را باز کرده باشم. اینکه من چند جزء را بالاخره

میتوانم تکمیل کنم نمیتوانم وعده کنم. من خواستم در خور توان خود وظیفهٔ خود را انجام دهم تا به مردم مؤمن فارسی زبان یادگاری به جا گذاشته باشم. در این تفسیر مراتب ذیل مد نظر گرفته شده است: اول مقتضیات، ایجابات و تحولات عصر حاضر. دوم کوشش به عمل آمده است تا عام فهم باشد تا همه بتوانند مستفید شوند. سوم در معنی آیات بازنگری صورت گرفته است و اصل معنی و مفهوم اصلی استفاده شده است و آن آیات مبارک که در گذشته غلط معنی شده است، آن معنی اصلاح شده است. چهارم کوشش شده است تا قرآن به اساس علم امروز خوبتر دانسته شود تا مسلمان امروز بداند که قرآن کتاب ساینس، سیاست، اقتصاد و اجتماع است. قرآن مجید رهنمای کامل بشریت است و قرآن به ما تعقل را پند میدهد تا در آیات غور و تعمق کنیم نه اینکه کورکورانه قبول کنیم. از همه عزیزان گرامی التماس دعا دارم.

الحاج دکتور محمد فرید یونس
سابق استاد بشرشناسی فرهنگی خاور میانه و فلسفهٔ اسلامی در دانشگاه ایالتی کلیفورنیا- ایست بی

بِسْمِ اللَّهِ الرَّحْمَٰنِ الرَّحِيمِ

قرآن کریم با آیهٔ مبارکهٔ بسم الله الرحمن الرحیم آغاز می یابد یعنی به نام خداوند (ج) بخشندهٔ مهربان. همه سوره ها با بسم الله آغاز می یابند به جزء از سورهٔ توبه زیرا سورهٔ توبه اعلام جنگ را با کفار و مشرکین مکه میکند، و جنگ، و اعلام جنگ به صفت غفوری و رحمانی و رحیمی پروردگار هماهنگی ندارد.

الله از نگاه زبانشناسی اسم خاص است و مرکب از دو واژه است که عبارت اند از: «ال» (الف و لام تعریف) جمع «اله» [خداوند (ج) یا معبود]. ترکیب این دو واژه به ما نام الله (ج) را میدهد که خدای واحد است یعنی یگانه است. یگانگی الله (ج) در دین اسلام حایز اهمیت فراوان است زیرا اسم الله (ج) نمایانگر توحید است. یعنی الله (ج) یکی است و همه جهان هستی را خلق کرده است، بشمول انسان که در دایرهٔ خلقت اوست، یک انسان است. یعنی انسان جز نظام خلقت است. اسم الله (ج) از نگاه دستور زبان جمع ندارد و تنها مفرد است. اینکه الله (ج) خود را در قرآن «ما» خطاب میکند، از نگاه ادبیات عرب «ما پادشاهی» است. قدرتمندان در ازمنهٔ قدیم خود را به صیغهٔ جمع خطاب میکردند. چون قرآن مجید برای مردم اُمی نازل شده است نه اهل قدرت و ثروت و باید برای آنها عام فهم باشد، الله (ج) خود را «ما» میگوید. پس اسم الله (ج) خاص الخاص است و الله (ج) نه تنها خالق جهان هستی است، قانون دهنده، حامی و همه هستی از آن اوست. زنده کننده و میرانندهٔ همه جهان هستی است. هیچ موجودی دیگری مانند الله (ج) نیست. نه فرزند آرَد و نه از کسی زاده شده است. الله (ج) نه جسم دارد نه عرض و نه رنگ و نه جوهر. خواب ندارد، فراموش نمیکند و هیچ چیز از قبضهٔ قدرتش بیرون نیست. دانا و تواناست. خداوند (ج) شنونده و بیننده است. از قلبها آگاه است. به همه بندگان از «رگ گردن نزدیکتر است». یگانه موجودی است که قدرت بخشش را دارد و بالای همه مخلوق خود رحمن و رحیم است. رحمن یعنی بسیار بخشنده و اشاره به رحمت عام است. طور مثال از رزقی که خلق کرده است مؤمن و کافر مستفید میشوند. و رحیم یعنی بسیار مهربان و این اشاره به رحمت خاص پروردگاراست که شامل حال بندگان صالح و خدا پرست میگردد. در تفسیر ادبی و عرفانی کشف الاسرار از پیر طریقت خواجه عبدالله انصاری هروی میخوانیم که: «آغاز کتاب خدا بر نام الله و رحمن و رحیم و از آن جهت است که همه معانی در آن سه نام جمع است و آن

معانی سه قسم است: قسمی جلال و هیبت و آن در نام الله است، قسمی نعمت و تربیت و آن در نام رحمن است، قسمی رحمت و مغفرت و آن در نام رحیم است. اینکه آغاز به نام الله و بعد رحمن و سپس رحیم شده؛ جهت آنست که سر آغاز همه، آفرینش است و بعد قدرت و پرورش و سپس رحمت و آمرزش، یعنی که به قدرت بیافریدم و به نعمت بپروریدم و به رحمت بیامرزیدم». از آنجائیکه هر حرف قرآن یک آیه است و قرآن متشکل از آیات است پس بسم الله الرحمن الرحیم خود یک آیۀ از قرآن شمرده میشود و حکمت و عظمت خود را دارد. مسلمان باید در هر کار با «بسم الله» شروع کند تا رحمت پروردگارصاحب حالش گردد و در زندگی‌اش برکت باشد. پیامبر (ص) فرموده است که: «هرکار مهمی که بدون نام خدا (ج) شروع شود بی فرجام است».

اسم الله (ج) جنسیت ندارد. الله (ج) نه مؤنث است و نه مذکر. اما جوانان سؤال کرده‌اند وقتی جنسیت ندارد پس چرا الله (ج) را با ضمیر مذکر مینویسند؟ دلیل این است که در زبان عربی تنها ضمیر مؤنث و مذکر است. خداوند (ج) در قرآن مجید میگوید: «لَمْ یَلِدْ وَلَمْ یُولَدْ» یعنی نه فرزند آرد و نه از کسی زاده شده است (سورۀ اخلاص آیۀ سوم). اینجا می بینیم که خداوند (ج) مؤنث نیست که طفل به دنیا بیاورد و از کسی دیگر هم زاده نشده است. در آغاز سورۀ اخلاص میگوید: «قُلْ هُوَاللهُ اَحَدٌ». اینجا می بینیم که از نگاه زبانشناسی «هُوَ» مذکر است نه مؤنث. زیرا اگر «هیَ» میبود مؤنث میشد و خداوند (ج) نظر به آیۀ سوم سوره اخلاص مؤنث بوده نمیتوانست. آنانیکه برای خداوند (ج) پسران و دختران به دروغ از روی جهل ساختند؛ خداوند (ج) منزه است از این ساخته کاری ها و دروغ ها و برتر است از آنچه توصیف میکنند (سورۀ انعام آیۀ ۱۰۰).

جــزء اول

سوره فـاتحــه
کلید در های بهشت

بِسْمِ اللَّهِ الرَّحْمَٰنِ الرَّحِيمِ (۱)

معنی: بنام خداوند بخشندهٔ مهربان.

تفسیر: قرآن عظیم الشان با سورهٔ مبارکهٔ فاتحه آغاز میشود. این سوره مکی است، یعنی در مکه معظمه نازل شده است و بشمول آیهٔ بسم الله هفت آیه است. سورهٔ فاتحه، با اینکه بسم الله الرحمن الرحیم یک آیهٔ مستقل است و اما جزء سورهٔ حمد است و سورهٔ حمد یا فاتحه، قسمیکه گفتیم هفت آیه است. دلیلی که سوره حمد را هفت آیه میگویند این است که تفسیر آیهٔ هشتاد و هفتم سوره حجر حکایه از سورهٔ حمد دارد زیرا «سَبع» هفت معنی میدهد و «مثانی» دو تاها معنی میدهد.

این سوره است که مخلوق را به خالق وصل میکند. همه سوره های قرآن از زبان خداوند (ج) به بنده است، اما سورهٔ حمد از زبان بنده است برای خداوند (ج) نه از زبان خداوند (ج) به بنده. با قرائت این سوره بنده اعتراف به موجودیت رب العالمین میکند و خود را از آن ذات کبریا میداند. با خواندن این سوره است که بنده از قلب میداند که همه هستی و نیستی او از جانب آن ذات ذوالجلال و الاکرام است، زیرا محتوای اصلی سورهٔ فاتحه توحید و سپاس از رب العزت پروردگار عالمیان است. با همین سوره است که بنده میتواند مسیر راه یابی و رستگاری را دریابد. عظمت این سوره چنان بزرگ است که رسول اکرم (ص) آن را ام الکتاب خوانده است و فرموده است: «الحمد أم القرآن». اُم به معنی اساس و ریشه است یعنی که همه مطالب و اهداف اساسی قرآن مجید مانند اساس توحید یعنی یگانگی خداوند (ج) و خلقت او یعنی همه جهان هستی، و انسان که بخش این خلقت است، و یگانگی علم میباشد، در سوره حمد نهفته است. انکشاف و توسعه مزید ساینس به ما توحید را زیاد تر نمایان میسازد چنانکه گفتیم دی ان ای که در نباتات وجود دارد در انسان هم است. خداوند (ج) خالق جهان و پرورش دهندهٔ آن است. یگانه قدرتی که به حقیقت رهنمائی و یاری میرساند. اساس معاد و زندگی بعد از مرگ و اساسات مرگ و زندگی و نتایج اعمال انسان که در قبال روز رستاخیز بررسی میشود. اساسات رهنمائی انبیاء (ع) و تداوم رسالت ایشان در مسأله دین بر حق و بالاخره تسلیم رضامندانه انسان به پروردگار عالمیان با عبادت خاص آن ذات کبریا که برای همین دلیل این سوره در پنج وقت نماز بطور منظم سفارش شده است، برای رهنمائی بشر در آن نهفته است. چنانچه ابن

عباس (رض) گفته است: اساس و زیربنای قرآن سورۀ حمد است. سورۀ حمد یگانه سوره‌ایست که دو بار نازل گردیده است و قرآن مجید به پیامبر اکرم (ص) خطاب میکند: «و لَقَد آتَینک سبعاً مِن المثانی و القرآن العظیم» یعنی براستی که به تو سبع المثانی و [همگی] قرآن عظیم را بخشیدیم. سبع، چنانچه گفتیم هفت معنی میدهد و المثانی [به صیغۀ جمع] یعنی آیات مکرر. یگانه آیاتی که مکرر خوانده میشود سورۀ حمد است که در نمازهای فرض، سنت و نوافل خوانده میشود.

گفتیم که یک عده دانشمندان را عقیده بر این است که سورۀ حمد دو بار نازل شده است و دلیل شان همانا آیۀ هشتاد و هفتم سورۀ حجر است که در بالا تذکر دادیم. «مثانی» یعنی دو تا. یعنی نزول یکبارگی کل قرآن کریم از لوح محفوظ به بیت العزه یا بیت المعمور در آسمان چهارم نازل شده است. یک نزول هم تاریخی و تدریجی است که مدت بیست و سه سال را در بر گرفت. همچنان مثانی بر دو بخش از سورۀ حمد تذکر یافته است. یکی حمد و ستایش پروردگار و دیگر نیایش به دربار پروردگار. سورۀ حمد را فاتحۀ الکتاب میخوانند یعنی گشاینده و آغازگر کتاب. همچنان، ابن جریر طبری مینویسد: این سورۀ مبارک را فاتحۀ الکتاب میخوانند به خاطری که با نوشتن آن مصاحف آغاز میگردد و در نمازها خوانده میشود. امام غزالی طوسی علیه الرحمه، مؤلف کتاب مشهور کیمیای سعادت و احیاءعلوم الدین آن را مفتاح بهشت خوانده، مینویسد: «و کلید بهشت از بهر آن آمد که در های بهشت هشت است، و معانی فاتحه هشت قسم. پس قطعاً بدان که: هر قسمتی از آن، کلید دَری است از دَرهای بهشت.» همچنان غزالی آیات سوره های قرآن مجید را به دو دسته تفکیک و مشخص گردانیده است: آیاتی که گوهر علم نامگذاری شده و دستۀ دومی مروارید عمل. سورۀ فاتحه بنام گوهر علم یاد شده است. مقصود از گوهر علم شناخت خداوند (ج)، گرفتن نور الهی از طریق قرآن است و هدف از مروارید عمل استقامت و پایداری در راه دین خدا (ج) است یعنی صراط مستقیم. رسول کریم (ص) فرموده است: هر مسلمانی که سورۀ حمد را بخواند پاداش او به اندازۀ کسی است که دو سوم قرآن را خوانده باشد و به (اساس نقل دیگری پاداش کسی است که تمام قرآن را خوانده باشد) و گویی به هر فردی از مردان و زنان مؤمن هدیۀ فرستاده است.

در وصف سورۀ فاتحه پیر طریقت خواجه عبدالله انصاری هروی چنین نگاشته است: «فاتحه را کلید بهشت دانند، از آن رو که دَرهای بهشت

جزء اول

هشت است، این سوره هشت قسم است تا آن هشت قسم تحصیل نکنی و به آن معتقد نشوی این دَر ها بر تو گشوده نشود! نخست یاد ذات خداوند (ج)، دوم «الرحمن» ذکر صفات او، سوم «ایاک نعبدُ» ذکر افعال او، چهارم «ایاک نستعین» ذکر معاد، پنجم «اهدنا» ذکر تزکیه نفس، ششم «الصراط المستقیم» ذکر آراستن نفس به نیکی ها، هفتم «صراط الذین» ذکر احوال دوستان و رضای خداوند (ج) از آنان، هشتم «غیر المغضوب» ذکر احوال بیگانگان و نا رضایتی خداوند (ج) از آنها. هر یک از این هشت علم دَریست از دَر های بهشت. پس هر کس این سوره را به اخلاص برخواند هشت دَرب بهشت بروی باز شود، امروز بهشت عرفان و فردا بهشت رضوان در جوار رحمن».

بسم الله الرحمن الرحیم از زبان بنده است و ذکر آفریدگار. آیهٔ «بسم» از «سمو» مشتق شده است و رفعت معنی میدهد. پس افاده و بیان «بسم الله» به انسان رفعت میدهد. با بیان نام خداوند (ج) یعنی الله، بنده نشان میدهد و معترف است که خداوند (ج) خالق است و بنده مخلوق. قرآن مجید به نام آن ذات اقدس الهی شروع میشود. چون ما مخلوق هستیم و خداوند (ج) نه تنها خالق است، همه هستی و نیستی بنده در ید ذوالجلال و الاکرام میباشد. اولین تکیه گاه بنده خالق اوست. خداوند (ج) روزی بخش، قانون دهنده، تهیه کننده و همه برابر کنندهٔ بنده است زیرا مخلوق با قانون آن ذات کبریا هست شده است و باید به نام مبارک او شروع کند. شروع به نام خداوند (ج) در هر کار و عمل زندگانی چنانچه حضرت رسول کریم (ص) فرموده است: «هر کار قابل اهتمام اگر به اسم الله شروع نشود ابتر است» و این نکته دو نقطهٔ اساسی را ثابت نگه میدارد:

اول قسمیکه گفتیم آدمی چون با نام خداوند (ج) شروع کرد معترف میشود که مخلوق است و خالق او خداوند (ج) است. این اعتراف انسان را به نقطهٔ دوم در زندگی میرساند و آن اینکه اعتراف به اعتقاد خود به خالقش مینماید و این اعتراف همانا نشان دهندهٔ ایمان بنده به خداوند (ج) است. با یاد آوری و شروع با نام خداوند (ج)، انسان خود را از دایرهٔ خلقت نه تنها به دور نمیبیند بلکه خود را دیگر تنها احساس نمیکند زیرا میداند که خالق او بر وی نگهبان است. همچنان وقتیکه انسان با نام خدا (ج) آغاز میکند، آغاز همه هستی برایش معنی پیدا میکند و خودش را میشناسد چنانچه پیامبر (ص) گفت: «اوئیکه خود را شناخت، خدا (ج) را شناخت».

از جانب دیگر بسم الله گفتن یک عبادت است زیرا سه نکته در آن نهفته

میباشد:

اول هر آن چیزیکه به نام خداوند (ج) شروع میشود به ذات خود اعتماد به خداوند (ج) است.

دوم یاد خداوند (ج) را کردن، ذکر است که این خود یک عبادت است.

سوم اعتراف به توحید است که این مطلب در رحمن و رحیم نهفته است. الرحمن یعنی بی نهایت بخشاینده و همچنان هستی بخش. کتاب او به نام اقدس او شروع میشود زیرا در درجهٔ اول به مخلوق خود بی نهایت بخشاینده است و برای او هستی داده است. یعنی در اول بنده با خدای بخشاینده طرف است. خداوند (ج) رحمن است زیرا در صفت رحمن نعمت و تربیت نهفته است و نعمت تربیه بزرگترین نعمت است که خداوند (ج) به بنده ارزانی داشته است که بنده را اشرف مخلوقات میسازد و او را کرامت بخشیده است. این نعمت خداوند (ج) در اول برای این است که آدمی خلیفهٔ خداوند (ج) در زمین است و بدون نعمت تربیه در همه امور، خلیفه الهی قادر نخواهد بود رضای خداوند (ج) را که عدل و راستی علم و معرفت و تکامل انسانی است در زمین جامهٔ عمل بپوشد. انسان کتاب خدا (ج) را به نام ذات شروع میکند که او را از نعمت پرورش بر خوردار سازد. خداوند (ج) برای همه بندگان رحمن است. گرمی آفتاب یا رحمت باران برای همه مخلوقات است. رحیم برای بندگان صالح است که برای خدمت بشریت هستند، در خدمت خلق خدا (ج) هستند، برای بی عدالتی مبارزه میکنند و طمع و توقع برای کار شان ندارند. دست بینوا و بیچاره را میگیرند که این ها همه علامات خدا پرستی است. انسان با رحیم بودن خداوند (ج) به معراج کمال میرسد. خداوند (ج) با رحم در حق بنده بسیار برده بار است و به آدمی که گاهی ناشکر است، گاهی غافل است و گاهی عاصی است، با این هم خداوند (ج) بنده را از عفوه و آمرزش خود نا امید نمیسازد. وقتیکه بنده به آمرزش خداوند (ج) امیدوار باشد در کار خویش منحیث خلیفهٔ خدا (ج) بسیار موفق میباشد. خداوند (ج) به بنده میگوید که تو به نام من آغاز کن و من با رحمتم تو را یاری میکنم و با مغفرتم تو را به هدف مقصود میرسانم.

ٱلْحَمْدُ لِلَّهِ رَبِّ ٱلْعَٰلَمِينَ (۲)

معنی: سپاس و ستایش برای خداوند (ج) باد، آن که پروردگار جهانیان است.

توضیح لازم: توجه داشته باشیم که سورهٔ فاتحه آغاز کلام الله (ج) است و قسمیکه در بالا گفتیم، از جانب بنده است به دربار خداوند (ج) و از عرش عظیم برای بشریت نازل گردیده است. این سوره اساساً در دو قسمت است: قسمت اولی الی اخیر آیهٔ چهارم (بشمول بسم الله) اعتراف و اقرار بنده به خدایی خداوند متعال است. و قسمت دومی این سوره یعنی آیات پنجم، ششم و هفتم تضرع، دعا و نیایش است.

تفسیر: وقتیکه بنده الحمدالله میگوید هم سپاس خداوند (ج) را میکند و هم ستایش خداوند (ج) را به جا می آورد. سپاس برای اینکه برای بنده فرصت زندگی داده است تا نه تنها خودش را بشناسد بلکه از نعمت های این دنیای فانی بهره مند شود. سپاس برای اینکه خداوند (ج) از مَحبت زیاد که به بنده دارد او را خلیفهٔ خود در زمین قرار داده است. سپاس برای اینکه خداوند (ج) به انسان علم و معرفت آموخت و بالاخره سپاس برای اینکه انسان را از دیگر حیوانات متمایز ساخت و او را اشرف مخلوقات در بین خلقت خود قرار داد. در عین زمان، با افادهٔ قلبی الحمدالله بنده ستایش خداوند (ج) را به پاس عظمت آن خالق توانا جل جلاله به جا می آورد. با ستایش خداوند (ج) انسان اعتراف میکند که خداوند (ج) زنده کننده و میراننده است. خداوند (ج) روزی دهنده و عزت دهنده است. اعتراف میکند خداوند (ج) که انسان را هست کرده است قانون دهندهٔ انسان است و همین طور که برای همه نظام هستی قانون داده است برای انسان هم قانون (قرآن) را داده است تا متمدن و با کرامت زندگی کند. انسان با افادهٔ قلبی اعتراف میکند که خداوند (ج) چرخاننده و گرداننده جهان است.

رَب العالمین یعنی پروردگار جهانیان. در اینجا اقرار به توحید است که خداوند (ج) بدون شک در یگانگی خود، خداوند (ج) همهٔ جهانیان است. یگانه خالق جهانیان است. جهانیان عبارت اند از جهان کاینات و سیارات، جهان نباتات، جهان حیوانات، جهان روح، جهان جن و انسان، جهان ابحار و احجار و جهان بعد از مرگ و آخرت. رَب به آن ذاتِ اطلاق میشود که هم خلق میکند، هم بر خلق و جهان که هست کرده است حاکم است و هم آموزگار خلقت خویش است. رَب یعنی خداوند (ج) که ما از او می آموزیم. خداوند (ج) میداند که چه خلق کرده است و چه خلق کند و چگونه مخلوق را برای یک هدف معین آموزش و پرورش دهد، چگونه او را حاکم باشد و نقش آنچه خلق کرده است در این جهان هستی که ما یک مدت محدود روزگار سپری میکنیم چه باید باشد. طور مثال

خداوند (ج) آفتاب را خلق کرده است و هدف آن برای جهان معین است که حرارت آن در نمو و تکثیر مخلوقاتش تأثیر بارز دارد و ادارۀ آن در دست خداوند (ج) است تا به کدام اندازه از شعاع آن مخلوقات کرۀ زمین مستفید شوند.

رَب عالمیان یعنی خدای یگانه و یکتا است که زندگی همه مخلوقاتش در دست اوست. رب عالمیان با اینکه از دید انسان چندین جهان است و اما از جانب خداوند (ج) یک جهان بیکران است و آن جهان خلقت اوست. رَب عالمیان، پروردگار یک آدمی است با اینکه آدمی از نگاه قیافه، رنگ و پوست و زبان متفاوت خلق شده است و اما از نگاه خلقت و سرشت یک انسان است و رَب او الله (ج) است و بالاخره چون رَب آموزگار معنی میدهد پس سرچشمۀ علم و معرفت خداوند (ج) است. رَب العالمین زیربنا و اعتقاد کامل انسان به یگانگی خداوند (ج)، یگانگی خلقت، یگانگی آدمی و یگانگی علم و معرفت است و توحید همین است. با تصدیق قلبی رب العالمین و اعتراف به آن، بنده نه تنها که به توحید اعتقاد خود را اظهار میدارد بلکه اقرار و اعتراف میکند که قانون طبیعت و قانون خدا (ج) یکی است. دو خدا نیست و دو طبیعت نیست. یک خدا و یک طبیعت است. پس خدائی که همه جهان هستی و طبیعت را خلق کرده است همان خدا (ج) مالک و قانون دهندۀ آن هم است.

اَلرَّحْمَنِ ٱلرَّحِیمِ (۳)

معنی: بی نهایت بخشاینده وهستی بخش و بی نهایت با رحم و مهربان است.

تفسیر: آدمی به حضور خالق می‌ایستد و به عظمت او سپاس و ستایش میگوید که بخشندگی و رحمت آن ذات الهی برای بندۀ مؤمن زایدالوصف است. این آیۀ سوم سورۀ فاتحه که از زبان آدمی به پروردگار است، بنده به قلب خود اطمینان میدهد که با یک خالق و موجود بس بزرگوار و بخشاینده و مهربان طرف است. ذات که با همه خلقت خود، با همه بزرگی خود با رحم و مهربانی به بنده مینگرد. چون الرحمن الرحیم است پس عادل مطلق است و از تبعیض و دو رویی و دو رنگی به دور است.

مَلِكِ یَوْمِ ٱلدِّینِ (٤)

معنی: دارندۀ مطلق روز پاداش است.

تفسیر: مالک آن کسی است که اختیار تام بر مخلوق خود دارد. همه زندگی او و در دست خداوند (ج) است. مالک آنکسی است که به بنده اش حکم و قانون میدهد و بنده باید در اطاعت حکم و قانون مالک خود باشد. مالک بودن خداوند (ج) شکل استثنایی دارد زیرا خداوند (ج) تنها موجودی است که زندگی انسان در اختیار اوست. انسان نمیداند که این جهان فانی را چه وقت ترک خواهد کرد. پس وقتی به مالک بودن خداوند (ج) اعتراف میکند و آن ذات اقدس الهی را مالک خود قلباً قبول میکند پس اطاعت او هم با اینکه جبری نیست زیرا انسان خود مختار خلق شده است، حتمی میشود اگر انسان میخواهد رستگار شود. انسان از دید قرآن آزاد و خود مختار است. حق از باطل برایش تفکیک شده است. اگر از مالک خود اطاعت میکند پاداش عظیم دارد زیرا مسؤولیت خلیفه بودن خود را به وجه احسن انجام داده میتواند و اگر اطاعت نمیکند امانت خلیفه بودن را نمیتواند به پیش برد و مرام خداوند (ج) در روی زمین که عدالت، تأمین صلح و آسایش مخلوقات او مانند انسان، حیوان، نبات و نظام زیست باهمی است بر هم میخورد و برای این تخطی انسان در آخرت جوابگوی است.

چون خداوند (ج) مالک خلقت خود است پس همه صلاحیت هم از آن اوست و صلاحیتدار پاداش و جزا هردو خداوند (ج) است. با تصدیق قلبی مالک یوم الدین بنده اعتقاد خود و ایمان خود را به روز آخرت و زندگی پس از مرگ اعتراف میکند. چون در آخرت جوابگوی است پس اعتقاد در آخرت است که زندگی دنیا به خود رنگ میگیرد و معنی پیدا میکند. ایمان به روز آخرت و پاداش آن است که زندگی انسان از حالت بیهودگی خارج میشود و انسان درک میکند که زندگی جاودانه منتظر اوست و حیاتش یک پدیدۀ عبث نیست چنانچه بعضی ازفلاسفه غرب مانند دکارت فکر میکردند. انسان از دید اسلام آزاد خلق شده است و اما با مسؤولیت. آزادی در اسلام بدون مسؤولیت وجود ندارد چنانچه فلسفۀ اگزیستانسیالیزم یا هستی داری وجودی معترف است که انسان را آزاد میداند که خودش سرنوشت اش را میسازد و تنها به خود فکر میکند. اسلام به آزادی انسان و سرنوشت سازی انسان معتقد است و اما این آزادی در قبال مسؤولیت است برای زیست باهمی و سرنوشت ساز است برای یک حیات جاویدانی. "یوم" که روز معنی میدهد همان ساعتی است که انسان از مسؤولیتی که به عهده او که تأمین عدالت و صلح است و حفظ و مراقبت امانت خداوند (ج) یعنی زمین از فساد و آلودگی است، جواب

میدهد. "دین" در اینجا شمار معنی میدهد. برای اینکه حق و حقوق بنده پایمال نشود از این سبب حساب گیرنده ذات حق تعالی است تا عدل تطبیق شده باشد و بر حق مخلوق کسی بی‌عدالتی نکند.

إِيَّاكَ نَعْبُدُ وَإِيَّاكَ نَسْتَعِينُ (٥)

معنی: نعبُد یعنی بندگی میکنیم و نستعینُ یعنی کمک میخواهیم. یعنی بار الها تنها تو را میپرستیم و تنها از تو یاری میخواهیم.

تفسیر: آیات ما قبل ذکر خداوند (ج) و بیان رحمت او بود. اینجا تضرع استعانت و التماس آغاز می یابد. حالا دیگر بنده دانسته است و اعتراف کرده است که مالک او، خدای او، روزی دهنده او، و قانون دهندۀ او کدام ذات است. همه را در چهار آیۀ اول در قلب تصدیق کرد و به زبان حال اعتراف نمود. «تو را میپرستیم» اینجا اشاره به توحید است. خداوند (ج) یگانه ذاتی است که سزاوار پرستش است. وقتیکه بنده میگوید تو را میپرستیم، در اینجا هدف بندگی است. اینجا بنده خودش را به خداوند (ج) منحیث خالقش و به قانون دهنده تسلیم میکند. بندگی یعنی انسان خداوند (ج) را منحیث مالک، روزی دهنده و قانون دهنده قبول میکند. در اینجا انسان هیچ نوع قانون دیگر که مغایر قانون خداوند (ج) باشد قبول نمیکند. در اینجا هدف از قانون، قوانین مدنی نیست که برای آسایش مردم توسط انسان ساخته میشود و نظر به صوابدید زمان و مکان تغییر میخورد. در اینجا هدف از قانون، قانون خلقت است که خداوند (ج) هست کرده است. از تو یاری میخواهیم یعنی ای پروردگار! تو مسؤولیت عظیم خلیفه بودن را بر دوش من نهادی، تو من را کرامت بخشیدی و اشرف مخلوقات فرمودی، تو مرا از شروع غرق رحمت ساختی و نعمت های جهان را به من دادی، پس مرا یاری کن که بدون دستگیری تو من قادر نخواهم بود تا حکم ترا که برپا نمودن عدالت و راستی تأمین صلح، آموزش و پرورش و پیشرفت انسانی از نگاه اجتماعی، سیاسی و اقتصادی است، در این زندگی پیاده کنم. قبلاً گفتیم که «رَب» معنی آموزگار را دارد. بنده بدون آموزگار اصلی‌اش توان آن را ندارد راه راستی و عدالت و تأمین صلح را دریابد و از راه فرمانبری به دربار اوتعالی قربت حاصل کند.

أَهْدِنَا ٱلصِّرَاطَ ٱلْمُسْتَقِيمَ (٦)

معنی: هدایت فرمای ما را به راه راست.

تفسیر: در این آیه دعای عمده نهفته است. بنده از خداوند (ج) تمنا میکند که راه راست را برایش ارزانی کند. هدف از راه راست همانا اصل توحید است که خدا (ج) یکی است، انسان یکی است، جهان هستی یکی است و علم یکی است و خالق همه آن ذات اقدس الهی است. راه راست دانستن اصل پدیدهٔ خلقت است که قانون خداوند (ج) و قانون طبیعت هر دو یکی است. انسان جزء خلقت است و خلقت جزء انسان است. انسان دعا میکند که چون همه مخلوقات تابع قانون خداوند (ج) است و اما انسان را از مرحمتش خلیفه ساخته است و آزاد و خودمختار آفریده است نگذارد تا بیراه شود و یاری رساند تا مصدر خدمت به خلق شود، نه تنها به خود، به مخلوق خدا (ج). راه راست و یا صراط مستقیم اجتناب از کبر و غرور، تبعیض، تنگ نظری، تعصب، شخصیت پرستی، مادیات پرستی، بیگانه پرستی، حرص و حسادت، ظلم و حق تلفی، فحشا و بد کاری است. راه راست تنها خدا پرستی است و احکام الهی را نظر به صوابدید زمان و مکان به شکل میانه رو آن در زندگی پیاده کردن است. راه راست آن است که ما نیاز میکنیم و اما دیگران را مورد قضاوت قرار نمیدهیم. ما حق نداریم خود را قاضی دیگران سازیم. ما حق نداریم مردم غیر مسلمان را کافر بگوییم. هدف از راه خداشناسی است. راه کسانی را به ما نشان ده که آنها را از نعمت شناخت خودت پُر فیض گرداننده یی. صراط یعنی آن راه که ما درک و فهم این را پیدا کنیم که حکم و قانون تو یگانه راه نجات انسان در این دنیا و در آن دنیا است. نعمت در اینجا اصول اعتقاد به توحید، شناخت خداوند (ج)، حکم و قانون خداوند (ج) است. خواه مخواه شناخت این سه پدیده انسان ساز بدون شناخت روش سیدالمرسلین پیامبر کریم (ص) نا ممکن است. پیر طریقت خواجه عبدالله انصاری هروی در تفسیر این آیه میگوید: «اَنعَمتَ علیهم» اسلام و سنت در هم بست که تا هر دو به هم نشوند، بنده را استقامت دین نبود! که اسلام بی سنت نیست و هر چه نه با سنت است آن دین حق نیست. پیامبر (ص) فرموده است: گفتار نیک بسته به کردار نیک است و هر دو بسته به نیت است و هر سه وابسته به موافقت با سنت است. و مؤمن آنست که پیرو سنت پیامبر واپسین باشد و سنت راه بندگی و راه فرهنگ اسلامی را که آن حضرت (ص) بنیانگزار آن هستند تعقیب کنند و باید شامل حال مسلمانان باشد.

صِرَاطَ ٱلَّذِينَ أَنْعَمْتَ عَلَيْهِمْ غَيْرِ ٱلْمَغْضُوبِ عَلَيْهِمْ وَلَا ٱلضَّآلِّينَ (۷)

معنی: نه راه کسانیکه غضب فرو آمده بر ایشان و نه گمراهان.

تفسیر: در قسمت اخیر باز هم بنده به درگاه رب بی‌نیاز تمنا میکند که او را در زمره آنانیکه مورد غضب قرار گرفته‌اند و یا گمراه شده‌اند قرار ندهد. غضب یعنی خشمگین. اینجا بنده از خالق خود تمنا میکند که به او خشمگین نشود. یعنی او را تنها نگذارد که بنده نتواند راه خود را پیدا کند. بنده به هیچ صورت توان خشم واقعی خداوند (ج) را به مفهوم واقعی آیه ندارد. زیرا بنده بسیار کوچکتر از آن است که تاب خشم خداوند (ج) را داشته باشد. و خداوند (ج) در مرحلهٔ اول بیان داشت که نهایت بخشنده و بی نهایت با رحم است. پس اینجا بنده تمنا میکند که او را در این مسؤولیت عظیم که برقراری عدالت بین مخلوق خدا (ج) است، نه تنها مسلمان، تبلیغ توحید است بدون جبر و فشار و خدا پرستی است، سر پرستی کند. از دید قرآن مجید، آنان مورد خشم خداوند (ج) قرار میگیرند که آیات او را تکذیب کنند، به خَداوند (ج) دروغ بندند و توحید را انکار کنند.

ضالین یعنی گمراهان. ضال گمراه معنی میدهد و در اینجا ضالین جمع است. از آنجائیکه سوره با رب العالمین یعنی پدیدهٔ اساسی توحید آغاز می یابد، دوباره برمیگردد به توحید و هشدار میدهد آنان را که توحید را نشناخته اند، گمراه میباشند. به مفهوم کلی آیه، هر آن کسیکه وحدانیت خداوند (ج) را نتواند بشناسد در حالیکه انسان جزء لاینفک طبیعت و طبیعت جزء لاینفک آدمی است و نتواند درک کند و یا قبول کند که حکم خدا (ج) و قانون خدا (ج) در همه امور باید شامل حال بندگان باشد، از جملهٔ گمراهان است. یعنی تنها اعتقاد به خداوند (ج) در اسلام مطرح نیست. یهودیان و عیسویان هم به خداوند (ج) اعتقاد دارند اما گمراه هستند زیرا اساس توحید را یا ندانسته اند و یا میپوشانند. لذا سیکولریستان، کمونیستان، و طبیعت گرایان که قانون خدا (ج) و قانون طبیعت را از هم جدا میدانند؛ همه از جملهٔ گمراهان محسوب میشوند.

سورهٔ فاتحه با اینکه از سوره های کوتاه قرآن مجید است که بدون خواندن آن نماز مسلمان صحیح نمیشود از سوره های مختار قرآن مجید نیز است و اساسات عقاید و تفکر اسلامی را چنانچه بیان کردیم، بیان میکند. روی همین منظور است که فرد مسلمان در شبانه روز به غیر از نوافل هفده بار در نماز خود این سورهٔ مبارک را میخواند.

سورهٔ بقَرَه
سورهٔ مدنی است و شامل دو صد و هشتاد و شش آیه میباشد

این سوره، از سوره هائی است که در مدینه نازل شده است یعنی سورهٔ مدنی است و شامل دوصدوهشتاد و شش آیه است. همه آیات یکجا نازل نشده است و نظر به ایجاب مسایلی که رخ میداد و به فاصله های زمانی نازل شده است و از طولانی ترین سوره های قرآن مجید است. همچنان این سوره از افضل ترین سوره های قرآن مجید است چنانچه از رسول کریم (ص) پرسیدند که کدام یک از سوره های قرآن از همه برتر است؟ فرمود: سورهٔ بقره و باز جویا شدند که کدام آیه از آیات سوره بقره افضل است؟ فرمود: آیة الکرسی. این سوره چون در کنار توحید مسایل عبادی، اجتماعی، سیاسی و اقتصادی را احتوا میکند، مقدمهٔ قرآن هم نامیده میشود. یعنی همه مطالب که در قرآن است در سوره بقره گنجانیده شده است. دیگر موضوع مهمی که در این سوره تـذکار یافته بهانـه جویـی یهودیان است که حق و حقانیت را قبول نمیکردند و نام این سوره به ارتباط همان موضوع، بقره نامیده شده است. بقره، گاو معنی میدهد. با اینکه پرستش خدای واحد برای شان نازل شد و توصیه شد و اما انکار کردند و آنها بـه گاوپرستی پرداختند. باید خاطر نشان کرد که در ادیان قدیم قبـل از اسـلام ماننـد دیـن هنـدو، دیـن یهـود، دیـن زرتُشـت، یونـان قدیـم، روم قدیـم و مـردم جرمـن قدیـم، گاو قدسیت داشته و مورد پرستش مـردم بـوده است و تـا امـروز در هندوستان ذبـح گاو منـع است.

بِسْمِ اللهِ الرَّحْمٰنِ الرَّحِیمِ

الم (۱)

معنی: راز خداوند (ج) است و تا امروز معنی نشده است و نمیتواند معنی شود.

تفسیر: فوق العاده شگفت انگیز است که قرآن مجید در شروع یعنی مقدمه قرآن پاک، قرآن مجید را با علم نشانه شناسی یعنی (semiotic) شروع میکند. زیرا قرآن مجید همه‌اش آیات است. آیه یعنی راز و نشانه و پدیده معنی میدهد. انسان آن را با حروف و لغات میبیند. این آیه را حروف مقطعات گفته اند که اشتباه است. مقطعات یعنی جدا جدا در حالیکه «الم» به ذات خود یک آیه است. حروف مقطعات یا فواتح سور متشکل از بیست و نه حرف یا مجموعهٔ حروف هستند. آیه های رمزی قرآن است که در آغاز بیست و هشت سورهٔ قرآن مجید به آن بر میخوریم. «الم» در آغاز سوره های آل عمران، سورهٔ عنکبوت، سورهٔ روم، سورهٔ لقمان و سورهٔ سجده هم آمده است. قسمیکه گفتیم، اساساً «الم» از نگاه علم نشانه شناسی به ذات خودش یک آیه است نه اینکه حروف مجزا از همدیگر باشد. شاید دلیل اینکه علم نشانه شناسی در گذشته مروج نبوده است.

تا حال کسی موفق به تفسیر آیات رمزی نشده است. فرضیات زیادی در مورد آیه های رمزی به رشته قلم آمده است. از اسرار خداوند (ج) است و رازش هم نزد خداوند (ج) است. نه تنها قرآن کریم به صورت کل بلکه آیات رمزی معجزهٔ خداوند (ج) است. از طریق علم بی انتهای رب العزت (ج)، همین قدر گفته میتوانیم که بعد از الحمد قرآن پاک به آیهٔ رمزی شروع شده به این مفهوم باشد که خداوند (ج) به بنده میگوید که علم تو محدود است و نمیتوانی همه چیز را بفهمی، پس محتاط خودت باش که در تطبیق علم و شناخت علم اشتباه نکنی.

ذٰلِكَ الْكِتَابُ لَا رَيْبَ ۛ فِيهِ ۛ هُدًى لِلْمُتَّقِينَ (۲)

معنی: این کتاب است که شک و تردید در آن نیست، هدایت است برای آنانکه با پرستش خداوند (ج) رستگاری پیشه کنند وراهیاب شوند.

تفسیر: دو واژه در این آیه قابل غور است. یکی «رَیَب» یعنی (شک)

و دیگر «متقین» یعنی (تقوا یا رستگاری). در شروع خطاب میکند که در این کتاب شک و تردید نیست. بنده خود مختار است که یا قبول میکند و یا نمیکند. در این جا قرآن کریم ایدیولوژی را رد میکند. قرآن مجید ایدیولوژی نیست. ایدیولوژی یعنی علم نظریات. علم نظریات ثبوت میخواهد و اما قرآن کریم ثبوت کار ندارد. برای آنانی که ایمان می آورند قرآن کریم کتاب بر حق است. قرآن مجید خود با این آیه حقانیت خود را شهادت میدهد. با شک کردن انسان خود را به گمراهی میکشاند. این بدین معنی نیست که انسان مطالبی را که ندانسته سؤال نکند. باید سؤال کند تا بیاموزد چنانچه از پیامبر(ص) واپسین بار ها سؤال کردند. این سؤال کردن باید به مفهوم آموزش باشد نه شک در نص قرآن. تقوا کلمه وسیع است و از ماده وقایه آمده است یعنی خود را نگهداشتن از بدی ها است. از نگاه جامعه شناسی اسلامی تقوا گوشه گیری و انزوا نیست بلکه جلوگیری و دوری از همه آن چیزیست که قرآن مجید آن راحرام دانسته، یا محکوم کرده است و خلاف انسانیت و کرامت اخلاقی و توحید و خدا پرستی قرار میگیرد. انسان با تقوا کسی است که از قرآن مجید می آموزد و قرآن را در عرصه اخلاقی، اجتماعی، معنوی، اقتصادی و سیاسی در زندگی خود پیاده میکند و از خود یک انسان متمدن، عادل، خوش اخلاق و با کرامت میسازد.

اَلَّذِينَ يُؤْمِنُونَ بِالْغَيْبِ وَيُقِيمُونَ الصَّلاةَ وَمِمَّا رَزَقْنَاهُمْ يُنْفِقُونَ (٣)

معنی: آنانیکه به نادیده (غیب) ایمان می آورند و به عبادت خدا (ج) به پا می ایستند و از آنچه به ایشان روزی داده ایم مصرف میکنند.

تفسیر: ما نمی توانیم خداوند (ج) را ببینیم و یا با او سخن گوئیم وکشمکش درونی ما هم همین است. پس باید به خلقت بنگریم و به وجود خود بنگریم یعنی خود را بشناسیم تا آن ذات اقدس الهی را بشناسیم و وقتیکه درک کردیم و دانستیم که خالق همه آن ذات کبریا است به عبادت آن ذات برحق که هستی و نیستی ما نزد اوست به پا میشویم. صلاةْ در اصل لغت سوختاندن هم معنی میدهد. با عبادت خدا (ج) گناه خود را میسوزانیم و خود را از شرک پاک میسازیم زیرا نماز در سطح فردی و اجتماعی مبارزه با شرک است. همچنان چون انسان از جسم و روح خلق شده، با نماز، ما روح و روان خود را سالم نگه میداریم چنانچه پیامبر(ص) فرمود: «خوشنودی باطن من در نماز است». از آن جائی که

انسان یک موجود اجتماعی است پس سعادت وی در قبال سعادت دیگران است. وقتی که دیگران آرام بود، انسان در اجتماع که جزء افراد جامعه است هم آرامش خواهد داشت و برای این هدف، انسان معتقد و با ایمان همیشه به دلسوزی دیگران است و چیزی که خداوند (ج) برایش ارزانی داشته مصرف میکند. در این قسمت، قرآن پاک فردیت را که در غرب زمین شدید رواج دارد و از انسان یک موجود خود خواه میسازد، نفی میکند. چنانچه سعدی، که اساساً این شعر را از از رویت حدیث پیامبر اکرم (ص) ساخته میگویند:

بنی آدم اعضای یکدیگرند
که در آفرینش ز یک گوهرند

چو عضوی بدرد آورد روزگار
دگر عضو ها را نماند قرار

تو کز محنت دیگران بی غمی
نشاید که نامت نهند آدمی

رزق در اینجا تنها روزی معنی نمیدهد. هر آن چیزی که خداوند (ج) به انسان اعطا کرده، باید در راه مردم صرف کند که این شامل علم، ثروت و هر نوع کمک بشری دیگر میباشد. در این حالت است که انسان به تعالی میرسد. از نگاه جامعه شناسی اقتصادی این آیه تمرکز سرمایه را در دست یک شخص رد میکند چنانچه در سرمایه داری غرب مروج است. آیه میرساند که هرچه دارید بعد از مایحتاج خود، در راه مردم به مصرف برسانید. وقتی مسلمانان بعد از رفع احتیاجات خود سرمایه را به نفع مردم مصرف کنند در جامعه فقر و بیچارگی نخواهد بود. چون اوئیکه ثروتمند است خود را همسان با دیگران فکر میکند از این لحاظ طبقات اجتماعی وجود نمیداشته باشد. اسلام طبقات اجتماعی را مانند ثروتمند، مستمند، کارگر و دهقان که در نظام های سرمایه داری و کمونیستی مروج است نفیه میکند. همه مسلمان اند و در مقابل خداوند (ج) مسؤول اند. همه را خداوند (ج) به اساس تقوا و پرهیز گاری میشناسد نه مقام اجتماعی و ثروت و قوم و نَسَب پدری. از نگاه اقتصادی، چنانکه گفتیم اسلام سرمایه داری را رد میکند زیرا اساس سرمایه داری تمرکز سرمایه به دست چند نفر محدود یعنی نود ونُه در صد مردم برای یک در صد کار میکنند و همچنان نظام سرمایه داری تکیه به کارگر ارزان و مواد خام ارزان و سود و اسراف است که اسلام استثمار کارگر را ظلم میداند و استفاده از ذخایر معدنی را تنها به نفع سرمایه دار خلاف اساس عدالت اقتصادی میداند و سود و اسراف را

حرام میداند، رد میکند.

وَالَّذِينَ يُؤْمِنُونَ بِمَا أُنزِلَ إِلَيْكَ وَمَا أُنزِلَ مِن قَبْلِكَ وَبِالْآخِرَةِ هُمْ يُوقِنُونَ (۴)

معنی: و کسانیکه به آنچه بر تو نازل شده و آنچه پیش از تو فرو فرستاده شده است، ایمان دارند و هم آنان به آخرت یقین دارند.

تفسیر: با این آیه خداوند (ج) تسلسل توحید و نبوت را نشان میدهد که هدف از روز اول خلقت اعتقاد به ذات یکتا بوده که با فرستادن انبیاء گرانقدر به نسل بشر نازل شده و با رسالت پیامبر اکرم محمد (ص) پایان میپذیرد. پس آنانی ایمان می آورند که قادر باشند تا توحید را نه تنها در یگانگی ذات یکتا درک کنند بلکه در تسلسل انبیاء تعقل نمایند که هدف ذات کبریا درین زمینه چه است؟ با دانستن توحید و رسالت پیامبران است که حقیقت زندگی را میتواند کشف کند که آن روز آخرت است که مانند زندگی حق است. در انتها، ایمان وقتی در قلب انسان رخنه میکند که حقیقت توحید، هدف زندگی دراین کره خاکی و بالاخره آخر کار را بداند. آیا زندگی من به عبث است؟ چرا آمده ام و به کجا میروم؟ اگر زندگی عبث است پس چرا این همه تلاش؟ و اگر عبث نیست پس نتیجه اش چه است؟ اینجاست که قرآن مجید یقین به آخرت را پاداش سعی و تلاش انسان میداند و انسان را امیدوار میسازد. و زندگی انسان را جاودانه جلوه میدهد. در این آیه است که زندگی را منحیث یک ارزش بزرگ که برای به کمال رساندن انسان است ترسیم میکند و زندگی را از بیهودگی، بی هدفی و نا امیدی مبرا میداند. چنانچه فلاسفه غرب مانند دکارت هدف زندگی را ندانست و گفت: «من فکر میکنم پس هستم» یعنی بعد ازینکه نبودم ختم زندگی است و زندگی دیگر مفهومی ندارد، در حالیکه قرآن مفهوم زندگی را در آخرت میداند که آنانی که ایمان می آورند زندگی جاویدان دارند و زندگی شان به عبث نیست. همچنان، این آیه کسانیکه قبل از بعثت محمد (ص) بودند هم شامل میسازد یعنی از هر دین که بوده باشد، اگر به خدا (ج) و روز آخرت ایمان دارند.

أُولَٰئِكَ عَلَىٰ هُدًى مِّن رَّبِّهِمْ ۖ وَأُولَٰئِكَ هُمُ الْمُفْلِحُونَ (۵)

معنی: اینان از جانب خداوند (ج) از هدایتی برخوردار اند و هم اینان اند که رستگار اند.

تفســیر: این هدایت که تحفه بس گرانبها است و رحمت پروردگار به بنده است کدام هدایت است؟ پیشتر از تسلسل توحید و رسالت وآخرت سخن گفتیم. زمانی که انسان سه مطلب عمده را دانست به موقف و موجودیت خود پی میبرد و میداند که انسان جزء خلقت است، زندگی اش عبث نیست و در زندگی یک رسالت دارد؛ پس نزد پروردگار عالمیان مسؤول است. این مسؤولیت، انسان را یک انسان نه تنها با کرامت میسازد بلکه به رسالت انسانی اش که تکثیر توحید، کشف و درک حقیقت انسانی یعنی علم و برپا کردن عدالت و مبارزه با شرک از طریق وعظ حسنه است، رهنمائی میکند. و این هدایت است که تنها به اهل ایمان اعطا میگردد و به عملکرد همین مسؤولیت ها است که انسان راه رستگاری را به پیش میگیرد. یعنی انسان رستگار وقتی به فلاح میرسد که قانون خداوند (ج) در عرصه اجتماعی، سیاسی، و اقتصادی برایش مقدم است و درک کند که آنانی هدایت یافته اند که به خدا (ج) و روز آخرت ایمان دارند. و رستگار همین ها هستند.

إِنَّ الَّذِينَ كَفَرُوا سَوَاءٌ عَلَيْهِمْ أَأَنْذَرْتَهُمْ أَمْ لَمْ تُنْذِرْهُمْ لَا يُؤْمِنُونَ (6)

معنــی: برای کافران یعنی آنانیکه ایمان را رد میکنند یکسان است چه بیم شان بدهی چه بیم شان ندهی، ایمان نمی آورند.

تفسیر: باید بدانیم که چرا کفر شدید محکوم شده است. کفر در لغت یعنی انکار کردن از حق است. خداوند (ج) انسان را خود مختار آفریده و اما حدود اش را تعیین نموده است. کافر کسی است که خداوند (ج) را انکار میکند یعنی موجودی که او را هست کرده از وی رو میگرداند. قانون طبیعت را که بانی آن خداوند (ج) است انکار میکند و بالاخره فراموش میکند که از کجا آمده و به کجا میرود. صانع جهان هستی، قانون دهنده جهان هستی، گرداننده جهان هستی و یگانه موجودی که حیات می بخشد و می میراند انکار میورزد. همچو اشخاص چون حقیقت خلقت، منبع اصلی خلقت، قانون دهنده طبیعت و راز کائنات را انکار میکنند برای شان هشدار دهی و یا ندهی یکسان است. دلیل دیگری که کافر محکوم است این است که چون کافر از خداوند (ج) میبُرد، مسؤولیت خود را منحیث خلیفه خدا (ج) در روی زمین که تأمین عدالت است فراموش میکند و همان است که جامعه انسانی به تباهی سوق داده میشود ورنه کافر بودن شخص به مقام خداوند (ج) کدام صدمهٔ نمیرساند. امروز جامعهٔ انسانی از

نگاه علوم پیشرفت به سزا کرده است و اما نه عدالت است و نه اخلاق.
از نگاه علم لغت کفر معانی مختلف دارد و باید در این مورد دقت نمود زیرا در آیات کلام الله مجید معنی آن تفاوت دارد. برای روشن شدن موضوع میپردازیم به معانی کفر:

خدا را نشناختن. یعنی هر کسیکه عقیده ندارد که خداوند (ج) وجود دارد و هست کنندۀ جهان هستی خداوند (ج) است، کافر شمرده میشود. این مردم از دستۀ ماتریالیستان و دهریان هستند که موجودیت خداوند (ج) را مطلق انکار میکنند. این کفر از نگاه دین شناسی فوق‌العاده خطرناک است و کفر بالله گفته میشود.

کفر ناسپاس معنی میدهد. یک شخص ناسپاس به خداوند (ج) در زبان عربی به خاطر ناسپاسی کافر گفته میشود.

کفِر یعنی نمک نشناسی و پوشاندن حق. در زبان عربی کفر یعنی غلاف، شگوفه خرما، شب تاریک، رود بزرگ، ابر تیره و تاریک، تاریکی، زارع، کشاورز، زره آنکه جامۀ خود را بر زره پوشیده باشد، مرد سرتاپا مسلح، آنکه در جائی مقیم و پنهان باشد، سرزمین دوری که امید نرود کسی در آن جا فرود آید، زمین هموار، باران و گیاه هم معنی میدهد.

دانشمندان اسلامی کفر را به پنج دسته تقسیم بندی کرده اند:

اول کفر توحید که در آیۀ بالا تذکر یافته است. دوم کفر نعمه. آنانیکه به خداوند (ج) و مردم شاکر نیستند. آیۀ ۱۵۲ سوره بقره که میگوید: «پس مرا یاد کنید تا شما را یاد کنم و مرا سپاس بگذارید و با من ناسپاسی نکنید». سوم کفر التبرئیه. آن است که شخص خود را از ملامتی خلاص میکند. در سورۀ ممتحنه آیۀ چهارم میخوانیم که: «برای شما در ابراهیم و همراهان او سرمشقی نیکوست، آنگاه که به قوم شان گفتند ما از شما و آنچه به جای خداوند (ج) میپرستید، بری و بر کناریم». چهارم کفر الجهود. در سوره بقره آیۀ ۸۹ میخوانیم که: «و آنگاه که کتابی ازسوی خداوند (ج) برای آنان آمد که همخوان با کتابشان بود» یهودیان این را انکار کردند و در اینجا ناسپاسی کردند زیرا یهودیان خداوند (ج) را میشناسد. پنجم کفر التغطیه. پنهان کردن و دفن کردن چیزی مانند پوشاندن تخمه در زمین.

خَتَمَ اللّهُ عَلَى قُلُوبِهِم وَعَلَى سَمْعِهِمْ وَعَلَى أَبْصَارِهِمْ غِشَاوَةٌ وَلَهُمْ عَذَابٌ عظِيمٌ (۷)

معنی: خداوند (ج) بر دلهای شان و گوش های شان مُهر نهاده است و به

چشمان ایشان پرده ایست و آنان عذابی بزرگ در پیش دارند.
تفسیر: یک خصلت انسان بودن کشمکش او برای درک حقیقت است. آنانیکه در کوشش دریافت حقیقت خلقت نیستند مسؤولیت خود را منحیث یک موجودی که برایش عقل داده شده فراموش میکند و از رسالت انسانی اش که درک حقیقت و کشف راز خلقت است طفره میرود و نتیجه اینکه نمیتواند عدالت را جامه عمل پوشاند، چون از خود یک موجود بی کرامت، باطل و بیهوده و سرگردان میسازد و این بیهودگی و سرگردانی او را به عذاب بزرگ سوق میدهد. زیرا هدف خلقت انسان بیهودگی و سرگردانی نیست و خداوند (ج) هدف بس بزرگ برای انسان داشته است و آن عبارت است از خلافت خداوند (ج) در روی زمین است که باید بیاموزد، کشف کند، راز ها را دریابد، عدالت را تأمین کند و جامعه را با وعظ نیکو به اخلاق، صلح و آموزش و پرورش رهنمایی کند.

وَمِنَ النَّاسِ مَن يَقُولُ آمَنَّا بِاللّهِ وَبِالْيَوْمِ الآخِرِ وَمَا هُم بِمُؤْمِنِينَ (۸)

معنی: از جمله مردم هستند کسانیکه میگویند ما به خداوند (ج) و روز آخرت ایمان آوردیم و اما در حقیقت اینان ایمان ندارند.
تفسیر: درین آیه به دو موضوع نهایت عمده اشاره شده که آن عبارت است از ایمان به خداوند (ج) و روز آخرت است. کشمکش یک مؤمن در درک حقیقت همین دو است. از آن جائی که خداوند (ج) به چشم دیده نمیشود (ایمان به غیب) و روز آخرت (ایمان به روز رستاخیز و آن هم غیب است) و این دو پدیده کشمکش معنوی و فکری یک انسان است درین جهان هستی. با شناخت این دو امر است که انسان قادر میشود تا موجودیت خود را در نظم کائنات درک کند و خود را بشناسد و با شناخت خودی است که قادر میشود تا خداوند (ج) را بشناسد و اگر به این مرحله فکری نمیرسد؛ مثلث سه «خ» یعنی [خود، خلقت و خدا (ج)] را به شکل اساسی آن نمیتواند درک کند و همیشه در تلاش فرض کردن و ساختن تئوری هاست که این حالت منجر به سر در گمی ها گشته است و یک بدبختی بزرگ بشر در عصر فضا و تکنولوژی همین شده است که انسان با همه کشفیات و پیشرفتی که خداوند (ج) برایش میسر ساخت راز هستی را نمیداند و با تئوری های خود ساخته مانند تئوری «تصادم بزرگ» حقیقت خلقت را توسط خداوند (ج) انکار میکند.

يُخَادِعُونَ اللَّهَ وَالَّذِينَ آمَنُوا وَمَا يَخْدَعُونَ إِلاَّ أَنفُسَهُم وَمَا يَشْعُرُونَ (٩)

معنی: (چنین می پندارند) که خداوند (ج) را و آنانی که ایمان آورده اند فریب میدهند و فریب نمیدهند به جزء از خود و آنها درک نمیکنند.

تفسیر: چون گفتیم که راز خلقت را درک نتوانستند پس با توجیهات نامطلوب، نادرست و مغرضانه فکر میکنند که خالق را فریب میدهند در حالیکه خود به بیراهه رفته اند و فریب نادانی خود را خورده اند و همین نادانی ایشان را در عذاب میکند چنانچه گفته اند: «عقل نباشد جان در عذاب است».

فِي قُلُوبِهِم مَّرَضٌ فَزَادَهُمُ اللَّهُ مَرَضاً وَلَهُم عَذَابٌ أَلِيمٌ بِمَا كَانُوا يَكْذِبُونَ (١٠)

معنی: در دل های شان مرض است؛ و خداوند (ج) به مرض شان فزونی بخشیده. برای شان شکنجه دردناک است به خاطرِ که به خود دروغ میگفتند.

تفسیر: یکی از امراض روحی انسانی به خود دروغ گفتن است. انسان با ایمان اولاً به خود راست است. کسانی دروغ میگویند که حقیقت را پنهان میکنند. وقتیکه حقیقت را پنهان کرد از وی یک منافق ساخته میشود. منافق دروغ میگوید و نه با خود صادق است و نه با مردم و نه با خداوند (ج). اینها نه تنها حقانیت خداوند (ج) را انکار میکنند بلکه در همه امور حقایق سیاسی و اجتماعی را پنهان میکنند و مردم را با سخنان چرب و نرم فریب میدهند و به خاطر همین فریب است که شکنجه دردناک می بینند. آنانیکه حکم قرآن کریم را در همه امور زندگی نادیده میگیرند، چون مطالبی را که اظهار میدارند یا با قرآن کریم سازگار نیست و یا بر اساس عدالت انسانی استوار نیست از در منافقت پیش آمده است و نباید سخن اش مورد اعتبار باشد. یعنی منافق در دین کسی است که نه تنها دروغ میگوید، حقایق را از طریق علم قرآن کریم بیان نمیکند. چون قرآن کتاب حکمت است؛ پس، همه موضوعات باید و شاید از روی قرآن مجید و ارشادات مبارک نبوی (ص) بررسی شود در غیر آن دروغ است و مردم فریبی است. خداوند (ج) این مرض شان را فزونی می بخشد وقتی خود شان در جستجوی حقیقت نیستند. خداوند (ج) به انسان عقل، استعداد، ذکاوت، شعور و وجدان خدا پرستی را منحیث یک تحفۀ گرانبها هدیه کرده است. انسان وقتی از این تحفه که برای رستگاری خود او، برای

سرفرازی خـود او و بـرای سعادت خـود او استفاده نمیکنـد، خودش مسؤول است و بـه خاطر همیـن غفلـت، خداونـد (ج) مـرض قلبـی او را کـه عبـارت است از مـرض بی ایمانی است بـه مثابه جزا افزونی مـی بخشـد.

وَإِذَا قِيلَ لَهُمْ لاَ تُفْسِدُواْ فِي الأَرْضِ قَالُواْ إِنَّمَا نَحْنُ مُصْلِحُونَ (۱۱)

معنی: وقتی کـه بـرای شان گفتـه میشـود کـه در روی زمیـن فساد مکنیـد، میگوینـد مـا مصلح هستیم.

تفسیر: این آیه جنبه اجتماعـی و سیاسـی دارد و بـرای همیـن کسان اسـت کـه نه تنها حقایـق را بیـان نمیکننـد بلکـه حقایـق اجتماعـی و سیاسـی را پـرده پوشی میکنند. هستند کسانیکه در اجتماع با استدلال غلـط تفرقـه مـی اندازنـد و از راه عدالـت کار نمیگیرنـد و عمـل و گفتـار غلـط خـود را توجیـه اصلاحی میدهنـد. و ایـن وقتـی صـورت میگیـرد کـه از راه قـرآن مجید خارج میشـوند و فسـاد بـر پـا میکنـند. همچنـان در امـور سیاسی بـا گـروه هـای ضـد اسلام بـرای منافـع شـخصی یکجا میشـوند و وقتـی کـه بـرای شـان گفتـه میشـود کـه فسـاد مکنیـد میگوینـد مـا مصلح هستیـم. قدرت هـای بـزرگ امروز بـه کمـک ملـل متحـد همیـن رویـه را در پیـش گرفتـه انـد. کشـور هـای اسلامی را اشغال کـرده انـد و اعمـال خـود را تحـت نـام دموکراسـی و آزادی توجیـه میکننـد و در حقیقـت چنانچـه بـه وضاحـت آشکار اسـت کـه چـه فسـاد بـزرگ را بـر پـا کـرده انـد. و گماشتگان شـان کـه بـه نـام مسلمان هستند چون آگاهی از علـم قرآن ندارنـد فسـاد بـزرگ را بـراه انداختـه انـد و هـر روز صـد هـا مسلمان بـه کمـک ایـن اشخـاص کشـته میشـوند. خداونـد (ج) در آیـه بعـدی بـه مسلمانان هشـدار میدهـد کـه شـما از همچـو نیرنـگ آگـاه باشـید.

أَلا إِنَّهُمْ هُمُ الْمُفْسِدُونَ وَلَـكِن لاَّ يَشْعُرُونَ (۱۲)

معنی: آگاه باشید بـه یقین اینها فساد پیشگان اند و اما درک نمیکنند.

تفسیر: فسـاد پیشگان در بیـن مسلمانان آنانـی انـد کـه قانـون خداونـد (ج) را در امـور اجتماعـی و سیاسـی و اقتصادی قبول ندارنـد و در بیـن غیر مسلمانان آنانـی انـد کـه حقانیـت خالـق را قبـول ندارنـد کـه ذوالاجلال و الاکـرام نـه تنها کلام اش برحق است بلکه قانـون اش برحـق اسـت. امـروز مسلمانان بـا مفسدیـن خارجـی و داخلـی طـرف هستند. بـار هـا از صلـح نـام میگیرنـد بـدون اینکـه نامـی از اسلام و قانـون اسلام برنـد. مفسدین مسلمان بـرای منافـع شـخصی شـان دسـت شـان بـا مفسدیـن غیر مسلمان بسته اسـت. بهتریـن مثال

بمباردمان سعودی را در یمن میتوان نامبرد که یک کشور همسایه است و مسلمان است و اما مسلمان مفسد با غیر مسلمان مفسد برای سرکوبی مسلمانان برآمده اند. کشور های بزرگ همیشه از صلح سخن میگویند و اما همه در مقابل کشتار مردم مسلمان میانمار(برمای سابق) خاموش ماندند و در کنار شان مسلمانان که باید برای تحکیم عدالت و برکندن ظلم خدمت کنند، خود را خاموش گرفته اند.

وَإِذَا قِيلَ لَهُمْ آمِنُوا كَمَا آمَنَ النَّاسُ قَالُوا أَنُؤْمِنُ كَمَا آمَنَ السُّفَهَاءُ ۗ أَلَا إِنَّهُمْ هُمُ السُّفَهَاءُ وَلَٰكِن لَّا يَعْلَمُونَ (۱۳)

معنی: وقتی که برای شان گفته میشود ایمان بیاورید چنانچه مردم ایمان آورده اند. میگویند آیا ما ایمان بیاوریم چنانچه بی عقلان و احمقان ایمان آورده اند؟ آگاه باشید که اینها بی عقلان و احمقان اند و اما نمیدانند.

تفسیر: این آیه در زندگانی سیاسی و اجتماعی مسلمانان فوق العاده حایز اهمیت است. منافقت دو نوع است: یکی توحیدی و دیگر اجتماعی. منافق توحیدی آن است که در قلب و دل مسلمان نیست و در رویت خود را مسلمان جلوه میدهد. منافق اجتماعی آنست که امکان دارد که خداوند (ج) را قبول کرده باشد و اما قانون خداوند (ج) را در عرصه سیاسی و اجتماعی و اقتصادی و خانوادگی قبول ندارد. مسلمانان راستین امروز هم با منافقین داخلی و هم با منافقین خارجی طرف هستند که آنها خود را مصلح میگویند در حالیکه ایمان نمی آورند و حتی قوانین اسلام را محکوم میکنند و هم با منافقین داخلی که در ظاهر مسلمان اند و اما اعمال شان ضد اسلام است، عمل میکنند. اینها به خاطر منافع شخصی و گروهی با مسلمانان در تضاد اند و مسلمانان راستین را متعصب، بی عقل و تنگ نظر میخوانند. در جامعه افغانی ازین اشخاص مخصوصاً در بین طبقه تحصیلکرده زیاد است که اسلام را از زندگی سیاسی و اجتماعی بیرون کرده اند که به نام سیکولر یاد میشوند. مشکل دراینجاست که اینها به نادانی خود اعتراف نمیکنند. و اما قرآن مجید از ایشان شما را با خبر میسازد.

وَإِذَا لَقُوا الَّذِينَ آمَنُوا قَالُوا آمَنَّا وَإِذَا خَلَوْا إِلَىٰ شَيَاطِينِهِمْ قَالُوا إِنَّا مَعَكُمْ إِنَّمَا نَحْنُ مُسْتَهْزِئُونَ (۱۴)

معنی: و هنگامی که با مؤمنین ملاقات میکنند، میگویند ما ایمان آورده ایم و وقتیکه با (افراد) شیطان خلوت میکنند، میگویند ما با شما هستیم،

فقط ما(مسلمانان) را مسخره میکنیم.
تفسیر: اینجا قرآن مجید از اشخاص مفسد و خائن و منافق صحبت میکند که متأسفانه تعداد زیاد شان در بین شما امروز زندگی میکنند. در مسجد با شما هستند و بعد از مسجد با قوای خارجی بر علیه مسلمانان توطئه میکنند. دست شان با قوای اجنبی یکی است. به اسلام فکر نمیکنند و روش های اجنبی برای شان مهمتر است. آرزو ندارند که روش های یک کشور اسلامی مانند افغانستان بر اساس اسلام باشد. اینها قبل ازینکه خائن ملی باشند خائن دین هستند. کسیکه خائن دین شد برایش خیلی آسان است که خائن ملی شود. خائن دین راز خلقت و حکمت قانون خداوند (ج) را در عرصه های اجتماعی و سیاسی و اقتصادی انکار میکند.

اللّهُ يَسْتَهْزِئُ بِهِمْ وَيَمُدُّهُمْ فِي طُغْيَانِهِمْ يَعْمَهُونَ (١٥)

معنی: خداوند (ج) جواب مسخرگی شان را میدهد و به ایشان در طغیان (ظلم که روا داشته اند) مهلت میدهد و به شکل نابینا سرگردان میشوند.
تفسیر: مسلمانان اعتقاد دارند که الله (ج) حق است، کلام اش حق و عدل الهی حق است. در این آیه مبارک خداوند (ج) مسلمانان را اطمینان میدهد که ناامید نشوند و خداوند (ج) سزای اعمال این سرکشان را میدهد و اما برای شان مهلت میدهد. و اگر متوجه نشوند خداوند (ج) ایشان را به شکل نابینا سرگردان میکند یعنی چنان زبون و بیچاره میشوند که مانند کوران راه خود را پیدا نخواهند کرد.

أُوْلَـئِكَ الَّذِينَ اشْتَرُوُاْ الضَّلاَلَةَ بِالْهُدَى فَمَا رَبِحَت تِّجَارَتُهُمْ وَمَا كَانُواْ مُهْتَدِينَ (١٦)

معنی: آنها کسانی اند که هدایت را با گمراهی معاوضه کرده اند، و این معامله برای آنها سودی نبخشیده و هدایت نیافته اند.
تفسیر: دو مطلب در این آیه مبارک قابل توجه است: یکی «هدایت» و دیگری «گمراهی». در اینجا مقصد از هدایت تشریعی است یعنی راه اصل و مطلوب را که پیامبران به بشر نشان داده، از نادانی به گمراهی معاوضه کرده اند. گمراه کسی است که قانون خداوند (ج) را در عرصه های اجتماعی، خانوادگی، اقتصادی و سیاسی برایش (نعوذ بالله) بی اهمیت است. گمراه کسی است که به توحید اعتقاد ندارد. خواه مخواه آنکه قانون خداوند (ج) را چنانچه سیکولریست های افغانستان از قانون اسلام کار

جزء اول ۲۵

نمیگیرند و آن را معاوضه کرده اند با قوانین غربی و یک عده گمراهان دیگر از داخل کشور های غربی ایشان را حمایه میکنند. قسمیکه مشاهده میکنید نتیجه این گمراهی تباهی افغانستان است.

مَثَلُهُمْ كَمَثَلِ الَّذِي اسْتَوْقَدَ نَاراً فَلَمَّا أَضَاءتْ مَا حَوْلَهُ ذَهَبَ اللّهُ بِنُورِهِمْ وَتَرَكَهُمْ فِي ظُلُمَاتٍ لاَّ يُبْصِرُونَ (۱۷)

معنی: مثل آنها، همچون مانند کسانی است که آتشی افروختند و چون اطراف آن را روشنائی داد، خداوند (ج) روشنائی را میبرد و میان تاریکی های که نمی بینند رهایشان نمود.

تفسیر: اینجا خداوند (ج)، منافقین، کسانیکه دو رو هستند، جاهلین کسانیکه هدایت پیامبر را به گمراهی معاوضه کرده اند و سیکولریست ها که قانون خداوند (ج) را در عرصه سیاسی، اجتماعی، خانوادگی و اقتصادی نادیده میگیرند مثال میزند که در اول کار های شان چون بنیاد علمی یعنی قرآنی ندارد مانند یک آتش است که زود خاکستر میشود و خاموش میشود و در نتیجه در تاریکی محض قرار میگیرند و نمیدانند که چه کنند و چگونه خود را از این بدبختی نجات دهند.

صُمٌّ بُكْمٌ عُمْيٌ فَهُمْ لاَ يَرْجِعُونَ (۱۸)

معنی: کراند، لال اند، کوراند؛ بنابراین به راه نمی آیند.

تفسیر: این طبقه مردم چون بیراه هستند به قدرت خداوند (ج) گوش شان حق را نمیشنود. اما این بیراهی به تشبث خود شان است. خود شان نمیخواهند درک حقیقت کنند و در تلاش یافتن حقیقت هم نیستند. سخن شان به دل مردم جا نمیگیرد. و کور هستند به این معنی که چشم بصیرت باطنی شان بسته شده و نمیتوانند حقیقت را درک کنند و از همین لحاظ راهیاب نمیشوند. مسلمانان سیکولر فکر میکنند که در عصر فضا و تکنالوژی قرآن (نعوذ بالله) به درد جامعه امروز نمیخورد و از همین سبب در کار های خود یادی از قرآن و سنت نمیکنند. نه تنها بیراه هستند دیگران را هم به بیراهه سوق میدهند.

أَوْ كَصَيِّبٍ مِّنَ السَّمَاء فِيهِ ظُلُمَاتٌ وَرَعْدٌ وَبَرْقٌ يَجْعَلُونَ أَصْابِعَهُمْ فِي آذَانِهِم مِّنَ الصَّوَاعِقِ حَذَرَ الْمَوْتِ واللّهُ مُحِيطٌ بِالْكَافِرِينَ (۱۹)

معنی: با بارش از آسمان که در آن تاریکی و رعد و برقی است آنها از

نهیب الماسک انگشتان خود را به گوش مینهند (و) از مرگ هشدار داده میشوند و خداوند (ج) به (همه امور) کافرین احاطه دارد.

تفسیر: انسانی که در جهل بسر میبرد نمیتواند قدرت خداوند (ج)، حکمت خداوند (ج) و غفوری خداوند (ج) را درک کند. با اینکه به چشم تاریکی را میبیند و از شدت نهیب آن دست ها به گوش میکند باز هم ایمان نمی آرد. در همین حالت چون خداوند (ج) غفور است برایش هشدار میدهد و اما انسان با خود خواهی که دارد نمیتواند بداند که خداوند (ج) در همه امور انسانی و هستی به طور علمی فراگیر است یعنی دسترسی کامل دارد. باران در اثر سرد شدن بخار های که در جو زمین قرار دارد به وجود می‌آید و به باریدن آغاز میکند. قطرات باران با همدیگر یکجا میشود و در هوا وزن میگیرد و به باریدن شروع میکند. باران که یک موضوع علمی است از حکمت های پروردگار عالمیان است. چه کسی میتواند همچو چیزی در جو زمین به وجود بیاورد و باعث نمو و سرسبزی زمین شود؟ آیا این مسئله اتفاقی است؟ همچنان رعد و برق یک مسئلۀ علمی دیگر است که خداوند (ج) به آدمیان قدرت خود را نمایان میکند. این تخلیۀ الکترونیک بسیار شدید و سریع وقتی اتفاق می‌افتد که برق در اثر جریانات هوایی بالا و پایین قوی در ابر های موسوم به کومولونیمبوس تاریک به وجود می آید. در این شرایط کریستال های یخ با هم برخورد میکنند و بار های الکترونیک را به وجود می آورند. این بار الکترونیک آنقدر زیاد میشود که اختلاف قوه ها بین ابر و زمین به ده الی صد میلون ولت میرسد. این است قدرت خداوند (ج) و فهم این موضوعات تنها و تنها عقل سلیم و بصیرت میخواهد.

يَكَادُ الْبَرْقُ يَخْطَفُ أَبْصَارَهُمْ كُلَّمَا أَضَاء لَهُم مَّشَوْاْ فِيهِ وَإِذَا أَظْلَمَ عَلَيْهِمْ قَامُواْ وَلَوْ شَاء اللّهُ لَذَهَبَ بِسَمْعِهِمْ وَأَبْصَارِهِمْ إِنَّ اللّهَ عَلَى كُلِّ شَيْءٍ قَدِيرٌ (۲۰)

معنی: نزدیک است که الماسک بینائی شان را برباید (و) وقتی که (بروی شان)برق زد، (طرف آن) میروند و وقتی که به سوی شان تاریکی شد، ایستاده میمانند و اگر خداوند (ج) آرزو میکرد شنوائی و بینائی شان را میگرفت؛ به یقین خداوند (ج) به همه چیز قادر و توانا است.

تفسیر: در آیۀ فوق خداوند (ج) سه مطلب را میرساند: اول بیچارگی آنهائی را که از حق انکار میکنند و در ظلمت قرار میگیرند و قدرت ندارند

که مسیر قانون طبیعت را که خداوند (ج) حاکم است تغییر دهند. سیلاب های مهیب شهر هوستون و میامی آمریکا درسال۲۰۱۷ شاهد قول همین آیه است. این طبقه مردم نمیتوانند بفهمند که قانون خداوند (ج) و قانون طبیعت هر دو یکی است. دوم نشان میدهد اینکه انسان خویشتن را در ظلمت به دست خود قرار میدهد و اما خداوند (ج) نهایت رؤوف و مهربان است و شنوائی و بینائی شان را نمیگیرد تا اگر هنوز هم که دیر نشده ایمان بیاورند. و سوم به بنده میرساند که وقتی شما در مقابل الماسک چیزی کرده نمیتوانید یعنی ضعف انسان را نشان میدهد که چون در مقابل طبیعت ناتوان هستند پس چطور امکان دارد که خالق طبیعت را نادیده گیرند پس باید بدانند که خداوند (ج) در همه امور تعالی و با قدرت است.

نوت: چهار مطلب عمده از آیهٔ اول الی بیستم تشریح شد. اول اینکه قرآن مجید کتاب بر حق است و از جانب خداوند (ج) است و شکی در آن نیست. رهنمای مکمل است برای آنانی که تقوی پیشه میکنند و قانون خداوند (ج) را در همه امور اجتماعی، اقتصادی و سیاسی در زندگی پیاده میکنند. دوم آیه های سه الی پنج گروه متقین را تشریح میکند. آیات ششم و هفتم گروه کافرین را تشریح میکند که خالق جهان را و کائنات را انکار میکنند و سوم گروه منافقین را تشریح میکند که قلب های مریض دارند. به استناد حدیث مبارک منافقین آنانی اند که وقتی سخن میگویند دروغ میگویند. امانت را خیانت میکنند، به وعده وفا نمیکنند و وقتی غضب میشوند فحش میگویند. و بالاخره با تذکر باران و الماسک خداوند (ج) نشان میدهد که اینها همه احاطهٔ علمی دارد. حالا با پیشرفت ساینس انسان میتواند که حقایق علمی آن را بداند و اما انسان خود قدرت به وجود آوردن آن را ندارد.

یَا أَیُّهَا النَّاسُ اعْبُدُوا رَبَّکُمُ الَّذِی خَلَقَکُمْ وَالَّذِینَ مِنْ قَبْلِکُمْ لَعَلَّکُمْ تَتَّقُونَ (٢١)

معنی: ای مردم پروردگار تان را عبادت کنید که شما را خلق کرده و کسانی را که پیش از شما بودند، شاید که شما با تقوا شوید.

تفسیر: در این جا به انسان گفته میشود که خداوند (ج) را عبادت کنید. عبادت از عبد مشتق شده یعنی بندگی کردن. همچنان عبد به مفهوم لفظی آن یعنی اطاعت کردن. بندهٔ خدا (ج) آن است که به خداوند (ج) بندگی میکند و از اوامر آن خالق اطاعت مینماید. چون خداوند (ج) انسان

را خلـق کـرده پـس احتیاجـات او را هـم میدانـد کـه چگونـه زنـدگی کنـد تـا موفـق و بـا سعادت باشد. از اینجاست هر آن هدایت که از نـزد پـروردگار بـه بشر نـازل شـده و انسـان اطاعـت میکنـد عبـادت کـرده اسـت. طـور مثـال وقتیکـه میگویـد بخوریـد و بنوشـید و انسـان بـه قـدر کفایـت میخـورد و مینوشـد، عبـادت کـرده اسـت. وقتـی شـما علـم مـی آمـوزیـد عبـادت کـرده ایـد. وقتـی شـما بـه والدیــن احتـرام میکنیــد عبـادت کــرده ایــد. وقتـی شـما دسـت یـک بیچـاره را میگیریـد عبـادت کـرده ایـد. یعنـی پنـج وقـت نمـاز تنهـا عبـادت نیسـت. عبـادت اطاعـت کامـل از احکـام قـرآن مجیـد اسـت تـا انسـان بتوانـد بـه آرزو هـای خـود منحیـث یـک موجـود طبیعـی نایـل آیـد. در ایـن آیـۀ مبـارک بـه انسـان میرسـاند کـه مـردم را کـه پیـش از شـما بودنـد خلـق کـرده بـود. در ایـن آیـه بـه دو مطلـب اشـاره میکنـد: اول تاریـخ انسـانی و مهمتـر کرونولـوژی کـه انسـان بایـد از گذشـته هـا بیامـوزد و دوم کـه بـه مـاده اول ربـط میگیـرد بـی اطاعتـی کـه باعـث سـر نگونـی انسـان میشـود و همیـن دلیـل اسـت کـه چـرا مـردم بـه تعالـی نمیرسـند؛ ایـن اسـت کـه از اوامـر خداونـد (ج) سـر پیچـی میکننـد و ایـن سرپیچـی بـه ضـرر خـود شـان اسـت زیـرا منحیـث یـک انسـان کامـل و متمدن عـرض انـدام نمیکننـد چیزیکـه خداونـد (ج) برایشـان اراده کـرده اسـت. بـا اطاعـت و عبـادت اسـت کـه انسـان بـا تقـوا میشـود. در اصـل تقـوا خـود را حمایـت کـردن از آن چیزسـت کـه انسـان را نـه تنهـا از گمراهـی بـه دور میکشـاند بلکـه انسـان در زنـدگی ذبـون و خـوار نمیشـود. تقـوا تـرس از بـدی هـا اسـت. خداونـد (ج) میخواهـد تـا انسـان کـه نماینـده خداونـد (ج) در روی زمیـن اسـت همیشـه موفـق، متشـبث باشـد و بـه جلـو بـرود و بـرای رسـیدن بـه ایـن هـدف بایـد بـه خداونـد (ج) نزدیـک باشـد، خداونـد (ج) را دوسـت داشـته باشـد و اوامـر خداونـد (ج) را سـر مشـق زنـدگی قـرار دهـد تـا راهیـاب شـود. انسـان بایـد از اعمـال خـود اندیشـه کنـد زیـرا خداونـد (ج) را نیـاز دارد، چـون خداونــد (ج) بنـده اش را دوسـت دارد و بـه بنـدۀ کـه بـا او نزدیکـی دارد بـی نهایـت غفـور و رحیـم اسـت و میگویـد حـدود قانـون مـن را حفـظ کنیـد تـا بـه معـراج کمـال برسـید. انسـان بایـد بـه خاطـر دوسـتی بـه خداونـد (ج) از بـدی هـا دوری کند تـا رستگار شـود.

الَّذِي جَعَلَ لَكُمُ الْأَرْضَ فِرَاشاً وَالسَّمَاء بِنَاء وَأَنزَلَ مِنَ السَّمَاء مَاء فَأَخْرَجَ بِهِ مِنَ الثَّمَرَاتِ رِزْقاً لَّكُمْ فَلاَ تَجْعَلُواْ لِلّهِ أَندَاداً وَأَنتُمْ تَعْلَمُونَ (٢٢)

معنـی: کسـیکه زمیـن را بـرای شـما بسـتری آفریـد و آسـمان را سـقف آن و از

آسمان آب فرستاد، بنابراین برای شما میوه ها آورد، اساس زندگی و روزی تان را برای شما فراهم نمود (تا بدین صورت) به خداوند (ج) کسی را برابر نکنید در حالیکه (حالا) شما میدانید.

تفسیر: این آیه از نگاه علم حیه یا بیولوژی حایز اهمیت است زیرا سه مرکب اصلی زندگی یعنی خاک، آب و اکسیجن را آشکار میسازد. در این آیهٔ مبارک خداوند (ج) غفوری و رحیمی خود را به انسان پیشکش میکند که برای آسایش انسان که خداوند (ج) بسیار دوستش دارد زمین و آسمان آفرید و برای انسان سهولت زندگی را فراهم آورد تا علم و حکمت را بداند که خداوند (ج) یک موجود یکتا است، انسان مسؤول به ذات یگانه است و توحید را پیشکش انسان میکند که خداوند (ج) یکی است، جهان یکی است، علم یکی است و انسان یک انسان است و خالق همه ذات پروردگار است و پروردگار چرخاننده نظام هستی است، پس غافل نشوید و خیال پردازی های مبتذل را براه نیندازید چنانچه مادیون و آنانی که راز خلقت را ندانستند و مردم را به بیراهه کشاندند. سماء نه تنها آسمان معنی میدهد اما آیه از نگاه علمی چند مطلب را میرساند مثل باران مانند: «یُرسلُ السماء علیکم مِدراراً» یعنی باران را در حالیکه ریزان است بر شما فرو میفرستد. همچنان جو زمین و یا فلک معنی میدهد. با این آیهٔ متبرک خداوند (ج)، انسان را از یک حقیقت علمی خبر میدهد که جو زمین حکمت باران و ثمر زمین و باران میباشد. هدف کره زمین است و هر چه در آن است. از نگاه لغت شناسی ارض که فعل ماضی است خوشنود کردن و راضی کردن هم معنی میدهد. خداوند (ج) با خلقت ارض خواسته است تا بندهٔ اش راضی و خوشنود باشد. از همین ارض برایش میوه ها و خوراکی ها را برای خوشنودی بنده فراهم کرده است. سماء که آسمان معنی شده است هم معنی وسیع دارد و بهشت، فلک، سعادت جاودانی و قدرت پروردگار هم معنی میدهد. وقتی خداوند (ج) میگوید که زمین را بستر و آسمان را بنای آن برای شما فراهم کرده است؛ این دو آیه یعنی ارض و سماء با هم متصل است برای سعادت بشر. از طریق همین زمین و آسمان است که ما زندگی انسانی داریم، هر دوی آن برای استفاده و زیست باهمی انسان خلق شده است. در این آیه موضوع ایکولوژی یا زیست باهمی مطرح است که چهارده صد سال قبل قرآن یاد آور شده است. سماء فلک هم است و جمع آن سماوات است یعنی مدار های متعدد که در فضا وجود دارد و هدف تنها آسمان نیلگون نیست که تولید کنندهٔ اکسیجن است. امروز ساینس به ما میگوید که

سماء یا آسمان یک پوشش است برای زمین که جَو زمین را از اشعهٔ آفتاب حفاظت میکند.

وَإِن كُنتُمْ فِي رَيْبٍ مِّمَّا نَزَّلْنَا عَلَىٰ عَبْدِنَا فَأْتُوا بِسُورَةٍ مِّن مِّثْلِهِ وَادْعُوا شُهَدَاءَكُم مِّن دُونِ اللَّهِ إِن كُنتُمْ صَادِقِينَ (۲۳)

معنی: و اگر شما به چیزیکه ما به بندگان نازل کردیم به شک هستید، پس یک سوره مثل آن بیاورید و شاهدین تان را که به غیر از خدا (ج) هستند احضار کنید اگر شما راستگو هستید.

تفسیر: در این آیه خداوند (ج) هشدار میدهد آنانی را که از حق انکار میکنند و خطاب میکند به آنانیکه در حقانیت قرآن مجید که از جانب خداوند (ج) نازل شده شک میکنند و میگوید که اگر شما فکر میکنید که قرآن از جانب خداوند (ج) نیست پس مثل آن یک سوره بیاورید و شاهد هم بیاورید. تا امروز کسی قادر نشده و ابداً قادر نخواهد شد که کسی مانند قرآن سورهٔ بنویسد. همین جاست که انسان دو مطلب را باید عمیقاً توجه کند. اول اینکه قرآن کلام خدا (ج) است و دوم اینکه انسان باید محدویت خود را در علم بداند و مغرور نشود. از نگاه علمی، سوره معنی مختلف دارد و ردیف درخت هم معنی میدهد. در اینجا می بینیم که انسان با اختراع انجینیری ژنیتیک درختان میوه ساخته اند و اما موفق نشده‌اند که ثمر لازم را داشته باشند. مطالعات نشان میدهد که انجینیری ژنیتیک هرگز نمیتواند جای غذای طبیعی را بگیرد و مشکلات را در بدن تولید خواهد کرد مانند شکر های ساختگی و یا مشروبات غیر الکهولی که با نام «دایت» مشهور است و جزئی ترین خدمت برای صحت بشر نکرده است.

فَإِن لَّمْ تَفْعَلُوا وَلَن تَفْعَلُوا فَاتَّقُوا النَّارَ الَّتِي وَقُودُهَا النَّاسُ وَالْحِجَارَةُ أُعِدَّتْ لِلْكَافِرِينَ (۲۴)

معنی: و اگر شما نکردید و شما هرگز نمیتوانید این کار را بکنید، پس از آتشی که سوخت آن مردم و سنگ هاست بترسید. برای آنانی که ایمان نیاورده اند (کافر شده اند) تهیه دیده شده است.

تفسیر: در این آیه سه مطلب مهم نهفته است: اول اینکه انسان نباید به خاطریکه خداوند (ج) برایش یک مغز خارق العاده اعطا کرده است مغرور شود و فکر کند که به همه کار قادر است. دوم اینکه انسان معترف

باشد بر اینکه علم او محدود است و مرتکب دروغ نشود و سوم اینکه این آیه میرساند که آنانی که دروغ میگویند، آنانی که لاف میزنند و آنانی که به وحدانیت خداوند (ج) ایمان نمی آرند یعنی خدا (ج) و کلامش را نهی میکنند اینها محکوم به جزاء هستند و این جزاء یک آتش عظیم است که تصور آن حتی از فکر بشر به دور است. این آیه هشدار میدهد که شما نباید در کار خلقت و طبیعت دست زنید و نظام طبیعت را نمیتوانید تغییر دهید. انسان متکبر میخواهد نظام طبیعت را با تحقیقات که نتیجه آن برهم خوردن نظم ایکولوژیک است، از هم بپاشاند و این یک جنایت بزرگ است. خداوند (ج) خود میداند چه خلق کند و انسان چگونه از آن استفاده برد. آیه به ما از سوخت سنگ ها میگوید و این اشاره به «مگما» است که سنگ ذوب شده سوزان است و در قشر بیرونی زمین قرار دارد. همین مگما است که وقتی از آتشفشان بیرون میشود لاوا گویند. همچنان این آیه عدالت پروردگار را در مورد زیست باهمی یعنی ایکولوژی تصریح کرده است که در آیهٔ بعدی واضح تر می بینیم.

وَبَشِّرِ الَّذِينَ آمَنُواْ وَعَمِلُواْ الصَّالِحَاتِ أَنَّ لَهُمْ جَنَّاتٍ تَجْرِي مِن تَحْتِهَا الأَنْهَارُ كُلَّمَا رُزِقُواْ مِنْهَا مِن ثَمَرَةٍ رِّزْقاً قَالُواْ هَـذَا الَّذِي رُزِقْنَا مِن قَبْلُ وَأُتُواْ بِهِ مُتَشَابِهاً وَلَهُمْ فِيهَا أَزْوَاجٌ مُّطَهَّرَةٌ وَهُمْ فِيهَا خَالِدُونَ (۲۵)

معنی: وخبر خوش ده به آنانیکه ایمان آورده اند و کار های شایسته کرده اند؛ به یقین برای آنها بهشت است که در زیر آن دریا ها جریان دارد. هر وقتی برای شان در آن جا به خاطر توشه حیات میوه ها تهیه دیده شده. آنها میگویند این همان است که قبلاً برای ما تهیه دیده شده بود و به ما مشابه اینها اعطا شده بود و برای آنها جوره های پاکیزهٔ است و آنها در آن جا برای همیش باقی خواهند ماند.

تفسیر: مطالب عمدهء در این آیه نهفته است: اول اینکه بهشت برای آنانی است که نه تنها ایمان آورده اند بلکه کار های شایسته انجام میدهند. ایمان در کنار کار شایسته قرار گرفته است. یعنی ایمان شخص وقتی مکمل است تا اعمال صالحه انجام دهد مانند علم آموختن، خود را از بیسوادی کشیدن، حقوق مردم را شناختن، کار کردن و خود را از بیکاری و تنبلی کشیدن، زکات دادن، صدقه دادن، زنان را محترم شمردن، به بزرگسالان احترام کردن، به خوردان مُحبت کردن، اخلاق نیکو داشتن، نظریات و عقاید مردم را محترم شمردن، با حوصله بودن، پاک و نظیف بودن.

بهشت نظر به تصور انسانی ترسیم شده است. مردم جا های سر سبز و آب و هوای خنک را دوست دارند و لذت میبرند و در آنجا به استراحت میپردازند. بهشت استراحتگاه ابدی انسان مؤمن، انسان فعال و انسان متمدن است زیرا دین برای اشخاص متمدن است نه غیر متمدن. مؤمنین را از میوه ها مژده میدهد. میوه ها نه تنها نعمت پروردگار است و تحفه بهشت است برای اشخاص مؤمن و با ایمان بلکه منحیث انتی اوکسیدنت (ضد اوکسیده) در مقابله با امراض در بدن مبارزه میکند و حجره ها را سالم نگه میدارد تا انسان با صحت باشد. از این رو این آیه مبارکه یک مسلمان را به خوردن میوه تشویق میکند تا چنانچه در بالا تذکر رفت بتواند با بدن سالم اعمال صالح انجام دهد. قسمت اخیر آیه تکامل انسانی را در ازدواج پاکیزه نشان میدهد. مقصد از ازدواج زن برای مرد و مرد برای زن است. ازدواج مطهر تنها برای مردان نیست. همچنان آیۀ زوج برای نباتات هم استفاده میشود. یعنی همه چیزی که شما دراین دنیا برای شما فراهم شده است، جوره آن بطور پاکیزه در آن دنیا هم فراهم شده است. زوج مطهر یا جوره پاک در میوه‌جات آن است که آلودگی ندارد و خالص است و طبیعی است. خداوند (ج) نه تنها ترکیبات تولید ژینیتیک را در این دنیا روا نمیدارد، در آن دنیا هم شما را با میوه های پاکیزه مژده میدهد چنانچه در آیه می بینیم که انسان میگوید:«همان است که قبلاً برای ما تهیه شده بود».

در مورد زوج انسانی باید بگوییم که با شناخت جنس مخالف است که انسان به راز خلقت پی میبرد. زن و مرد مکمل همدیگر هستند. چون در زندگانی این دنیا همراز و هم دل هستند، خداوند (ج) غفور و رحیم یکجا بودن شان را در دنیای جاودان هم برای آسایش شان خبر میدهد که شما در آن جا هم تنها نخواهید بود. از نگاه علمی وقتی یک مرد و یا یک زن به تکامل انسانی میرسد تا جنس مخالف خود را نزدیکی کرده باشد که این هم قانون طبیعت است و قسمیکه گفتیم قانون طبیعت و قانون خدا (ج) هر دو یکی است.

إِنَّ اللَّهَ لاَ يَسْتَحْيِي أَن يَضْرِبَ مَثَلاً مَّا بَعُوضَةً فَمَا فَوْقَهَا فَأَمَّا الَّذِينَ آمَنُوا فَيَعْلَمُونَ أَنَّهُ الْحَقُّ مِن رَّبِّهِمْ وَأَمَّا الَّذِينَ كَفَرُوا فَيَقُولُونَ مَاذَا أَرَادَ اللَّهُ بِهَذَا مَثَلاً يُضِلُّ بِهِ كَثِيراً وَيَهْدِي بِهِ كَثِيراً وَمَا يُضِلُّ بِهِ إِلاَّ الْفَاسِقِينَ (۲۶)

معنی: واقعاً الله (ج) شرم ندارد ازینکه نقل قول کند و یا مانند حشرهء کوچک و یا چیز فوق آن مثال بدهد، بدین ترتیب آنانیکه ایمان آورده اند حق را از جانب خداوند (ج) خواهند دانست در حالیکه آنهائی که حق را انکار کرده اند خواهند گفت که مقصد خداوند (ج) با این مثال چه است؟ پروردگار بیراه میسازد بسیاری را و پروردگار رهنما میشود بسیاری را و پروردگار سبب نمیشود که کسی بیراه شود به غیر از فاسقین (گنهکاران).

تفسیر: برای اینکه مردم ایمان بیاورند خداوند (ج) مثال های بسیار معمولی و ساده میدهد که به عقل و فهم مردم سازگار باشد و همین مثال های کوچک برای فهم و درک حقیقت از نگاه آموزش و پرورش انسانی خیلی ها موثر است. قرآن مجید برای همه نازل شده است نه یک طبقه خاص جامعه و برای همین منظور عام فهم میباشد. در عین زمان در اینجا قرآن به علم حشره شناسی یا انتومولوژی اشاره میکند. اگر ساختمان یک پشه را مطالعه کنیم می بینیم که یک بحر از خلقت است. پشه همان قدرت حسی و حیوانی را دارد که دیگر حیوانات دارد. تا حال زیاد تر از یک میلیون حشره در جهان شناسایی شده است. بعضی تفاسیر را میخوانیم که به اندازۀ با فارسی ثقیل نوشته شده است و لغات مشکل استفاده شده که از فهم شخص اُمی مطلق به دور است. مفسر خواسته است تا علمیت خود را به رُخ مردم بکشد غافل از اینکه خودش به بیراهه رفته است. وقتی قرآن با مثال های عادی و کلام شیوا اما حکمت با مردم صحبت میکند، باید تفسیر آسان تر باشد نه اینکه مغلق تر باشد تا مردم هدایت شوند نه اینکه معنی را ندانند و دلسرد شوند. خداوند (ج) با انسان از طریق قرآن سخن میگوید. راه را برایش نشان میدهد و عقل هم برایش داده است و عقل را حجت بین خود و مردم قرار داده است. لذا کسیکه نمیخواهد او را بشناسد و به راز خلقت او پی برد فسق خود شان است. فسق در ریشه لغت معنی جالب دارد و آن عبارت است از خارج شدن هسته از داخل خرما است. یعنی کسیکه کافر میشود از هسته خلقت خود را به دور میکند

که در این مطلب سه نکته نهفته است: اول اینکه خالق جهان را انکار میکند دوم اینکه خود را از دایره خلقت به دور میکند یعنی جزء خلقت نیست و سوم پس یک موجود غیر طبیعی از خود میسازد. نتیجه اینکه انسان بدست خود فاسق میشود یعنی موجود بی هدف، سرگردان و بدون مسؤولیت در مقابل جامعه قرار میگیرد. یک غلط فهمی بین مردم است و مخصوصاً آنانیکه قرآن را به خاطر کج بحثی زیر سؤال میبرند که وقتی خدا (ج) نمیخواهد کسی راهیاب شود پس گناه انسان چیست؟ در آیه یُضِلُ آمده است که گمراهی معنی میدهد. اضلال به معنی" از بین بردن زمینه های مساعد است، بدون اینکه جنبهٔ اجباری به خود بگیرد." و این فراهم ساختن اسباب (که نام آن را توفیق میگذاریم) یا برهم زدن اسباب (که نام آن را سلب توفیق میگذاریم) نتیجهٔ اعمال خود انسانها است که این امور را در پی دارد، پس اگر خدا (ج) به کسانی توفیق هدایت میدهد و یا از کسانی توفیق را سلب میکند نتیجهٔ مستقیم اعمال خود آنها است. "(تفسیر نمونه جلد اول صفحه۱۵۲).

الَّذِينَ يَنقُضُونَ عَهْدَ اللَّهِ مِن بَعْدِ مِيثَاقِهِ وَيَقْطَعُونَ مَا أَمَرَ اللَّهُ بِهِ أَن يُوصَلَ وَيُفْسِدُونَ فِي الْأَرْضِ أُولَٰئِكَ هُمُ الْخَاسِرُونَ (۲۷)

معنی: آنانی که پیمان خداوند (ج) را میشکنند بعد از این که آن را تعهد میکنند و آنها امر خداوند (ج) را که باید وصل شده باشند قطع میکنند ودر روی زمین فساد خلق میکنند، آنها از بازندگان هستند.

تفسیر: تفسیر گوناگون در مورد این آیه نوشته شده که جواب ما را در زندگانی امروز نمیدهد. این آیه از نگاه علم ایکولوژی و یا زیست با همی حایز اهمیت فراوان است. مقصد از شکستاندن پیمان این است که چون انسان صانع خلقت را انکار میکند و فسق میکند پس نمیتواند بفهمد که رابطه خود را با طبیعت قطع کرده است زیرا انسان یک موجود طبیعی است و از خاک ساخته شده و خاک میشود. زمانی که انسان خود را جزء خلقت ندانست که باید باشد (ان یُوصَلَ) در اینجاست که فساد خلق میکند. فساد در اینجا یعنی بی نظمی هم معنی میدهد. فساد میتواند انواع مختلف داشته باشد مانند فساد اخلاقی، فساد اداری، فساد سیاسی، فساد اجتماعی و فساد اقتصادی. امروز انسان فاسد برای منافع شخصی خود جنگل ها را از بیخ میبرد. هوا را آلوده ساخته است. جنایت به حد اعلی رسیده است. قتل و قتال دنیا را فرا گرفته است. فقر و فاقگی به حد اعلی

رسیده است. آب های دریا ها از آشامیدن نیست. از نگاه سیاسی اشخاص فاسد، دیکتاتور، بی دین و قوم پرست در رأس کار قرار گرفته اند. سود و اسراف جهان را به تباهی کشانده است. آنها باید بدانند که هم در این دنیا از جمله کسانی هستند که در زندگی بازنده هستند و هم در آن دنیا زیرا از فسق خود یعنی از قانون طبیعت یعنی قانون خدا (ج) بریده اند و از فساد خود یعنی بی نظمی را که به بار آورده اند جواب میدهند. هر آنگاهی که انسان از قانون خداوند (ج) خارج شود فاسق است و چون راه گم میشود مفسد میگردد. امروز که در کشور ما افغانستان بی نظمی و فساد است برای این است که قانون اسلام نیست. ارگانهای دولتی متهم به قوم پرستی است. رشوه ستانی و فساد اداری به حد اعلی است برای اینکه سطح رهبری فاسد شده است.

كَيْفَ تَكْفُرُونَ بِاللَّهِ وَكُنتُمْ أَمْوَاتاً فَأَحْيَاكُمْ ثُمَّ يُمِيتُكُمْ ثُمَّ يُحْيِيكُمْ ثُمَّ إِلَيْهِ تُرْجَعُونَ (۲۸)

معنی: چگونه شما خداوند (ج) را رد میکنید و شما که مرده بودید پس او به شما زندگی داد بعد او شما را میمیراند و دو باره به شما زندگی داد بعد شما به جانب او بر گشتانده میشوید.

تفسیر: در این جا اسرار حیات را توضیح میکند. چطور شما خالق را انکار میکنید در حالیکه میدانید که او شما را خلق کرده و زندگی بخشیده و همین قدرت را دارد که شما را بمیراند و دو باره زنده کند. یکی از مطالب عمده که هیچ کس نمیتواند انکار کند راز زندگی و مرگ است. در این آیه باز هم یک مسئله عمده راز خلقت و طبیعت را بیان میدارد و آن این که خداوند (ج) نه تنها که زنده کننده و میراننده حیات است بلکه در اخیر رجوع به او است یعنی ما از خاک ساخته شده ایم و دوباره خاک میشویم. این هم نه تنها یک مسئله دین شناسی و ثبوت حقانیت خداوند (ج) است بلکه یک مسئله ایکولوژیک و یا زیست با همی است. مهم اینکه انسان نمیتواند از مرگ خود جلوگیری کند و مرگ یک راز خداوند (ج) است کسیکه تعمق کند.

هُوَ الَّذِي خَلَقَ لَكُم مَّا فِي الأَرْضِ جَمِيعاً ثُمَّ اسْتَوَى إِلَى السَّمَاء فَسَوَّاهُنَّ سَبْعَ سَمَاوَاتٍ وَهُوَ بِكُلِّ شَيْءٍ عَلِيمٌ (۲۹)

معنی: او کسی است که برای شما خلق کرده در زمین همه چیز را بعداً

به آفرینش آسمان پرداخت و آنها را به هفت طبقه در فلک هموار ساخت و او به همه چیز دانا است.

تفسیر: در این آیه خداوند (ج) رحمت و دوستی خود را به انسان بیان میکند و میگوید که همه چیز را برای استفاده انسان خلق کرده است. در این آیه از حکمت عدد هفت بیان میکند. عدد هفت که زیاد تر متعدد و یا گوناگون ترجمه شده معنی وسیع تر دارد و ۲۸ بار در قرآن تذکر یافته است. پروفیسر بوکی درکتاب بایبل(کتاب مقدس)، قرآن و ساینس صفحه ۱۴۱مینویسد: امکان دارد که قرآن از موجودیت زیاد تر از یک کره خاکی را گواه باشد. شاید زمین های دیگر در کائنات وجود داشته باشند. این موضوع را بوکی در سال ۱۹۷۶ تذکر داده بود و امروز سیارات دیگر شبیه زمین دیده شده است. به هر حال مطالعات تاریخ نشان میدهد که رومی ها و یونانی ها هم عدد هفت را برای تفکر و جمع مفاهیم به کار میبرده اند.

برای بار اول عدد هفت در همین سوره بقره آیهٔ بیست و نهم به چشم میخورد. این عدد از راز های خلقت است و عدد طاق است پس یگانگی خداوند (ج) و خلقت او را بیان میکند.

این عدد نشان میدهد که قرآن یک معجزه است و به اساسات علم ریاضی استوار است. علم ریاضی دروغ نمیگوید و ثابت است. با این عدد خداوند (ج) خواسته است تا حقانیت خود و حقانیت خلقت را ثابت سازد و راز درک آن را به بنده واگذار کرده است.

عدد هفت نشانهٔ بزرگ از توحید است که در طول تاریخ دین، خداوند (ج) با این عدد به مردم آگاهی داده است. عدد هفت در کتابهای آسمانی قبل از قرآن هم تذکر یافته است. به هرحال اگر از معنی تعدد بگذریم و از نگاه اتموسفیرک زمین موضوع را مطالعه کنیم، قرآن از هفت طبقه گواهی میدهد. مطالب گوناگون در مورد عدد هفت توسط ریاضی دانان، روانشناسان و دانشمندان ساینس وعلوم نجوم ارائه شده است که شگفت انگیز است. طور مثال قوس قزح هفت رنگ دارد. هفت قاره در جهان است. هفت بحر در جهان است. هفت روز هفته است. اجسام سماوی هم اساساً هفت است که عبارت اند از: آفتاب، مهتاب، مریخ، نپتون، زحل، زهره و مشتری میباشد. قسمیکه گفتیم اجسام سماوی زیاد تر امروز کشف شده است و اسمای شان واضح است.

ساینس امروز به ما میگوید که سیستم مرکزی عصبی انسان از هفت قسمت متشکل شده است. همچنان اجزای کلی انسان که انسان را شکل

میدهد هفت است یعنی سر، قفسه سینه، شکم یا بطن، دو دست و دو پا. در مورد عدد هفت در متون دینی ما هم مطالبی است که باید بدانیم سفر معراج حضرت رسول اکرم (ص) به آسمان هفتم است.

جهنم هفت دَر دارد که همیشه باز است (سوره حجر آیهٔ ۴۴). مسلمان هفت بار به دور کعبه طواف میکند و این نمایانگر هفت فلک است که در زمین صورت میگیرد همچنان حجاج هفت بار در صفا و مروه قدم میزنند و می دوند. حجاج باید هفت سنگچل را به سه دیوار که از شیطان نمایندگی میکند در ایام حج پرتاب کنند.

وَإِذْ قَالَ رَبُّكَ لِلْمَلَائِكَةِ إِنِّي جَاعِلٌ فِي الأَرْضِ خَلِيفَةً قَالُواْ أَتَجْعَلُ فِيهَا مَن يُفْسِدُ فِيهَا وَيَسْفِكُ الدِّمَاء وَنَحْنُ نُسَبِّحُ بِحَمْدِكَ وَنُقَدِّسُ لَكَ قَالَ إِنِّي أَعْلَمُ مَا لاَ تَعْلَمُونَ (۳۰)

معنی: و وقتی که رَب یعنی پروردگار به فرشتگان گفت من در زمین یک خلیفه یعنی (جانشین خودم) را قرار میدهم، گفتند موجودی را مقرر میکنی که بی نظمی را به وجود بیاورد و خون بریزد و ما تو را ستایش میکنیم حمد تو را میگوئیم و برای تو جامعه را پاک و منزه میکنیم، او گفت: من زیاد تر میدانم چیزیکه شما نمیدانید.

تفسیر: در این آیه یکی دو نکتهٔ مهم نهفته است: اول اینکه خداوند (ج) خود را «رَب» خطاب میکند. از نگاه علم آموزش و پرورش، رَب به آن موجودی گفته میشود که می آموزاند. درحقیقت کلمه «رَب» و «تربیه» از یک ریشه مشتق شده است. مودودی (علیه رحمه) تذکر میدهد که آموزش و پرورش یکی از معنی های «رَب» میباشد. قرطبی اظهار میدارد که «رَب» تشریح موجودی است که یک کار را به نحو کامل آن به انجام میرساند. شیخ رازی میگوید که خداوند (ج) آموزگار احتیاج آموزشی مخلوق خود را میداند برای اینکه او آن را خلق کرده است. (تئوری تعلیم و تربیه: بینش اسلامی اثر عبدالرحمن صالح عبدالله، صفحه ۲۴). نکته دیگر این که خداوند (ج) انسان را بر میگزیند تا نماینده یا جانشین آن ذات الهی در زمین باشد. اینجاست که می بینیم که خداوند (ج) چه مقام والاگهر به انسان می بخشد که در هیچ مکتب دیگر نمیتوان سراغ کرد. سوم اینکه فرشتگان عرض حال میکنند که موجودی را تعیین میکنی که بی نظمی و فساد را به بار میاورد. فرشتگان از سرشت انسان میدانستند و اما از خداوند (ج) کمتر میدانستند و از همین سبب جواب میشنوند که

«اِنِّی اَعلَمُ» یعنی من زیاد تر میدانم. خداوند (ج) میدانست که چه خلق کرده، احتیاج آدمی چه است و چرا باید خلیفه اش در روی زمین باشد که در آیه بعدی واضح میسازد. همچنان این آیه آشکار میکند که قبل از خلقت آدم، آدم های دیگر در زمین بوده اند و به حکمت خداوند (ج) از بین رفته اند ورنه از سرشت آدم فرشتگان چگونه آگاهی داشتند؟ دوم اینکه فرشتگان میگویند: «نُقَدِّسُ لَكَ» یعنی «از برای تو جامعه را پاک میسازیم» (تفسیر نمونه جلد اول صفحه ۱۷۵). مقصد فرشتگان این بوده که آنها هستند که عدل الهی را بر قرار کرده میتوانند جامعه را از فساد پاک کنند نه آدم. غافل از این که علم آدمی را ندارند. بلی این آیه به وضاحت میرساند که مقام آدم از فرشته بلند تر است و آن به خاطر علم و کمال آدمی است.

وَعَلَّمَ آدَمَ الأَسْمَاء كُلَّهَا ثُمَّ عَرَضَهُمْ عَلَى الْمَلاَئِكَةِ فَقَالَ أَنبِئُونِي بِأَسْمَاء هَؤُلاء إِن كُنتُمْ صَادِقِينَ (۳۱)

معنی: و به آدم همه نام ها را آموخت بعداً به پیش فرشتگان آن را پیشکش نمود و بعد گفت بگوئید نام های اینان را اگر شما راست میگوئید.

تفسیر: مقصد از اسماء در این آیه علم است که خداوند (ج) به انسان آموخت. خداوند (ج) میدانست که بدون علم، انسان تنها نمیتواند به هدف برسد و منحیث خلیفه خدا (ج) رسالتش را نخواهد توانست به انجام برساند. فرشتگان چون علم نداشتند در دادن جواب عاجز ماندند و گفتند:

قَالُواْ سُبْحَانَكَ لاَ عِلْمَ لَنَا إِلاَّ مَا عَلَّمْتَنَا إِنَّكَ أَنتَ الْعَلِيمُ الْحَكِيمُ (۳۲)

معنی: آنها گفتند ستایش تو راست، دانشی نیست بر ما مگر چیزی که تو به ما آموختی. براستی تو دانای مطلق و حکیم مطلق هستی.

تفسیر: در این آیه فرشتگان به ناتوانی علمی خود اعتراف میکنند و هم اعتراف میکنند که علم واقعی نزد خداوند (ج) است و او حکیم و دانای فرزانه است. آن ذات الهی اراده کرده تا نه تنها انسان را به حیث خلیفه خود در زمین قرار دهد بلکه به او یعنی انسان علم اعطا کند و بدین ترتیب انسان را اشرف مخلوقات سازد. توجه میکنید که در هیچ نظام اجتماعی دیگر و یا تفکر دیگر چنین مقام به انسان داده نشده است. متأسفانه امروز مسلمانان از علم بسیار عقب مانده هستند. بین قرون نهم تا

دوازدهم مسلمانان سردمدار علم و معرفت در جهان بودند. همه تئوری ها و فرضیات یونان را مسلمانان ترجمه کرده اند. باعث اکتشافات بس بزرگ شده اند. طور مثال الجبر که کلمهٔ عربی است از تشبثات علمی مسلمانان است. الکهول توسط مسلمانان برای وقایه و ضد میکروب کشف شد. اولین شفاخانه را مسلمانان تاسیس کردند. فهرست آن زیاد است. اما بعد از رنسانس اروپا، مسلمانان آهسته آهسته نه تنها قلمرو خود را از دست دادند بلکه از علم و معرفت بسیار دور شدند. به همدیگر خیانت کردند. موضوع عرب و عجم را روی کار آوردند. مخصوصاً محمد ابن عبدالوهاب که فرقهٔ وهابی را روی کار آورد هزاران مسلمان را کشت و به علم و علمیت و اصالت عقل دشمنی کرد. برای گرفتن حرمین شریفین دست خود را با انگلیس بر علیه ترکیه عثمانی یکی کرد. نتیجهٔ این همه خیانت و بی اتفاقی را شما امروز می بینید.

قَالَ يَا آدَمُ أَنْبِئْهُمْ بِأَسْمَائِهِمْ فَلَمَّا أَنْبَأَهُمْ بِأَسْمَائِهِمْ قَالَ أَلَمْ أَقُلْ لَكُمْ إِنِّي أَعْلَمُ غَيْبَ السَّمَاوَاتِ وَالْأَرْضِ وَأَعْلَمُ مَا تُبْدُونَ وَمَا كُنْتُمْ تَكْتُمُونَ (٣٣)

معنی: او[خداوند (ج)] گفت: ای آدم بگو بر ایشان نام های اینان را لذا وقتی که او (انسان) به ایشان از نام ها معلومات داد، او [خداوند(ج)] گفت: من نگفته بودم که من زیاد تر میدانم در مورد غیب آسمانها و زمین و من زیاد تر میدانم در مورد چیزی که شما آشکار میکنید و چیزیکه شما پنهان کرده اید.

تفسیر: بدین ترتیب خداوند (ج) حکمت خود را نمایان میکند که چیزی را که آن ذات الهی میداند هیچ موجودی دیگر قادر به دانستن آن نیست و آن راز و اسرار جهان هستی که ما به چشم می بینیم و جهان غیب که انسان قادر به دیدن آن نیست مانند اسرار خلقت (مانند عدد هفت)، اسرار حیوانات گوناگون، اسرار نباتات گوناگون، اسرار نظام شمسی و هر آن چیزی که خداوند (ج) خلق کرده است. طور مثال قرآن از هفت طبقهٔ آسمان و زمین خبر میدهد و اما انسان تا حال نتوانسته است که دو طبقهٔ دیگر را کشف کند و کیهان شناسان را به چالش کشیده است. همچنان قسمتی از فضا است که به نام انرژی تاریک یاد میشود که یک شکل انرژی شناخته ناشده است. مهمتر اینکه هر موضوع و مطلبی که انسان با آن روبرو است خواه آشکار باشد و خواه انسان بخواهد پنهان کند خداوند (ج) میداند. کدام انسان حقایق را پنهان میکند؟ آن انسان که تنها منافع

خود را از نگاه سیاسی، اقتصادی و اجتماعی مدنظر میگیرد. توجه داشته باشید که آیات جنبه توحیدی و جنبه اجتماعی دارد. جنبه توحیدی آیه آنست که انسان حقیقت ایمان را پنهان میکند. و اما جنبهٔ اجتماعی آیه و یا آیات آن است که با اینکه حقیقت تلخ سیاسی و اجتماعی و حتی در بعضی موارد علمی را میداند، خواه مسلمان باشد و یا غیر مسلمان، پنهان میکند. مهمتر اینکه کسانی حقایق را پنهان میکنند که فراموش میکنند، مخصوصاً مسلمانان با اینکه میدانند خداوند (ج) بصیر است یعنی میبیند. هر کاری که بنده میکند از دید خداوند (ج) پنهان نیست.

وَإِذْ قُلْنَا لِلْمَلَائِكَةِ اسْجُدُوا لِآدَمَ فَسَجَدُوا إِلَّا إِبْلِيسَ أَبَىٰ وَاسْتَكْبَرَ وَكَانَ مِنَ الْكَافِرِينَ (۳۴)

معنی: و وقتی که ما به فرشتگان گفتیم سجده کنید به آدم همه سجده کردند به غیر از ابلیس. او رد کرد و مغرور بود و او از جمله انکار کنندگان یعنی کافرین بود.

تفسیر: در این آیه چند نکته آموزنده نهفته است: اول اینکه کسیکه سجده نمیکند خاصیت شیطانی را به خود میگیرد. دوم اینکه خداوند (ج) اشاره به تکبر میکند که یک عده از کبر و غرور سجده نمیکنند و فکر میکنند که همه چیز را میدانند و این یک صفت فوق العاده خراب انسانی است. سوم اینکه در این آیه به وضاحت میرساند که کسیکه امر خداوند (ج) را انکار میکند از جمله کافرین محسوب میشود. انسان هم با بی اطاعتی خداوند (ج) صفت شیطانی میگیرد. و چون فسق میکند یعنی از دایره خلقت خود را بیرون میداند پس فاسد میشود و در نتیجه باعث تبهکاری جامعه میگردد. زیرا شیطان به موجود سرکش و متمرد هم گفته میشود. در این آیه کلمه ابلیس به کار رفته است. ابلیس اسم خاص است و شیطان اسم عام. شیطان به آن موجودی گویند که باعث انحراف وسرکشی گردد. به انسان هم شیطان میتواند اطلاق شود. عبدالله یوسف علی مینویسد که: «ابلیس ظاهراً مفهوم منبع بدی و شرارت را ارائه میکند که در آن معنی سراسیمگی و نا امیدی نیز مضمر است.» سجده یک موضوع سمبولیک است. در ایام قدیم مردم درپای پادشاهان سجده میکردند و او را ولی نعمت خود میشمردند. این صحنه که مردم به پای پادشاه سجده کرده‌اند هم در افغانستان و هم ایران دیده شده است. اما خداوند (ج) انسان را از حالت بندگی به انسان خلاص میکند و انسان مؤمن تنها به خداوند (ج) سجده میکند و همه چیز

را از او میخواهد. همچنان سجده سمبولیک است یعنی ما از خاک ساخته شدیم و دوباره خاک میشویم.

وَقُلْنَا يَا آدَمُ اسْكُنْ أَنتَ وَزَوْجُكَ الْجَنَّةَ وَكُلَا مِنْهَا رَغَداً حَيْثُ شِئْتُمَا وَلاَ تَقْرَبَا هَذِهِ الشَّجَرَةَ فَتَكُونَا مِنَ الْظَّالِمِينَ (۳۵)

معنی: و ما گفتیم ای آدم تو و همسرات در بهشت سکونت کنید و هردوی شما از نعمت های آن به آسایش بخورید جائی که هر دوی شما آرزو دارید و هر دوی شما به نزدیک درخت نشوید که هر دوی شما از ظالمان خواهید شد.

تفسیر: مدققین در مورد درخت به طور مختلف گمان کرده اند و اما اصلاً معلوم نیست که این درختی است که ما به حیث درخت میشناسیم و یا درخت تمثیلی یعنی سمبولیک است مانند درخت ظلم و فساد. نقطه مهم در این آیه این است که بر عکس عیسویت خداوند (ج) آدم (ع) و بی بی حوا هردو را مخاطب قرار داده و مسؤولیت نزدیک نشدن به درخت را به دوش هردو انداخته است نه یکی آن دو. همچنانکه بهشت و نعمت آن را مساویانه به هردو مژده داده است. این آیه در زندگانی امروز نهایت ارزنده است زیرا خداوند (ج) بین آدم (ع) و بی بی حوا یعنی زن و مرد تبعیض نکرده است. همچنان به هر دو خطاب کرده است که اگر بی اطاعتی کنند از ظالمان خواهند شد نه تنها آدم (ع) بلکه هر دو ایشان. در ادیان گذشته مانند عیسویت تنها بی بی حوا یعنی زن را محکوم به نزدیک شدن درخت کرده اند. اما قرآن مجید هر دو، بی بی حوا و آدم (ع) را مخاطب قرار داده است. این موضوع در سوره اعراف آیۀ بیستم زیادتر واضح شده است که میگوید: پس شیطان، هر دو را وسوسه کرد تا آنچه را از عورت های شان برایشان پوشیده مانده بود، برای آنان نمایان گرداند؛ و گفت: «پروردگار تان شما را از این درخت منع، نکرد، جز [برای] آنکه [مبادا] دو فرشته گردید یا از زمرۀ جاودانان شوید». در اینجا می بینیم که خداوند (ج) تنها زن را مقصر ندانسته است بلکه هر دو را در نزدیک شدن به درخت مقصر میشمارد. حتی در سورۀ طه آیۀ ۱۲۱ آدم(ع) را مسؤول تر میشمارد و میگوید «آنگاه از آن [درخت ممنوع] خوردند و برهنگی آنان برایشان نمایان شد و شروع کردند به چسپانیدن برگهای بهشت برخود و این گونه آدم(ع) به پروردگار خود عصیان ورزید و به بیراهه رفت». نکتۀ جالب و قابل دقت در این آیه این است که نشان

میدهد که بی اطاعتی خداوند (ج)، انسان را برهنه میسازد یعنی بی اطاعتی به دنبال خود بی آبروئی و بی عزتی خواهد داشت.

فَأَزَلَّهُمَا الشَّيْطَانُ عَنْهَا فَأَخْرَجَهُمَا مِمَّا كَانَا فِيهِ وَقُلْنَا اهْبِطُوا بَعْضُكُمْ لِبَعْضٍ عَدُوٌّ وَلَكُمْ فِي الأَرْضِ مُسْتَقَرٌّ وَمَتَاعٌ إِلَى حِينٍ (۳۶)

معنی: پس شیطان سبب لغزش هردوی شان شد و او هردوی شان را از بهشت بیرون راند جائی که هر دو در آن جا بودند و ما گفتیم پائین بروید شما به همدیگر دشمن هستید و جایگاه شما زمین است که در آن بهره برداری موقت است.

تفسیر: این آیه از نگاه رابطه انسان با خداوند (ج) نهایت ارزنده است. باید بدانیم که اهمیت این آیه در زندگانی ما چه است؟ این آیه میرساند که انسان با سرکشی از اوامر خداوند (ج) خود را از حالت راحت به حالت دشواری قرار میدهد. ما با بی اطاعتی خداوند (ج) دشمنی را بین خود خلق میکنیم. و زندگی دنیا هم با همه نشیب و فراز های آن موقت است و پایدار نیست. چون پایدار نیست پس باید در زندگی همیشه به این فکر باشیم که دو باره نزد خداوند (ج) بر میگردیم و جوابگو خواهیم بود. قابل یادآوری است که آن زمان که حضرت آدم (ع) و بی بی حوا از بهشت رانده شدند و به زمین فرود آمدند همان جا بود که امروز در حج موسوم به عرفات است. عرفه در لغت شناخت معنی میدهد و در این وادی بود که دو موجود رانده شده از بهشت یعنی حضرت آدم (ع) و بی بی حوا همدیگر را شناختند.

فَتَلَقَّى آدَمُ مِنْ رَبِّهِ كَلِمَاتٍ فَتَابَ عَلَيْهِ ۚ إِنَّهُ هُوَ التَّوَّابُ الرَّحِيمُ (۳۷)

معنی: پس آدم از آموزگار خود [خداوند (ج)] کلماتِ را آموخت که بتواند توبه کند. براستی او[خداوند(ج)] بسیار توبه پذیر و بسیار مهربان است.

تفسیر: اینجا خداوند (ج) که ذات غفور و رحیم است مهربانی بی نهایت اش را به بنده نشان میدهد و به او یاد میدهد تا چگونه توبه کند. این است دوستی و محبت ذات کبریا به بنده اش که با اینکه اشتباه کرده است و به خطا رفته و اما برایش سخت نمیگیرد و راهی که چگونه از ظلمت نجات پیدا کند برایش نشان میدهد و آن توبه است. اساساً توبه به ذات خود بزرگترین عبادت است زیرا اعتراف به گناه و دانستن اینکه رب العزت الله

(ج) بخشاینده است؛ تفکر یک انسان مؤمن است. هدف کلی برای انسان مؤمن توبه یعنی بازگشت از گناه است.

قُلْنَا اهْبِطُواْ مِنْهَا جَمِيعاً فَإِمَّا يَأْتِيَنَّكُم مِنِّي هُدًى فَمَن تَبِعَ هُدَايَ فَلاَ خَوْفٌ عَلَيْهِمْ وَلاَ هُمْ يَحْزَنُونَ (۳۸)

معنی: ما گفتیم از آن یکجائی پائین بروید، پس از این، از جانب من برای شما رهنمائی می آید پس کسیکه هدایت مرا پیروی کند بیمی بر آنان نخواهند بود و غمگین نخواهند شد.

تفسیر: در این آیه به شکل امرخداوند (ج) خطاب کرده است. تکراراً خداوند متعال مهربانی اش را به بنده ارزیابی میکند و مژده میدهد که آن ذات کبریا بنده ای را که اشتباه کرده و به خطا رفته است با غفوری و رحیمی خود رهنمائی میکند. پس کسیکه در این دنیا از اوامر او پیروی کند پریشان نخواهند شد. نکته مهم در این آیه این است که همه بدبختی های ما در زندگانی به خاطر این است که ما از قرآن نمی آموزیم و قرآن را سر مشق زندگی قرار نمیدهیم. و اما پروردگار در حق بنده نهایت مهربان است. راه توبه همیشه باز است. اما باید بدانیم که خداوند (ج)، عادل است. خداوند (ج) ناسپاسی را که در حق او صورت گرفته است می بخشد و اما اگر بنده در مقابل بندگان خداوند (ج) جفا کرده باشد باید اول بندگان ببخشند تا خداوند (ج) ببخشد. دین اسلام دین عدالت و دین مردم است. اینجا مسئلهٔ حقُّ الله و حق العَبد مطرح است. حقُّ الله آن است که خداوند (ج) حق خود را می بخشد. طور مثال: بنده از روی کسالت و یا فراموشی نماز ادا نمیکند. در این حالت است که خداوند (ج) می بخشد و یا نمی بخشد، حق آن ذات کبریا است. حق العبد آن است که اگر بنده حق بنده را پایمال میکند تا بنده نبخشد خداوند (ج) نمی بخشد. طور مثال در جهاد افغانستان کابل را به آتش کشیدند و این ظلم به مردم بود. آنانیکه مرتکب این عمل شده اند اول باید از مردم کابل معذرت بخواهند. یا کسی امانت شما را خیانت کرده است و یا حقوق شما را پایمال کرده است مثلاً مخالف آزادی بیان شما بوده است و یا پول شما را حیف و میل کرده اند و یا ملکیت شما را غصب کرده اند؛ اینها باید اول از مردم معذرت بخواهند تا خداوند (ج) ایشان را ببخشاید.

وَالَّذِينَ كَفَرُوا وَكَذَّبُوا بِآيَاتِنَا أُولَٰئِكَ أَصْحَابُ النَّارِ ۖ هُمْ فِيهَا خَالِدُونَ (٣٩)

معنی: وکسانیکه رد کردند (کفُر ورزیدند) و آیات وحی ما را دروغ شمردند آنها اهل آتش اند آنها برای همیش در آن جا باقی خواهند ماند.

تفسیر: می بینیم که در آیات قبلی خداوند (ج) غفوری و رحیمی خود را به بندگان اظهار میدارد که باید توبه کنند و آن ذات الهی رهنمائی شان خواهد کرد. و اما در این آیه به کسانیکه توبه نمیکنند، از دایره خلقت خود را بیرون میدانند، آیات را دروغ میشمارند هشدار میدهد که اینها اهل آتش اند. چرا اهل آتش اند؟ برای این که این عده مردم مانند دهریان، کمونیستان، سیکولریستان، مشرکان و کافران که خداوند (ج) را و قانون خداوند (ج) را انکار میکنند و نمیدانند که خالق همه هستی خداوند (ج) است، قانون دهنده جهان هستی خداوند (ج) است؛ اینها مسؤولیت خود را در مقابل انسان، و طبیعت فراموش میکنند و فساد بر پا میکنند. جنگ های خونین اول و دوم جهانی، انداخت بمب اتومی بالای جاپان، اشغال عراق و افغانستان، کشتن و بستن مردم بیگناه فلسطین، ظلم بالای مردم میانمار (برمای سابق)، اشغال افغانستان توسط شوروی سابق، آلودگی هوا که فابریکات باعث شده است، فساد قاچاق انسان، کودک ربایی، و صدها فساد دیگر که متأسفانه در این فساد کشورهای مسلمان و غیر مسلمان شامل است و شاهد این حقیقت تلخ است. استثمار کارگران در کشورهای مسلمان، بی‌عدالتی در مقابل مردم فقیر و بیچاره در کشور های اسلامی همه و همه داد از بی‌عدالتی است و آنان که در راس کار هستند از دید عدالت اسلامی سخت مسؤول هستند.

يَا بَنِي إِسْرَائِيلَ اذْكُرُوا نِعْمَتِيَ الَّتِي أَنْعَمْتُ عَلَيْكُمْ وَأَوْفُوا بِعَهْدِي أُوفِ بِعَهْدِكُمْ وَإِيَّايَ فَارْهَبُونِ (٤٠)

معنی: ای اولاده اسرائیل بیاد بیاورید نعمت های من را که با آن شما را برکت دادم و وفا کنید به عهدی که با من کردید، تا به عهدی که با شما کردم وفا کنم و تنها از من بترسید.

تفسیر: اسرائیل در اصل نام یعقوب (ع) پدر یوسف (ع) بود. تاریخ به ما میگوید که یهودی ها در حدود ۱۲۵۰ سال قبل از حضرت عیسی (ع) و در حدود ۵۵۰ سال بعد از حضرت ابراهیم (ع) به حکمت خداوند (ج) از اسارت فرعون نجات یافتند و به کوه سینا آمدند و در این جا یک پیمان

بین خداوند (ج) و مردم یهود بسته شد و قانون خداوند (ج) که تورات باشد داده شد. این عهد عبارت بود از پرستش خدای یگانه یعنی توحید، نیکی به پدر و مادر، خویشاوندان، یتیمان، مسکینان، خوشرفتاری با مردم، برپا داشتن نماز، ادای زکات، دوری از اذیت و آزار مردم و قتل و خونریزی. و اما یهودیان از عهد خود بیرون شدند و نه تنها که به عهد خود وفا نکردند حتی گوساله پرستی را پیشه کردند. نام این سوره بقره یعنی (گاو) به همین دلیل است. شرط این پیمان همان بود که یهودیان به عهد خود با خداوند (ج) وفا کنند که نکردند. یهودیان اورتودکس مخالف کشور اسرائیل امروزی هستند و اعتقاد دارند که سرزمین را که امروز صهیونیستان در اشغال دارند بر خلاف مشئیت الهی است. ظلمی که در مقابل مردم فلسطین صورت گرفته است نابخشودنی است و اما قدرت های بزرگ خاموش هستند و چون گروه منفعت جوی یهود در کشورهای غربی مخصوصاً ایالات متحده آمریکا و انگلستان دست بالا دارند همین است که همه خاموش هستند. امروز هم دولت اسرائیل چند بار تعهدات خود را در جامعۀ بین‌المللی شکستانده است و این تعهد شکنی یک موضوع نو نیست.

وَآمِنُواْ بِمَا أَنزَلْتُ مُصَدِّقاً لِّمَا مَعَكُمْ وَلاَ تَكُونُواْ أَوَّلَ كَافِرٍ بِهِ وَلاَ تَشْتَرُواْ بِآيَاتِي ثَمَناً قَلِيلاً وَإِيَّايَ فَاتَّقُونِ (۴۱)

معنی: وایمان بیاورید به چیزی که من به شما فرستادم که تصدیق میکند به چیزیکه شما دارید و اول به آن کافر نشوید و به آیات من به ارزش کم چانه نزنید و تنها از من بترسید.

تفسیر: خداوند (ج) توحید و خدا پرستی را به یهودیان نازل کرد و بین خود و مردم یهود قانون را حجت قرار داد و هشدار داد که شما نباید از حق مانند دیگران انکار کنید زیرا به شما راه را نشان دادم و برای شان میگوید که آیات خداوند (ج) را به خاطر منافع شخصی، نادانی و اراده نفس تان معامله نکنید. اگر کسی شما را به بیراهه میکشاند قبول نکنید و راه گم نشوید. از گروه های که قدرت های سیاسی و زر و سیم دارند نترسید و تنها از من بترسید. آیات خداوند (ج)، بعضی اوقات روی یک قوم و یا گروه خاص تأکید دارد و اما آیات همیشه جنبه عمومی دارد. امروز یک عده زیاد مسلمانان مانند یهودیان آیات خداوند (ج) را مصالحه کرده‌اند و تنها برای منافع خود کار میگیرند. اگر در اقامتگاه سفید و کانگرس آمریکا

هـم میرونـد صحبـت روی آن مسـایل اسـت کـه منافـع قـوم و گـروه و حـزب شـان مطرح اسـت نـه اینکـه منافـع اسـلام و مـردم مسـلمان مطرح باشـد. و دلیـل عمـده همیـن اسـت کـه چـرا مسـلمانان بیچـاره هسـتند؟ بـرای اینکـه سـران و دولتمـردان مسـلمان دل شـان بـرای مـردم مسـلمان نمیسـوزد. اقبـال لاهـوری شـعر جالبِ دارد کـه میگویـد:

شبی پیش خدا بگریستم زار

مسلمانان چرا زارند و خوارند

ندا آمد نمیدانی که این قوم

دلی دارند و محبوبی ندارند

وَلاَ تَلْبِسُواْ الْحَقَّ بِالْبَاطِلِ وَتَكْتُمُواْ الْحَقَّ وَأَنتُمْ تَعْلَمُونَ (۴۲)

معنی: وحق را با باطل نیامیزید و نه حق را پنهان کنید در حالیکه میدانید.

تفسـیر: ایـن آیـه از نـگاه تاریـخ دیـن بـه یهودیـان بـه ادامـه آیـه قبـل گفتـه شـده و امـا ایـن آیـه بـرای همـه بشـریت اسـت کـه هیـچ وقـت حـق را چـه در امـور سیاسـی، چـه امـور اقتصـادی، چـه امورقضائی وچـه امـور اجتماعـی باشـد، نبایـد پنهـان کـرد. همچنـان آنانیکـه در زندگانـی امـروز در مطبوعـات کار میکننـد عیـن مسـؤولیت را دارنـد تـا حقایـق را بـه مـردم افشـاء کننـد و یـا آنانی کـه در محافـل سـخنرانی میکننـد و مـردم را رهنمائی میکننـد در مقابل خداونـد (ج) مسـؤول هسـتند تـا حقایـق را آشـکار و پوسـت کنـده بیـان کننـد. ایـن آیـه اسـاس مطبوعـات و خبـر رسـانی و روزنامـه نـگاری در اسـلام اسـت. همچنـان ایـن آیـه محافظـه کاری را نهـی میکنـد. داریـم دراجتمـاع اشـخاص فوق‌العـاده محافظـه کار کـه بـرای اینکـه منافـع شـان در خطـر نباشـد حقایـق را میداننـد و خـود را خامـوش میگیرنـد و ایـن جفـا بـه دیـن و مـردم اسـت. طور مثـال وقتـی در جامعـه افغانـی موضـوع نـکاح صغیـر بـالا شـد، همان هائی کـه تحصیـل یافتـه بودنـد و بایـد صـدای خـود را بـه خاطـر عدالـت بـالا میکردنـد، خاموشـی اختیـار کردنـد. ایـن تنهـا محافظـه کاری نیسـت بلکـه منافقـت اسـت. بـه اسـاس آیـۀ فـوق منافقـت آن اسـت کـه مـا حـق را پنهـان میکنیـم و در مقابـل باطـل خـود را خامـوش میگیریـم.

وَأَقِيمُواْ الصَّلاَةَ وَآتُواْ الزَّكَاةَ وَارْكَعُواْ مَعَ الرَّاكِعِينَ (۴۳)

معنی: و نماز را بر پا دارید و زکات دهید و با نمازگزاران سجده کنید.

تفسـیر: نمـاز بـرای هـر مسـلمان بالـغ و صاحـب عقـل فـرض اسـت. چـرا؟ بـرای

اینکه اول نماز مبارزه با شرک است. دوم اینکه نماز به انسان آرامش روحی میدهد و میتواند تا رسالتش را منحیث خلیفهٔ خدا (ج) با حواس آرام انجام دهد. سوم نماز به اساس یک حدیث پیشوای اسلام (ص) ستون دین است. با نماز است که انسان به مقام انسانیت میرسد و رابطه خود را با خالق نگه میدارد و از دایرهٔ خلقت خارج نمیشود و بدین ترتیب دین خود را که اساس زندگانی انسانی اوست، پاسبانی کرده به تعالی میرسد. با نماز است که انسان از موقف حیوانی خود را خارج میسازد. نماز است که انسان معتقد را از فحشا بدور میسازد و با قیام نماز است که انسان با ایمان قیام عدالت میکند. حافظ چه زیبا گفته است:

خوشا نماز و نیاز کسیکه از سر درد

به آب دیده و خون جگر طهارت کرد

زکات در کنار نماز مساویاً برای مسلمانان فرض گردانیده شده است و کسیکه دارا است و قصداً و عمداً زکات نمیدهد قانون خدا (ج) را نهی کرده و کافر است. هدف از زکات نه تنها که پاک کردن مال است بلکه از بین بردن فقر در جامعه است. امروز کشور های ثروتمند جهان از طریق ملل متحد و مستقلانه بسیار کوشش کردند تا فقر را ریشه کن کنند و اما موفق نشده اند. در کشور های اسلامی مانند افغانستان که این همه بدبختی است به خاطر این است که عدالت اجتماعی یعنی جمع آوری زکات به شکل اصولی وجود ندارد و مردم گریبانگیر فقر هستند. مسؤولیت هر مسلمان است تا از مال و معاش خود سالیانه زکات دهد. هدف از زکات این است تا یک شخص مستمند از نگاه اقتصادی به کار افتد و سرپای خود ایستاده شود نه اینکه زکات را بگیرد و هنوز هم به فقر زندگی کند. زکات یک انگاشت اقتصادی است و برای مستمند است. در نظام های غربی کمک های ابتدایی برای مستمندان وجود دارد. تفاوت زکات با کمک های اجتماعی در این است که در زکات نه تنها شما دیگران را کمک میکنید هر چیز را که دارید هم مطهر یا پاکیزه برای استفاده میشود. یعنی نه تنها شما دیگران را کمک میکنید خود را هم با استفاده حلال و پاک کمک میکنید.

با نماز گزاران سجده کنید. نظر به این آیه مسلمانان (مردان زیرا زنان میتوانند عذر داشته باشند) مکلف هستند تا در نماز های جماعت شرکت کنند. همچنانکه نماز جماعت اتحاد و اخوت مسلمین را نشان میدهد ادا نکردن نماز جماعت در حالیکه شخص حضور داشته باشد بی تفاوتی را

نه تنها در مقابل نماز بلکه در مقابل اسلام نشان میدهد. در این حالت است که مسلمان شامل گناه میشود زیرا دینی که برایش یک امانت داده شده است، خیانت میکند. بلی دین اسلام نزد مسلمان یک امانت است و اولین امانت است. و دیگر اینکه انسان برای عبادت خداوند (ج) خلق شده است و باسجده نکردن انسان به خود شکل ابلیسی میگیرد. نماز جماعت ثواب آن بیست و هفت بار زیاد تر است نظر به نماز انفرادی.

أَتَأْمُرُونَ النَّاسَ بِالْبِرِّ وَتَنْسَوْنَ أَنْفُسَكُمْ وَأَنْتُمْ تَتْلُونَ الْكِتَابَ أَفَلاَ تَعْقِلُونَ (۴۴)

معنی: تو مردم را به راستکاری امر میکنی و تو خودت رافراموش میکنی و تو کتاب (تورات) را میخوانی. آیا همه شما تعقل نمیکنید؟

تفسیر: با این که بازهم این آیه در مورد یهودیان خطاب شده که بزرگان شان دیگران را به ایمان تشویق میکردند و اما خود شان عمل نمیکردند. با این هم، این آیه جهان شمول است و برای همه بشریت است. این عادت مردمان است که دیگران را نصیحت میکنند و خود شان عمل نمیکنند و این نه تنها یک صفت خوب نیست بلکه یک حالت روانی منافقانه است که مردمان باید اول خود را نمونه زندگی سازند بعداً دیگران را هدایت کنند. یکی از مسایل عمدۀ شخصیت انسانی از نگاه روانشناسی با ثبات بودن است. یکی از دلایل عمدۀ یک عده اشخاص اعتماد خود را در بین مردم از دست داده اند برای این است که چیزی را که تعلیم میکنند خود عمل نمیکنند. آنانی که مخصوصاً علم دین را تدریس میکنند باید بسیار محتاط باشند زیرا اهل دین راهنمای جامعه است و لغزش آنها باعث فساد جامعه میگردد. متأسفانه عدۀ زیاد اهل دین زیاد تر محکوم هستند به زن ستیزی، عدم مطالعه، تعصب و تنگ نظری. یا جانب داری های غیر عادلانه سیاسی، جانب داری های قومی، همکاری با قوای مخالف اسلام و مسلمانان چنانچه مذهبیون افغانستان به کمک انگلیس سلطنت اعلیحضرت امان الله را سرنگون کردند و یا میخواستند در قرن بیست و یکم به کمک آمریکا به کرسی قدرت تکیه زنند.

وَاسْتَعِينُواْ بِالصَّبْرِ وَالصَّلاَةِ وَإِنَّهَا لَكَبِيرَةٌ إِلاَّ عَلَى الْخَاشِعِينَ (۴۵)

معنی: با صبر و حوصله مندی و نماز خواستارکمک شوید و واقعاً نماز مشکل است مگر برای آنانی که مطیع و متواضع هستند.

تفسیر: اساساً این آیه از نگاه روانشناسی بسیار مهم است در همه امور

انسانی ارادۀ خداوند (ج) شامل است و یار و یاور انسان در همه امور خداوند (ج) است. پس انسان معتقد باید حل همه کار ها را از خالق خود که سازنده همه کار است با تواضع و خشوع طلب کمک شـود. خداوند (ج) نیاز بنده را میداند. از دل بنده آگاه است و حل مشکل بنده هـم نـزد خداونـد (ج) اسـت. بنـده معتقد هرگـز بایـد خواستار کمک از یـک بنـده دیگر نشـود و یا سر تسلیم فرو نکند. هرگز باید نزد فالبین و اشخاص که فکر میکنند که مشکلات مردم را حل میکنند نرود. طلب کمک از همچـو اشخاص به مثابـه شرک اسـت. این بدیـن معنی نیست کـه یـک شخص یـک مشکل میداشته باشد و بـه یک کسیکه صلاحیت اداری دارد و میتواند یـک کار را حـل و فصل کنـد رجوع نکنـد. مشوره در امـور حکـم قرآن است اما نـه اینکـه یـک انسـان دیگر را ناجی مشکلات دانست.

الَّذِينَ يَظُنُّونَ أَنَّهُم مُّلَاقُوا رَبِّهِمْ وَأَنَّهُمْ إِلَيْهِ رَاجِعُونَ (۴۶)

معنــی: آنانیکـه بـاور میکننـد کـه براسـتی خـدای خـود را ملاقـات میکننـد و براستی همـه بـه او رجـوع خواهند کـرد.

تفسـیر: یظنون از ظن مشتق شـده است کـه گاهی گمـان و گاهی بـاور و یقین معنی میدهـد. این در حالی است کـه اگر ایمان بـه حد اعلی میرسد یقین میشود چنانچه در سوره انفال آیۀ دوم میخوانیـم: «وچون آیـات خدا (ج) برایشان بخوانند بر ایمان شان بیفزایند (زادَتهُم ایماناً)» و امـا اگر ایمان ضعیف باشد انسان بـه حدس و گمـان زندگی میکند زیـرا ایمان نظر بـه تقوا شخص میتوانـد قوی شـود و نظر بـه غفلت و سهل انگاری شخص میتوانـد ضعیف شـود. یکی از اساسات ایمان داری اعتقاد بـه روز آخرت و برگشت بـه خداوند (ج) است. آنانی که ایمان بـه خداوند (ج) دارند اعتقاد محکم دارنـد کـه بالاخـره خداونـد (ج) کـه ایشان را هست کـرده است، ملاقـات خواهنـد کـرد. ایـن آیـه دو مطلب را میرسـاند: اول اینکـه زندگی انسان بـا مـرگ خاتمـه نمی یابـد و انسـان مؤمـن و متقی و مجاهد حیات جاویـدان دارد نـه ایـن کـه ماننـد یـک حیـوان و یا گیاه از بیـن بـرود و تمـام میشـود. دوم، قسمیکه در گذشته گفتیـم، فلسفه دکارت فرانسوی را رد میکنـد کـه گفتـه بـود: « مـن فکر میکنم پـس هستم». یعنی جهان بعد از مـرگ بی مفهـوم میشـود. بدیـن ترتیب انسان را بـه مثابـه گیاه تصور کـرده است. در حالیکه انسان از یـک مبدأ آمـده است و بـه همان مبدأ می انجامد و آن رجعت پیش خالق اوست. یعنی انسان بـا ایمـان و معتقد، حیات جاویدان

دارد. در اینجا ما کرامت انسانی را که خداوند (ج) به انسان داده است درک میکنیم.

يَا بَنِي إِسْرَائِيلَ اذْكُرُواْ نِعْمَتِيَ الَّتِي أَنْعَمْتُ عَلَيْكُمْ وَأَنِّي فَضَّلْتُكُمْ عَلَى الْعَالَمِينَ (47)

معنی: ای اولادهٔ اسرائیل به یاد بیاورید نعمت های من را که به شما ارزانی کردم و من شما را بر تمام مردم جهان ترجیح و برتری دادم.

تفسیر: نظر به تفسیر علامه یوسف علی در این آیه خداوند (ج) کلمه اذکروا یعنی به یاد آوردن را به بنی اسرائیل خاطر نشان میکند و از تاریخ شان به طور خاص به خاطر شان می آورد. ما از این آیه یک مطلب مهم را که امروز در دانشگاه ها تدریس میکنند می آموزیم و آن عبارت از علم تاریخ است؛ و باید از تاریخ آموخت. دوم این که می آموزیم که هیچ ملت نه تنها تاریخ خود را فراموش نکند بلکه گذشته خود را هم فراموش نکند. سوم اینکه انسان نباید نا سپاس باشد. مرحوم شیخ محمد الغزالی (معاصر) در کتاب تفسیر موضوعی سوره های قرآن کریم مینویسد: "سوره بقره بیش از شانزده بار امور و مسایلی را یاد آوری میکند که در تاریخ طولانی این قوم (یهود) به ایشان عرضه شد و در تورات نیز آمده است. با این همه در ارج نهادن به آن و شکر خداوند سبحان حسن ظن نداشتند." نعمت های خداوند (ج) بر قوم یهود همانا رهائی شان از اسارت فرعون، علم و هدایت و ایمان بود.

وَاتَّقُواْ يَوْماً لاَّ تَجْزِي نَفْسٌ عَن نَّفْسٍ شَيْئاً وَلاَ يُقْبَلُ مِنْهَا شَفَاعَةٌ وَلاَ يُؤْخَذُ مِنْهَا عَدْلٌ وَلاَ هُمْ يُنصَرُونَ (48)

معنی: وهمه شما بترسید از روزی که هیچ کس، کسی را دفع نخواهد کرد و نه خداوند (ج) قبول خواهد کرد شفاعت کسی را نه خداوند (ج) خواهد پذیرفت پاداشی را و نه آنها یاری خواهند شد.

تفسیر: این آیه با این که برای یهودیان نازل شده و به ارتباط ناشکری ایشان به ادامهٔ آیهٔ گذشته است، اما آیات قرآن پاک، قسمیکه گفتیم برای همه مردم و همه اعصار فرستاده شده است منجمله برای مسلمانان. این آیه به وضاحت میرساند که در روز رستاخیز هیچ کس شفاعت کسی دیگر را کرده نمیتواند و مردم در مقابل ذات پروردگار مسؤول اعمال، کردار و گفتار خود شان است و هیچ گروه را کسی کمک کرده نمیتواند

به جزء از اعمال شان که چگونه خود شان یک جامعهٔ متمدن، با اخلاق و پیشرفته را با دید و بینش توحیدی به وجود بیاورند که در آن تبعیض نباشد و عدالت تام به اساس کرامت انسانی و تساوی حقوق بین همه مردم از نگاه سیاسی و اجتماعی پایدار شود.

در تفسیر آیه فوق قابل یاد آوری است که بخش عمدهٔ اسلام تصوف است و متصوفین به اولیای کرام عقیده دارند. در تصوف اولیاء کرامات دارد. علمای کرام سنی و شیعه به کرامات اولیاء کرام عقیده دارند و تصوف را رد نمیکنند. یگانه گروه مذهبی که تصوف و کرامت اولیاء را رد میکند وهابی ها هستند که به خاطر عقیدهٔ غیر اسلامی و غیر انسانی خود هزاران هزار مرد مسلمان را به قتل رسانده اند. گروه داعش و طالب و بوکو حرام و القاعده و حقانی و غیره مثال های برجستهٔ وهابیت هستند که به جزء از خشونت و ظلم و آدم کشی دیگر چیز نمیدانند.

آیات کلام الله مجید نظر به استناد علمای سنی و شیعه تفسیر میشود به جزء از وهابیان که مخالف تفسیر قرآن مجید هستند و کسیکه آیه را تفسیر کند او را ظالم و فاسد خطاب میکنند. وهابیان در اقلیت هستند. به هر حال در مورد شفاعت تفسیر نمونه بحث جالب دارد که در اینجا بطور خلاصه نقل قول میکنیم: (برای حصول مکمل لطفاً به تفسیر نمونه جلد اول رجوع کنید).

در تفسیر نمونه میخوانیم که کلمهٔ «شفاعت» از ریشهٔ «شفع» گرفته شده، و نقطهٔ مقابل آن «وتر» به معنی تک و تنها است، سپس به ضمیمه شدن فرد برتر و قویتری برای کمک به فرد ضعیفتر اطلاق گردیده است و این لفظ در عرف و شرع به دو معنی متفاوت گفته میشود:

شفاعت در لسان عامه به این گفته میشود که شخص شفیع از موقعیت و شخصیت و نفوذ خود استفاده کرده و نظر شخص صاحب قدرتی را در مورد مجازات زیردستان خود عوض کند».

این نوع شفاعت یک شفاعت اجتماعی است و هیچ گونه ربطی با دین و مذهب ندارد. هدف قرآن در مورد شفاعت که کسی کرده نمیتواند آن گروه است که ایمان نیاورده اند، آیات خداوند (ج) را دروغ شمردند به خداوند (ج) تهمت بستند و مرتکب ظلم شده‌اند و مشرک هستند. آیهٔ چهل و هشتم سوره بقره، هدف آن همین شفاعت است که کسی کرده نمیتواند. قرآن کریم به اساس احادیث رسول اکرم (ص) تفسیر و تأویل میشود. حضرت علی (رض) داماد پیامبر(ص) که در خانه پیشوای اسلام بزرگ شده است از پیامبر اسلام (ص) در مورد شفاعت روایت میکند که:

«شفاعتی لاهل الکبائر من امتی» یعنی شفاعت من برای مرتکبین گناهان کبیره است. پیامبر نگفته است که شفاعت مردم بی ایمان را میکند زیرا کسیکه ایمان ندارد مورد خوشنودی پروردگار نیست. علمای اهل تسنن در مورد شفاعت مجرمان متفقاً هم نظر اند. مهمتر اینکه قرآن مجید در این مورد در همین سوره آیهٔ دو صد و پنجاه و پنجم چنین میگوید: «کیست آنکه در نزد او به شفاعت برخیزد جز به اذن او».

وَإِذْ نَجَّيْنَاكُم مِّنْ آلِ فِرْعَوْنَ يَسُومُونَكُمْ سُوَءَ الْعَذَابِ يُذَبِّحُونَ أَبْنَاءَكُمْ وَيَسْتَحْيُونَ نِسَاءَكُمْ وَفِي ذَٰلِكُم بَلَاءٌ مِّن رَّبِّكُمْ عَظِيمٌ (۴۹)

معنی: و وقتی که ما شما را از مردم فرعون نجات دادیم که آنها بالای شما جزء و عذاب را تحمیل کرده بودند، پسران تان را میکشتند و زنان و دختران تان را زنده میگذاشتند و این برای شما یک آزمایش بزرگ بود از جانب پروردگار.

تفسیر: مناسبات فرعون با یهودیان بسیار خراب بود. داستان از این قرار بود که بخشی از منجمان نزد فرعون آمدند و گفتند که اسرائیلی ظهور میکند که هدف او تصرف ملک فرعون است. فرعون امر کرد تا همه اسرائیلی ها را به مصر دور هم جمع کنند و منحیث برده نگهداری شوند و اگر زنان شان پسری زاید او را بکشند. خداوند (ج) غفور و رحیم ایشان را از ظلم فرعون نجات داد. از آنجائیکه آیه نشانه و راز معنی میدهد، برداشت ما از این آیه در زندگی امروز آن فرعون هائی است که هنوز هم به مردم ظلم میکنند، مردم را در فقر وتنگ دستی نگه داشته اند و خود شان با تجمل فرعونی زندگی دارند. از دل فقیر و بینوا نمی آیند. حقوق انسانی مردم را که عبارت است از آزادی بیان و کلام، تساوی حقوق بین اقوام و تساوی حقوق بین زن و مرد همه را غصب کرده اند و مردم به جای اینکه بنده خدا (ج) باشند بنده دولت های فرعونی است.

وَإِذْ فَرَقْنَا بِكُمُ الْبَحْرَ فَأَنجَيْنَاكُمْ وَأَغْرَقْنَا آلَ فِرْعَوْنَ وَأَنتُمْ تَنظُرُونَ (۵۰)

معنی: و ما بحر را به دو قسمت کردیم و شما را نجات دادیم و آل فرعون را غرق کردیم در حالیکه شما در نظاره بودید.

تفسیر: خداوند (ج) امر کرد تا مردمان اسرائیل از مصر خارج شوند تا توسط لشکر فرعون تباه نشوند. وقتی که مردم اسرائیل به بحر نزدیک شدند و لشکر فرعون با سه صد هزار سپاه به تعقیب شان بود، به اذن خداوند (ج)

بحر نیل که در مصر قرار دارد دو شق شد و سپاه فرعون همه هلاک شدند و مردم یهود نجات یافت. خداوند (ج) به مردم یهود یاد آوری میکند که شما را از ظلم فرعون نجات دادیم و شما ناسپاس نباشید. این واقعه در دهم محرم اتفاق افتاده است. یهودیان بعد از نجات، بدین مناسبت همان روز را روزه میگرفتند. در تاریخ دین این روز به عاشورای موسی مشهور است. زمانیکه حضرت رسول کریم (ص) به مدینه رسیدند؛ دیدند یهودیان روزه دارند. جویا شدند که دلیل روزه شان چیست؟ آنها گفتند که در این روز نجات پیدا کرده اند. رسول کریم (ص) به امت خود گفت که ما امت آخری هستیم و از کفر نجات یافتیم پس ما هم روزه میگیریم. داستان روزه نفلی در دهم عاشورا همین است. عاشورای حسینی هم در دهم محرم اتفاق افتاد. در این روز هم حضرت امام حسین (رض) خودش را برای آزادی، تسلیم نشدن به ظالم و تأمین عدالت شهید ساخت. اما متأسفانه اسلام به دودسته تقسیم شد و نه تنها که مسلمانان به نام شیعه و سنی به جان هم افتادند همه در اسارت و ظلم قرار گرفتند و تا امروز دوام دارد. هدف امام حسین (رض) به وجود آوردن دو فقه و دو گروه مذهبی نبود. هدف تنها و تنها این بود که دین جدش احیا شود، مردم از ظلم رهایی یابند و عدالت سیاسی یعنی بیعت نکردن به یک قوه مستبد نادان و ظالم، برقرار گردد.

وَإِذْ وَاعَدْنَا مُوسَى أَرْبَعِينَ لَيْلَةً ثُمَّ اتَّخَذْتُمُ الْعِجْلَ مِن بَعْدِهِ وَأَنتُمْ ظَالِمُونَ (٥١)

معنی: و وقتی که ما همرای موسی برای چهل شب وعده گذاشتیم، شما گوساله را در غیاب او به پرستش گرفتید و شما همه از ستمکاران بودید.

تفسیر: زمانی که حضرت موسی (ع) به کوه سینا رفت و برای چهل شب در آن جا سپری نمود و ده فرمان مشهور را از نزد خداوند (ج) دریافت نمود در همین اوقات یهودیان به بیراهه رفتند و به گوساله پرستی پرداختند. ده فرمان که پنج آن رابطه خدا (ج) و انسان را تمثیل میکند و پنج دیگر به روابط اجتماعی مردم ارتباط میگیرد عبارت اند از:

اول: خداوند (ج) منحیث قانون دهنده و نجات دهنده که ایشان را از ظلم فرعون نجات بخشید.

دوم: منع شرک و چندگانه پرستی مانند خدایان یونان و یا بت های دوران جاهلیه و احیای عبادت خدای واحد.

سوم: نام خداوند (ج) را به بازی نگیرید و سوگند ناحق نخورید.
چهارم: روز های سخت بردگی را به یاد بیاورید و روز استراحت را مکرم شمارید.
پنجم: به والدین احسان کنید.
ششم: قتل نفس نکنید.
هفتم: زنا نکنید.
هشتم: دزدی نکنید.
نهم: شهادت دروغ ندهید.
دهم: مال مردم را نخورید.

این ده فرمان بود که حضرت موسی (ع) در کوه سینا دریافت داشت و جای بس تأسف است که امروز یهودیان ظلم نا بخشودنی را در این شصت سال بر علیه مردم مظلوم فلسطین وارد کرده اند و فرمان الهی را زیر پا کرده اند. فلسطینی ها امروز سرزمین خود را در اثر ساخت و بافت های استعماری از دست دادند. نه حکومت مستقل دارند و نه جزء اسرائیل شمرده میشوند. اسرائیل هر روز از ظلم کار میگیرد و اما جهانیان خاموش هستند به شمول قدرت های مسلمان. مانند عدد هفت در عدد چهل هم یک راز است. تنها چهل روز معتکف بودن حضرت موسی (ع) در کوه برای چهل روز در تاریخ دین نیست. قوم یهود به دلیل کفران نعمت و گوساله پرستی به چهل سال آوارگی محکوم شدند. حضرت محمد (ص) در چهل سالگی به نبوت رسید. و دیگر پیامبران هم در چهل سالگی مبعوث شده اند. از نگاه روانشناسی عقل انسان در چهل سالگی به کمال میرسد. حضرت عیسی (ع) چهل روز روزه گرفت تا خود را در برابر اهریمن بیازماید. در متون اسلامی آمده است که حضرت آدم (ع) در فراق بهشت چهل روز گریست. همچنان حضرت آدم (ع) در مرگ هابیل چهل روز گریست. حکمت چهل حدیث که اگر کسی به مردم برساند شامل ثواب میشود. در ساینس هم چهل درجه تحت صفر تنها دمایی است که هم در سانتیگریت و هم فارنهایت با هم برابر است. اساس دوره حاملگی عادی چهل هفته است (مأخذ بخش علمی بیتوته). این مطالب است که در عدد چهل نهفته است و راز آن نزد خداوند (ج) است و اصل اسرار را کسی تا حال ندانسته است.

ثُمَّ عَفَوْنَا عَنكُم مِّن بَعْدِ ذَٰلِكَ لَعَلَّكُمْ تَشْكُرُونَ (۵۲)

معنی: بعداً ما شما را بخشودیم باشد که سپاسگزار شوید.

تفسیر: در این جا خداوند (ج) از غفوری و رحیمی خود بر یهودیان ذکر میکند که با این همه مظالم که خود روا داشته اند، خداوند (ج) ایشان را بخشود تا سپاس را بیاموزند. این آیه نه تنها غفوری و رحیمی خداوند (ج) را در مقابل بندگان نشان میدهد بلکه خداوند (ج) میخواهد تا مردم سپاس را بیاموزند و شاکر باشند. همچنان مردم بیاموزند که شاکر بودن در زندگانی یکی از صفات ایمانداری است. نه تنها ما باید از خداوند (ج) شاکر باشیم بلکه برای نعمت هائی که به ما ارزانی کرده است باید از مردم که به ما خدمت میکنند هم شاکر باشیم. حدیث در این مورد در دست داریم که محمد (ص) فرموده است که: « اگر شکرانه مردم را به جا نکنید شکرانه خدا (ج) را به جا نکرده اید ».

وَإِذْ آتَيْنَا مُوسَى الْكِتَابَ وَالْفُرْقَانَ لَعَلَّكُمْ تَهْتَدُونَ (۵۳)

معنی: و وقتی که موسی را کتاب (تورات) را دادیم که معیار است بین حق و باطل (فرقان) تا شما به درستی رهنمود شوید.

تفسیر: چهار کتاب آسمانی برای بشریت تذکار رفته که اول آن زبور بود که برای حضرت داؤود (ع) فرستاده شد و متأسفانه امروز در حوادث تاریخ برگه ئی به جای نمانده، دوم تورات است که برای حضرت موسی (ع) فرستاده شد که در این آیه مبارکه بنام فرقان یاد شده است. سوم انجیل است که برای حضرت عیسی (ع) نازل شد و چهارم قرآن مجید است که برای حضرت محمد مصطفی (ص) نازل گردید. کتابهای آسمانی قبل از قرآن کریم همه تحریف شدند و اما قرآن پاک از روز اول با حکمت خود باقی است و مکمل همه ادیان گذشته است. مردم یهود نه تنها که کتاب خود را سرمشق زندگی نساختند بلکه پیغام آن را که توحید و خدا پرستی بود تحریف کردند. معیار حق از باطل همانا توحید و خداپرستی است و ماده هائی را برای یهودیان یاد آور شد تا پیروی کنند که نکردند. اینکه آنها کتاب خود را تحریف کردند خود شان جوابگو هستند. مسلمانان نباید ایشان را کافر خطاب کنند، یا توهین کنند و یا به گناه گیرد. این کار مسلمان به هیچ صورت نیست. وظیفه ما احترام به همه ادیان است. آنها به دین خود هستند و ما به دین خود هستیم. اصل مهم

این است که ما مسلمانان به رویت قرآن کریم پیامبران و ادیان گذشته را احترام میکنیم چنانچه کرده ایم. اهل کتاب همیشه در امپراتوری های مسلمان به آرامی زیسته اند و از حقوق دینی خود مستفید بودند، تجارت میکردند و در دستگاه های امپراتوری های اسلامی در خدمت مشاغل مانند محاسبه و اداره بوده اند. قرآن مجید هرگز ایشان را کافر خطاب نکرده است با اینکه آنها جفا کردند، ناسپاسی کردند و برای خداوند (ج) فرزند تراشیدند، با اینهم ایشان را تنها اهل کتاب خطاب کرده است نه کفار و مشرکین.

وَإِذْ قَالَ مُوسَى لِقَوْمِهِ يَا قَوْمِ إِنَّكُمْ ظَلَمْتُمْ أَنفُسَكُمْ بِاتِّخَاذِكُمُ الْعِجْلَ فَتُوبُواْ إِلَى بَارِئِكُمْ فَاقْتُلُواْ أَنفُسَكُمْ ذَلِكُمْ خَيْرٌ لَّكُمْ عِندَ بَارِئِكُمْ فَتَابَ عَلَيْكُمْ إِنَّهُ هُوَ التَّوَّابُ الرَّحِيمُ (۵۴)

معنی: و وقتیکه موسی به قوم خود گفت که ای قوم من براستی که با پرستش گوساله به غلط رفتید و شما باید به خدای خود توبه کنید و بعداً شما خطا کاران خود را [به کیفر ارتداد] بکشید. آن برای شما از دید خالق تان خوب است. پس پروردگار به شما رحم کرد. واقعاً او از بزرگترین رحم کنندگان و توبه پذیران مهربان است.

تفسیر: در این آیه متبرکه می بینیم که با اینکه مردم یهود به بیراهه میرود با اینهم خداوند (ج) بر سرشان رحم میکند. باید توجه کرد «فتاب علیکم» دراینجا از سخت گیری نکردن خداوند (ج)، رحم کردن و نرمی خداوند (ج) بر بندگانش (در اینجا مردم یهود) اشاره میکند و در بخش «انه هوَ التوابُ» از توبه پذیری و آمرزش خود یاد میکند. یعنی با اینکه بنده به غلط میرود، اگر توبه کند خداوند (ج) رحم میکند و توبه را قبول مینماید. در گذشته گفتیم که گاوپرستی در ادیان گذشته وجود داشته است و این خرافات در دین یهود هم نشأت کرده بود. سؤال مهم در این آیه این است که خداوند (ج) دستور میدهد تا خطاکاران خود را بکشند تا توبهٔ شان قبول شود. برای این بود که خداوند (ج) به ایشان پیامبر فرستاد، کتاب (تورات) فرستاد و ایشان را رهنمائی کرد و اما بازهم سرباز زدند و به گوساله پرستی گرویدند. این گناه عظیم و نابخشودنی بود. این آیه برای ما مسلمانان حایز اهمیت است زیرا درست است که ما گوساله پرستی نمیکنیم و اما باید خاطر نشان کرد که گوسالهٔ مسلمانان امروز شخصیت پرستی، پول پرستی، و قوم پرستی است که این برای جامعهٔ مسلمانان بسیار نابسامانی ها را به وجود آورده است. آیات همیشه

جنبـه آموزشـی دارد کـه بایـد تعمـق کـرد.

وَإِذْ قُلْتُمْ يَا مُوسَى لَن نُّؤْمِنَ لَكَ حَتَّى نَرَى اللَّهَ جَهْرَةً فَأَخَذَتْكُمُ الصَّاعِقَةُ وَأَنتُمْ تَنظُرُونَ (۵۵)

معنـی: و وقتـی کـه شما گفتیـد ای موسـی ما هرگـز به تو بـاور نمیکنیـم تا الله (ج) را آشکارا نبینیم، همـان بـود کـه شما را رعـد و الماسک گرفت در حالیکه شما در تماشا بودید.

تفسـیر: مشکل مـردم یهـود و همـه مـردم تقریباً در این است کـه بـه پیامبر شـان اعتمـاد نمیکردنـد و نمیکننـد. آیـۀ فوق مثال بی اعتمـادی بـه پیامبر خدا (ج) اسـت. دوم اینکه خداونـد (ج) جسـم نیست کـه دیـده شـود و خداونـد (ج) خـود را بـه بنـده تا روز رستاخیز نشان نمیدهـد. خداونـد (ج) بـرای اینکه بـه مـردم یهـود بفهمانـد کـه وجـود دارد، ایشـان را بـه رعـد و الماسک گرفت تـا نـه تنها موجودیت خداونـد (ج) را بداننـد بلکه قـدرت بـزرگ خداونـد (ج) را بـه چشـم بیننـد کـه خداونـد (ج) حـق اسـت و وجـود دارد و امـا خـود را نمایان نمیکنـد زیـرا در آغاز قرآن گفتـه است کـه آنانیکه بـه غیب ایمان دارنـد. چالـش ایمـان همیـن اسـت کـه انسـان را وادار میسـازد تـا بـا چشـم بصیرت و عقـل سـلیم و شـعور و اسـتعداد کـه خداونـد (ج) بـه انسـان ارزانـی کـرده او را درک کنـد و ایمـان بیـاورد.

ثُمَّ بَعَثْنَاكُم مِّن بَعْدِ مَوْتِكُمْ لَعَلَّكُمْ تَشْكُرُونَ (۵۶)

معنـی: مـا دو بـاره شـما را بعـد از مـرگ تـان زنـده کردیـم کـه اگـر شـاید شـما سپاسگزار باشید.

تفسـیر: یکـی از قـدرت هـای خداونـد (ج) زنـده کـردن بعـد از مـرگ اسـت. دریـن موضـوع دو مطلـب نهفتـه اسـت: اول ایـن کـه خداونـد (ج) بـرای ثبـوت وجـود خـود، زنـده کـردن بعـد از مـرگ را آفریـده اسـت تـا بنـده نـه تنها سپاسگزار باشد بلکه بدانـد کـه ایـن جهان هسـتی از خـود مالکی دارد. دوم اینکه بـه بنـده میفهمانـد کـه زندگـی جاودان دارد و بـا مـرگ جسـمی زندگـی اش بـه پایـان نمیرسـد. پـس انسـان یـک موجـود جاویدانـی اسـت نـه ایـن کـه ماننـد علـف هـرزه باشـد. ایـن آیـه مقـام بزرگـوار انسـان را در خلقـت نمایانگـر اسـت.

وَظَلَّلْنَا عَلَيْكُمُ الْغَمَامَ وَأَنزَلْنَا عَلَيْكُمُ الْمَنَّ وَالسَّلْوَىٰ كُلُواْ مِن طَيِّبَاتِ مَا رَزَقْنَاكُمْ وَمَا ظَلَمُونَا وَلَـٰكِن كَانُواْ أَنفُسَهُمْ يَظْلِمُونَ (۵۷)

معنـی: و ما بر سر شما سایه افگندیم از ابرها و برای شما «المن» (انگبین) و «السلوی»(بودنه) فرستادیم. بخورید از مواد غذائی پاکیزه که ما برای شما تهیه کردیم. آنها ستمی بر ما روا نداشتند و اما بر خود ستم کردند.

تفسیر: از آن جائی که خداوند (ج) انسان را خلق کرده است پس احتیاجات انسان را از نگاه رژیم غذائی میداند که چه بخورد و یا چه نخورد. آیه فوق سه مطلب عمده را میرساند که انسان باید از اشعهٔ آفتاب بطور مستقیم بدور باشد زیرا اشعه آفتاب بطور مستقیم و متداوم میتواند سرطان زا باشد، امراض چشم مانند کترک را باعث شود و وقایه بدن را ضعیف سازد. همچنان این آیه به رژیم غذائی اشاره میکند که آن مواد ارتزاقی که خداوند (ج) برای انسان سفارش کرده نه تنها حلال است بلکه استفاده آن ضروری است. مهم است که بدانیم که خداوند (ج) نظر به مزاج مخلوقاش غذایش را سفارش کرده است. زمانیکه انسان از هدایات الهی سر پیچی کند به خداوند (ج) کدام آسیبی نمیرسد بلکه انسان به خود ظلم میکند و نفس خودش را آلوده میکند. این آلودگی نفس نه تنها باعث دگرگونی روحی میشود بلکه میتواند باعث شیوع امراض در بدن شود زیرا انسان یک موجود طبیعی است و باید طبیعی زندگی کند تا نه تنها زندگی سالم داشته باشد بلکه زندگی طولانی داشته باشد و این در خوراکی که به مزاجش سازش دارد متصور است. غذا و چه باید خورد در منطق که باید صرف کرد هم مورد نظر است."المن"، مطالعات نبات شناسی حاکی است که انگبین معنی میدهد. انگبین از افرازات نبات صحرایی شترخار به دست می‌آید و یک شیره غذایی صحرایی است. «المن» بسیار مغذی و قوی است و دارای مواد معدنی میباشد. ایرانی‌ها از همین نبات صحرایی «المن» شیرینی (گز) را تهیه میکنند. برای مطالعات بیشتر لطفاً رجوع کنید به کتاب «حکمت و نقش نباتات قرآنی و احادیث مبارک در حفظ سلامت بدن اثر دانشمند گرامی پروفیسر محمد شفیق یونس؛ از نشرات بامیان، فرانسه، سال ۲۰۱۴.»

وَإِذْ قُلْنَا ادْخُلُواْ هَـذِهِ الْقَرْيَةَ فَكُلُواْ مِنْهَا حَيْثُ شِئْتُمْ رَغَداً وَادْخُلُواْ الْبَابَ سُجَّداً وَقُولُواْ حِطَّةٌ نَّغْفِرْ لَكُمْ خَطَايَاكُمْ وَسَنَزِيدُ الْمُحْسِنِينَ (۵۸)

معنی: و وقتیکه ما گفتیم به این شهر داخل شوید و از (مواد ارتزاقی) آن جای که شما به رغبت آرزو میکنید، بخورید و به دروازه با فروتنی داخل شوید و بگوئید ما را از تکلیف گناه آزاد کن، ما گناه های شما را خواهیم بخشید و ما اجر آنانی که کار های شایسته میکنند افزایش خواهیم داد.

تفسیر: مقصد از شهر در این آیه اغلباً ایلیا که بعد ها توسط مسلمانان به بیت المقدس در فلسطین مسما شد، میباشد. این آیه به یک موضوع تاریخی اشاره میکند و آن این است که یهودیان سخت سرکشی کردند و به قربانی کردن به خدایان دروغین پرداختند. خداوند (ج) برایشان وعده کرد که اگر بگویند «خدایا از تو تقاضای ریزش گناهان خود را داریم» و اما یهودیان از لجاجت کار گرفتند و یک عده نه تنها نگفتند و توبه نکردند بلکه استهزا هم کردند. "حطه" در لغت به معنی ریزش و پایین آوردن است. اهمیت این شهر در این است که بین سه دین یهود، نصارا و اسلام حایز اهمیت تاریخی و دینی است.

فَبَدَّلَ الَّذِينَ ظَلَمُواْ قَوْلاً غَيْرَ الَّذِي قِيلَ لَهُمْ فَأَنزَلْنَا عَلَى الَّذِينَ ظَلَمُواْ رِجْزاً مِّنَ السَّمَاء بِمَا كَانُواْ يَفْسُقُونَ (۵۹)

معنی: اما ستمگاران سخن را به غیر از صورتی که نازل کردیم، تغییر دادند پس آنانیکه تبهکاری کردند عذاب بزرگ (به سبب نافرمانی شان) از آسمان فرو فرستادیم.

تفسیر: یکی از خطا های یهود همین بود که به سخن پروردگار عالمیان خیانت کردند. در اثر این خیانت مرض هولناک وباء در بین شان شیوع یافت و به روایت تفسیر یوسف علی بیست و چهار هزار نفر تلفات دادند و مردند.

وَإِذِ اسْتَسْقَى مُوسَى لِقَوْمِهِ فَقُلْنَا اضْرِب بِّعَصَاكَ الْحَجَرَ فَانفَجَرَتْ مِنْهُ اثْنَتَا عَشْرَةَ عَيْناً قَدْ عَلِمَ كُلُّ أُنَاسٍ مَّشْرَبَهُمْ كُلُواْ وَاشْرَبُواْ مِن رِّزْقِ اللَّهِ وَلاَ تَعْثَوْاْ فِي الأَرْضِ مُفْسِدِينَ (۶۰)

معنی: و هنگامی که موسی برای قوم خود آب خواست، به او گفتیم با عصایت به سنگ ضربت وارد کن، آنگاه دوازده چشمه از آن فواره کرد

(که هر یک از طوایف دوازده گانه اسرائیل چشمه خودش را برای نوشیدن میشناخت) و گفتیم از روزی های که (فراهم آوردیم) بخورید و بنوشید و در زمین سرکشی بی باکانه نکنید و به فساد مکشانید.

تفسیر: وقتی حضرت موسی (ع) به سنگ ضربه وارد کرد به اِذن خداوند (ج) دوازده چشمه گشوده شد که برای دوازده طایفهٔ بنی اسرائیل بود. دوازده پسر حضرت یعقوب (ع) جد همین دوازده طایفه بودند. جالب این است که مطالعات امروز توسط یهودیان اسرائیل تأکید دارند که ده طایفهٔ یهود که از سرزمین ایلیا کشیده شده‌اند و مفقود شده‌اند به پشتون های سرزمین کنونی افغانستان نسبت داده شده است. جالب‌تر اینکه مرحوم امیرحبیب الله خان پدر مرحوم اعلیحضرت امان الله به شهادت دو یهودی در هرات گفته اند که او از قوم یهود است و خانوادهٔ محمد زایی از قوم بنیامین یهودی است. برای معلومات زیاد تر این موضوع لطفا به سایت edu.ohr مراجعه کنید.

وَإِذْ قُلْتُمْ يَا مُوسَى لَن نَّصْبِرَ عَلَىٰ طَعَامٍ وَاحِدٍ فَادْعُ لَنَا رَبَّكَ يُخْرِجْ لَنَا مِمَّا تُنبِتُ الْأَرْضُ مِن بَقْلِهَا وَقِثَّائِهَا وَفُومِهَا وَعَدَسِهَا وَبَصَلِهَا ۖ قَالَ أَتَسْتَبْدِلُونَ الَّذِي هُوَ أَدْنَىٰ بِالَّذِي هُوَ خَيْرٌ ۚ اهْبِطُوا مِصْراً فَإِنَّ لَكُم مَّا سَأَلْتُمْ ۗ وَضُرِبَتْ عَلَيْهِمُ الذِّلَّةُ وَالْمَسْكَنَةُ وَبَاؤُوا بِغَضَبٍ مِّنَ اللَّهِ ۗ ذَٰلِكَ بِأَنَّهُمْ كَانُوا يَكْفُرُونَ بِآيَاتِ اللَّهِ وَيَقْتُلُونَ النَّبِيِّينَ بِغَيْرِ الْحَقِّ ۗ ذَٰلِكَ بِمَا عَصَوا وَّكَانُوا يَعْتَدُونَ (۶۱)

معنی: (و به خاطر بیاورید) آنگاه که گفتید: ای موسی ما هرگز قناعت به یک غذا نمیکنیم، از خدای خود دعوت کن که نه از آنچه در زمین میرویاند، از فاصلیا (از خانواده باقلی)، خیار، سیر، و پیاز برای ما برویاند؛ موسی گفت: آیا چیز بهتر را به پست تر تبدیل و یا عوض میکنید؟ (پس که چنین است) وارد مصر شوید زیرا هرچه خواستید در آن جا هست. مُهر خواری و مسکنت بر آنان زده شد به خشم خداوند (ج) گرفتار شدند. این بدان سبب بود که آیات الهی را انکار میکردند و پیامبران را به ناحق میکشتند. این از آن روی بود که آنها مردمان نافرمان بودند و پیوسته تجاوز میکردند.

تفسیر: در تفاسیر در مورد فاصلیا یعنی باقلی و همچنان کلمه مصر گفتگو است. اما امروز مطالعات دقیق نبات شناسی ثابت ساخته است که «فوم» سیر است. همچنان، آیه مصر آمده است و اما مفسرین، مصر را شهر

معنی کرده اند. در آن وقت مصر مرکز یک تمدن بود و هر چیز پیدا میشد. یهودیان در بیابان بودند و برایشان گفته میشود پس وقتی قناعت نمیکنید دوباره به مصر بر گردید. وقتیکه شما حالا آزاد هستید و در کم قناعت نمیکنید و شکم تان را به ایمان ترجیح میدهید به همان جا بروید که مظلوم ساخته شده بودید. در آیه پند بزرگ نهفته است زیرا هجرت سرگردانی و مشکلات و گشنگی و تشنگی و بیکاری را دارد و اما به همه حال انسان آزاد است و مستقل. این آیه به ما میرساند که شما متوجه باشید که اگر میخواهید آزاد و مستقل باشید، در هجرت آزادی است و اگر میخواهید زبون و مظلوم شوید دوباره به همان جا که بودید بر گردید. تاریخ به ما میگوید که یهودیان در مصر به عذاب فرعون دست و پا میزدند. خداوند (ج) نجات شان داد و اما معنی آزادی واقعی را ندانستند.

إِنَّ الَّذِينَ آمَنُواْ وَالَّذِينَ هَادُواْ وَالنَّصَارَى وَالصَّابِئِينَ مَنْ آمَنَ بِاللّهِ وَالْيَوْمِ الآخِرِ وَعَمِلَ صَالِحاً فَلَهُمْ أَجْرُهُمْ عِندَ رَبِّهِمْ وَلاَ خَوْفٌ عَلَيْهِمْ وَلاَ هُمْ يَحْزَنُونَ (۶۲)

معنی: آنانیکه [به قرآن و رسالت محمد(ص)] ایمان آورده‌اند و یهودیان و نصرانیان و صابین(همه مردم که در دیگر ادیان هستند) به روز خداوند (ج) و روز آخرت ایمان دارند و کار های نیک میکنند پاداش این ها نزد خداوند (ج) است و نه ترس داشته باشند و نه اندوهگین شوند.

تفسیر: در اینجا خداوند (ج) سه شرط را برای ایمان واقعی در کنار هم قرار میدهد: اول ایمان به خداوند (ج)، دوم روز آخرت و سوم کار نیکو. هر آن کسیکه به این سه اعتقاد داشته باشد و در عین زمان خدماتی که به نفع مردم انجام دهد اینکه وجود خدائی دارد و روز آخرت برای بازخواست است خواه یهود باشد، خواه عیسوی باشد و خواه از دیگر ادیان باشد و آنها کار نیک کند خداوند (ج) آنها را مورد عفوه و بخشش قرار میدهد. این آیه متوجه کسانی است مانند مشرکین و کفار و کمونیستان و ملحدین و هر آن کسیکه به خداوند (ج) و روز باز خواست و آخرت اعتقاد ندارند. در این آیه اتنوسنتریزم مذهبی را قرآن رد میکند. اتنوسنتریزم مذهبی آنست که یک مسلمان و یا غیر مسلمان فکر میکند که تنها خودش بخشیده میشود و دیگران مورد قهر خداوند (ج) قرار میگیرند. درحالیکه چنین نیست و خداوند (ج) بالای همه رحمن است. باید یاد آور شویم که هدف از آیه هشتاد و پنج سوره آل عمران «و من یتبع غیر الاسلام

دیناً فلن یقبل منه» یعنی هر کسی دینی غیر از اسلام برای خود انتخاب کند قبول نخواهد شد، غلط فهمیده شده است. در اینجا هم، هدف از اسلام قانون توحید است که هر آن کسیکه یگانگی خداوند (ج) را قبول نکند از وی دینی دیگری قبول نمیشود. برای ثبوت این موضوع آیهٔ دیگر در قرآن کریم داریم که میگوید: «و اگر پروردگارت [به ارادهٔ حتمی] میخواست، تمامی اهل زمین ایمان می آوردند، پس آیا تو مردم را به زور و امیداری تا اینکه مؤمن شوند» (آیه ۹۹ سورهٔ یونس). نه تنها که دین به زور تحمیل نمیشود؛ خداوند (ج) اگر اراده میکرد همه مردم مؤمن میبودند. اما با این هم قسمیکه گفتیم دو شرط گذاشته است ایمان به خداوند (ج) (هر دینی که باشد) و ایمان به روز آخرت. پس آنانیکه مردم دیگر ادیان را کافر میگویند به بیراهه رفته اند. دین اسلام دین اخلاق، دین مسالمت، دین احترام و دین مهر و مَحبت است تا دیگران به این دین جذب شوند.

وَإِذْ أَخَذْنَا مِيثَاقَكُمْ وَرَفَعْنَا فَوْقَكُمُ الطُّورَ خُذُواْ مَا آتَيْنَاكُم بِقُوَّةٍ وَاذْكُرُواْ مَا فِيهِ لَعَلَّكُمْ تَتَّقُونَ (۶۳)

معنی: و بیاد بیاورید وقتیکه از شما پیمان گرفتیم و (کوه) طور را بلند کردیم و گفتیم چیزی را که به شما داده‌ایم به قوه نگه دارید و به آن عمل کنید و تقوا پیشه کنید.

تفسیر: هدف از طور در اینجا کوه طور است. این کوه در صحرای عربستان امروزی جزیره نما بین دو جناح بحیره سرخ موقعیت دارد و حضرت موسی (ع) در همین جا بود که تورات به او نازل شد. امروز این کوه را به نام جبل موسی یاد میکنند. بعد از اینکه حضرت موسی (ع) فرمان الهی یعنی تورات را از پروردگار گرفت و از کوه پائین شد و به پیروان خود فرامین خداوند (ج) را ابلاغ کرد، همه سرپیچی و سرکشی کردند. در اینجا بود که به اذن خداوند (ج) بخش کوه عظیم بالای سرشان قرار گرفت و بسیار ترسیدند و دانستند که خدا (ج) و فرامین او حق است و آن را باید به قوه فکری و معنوی و آمادگی جسمی حفاظت کنند تا رستگار شوند.

ثُمَّ تَوَلَّيْتُم مِّن بَعْدِ ذَلِكَ فَلَوْلاَ فَضْلُ اللّهِ عَلَيْكُمْ وَرَحْمَتُهُ لَكُنتُم مِّنَ الْخَاسِرِينَ (۶۴)

معنی: سپس شما بعد از این جریان رو گردان شدید و اگر فضل و رحمت خداوند (ج) به شما نمیبود بدون شک از جملهٔ زیانکاران میبودید.

تفسیر: خداوند (ج) در هر حالت به بنده اش غفور و رحیم است. حتی که بنده سرکشی کند و اما توبه کند باز هم او را مورد فضل و رحمت خود قرار میدهد. در اینجا هم با اینکه یهودیان سرکشی کردند، خداوند (ج) اول باز قدرت بیکران خود را نمایان میکند. یهودیان از ترس ایمان می آرند. و با اینکه ایمان یهودیان از ترس بود و اما باز هم ایشان را می بخشد تا رستگار شوند. در این آیه پند بزرگ نهفته است و آن اینکه انسان باید از عقل و شعور خود کار گیرد و ایمان بیاورد نه اینکه از ترس فرمانبرداری کند. خداوند (ج) نشانه های روشن برایشان پدیدار کرد و اما از لجاجت ایمان نمی آوردند. شاید خواننده سؤال کند که چرا داستان یهودیان را ما باید بدانیم. در این سؤال دو موضوع مطرح است: اول اینکه خداوند (ج) از اول، پیام خدا پرستی را توسط گماشتگانش به بشر فرستاد و دوم اینکه مردم باید بدانند که سعادت شان در خدا پرستی است نه غیر آن. از این رو این داستان ها برای همه نسل ها خیلی ها آموزنده است. دیگر اینکه تسلسل توحید را نشان میدهد که هدف رسالت پیامبران فقط خداپرستی و رهنمائی بشریت بوده است تا در اثر بی اطاعتی انسان به بیراهه نرود و رسالت انسانی خودش را فراموش کند. آشوب که در جهان است به خاطر بی فرمانی از خداوند (ج) است.

وَلَقَدْ عَلِمْتُمُ الَّذِينَ اعْتَدَوْاْ مِنكُمْ فِي السَّبْتِ فَقُلْنَا لَهُمْ كُونُواْ قِرَدَةً خَاسِئِينَ (۶۵)

معنی: بطور یقین شما کسانی را که در روز شنبه گناه کردند و نافرمانی کردند شناختید. ایشان را گفتیم به شکل بوزینه های طرد شده‌ای درآئید.
تفسیر: این آیه از چند جهت در مطالعات امروزی حایز اهمیت است. اول از شنبه تعریف کنیم که غریب که در اکثر کشور های غربی روز شنبه روز تعطیل است و این برای آن است که چون یهودیان و عیسویان در بسیار موارد سیاسی وجه مشترک دارند روز شنبه که از یهودیان است روز تعطیل است. شنبه در تورات برای یهودیان روز استراحت است و اصول و مقررات خود را دارد. حتی نقض قانون در روز شنبه اعدام بود (تورات باب ۳۱ بند ۱۴ سفر خروج). به هر حال یکی دیگر از قوانین صید ماهی در دریا بود که یهودیان نقض کردند و خداوند (ج) گفت به خاطر همین نافرمانی بوزینه شوید. موضوع جالب دیگر تئوری داروین است. امروز ثابت شده است که تئوری داروین غلط از آب در آمده است که انسان را از نسل

بوزینه گفته بود. اما یک چیز را که ما میتوانیم در این مبحث بگوییم این است که بدون شواهد دقیق علمی، داروین بوزینه را از متون دینی دزدیده است زیرا بوزینه شکل و قیافه انسان را تا اندازه ای دارد و اما عقل انسان و شعور انسان را ندارد و برای اینکه تئوری خود را رونق دهد بوزینه را مثال آورده است.

فَجَعَلْنَاهَا نَكَالاً لِمَا بَيْنَ يَدَيْهَا وَمَا خَلْفَهَا وَمَوْعِظَةً لِلْمُتَّقِينَ (66)

معنی: و بدین ترتیب ما جریان (که گفتیم) برای عبرت مردم آن زمان و نسل های بعدی (بیان کردیم) و هم پند و اندرز برای پرهیزگاران که از خداوند (ج) میترسند.

تفسیر: قسمیکه در گذشته گفتیم خداوند (ج)، انسان را به درک تاریخ دعوت میکند، مثال می آورد، هشدار میدهد و آگاهی میدهد. درس و عبرت بزرگ که از این آیات ما می آموزیم درس تاریخ است که ما باید از گذشته بیاموزیم و با اشتباه گذشتگان، ما اشتباه نکنیم. دوم انسان باید بداند که راه، راه رستگاری در خدا پرستی و اطاعت از خداوند (ج) است زیرا ما مخلوق هستیم. اگر ما قانون الهی را میشکنیم اساساً راه گم خواهیم شد زیرا اصول توحید و احکام برای آزادی، سعادت و سرفرازی بشر نازل شده است.

وَإِذْ قَالَ مُوسَى لِقَوْمِهِ إِنَّ اللَّهَ يَأْمُرُكُمْ أَنْ تَذْبَحُوا بَقَرَةً قَالُوا أَتَتَّخِذُنَا هُزُواً قَالَ أَعُوذُ بِاللَّهِ أَنْ أَكُونَ مِنَ الْجَاهِلِينَ (67)

معنی: و به خاطر بیاورید وقتیکه موسی به قوم خود گفت: خداوند (ج) به شما دستور میدهد گاوی را ذبح کنید. آنها گفتند: ما را مسخره میکنی؟ (موسی) گفت: به خداوند (ج) پناه میبرم از این که ازجملهٔ جاهلان باشم.

تفسیر: در شروع سوره بقره گفتیم که در ادیان گذشته به شمول یهودیت، پرستش گاو منحیث یک حیوان مولد مقدس بود. خداوند (ج) برای اینکه گوساله پرستی و گاوپرستی و خرافات را محو کند از ایشان تقاضا میکند که گاو را ذبح کنند. آنها با تعجب میگویند: ما را مسخره میکنی زیرا گاو برای ما شان قدسیت داشت. یعنی چیزی را که ما پرستش میکنیم میخواهی ذبح کنیم؟ و حضرت موسی (ع) به ایشان میگوید که اگر غلط گفته باشم از جملهٔ جاهلان باشم. اینجا یک درس دیگر برای ماست که تعریف جاهل را قرآن واضح بیان میدارد. جاهل آن کسی است که به آیات خدا

(ج) توجه ندارد. جاهل آن کسی است که خداوند (ج) را تکذیب میکند. جاهل آن کسی است که احکام غیر قرآنی را بر احکام قرآنی ترجیح میدهد. جاهل کسی است که قدرت فهم توحید را ندارد. تصور میکند که قرآن جوابگوی نیازمندی های بشری نیست. حضرت موسی (ع) میگوید که او جاهل نیست مانند قوم خود که آیات خدا (ج) را تکذیب کند. یعنی به عبارت دیگر سند دکتورا و تحصیلات عالی در دانشگاه نمیتواند انسان را از جهل رهایی بخشد مشروط بر اینکه توحید را بشناسد و خدا پرست باشد.

قَالُواْ ادْعُ لَنَا رَبَّكَ يُبَيِّن لَّنَا مَا هِيَ قَالَ إِنَّهُ يَقُولُ إِنَّهَا بَقَرَةٌ لاَّ فَارِضٌ وَلاَ بِكْرٌ عَوَانٌ بَيْنَ ذَلِكَ فَافْعَلُواْ مَا تُؤْمَرونَ (۶۸)

معنی: گفتند: از خداوند (ج) خود بخواه که به ما بیان کند که آن گاو چه گونه است؟ (موسی) گفت: خداوند (ج) میگوید: این گاوی است نه پیر (که از کار افتاده باشد) و نه جوان (نارسیده) بلکه میانه است بین هردو. پس به آنچه به آن مأمور شده‌اید عمل کنید.

تفسیر: قوم یهود چون مردم لجوج بودند بهانه گیری میکردند و پیامبر شان را سؤال پیچ میکردند تا از امر خداوند (ج) طفره روند. زیرا به پیامبر خود اعتماد نداشتند با اینکه به خداوند (ج) اعتقاد داشتند و اما در حالت «ممترین» یعنی دو دلی قرار داشتند.

قَالُواْ ادْعُ لَنَا رَبَّكَ يُبَيِّن لَّنَا مَا لَوْنُهَا قَالَ إِنَّهُ يَقُولُ إِنَّهَا بَقَرَةٌ صَفْرَاء فَاقِعٌ لَّوْنُهَا تَسُرُّ النَّاظِرِينَ (۶۹)

معنی: گفتند: برای ما از خداوند (ج) بخواه که بیان کند رنگ گاو چگونه است؟ خداوند (ج) میگوید رنگ آن زرد خالص است که بندگان را شاد میسازد.

تفسیر: بازهم قوم یهود قانع نمیشود و سؤال دیگر را مطرح میکنند که رنگ گاو چه رنگ است. جواب میشنوند که رنگ گاو زرد خالص است. سؤال این است که چرا رنگ زرد؟ از نگاه روانشناسی رنگ زرد نمایانگر تازگی و تشویق حافظه است و برای محاوره و مکالمه کمک میکند. همچنان زرد روشن یک رنگ است که توجه را جلب میکند. اگر توجه کرده باشید خط اندازی وسط جاده ها به رنگ زرد است تا توجه راننده را جلب کند. خداوند (ج) در اینجا باز قوم یهود را امتحان میکند و چون

رنگ زرد مرغوب است و دلنشین است، میخواهند که ذبح کنند یا خیر؟

قَالُواْ ادْعُ لَنَا رَبَّكَ يُبَيِّن لَّنَا مَا هِيَ إِنَّ الْبَقَرَ تَشَابَهَ عَلَيْنَا وَإِنَّا إِن شَاء اللَّهُ لَمُهْتَدُونَ (٧٠)

معنی: گفتند: برای ما از خداوند (ج) بخواه تا برای ما بیان کند که آن گاو چگونه است؟ چرا که این گاو برای ما مبهم شده است. و اگر خدا (ج) بخواهد ما هدایت خواهیم شد.

تفسیر: باز بهانه جویی. این بار به خاطر اینکه گاو کار کرده میتواند یا خیر؟ یهودیان به کفر الجهود محکوم هستند. هدف از کفر الجهود ناسپاسی و انکار است. نه اینکه خداوند (ج) را انکار کنند.

قَالَ إِنَّهُ يَقُولُ إِنَّهَا بَقَرَةٌ لاَّ ذَلُولٌ تُثِيرُ الأَرْضَ وَلاَ تَسْقِي الْحَرْثَ مُسَلَّمَةٌ لاَّ شِيَةَ فِيهَا قَالُواْ الآنَ جِئْتَ بِالْحَقِّ فَذَبَحُوهَا وَمَا كَادُواْ يَفْعَلُونَ (٧١)

معنی: گفت: او میفرماید آن گاوی است نه رام و کاری است که زمین را قلبه کند و نه کشت زار را آبیاری کند. تندرست و یک رنگ. گفتند حالا سخن درست آوردی. سپس آن را ذبح کردند و اما نزدیک بود که این کار را نکنند.

تفسیر: بالاخره دیگر سؤال برای شان باقی نماند و مجبور شدند که گاو را ذبح کنند و اما کم بود که ذبح نکنند زیرا هنوز هم شک داشتند. در اینجا یک نکته مهم نهفته است که قوم یهود به طور یقین اعتقاد نداشتند که خداوند (ج) از دل های شان آگاه است و خداوند (ج) میداند که مردم چه در دل ها دارند. چون اعتقاد نداشتند که خداوند (ج) ایشان را میبیند و از قلب های شان آگاه است هنوز هم دو دله بودند. این ضعف ایمان شان بود. آیه برای ما می آموزاند که مردم مسلمان باید متیقن باشد که تنها نیست و خداوند (ج) مالک دل هاست و از هر چیز آگاهی دارد.

وَإِذْ قَتَلْتُمْ نَفْساً فَادَّارَأْتُمْ فِيهَا وَاللّهُ مُخْرِجٌ مَّا كُنتُمْ تَكْتُمُونَ (٧٢)

معنی: و یاد بیاورید که چون کسی را کشتید و در مورد آن جنایت بین خود به جدال پرداختید. اما خداوند (ج) آشکار کننده است آنچه را شما پنهان میکردید.

تفسیر: داستان چنین بود که در بین قوم یهود اگر جسدی پیدا شود و قاتل آن معلوم نباشد، گوسالۀ سر زده شود و مردان بزرگسال شهر که

به مقتول نزدیکی داشتند دستان خود را بر گوسالهٔ ذبح شده بشویند که نه قتل را دیده اند و نه قتل کرده اند و بدین صورت خود را تبرئه کنند. قسمیکه گفتیم یهودیان نمی خواستند ذبح کنند. اما در ذبح یک یک راز بود و آن افشای قاتل بود که می خواستند پنهان کنند. خداوند (ج) میخواهد که یک معجزه دیگر نشان دهد و آن آشکار کردن جنایت بود. عبدالله یوسف علی مینویسد که: «پندی که از داستان میگیریم این است که شاید انسانها بصورت انفرادی و یا اجتماعی جنایات شان را بپوشانند ولی خداوند (ج) این جنایات را به اشکال غیر مترقبه افشا میکند». یک عده در جهاد افغانستان خواستند تا جنایات شان را پنهان کنند و اما نه نزد خداوند (ج) پوشیده است و نه نزد مردم که بالای شان ظلم صورت گرفت.

فَقُلْنَا اضْرِبُوهُ بِبَعْضِهَا كَذَلِكَ يُحْيِي اللهُ الْمَوْتَى وَيُرِيكُمْ آيَاتِهِ لَعَلَّكُمْ تَعْقِلُونَ (٧٣)

معنی: آنگاه گفتیم بخشی از بدن گاو را به او [بدان کشته] بزنید، خداوند (ج) این چنین مردگان را زنده میکند و معجزات خویش را به شما می نمایاند تا تعقل کنید.

تفسیر: به نسبت بهانه گیری ها و لجاجت های یهود که سخن پیامبر شان را قبول نمیکردند نه تنها خداوند (ج) با یک معجزه قدرت خود را نمایان کرد بلکه قسمیکه گفته آمد قاتل هم نمایان شد. بدین ترتیب خداوند (ج) به یهودیان و امروز به همه بشریت میگوید که شما نمیتوانید با قدرت الهی لج و لج بازی کنید و نمیتوانید هرگز چیزی را پنهان کنید زیرا خداوند (ج) از همه امور آگاه است.

ثُمَّ قَسَتْ قُلُوبُكُمْ مِّن بَعْدِ ذَلِكَ فَهِيَ كَالْحِجَارَةِ أَوْ أَشَدُّ قَسْوَةً وَإِنَّ مِنَ الْحِجَارَةِ لَمَا يَتَفَجَّرُ مِنْهُ الأَنْهَارُ وَإِنَّ مِنْهَا لَمَا يَشَّقَّقُ فَيَخْرُجُ مِنْهُ الْمَاءُ وَإِنَّ مِنْهَا لَمَا يَهْبِطُ مِنْ خَشْيَةِ اللهِ وَمَا اللهُ بِغَافِلٍ عَمَّا تَعْمَلُونَ (٧٤)

معنی: سپس دلهای شما پس از آن سخت شد، به مانند سنگ و یا از آن سخت تر؛ حالانکه از بعضی سنگ ها جویباران میشگافد و بعضی از آنها میشکند و آب از آنها بیرون می آید و بعضی از آنهاست که از خشیت الهی [از کوه] فرو می افتد و خداوند (ج) از آنچه میکنید غافل نیست.

تفسیر: در این آیه خداوند (ج) به دو مطلب عمده اشاره میکند. اول از نگاه روانشناسی آیه، آنانیکه در مقابل آیات خداوند (ج) لج میکنند و بهانه

گیری میکنند و یا در مقابل آیات خداوند (ج) بی‌تفاوت هستند دل های شان مانند سنگ سخت میشود و حتی سخت تر از سنگ. دل های سخت، هم صلهٔ رحم را فراموش میکنند و هم عدالت را و هم علم و معرفت را زیرا آیات همه علم و معرفت و حکمت است. انسانی که به علم الهی علاقه نگرفت از او همچو موجودی مانند سنگ و بی‌تفاوت ساخته میشود. اما توجه بنده را به یک موضوع اساسی جلب میکند و آن ایمان است که دل ها را نرم میکند و وقتی نور ایمان بتابد زندگی رونق دیگری پیدا میکند. در اینجا میگوید که از سنگ هم آب فواره میکند یعنی اگر سنگ هم است به حکمت خداوند (ج) سنگ است و اما این قدرت را دارد که آب از آن سرازیر شود و این فوارهٔ آب ایمان است که میتواند راه گشای انسان باشد و منحیث یک سمبول آن را نشان میدهد. دوم از نگاه علم جیولوژی یا علم زمین شناسی این آیه حایز اهمیت فراوان است و خداوند (ج) با اشاره به سنگ و اینکه از سنگ آب میرآید ما را به راز های خلقت آشنا میکند. وقتی صفحات تکتانیک در نتیجه انتقال طبیعی جریان حرارت که در رسوبات سنگی رخ میدهد؛ این رسوبات سنگی حرارت از عمق داخل زمین به سطح آن انتقال میدهد و آب از سنگ فواره میکند. یا در بحر میریزد و یا در هوا فواره میکند. پس انسان را به علم زمین شناسی متوجه میسازد.

أَفَتَطْمَعُونَ أَن يُؤْمِنُواْ لَكُمْ وَقَدْ كَانَ فَرِيقٌ مِّنْهُمْ يَسْمَعُونَ كَلاَمَ اللّهِ ثُمَّ يُحَرِّفُونَهُ مِن بَعْدِ مَا عَقَلُوهُ وَهُمْ يَعْلَمُونَ (۷۵)

معنی: ای مؤمنان آیا امید دارید که [قوم یهود] به [حقانیت] شما ایمان آورند، حال آنکه گروه از آنان کلام الهی را می شنیدند و پس از آنکه آن را در می یافتند دگر گونش میساختند.

تفسیر: با اینکه مردم یهود خداوند (ج) را میشناختند و اما عدهٔ زیاد نخواستند پیامبر حق و حقانیت رسالت محمد (ص) را قبول کنند. میدانستند که کلام الله (ج) حق است و خوب درک میکردند و اما میخواستند تا آیات را دگرگون کنند. این قوم به خاطر ناسپاسی، لجاجت و پنهان کردن حق شدید محکوم شدند. دلیل آن این بود که آنها با قبولی محمد (ص) و احکام قرآن منافع و سلطه اجتماعی و اقتصادی خود را از دست میدادند.

جزء اول   ۶۹

وَإِذَا لَقُواْ الَّذِينَ آمَنُواْ قَالُواْ آمَنَّا وَإِذَا خَلاَ بَعْضُهُمْ إِلَىَ بَعْضٍ قَالُواْ أَتُحَدِّثُونَهُم بِمَا فَتَحَ اللّهُ عَلَيْكُمْ لِيُحَآجُّوكُم بِهِ عِندَ رَبِّكُمْ أَفَلاَ تَعْقِلُونَ (۷۶)

معنی: و چون با مؤمنان روبرو شوند میگویند ایمان آوردیم و چون با همدیگر تنها شوند میگویند آیا آنچه خدا (ج) بر شما آشکار کرده است با آنان در میان میگذارید، تا در پیشگاه خداوند (ج) با آن بر شما حجت آورند. آیا تعقل نمیکنید؟

تفسیر: اینجا از دو منافقت پیش می آمدند. از یک سو میگفتند ایمان آورده‌اند و از سوی دیگر تنها وقتی میشدند ناسپاسی میکردند. امروز هم در قضیهٔ فلسطین از یک سو میگویند صلح میخواهند و از سوی دیگر صلح را برای منافع خود شان خدشه دار میکنند. هم زمین های مردم را غصب کرده اند و هم داد از صلح میزنند. مسلمانان که دست شان با این گروه بسته است خاموش هستند و اما روزی خواهد رسید که این مسلمانان به سزای اعمال شان برسند. مسلمانان سیکولر هم وقتی با مسلمانان هستند خاموش هستند زیرا در دل حکم خداوند (ج) را در امور دنیوی قبول ندارند و وقتی با غیر مسلمانان یکجا میشوند مسلمانان را ریشخند میکنند و به استهزا میگیرند. به هر حال باید یاد آوری کنیم که گروه های صلحجو هم در بین یهودیان امروزی وجود دارد که اشغال فلسطین را تقبیح میکنند. همچنان گروه ارتودکس دین یهود کشور اسرائیل را به رسمیت نمیشناسد.

أَوَلاَ يَعْلَمُونَ أَنَّ اللّهَ يَعْلَمُ مَا يُسِرُّونَ وَمَا يُعْلِنُونَ (۷۷)

معنی: آیا نمیدانند که خدا (ج) آنچه را پنهان میکنند و یا آشکار میسازند میداند؟

تفسیر: یکی از اساسات عمدهٔ خداشناسی ایمان به غیب است. مردم بی ایمان تصور میکنند که خداوند (ج) از اعمال شان آگاه نیست. در بین مسلمانان هم آنانیکه ایمان ضعیف دارند فراموش میکنند که خداوند (ج) ناظر اعمال مردم است. ازهمین خاطر است که مسلمانان هم دو رنگی دارند، محافظه کاری دارند، و دو رویه هستند زیرا فراموش میکنند که خداوند (ج) از دل های شان آگاه است. در مقابل همدیگر حزب و حزب بازی دارند تا چطور شود یک دیگر را تخریب کنند، نام بد کنند و برای منافع گروهی و شخصی خود کار میکنند نه اسلام و مردم. این آیات جنبهٔ عمومی دارد و همه می آموزیم.

وَمِنْهُمْ أُمِّيُّونَ لَا يَعْلَمُونَ الْكِتَابَ إِلَّا أَمَانِيَّ وَإِنْ هُمْ إِلَّا يَظُنُّونَ (٧٨)

معنی: و گروهی از آنان افراد بیسواد هستند که کتاب خدا (ج) را جز یک مشت اوهام و آرزو ها چیزی نمیدانند و تنها به حدس و گمان (از روی بی ایمانی) دل بسته اند.

تفسیر: روی سخن جانب قوم یهود است که فکر میکردند که کتاب خدا (ج) مشتی از اوهام است. یهودیان فکر میکردند که دوستان خدا (ج) و فرزندان خداوند (ج) هستند و یا فکر میکردند که آتش دوزخ به ایشان نمیرسد اما امروز ما در فیسبوک و بعضی تلویزیون ها می بینیم، هستند اشخاصی که خود را مسلمان قلم داد میکنند و اما قرآن برای شان العیاذ بالله کتاب بیش از اوهام نیست. هر روز اسلام را میکوبند. هر روز آیات را ریشخند میکنند و به خدا (ج) و پیامبر (ص) تهمت میبندند. وظیفه مسلمانان راستین در مقابل این ها چیست؟ کشتن؟ ابداً نه. بی احترامی و توهین؟ ابداً نه. وظیفه مسلمانان با این مردم به جا کردن سنت رسول الله (ص) است که عبارت از صبر و بردباری است. خود را نمونۀ اخلاق و تواضع ساختن است. قرآن خشونت و غضب را منع قرار داده است. آنها خود نزد خداوند (ج) جوابگو هستند. دین اسلام دین صلۀ رحم، شفقت و مهربانی است و مسلمان باید با اعمال و کردار خود این مردم را به اذن خداوند (ج) تغییر دهند نه زور و جنگ و دعوا و فشار.

فَوَيْلٌ لِلَّذِينَ يَكْتُبُونَ الْكِتَابَ بِأَيْدِيهِمْ ثُمَّ يَقُولُونَ هَذَا مِنْ عِنْدِ اللَّهِ لِيَشْتَرُوا بِهِ ثَمَنًا قَلِيلًا فَوَيْلٌ لَهُمْ مِمَّا كَتَبَتْ أَيْدِيهِمْ وَوَيْلٌ لَهُمْ مِمَّا يَكْسِبُونَ (٧٩)

معنی: پس وای بر آنها که کتاب را با دست های خود مینویسند سپس میگویند: این از جانب خدا (ج) است، تا آن را به بهای ناچیزی بفروشند. وای بر آنها از دست نوشته های شان و وای بر آنها از آنچه کسب میکنند.

تفسیر: دانشمندان یهود از اوصاف پیامبر اسلام آگاهی داشتند. حتی مردم اُمی یهودی هم کم و بیش میدانستند زیرا در تورات سفر تثنیه باب هژدهم شماره هژدهم از رسالت محمد (ص) ابلاغ میکند. اما یهودیان میخواهند آن را پنهان کنند. همچنان یهودیان میخواستند تا پیام الهی را تحریف کنند و از خود چیز های بنویسند. خواه مخواه این حیله ها توسط دانشمندان حیله گر نوشته میشد نه مردم امی و درس نخوانده. در بین مسلمانان هم امروز منافقین عرض اندام کرده و خواستند تا با تفاسیر غلط مردم را بیراه کنند.

در قطعه های ویدیویی می بینید که یک نفر به نام شیخ نشسته و همه پا های او را میبوسند و یا در زمین به او سجده میکنند.

وَقَالُواْ لَن تَمَسَّنَا النَّارُ إِلاَّ أَيَّاماً مَّعْدُودَةً قُلْ أَتَّخَذْتُمْ عِندَ اللّهِ عَهْدًا فَلَن يُخْلِفَ اللّهُ عَهْدَهُ أَمْ تَقُولُونَ عَلَى اللّهِ مَا لاَ تَعْلَمُونَ (٨٠)

معنی: و گفتند: هرگز آتش جز روزی چند روزی معدود به ما تماس نخواهد کرد. بگو: مگر پیمانی از خدا (ج) گرفته اید که خدا (ج) خلاف عهد خویش نکند؟ یا برخدا (ج) سخنانی میبندید که در آن علم ندارید؟

تفسیر: ملت یهود برای اینکه کتاب و پیامبر برای شان آمده بود هرگز قبول نمیکردند که یک پیامبر دیگری باید نازل شود. این مردم همیشه از همه خود را بالا میدانستند و میدانند و با این طرز تفکر حتی نژاد پرستی یعنی که قوم شان بهتراست، دامن زدند. از این رو فکر میکردند که برای چند روزی شمرده شده و یا معدود مجازات می بینند. اساس دولت اسرائیل امروز نژاد پرستی است و اسرائیل تنها برای یهودیان است و اینکه قبول نمیکنند که مردم فلسطین شهروند اسرائیل شوند به خاطر روحیه نژاد پرستانه ایشان است. هیچ نمی خواستند قبول کنند که خداوند (ج) ناظر اعمال همه مردم است و اما یهودیان حتی در مقابل خداوند (ج) میخواستند مردم خواسته شده و بلند تر از دیگران باشند. در این مورد خداوند (ج) سؤال میکند که آیا شما کدام تضمین دارید که مردم خواسته شده و بلند تر از دیگران هستید که نیستید و یا به خداوند (ج) تهمت میبندید.

بَلَى مَن كَسَبَ سَيِّئَةً وَأَحَاطَتْ بِهِ خَطِيئَتُهُ فَأُوْلَـئِكَ أَصْحَابُ النَّارِ هُمْ فِيهَا خَالِدُونَ (٨١)

معنی: بلی! کسانیکه گناه را (به تشبث خود) کسب میکند یا کار بدی انجام میدهد و گناه سراسر وجودش را فرا میگیرد، این کسان اهل آتش اند و جاودانه در آن خواهند ماند.

تفسیر: خداوند (ج) نمیخواهد که بندگانش گناه کنند. در توبه و استغفار همیشه باز است. اما هستند مردم که متداوم گناه میکنند و به اندازۀ در گناه خود غرق میشوند که اصلاً دیگر فکر نجات خود را ندارند و حتی گناه خود را توجیه هم میکنند. این مردم مسلمان باشد و یا غیر مسلمان اهل آتش اند یعنی در دوزخ اند و در آن جا برای همیش باقی خواهند ماند.

وَالَّذِينَ آمَنُواْ وَعَمِلُواْ الصَّالِحَاتِ أُولَٰئِكَ أَصْحَابُ الْجَنَّةِ هُمْ فِيهَا خَالِدُونَ (٨٢)

معنی: و آنانیکه ایمان آوردند و کار های نیک انجام دادند، اینها اهل جنت هستند و در آن جا برای همیش باقی خواهند ماند.

تفسیر: اصول اساسی دین خدا (ج)، ایمان آوردن به خداوند (ج) است و بعد کار های نیک و پسندیده که برای منافع بشر است. این آیه تنها برای مسلمین نیست بلکه برای همه بشریت است. هر کسی بعد از ایمان به خداوند (ج) در خدمت بشریت باشد نزد خداوند (ج) اجر فراوان دارد. مسلمان باشد یا نباشد.

وَإِذْ أَخَذْنَا مِيثَاقَ بَنِي إِسْرَائِيلَ لاَ تَعْبُدُونَ إِلاَّ اللّهَ وَبِالْوَالِدَيْنِ إِحْسَاناً وَذِي الْقُرْبَى وَالْيَتَامَى وَالْمَسَاكِينِ وَقُولُواْ لِلنَّاسِ حُسْناً وَأَقِيمُواْ الصَّلاَةَ وَآتُواْ الزَّكَاةَ ثُمَّ تَوَلَّيْتُمْ إِلاَّ قَلِيلاً مَّنكُمْ وَأَنتُم مِّعْرِضُونَ (٨٣)

معنی: (و به یاد آورید) زمانی را که از بنی اسرائیل پیمان گرفتیم که جزء خداوند (ج) کسی را عبادت یا پرستش نکنید. و به پدر و مادر و خویشاوندان و یتیمان و بینوایان نیکی کنید، و با مردم به وجه نیکو سخن گویید، نماز را بر پا دارید و زکات دهید؛ آنگاه جزء یک عده اندک از شما به گونه اعتراض روی گردانیدید.

تفسیر: دین یهود از اولین ادیان سماوی بشمار میرود. از نگاه دین شناسی حایز اهمیت فراوان است. بسیاری مطالب که برای یهودیان وحی شده است برای مسلمانان هم وحی شده است که در این آیه احترام والدین تذکر یافته است و یا نیکی با خویشاوندان، یتیمان، مستمندان و بینوایان. هستند بعضی کسانیکه از خویشاوندان بریده اند و این خلاف اخلاق اسلامی است. آیهٔ احترام به والدین متصل به آیه عبادت خداوند (ج) آمده است. هستند مردانی که مادر و پدر خود را احترام میکنند و اما همسر خود را که او هم از زمرهٔ والدین است بی احترامی میکنند. آیهٔ والدین همه را در بر میگیرد نه تنها مادر و پدر خود شخص را. بی احترامی به همسر که او هم والدین است خلاف اخلاق اسلامی و فرهنگ اسلامی است. همچنان است طرز صحبت که نباید به کسی توهین کرد و یا فحش گفت و اما مسلمان باید حقایق را بگوید و آنانیکه مردم را به بیراهه میکشانند، وعظ حسنه کند و یا آنانیکه دین را غلط معرفی میکنند که باعث تعصب و زن ستیزی میشوند، چنانچه حدیث جعلی را نقل قول کرده اند که در دهن

دروازه دوزخ زیاد زنان را دید و یا باعث تشویق ازدواج های صغیر شده اند و آن را شرعی دانستند، باید اصولی با ایشان باعلم و معرفت قانع ساخته شوند نه اینکه ما در این قرن بیست و یکم خاموش باشیم و اجازه دهیم که خرافات به نام دین پخش شود. نماز ستون دین است و نباید نماز را فراموش کرد و اما باید دانسته و فهمیده نماز ادا کنیم تا از بدی ها دور شویم.

وَإِذْ أَخَذْنَا مِيثَاقَكُمْ لاَ تَسْفِكُونَ دِمَاءكُمْ وَلاَ تُخْرِجُونَ أَنفُسَكُم مِّن دِيَارِكُمْ ثُمَّ أَقْرَرْتُمْ وَأَنتُمْ تَشْهَدُونَ (٨٤)

معنی: ویاد کنید که از شما تعهد گرفتیم که خون یکدیگر را نریزید و یکدیگر را از دیار تان نرانید و شما اقرار کردید و گواه بودید.

تفسیر: یهودیان کار های بسیار ناشایسه میکردند و هنوز هم میکنند. مردمان خویش را که بین خود شان نزاع صورت میگرفت از خانه و کاشانه شان بیرون میکردند و ظلم روا میداشتند، همدیگر را به قتل میرساندند. امروز هم به مردم فلسطین بیرحمی میکنند برای شان یک عمل نو نیست. به سیاه پوستان یهودی به خاطر سیاه بودن شان تبعیض روا میدارند. قرآن میگوید شما به پیام های خود اقرار کردید و اما زیر پا گذاشتید. امروز هم دولت اسرائیل اکثراً پیمان هائی که در مورد صلح تعهد کرده است زیرپا گذاشته است. چیزی نو نیست.

ثُمَّ أَنتُمْ هَـؤُلاء تَقْتُلُونَ أَنفُسَكُمْ وَتُخْرِجُونَ فَرِيقاً مِّنكُم مِّن دِيَارِهِم تَظَاهَرُونَ عَلَيْهِم بِالإِثْمِ وَالْعُدْوَانِ وَإِن يَأتُوكُمْ أُسَارَى تُفَادُوهُمْ وَهُوَ مُحَرَّمٌ عَلَيْكُمْ إِخْرَاجُهُمْ أَفَتُؤْمِنُونَ بِبَعْضِ الْكِتَابِ وَتَكْفُرُونَ بِبَعْضٍ فَمَا جَزَاء مَن يَفْعَلُ ذَلِكَ مِنكُمْ إِلاَّ خِزْيٌ فِي الْحَيَاةِ الدُّنْيَا وَيَوْمَ الْقِيَامَةِ يُرَدُّونَ إِلَى أَشَدِّ الْعَذَابِ وَمَا اللهُ بِغَافِلٍ عَمَّا تَعْمَلُونَ (٨٥)

معنی: ولی باز همین شما هستید که یکدیگر خود را میکشید و گروهی از خود تان را از دیار شان بیرون میکنید و به گناه و تجاوز بر علیه آنان به یکدیگر کمک میکنید و اگر به شکل اسیر نزد شما آیند با دادن فدیه آنان را آزاد میکنید با آنکه [نه تنها کشتن بلکه] بیرون کردن آنها بر شما حرام شده است. آیا شما به بخشی از کتاب[تورات] ایمان می آورید و به بخشی ناسپاسی و انکار میکنید؟ پس جزای هر کس از شما که چنین کند، جز خواری دنیا چیزی نخواهد بود و روز قیامت ایشان به شدید

ترین عذاب ها دچار خواهند شد و خداوند (ج) از آنچه میکنید غافل نیست.

تفسیر: یکی از مشکلات عمده قوم یهود تا امروز پیمان شکنی است. یهودیان در آن زمان نه تنها پیمان را با خداوند (ج) نقض کردند؛ بلکه معاهداتی که با حضرت محمد (ص) بسته بودند نیز نقض کردند. امروز هم در قضیه فلسطین فیصله نامه های ملل متحد را نقض کرده اند و چون از نگاه اقتصادی دست بالا دارند ولابی (گروه منفعت جو) یهود برای انتخابات ریاست جمهوری و دیگر مقاصد شان در بسیاری از کشور های غربی پول مصرف میکنند و این کشور ها همه در مقابل این همه پیمان شکنی خاموش هستند. یهودیان در ایام قدیم حتی همدیگر را میکشتند. در طول تاریخ و مخصوصاً بعد از فاجعهٔ جنگ جهانی دوم یهود ها بسیار منسجم شدند. اما اگر امروز همدیگر را نمیکشند همان ظلم را بالای مردم فلسطین میکنند. دیروز مردم خود را از دیار شان میکشیدند و امروز مردم مؤمن فلسطین را بیرون کرده اند. یعنی نکته جالب این است که اگر در ایام قدیم سر خود سر ظلم روا میداشتند امروز سر دیگران همین ظلم را روا میدارند. خصلت ظلم شان در طول تاریخ بر طرف نشده است. در مسایل بین‌المللی دست درازی میکنند و آب را خیط میکنند و ماهی میگیرند. در مورد هدایات کتاب خود همان مواد که به سود شان است خوب و باقی ناسپاسی میکردند و میکنند. بسیار تعجب در این است که با این همه ظلم که این‌ها بالای مردم فلسطین روا میدارند عربستان سعودی با ایشان هم پیمان است با اینکه ایشان را به رسمیت نمیشناسد.

أُوْلَـئِكَ الَّذِينَ اشْتَرَوُاْ الْحَيَاةَ الدُّنْيَا بِالآخِرَةِ فَلاَ يُخَفَّفُ عَنْهُمُ الْعَذَابُ وَلاَ هُمْ يُنصَرُونَ (٨٦)

معنی: همین کسانند که زندگی دنیا را به بهای آخرت خریدند، پس نه عذاب شان سبک شود و نه ایشان یاری شوند.

تفسیر: آنانیکه ایمان ندارند فراموش میکنند که آخرت هم است و از اینرو با خیانت و تقلب و ظلم به پیش میروند و نمیدانند و یا درک نمیکنند که دیر یا زود در سرای آخرت جواب دادنی هستند. مسلمانان هم تعداد زیاد با کمال تأسف دنیا را به آخرت فروخته اند و تنها هرکس منافع خود را می سنجد نه منافع ایمان و اسلام را و دلیل خواری مسلمانان همین است.

وَلَقَدْ آتَيْنَا مُوسَى الْكِتَابَ وَقَفَّيْنَا مِن بَعْدِهِ بِالرُّسُلِ وَآتَيْنَا عِيسَى ابْنَ مَرْيَمَ الْبَيِّنَاتِ وَأَيَّدْنَاهُ بِرُوحِ الْقُدُسِ أَفَكُلَّمَا جَاءكُمْ رَسُولٌ بِمَا لاَ تَهْوَى أَنفُسُكُمُ اسْتَكْبَرْتُمْ فَفَرِيقاً كَذَّبْتُمْ وَفَرِيقاً تَقْتُلُونَ (۸۷)

معنی: و همانا به موسی تورات را دادیم، و پس از او پیامبران پشت سر هم فرستادیم، و عیسی پسر مریم را معجزه های آشکار عنایت کردیم و او را با روح القدس تأیید کردیم، پس چرا هرگاه پیامبری چیزی را که خوشایند شما نبود برایتان آورد، کبر ورزیدید؟ گروهی را دروغگو خواندید و گروهی را کشتید.

تفسیر: در شروع این آیه قرآن از رسالت پیامبران سخن میگوید که پیامبران را پیهم برای رهنمایی بشر فرستاده است و اما یهودیان ایشان را چون به ضد منافع شان میبود میکشتند. به هر حال با اینکه یک توطئه در مقابل حضرت عیسی (ع) صورت گرفت و اما او را به حکمت خداوند (ج) نتوانستند بکشند. روح القدس در تفاسیر میخوانیم که هم حضرت جبرئیل است و هم میتواند نیروی بسیار خاص باشد که از طرف خداوند (ج) به انسان داده میشود و به اذن خداوند (ج) انسان میتواند معجزه کند چنانچه حضرت عیسی (ع) به اذن خداوند (ج) از همین قدرت بر خوردار بود. آیۀ فوق تثلیث را که عیسویان از خود تراشیده بودند رد میکند و قرآن مجید حضرت عیسی (ع) را پسر مریم میداند.

وَقَالُواْ قُلُوبُنَا غُلْفٌ بَل لَّعَنَهُمُ اللَّه بِكُفْرِهِمْ فَقَلِيلاً مَّا يُؤْمِنُونَ (۸۸)

معنی: [از روی استهزا به پیامبر اسلام (ص)] گفتند دلهای ما در غلاف است. خداوند (ج) ایشان را به خاطر ناسپاسی و انکار لعنت کرده و از رحمت خود به دور ساخته است و کمتر ایمان می آورند.

تفسیر: انسان یک موجود خود مختار است. یهودیان قصداً و عمداً نمیخواستند تا حقیقت را بدانند که این همه از کبر و غرور بود. و همه چیز را مسخره می پنداشتند. از اینرو خداوند (ج) ایشان را از رحمت خود به دور میسازد و لعنت شان میکند. آنها همیشه از هوا و هوس خود پیروی میکردند و این باعث بدبختی شان گردید. یهودیان فکر میکردند که همه علم و حکمت برای شان داده شده است و به وحی نو احتیاجی نیست. پس پیامبر (ص) را جدی نمیگرفتند. غافل از اینکه قرآن آمد تا انجیل و تورات را تکمیل کند. این آیه در زندگی ما مسلمانان حایز اهمیت است.

مسلمان ها هم با اینکه به قرآن ایمان دارند و اما دیده میشود که در امور زندگانی به جای تطبیق اساسی قرآن و ارشادات پیشوای اسلام (ص) و اهل بیت او از هوا و هوس پیروی میکنند و نتیجه آن بربادی جامعۀ مسلمان است. طور مثال اولین آیه برای بشریت بالخصوص مسلمانان اقراء بود یعنی بخوان و اما امروز کشور های مسلمان زیاد ترین بیسواد را دارد. این برای این است که کشور مسلمان از قرآن نمی آموزد.

وَلَمَّا جَاءَهُمْ كِتَابٌ مِّنْ عِنْدِ اللَّهِ مُصَدِّقٌ لِّمَا مَعَهُمْ وَكَانُوا مِنْ قَبْلُ يَسْتَفْتِحُونَ عَلَى الَّذِينَ كَفَرُوا فَلَمَّا جَاءَهُمْ مَا عَرَفُوا كَفَرُوا بِهِ فَلَعْنَةُ اللَّهِ عَلَى الْكَافِرِينَ (٨٩)

معنی: آنگاه که به ایشان کتاب آمد که تأیید کنندۀ کتاب خود شان بود (یعنی تورات) و آن را وسیلۀ پیروزی خود بر کفار میدانستند، انکار کردند. [و] پس چیزی که برایشان آمد قبلاً میشناختند، انکار کردند. پس لعنت خدا (ج) است بر ناسپاسان و منکران.

تفسیر: یهودیان خود را از کفار و مشرکان بهتر میدانستند. و چون کتاب آسمانی مانند تورات را در دست داشتند خواه مخواه از نگاه فکری و معنوی و روحی بهتر هم بودند. از جانب دیگر چون فکر میکردند که کتاب و پیامبر برای شان قبلاً نازل شده است با اینکه کتاب شان با پیام نو از نگاه خدا پرستی شباهت داشت آن را انکار کردند. این ناسپاسی و انکار باعث شد تا خداوند (ج) لعنت شان کند.

کفر در زبان عربی قسمیکه در گذشته گفتیم چندین معنی دارد و از این معانی دانشمندان انواع کفر را استخراج کرده اند که عبارت اند از کفر التوحید، کفر النعمه، کفر التبرئه، کفر الجهود و کفرالتغطیه که پنهان کردن و دفن کردن معنی میدهد. کفر الجهود کفر انکار از پیام الهی و ناسپاسی است نه کفر بالله برای اینکه آنها خداوند (ج) را میشناختند و اما رسالت پیامبر و پیام جدید را انکار میکردند.

بِئْسَمَا اشْتَرَوْا بِهِ أَنْفُسَهُمْ أَنْ يَكْفُرُوا بِمَا أَنْزَلَ اللَّهُ بَغْياً أَنْ يُنَزِّلَ اللَّهُ مِنْ فَضْلِهِ عَلَى مَنْ يَشَاءُ مِنْ عِبَادِهِ فَبَاءُوا بِغَضَبٍ عَلَى غَضَبٍ وَلِلْكَافِرِينَ عَذَابٌ مُهِينٌ (٩٠)

معنی: چه بد بهایی خود را فروختند که به آنچه خداوند (ج) نازل کرده بود به خاطر رشک انکار ورزیدند، اینکه چرا خداوند (ج) فضل خویش

را بر هر کس از بندگانش که بخواهد ارزانی میدارد؛ پس سزاوار خشم بر خشمی دیگر گرفتار آمدند و کافران عذاب خفت بار در پیش دارند.

تفسیر: در این آیه قرآن مجید خود مختاری انسان بیراه و جاهل را که به خاطر رشک و حسد غرور و خودخواهی حق را انکار میکند به مردم مؤمن آگاهی میدهد که آنانیکه حق را انکار میکنند، خشم روی خشم بر ایشان خواهد آمد. سید قطب شهید در این مورد مینویسد: «گویا همین کفر و انکار از حق، همان بهای شان است، انسان خودش ارزش خود را تعیین میکند، چه بسیار باشد یا کم، اگر کسی ارزش خود را به کفر معادل میکند در واقع بدترین و خسارمند ترین تعامل را انجام داده است».

وَإِذَا قِيلَ لَهُمْ آمِنُواْ بِمَا أَنزَلَ اللّهُ قَالُواْ نُؤْمِنُ بِمَا أُنزِلَ عَلَيْنَا وَيَكْفُرونَ بِمَا وَرَاءهُ وَهُوَ الْحَقُّ مُصَدِّقاً لِّمَا مَعَهُمْ قُلْ فَلِمَ تَقْتُلُونَ أَنبِيَاء اللّهِ مِن قَبْلُ إِن كُنتُم مُّؤْمِنِينَ (٩١)

معنی: و چون به ایشان گفته شود: بدآنچه خداوند (ج) نازل کرده ایمان بیاورید، گویند: ما بر آنچه بر خود ما نازل شده ایمان داریم و غیر آن را انکار میکنند درحالیکه حق همان است و آنچه که نزد شان است تصدیق میکنند. بگو: اگر به [تورات] ایمان دارید، پس چرا پیش از این پیامبران را میکشتید؟

تفسیر: یهودیان قسمیکه گفته آمد چنین تصور داشتند که چون کتاب و پیامبر دارند پس به یک کتاب آسمانی دیگر و نبی دیگر ضرورت نیست. میخواستند تا همان جای که منافع شان متصور بود اکتفا کنند، غافل از اینکه با نزول قرآن پیام آسمانی که از طرف شان تحریف شده بود اصلاح و تکمیل شد. دوم اینکه با این عمل خود یهودیان که خود را برتر میدانستند از طریق دین نژاد پرستی را دامن زدند که تا امروز دوام دارد و مردم فلسطین زیاد ترین صدمه را دیده است. نه تنها هدایت پیامبران را تأیید نمیکردند بلکه به پیامبر خود هم گوش ندادند و به گوساله پرستی گرایدند. سزای همچو مردم با همه ثروت، دربدری و خانه نابسامانی است. واقعاً وقتی ما به تاریخ یهود نظر می افگنیم با اینهمه، همیشه ثروت اندوخته اند و در پشت پرده با سلاطین قدرت تا امروز دست شان یکی است، اما آرام نیستند و این به خاطر نافرمانی خداوند (ج) در قدم اول و ظلم است که برمردم روا میدارند.

وَلَقَدْ جَاءكُم مُّوسَى بِالْبَيِّنَاتِ ثُمَّ اتَّخَذْتُمُ الْعِجْلَ مِن بَعْدِهِ وَأَنتُمْ ظَالِمُونَ (۹۲)

معنی: ومحققاً موسی حجت های روشن را برای شما آورد و اما شما در غیاب او گوساله را معبود گرفتید و شما ستمگارید.

تفسیر: در گذشته گفتیم که تقدیس گاو و گوساله در ایام قدیم بسیار زیاد بود و مردمان گیتی این حیوان را مقدس میدانستند و یهودیان هم از این استثناء به دور نبودند با اینکه برای شان کتاب و پیامبر و رهنمایی های لازم شده بود. این آیه به شکل سمبولیک اجتماعی به ما میرساند که مردم جهان به جای خدا پرستی، مسلمان و غیر مسلمان، دیگر چیز ها را معبود خود میسازند. در جهان اسلام قوم پرستی، شخصیت پرستی، پول پرستی، شاه پرستی، به مثابه گوساله پرستی یهودیان است. این همه جهان اسلام را به بیچارگی کشانده است با اینکه ادعای اسلامیت میکنند. مثلاً به جای اینکه از معیار های اسلامی دفاع کنند از کسی دفاع میکنند که کشور را به نابودی کشانده است.

وَإِذْ أَخَذْنَا مِيثَاقَكُمْ وَرَفَعْنَا فَوْقَكُمُ الطُّورَ خُذُواْ مَا آتَيْنَاكُم بِقُوَّةٍ وَاسْمَعُواْ قَالُواْ سَمِعْنَا وَعَصَيْنَا وَأُشْرِبُواْ فِي قُلُوبِهِمُ الْعِجْلَ بِكُفْرِهِمْ قُلْ بِئْسَمَا يَأْمُرُكُمْ بِهِ إِيمَانُكُمْ إِن كُنتُمْ مُّؤْمِنِينَ (۹۳)

معنی: وآنگاه که از شما پیمان گرفتیم و کوه طور را (برای جدی بودن موضوع حق و حقانیت ایمان) بالای شما قرار دادیم و [گفتیم] آنچه به شما داده‌ایم با نیروی تمام بگیرید و (پند) را بشنوید یعنی گوش فرا دهید؛ گفتند: شنیدیم و [به دل گفتند نافرمانی کردیم]. در اثر کفر (ناسپاسی و انکار) دل به گوساله باختند. بگو: اگر دعوی ایمان دارید چه بد است آنچه «ایمان» شما به آن فرمان میدهد.

تفسیر: این آیه از نگاه روانشناسی حایز اهمیت فراوان است زیرا قسمیکه در گذشته گفتیم یهودیان ایمان شان به اندازۀ ضعیف بود که نمیدانستند خداوند (ج) از دل های شان آگاه است. و به منافقت توصل میکنند و مردم فریبی میکنند در حالیکه نمیدانستند که خداوند (ج) را فریب داده نمی توانستند. همچنان در این آیه قرآن به جهانیان میرساند که گفتار بی عمل سودی ندارد و نباید وقت ضایع کرد. فکر و ذهن و عمل مؤمن باید یکی باشد و اگر نمیباشد آشکارا به شخصیت انسان صدمه میرساند و این دو دلی انسان را به منافقت میکشاند که روحیه بسیار زشت و ناپسند است.

قُلْ إِن كَانَتْ لَكُمُ الدَّارُ الآخِرَةُ عِندَ اللهِ خَالِصَةً مِّن دُونِ النَّاسِ فَتَمَنَّوُاْ الْمَوْتَ إِن كُنتُمْ صَادِقِينَ (۹۴)

معنی: بگو: اگر سرای آخرت تنها به شما اختصاص دارد نه برای دیگران، پس آرزوی مرگ کنید اگر راست میگوئید.

تفسیر: یکی از راز های ایمان داری مرگ است. اینکه انسان چه وقت، در کجا، به کدام حالت، به کدام سن و سال دنیا را ترک میکند هیچ کس نمیداند. یهودیان تصور میکردند که تنها ایشان بخشوده میشوند و تنها ایشان به بهشت میروند. کسیکه به معاد و روز آخرت ایمان دارد که یکی از اساسات عمده ایمان داری است برای همان روز موعود آماده میشود و اولتر از همه ایمان خود را راست میکند و از دو رویی و دو دلی دوری میکند. خداوند (ج) میدانست که آنها آمادگی برای پذیرش مرگ ندارند و روز محاسبه را به رسمیت نمیشناسند. اگر برای مرگ آمادگی میداشتند ناسپاسی و کفر نمی ورزیدند.

وَلَن يَتَمَنَّوْهُ أَبَداً بِمَا قَدَّمَتْ أَيْدِيهِمْ وَاللهُ عَلِيمٌ بِالظَّالِمِينَ (۹۵)

معنی: ولی به خاطر اعمالی که از پیش مرتکب شده اند (دروغ و کبر و ناسپاسی) هرگز آرزوی مرگ نخواهند کرد. و خداوند (ج) به حال ستمگران آگاه است.

تفسیر: انسان تنها با دست مرتکب اعمال خوب و بد نمیشود بلکه با نیت خراب و تفکر غیر انسانی هم مرتکب گناه میشود چنانچه در بالا دیدیم که یهودیان در دل فرمان الهی را قبول نکرده بودند و فقط گفتند که شنیدیم و اما تأیید نکردند. ما در سرای آخرت با اعمال و گفتار و کردار خود مورد مؤاخذه قرار خواهیم گرفت. و کسانی از مرگ میترسند که در این دنیا دست به آلودگی ها زده اند و توبه هم نکرده اند. انسان مؤمن و پاک از مرگ ترس ندارد و برعکس مرگ را استقبال میکند زیرا میداند که به خداوند (ج) خواهد پیوست و زندگی جاودانه خواهد داشت و از رحمت خداوند (ج) سیراب خواهد گردید و نا امید نیست.

وَلَتَجِدَنَّهُمْ أَحْرَصَ النَّاسِ عَلَى حَيَاةٍ وَمِنَ الَّذِينَ أَشْرَكُوا يَوَدُّ أَحَدُهُمْ لَوْ يُعَمَّرُ أَلْفَ سَنَةٍ وَمَا هُوَ بِمُزَحْزِحِهِ مِنَ الْعَذَابِ أَنْ يُعَمَّرَ وَاللَّهُ بَصِيرٌ بِمَا يَعْمَلُونَ (96)

معنی: ومسلماً آنها را حریص ترین مردم به زندگی [دنیا] خواهی یافت و حریص تر از کسانیکه شرک آورده اند. هر یک ایشان دوست دارد که هزار سال عمر به او داده شود و عمر طولانی هم او را از عذاب آخرت نجات نخواهد داد. خداوند (ج) به آنچه میکنند بیناست.

تفسیر: آیهٔ فوق از نگاه سوسیوسایکلوژی حایز اهمیت خاص است. یهودیان واقعاً عاشق پول و سرمایه هستند و مسایل سود خوری که امروز همه جهان به آن مبتلا است از همین بانک های است که این ها بنیاد گذاشته اند، میباشد. اکثر زیور فروشی ها و دست داشتن به معادن الماس در آفریقا توسط همین گروه اداره میشود. توسط سرمایه سیاست خارجی کشور های که زیست دارند مراقبت میکنند. تنها حریص پول و سرمایه نیستند حریص قدرت هم هستند و دوست ندارند مانند شان کسی قدرتمند باشد و از همین لحاظ بزرگترین قوه نظامی درخاور میانه از یهودیان است. مانند ایمان اعمال خود را پنهان میکنند و همه دنیا میداند که اسرائیل بمب هسته ای دارد و اما پنهان میکنند. جالب اینکه دوست دارند دیر سال زنده باشند و پیری را خوش ندارند و این همه برنامه های تلویزیونی که هر روز شما را به جوان ماندن تشویق میکند اکثراً توسط یهودیان در دنیای امروز تمویل میشود. و این خاصیت نژاد پرستی را زیاد تر دامن میزند زیرا بسیاری هستند که پیری را یک کمبودی میدانند و از همین سبب سن اصلی خود را آشکار نمیکنند. مخصوصاً بانوان خوش ندارند سن شان آشکارا شود. در حالیکه هر کس در یک زمان تولد میشود و بالاخره پیر میشود و عیب نیست. اما تبعیضات در غرب زیاد دامن زده میشود و جوانان به پیران دیگر رسیدگی نمیکنند. و برای شان بی‌اهمیت است. آنها اعتقاد به آخرت ندارند که بعد از این دنیا، جهان دیگری هم است و مرگ بالاخره به سراغ شان خواه دیر یا زود آمدنی است.

قُلْ مَنْ كَانَ عَدُوًّا لِجِبْرِيلَ فَإِنَّهُ نَزَّلَهُ عَلَى قَلْبِكَ بِإِذْنِ اللَّهِ مُصَدِّقًا لِمَا بَيْنَ يَدَيْهِ وَهُدًى وَبُشْرَى لِلْمُؤْمِنِينَ (97)

معنی: بگو: هرکس دشمن جبرئیل است [دشمن خدا (ج) است] زیرا

او قرآن را به اذن خداوند (ج) به قلب تو نازل کرد که کتابهای آسمانی پیشین را تصدیق میکند و هدایت و بشارت برای مؤمنان است.

تفسیر: جبرئیل امین فرشته وحی است و هرکس ملایک را انکار کند به کفر میگراید. آورندهٔ وحی به خاتم النبین حضرت جبرئیل بود ورنه این قرآن چگونه به بشر میرسید؟ اعتقاد به ملایک از ارکان ایمان است. باز میگوید که کتابهای پیشین را تصدیق میکند. این موضوع از نگاه زیست باهمی با اهل کتاب بسیار مهم است. با همه اعمال زشت که یهودیان کردند، اما قرآن مجید هرگز ایشان را کافر نخوانده است. و ایشان را اهل کتاب خطاب میکند. مسلمانان باید همیشه اهل کتاب را حرمت دهند، دین شان را حرمت دهند با اینکه تحریف شده است و خود مسلمانان باید الگوی ایمان داری، مَحبت، تواضع و همکاری باشند. هر کس مسؤول ایمان خود است چنانچه در اخیر سوره الکافرون آیهٔ اخیر میخوانیم «لکم دِینُکم وَلِی دِین» یعنی شما را دین خود تان و مرا دین خویش. در مورد اهل کتاب که کافر نیستند، دکتور محمد یوسف قرضاوی عالم مشهور در خاور میانه چنین مینویسد: «وقتیکه اسلام به نیکی و احسان با مخالفین خود از هر دینی که باشند حتی با مشرکین و بت پرستانی مانند مشرکین عرب که دو آیهٔ فوق الذکر (ممتحنه ۸ و ۹) در باره ایشان نازل شده است، مسلماً نسبت به اهل کتاب از یهود و نصارا اهمیت خاص داده است و به ایشان احترام میگذارد، خواه تحت سلطهٔ اسلام باشند یا خارج از قلمرو اسلام قرار گیرند. قرآن آنان را جز به (یا اهل الکتاب) و (یا ایها الذین اتوالکتاب) خطاب نمیفرماید، و بدین وسیله اشاره میفرماید که آنان در اصل صاحب دین آسمانی هستند و نسبت به مسلمانان خویشاوند و ذوالقربی میباشند و این نزدیکی و خویشاوندی در اشتراک آنان در اصول دین آسمانی با مسلمانان نمایان میگردد که تمام انبیاء برای ابلاغ این اصول مبعوث شده اند» (حلال و حرام در اسلام صفحه ۴۸۷).

مَنْ كَانَ عَدُوًّا لِّلَّهِ وَمَلَائِكَتِهِ وَرُسُلِهِ وَجِبْرِيلَ وَمِيكَالَ فَإِنَّ اللَّهَ عَدُوٌّ لِّلْكَافِرِينَ (۹۸)

معنی: هر آنکه دشمن خدا (ج) و فرشتگان و فرستادگان او و جبرئیل و میکائیل باشد (کافر است) بی تردید خدا (ج) دشمن کافران است.

تفسیر: ارکان ایمان در اسلام عبارت اند از ایمان به خداوند (ج)، ایمان به ملایک، ایمان به کتاب های آسمانی، ایمان به انبیاء، ایمان به روز آخرت

و ایمان به قضا و قدر. مسلمان برای اینکه ادعای ایمانداری کند به این مواد ایمان باید اعتقاد کامل داشته باشد. با اینکه کتابهای آسمانی قبل از اسلام یا از بین رفته اند و یا تحریف شده اند اما با اینهم مسلمان باید به آن کتابها احترام داشته باشد. مسؤولیت تحریف آن به دوش مسلمانان نیست. به همین اساس بوده است که در طول تاریخ مسلمانان به اهل کتاب معاونت رسانده اند و ایشان را محترم شمرده اند. وقتیکه اهل کتاب زیر فشار های سیاسی قرار گرفته اند به مسلمانان پناه آورده اند و مسلمانان ایشان را حمایه کرده است. در مورد فرشتگان باید به عرض رسانید که تعداد شان برای مسؤولیت های مختلف زیاد است و اما چهار تن این ملایک مشهورهستند که از دوی آن در آیهٔ بالا ذکر به عمل آمده است. جبرئیل که حامل وحی است، و بزرگترین و مقرب ترین فرشتهٔ خداوند (ج) است و نام جبرئیل سه بار در قرآن مجید تذکر یافته است. میکائیل فرشتهٔ رزق است که در قرآن کریم یکبار از آن ذکر به عمل آمده است. اما رزق تنها غذا نیست بلکه روزی علم و ثروت هم است. اسرافیل فرشتهٔ نفخ صور است و عزرائیل فرشتهٔ میراندن است که قبض روح میکند. دشمنی و بد گویی فرشتگان الهی کفر است و کسانیکه مرتکب ناسزا و ریشخند میشوند دشمن خداوند (ج) هستند.

وَلَقَدْ أَنزَلْنَا إِلَيْكَ آيَاتٍ بَيِّنَاتٍ وَمَا يَكْفُرُ بِهَا إِلاَّ الْفَاسِقُونَ (٩٩)

معنی: البته ما آیات روشنی را به سوی تو نازل کردیم و جز مردم فاسق (هیچ کس) از آن انکار نمیکند.

تفسیر: فاسق کیست؟ فاسق در فرهنگ قرآنی معانی مختلف دارد. فسق به اساس ریشهٔ لغت خارج شدن از هستهٔ خرما معنی میدهد. در مسئلهٔ ایمان به کسی اطلاق میشود که از اساس بندگی خود را بیرون میکنند. یعنی بی اطاعتی خداوند (ج) را میکنند. همچنان فسق وقتی صورت میگیرد که شخص خلاف موازین قرآنی عمل میکند. به عبارت دیگر شخص خلاف باور های خود عمل میکند، فاسق است. تفاوت میان فاسق و منافق در این است که منافق در عمل میتواند راست باشد و اما در باور راست نیست. فاسق در باور میتواند راست باشد و در عمل نی. به گونه‌ای دیگر انسان فاسق از ایمان قوی برخوردار نیست. در آیه از شخص فاسق صحبت به عمل آمده است که این ها اشخاصی هستند که چون اعتقاد کامل ندارند آیات را منکر میشوند که در انتها میتواند به کفر انجامد.

أَوَكُلَّمَا عَاهَدُواْ عَهْداً نَّبَذَهُ فَرِيقٌ مِّنْهُم بَلْ أَكْثَرُهُمْ لاَ يُؤْمِنُونَ (۱۰۰)

معنی: آیا هر بار که [یهود] پیمانی بستند گروهی از ایشان آن را به دور نیفگندند؟ بلی اکثر شان ایمان نمی آورند.

تفسیر: قسمیکه در گذشته گفتیم یکی از بدی های یهودیان پیمان شکنی با خدا (ج) و پیامبر (ص) بود. دو قوم بودند به نام های بنی نضیر و بنی قریظه که وقتی پیامبر اسلام وارد مدینه شد با او پیمان بستند تا صلح بر قرار باشد. دیری نگذشت که پیمان را شکستند و با کفار و مشرکان مکه بر علیه مسلمانان، دست بستند. از اهل کتاب که باید از خدا (ج) حیا میکردند چنین توقع نمیرفت و اما این جفا را کردند. امروز هم قسمیکه گفتیم پیمان شکنی میکنند به جز یک گروه اندک ایشان.

وَلَمَّا جَاءهُمْ رَسُولٌ مِّنْ عِندِ اللّهِ مُصَدِّقٌ لِّمَا مَعَهُمْ نَبَذَ فَرِيقٌ مِّنَ الَّذِينَ أُوتُواْ الْكِتَابَ كِتَابَ اللّهِ وَرَاء ظُهُورِهِمْ كَأَنَّهُمْ لاَ يَعْلَمُونَ (۱۰۱)

معنی: و زمانیکه پیامبری از طرف خدا (ج) برای آنها آمد که تصدیق کنندهٔ نشانه های بود که ایشان داشتند، گروهی از همین کسانیکه کتاب داده شدند، کتاب خدا (ج) را پشت سر انداختند و گویی که چیزی نمیدانند.

تفسیر: این آیه حکایه از پنهان کردن رسالت حضرت محمد (ص) توسط یهودیان است که از آمدن او از طریق تورات خبر داشتند و حتی به مردم از آمدن همچو پیامبری بشارت میدادند. اما وقتی محمد (ص) به پیامبری مبعوث شد، روی بر تافتند گویی که هیچ از موضوع خبر ندارند. رسالت و بعثت پیشوای اسلام (ص) در فصل سفر تثنیه باب هجدهم شماره هجدهم در تورات چنین آمده است: "نبی را برای ایشان از میان برادران ایشان مثل تو مبعوث خواهم کرد و کلام خود را به دهانش خواهم گذاشت و هر آنچه باو امر فرمایم بایشان خواهد گفت." دانشمندان جملهٔ فوق را در تورات به حضرت محمد (ص) نسبت میدهند. این اعمال یهودیان که از حقانیت انکار میکردند جزئی ترین تأثیر در اراده خداوند (ج) نداشت زیرا خداوند (ج) میدانست که باید یک پیامبر نو برای رهنمایی مردم نازل شود.

وَاتَّبَعُواْ مَا تَتْلُواْ الشَّيَاطِينُ عَلَى مُلْكِ سُلَيْمَانَ وَمَا كَفَرَ سُلَيْمَانُ وَلَـكِنَّ الشَّيْاطِينَ كَفَرُواْ يُعَلِّمُونَ النَّاسَ السِّحْرَ وَمَا أُنزِلَ عَلَى الْمَلَكَيْنِ بِبَابِلَ هَارُوتَ وَمَارُوتَ وَمَا يُعَلِّمَانِ مِنْ أَحَدٍ حَتَّى يَقُولاَ إِنَّمَا نَحْنُ فِتْنَةٌ فَلاَ تَكْفُرْ فَيَتَعَلَّمُونَ مِنْهُمَا مَا يُفَرِّقُونَ بِهِ بَيْنَ الْمَرْءِ وَزَوْجِهِ وَمَا هُم بِضَآرِّينَ بِهِ مِنْ أَحَدٍ إِلاَّ بِإِذْنِ اللهِ وَيَتَعَلَّمُونَ مَا يَضُرُّهُمْ وَلاَ يَنفَعُهُمْ وَلَقَدْ عَلِمُواْ لَمَنِ اشْتَرَاهُ مَا لَهُ فِي الآخِرَةِ مِنْ خَلاَقٍ وَلَبِئْسَ مَا شَرَوْاْ بِهِ أَنفُسَهُمْ لَوْ كَانُواْ يَعْلَمُونَ (۱۰۲)

معنی: و [یهود به جای تورات] از آنچه شیاطین برضد فرمانروایی سلیمان میخواندند پیروی کردند، در صورتیکه سلیمان [سحر نکرد] و کافر نشد ولی شیاطین کافر شدند که به مردم سحر و جادو می آموختند، و نیز از آنچه که بر دو فرشته، هاروت و ماروت در بابل نازل شده بود پیروی کردند، در حالیکه فرشتگان به احدی سحر نمی آموختند مگر اینکه به او می گفتند: ما وسیلهٔ امتحانیم، نشود که کافر شوی. پس آنان از فرشتگان مطالبی را می آموختند که از طریق آن بین شوهر و همسر جدایی افگندند و [هرچند] نمی توانستند به کسی ضرر برسانند مگر به اذن خداوند (ج). و آنها مطالب را می آموختند که برای شان ضرر داشت و فایده نداشت. و این را خوب میدانستند که هرکس [خریدار سحر و جادو باشد] در آخرت بهره ای نخواهد داشت و خود را به بد چیزی فروختند اگر میدانستند.

تفسیر: در آیهٔ فوق مطالب عمدهٔ تاریخ دین نهفته است نه تنها اسلام. اول آن داستان حضرت سلیمان(ع) است. پس برای اینکه این آیه را دقیق بدانیم داستان حضرت سلیمان (ع) را بازگو کنیم. داستان حضرت سلیمان(ع) دراز است و باید به قصص القرآن رجوع کرد و اما در مورد آیهٔ فوق در زمان حکمرانی حضرت سلیمان (ع) مردم به سحر و جادو میپرداختند. او هدایت کرد تا همه اوراق سحر و جادو را جمع آوری کنند و در یک جای نگهداری شود. بعد از رحلت حضرت سلیمان (ع) مردم به این اوراق دست یافتند و کار جادوگری شیوع یافت. به حضرت سلیمان (ع) تهمت بستند که اصلاً پیامبر نبوده است و توسط همین سحر و جادو مردم را فریب میداده است که پیامبر است. تا بعثت حضرت محمد (ص) و نزول قرآن، مردم یهود و غیر یهود به همین اعتقاد دروغین بودند. اینکه قرآن میگوید که آنها از آنچه در عصر سلیمان (ع) بر مردم میخواندند پیروی کردند. همین بود که مردم یهود تورات و حکم خداوند (ج) را

که بـرای شـان نـازل شـده بـود یـک طرف گذاشته و از سـحر و جـادو کـار میگرفتند. نظر به قرآن مجید نه تنها که حضرت سلیمان (ع) پیامبر بـود، بـه جـادو توسـل نورزیـد و کفر نورزیـد. خواننـده بایـد بدانـد کـه ایـن عمـل خرافاتی امروز در غرب زیاد تر است نظر به شرق. جـادوگری در اسلام حرام اسـت و امـا متأسـفانه ایـن کسـب خرافـاتی در بسیار کشـور هـا و کشـور هـای اسلامی رواج دارد و کسـی تـا بـه حال جلو آن را نگرفته است و هستند کسانیکه از ایـن راه مـردم را فریـب میدهنـد و خـود را بـا عمـل حـرام اعاشـه میکننـد. در مـورد هـاروت و مـاروت نظریـات زیـاد اسـت. در تفسـیر عبدالله یوسف علـی از ایشـان بـه حیـث انسـان هـای خـوب و بـا حکمـت یـاد شـده اسـت و میگویـد کلمـهٔ فرشته مجازاً بـه کار رفته است. در آیـات قـرآن مـا بـه آیـهٔ «مَلَکیـن» بـر میخوریـم کـه معنـی فرشـتگان را میدهـد. ایـن فرشتگان کار شان ابطال سـحر بـود و میخواستند تا برای مـردم همیـن آمـوزش بدهنـد تـا سـحررا خنثـی کننـد و مـردم را در عیـن زمـان از ایـن عمـل هشـدار میدادنـد کـه نبایـد ایـن عمـل را انجـام دهنـد. هـاروت و مـاروت بـه کسـی سـحر نمـی آموختنـد امـا ابطـال سـحر را مـی آموختنـد. هـاروت و مـاروت از فریـب و نیرنـگ منـزه بودنـد. امـا مـردم آن زمـان سـوءاستفاده کردنـد و مـردم را بـه بیراهـه کشـاندند و زن و شـوهر را توسـط سـحر از هـم جـدا میکردنـد. سـؤال اسـت کـه چـرا زن و شـوهر؟ جـواب ایـن اسـت کـه خانـواده از نـگاه جامعـه شناسـی دینـی واحـد کوچـک اجتمـاع اسـت. وقتـی خانـواده بربـاد شـد اجتمـاع توحیـدی و اجتماع کـه بـه اسـاس خـدا پرسـتی باشـد از هـم میپاشـد. امـروز در غـرب خانـواده در مجمـوع از هـم پاشـیده اسـت زیـرا خـدا پرسـتی بـه شـکل اساسـی آن وجـود نـدارد و نتیجـه اینکـه فسـاد اخلاقی بسـیار زیـاد اسـت بـا اینکه ایـن مـردم بـه دستآورد هـای علمـی و تخنیکـی دسـت یافتـه انـد. دوم آیـه از دو مَلَـک (فرشـته) در شـهر بابـل کـه عبـارت بودنـد از هـاروت و مـاروت، بیـان میکنـد. بابـل مرکـز متمـدن حـوزه بیـن النهریـن (رودخانـهٔ دجلـه و فـرات) بـود و در هشتادوهشـت کیلومتـری جنـوب بغـداد امـروزی نزدیـک شـهر حله امـروزی موقعیت داشت.

وَلَوْ أَنَّهُمْ آمَنُواْ وَاتَّقَوْا لَمَثُوبَةٌ مِّنْ عِندِ اللَّهِ خَيْرٌ لَّوْ كَانُواْ يَعْلَمُونَ (١٠٣)

معنـی: هرگاه ایشـان ایمـان مـی آوردنـد و تقـوا پیشـه میکردنـد، اگـر میدانسـتند، پاداش شان نزد خداوند (ج) بهتر میبود.

تفسـیر: بـی اطاعتـی از خداونـد (ج) منجـر بـه فسـاد اخلاقی میشـود کـه ایـن

فساد رفته رفته دامن همه امور را میگیرد و همه چیز جامعه به فساد کشانده میشود. سِحر و جادو و فال بینی های مضحک انسان را، نه تنها شخصی که این عمل را انجام میدهد، به کفر میکشاند بلکه شخصی که نزد این جادوگران میروند به جای خدا ترسی و تقوا به خرافات سوق میدهد. متأسفانه یک عده زیاد زنان بیشتر به این خرافات توجه دارند. تنها آنانی به این خرافات میروند که رهنمایی خداوند (ج) را فراموش کردند که دست گیرنده و عزت دهنده و مشکل گشای همه امور انسان خداوند (ج) است.

يَا أَيُّهَا الَّذِينَ آمَنُواْ لاَ تَقُولُواْ رَاعِنَا وَقُولُواْ انظُرْنَا وَاسْمَعُواْ وَلِلكَافِرِينَ عَذَابٌ أَلِيمٌ (۱۰۴)

معنی: ای آنانیکه ایمان آورده‌اید نگویید «راعنا» و بگویید «اُنظُرنا» و[این دستور را] گوش شنوا دهید. و برای کافران عذاب دردناک است.

تفسیر: یهودیان به پیامبر اسلام اعتنا نمیکردند و حتی در تلفظ واژه ها کج روی میکردند تا به پیامبر استهزا کرده باشند. "راعنا" «از ریشه رَعی» یعنی رعایت کن و از ریشه «رَعُونَة» به معنی کودنی و حماقت میباشد که یهودیان بدین معنی در مقابل پیامبر (ص) به کار میبردند و می خندیدند. همچنان بعضی مفسرین گویند که یهودیان کلمه «راعینا» را استعمال میکردند یعنی چوپان. یعنی چوپان ماست. و قرآن دستور میدهد که «اُنظُر» بگویید یعنی مهلت ده، نظر کن. این آیه در زندگانی امروز حایز اهمیت فراوان است زیرا ما باید بسیار احتیاط کنیم بر اینکه مردم با استفاده غلط واژه ها میتوانند کار های نادرست انجام دهند. لغات در مسایل قانونی میتواند تعبیرات مختلف شود. ما هیچ وقت نباید یک سند را امضاء کنیم مشروط بر اینکه خوب در معنی واژه ها و مفهوم اصلی جمله دقت کنیم تا فریب نخوریم. بسیار وقت یک لغت میتواند معنی مختلف در قرار داد ها داشته باشد. آیهٔ نه تنها که کج روی یهودیان را در مقابل پیامبر نشان میدهد بلکه اهمیت زبان را هم از کج روی های که در زبان صورت میگیرد هشدار میدهد. همچنان ما باید معنی اصلی قرآن را بیاموزیم تا به غلط نرویم.

مَّا يَوَدُّ الَّذِينَ كَفَرُواْ مِنْ أَهْلِ الْكِتَابِ وَلاَ الْمُشْرِكِينَ أَن يُنَزَّلَ عَلَيْكُم مِّنْ خَيْرٍ مِّن رَّبِّكُمْ وَاللّهُ يَخْتَصُّ بِرَحْمَتِهِ مَن يَشَاءُ وَاللّهُ ذُو الْفَضْلِ الْعَظِيمِ ﴿١٠٥﴾

معنى: کفار اهل کتاب و مشرکان دوست ندارند که از پروردگار تان خیری بر شما نازل شود، اما خدا (ج) هرکس را خواهد، خاص رحمت خویش میکند که خداوند (ج) صاحب فضل و کرم بزرگ است.

تفسیر: دشمنان اسلام، نه کفار که همه قدرت سیاسی و اجتماعی خود را با آمدن اسلام از دست داده بودند و نه اهل کتاب نمیتوانستند قبول کنند که مسلمانان همچو پیامبر بزرگوار دارند و هر روز زندگی شان بهتر میشود. مخصوصاً اهل یهود که تصور میکردند کتاب دارند و پیامبر شان هم وحی آسمانی داشت نمیخواستند تا قبول کنند که وقت آن رسیده تا پیامبر آخرالزمان عرض اندام کند. آیه میگوید که خداوند (ج) هرکس را بخواهد مشمول رحمت خود میسازد و حسادت مخالفین کدام تأثیر در ارادۀ پروردگار ندارد.

مَا نَنسَخْ مِنْ آيَةٍ أَوْ نُنسِهَا نَأْتِ بِخَيْرٍ مِّنْهَا أَوْ مِثْلِهَا أَلَمْ تَعْلَمْ أَنَّ اللّهَ عَلَىَ كُلِّ شَيْءٍ قَدِيرٌ ﴿١٠٦﴾

معنى: هر آیۀ را که نسخ کنیم و یا به تاخیر اندازیم بهتر از آن را یا هماننندش را در میان می آوریم، آیا نمیدانید که خداوند (ج) بر هر کاری تواناست؟

تفسیر: قرآن کتاب حکمت است و یکی از حکمت های آن این است که در هر زمان قابل تطبیق است. یک عده دانشمندان را عقیده بر این است که آیۀ فوق به خاطر تغییر قبله از بیت المقدس به مکه معظمه نازل شده است زیرا یک طعنۀ یهودیان همین بود که قبله (جهت بیت المقدس) از آنهاست و پیامبر اسلام باید به قبلۀ آنها نماز بخواند. آیه تغییر قبله را خبر میدهد و تصور شان را باطل میسازد. در عین زمان این آیه حکایه از یک انگاشت مهم دیگر ما را اطلاع میدهد و آن عبارت است از تطبیق اوامر خداوند (ج) نظر به زمان و تحولات آن. علامه یوسف علی در این مورد مینویسد: "آیا آیت در اینجا چه معنی دارد؟ اگر ما مفهوم عام را در نظر بگیریم این معنی را میدهد که پیام خداوند (ج) در هر عصر مشابه [پیام خداپرستی و توحید] بوده، ولی شکل آن بنا بر مقتضیات عصر میتواند تغییر کند." الله سبحان و تعالی چون «رَب» است یعنی آموزگار است در

اینجا به انسان می آموزاند که چون شما خلیفه من در روی زمین هستید در امور خود و مسایل زندگی‌تان میتوانید تغییرات به وجود بیاورید و بهتر آن را تطبیق کنید یعنی همیشه در پیشرفت باشید و در یک حال باقی نمانید. توجه کنید که در آیۀ فوق واژه «نُسها» آمده است که معانی مختلف در عربی دارد. بعضی مفسرین اشتباهاً این آیه را « به فراموشی میسپاریم» تفسیر (ترجمه) کرده‌اند که اشتباه است. خداوند (ج) هرگز چیزی را به فراموشی نمیسپارد. در اینجا آیه تاخیر، تعویق معنی میدهد.

أَلَمْ تَعْلَمْ أَنَّ اللهَ لَهُ مُلْكُ السَّمَاوَاتِ وَالْأَرْضِ وَمَا لَكُم مِّن دُونِ اللهِ مِن وَلِيٍّ وَلَا نَصِيرٍ (۱۰۷)

معنی: آیا نمیدانی که فرمانروایی آسمانها (بشمول کهکشان) و کرۀ زمین از آن خداوند (ج) است، غیر از خداوند (ج) نه شما را دوستی است و نه یاوری.

تفسیر: این آیه از نگاه علم فزیک و علم نجوم حایز اهمیت است. خداوند (ج) در این آیه میرساند که فرمانروا و حامی و قانونگذار سماوات یعنی آسمانها که حالا میدانیم هفت طبقه است و هر آن چیزی که در کره زمین است خودش میباشد. و کره زمین یک کره است نه چند تا مانند آسمانها. انسان بدون افزار تلسکوپی قادر است که همین دو اصل را به چشم ببیند و تجربه کند نه زیاد تر از این. یکی آسمان اول است که با کواکب و ستارگان زینت بخشیده است (سورۀ صافات آیۀ ۶) و اما دیگر ستارگان در اثر پیشرفت علم نجوم هم با تلسکوپ قابل دید و مطالعه است. با این اکتشافات اهل ایمان زیاد تر به خداوند (ج) نزدیک میشوند زیرا با شناخت خلقت است که خالق را میشناسند.

أَمْ تُرِيدُونَ أَن تَسْأَلُوا رَسُولَكُمْ كَمَا سُئِلَ مُوسَىٰ مِن قَبْلُ ۗ وَمَن يَتَبَدَّلِ الْكُفْرَ بِالْإِيمَانِ فَقَدْ ضَلَّ سَوَاءَ السَّبِيلِ (۱۰۸)

معنی: آیا میخواهید از پیامبرتان همان سؤال هائی را کنید که قبلاً از موسی شده بود؟ و هر کس کفر را جانشین ایمان سازد، بدون شک که از راه راست گمراه شده است.

تفسیر: در گذشته پیروان حضرت موسی (ع) سؤال های بیجا میکردند. طور مثال ازحضرت موسی (ع) درخواست کرده بودند که خداوند (ج) را آشکارا به ایشان نشان دهد. اینجا به مسلمانان خطاب میکند که همچو

کاری را نکنید. چنانچه از پیامبر اکرم (ص) درخواست کرده بودند که یک نامه ازخداوند (ج) بیاورد که ایمان بیاورند. سؤال خوب است وقتیکه برای درک حقیقت باشد و سطح علمی و فرهنگی شخص را بالا ببرد. نه اینکه ما قرآن را (نعوذ بالله) ریشخند کنیم و یا دانشمندان را تمسخر کنیم. و یا سؤالاتی کنیم که نه ما را زیاد تر مسلمان میکند نه کمتر.

وَدَّ كَثِيرٌ مِنْ أَهْلِ الْكِتَابِ لَوْ يَرُدُّونَكُمْ مِنْ بَعْدِ إِيمَانِكُمْ كُفَّاراً حَسَداً مِنْ عِنْدِ أَنْفُسِهِمْ مِنْ بَعْدِ مَا تَبَيَّنَ لَهُمُ الْحَقُّ فَاعْفُوا وَاصْفَحُوا حَتَّى يَأْتِيَ اللَّهُ بِأَمْرِهِ إِنَّ اللَّهَ عَلَى كُلِّ شَيْءٍ قَدِيرٌ (109)

معنی: بسیاری از اهل کتاب، با آنکه حقانیت ایمان برای شان روشن شده است، نسبت حسد و رشک که در دل دارند، خوش دارند که شما را بعد از ایمان تان کافر گردانند. عفوه کنید و گذشت نمایید تا خداوند (ج) فرمان خود را اجرا کند. بلی خداوند (ج) بر هر کاری تواناست.

تفسیر: در گذشته هم گفتیم که اهل کتاب مخصوصاً یهودیان زیاد رشک میبردند و سنگ اندازی میکردند. در این آیه خداوند (ج) مسلمانان را متوجه میسازد که ایشان شما را از راه ایمان بیرون میکند. این آیه در زندگی سیاسی و اجتماعی مسلمانان امروز فوق‌العاده مهم است. بعد از اشغال عراق، سوریه و افغانستان کوشش قوه های اشغالگر همین بود و است تا مردم را از راه ایمان شان دور سازد. برنامه های جالب تلویزیونی، اجتماعی و اقتصادی طرح شده است تا مردم دیگر به دین شان فکر نکنند و از دین خود بطور باید و شاید نیاموزند. برنامه هائی که جزئی ترین کمک به اولاد کشور نمیکند، ساخته شده است. زیاد تر مردم باید تقلید کنند از اینکه خود یک تشبث داشته باشند. جوانان بی هدف و بیکار و حتی نماز برایشان بی مفهوم است زیرا ما ناکام ماندیم که هدف و منطق نماز را به جوان بطور تدریس کنیم. امپریالیزم جهانی با پنبه حلال میکند نه با زور و فشار. کتابهای به نام آزادی به نشر رسیده است که شخص مؤمن را بی اعتقاد میسازد و برای اینکار اشخاص گماشته شده اند تا برنامه ها برای مشوش ساختن مردم داشته باشند به نام آزادی و دموکراسی. وآنها حق مسلم خود میدانند که زیر عنوان آزادی فکر و بیان اسلام را تخریب کنند بدون اینکه اعتراف کنند و اما ما ناکام ماندیم تا اسلام واقعی را معرفی کنیم تا جواب شان را داده باشیم. یگانه کاری که صورت گرفت به کفر گرفتن مخالفین بود و است. آنها اگر گمراه و منافق نباشند به

همچو عملی اصلاً فکر نمیکنند که اسلام را تخریب کنند.

وَأَقِيمُواْ الصَّلاَةَ وَآتُواْ الزَّكَاةَ وَمَا تُقَدِّمُواْ لأَنفُسِكُم مِّنْ خَيْرٍ تَجِدُوهُ عِندَ اللّهِ إِنَّ اللّهَ بِمَا تَعْمَلُونَ بَصِيرٌ (110)

معنی: و نماز را برپادارید و زکات را بپردازید و هرخیری [ذخیرۀ آخرت] برای خود از پیش بفرستید، [اجر] آن را نزد خداوند (ج) خواهید یافت. خداوند (ج) به آنچه میکنید بیناست.

تفسیر: در اساس اصول دین در معنی تصدیق خداوند (ج) به قلب است و در عمل ادای نماز و پرداخت زکات است. نماز و زکات که یکی جنبه معنوی و دیگر جنبه عملی دارد یکجایی انسان و جامعه انسانی را میسازد و به هم وصل است. نماز انسان را از بدی ها به دور میسازد، در صورتیکه مسلمان معنی واقعی نماز را دانسته باشد و زکات نه تنها مالی که مسلمان مصرف میکند و غذایی که مسلمان میخورد پاک و منزه میکند، در عین زمان دست مستمند را میگیرد و جامعۀ مسلمان از بدبختی نجات پیدا میکند. چرا امروز در جامعه مسلمان بدبخت هستیم؟ برای اینکه در جامعه مسلمان مردم از این دو اصول اساسی دین به دور هستند. هدف از نماز و زکات استواری انسان و جامعه است. مسلمان معتقد اجر خوبی هایش را از خداوند (ج) میگیرد و باید هیچ وقت نا امید نشود زیرا خداوند (ج) بصیر است یعنی بیناست و او میبیند و از اعمال ما آگاه است.

وَقَالُواْ لَن يَدْخُلَ الْجَنَّةَ إِلاَّ مَن كَانَ هُوداً أَوْ نَصَارَى تِلْكَ أَمَانِيُّهُمْ قُلْ هَاتُواْ بُرْهَانَكُمْ إِن كُنتُمْ صَادِقِينَ (111)

معنی: و گفتند هیچ کس به بهشت نمیرود مگر آنکه یهودی و یا عیسوی باشد. این از آرزو های آنهاست، بگو اگر راست میگویید دلیل تان را بیاورید.

تفسیر: در اینجا خداوند (ج) واضح بیان میکند که بهشت در انحصار هیچ کس نیست. تنها کسانی داخل بهشت میشوند که به خداوند (ج) اعتقاد داشته باشند و اعمال نیک انجام داده باشند. یهود و مسیحی که نمیخواستند رسالت حضرت رسول کریم (ص) را قبول کنند و نمیخواستند قبول کنند که خداوند (ج) خاتم النبیین را فرستاده است و هم اعتراف نمیکردند که دین خود را که پیام اصلی آن با پیام محمد (ص) یکی بود یعنی توحید و خدا پرستی، به بیراهه کشانده اند؛ برای شان گفته

میشود که برهان یعنی دلیل تان را بیاورید. آیات قرآنی نه تنها که جنبه توحیدی دارد در عین زمان جنبه های بسیار مهم اجتماعی را هم بازگو میکند. در آیۀ فوق مسئلۀ استدلال مطرح شده است که مسلمان نباید با خواب و خیال و تفکرات بی اساس زندگی کند بلکه یک معقولیت علمی داشته باشد. کورکورانه همه چیز را قبول نکند و بدون استدلال و منطق صحبت نکند. اساس تحقیقات علمی امروز در دانشگاه های جهان همین است تا چطور میتوانیم مسایل را با دلیل و برهان قاطع ثبوت کنیم. خداوند (ج) در این آیه یهود و نصارا را به کفر محکوم نمیکند بلکه متوجه یک رسالت علمی میسازد که اگر راست میگویی دلیل گویید. متأسفانه ما امروز حتی در بخش دین سؤال کردن و تحقیق را متوقف ساختیم و یکی از دلایل پسمانی مسلمانان همین است که تحقیقات علمی به شکل اساسی آن وجود ندارد و ما نمیتوانیم با زمان در حرکت باشیم. هر چه داریم از گذشته ها نقل قول میکنیم و این مخالف اساسات علمی اسلامی است که دلیل ما جنبه علمی ندارد و به اساس علم امروز صحبت نمیکنیم.

بَلَى مَنْ أَسْلَمَ وَجْهَهُ لِلَّهِ وَهُوَ مُحْسِنٌ فَلَهُ أَجْرُهُ عِنْدَ رَبِّهِ وَلاَ خَوْفٌ عَلَيْهِمْ وَلاَ هُمْ يَحْزَنُونَ (۱۱۲)

معنی: بلی! هر کسیکه خود را به خدا (ج) تسلیم کند و نیکو کار باشد، پاداش او نزد پروردگار محفوظ است، نه بیمی بر آنهاست و نه اندوهگین میشوند.

تفسیر: این آیه به دنبال آیۀ قبلی است که به یهود و نصارا و مسلمان و جهانیان میگوید هر آن کسیکه به خداوند (ج) تسلیم باشد و کار نیک انجام دهد پاداش او نزد خداوند (ج) است. این آیه تنها خطاب به مسلمانان نیست، برای همه بشریت است. اینجا مسایل فقهی اسلامی مطرح نیست. هدف تنها و تنها خدا پرستی و عمل صالح است. اعمالی که به انسانیت و جامعۀ انسانی سودمند باشد. بسیاری اوقات آنانیکه به عدالت خداوند (ج) اعتقاد کامل ندارند سؤال میکنند که فلان شخص مسلمان نیست و اما هر روز به بشریت خدمت میکند آیا او به بهشت نمیرود برای اینکه مسلمان نیست؟ قبلاً گفتیم که بهشت در انحصار هیچ کس نیست. ما نمیدانیم که کی ها داخل بهشت میشوند و کی ها نمیشوند. این از موضوعات حق الله است نه حق العبد. ما حق تصمیم رفتن به بهشت و دوزخ مردم را نداریم. خداوند (ج) میداند که کی را پاداش میدهد و کی را نمیدهد. ما نباید

در این دنیا نقش خدا (ج) را بازی کنیم. در عین زمان دین و ایمان یک مسئلهٔ قلب و دل است نه ظواهر. ما واقعاً نمیدانیم که کی ها واقعاً ایمان دارند یا ندارند. هستند بسیار مردم که ادعای مسلمانی میکنند و اما مردم را با راکت پرانی قتل عام کردند. ببینید که خدا پرستی با عمل صالح است. نه عمل صالح تنها کار ما را حل میکند و نه خدا پرستی بدون عمل صالح برای اینکه دین یک موضوع جامعه و بشریت است، که از یک طرف نماز بخوان و از طرف دیگر مردم بی گناه را قتل عام کن. این خلاف اعتقاد و رسالت اسلامی است.

وَقَالَتِ الْيَهُودُ لَيْسَتِ النَّصَارَى عَلَىٰ شَيْءٍ وَقَالَتِ النَّصَارَى لَيْسَتِ الْيَهُودُ عَلَىٰ شَيْءٍ وَهُمْ يَتْلُونَ الْكِتَابَ كَذَٰلِكَ قَالَ الَّذِينَ لَا يَعْلَمُونَ مِثْلَ قَوْلِهِمْ فَاللَّهُ يَحْكُمُ بَيْنَهُمْ يَوْمَ الْقِيَامَةِ فِيمَا كَانُوا فِيهِ يَخْتَلِفُونَ (۱۱۳)

معنی: یهودیان گفتند که عیسویان حق به جانب نیستند و عیسویان گفتند که یهودیان حق به جانب نیستند، در حالیکه هر دو کتاب آسمانی را میخوانند و کسانی [مشرکان و کفار مکه] سخنی مانند ایشان گفتند، سر انجام خداوند (ج) در روز قیامت در آنچه اختلاف داشتند قضاوت خواهد کرد.

تفسیر: ادیان سماوی که ادیان توحیدی و ادیان ابراهیمی هم یاد میشوند سه تا است: یهودیت، مسیحیت و اسلام. این ادیان کتابهای آسمانی و وحی دارد مانند تورات، انجیل وآخری قرآن که مکمل دو دین اولی است. یهود و نصارا در همین نزاع بودند که حقانیت کتاب و رسول خود را ثابت کنند، غافل از اینکه پیام حق و حقانیت یعنی خدا پرستی برای هر دو دین آمده بود و این نکتهٔ عمده را فراموش کرده بودند. همدیگر را به کفر (در اینجا ناسپاسی) محکوم میکردند. مشرکان مکه که هیچ اعتقاد نداشتند و آنها سخنان مشابه آنها میگفتند.

از نگاه جامعه شناسی این آیه فوق‌العاده مهم است. در اینجا می بینیم که یهود و نصارا دامن تعصب را بالا کرده‌اند و مبتکرین تعصب در دین هستند که این از جهالت میشود زیرا در دین تعصب نیست. دین برای رفاه و آسایش و حقانیت خلقت و حقانیت بشریت آمده است تا در قبال آن انسانها به آرامی زندگی کنند. تعصب میان یهود و نصارا در طول تاریخ باعث بربادی های خانمانسوز گردید که فجیع ترین آن کشتار میلیون ها یهود در داش های هیتلر آلمان بود. بعد از آن یهود و نصارا با هم دوست

شدند و دیده شد که این دوستی با ظهور احزاب دست راستی در جهان غرب تا چه وقت دوام میکند. از دوستی و حمایت یهود و نصارا از همدیگر قرآن مسلمانان را هم با خبر ساخته است. درس اول که از تحلیل و تفسیر آیه میگیریم این است که در اصول دین تعصب و تنگ نظری و تبعیض نیست و همه باید خدا پرست باشند و هر کس به دین خود معتقد باشد و احترام کند و هر سه دین همدیگر را محترم شمارند. درس دوم که ما از این آیه میگیریم این است که مسلمانان امروز بعد از ۱۴۰۰ سال بین خود در نزاع هستند و دامن تعصب به جای است که همدیگر را میکشند. اول نزاع بین شیعه و سنی و دوم نزاع بین مکاتب مختلف فقهی که باعث بدبختی های بیشمار شده است، مخصوصاً سلفی و وهابی. همه مسلمانان به خدا (ج) و رسالت محمد (ص) و قرآن مجید اعتقاد دارند و اما تعصب و تنگ نظری و تبعیض به حدی زیاد است که انسان به حیرت می افتد. و این حکایه از جهل مسلمانان در قرن بیست و یکم میکند. درس سوم که از این آیه میگیریم این است که قاضی همه در آخرت خداوند (ج) است و ما نباید نقش خدا (ج) را بازی کنیم که آنها را به کفر محکوم کنیم و یا ما همدیگر خود را با اینکه کلمه گوی و نماز خوان و زکات دهنده هستیم به کفر و گناه محکوم کنیم. این آیه دست انسان را از قضاوت دیگران در امور دین و آئین مردم قطع میکند. در جامعهٔ اسلامی هم، هیچ کس حق ندارد یک دیگر را به کفر و گناه با اینکه مسلمان است محکوم کند. قاضی ما هم خداوند (ج) است. مسلمانان تنها از طرف قوانین کشور های شان در دادگاه مورد قضاوت قرار میگیرند مشروط بر اینکه خلاف رفتاری شان منحیث یک ماده قانونی درج قانون باشد در غیر آن هر مسلمان آزاد مطلق است که چگونه زندگی کند. و دین چون یک موضوع دل است هیچ کس حق ندارد از دین و آئین مردم سؤال کند.

وَمَنْ أَظْلَمُ مِمَّن مَّنَعَ مَسَاجِدَ اللهِ أَن يُذْكَرَ فِيهَا اسْمُهُ وَسَعَى فِي خَرَابِهَا أُوْلَئِكَ مَا كَانَ لَهُمْ أَن يَدْخُلُوهَا إِلاَّ خَآئِفِينَ لَهُمْ فِي الدُّنْيَا خِزْيٌ وَلَهُمْ فِي الآخِرَةِ عَذَابٌ عَظِيمٌ (۱۱۴)

معنی: کیست ستمگار تر از کسیکه نگذارد نام خداوند (ج) در مساجد یاد شود و در ویرانی آن بکوشد؟ آنان نمیتوانند وارد این مکان (عبادت) شوند جز با ترس و هراس. برای آنها در این دنیا رسوایی و در آخرت عذابی بزرگ است.

تفســیر: در تفسـیر ایــن آیــه دو نظــر وجــود دارد: یکــی وقتــی ســردار رومــی فطلــوس و همدســتان عیســوی او بــا بنــی اســرائیل جنگیدنــد، تــورات را آتــش زدنــد و بیــت المقــدس را میخواســتند ویــران کننــد. نظــر دومــی ایــن اســت کــه مشــرکین مکــه کوشــش کردنــد تــا کعبــه را بــه روی مســلمانان بـبندنـد. علامـه یوســف علــی در ایــن مــورد مینویســد: «ایــن آیــت بطــور عــام اصــل آزادی عبـادت را در عبادت‌گاه تأییـد میکنــد». یکــی از اساسـات بسـیار زیبـای اسـلام محتـرم شـمردن دیـن و مذهـب دیگـران اسـت و هرکـس حـق دارد بـه قسمیکـه آرزو دارد عبــادت کنــد. بــا کمــال تأســف کــه طالبــان و داعشــیان از ایــن آیــه بی‌خبـر بودنـد و هســتند زیـرا مســاجد را درعـراق و ســوریه و افغانســتان ویـران کردنـد حتـی قرآن مجیـد را سـوختاندند و مـردم را در وقـت عبـادت قتـل عـام کردنـد. آیــا بــا ایــن گــروه مذاکــره درســت اســت و یــا بــا ایشــان جنگیـد؟ اگرچــه روی صحبــت آیــه جانــب یهــود و نصــارا و مشـرکان اســت کــه بــه روایــات کــه نقــل کردیــم میخواســتند تــا بیــت المقــدس و مکــه را ویــران کنــند و مانــع عبــادت مــردم شــوند و مــردم را از حــق آزادی عبــادت محــروم کننــد و امــا امــروز آیــه در شـرایطی کـه مسـلمانان قـرار دارنـد هــم صـدق میکنـد زیـرا یـک عـده مسـلمانان ماننـد طالبــان و گــروه های تنـدرو کـه بــه جـز از تــرس و هــراس خلـق کــردن کار دیگـری بـرای بهبـودی مسـلمانان ندارنـد. خداونـد (ج) در آیـه فـوق آنانـی را کـه مسـاجد را ویـران میکننـد ظالـم خطـاب کـرده اسـت.

وَلِلَّهِ الْمَشْرِقُ وَالْمَغْرِبُ فَأَيْنَمَا تُوَلُّوا فَثَمَّ وَجْهُ اللَّهِ إِنَّ اللَّهَ وَاسِعٌ عَلِيمٌ (۱۱۵)

معنـی: مشـرق و مغـرب از آن خـدا (ج) اسـت، بـه هـر سـو رو کنیـد همـان جـا وجـه خـدا (ج) اسـت. خداونـد (ج) گشـایش گر داناست.
تفســیر: در مــورد ایــن تفسـیر نظـرات تاریخـی وجـود دارد و امــا نظــر روانشناسـی آن نوشـته نشـده اسـت. نظـرات تاریخـی ارتبـاط میگیـرد بــه مسـئلۀ قبلـه از بیـت المقـدس بــه کعبـه معظمـه کـه قبلــه تغییـر کـرد. یــک روایـت دیگــر مسـئلۀ نمـاز بــوده اسـت کـه در ایـام جنـگ در شـب تاریـک قبلـه را دقیـق نمیدانسـتند و تیـت و پراگنــده نمـاز ادا کـرده اند و بعـد از اینکـه ایـن موضـوع بــه گـوش پیامبر (ص) رسـیده اسـت ایـن آیـه نـازل شـده اسـت. ایـن بــود دلایـل تاریخـی. از نــگاه روانشناسـی ایـن آیـه بـا اینکـه قبلـه منحیـث یـک سـمبول وحـدت حایـز اهمیـت اســت امــا نشــان میدهـد کـه خداونـد (ج) هرجا حضـور دارد. انسـان مؤمـن دیگـر تنهـا نیسـت. و ایـن یـک اطمینـان خاطـر اسـت کـه منحیـث مؤمـن داریــم کـه خداونـد (ج) بـا ما اسـت و بنـده اش را تنها نمیگـذارد. جهـت کعبه

برای ادای نماز حتمی است و اما اگر ما در مشکل میباشیم و جهت را در نمی یابیم به هر حال نباید تشویش کنیم که نماز ما قبول نشده است زیرا خداوند (ج) در همه جاست، سمیع و بصیر است.

وَقَالُواْ اتَّخَذَ اللّهُ وَلَدًا سُبْحَانَهُ بَل لَّهُ مَا فِي السَّمَاوَاتِ وَالأَرْضِ كُلٌّ لَّهُ قَانِتُونَ (۱۱۶)

معنی: و گفتند خداوند (ج) برای خود فرزندی گرفته است. او (از این عمل) منزه است، بلکه هر چه در آسمانها و زمین است از آن اوست و همه فرمانبر اویند.

تفسیر: مشکل عمده بین اسلام و ادیان پیش از اسلام همین است که یهود و نصارا میگفتند که (نعوذبالله) خداوند (ج) فزرزندی گرفته و یا صاحب پسر است. این موضوع نه تنها که با یگانگی خداوند (ج) سازگار نیست بلکه توحید را در راستای ساخت و بافت جهان هستی که یکی و یگانه است، نهی میکند. همه جهان هستی خلقت ذات اقدس الهی است. همه به خالق فرمانبر هستند. همه هستی به شمول انسان مخلوق یک ذات منزه است. آیهٔ فوق توحید را ترسیم میکند که در توحید دوگانگی نیست، دو رویی و دو رنگی نیست. همه جهان از آن اوست و همه به او خاضع اند. خداوند (ج) به فرزند نیاز ندارد. انسان است که به فرزند میتواند نیازمند باشد. خداوند (ج) مانند انسان نیست. جسم نیست و اول و آخر است.

بَدِيعُ السَّمَاوَاتِ وَالأَرْضِ وَإِذَا قَضَى أَمْراً فَإِنَّمَا يَقُولُ لَهُ كُن فَيَكُونُ (۱۱۷)

معنی: هست کنندهٔ آسمانها و زمین است. و هر گاهی چیزی را اراده کند همین که گوید «شو»، میشود.

تفسیر: خداوند (ج) قادر مطلق است و توانمندی هر کار را دارد. خداوند (ج) به زمان احتیاج ندارد چنانچه انسانها محتاج وقت و زمان هستند. زمان یک پدیدهٔ انسانی است نه برای خداوند (ج). ساعت و دقیقه و غیره برای تنظیم امور کار انسان است. هر گاهی که اراده کند یک چیزی خلق شود، بدون تأمل خلق میشود.

وَقَالَ الَّذِينَ لاَ يَعْلَمُونَ لَوْلاَ يُكَلِّمُنَا اللّهُ أَوْ تَأْتِينَا آيَةٌ كَذَلِكَ قَالَ الَّذِينَ مِن قَبْلِهِم مِّثْلَ قَوْلِهِمْ تَشَابَهَتْ قُلُوبُهُمْ قَدْ بَيَّنَّا الآيَاتِ لِقَوْمٍ يُوقِنُونَ (۱۱۸)

معنی: آنانیکه نمیدانند گفتند چرا خداوند (ج) با ما سخن نمیگوید؟ یا

چرا به ما یک نشانه را نشان نمیدهد، این چنین کسان پیش از اینان هم بودند که همین سخنان را میگفتند؛ قلب های شان یکی است، ما آیات خود را برای اهل که یقین دارند بیان کردیم.

تفسیر: اینجا تکرار بهانه جویی های یهود است که میخواستند برای شان یک آیه یا معجزه آید و یا خداوند (ج) خود را نشان دهد. این نوع صحبت را از یک نادان میتوان توقع کرد. خداوند (ج) جواب میگوید برای آنانیکه اهل یقین هستند و ایمان دارند آیات خود را نازل کرده است. یهودیان همان سخنان را میگفتند که مشرکان عرب میگفت. با اینکه به قوم اسرائیل کتاب و پیامبر آمده بود اما مانند مشرکان نادانی میکردند. مثلیکه امروز بعضی مسلمانان سیکولر نادانی میکنند. در اینجا یهودیان موقف خود را با مشرکان یکی ساختند زیرا دل های شان همانند بود و یک تصور داشتند. تفسیر سید قطب شهید در بخش اخیر آیه بسیار موزون است که مینویسد:«کسیکه در دل خویش به وی باور داشت در این آیه ها مصداق یقین و آرامش ضمیر خویش را در میابد. این آیه ها نیستند که یقین می آفرینند، بلکه این یقین است که دلالت آیه ها را درک کرده به حقانیت آن آرامش یافته وقلب انسان را آمادۀ برداشت و قبول این حقایق میسازد، برداشتی پیوسته ودرست».

إِنَّا أَرْسَلْنَاكَ بِالْحَقِّ بَشِيرًا وَنَذِيرًا وَلاَ تُسْأَلُ عَنْ أَصْحَابِ الْجَحِيمِ (۱۱۹)

معنی: ما تو را به حق مژده دهنده و بیم دهنده فرستاده ایم و تو مسؤول گمراهی دوزخیان نیستی.

تفسیر: در این آیه خداوند (ج) سبحان و تعالی به رسول اکرم (ص) میگوید که تو را به حیث مژده دهنده حق و حقانیت برای مؤمنان و آنانیکه پیام الهی را قبول نمیکنند به حیث بیم دهنده فرستاده ایم که ایشان را آگاهی از عذاب آخرت دهی و مسؤولیت تو در این همین جا ختم میشود. یعنی پیامبر مسؤولیت آنانیکه به تشبث خود میخواهند راهی دوزخ شوند، ندارد. درعین زمان از نگاه حقوق بشر و آزادی که خداوند (ج) به انسان داده است، انسان خود مختار است و سرنوشت اش به دست خودش است. خدا (ج) و پیامبر (ص) مسؤولیت بهشت و دوزخ مردم را ندارد. راه حق از باطل به مردم گفته شد. حالا تصمیم به دست خود شان است. وظیفه اهل تبلیغ به اساس همین آیه تنها مژده دهنده حقیقت الهی و بیم دهنده آخرت برای مردم است. اهل تبلیغ حق توهین و اهانت و

فشار را بالای مردم ندارد حتی که ادعای مسلمانی کنند.

وَلَن تَرْضَىٰ عَنكَ الْيَهُودُ وَلَا النَّصَارَىٰ حَتَّىٰ تَتَّبِعَ مِلَّتَهُمْ قُلْ إِنَّ هُدَى اللَّهِ هُوَ الْهُدَىٰ وَلَئِنِ اتَّبَعْتَ أَهْوَاءَهُم بَعْدَ الَّذِي جَاءَكَ مِنَ الْعِلْمِ مَا لَكَ مِنَ اللَّهِ مِن وَلِيٍّ وَلَا نَصِيرٍ (۱۲۰)

معنی: و یهودیان و عیسویان هرگز از تو خوشنود نخواهند شد مگر آنکه از آئین (روش زندگی) آنها پیروی کنی. بگو هدایت، همان هدایت خداوند (ج) است، بعد از این که علم به تو نازل شد و تو از خواسته های آنان پیروی کنی، در برابر (عذاب) خداوند (ج) نه دوستی خواهی داشت و نه کمک دهنده ای.

تفسیر: چون یهود و نصارا از روی حسد پیام آخری را قبول نمیکردند و به حقانیت خود پافشاری میکردند، خداوند (ج) به پیامبر (ص) میگوید که برای مردم بگوید هدایت الهی همین است که احاطه علمی دارد. اگر بعد از این از یهود و نصارا پیروی کنند نه دوستی خواهند داشت و نه یاوری. این آیه در زندگی مسلمانان امروز در قرن بیست و یکم فوق العاده حایز اهمیت است. خداوند (ج) به مؤمنین هشدار میدهد که یهود و نصارا شما را از راه دین تان منحرف میکنند. و این کار صورت گرفته است. ما نباید در امور سیاسی و اقتصادی پیروی قدرت های بزرگ را کنیم. زن و مرد مسلمان امروز از یهود و نصارا تقلید میکنند. وقتی از ما خوش هستند که از دموکراسی بی بند و بار شان تعریف و توصیف کنیم. بانک جهانی ما را در مسایل اقتصادی مشوره میدهد و ما را زیر قرض گور کرده است. نماینده یهود و نصارا میرود و ما را آشتی میدهد و حکومت وحدت ملی را میسازد. همه بدبختی به خاطر این است که ما امروز از این مردم پیروی میکنیم و تقلید میکنیم. و از همین خاطر است که دیگر خداوند (ج) به ما لطف ندارد و ما دوست و یاور نداریم.

الَّذِينَ آتَيْنَاهُمُ الْكِتَابَ يَتْلُونَهُ حَقَّ تِلَاوَتِهِ أُولَٰئِكَ يُؤْمِنُونَ بِهِ وَمَن يَكْفُرْ بِهِ فَأُولَٰئِكَ هُمُ الْخَاسِرُونَ (۱۲۱)

معنی: کسانیکه به ایشان کتاب (آسمانی) داده ایم (یهود و نصارا) و آن را باید و شاید میخوانند، آنان اند که به آن ایمان می آورند و کسانیکه آن را انکار و ناسپاسی کنند آنان در زیان هستند.

تفسیر: خداوند (ج) به اقوام پیشین هم کتاب و پیامبر فرستاد که عبارت

باشد از یهود و نصارا. اگر آنها به کتاب و پیامبر خود متعهد باشند که خوب و اگر نباشند ایشان از زیان کاران اند. در این آیه خداوند (ج) عیسویان و یهودیان را به کتاب خود شان میخواند که آنها هم اهل ایمان هستند زمانیکه در راه دین خود صادق باشند. به عبارت دیگر به دین و آئین خود مؤمن هستند در صورتیکه به آن پابند باشند.

يَا بَنِي إِسْرَائِيلَ اذْكُرُواْ نِعْمَتِيَ الَّتِي أَنْعَمْتُ عَلَيْكُمْ وَأَنِّي فَضَّلْتُكُمْ عَلَى الْعَالَمِينَ (۱۲۲)

معنی: ای بنی اسرائیل! نعمتی را که به شما ارزانی داشتم بیاد بیاورید و هم من شما را بر جهانیان برتری بخشیدم.

تفسیر: بزرگترین نعمت برای یهودیان در آن زمان نعمت رهنمایی از جانب پروردگار عالمیان بود. نعمت کتاب و پیامبر بود و خواه مخواه راه علم را به روی شان گشود. و تا امروز با همه مصائب روزگار یهودیان در سطح جهانی در بین اقوام بسیار پیشرفته هستند. قرآن میگوید ایشان را بر مردمان جهان برتری بخشید. یهودیان خود را مردم خدا خواسته میگویند یعنی رابطه شان با خداوند (ج) بسیار خاص بوده است. این تصور شان بود. و هم تصور میکنند که مردم جهان با ایشان حسادت دارد که چرا خداوند (ج) ایشان را در بین همه جهانیان برتری داده است و دلیل تار و مار شدن شان را در طول تاریخ همین میدانند نه اینکه خود شان مرتکب بزرگترین اشتباهات شده اند از جمله انکار آیات خداوند (ج) و ناسپاسی.

وَاتَّقُواْ يَوْماً لاَّ تَجْزِي نَفْسٌ عَن نَفْسٍ شَيْئاً وَلاَ يُقْبَلُ مِنْهَا عَدْلٌ وَلاَ تَنفَعُهَا شَفَاعَةٌ وَلاَ هُمْ يُنصَرُونَ (۱۲۳)

معنی: و از روزی بترسید که کسی به داد کسی نرسد و از او عوضی هم قبول نخواهد شد، وشفاعتی سود نخواهد داشت و نه کمک و یاری شوند.
تفسیر: بعد از آیهٔ قبلی به قوم یهود هشدار میدهد که شما به اینکه مردم برتر هستید مغرور نشوید و باید در کار و اعمال تان صادق باشید. فکر نکنید که هر چه بکنید آن قبول میشود. خداوند (ج) از شما شفاعت نخواهد کرد و یار و مددگار نخواهید داشت. یک عده مسلمانان هم تصور میکنند که همین که مسلمان اند کافی است و هر مردم آزاری و خیانت و بد کاری شان را خداوند (ج) می بخشد مگر اینکه اول از مردم معذرت بخواهند ودوم توبه کنند.

وَإِذِ ابْتَلَىٰ إِبْرَاهِيمَ رَبُّهُ بِكَلِمَاتٍ فَأَتَمَّهُنَّ ۖ قَالَ إِنِّي جَاعِلُكَ لِلنَّاسِ إِمَامًا ۖ قَالَ وَمِن ذُرِّيَّتِي ۖ قَالَ لَا يَنَالُ عَهْدِي الظَّالِمِينَ (۱۲٤)

معنی: و چون ابراهیم را خداوند (ج) با کلماتی چند آزمود و او آن را انجام داد. خداوند (ج) (به پاداش این) گفت: من تو را پیشوای مردم میگمارم. [ابراهیم] گفت: از خاندانم چطور؟ خداوند (ج) فرمود: عهد من به ستمکاران نمیرسد.

تفسیر: اینجا خداوند (ج) توجه اهل کتاب را مخصوصاً یهودیان را جلب میکند که جد اولی شان حضرت ابراهیم (ع) بود. نسب حضرت محمد (ص) هم به حضرت ابراهیم (ع) میرسد. در اینجا خداوند (ج) تسلسل ادیان آسمانی را نشان میدهد. پاداش حضرت ابراهیم (ع) امامت و پیشوایی مردم بود. نکتۀ اول آیه این است که دین انحصاری یهودیان و یا اهل کتاب نیست. نکتۀ دوم در این آیه قسمیکه گفتیم تسلسل ادیان است که از نگاه نسل شناسی به هم ارتباط دارد و همه پیامبران توسط دو اولاده حضرت ابراهیم (ع) یعنی حضرت اسماعیل (ع) و حضرت اسحاق (ع) برای رهنمایی بشریت فرستاده شده اند. و پیام همه توحید و خدا پرستی است. در این آیه نکتۀ قابل توجه این است که اول مردم به یک رهبر سالم متقی و پرهیزگار نیازمند اند. وقتیکه حضرت ابراهیم (ع) سؤال میکند آیا از ذریۀ او هم برای رهبری گماشته میشود خداوند (ج) جواب میگوید که عهد من به ستمکاران نمیرسد. اگر خوب دقت کنید دو سخن در اینجا نهفته است: اول اینکه سطح رهبری باید کسی باشد که عادل باشد و مانند حضرت ابراهیم (ع) مطیع و فرمانبردار خداوند (ج) باشد تا بتواند رهبر مردم شود. پس شایستگی رهبری مردم به تقوا و خدا پرستی است. دوم اینکه از این آیه به خوبی استنباط میشود که امامت و سطح رهبری میراثی بوده نمیتواند زیرا خداوند (ج) هیچ تعهد نکرده که ذریات ابراهیم به آن مقام برسند و حتی فرموده است که عهد او [خداوند (ج)] به ستمکاران نمیرسد.

وَإِذْ جَعَلْنَا الْبَيْتَ مَثَابَةً لِّلنَّاسِ وَأَمْنًا وَاتَّخِذُوا مِن مَّقَامِ إِبْرَاهِيمَ مُصَلًّى ۖ وَعَهِدْنَا إِلَىٰ إِبْرَاهِيمَ وَإِسْمَاعِيلَ أَن طَهِّرَا بَيْتِيَ لِلطَّائِفِينَ وَالْعَاكِفِينَ وَالرُّكَّعِ السُّجُودِ (۱۲۵)

معنی: و به یاد آرید که خانه [کعبه] را محل اجتماع و جایگاه امن مردم قرار دادیم و [گفتیم] از مقام ابراهیم محل نماز سازید و به ابراهیم و

اسماعیل سفارش کردیم که خانه ای من را برای طواف کنندگان، اعتکاف کنندگان، رکوع کنندگان و سجده کننده گان پاکیزه سازید.

تفسیر: آیهٔ فوق از نگاه تاریخی، توحیدی و فقهی حایز اهمیت است. کعبه معظمه قبل از حضرت ابراهیم (ع) نظر به روایات تاریخی وجود داشته است. روایات چنین است که خانه خدا (ج) بار اول توسط فرشتگان بنا شده است. بعد از آن توسط حضرت آدم (ع) آباد شده است. بعد از طوفانی که در عهد نوح (ع) به وقوع پیوست، کعبه سر آب قرار گرفت و اما محل آن مشخص نبود. خداوند (ج) به حضرت ابراهیم (ع) محل کعبه را نشان داد و این بار به شکلی که می بینیم توسط حضرت ابراهیم (ع) آباد شد. اما در طول تاریخ ما میخوانیم که خانهٔ خدا (ج) چندین بار توسط مردمان گوناگون و اشخاص ذی صلاحیت ترمیم کاری و اضافات در آن صورت گرفته است. مردم عمالقه، قوم جُرهُم، قُصی بن کِلاب، قوم قریش، حضرت عبدالله بن زبیر، حجاج بن یوسف، سلطان مراد خلیفهٔ ترکیه عثمانی که شخص محترم و مؤمن بود و بالاخره فهد بن عبدالعزیز پادشاه عربستان سعودی، در ترمیم کاری و اضافات نقش داشته اند. در این محل جنگ و خون ریختن ممنوع است و از همین سبب جای امن گفته شده است. محل اجتماع عبادتی و مرکز تجارتی بوده است. کعبه سمبول وحدت مسلمین است و بزرگترین کانگره جهانی به شمار میرود. حضرت ابراهیم (ع) پدر توحید است و طواف از مقام ابراهیم شروع میشود. یعنی چون حضرت ابراهیم یکتا پرست بود و مشرک نبود، همه بشریت باید رد پای او را تعقیب کنند. خداوند (ج) به حضرات ابراهیم (ع) و پسرش اسماعیل (ع) سفارش کرده است که این محل برای آنانیکه نماز گزار هستند، طواف کننده هستند، اعتکاف کننده هستند و برای خداوند (ج) رکوع و سجده میکنند مطلق از هرگونه شرک و علایم ضد توحید پاک سازند. نظر به این آیه هر مسلمان حق دارد که بدون ویزه گرفتن از عربستان سعودی در این محل برود. یعنی کعبه باید از مسایل سیاسی امروزی به دور باشد و اساساً یک محل بیطرف است و نباید به یک کشور تعلق سیاسی داشته باشد. اما متأسفانه این طور نیست و شما باید ویزای دخولی بگیرید که این خلاف موازین دینی است. زائرین و مسافرین حق دارند که هر قدر میخواهند آن جا اقامت کنند.

وَإِذْ قَالَ إِبْرَاهِيمُ رَبِّ اجْعَلْ هَـذَا بَلَداً آمِنًا وَارْزُقْ أَهْلَهُ مِنَ الثَّمَرَاتِ مَنْ آمَنَ مِنْهُم بِاللّهِ وَالْيَوْمِ الآخِرِ قَالَ وَمَن كَفَرَ فَأُمَتِّعُهُ قَلِيلاً ثُمَّ أَضْطَرُّهُ إِلَى عَذَابِ النَّارِ وَبِئْسَ الْمَصِيرُ (۱۲۶)

معنی: و آنگاه که ابراهیم گفت: خدایا! این [مکان] را شهر امنی بگردان و مردمش را از نعمت های فراوان روزی رسان، مردمی که به خدا (ج) و روز آخرت ایمان دارند. فرمود: و هرکس کفر ورزد برای مدت کوتاه بهره مندش میسازم، سپس او را به سوی عذاب آتش میکشانم و چه بد سرنوشتی است.

تفسیر: حضرت ابراهیم (ع) منحیث پدر توحید و امام مردم حالا از خداوند (ج) این تقاضا را دارد که برای مردم مکه، آنانیکه به خدا (ج) و روز آخرت ایمان دارند روزی فراوان بدهد. در اول حضرت ابراهیم تقاضای امنیت شهر را میکند و در تقاضای دوم از خداوند (ج) میخواهد که مردم را فراوان روزی دهد. در این آیه یک موضوع عمده نهفته است که در زندگانی سیاسی امروز حایز اهمیت است و آن عبارت است از امنیت و بعد وفرت. یعنی هیچ گاه یک جامعه به ثمر نمیرسد تا در آن جا اول امنیت نباشد و بعد از امنیت مسئلۀ اقتصادی است. بنده پیشنهادی که برای افغانستان در کانگرس آمریکا در سال ۲۰۱۰ کردم همین بود که ما در افغانستان اول باید امنیت را درست کنیم بعد اقتصاد کشور و بعد از آن تعلیم و تربیه را. تا حال که نه سال میگذرد امنیت کشور تأمین نشده است. ثمرات اکثراً میوه ها ترجمه شده است که درست نیست. ثمرات در این آیه زندگانی مثمر است که در اثر اقتصاد پیشرفته به وجود می آید. ثمره یعنی همه احتیاجات نه تنها غذایی بلکه معنوی و علمی کشور که جامعه را به تعالی برساند و یک جامعۀ مثمر باشد تا در هر رشته بتواند برای مردم مثمر واقع گردد.

وَإِذْ يَرْفَعُ إِبْرَاهِيمُ الْقَوَاعِدَ مِنَ الْبَيْتِ وَإِسْمَاعِيلُ رَبَّنَا تَقَبَّلْ مِنَّا إِنَّكَ أَنتَ السَّمِيعُ الْعَلِيمُ (۱۲۷)

معنی: و آنگاه که ابراهیم و اسماعیل پایه های خانه کعبه را بالا میبردند و میگفتند: پروردگارا از ما بپذیر که تنها تو شنوا و دانایی.

تفسیر: کعبه به هدایت پروردگار توسط پدر و فرزند یعنی حضرت ابراهیم (ع) و پسرش حضرت اسماعیل (ع) آباد شد. این خدمت خاص برای اصالت توحید بود و بس. کعبه سمبول توحید و یگانگی خداوند (ج)

است. شکل آن مکعب است. مکعب یگانه شکل هندسی است که اضلاع آن مساوی است. یعنی از هرجانب خداوند (ج) بر مردم میرسد. هفت بار طواف در دور آن نمایندگی از هفت آسمان میکند. از یک نقطه آغاز می یابد و به همان نقطه می انجامد. همه یکی میشود و انسان با طواف، من، ما میشود. دیگر هر طرف شما در این محل قبله است. و اینکه پدر و فرزند دعا میکنند معنی آن این است که دعای خاص شان برای خداوند (ج) است و خدمت شان برای همه مخلوق اوست زیرا خدا (ج)، خدای مردم است. این آیه به ما میرساند که هر کار باید برای خدا (ج) و رضای خدا (ج) باشد. اخیر آیه همان دعای حضرت ابراهیم (ع) است که بین مسلمانان بسیار مشهور است. در آیه آمده است که پایه ها را بالا بردند. این به تائید تاریخ است که کعبه در گذشته وجود داشت و حالا باید دوباره بنا میگردید که تخریب شده بود.

رَبَّنَا وَاجْعَلْنَا مُسْلِمَيْنِ لَكَ وَمِنْ ذُرِّيَّتِنَا أُمَّةً مُسْلِمَةً لَكَ وَأَرِنَا مَنَاسِكَنَا وَتُبْ عَلَيْنَا إِنَّكَ أَنتَ التَّوَّابُ الرَّحِيمُ (۱۲۸)

معنی: خداوندا! ما را فرمانبردار خویش بگردان و از نسل ما امتی فرمانبردار خویش پدید آور و آداب عبادی ما را به ما نشان بده و ما را ببخش. بدون شک تویی توبه پذیر مهربان.

تفسیر: دیدیم که در اول حضرت ابراهیم (ع) تقاضای امنیت شهر را کرد و بعد از آن وفرت اقتصادی را و حالا دعا میکند که مردم را مطیع پروردگار سازد. از طریق عبادت و اطاعت پروردگار است که آرامش روحی برای شخص و آرامش اجتماعی برای جامعه و نظم همگانی به وجود می آید. همه بی نظمی، فساد و نارسایی ها به خاطر این است که مخلوق تابع خالق نیست.

رَبَّنَا وَابْعَثْ فِيهِمْ رَسُولاً مِنْهُمْ يَتْلُو عَلَيْهِمْ آيَاتِكَ وَيُعَلِّمُهُمُ الْكِتَابَ وَالْحِكْمَةَ وَيُزَكِّيهِمْ إِنَّكَ أَنتَ العَزِيزُ الحَكِيمُ (۱۲۹)

معنی: خداوندا! در میان آنها پیامبری از خود شان بر انگیز تا آیات تو را بر ایشان بخواند و کتاب آسمانی و حکمت بیاموزد و دل های شان را [از شرک] پاک گرداند. بدون شک که تو عزیز (پیروزمند) و حکیمی (فرزانه).

تفسیر: این تقاضای دیگری است که حضرت ابراهیم (ع) از رب العزت

میکند که پیامبری از بین خود شان بر انگیز. این درخواست ابراهیم (ع) با آمدن حضرت محمد (ص) بر آورده میشود زیرا محمد (ص) از بین مردم برخاست و شخص اُمی بود. و محمد (ص) قرآن را به جامعهٔ بشری که از جانب خداوند (ج) نازل شده بود معرفی کرد که همه علم و حکمت است. امروز در اثر تحقیقات دامنه دار در علوم، همه معترف هستند که قرآن بدون تردید کتاب علم و حکمت است.

وَمَن يَرْغَبُ عَن مِّلَّةِ إِبْرَاهِيمَ إِلاَّ مَن سَفِهَ نَفْسَهُ وَلَقَدِ اصْطَفَيْنَاهُ فِي الدُّنْيَا وَإِنَّهُ فِي الآخِرَةِ لَمِنَ الصَّالِحِينَ (۱۳۰)

معنی: وکیست که از آئین ابراهیم روگرداند مگر کسیکه [از روی نادانی] سبک مغزی کند؛ ما او را در دنیا برگزیدیم و او در آخرت مسلماً از صالحان (شایستگان) است.

تفسیر: مقام حضرت ابراهیم(ع) در تاریخ دین فوق العاده شامخ است. پدر توحید است زیرا وقتی حقیقت را درک کرد که خالق همه جهان هستی خداوند (ج) است، به او سجده کرد و تا این جهان باقی است مسلمانان به روش ابراهیم (ع) سجده میکنند. از مشرکین نبود و پیرو دین حنیف بود، یعنی یکتا پرستی. یگانه و مهمترین پیام او خدا پرستی و توحید بود. جد همه ادیان توحیدی یا ابراهیمی است. سمبول یکتا پرستی یعنی کعبه را بنا کرد. مناسک عمده اولی حج مانند نماز و سجده و رکوع و طواف برای ما از ابراهیم (ع) رسیده است. لقب او خلیل الله است و از برگزیدگان خداوند (ج) است هم در این دنیا و هم در آن دنیا. قسمیکه گفتیم ارمغان عمدهٔ این پیامبر بزرگ توحید بود یعنی خدا (ج) یکی است، انسان یکی است، جهان هستی یکی است و علم یکی است و خالق همه هستی خداوند (ج) است، مرجع خداوند (ج) است و همه به او بر میگردد. توحید نه تنها یک موضوع عقیدتی است بلکه علمی و فلسفی است. آیهٔ «اصطَفَیناهُ» به معنی پاکیزه و برگزیده است. لقب حضرت محمد (ص) "مصطفی" از همین جا گرفته شده است.

إِذْ قَالَ لَهُ رَبُّهُ أَسْلِمْ قَالَ أَسْلَمْتُ لِرَبِّ الْعَالَمِينَ (۱۳۱)

معنی: آنگاه که خداوند (ج) برایش گفت: تسلیم رَب [خداوند (ج)] شو، گفت: تسلیم پروردگار جهانیان شدم.

تفسیر: اسلام دو معنی دارد: اول معنوی و یا مجازی و دوم لفظی. معنی

معنوی آن تسلیم به رَب العزت جل جلاله است چنانچه در این آیه می‌بینیم که می‌گوید: «رَبهُ اَسلم». معنی لفظی اسلام صلح است که از سَلَمَه آمده است. این دو معنی با هم ارتباط مستقیم دارد. تا یک شخص به رضای خداوند (ج) تسلیم نشود دلش آرام نمی‌گیرد. آیۀ فوق نشان می‌دهد که اولین اصول خدا پرستی تسلیمی به ذات اقدس الهی است.

وَوَصَّىٰ بِهَا إِبْرَاهِيمُ بَنِيهِ وَيَعْقُوبُ يَا بَنِيَّ إِنَّ اللَّهَ اصْطَفَىٰ لَكُمُ الدِّينَ فَلَا تَمُوتُنَّ إِلَّا وَأَنتُم مُّسْلِمُونَ (132)

معنی: و ابراهیم پسران خود را به [آئین توحید] وصیت کرد، و یعقوب نیز [گفت] ای پسران من! خداوند (ج) این آئین پاک را برای شما برگزیده است، پس مبادا که بمیرید و مسلمان نباشید.

تفسیر: اینجا ما سلسلۀ نبوت را مشاهده می‌کنیم که حضرت ابراهیم (ع) به پسران خود توحید را وصیت می‌کند و بعد حضرت یعقوب (ع) به پسران خود. یعنی پیام پیامبران همیشه یکی بوده است و آن توحید و خدا پرستی است. در آیه واژۀ «وصی» آمده است. وصیت برای آینده می‌باشد. این میرساند که حضرت یعقوب (ع) قبل از مرگ وصیت کرده است که شما توحید را فراموش نکنید. این بزرگترین وصیت است که یک پدر برای اولاد خود می‌کند زیرا توحید متضمن خوشبختی و سعادت دنیوی و اخروی انسان است در صورتیکه انسان عمق توحید را درک کند و بداند. این به خاطری است که مردمان تصور می‌کنند که دین تنها یک عقیده است و به زندگانی بشر ارتباط ندارد. در حالیکه توحید زندگی بخش همه امور انسانی است.

أَمْ كُنتُمْ شُهَدَاءَ إِذْ حَضَرَ يَعْقُوبَ الْمَوْتُ إِذْ قَالَ لِبَنِيهِ مَا تَعْبُدُونَ مِن بَعْدِي قَالُوا نَعْبُدُ إِلَـٰهَكَ وَإِلَـٰهَ آبَائِكَ إِبْرَاهِيمَ وَإِسْمَاعِيلَ وَإِسْحَاقَ إِلَـٰهًا وَاحِدًا وَنَحْنُ لَهُ مُسْلِمُونَ (133)

معنی: آیا آن دم که مرگ یعقوب فرا رسید حاضر بودید؟ چون به پسران خود گفت: بعد ازمن چه می‌پرستید؟ گفتند: معبود تو و معبود پدرانت، ابراهیم و اسماعیل و اسحاق را به عنوان معبود یکتا می‌پرستیم و ما به او تسلیم هستیم.

تفسیر: در آیۀ فوق تسلسل انبیاء و اینکه همه پیام آور توحید بوده‌اند، واضح شده است. همچنان از نگاه نسل شناسی این آیه بیانگر این حقیقت

است که چون حضرت اسماعیل (ع) و حضرت اسحاق (ع) پسران حضرت ابراهیم (ع) بودند و مردمان یهود و نصارا از نسل اسحاق (ع) است و محمد (ص) ازنسل اسماعیل(ع) میباشند، پس ادیان توحیدی که سماوی و ابراهیمی هم یاد میشوند از یک خانوادۀ توحیدی ریشه دارد نه اینکه جدا باشد. از نگاه اعتقادی، در آن زمان یهودیان تصور میکردند که حضرت یعقوب (ع) همین دین را که امروز یهودیان دارند توصیه کرده است، در حالیکه چنین نبود و نبوده است و حضرت یعقوب (ع) میخواست اطمینان حاصل کند که فرزندانش به دین حنیف یعنی جد شان حضرت ابراهیم (ع) یعنی اسلام گرویده هستند و تسلیم ذات حق تعالی میباشند و پیام خداوند (ج) ماندگار است.

تِلْكَ أُمَّةٌ قَدْ خَلَتْ لَهَا مَا كَسَبَتْ وَلَكُمْ مَّا كَسَبْتُمْ وَلَا تُسْأَلُونَ عَمَّا كَانُوا يَعْمَلُونَ (۱۳۴)

معنی: آنها امتی بودند که گذشتند. برای آنهاست که چه کسب کردند و برای شماست که چه کسب کردید. شما مسؤول آنها نخواهید بود.

تفسیر: این آیه از نگاه شرایط زمان و مکان و اینکه مردمان چگونه عمل میکنند و از نگاه جامعه شناسی بسیار مطالب را به ما بازگو میکند. آیه واضح میگوید که شما مسؤول اعمال پیشینیان خود نیستید و مسؤول اعمال خود هستید. نکته ای را که باید متوجه شد توحید و خدا پرستی است که در هیچ حالت نباید نادیده گرفت. اگر گذشتگان خوب کردند و یا بد کردند خود شان جواب خود را در نزد پروردگار میدهند. قضاوت آخری به دست خداوند (ج) است نه انسان. در زندگانی سیاسی ما همیشه گذشتگان را ملامت میکنیم اما توجه نمیکنیم حالا ما برای خود چه کرده میتوانیم. ما نباید به افتخارات گذشتگان خود ببالیم و یا شرم داشته باشیم چنانچه یهودیان به افتخارات گذشتگان فخر فروشی میکردند. افتخارات گذشتگان کار امروز ما را حل نمیکند. اگر کاری بدی انجام دادند ما باید توجه کنیم که آن عمل تکرار نشود. این آیه از نگاه سوسیوپولیتیک یا رابطۀ سیاست با جامعه شناسی حایز اهمیت است که به ما یاد میدهد که گذشته گذشت و تمام شد. حالا خودت مسؤول اعمال و کردار خود هستی که اشتباه نکنی اما متأسفانه مردم نمی آموزند و هستند کسانیکه اصلاح نمی آورند و با پدیده های کهنه میخواهند جامعۀ نوین را بسازند.

وَقَالُواْ كُونُواْ هُودًا أَوْ نَصَارَىٰ تَهْتَدُواْ قُلْ بَلْ مِلَّةَ إِبْرَاهِيمَ حَنِيفًا وَمَا كَانَ مِنَ الْمُشْرِكِينَ (۱۳۵)

معنی: و گفتند یهودی یا عیسوی شوید تا هدایت یابید. بگو: ما ملت ابراهیم حنیف را که از مشرکان نبود، پیروی می‌کنیم.

تفسیر: این آیه از نگاه جامعه شناسی امروز فوق‌العاده مهم است که باید دقت کرد. وقتی مسلمانان از نگاه سیاسی و اقتصادی ضعیف شدند به جای اینکه مشکلات خود را تعریف کنند و یک راه حل مطلوب برای جوامع مسلمان جستجو کنند کوشش کردند که از یهود و نصارا تقلید کنند. این آیه تنها جنبهٔ اعتقادی ندارد بلکه جنبه سیاسی و اجتماعی هم دارد. یهود و نصارا گفتند اگر می‌خواهید هدایت شوید آنها را تعقیب کنید. درست است که ما از عقیدهٔ خود بر نگشتیم و اما روش زندگی ما تقلیدی بود و است از یهود و نصارا. بعد از سقوط امپراتوری عثمانی که آنها ناکام ماندند تا اصلاحات سالم را به وجود بیاورند، نه تنها که امپراتوری تکه تکه شد در عین زمان مسلمانان شروع کردند از تقلید روش های غرب و این کار ما را حل نکرد. بر عکس ما را در یک خلای فرهنگی قرار داد. مشکل عمدهٔ مسلمانان امروز خلای فرهنگی است که هم می‌خواهند مسلمان باشند و هم نمی‌توانند از تقلید جلوگیری کنند. من در این آیه همان واژه «ملت» را آورده ام زیرا آئین ابراهیمی یک ملت هم است که به اساس عقیدهٔ توحید بنا یافته است نه چیز دیگر. کلمهٔ «Nation» در انگلیسی از همین ملت آمده است. در ملت ابراهیم تبعیض، قوم پرستی، تنگ نظری و تعصب نباید باشد و چنانچه دیدیم بعد از امن شهر حضرت ابراهیم (ع) مسئلهٔ اقتصاد را مطرح می‌کند و اطاعت خداوند (ج) را و به پسران خود توصیه می‌کند تا این روش را دوام دهند. بدبختی مسلمانان امروز همین است که عقیده دارند و عمل ندارند و اعمال شان به اساس ملت ابراهیم نیست.

قُولُواْ آمَنَّا بِاللَّهِ وَمَا أُنزِلَ إِلَيْنَا وَمَا أُنزِلَ إِلَىٰ إِبْرَاهِيمَ وَإِسْمَاعِيلَ وَإِسْحَاقَ وَيَعْقُوبَ وَالْأَسْبَاطِ وَمَا أُوتِيَ مُوسَىٰ وَعِيسَىٰ وَمَا أُوتِيَ النَّبِيُّونَ مِن رَّبِّهِمْ لَا نُفَرِّقُ بَيْنَ أَحَدٍ مِّنْهُمْ وَنَحْنُ لَهُ مُسْلِمُونَ (۱۳۶)

معنی: بگویید: ایمان آوردیم به خداوند (ج) و آنچه برما نازل شده و آنچه بر ابراهیم و اسماعیل و اسحاق و یعقوب و دودمان [او] نازل شد و آنچه به

موسی و عیسی داده شد و به آنچه پیامبران دیگر از جانب پروردگار شان داده شدند. ما میان هیچ یک از آنها فرق نگذاریم و تسلیم او هستیم.

تفسیر: قسمیکه در گذشته بیان داشتیم پیام الهی توسط پیامبران یک مطلب عمده بوده است و آن عبارت است از توحید و خدا پرستی. این آیه تسلسل پیامبران را نشان میدهد که همه مربوط خانوادهٔ توحیدی هستند و از هم تفاوت ندارند. همچنان این آیه واضح میسازد که خداوند (ج) بین پیامبران فرق نگذاشته است زیرا همه ای شان پیام آور توحید بودند. برای ما مسلمین باید قابل فهم باشد که پیامبران و ادیان پیشین را گرچه توسط متخلفین خود شان تحریف شده است، احترام کنیم. حضرت محمد (ص) در بین پیامبران در کتاب آخری آسمانی یعنی قرآن مجید رحمت للعالمین خطاب شده است زیرا با بعثت محمد (ص) نبوت و رسالت خاتمه میپذیرد. بعضی اوقات در برنامه های تلویزیونی شنیده شده است که همه پیامبران یکسان هستند و تفاوت ندارند. گل سخن در اینجاست که پیامبران در اندیشه و پیام توحیدی یکسان بوده اند اما رسالت شان تفاوت داشته است طور مثال با آمدن اسلام وسنت حضرت محمد (ص) بزرگترین تمدن بشری بنیاد گذاشته شد، در هیچ جائی از تورات و انجیل گفته نشده است که پیامبران شان رحمت للعالمین است.

فَإِنْ آمَنُوا بِمِثْلِ مَا آمَنْتُمْ بِهِ فَقَدِ اهْتَدَوْا ۖ وَإِنْ تَوَلَّوْا فَإِنَّمَا هُمْ فِي شِقَاقٍ ۖ فَسَيَكْفِيكَهُمُ اللَّهُ ۚ وَهُوَ السَّمِيعُ الْعَلِيمُ (۱۳۷)

معنی: پس اگر آنان نیز به مانند آنچه شما بدان ایمان آورده اید ایمان آوردند، به یقین هدایت یافته اند، و اگر روی برتافتند، جز این نیست که سرستیزه جویی دارند و خداوند (ج) تو را از شر آنها مصون میدارد که او شنوای داناست.

تفسیر: ایمان همانا خدا پرستی و اعتقاد محکم به توحید است و اصل ایمان همین است. پس آنانیکه در این راه قدم میگذارند به یقین هدایت شده‌اند و اگر به این اصل اعتقاد ندارند، محمد (ص) مسؤولیت ندارد و قضاوت این مردم به دست خداوند (ج) است نه محمد (ص). به محمد (ص) اطمینان میدهد که او را از شر شان مصؤن میدارد. در این آیه یکی دو نکتهٔ مهم نهفته است. اول اینکه عمل کرد آنانیکه توحید را انکار میکنند، قضاوت شان به دست خداوند (ج) است. ما مسلمانان نباید ایشان را تکفیر کنیم و توهین کنیم. دوم در این آیه واژهٔ «شِقاق» آمده است یعنی

جنگ و منازعه و ستیزه جویی. اول اینکه آنانیکه توحید را رد میکنند با خداوند (ج) در جنگ هستند و آشکارا بازنده میباشند. دوم از نگاه اجتماعی شق از همین شقاق آمده است. در زبان فارسی میگوییم که فلان شخص شق است یعنی یک شخصی که مسالمت آمیز نیست، معقول نیست و به اصطلاح یک دنده است و سخن را گوش نمیکند. و این یک صفت بسیار بد انسانی است که مسلمان باید جداً اجتناب کند.

صِبْغَةَ اللهِ وَمَنْ أَحْسَنُ مِنَ اللهِ صِبْغَةً وَنَحْنُ لَهُ عَابِدُونَ (۱۳۸)

معنی: روحیهٔ خداوند (ج) [توحیدی] است و چه روحیهٔ از روحیهٔ الهی بهتر است؟ ما پرستندگان اوییم.

تفسیر: در تفاسیر گذشته صِبْغَةَ الله را رنگ خداوند (ج) ترجمه کرده اند. خداوند (ج) رنگ ندارد. اینجا هدف از روحیهٔ خداوندی است که همانا توحید است. خداوند (ج) روحیهٔ توحیدی دارد و چون روح خود را به انسان دمیده است، و انسان خلیفهٔ خداوند (ج) در روی زمین است پس باید روحیهٔ توحیدی داشته باشد. انسان وقتی به معراج میرسد که چون با روح خدا (ج) خلق شده است برای رسالت توحید روحیهٔ توحیدی داشته باشد.

قُلْ أَتُحَاجُّونَنَا فِي اللهِ وَهُوَ رَبُّنَا وَرَبُّكُمْ وَلَنَا أَعْمَالُنَا وَلَكُمْ أَعْمَالُكُمْ وَنَحْنُ لَهُ مُخْلِصُونَ (۱۳۹)

معنی: بگو: آیا با ما در مورد خداوند (ج) یکه و یگانه مجادله میکنید؟ درحالیکه او خداوند (ج) ما و خداوند (ج) شماست و برای ماست اعمال ما و برای شماست اعمال شما و ما او را خالصانه پرستش میکنیم.

تفسیر: در تفاسیر قدیم خواه مخواه موضوع یهود و نصارا است. اما امروز این گروه تنها مطرح نیستند. ما امروز سیکولر داریم، کمونیست داریم، مسلمان لیبرال داریم. اگر شما دقت کنید همین ها هم در مورد خداوند (ج) و حقانیت خداوند (ج) مجادله میکنند و خود را مسلمان هم میگویند. این آیه از نگاه جامعه شناسی فوق العاده مهم است زیرا بازهم مسلمانان را توصیه میکند که شما مسؤول اعمال خود هستید و آنها مسؤول اعمال خود هستند. ما نباید با آنانیکه نه تنها خداوند (ج) و آیات او را انکار میکنند در جنگ باشیم بلکه با آنانیکه به قسمی خداوند (ج) را قبول دارند و اما از درک حقیقت توحید به دور هستند، ما باید بگذاریم شان به جای خود شان تا خود شان حقیقت را درک نکنند بسیار مشکل است که

ایشان راه راست را پیدا کنند. امروز خداوند (ج) را، بسیاری مردم مسلمان و غیر مسلمان ادعا میکنند که قبول دارند و اما به توحید اعتقاد ندارند پس گمراه هستند و قضاوت شان به دست خداوند (ج) است.

أَمْ تَقُولُونَ إِنَّ إِبْرَاهِيمَ وَإِسْمَاعِيلَ وَإِسْحَاقَ وَيَعْقُوبَ وَالأَسْبَاطَ كَانُوا هُودًا أَوْ نَصَارَى قُلْ أَأَنتُمْ أَعْلَمُ أَمِ اللهُ وَمَنْ أَظْلَمُ مِمَّن كَتَمَ شَهَادَةً عِندَهُ مِنَ اللهِ وَمَا اللهُ بِغَافِلٍ عَمَّا تَعْمَلُونَ (۱۴۰)

معنی: یا [هنوز] میگویید ابراهیم و اسماعیل و یعقوب و دودمان او، یهودی یا نصرانی بودند؟ بگو: آیا شما بهتر میدانید یا خدا (ج)؟ و راستی چه کسی ظالم تر از آن کس است که شهادتی را که از جانب خداوند (ج) بر او مقرر گردیده است پنهان دارد؟ و خداوند (ج) از آنچه میکنید غافل نیست.

تفسیر: تکراراً قرآن مجید تاکید میورزد بر اینکه همه پیامبران و دودمان شان خدا پرست و موحد بودند. دین خدا (ج) مربوط یک قوم مانند یهودیت و یا یک شخص به نام حضرت عیسی (ع) نبوده و نیست. این دین آسمانی از روز اول توحید و خدا پرستی را تدریس و تبلیغ کرده است. این ادعا های مضحک شان باعث به وجود آوردن تبعیضات نژادی و قومی گردید و بعداً باعث قتل میلیون ها انسان در طول تاریخ شد. جالب اینجاست که علمای یهود و نصارا این موضوع را میدانستند و اما خود را بی‌خبر جلوه میدادند. همین است که برایشان میگوید که هر کاری میکنید خداوند (ج) از اعمال شما غافل نیست.

تِلْكَ أُمَّةٌ قَدْ خَلَتْ لَهَا مَا كَسَبَتْ وَلَكُم مَّا كَسَبْتُمْ وَلاَ تُسْأَلُونَ عَمَّا كَانُوا يَعْمَلُونَ (۱۴۱)

معنی: آنها اُمت بودند که گذشتند؛ بر آنهاست آنچه کردند و برای شماست آنچه کرده‌اید و شما از آنچه آنها کرده اند مورد سؤال قرار نمیگیرید.

تفسیر: در این دنیا هرکس مسؤل خود است. گذشتگان هرچه کردند جوابگوی خود هستند و اما ما مسؤل اعمال و کردار خود هستیم. خداوند (ج) ما را به خاطر اعمال و اشتباهات گذشتگان مورد قضاوت قرار نمیدهد. هستند مردمانی که نسل امروزی را به خاطر اشتباهاتی که پدران شان کرده اند مورد قضاوت قرار میدهند و این یک کار غیر عادلانه است.

جزء دوم

سَيَقُولُ السُّفَهَاءُ مِنَ النَّاسِ مَا وَلَّاهُمْ عَن قِبْلَتِهِمُ الَّتِي كَانُوا عَلَيْهَا قُل لِّلَّهِ الْمَشْرِقُ وَالْمَغْرِبُ يَهْدِي مَن يَشَاءُ إِلَىٰ صِرَاطٍ مُّسْتَقِيمٍ (۱۴۲)

معنی: به زودی بیخردان از مردم خواهند گفت: چه چیز آنان را از قبله ای که بر آن بودند برگرداند؟ بگو: مشرق و مغرب از آنِ خداست، هر که را خواهد به راه راست هدایت میکند.

تفسیر: سُفَهَاء جمع سفیه است. به کسی اطلاق میشود که بیخرد، سبک مغز، بی عقل و کسانیکه نمیتوانند عمق یک موضوع را درک کنند اطلاق میشود. این آیه از نگاه تاریخ دین شناسی به یهود و منافقین دوران مدینه گفته شده است. اما امروز این آیه برای کسانی است که مانند یهود دوران مدینه و منافقین مدینه بی شعور هستند و عمق دین را و احکام خداوند (ج) را درک کرده نمیتوانند مانند سیکولریستان و کمونیستان و حتی مسلمانان تند رو که احکام دین را غلط فهمیده اند و مردم بی گناه را میکشند و مساجد را ویران کرده اند. این همه از بیخردی و بی عقلی و نادانی میشود. این آیه موضوع تغییر قبله را مطرح میکند که از نگاه تاریخ توحیدی نهایت مهم است. یهودیان و نصرانیان قبله شان بیت المقدس بود. حضرت محمد (ص) بعد از بعثت، مدت سیزده سال رو به بیت المقدس نماز ادا کردند. چندین ماه بعد از هجرت در مدینه هم مسلمانان به امرخداوند (ج) رو به بیت المقدس نماز ادا میکردند. تصور یهودیان مدینه این بود که چون دین شان برحق است و قبله شان برحق است پس ضرورت به یک دین و پیامبر جدید نیست. وقتی قبله در داخل مسجد القبلتین در نماز ظهر تغییر کرد، یهودیان مدینه بسیار بر آشفته شدند و همیشه به پیامبر اسلام (ص) طعنه میدادند که دین شان حق است و رسالت او قابل قبول نیست و او در جهت قبلۀ شان نماز ادا میکند. کسانیکه حج کرده اند مسجد القبلتین را دیده اند. این مسجد به نام مسجد «بنی سالم» هم مسمی است. در همین مسجد بود که رسول اکرم (ص) در نماز ظهر پیام تغییر قبله را از خداوند (ج) دریافت کرد. این مسجد در نزدیک وادی عقیق در خیابان خالد بن ولید واقع است. تغییر قبله نه تنها طعنۀ قوم یهود را متوقف ساخت، در عین زمان تسلسل ادیان سماوی را از حضرت آدم (ع) تا حضرت ابراهیم (ع) پدر توحید و خاتَم النبیین حضرت محمد (ص) استحکام بخشید. کعبه توسط پدر توحید بنا شده بود و جد همه ادیان ابراهیمی است. وقتی توسط یهودیان مدینه سؤال شد که پس چرا در این مدت سیزده سال

جانب بیت المقدس نماز ادا کردید؛ خداوند (ج) جواب میگوید که خدا (ج)، خدای مشرق و مغرب است و خدا (ج)، خدای همه است و خدا (ج) مکان خاصی ندارد. نقطه بسیار مهم که در تغییر قبله برای مسلمانان قابل غور و تعمق است این است که "اسلام یک دین پیشرو است و رو آوردن به قبلۀ جدید این فرصت را فراهم کرد تا مسلمانان با گذشته وداع گفته خود را با روحیۀ تحول و تحرک همگام سازند" (تفسیر علامه یوسف علی). تغییر قبله نمایانگر جهان شمولی اسلام، تحرک و تحول و استقلال آدمی را در پیشرفت و سازماندهی توحیدی به ارمغان آورد که مسلمان باید به اساسات توحید و چارچوب خدا پرستی در تکامل باشد نه اینکه به رکود مواجه شود چنانچه فهم و درک نسخ آیه و تجدید آن هم همین ارمغان را به مسلمان دارد که نظر به شرایط باید خود را تغییر دهد تا به رکود مواجه نشود. راهیابی اساسی در این نیست که به کدام جهت نماز باید خواند. راهیابی حقیقی درک حقیقت توحید و خداپرستی است.

وَكَذَٰلِكَ جَعَلْنَاكُمْ أُمَّةً وَسَطًا لِتَكُونُوا شُهَدَاءَ عَلَى النَّاسِ وَيَكُونَ الرَّسُولُ عَلَيْكُمْ شَهِيدًا وَمَا جَعَلْنَا الْقِبْلَةَ الَّتِي كُنْتَ عَلَيْهَا إِلَّا لِنَعْلَمَ مَنْ يَتَّبِعُ الرَّسُولَ مِمَّنْ يَنْقَلِبُ عَلَىٰ عَقِبَيْهِ وَإِنْ كَانَتْ لَكَبِيرَةً إِلَّا عَلَى الَّذِينَ هَدَى اللَّهُ وَمَا كَانَ اللَّهُ لِيُضِيعَ إِيمَانَكُمْ إِنَّ اللَّهَ بِالنَّاسِ لَرَءُوفٌ رَحِيمٌ (۱۴۳)

معنی: و بدین سان شما را امتی وسط قرار دادیم تا بر مردم شاهد باشید و پیامبر بر شما شاهد باشد. و قبلۀ را که بر آن بودی (بیت المقدس) قرار ندادیم مگر برای اینکه آشکار سازیم که چه کسی از پیامبر پیروی میکند و چه کسی به عقب بر میگردد، و البته این امر جز بر کسانیکه خدا (ج) هدایت شان کرده، سخت گران بود و خدا (ج) بر آن نیست که ایمان شما را ضایع کند چرا که خداوند (ج) به مردم واقعاً مهربان و بخشاینده است.

تفسیر: امت وسط معنی وسیع دارد. اول اینکه چون جهان با یک اعتدال خلق شده است و انسان جز همین خلقت است پس انسان باید هم به اعتدال باشد. دوم امت وسط بیانگر اعتدال در همه امور اجتماعی، اقتصادی، سیاسی و خانوادگی است و مسلمان باید از تندگرایی تعصب و سخت گیری اجتناب کند و در همه امور از اعتدال کار گیرد. و سوم موقعیت جغرافیایی مکه معظمه است که در سطح کره زمین در یک موقعیت وسط قرار گرفته است و این روحیۀ مردمان آن را از نگاه روانشناسی با ثبات نگه میدارد.

زیرا انسان از جسم و روح خلق شده است و هماهنگی آن حتمی است. دانشمندان مسلمان را عقیده برین است که کعبه در مرکز کره زمین قرار دارد. این اعتقاد به اساس مشاهدات نیل آرمسترانگ فضا نورد آمریکایی است که برای بار اول به فضا رفته بود و عکس هائی برداشت و گفته است «کرهٔ زمین در یک ساحه تاریک آویزان است! کی اینطور آن را آویزان کرده است؟». فضا نوردان کشف کردند که کرهٔ زمین از خود یک نوع شعاع تولید میکند. گرچه این ادعا از صفحه تارنمای جهانی ناپدید شد و اما تحقیقات زیاد تر میگوید که همان شعاع از مرکز کعبه تشعشع دارد. جالب این است که عکس های گرفته شده نشان میدهد که شعاع لایتناهی است و خاتمه ندارد. پروفیسر حسین کامل در اثر تحقیقات میخواست تا قبله را به ارتباط شهر های بزرگ جهان تعیین کند. برای این منظور او خطوطی را بالای نقشه جهان ترسیم کرد تا موقعیت هفت قاره را تثبیت کند. این خطوط با هم موازی بود تا عرض البلد و طول البلد را مشخص سازد. بعد از دو سال به کمک ابزار کامپیوتری، علم فزیک و ریاضی توانست ثابت کند که مکه در مرکز زمین قرار دارد. پسان تر در سالهای نود میلادی عکس هائی که از کره زمین برداشته شد و توپوگرافی و موقعیت جغرافیایی زمین را مشخص ساخت عین واقعیت را نشان میدهد. نتیجه اینکه یک تئوری علمی به وجود آمد که صفحه های الکترونیک ساخته شدهٔ زمین به مرور زمان جغرافیایی در ساحه عربستان در حرکت است و این صفحات جیولوژیکی و الکترونیک رُخ شان به سوی مکه است. همچنان مسئلهٔ دیگر در مورد وسط جهت قبلهٔ یهودیان و نصرانیان آن زمان بود. مسیحیان به سوی مشرق زیاد تر می ایستادند زیرا تولد حضرت عیسی (ع) در بیت المقدس بود، یعنی جهت شرقی و اما یهودیان زیاد تر در جهت غرب یعنی شام و بابل بودند و بیت المقدس در جهت غرب آنها قرار میگرفت. و اما کعبه برای مسلمانان مدینه در سمت جنوب و میان مشرق و مغرب قرار داشت که به اینصورت نقطهٔ وسط به شمار میرود. از نگاه خداشناسی و اطاعت پروردگار یک آزمایش بزرگ برای آنانیکه واقعاً اوامر خداوند (ج) را به جا میکردند و آنانیکه اوامر خداوند (ج) را نادیده میگرفتند؛ تغییر قبله، خداپرست واقعی را مشخص ساخت. تفسیر گواه بودن و یا شاهد بودن مسلمانان بر مردم جهان و پیامبر برای مسلمانان به ارتباط امت وسط است. مسلمانان باید از نگاه اصول اخلاقی وزندگی مدنی باید برای جهانیان یک الگو باشند چنانچه پیامبر برای بشریت و مسلمانان یک نمونهٔ از اخلاق و زندگی و فرهنگ مدنی

است کـه مـا امـروز یـک فرهنـگ والا داریـم. خـواه مخـواه آنانیکـه اسـلام مدنـی و اخلاقـی را دانسـته انـد کـه عـاری از تعصـب، تنـگ نظـری، تبعیـض میباشند و اخلاق و کرامت انسانی اساس اصول یـک زندگـی متمـدن اسـت. در اخیر آیـه میگویـد کـه بـا تغییر قبلـه ایمان شـما ضایـع نمیشـود. برعکـس بـا اطاعت از این موضـوع شـما ایمان تانـرا زیـاد تـر تقویـه میکنیـد زیـرا بـه مرکـز توحیـد رو مـی گردانیـد، تسلسل ادیـان را بـه رسـمیت مـی شناسـید و یـک امـت واحـد میشـوید بـه اسـاس خـدا پرسـتی توحیـدی و مبـارزه بـا شـرک زندگـی را عیـار میسـازید.

قَدْ نَرَى تَقَلُّبَ وَجْهِكَ فِي السَّمَاء فَلَنُوَلِّيَنَّكَ قِبْلَةً تَرْضَاهَا فَوَلِّ وَجْهَكَ شَطْرَ الْمَسْجِدِ الْحَرَامِ وَحَيْثُ مَا كُنتُمْ فَوَلُّواْ وُجُوهَكُمْ شَطْرَهُ وَإِنَّ الَّذِينَ أُوْتُواْ الْكِتَابَ لَيَعْلَمُونَ أَنَّهُ الْحَقُّ مِن رَّبِّهِمْ وَمَا اللّهُ بِغَافِلٍ عَمَّا يَعْمَلُونَ (۱۴۴)

معنـی: مـا رویکرد تـو را بـه سـوی آسـمان [بـرای تغییر قبلـه] مـی بینیـم، اینـک روی تـو را بـه قبلـه ای کـه از آن خوشـنود شـوی میگردانیـم؛ پـس روی بـه جانـب مسـجد الحـرام آور و هـر جـا کـه هسـتید (مسلمانان) رویتـان را بـه آن جهـت کنیـد، و اهـل کتـاب میداننـد کـه آن حقـی اسـت از جانـب پـروردگار شـان؛ و خـدا (ج) از آنچـه میکننـد غافـل نیسـت.

تفسـیر: دلیـل اصلـی کـه قبلـه تغییـر کـرد همانـا تکامل ادیـان توحیـدی در محـور کعبـه اسـت. تکامـل هـم وقـت و زمـان بـه کار دارد. خداونـد (ج) راه تکاملـی انسـانی را بـه بشـریت آموخـت. خـواه مخـواه حضـرت رسـول اکـرم (ص) هـم از اینکـه اهل کتاب مخصوصاً یهودیـان او را طعنـه میدادنـد بسـیار از حوصلـه منـدی کار گرفـت تـا اینکـه جـواب ایـن صبـوری بـا تغییر قبلـه پاسـخ داده شـد. اهـل کتـاب از ایـن موضـوع آگاهـی داشـتند زیـرا در کتـاب هـای شـان تذکار داده شـده اسـت. خداونـد (ج) از قلـب هـا آگاه اسـت و هـر آنچـه بنـده میکنـد آگاهـی دارد خـواه عیـان باشـد و خـواه پنهـان باشـد و بـرای اهـل کتـاب میگویـد کـه شـما چیـزی را پنهـان کـرده نمیتوانیـد و خداونـد (ج) از اعمـال شـما غافـل نیسـت.

وَلَئِنْ أَتَيْتَ الَّذِينَ أُوتُواْ الْكِتَابَ بِكُلِّ آيَةٍ مَّا تَبِعُواْ قِبْلَتَكَ وَمَا أَنتَ بِتَابِعٍ قِبْلَتَهُمْ وَمَا بَعْضُهُم بِتَابِعٍ قِبْلَةَ بَعْضٍ وَلَئِنِ اتَّبَعْتَ أَهْوَاءهُم مِّن بَعْدِ مَا جَاءكَ مِنَ الْعِلْمِ إِنَّكَ إِذاً لَّمِنَ الظَّالِمِينَ (۱۴۵)

معنی: و اگر برای اهل کتاب هر حجت و دلیل و آیتی را بیاوری هرگز از قبله تو پیروی نخواهند کرد و تو نیز پیرو قبله آنها نیستی؛ و هیچ یک از آنها هم پیرو قبلهٔ دیگری نیستند. و اگر تو از [وحی] و دانشی که به تو رسیده از امیال آنها پیروی کنی قطعاً از ستمگران خواهی بود.

تفسیر: در اینجا خداوند (ج) به پیامبر (ص) و [از طریق پیامبر (ص)] به مسلمین خاطر نشان میکند که نباید پیروی اهل کتاب را کرد. آنها هرگز از قبلهٔ اسلام که حالا دیگر کعبه است پیروی نخواهند کرد و نه پیرو قبله همدیگر خود هستند. در این آیه خداوند (ج) یک موضوع مهم را به ما می آموزاند و آن اینکه ما نباید از امیال یهود و نصارا پیروی کنیم. اما دیده میشود که ما این آیه را مطلق نادیده گرفته ایم و نتیجه آن در زندگی مسلمانان سر درگمی و زبونی و بی فرهنگی است. در اینجا اشاره به قبله، به ما مسلمانان که همه امور ما را منظم میکند، جهت می بخشد، هدایت میکند و رهنمایی میکند، نه باید مصالحه شود چنانچه مصالحه شده است. و در اخیر آیه به ما میگوید که اگر این کار صورت میگیرد ما همه از جمله ظالمین خواهیم بود. ظلم وقتی صورت میگیرد که مسلمان از راه خدا و اطاعت خدا سر باز میزند. هر گاهی که ما از عدالت عدول کنیم، ظلم جاگزین آن میشود زیرا انتی تز عدالت ظلم است.

الَّذِينَ آتَيْنَاهُمُ الْكِتَابَ يَعْرِفُونَهُ كَمَا يَعْرِفُونَ أَبْنَاءهُمْ وَإِنَّ فَرِيقاً مِّنْهُمْ لَيَكْتُمُونَ الْحَقَّ وَهُمْ يَعْلَمُونَ (۱۴۶)

معنی: آنها که به ایشان کتاب دادیم، او، پیامبر را همان گونه می شناسند که فرزندان شانرا می شناسند، ولی گروهی از آنان با اینکه حق را میدانند آنرا کتمان میکنند.

تفسیر: بازهم در اینجا گوش مسلمانان را قرآن مجید باز میکند که متوجه خود باشند. تذکار میدهد که اهل کتاب یعنی یهود و نصارا پیامبر را چنان خوب می شناسد و از هدف او و برنامه‌ای او آگاهی دارند مثل این است که اولاد خود را می شناسند. اما با این هم یک عده شان هستند که حق را میدانند و اما پنهان میکنند. دقت کنید که قرآن همهٔ اهل کتاب

را نمیگوید بلکه یک گروه شانرا خطاب میکند که حق را میدانند. قرآن اهل کتاب را کافر نمیگوید و اما ناسپاس یاد میکند زیرا حق را میدانند و اما پنهان میکنند. امروز تنها اهل کتاب نیست که حق را میدانند و پنهان میکنند، مسلمانان هم در عرصه سیاسی و اجتماعی و اقتصادی حق را میدانند و پنهان میکنند و حتی دست شان با اهل کتاب بسته است و خود آگاه و ناخود آگاه از ظالمین اند.

الْحَقُّ مِن رَّبِّكَ فَلاَ تَكُونَنَّ مِنَ الْمُمْتَرِينَ (۱۴۷)

معنی: حق از جانب پروردگار است. از زمره دو دلان مباش.
تفسیر: این آیه از نگاه روانشناسی حایز اهمیت فراوان است. در این آیه روی آوردن به سوی کعبه حق است و اراده پروردگار در همین است نه برای اینکه ایمان ما ضایع شود بلکه برای اینکه ما را منسجم سازد، جهت دهد، هدف ما معلوم باشد که تنها توحید و خدا پرستی است. و هشدار میدهد که از دو دلان مباشید. دو دلگی یک ضعف ایمان است. انسان مؤمن همیشه در زندگی مصمم میباشد. دو دلی انسان را بی ثبات میسازد. راه گم میشود و سر درگم میباشد. مرام شخص دو دله مشخص نیست و این روحیه انسان را نه تنها در مسایل اعتقادی بلکه امور زندگانی پسمان میسازد، بی ثبات جلوه میدهد و نزد مردم حتی بی شخصیت معرفی میکند.

وَلِكُلٍّ وِجْهَةٌ هُوَ مُوَلِّيهَا فَاسْتَبِقُوا الْخَيْرَاتِ أَيْنَ مَا تَكُونُواْ يَأْتِ بِكُمُ اللّهُ جَمِيعًا إِنَّ اللّهَ عَلَى كُلِّ شَيْءٍ قَدِيرٌ (۱۴۸)

معنی: هر کس را جهت است که خداوند (ج) او را بسوی آن متوجه میسازد، [شما] در نیکو کاری از همدیگر پیشی گیرید. هر جا باشید خداوند (ج) شما را دور هم گرد می آورد که او برهر چیز قادر است
تفسیر: در بعضی تفاسیر آیهٔ فوق جهت قبله تفسیر شده است که هر قومی را قبله است یا هر امتی را قبلهٔ است. تصور این میرفته که آیه به ادامهٔ آیات قبلی در مورد قبله و مکه است و برای یهودیان گفته شده است. در حالیکه قبله برای بشریت یک قبله است اما هدف رسیدن به خدا (ج) تفاوت دارد. هدف آیه این است که هر کس در زندگی یک جهت دارد، یک هدف دارد و یک مرام خاص دارد و اما مردم مؤمن باید در امور نیک و نیکو کاری و اعمال خیر باید از همدیگر پیشی گیرند. یعنی وجه مشترک اهل ایمان باید در همه امور نیکو کاری باشد. آیه یاد آوری

جزء دوم

میکند که هر برنامه و هدف و مرام که شما دارید و در هر کجا شما باشید فراموش نکنید که بالاخره خداوند (ج) شما را در روز محشر یکجا میکند و شما پاسخگوی اعمال خود هستید. خداوند (ج) بر هر کاری قادر و توانا است.

وَمِنْ حَيْثُ خَرَجْتَ فَوَلِّ وَجْهَكَ شَطْرَ الْمَسْجِدِ الْحَرَامِ وَإِنَّهُ لَلْحَقُّ مِن رَّبِّكَ وَمَا اللّهُ بِغَافِلٍ عَمَّا تَعْمَلُونَ (۱۴۹)

معنی: [در هنگام نماز] از هر جای بیرون شدی، روی خود را از جانب مسجد الحرام کن که این براستی حقی از جانب پروردگار توست و خدا (ج) از آنچه میکنید غافل نیست.

تفسیر: به پیامبر و همه مسلمانان هدایت داده میشود که قبله را در هنگام نماز مد نظر گیرند زیرا همه امت مؤمن باید به یک انسجام باشد، با وحدت باشد و جهت شان در کنار نیکو کاری پرستش خدای واحد باشد و سمبول یا نشانهٔ این وحدت کعبه است. خواه به شکل انفرادی باشند و خواه به شکل دسته جمعی باشند هدف شان باید پرستش خدای واحد باشد. اینجاست که خداوند (ج) دل های مؤمنین را با اعمال شان که پرستش خدای واحد است یکی میسازد. این نوع خدا پرستی نه تنها مبارزه با شرک است در عین زمان هیچ گونه تفوق را نمیپذیرد زیرا خدای همه یکی است و هدف روشن است. خداوند (ج) از هر آنچه ما انجام میدهیم غافل نیست.

وَمِنْ حَيْثُ خَرَجْتَ فَوَلِّ وَجْهَكَ شَطْرَ الْمَسْجِدِ الْحَرَامِ وَحَيْثُ مَا كُنتُمْ فَوَلُّواْ وُجُوهَكُمْ شَطْرَهُ لِئَلاَّ يَكُونَ لِلنَّاسِ عَلَيْكُمْ حُجَّةٌ إِلاَّ الَّذِينَ ظَلَمُواْ مِنْهُمْ فَلاَ تَخْشَوْهُمْ وَاخْشَوْنِي وَلِأُتِمَّ نِعْمَتِي عَلَيْكُمْ وَلَعَلَّكُمْ تَهْتَدُونَ (۱۵۰)

معنی: و از هر جایی که بیرون شدی، روی خود را به سوی مسجد حرام بگردان و در هر حالتی که باشید روی خود را به سوی آن بگردانید تا مردم بر مخالفت شما دستاویزی نداشته باشند مگر کسانی از آنها که ظلم کردند (که از شما دست بردار نیستند و خرده گیری میکنند)، پس از ایشان نترسید، از من بترسید تا من نعمت خود را بر شما کامل کنم و باشد که شما رهیاب شوید.

تفسیر: آیه بطور واضح مردم را از حالت دو دلی نجات میدهد و جهت

شان را مشخص میکند و هدف شان را معین میسازد. زیرا تغییر قبله حتی برای آنانیکه سخت معتقد بودند قبول آن مشکل به نظر میرسید. اینجا حکم برین است که در هر جا که هستید، در هر حالت که هستید و در هر موقف که شما قرار دارید در هنگام نماز به جرأت تام روی به قبله کنید تا آنانیکه بالای شما خرده گیری میکنند موقف فکری و قلبی شما برای شان آشکار شود تا به شما خرده گیری نکنند زیرا وقتی موقف اندیشه و تفکر اساسی روشن شد و هدف معین شد و جهت تعیین شد هیچکس جرأت نمیکند تا سنگ اندازی کند. مشکل یک عده از مسلمانان در جهان امروز همین است که در هنگام نماز غفلت میکنند و با دلایل غیر موجه در صف مسلمین نمی ایستند. این نشان دهنده این است که مرام و هدف و جهت برایشان آشکار نیست و بی نظمی و بی اتفاقی از همین جا شروع میشود. و یا با اینکه در نماز یکجا هستند اما مسایل غیر مدنی و غیر انسانی مانند قوم پرستی، نژاد پرستی و تفوق های اجتماعی هنوز هم در مغز شان است و این خلاف یگانگی، توحید و آنچه خدا برای مردمان میخواهد، میباشد. خداوند (ج) ما را تنها به خدا پرستی میشناسد و خدا پرستی هر گونه تفوق را محکوم میکند. برای خدا (ج) ثروتمند و مستمند و صاحب قدرت و بدون قدرت جَد و نام خانواده و غیره مطرح نیست. تنها تقوا مطرح است. کوشش هر مسلمان برای رسیدن به هدف باید تقوا باشد.

كَمَا أَرْسَلْنَا فِيكُمْ رَسُولاً مِّنكُمْ يَتْلُو عَلَيْكُمْ آيَاتِنَا وَيُزَكِّيكُمْ وَيُعَلِّمُكُمُ الْكِتَابَ وَالْحِكْمَةَ وَيُعَلِّمُكُم مَّا لَمْ تَكُونُواْ تَعْلَمُونَ (١٥١)

معنی: چنانکه در میان شما پیامبری از خود تان فرستادیم تا آیات ما را بر شما تلاوت کند و شما را منزه سازد، به شما کتاب و حکمت می‌آموزد و آنچه را نمیدانستید تعلیم تان میدهد.

تفسیر: آیهٔ فوق از چندین جهت حایز اهمیت فراوان است. اول اینکه پیامبر (ص) را از بین مردم انتخاب میکند تا آسان‌تر او را درک کنند، افهام و تفهیم کنند و به مشکلات انسانی شان رسیدگی کند و راه حل را به ایشان نشان دهد. همچنان اگر غیر از مردم خود شان میبود شاید قطعاً پیروی نمیکردند و ایمان نمی آوردند. و این در جامعهٔ بشری خیلی طبیعی است که مردم از اهل خود را خوب تر گوش فرا میدهند تا یک بیگانه. هدف از تلاوت در اینجا آموزش و پرورش است که پیامبر (ص) مردم را

برای یک زندگی نوین آماده میسازد زیرا بدون تعلیم و تربیه هیچ امت به معراج کمال نمیرسد. با آموختن و آموزش و پرورش معنوی انسان از حالت جهل خارج میشود و یک ارتقای ذهنی و فکری و عقلانی میکند. این وقتی متصور است تا اندیشه انسانی برای معنویات خجسته یعنی خدا پرستی باشد. لذا با تدریس سالم معنوی تزکیه نفس صورت میگیرد و از انسان یک انسان با معرفت و با کرامت میسازد. در اسلام آموزش و پرورش بدون خدا شناسی و تزکیه نفس بر عکس عمل میکند و نتیجه نامطلوب دارد. قرآن نه تنها کتاب علم و معرفت است، کتاب حکمت است. این حکمت است که زندگی یک انسان را، زندگی انسانی میسازد. هستند مردمانی که تحصیلات اکادمیک دارند و اما حکمت نیاموخته اند. زندگی انسان تنها به تحصیلات دانشگاهی نیست و استوار به حکمت است و حکمت تنها از کسی آموخته میشود که خودش منزه از همه آلودگی ها باشد و این در اسلام از طریق قرآن مجید و ارشادات حضرت رسول کریم (ص) متصور است و بس. قرآن مجید تنها یک کتاب عقاید نیست. کتاب حکمت است که برای سعادت بشر نازل شده است. با نزول قرآن جامعه جهانی تغییر میکند و انسان چیزی را که نمیدانست می آموزد. مهمترین موضوع علمی را که انسان می آموزد یگانگی علم است. از همین دلیل، توحید جهان هستی را در نگاه علمی در یک نظام منسجم که از هم جدایی ندارد ترسیم میکند. مسلمانان بین قرون ۹ الی ۱۲میلادی باعث اکتشافات بزرگ شدند و رنسانس اروپا مدیون پیشرفت های علمی مسلمانان است.

فَاذْكُرُونِي أَذْكُرْكُمْ وَاشْكُرُواْ لِي وَلاَ تَكْفُرُونِ (۱۵۲)

معنی: پس مرا یاد کنید تا شما را یاد کنم و مرا سپاس بگزارید و با من ناسپاسی نکنید.

تفسیر: اینجا خداوند (ج) به بنده سپاس را می آموزد تا بندۀ مؤمن در مقابل بزرگترین نعمت زندگی یعنی علم و حکمت که خداوند (ج) به او ارزانی داشته، سپاس گویند و ناسپاسی نکنند. چنانچه در شروع سوره حمد دیدیم بنده باید با سپاس و شاکر باشد. از دید قرآن مجید و اسلام اویکه خدا (ج) را فراموش نکرد میتواند به معراج کمال انسانی برسد. از نگاه جامعه شناسی و امور اجتماعی انسان مؤمن به مردم هم در اثر خدمات شان شاکر میباشد. حدیثی داریم از محمد (ص) که فرموده است: "آن کسیکه شکرانه مردم را به جا نکند شکرانه خدا (ج) را به جا نکرده

است." ما نه تنها باید از خداوند (ج) برای نعماتی که ارزانی کرده شاکر باشیم بلکه از آنهائیکه برای ما در خانواده و جامعه خدمت میکنند نیز شاکر باشیم.

يَا أَيُّهَا الَّذِينَ آمَنُواْ اسْتَعِينُواْ بِالصَّبْرِ وَالصَّلاَةِ إِنَّ اللّهَ مَعَ الصَّابِرِينَ (۱۵۳)

معنی: ای مؤمنان از صبر و نماز یاری جویید که خدا (ج) با صابران است.

تفسیر: در اساس دو پدیدۀ صبر و نماز از دید روانشناسی اسلامی حایز اهمیت فراوان است. اول صبر در زمان مصائب روزگار که از دایرۀ مراقبت و ادارۀ ما بیرون است، یگانه راه آرامش روحی است. بسیار اوقات اتفاقات در زندگی رخ میدهد که از حدود صلاحیت ما به دور است و ما باید از شکیبایی کار گیریم و توکل به خداوند (ج) دانا و توانا کنیم که هم بصیر است یعنی ما را میبیند و هم سمیع است، ما را میشنود و هم از دل های ما آگاهی دارد. اما صبر بدون توصل به ذات کبریا که همه هستی و نیستی ما در دست اوست ناممکن است. اینجاست ما باید با عبادت خداوند (ج) یعنی نماز صبر کنیم. صبر بدین معنی نیست که ما اجازه دهیم حقوق مدنی ما مانند آزادی بیان و کلام، مسافرت، حق عبادت، حق انتخاب مذهب، حقوق مساوی مدنی با بانوان، آزادی و حق انتخاب همسر برای مرد و زن، حقوق تعلیم و تربیه، حق داشتن آزادی طلاق و دیگر امور مدنی انسانی ما پایمال شود. نماز وصل است. نماز راه گشاه است. نماز اعتراف است که ما مخلوق هستیم و او خالق است و آن چیزیکه از صلاحیت ما به دور است، یگانه یاری دهندۀ ما خالق ماست. خداوند (ج) نمیخواهد که بنده اش بیچاره باشد و راه را برایش نشان میدهد چنانچه در آیۀ قبلی خواندیم ما باید شاکر باشیم و به او رجوع کنیم.

وَلاَ تَقُولُواْ لِمَنْ يُقْتَلُ فِي سَبِيلِ اللّهِ أَمْوَاتٌ بَلْ أَحْيَاء وَلَكِن لاَّ تَشْعُرُونَ (۱۵۴)

معنی: و کسانیکه در راه خدا کشته میشوند، مرده نخوانید، بلکه زنده اند ولی شما نمیدانید.

تفسیر: یکی از مسایل عمدۀ دین شناسی اعتقاد به آخرت است، روز جزاء است و روز پاداش است. این به خاطری است که زندگی در راه خدا (ج) به عبث نیست و زندگی کردن برای خدا (ج) و مردم پاداش عظیم دارد. در این آیه مژده میدهد به آنانیکه در راه خدا (ج) کشته میشوند یا میمیرند

این ها اساساً نمرده اند بلکه جاودانه زنده هستند. در این آیه نگفته است که تنها مسلمانان از این پاداش بزرگ مستفید میشوند. هر آن کسیکه در راه حق و راستی، آزادی و کرامت انسانی و مبارزه با ظلم و فساد به شکل انسانی آن مبارزه میکند و کشته میشود، آنها حیات جاودانه دارند و نمرده اند و اما شما فکر میکنید که مرده اند. در تاریخ از این اشخاص در بین مسلمانان و غیر مسلمانان هستند که در راه خدا (ج) یعنی عدالت، آزادی و کرامت انسانی کشته شده اند. بزرگترین مثال در تاریخ اسلام امام حسین (رض) را میتوانیم به یاد بیاوریم و در تاریخ بشریت گاندی هند را و در تاریخ قدیمترین دموکراسی یعنی ایالات متحده امریکا داکتر لوتر کینگ فقید و مالکم اکس فقید رهبران سیاهپوست امریکا. کشتن در راه خدا (ج) تنها جنبه فزیکی ندارد و معنوی هم دارد. جنبه معنوی آن است که در راه خدا (ج) و عدالت با قلم و گفتار مبارزه میکنند. مخالفین آنها را میخواهند بد نام کنند، تخریب کنند، تبعید کنند و بالاخره از نگاه اجتماعی نیست و نابود کنند. شاید از نظر مردم از چشم افتاده باشند و اما از نظر خدا (ج) نیفتاده اند. بهترین مثال آن سید جمال الدین افغانی است که برای عدالت و پان اسلامیزم با گفتار و قلم مبارزه کرد. خداوند (ج) حق نام دارد و عادل مطلق است و هیچ گاه اعمال نیک بندگان را فراموش نمیکند مخصوصاً که راه عدالت و آزادی و کرامت انسانی باشد زیرا خدا (ج)، خدای مردم است و هر آنقدر ما به مردم برسیم به خدا (ج) رسیده ایم.

وَلَنَبْلُوَنَّكُم بِشَيْءٍ مِّنَ الْخَوْفِ وَالْجُوعِ وَنَقْصٍ مِّنَ الْأَمْوَالِ وَالْأَنفُسِ وَالثَّمَرَاتِ وَبَشِّرِ الصَّابِرِينَ (155)

معنی: و همواره شما را به نوعی از ترس و گرسنگی و خسارت مالی و چیز های نفیس و ارزنده و کمبود عاید و محصولات می آزمایم و صابران را مژده بده.

تفسیر: یکی از اساسات ایمانداری، ایمان داشتن به غیب است. انسان در طول حیات به مشکلات گوناگون دچار میشود چنانچه مردم افغانستان در اثر ظلم کمونیزم بسیار به مشکلات دچار شدند. ترس از نظام فاسد و غیر انسانی، از دست دادن کار و بیکاری، گرسنگی، و از دست دادن عاید و درآمد محصولات و چیز های ظریف و نفیس مانند زیورات قیمتی، چیز هایی که در زندگی به یادگار گرفته اید و دوست دارید، از دست میدهید، همه از مصیبت های روزگار است. بسیاری مسایل زندگی است

که از حیطهٔ صلاحیت ما خارج است و کاری کرده نمیتوانیم. طور مثال کار خود را و عاید خود را از دست میدهیم. توجه کنید که در بعضی تفاسیر ثمرات را میوه ترجمه کرده اند که اشتباه است. در اینجا ثمرات عاید کار و محصولات و درآمد معنی میدهد که ما از دست میدهیم. همچنان «الانفُس» (جان) ترجمه شده است که این هم اشتباه است. در اینجا الانفُس چیز های ظریف و نفیس معنی میدهد. دقت کنید الانفُس با ضمه است. النفَس که (جان) ترجمه شده است با علامه ساکن نوشته میشود. آیهٔ الانفُس جمع است و اما جمع نفَس که جان معنی میدهد انفاس است. کلمهٔ نفیس که ما در فارسی داریم ازهمین کلمه آمده است. در آیهٔ ۲۱ سورهٔ ذاریات «و فی انفُسکم افلا تُبصرُون» یعنی در وجود خود تان به چشم بصیرت نمی بینید. اینجا جمع نفَس، انفُسکم است که از آیهٔ مورد بحث بالا تفاوت دارد. زنده کردن و میراندن از جانب خداوند (ج) است و در مرگ ما رضای خدا (ج) مطرح است. خداوند (ج) به انسان عقل، شعور، ذکاوت، استعداد و وجدان خدا پرستی داده است و باید از این هدایای بزرگ کار گیرد و خود را از دست ندهد. مأیوس نشود و در امور اقدام لازم و صبر کند. خداوند (ج) ایمان ما را به موادی که در بالا تذکر داد می آزماید. انسان خدا پرست نه مأیوس میشود، نه خود را از دست میدهد، نه دست و پاچه میشود، نه عصبی میشود و نه دست به کار های غیر منطقی و غیر انسانی مانند کشتن خود و دیگران یا ایجاد جگرخونی و دهشت و وحشت میکند. انسان با ایمان باید بداند که در کار های زندگی یک راز است و ما همیشه قادر نیستیم که راز را بدانیم. انسان با ایمان به خدا (ج) توکل میکند، صبر را پیشه میسازد و در کنار آن در کار ها اقدام میکند و با نماز از خداوند (ج) کمک میخواهد و خداوند (ج) چون غفور و رحیم است بنده را نا امید نمیسازد.

الَّذِينَ إِذَا أَصَابَتْهُم مُّصِيبَةٌ قَالُواْ إِنَّا لِلَّهِ وَإِنَّا إِلَيْهِ رَاجِعونَ (۱۵۶)

معنی: آنانیکه چون مصیبتی به ایشان رسد میگویند به حق که ما از آن خداییم و به حق که به سوی خدا (ج) باز میگردیم.

تفسیر: در فرهنگ افغانستان آیهٔ مبارک فوق را مردم فکر میکنند که برای جنازه است و کسیکه فوت کرده باید خوانده میشود؛ در حالیکه چنین نیست. این آیه برای همه مصائب روزگار است که وقتی انسان مواجه میشود باید بخواند، توکل کند، سجده شکر به جا آرد و توبه و

استغفار کند و از خداوند (ج) طلب کمک باید کرد. مرگ مصیبت نیست. اگر مرگ مصیبت میبود پس مفهوم زندگی جاویدان و آخرت، روز اجر و پاداش و جزاء همه بی معنی و بی مفهوم میشود. قبض روح در دست خداوند (ج) است و از مصیبت های روزگار نیست. اگر اولاد را از دست میدهیم باید بدانیم که زنده کننده و میراننده خداوند (ج) است و این از حیطهٔ قدرت ما به دور است پس باید تسلیم به رضای حق شد زیرا ما نه راز آمدن او را میدانیم و نه راز از دست دادن او را. مرگ یک وصل است با خدا (ج). با مرگ، انسان با ایمان به خدا (ج) میرسد، زندگی جاویدانی و ابدی او بعد از مرگ آغاز مییابد. اجر اعمال نیک خود را کمایی میکند. در حالیکه مرگ، قسمیکه در بالا گفتیم به دست خداوند (ج) است و مصیبت نیست. همچنان این آیه از چندین ناحیه قابل غور و تعمق است. نزاکت موضوع در این است که درست است که ما از پیش خدا (ج) آمده ایم و دوباره به خدا رجوع میکنیم اما تکرار مینویسم که مرگ یک مصیبت نیست و قسمیکه در بالا گفتیم الانفس غلط معنی شده است. این آیه از نگاه روانشناسی انسان را به آرامش روحی دعوت میکند که ما از نزد خدا آمده ایم و دوباره نزد خدا (ج) بر میگردیم. یعنی زندگی این دنیا موقتی است و ما این واقعیت را باید بدانیم. از نگاه ایکولوژی و یا زیست شناسی با همی، ما از خاک ساخته شده ایم و دوباره خاک میشویم. از نگاه سوسیولوژی یا جامعه شناسی آیه به ما می آموزاند که وقتی ما همه رفتنی هستیم پس باید کاری کنیم تا از خود در خانواده و اجتماع خاطره نیک به جا بگذاریم، اعمال نیک انجام دهیم و کوشش کنیم تا خیر ما به مردم برسد نه شر ما. در زمان فوت عزیزان باید تنها قسمت اخیر آیه گفته شود یعنی: إِنَّا لِلَّهِ وَإِنَّا إِلَيْهِ رَاجِعُونَ.

أُولَٰئِكَ عَلَيْهِمْ صَلَوَاتٌ مِن رَّبِّهِمْ وَرَحْمَةٌ وَأُولَٰئِكَ هُمُ الْمُهْتَدُونَ (۱۵۷)

معنی: بر اینان است که درود پروردگار عاید حال شان است و این ها رهیاب شده اند.

تفسیر: قسمیکه گفتیم کسانی راهیاب میشوند که آنها آخرت را مد نظر دارند. میدانند که به لقای پروردگار خواهند رسید. میدانند که این جهان فانی است. میدانند که روز بازخواست و پاداش منتظر شان است. میدانند که جوابگو هستند. میدانند که زندگی جاویدان بعد از مرگ آغاز میشود. این ها هستند که رهیاب هستند و حقیقت زندگانی و حکمت را درک

کرده اند.

إِنَّ الصَّفَا وَالْمَرْوَةَ مِن شَعَآئِرِ اللهِ فَمَنْ حَجَّ الْبَيْتَ أَوِ اعْتَمَرَ فَلاَ جُنَاحَ عَلَيْهِ أَن يَطَّوَّفَ بِهِمَا وَمَن تَطَوَّعَ خَيْرًا فَإِنَّ اللهَ شَاكِرٌ عَلِيمٌ (۱۵۸)

معنی: همانا صفا و مروه از شعائر (نشانه های) [بندگی] خداوند (ج) است. هر که حج خانۀ خدا (ج) کند و یا عمره به جا آورد، گناهی نیست بین آن دو طواف (راه پیمایی) کند. و هر کس بطور دلخواه کار خیری به جا آورد همانا خداوند (ج) (در مورد اعمال خیر و نیک شان) قدردان است.

تفسیر: باید بدانیم که اصل مراسم حج از زمان حضرت ابراهیم (ع) شروع شد و مراسم حج قبل از اسلام هم در کعبه رواج داشت و مشرکان و بت پرستان هم حج میکردند و خرافات را در این مراسم آمیخته بودند. صفا و مروه اساساً یادگاری بس آموزشی از بی بی هاجره همسر حضرت ابراهیم (ع) است که با سعی بین دو کوه صفا و مروه در جستجوی آب برای پسرش اسماعیل (ع) بود. معنی این راه پیمایی بین دو کوه این است که انسان چه مرد باشد و چه زن باشد مانند بی بی هاجره با سعی و تلاش و اطاعت خدا (ج) به هدف میرسد. مشرکین مکه بین دو کوه را دو بُت نصب کرده بودند و پرستش میکردند. اسلام این نشانه و یا نماد دینی یعنی صفا و مروه را از شرک پاکسازی کرد و به مسلمانان توصیه شد که در راه پیمایی بین این دو کوه دوام دهند. صفا و مروه دو کوه کوچک است که به فاصلۀ تقریباً ۴۲۰ متر در مقابل هم قرار گرفته اند. صفا در لغت به معنی سنگ محکم و صاف است که با خاک و ریگ آمیخته نباشد و مروه به معنی سنگ محکم و خشن است. ارتفاع کوه صفا ۱۵ متر و مروه ۸ متر است. امروز، چون فاصله دو کوه به هم نزدیک است آن را یک هال بزرگ ساخته اند که مردم در زیر سقف آن به رفت و آمد میپردازند. حکمت صفا و مروه در سعی و تلاش انسانی است که با سعی و اطاعت پرودگار است که ما به معراج خوشبختی و سعادت میرسیم و این یک درس تاریخی برای مسلمانان است.

إِنَّ الَّذِينَ يَكْتُمُونَ مَا أَنزَلْنَا مِنَ الْبَيِّنَاتِ وَالْهُدَى مِن بَعْدِ مَا بَيَّنَّاهُ لِلنَّاسِ فِي الْكِتَابِ أُولَئِكَ يَلعَنُهُمُ اللهُ وَيَلْعَنُهُمُ اللَّاعِنُونَ (۱۵۹)

معنی: کسانیکه دلایل روشن و هدایت را، بعد از اینکه آن را در کتاب (آسمانی) نازل کردیم، پنهان میکنند خدا (ج) آنها را لعنت میکند و لعنت

کنندگان نیز لعنت شان میکنند.

تفسیر: انسان مخلوق است، خلیفه خدا (ج) در زمین است و اشرف مخلوقات است. این موجود انسان برای یک هدف خاص خلق شده است و آن عبادت و اطاعت پروردگار است. چون انسان خودش آگاهی نداشت و ندارد و از خود چیزی را نمیدانست پس باید رهنمایی و هدایت شود. و این برای این است که رسالت اساسی خداوند (ج) در زمین که تبلیغ خداپرستی، علم و معرفت و صلح است تأمین گردد. پس آنانیکه این هدایت را رد میکنند و زمین را به فساد های گوناگون میکشانند خداوند (ج) و لعنت گران ایشان را لعنت میکند. آیه در مورد آن عده مسلمانان نازل شده است که از یهودیان در بارهٔ بعثت پیامبر اسلام (ص) سؤال میکردند و اما آنها حقیقت را که میدانستند پنهان میکردند. این آیه تنها برای داستان یهودیان نیست بلکه برای همه بشریت است، مسلمان و غیر مسلمان که نباید حق را بپوشانند. لعن در لغت دور ساختن است که با خشم و غضب باشد. در اینجا هدف از لعن خداوند (ج) آن است که آنانیکه رهنمایی و هدایت را رد میکنند از رحمت خداوند (ج) بی نصیب و دور ساخته میشوند و مقصد از لعنت گران فرشتگان الهی هستند. هیچ انسان حق ندارد تا کسی را لعنت کند مگر در دل؛ و آن هم در صورتیکه حق را انکار میکند. لعنت کردن تنها حق خداوند (ج) و فرشتگان است و بس. رسول خدا (ص) میفرماید که سزاوار نیست که مرد صادق لعنت گر باشد. در حدیث دیگر آن مبارک میخوانیم که کسی را لعنت نکنید زیرا لعنت خدا سر خود شما خواهد آمد. انسان یک موجود با کرامت است و کرامت او اخلاق اوست. هیچ شخص حتی که مخالف یک شخص دیگر باشد، اختلاف نظر داشته باشد و اما حق توهین و اهانت را ندارد.

إِلَّا الَّذِينَ تَابُوا وَأَصْلَحُوا وَبَيَّنُوا فَأُولَٰئِكَ أَتُوبُ عَلَيْهِمْ وَأَنَا التَّوَّابُ الرَّحِيمُ (١٦٠)

معنی: مگر کسانیکه توبه کنند [خود را] اصلاح کنند و حقیقت را آشکار کنند، آنانند که توبه شان را می پذیرم و من توبه پذیر مهربانم.

تفسیر: انسان اشتباه میکند، گناه میکند، به خطا میرود حتی در مورد قبولی و رهنمایی ها و هدایت خداوند (ج). اما خداوند (ج) برایش مهلت میدهد که توبه کند و خود را اصلاح کند. و خداوند (ج) توبه پذیر و مهربان است. این اصلاح کاری از جانب انسان ضروری است ورنه نظام

زندگی انسانی، زیست با همی و کرامت انسانی همه و همه به فساد و آلودگی کشانده میشود. هدف انسانیت از جانب خداوند (ج) این نیست که جهان هستی به فساد کشانده شود. امروز فساد اخلاقی و فحشا، فساد اقتصادی مانند سود و اسراف، فساد سیاسی مانند رهبران خودکامه و قوم پرست و نادان، کثافت شهر ها و آلودگی هوا و دریا همه و همه نظام زیست با همی را به هم زده است.

إِنَّ الَّذِينَ كَفَرُوا وَمَاتُوا وَهُمْ كُفَّارٌ أُولَئِكَ عَلَيْهِمْ لَعْنَةُ اللهِ وَالْمَلَائِكَةِ وَالنَّاسِ أَجْمَعِينَ (۱۶۱)

معنی: آنها که کافر شدند و با کفر از دنیا رفتند لعنت خدا و فرشتگان و فضلا و دانشمندان بر آنان است.

تفسیر: بزرگترین کفر رد رهنمایی ها و هدایت پروردگار و شرک است. چرا؟ برای اینکه نه تنها که انسان خود را به بدبختی میکشاند بلکه دیگران را با خود تباه میکند. آنانیکه خدا (ج) و هدایت خدا (ج) را رد میکنند باید بدانند که خداوند (ج) نه به ایشان احتیاج است و نه خداوند (ج) با رد ایشان از خدایی خلاص میشود اما این خود شان است که خدا (ج) و فرشتگان، فضلا و دانشمندان (در دل) ایشان را به خاطر ظلمی که به خود و مردم روا میدارند لعنت میکنند. و به دست خود، خود را از نعمت غفوری و رحیمی خداوند (ج) محروم میسازند. دقت کنید که در این آیه «الناس» مردم عادی نیست بلکه هدف از فضلا و دانشمندان است که در کنار ملایک قرار گرفته اند. مقام فضلا و دانشمندان و علمای راستین اسلام از دید قرآن مجید بسیار شامخ است. چنانچه در قرآن کریم آیهٔ «آمنوا کما آمن الناس» یعنی ایمان بیاورید همچنانکه فضلا ایمان آوردند، تفسیر شده است.

خَالِدِينَ فِيهَا لَا يُخَفَّفُ عَنْهُمُ الْعَذَابُ وَلَا هُمْ يُنْظَرُونَ (۱۶۲)

معنی: در آن (لعنت) جاودانه اند؛ نه عذاب شان کاسته میشود نه مهلت میابند.

تفسیر: انسان در اسلام یک موجود با مسؤولیت باید باشد. این مسؤولیت چون مخلوق است از خدا پرستی آغاز میابد. آنانیکه به دست خود بار مسؤولیت انسانی را رد میکنند و رسالت خود را منحیث انسان فراموش میکنند و همه نعمت های خداوند (ج) را که عقل و ایمان و رهنمایی و

هدایت است نادیده میگیرند جزای شان عذاب جاودان است. این مردم اگر دقت کنید در این دنیا هم به عذاب دچار میشوند. عذاب دنیایی گوناگون است. سؤال در این است که چرا خداوند (ج) باید عذاب کند در حالیکه غفور و رحیم است. جواب این است آنانیکه راه هدایت را در پیش نمیگیرند میتوانند با اعمال شان جهان هستی را به فساد بکشند. این خواست خداوند (ج) نیست. خداوند (ج) همه ما را از عذاب جاودانه نجات دهد و هیچ خانواده را دچار مصیبت و عذاب نکند.

وَإِلَـٰهُكُمْ إِلَـٰهٌ وَاحِدٌ لَّا إِلَـٰهَ إِلَّا هُوَ الرَّحْمَـٰنُ الرَّحِيمُ (١٦٣)

معنی: و خدای شما خدای یگانه است که خدائی جز او نیست وهستی بخش مهربان است.

تفسیر: بیان توحید است. خدا (ج) یکه و یگانه است. معنی این سخن این است که خدای یگانه همه هستی و خلقت او یگانه است و همه با هم یک بافت دارد. هیچ چیز از هم جدا نیست. اگر هرچیز در نظام خلقت جدا باشد توحید به هم میخورد. خدا (ج) یکی است، انسان یک انسان است و زن و مرد از نفس واحد خلق شده است، جهان هستی یکی است و همه نظام خلقت با هم هماهنگی دارد. همان دی ان ای که در نباتات و حیوانات است در انسان هم است. همه جهان خلقت از دید علم به اساس علم ریاضی استوار است و واژه معروف ساینس که به حروف یونانی «پای» یاد میشود در همه جهان هستی وجه مشترک دارد. علم یکی است و مرجع علم خداوند (ج) است که با یگانگی خود جهان هستی را یگانه آفریده است.

إِنَّ فِي خَلْقِ السَّمَاوَاتِ وَالْأَرْضِ وَاخْتِلَافِ اللَّيْلِ وَالنَّهَارِ وَالْفُلْكِ الَّتِي تَجْرِي فِي الْبَحْرِ بِمَا يَنفَعُ النَّاسَ وَمَا أَنزَلَ اللَّهُ مِنَ السَّمَاءِ مِن مَّاءٍ فَأَحْيَا بِهِ الْأَرْضَ بَعْدَ مَوْتِهَا وَبَثَّ فِيهَا مِن كُلِّ دَابَّةٍ وَتَصْرِيفِ الرِّيَاحِ وَالسَّحَابِ الْمُسَخَّرِ بَيْنَ السَّمَاءِ وَالْأَرْضِ لَآيَاتٍ لِّقَوْمٍ يَعْقِلُونَ (١٦٤)

معنی: بی گمان در آفرینش آسمانها و زمین، و اختلاف شب و روز، و رفت و آمد کشتی هائی که برای منافع (اقتصادی و گردشگری) در بحر روان است و آبی که خداوند (ج) از آسمان فرو فرستاده است، و بدان زمین را بعد از اینکه خشک میشود دوباره برای (حاصلخیزی) بارور میکند و جانداران در آن پراگنده است و در گردانیدن باد ها و در ابری که بین

آسمان و زمین قرار میگیرد مایه های عبرتی برای آنان است که تعقل میکنند.

تفسیر: چون انسان خداوند (ج) را به چشم نمیبیند پس برای شناخت او باید به خلقتش نگاه کرد. بزرگترین نشانه های وجود خداوند (ج) را میتوان در کائنات مشاهده کرد و خداوند (ج) برای آنانیکه تعقل میکنند چیزی که خلق کرده است پیشکش میکند. امروز ساینس با اینکه در بسیاری موارد میداند که چگونه است و اما نمیداند که چرا. طور مثال ابر ها اشکال گوناگون دارد. ابر ها هستند که به زمین بسیار نزدیک هستند و بعضی دیگر به ارتفاع بلند است که هواپیما های جت بزرگ بالای آن پرواز میکنند. تا ۱۰۰ سال قبل بسیاری موضوعات روشن نبود و هنوز هم ما نمیتوانیم درک کنیم که اهداف این همه حیوانات و پرندگان گوناگون و رنگ های مختلف که در زمین و زیر ابحار خلق شده است چیست؟ این باران که زمین خشک را بارور میسازد. همه و همه نشانۀ موجودیت پروردگار است برای آنانیکه تعقل میکنند. در اخیر آیه انسان را به تعقل دعوت کرده است. این به این معنی است که دین کورکورانه قبول نمیشود و باید خدا (ج) را با تعقل و تفکر شناخت.

وَمِنَ النَّاسِ مَن يَتَّخِذُ مِن دُونِ اللّهِ أَندَاداً يُحِبُّونَهُمْ كَحُبِّ اللّهِ وَالَّذِينَ آمَنُواْ أَشَدُّ حُبًّا لِّلّهِ وَلَوْ يَرَى الَّذِينَ ظَلَمُواْ إِذْ يَرَوْنَ الْعَذَابَ أَنَّ الْقُوَّةَ لِلّهِ جَمِيعاً وَأَنَّ اللّهَ شَدِيدُ الْعَذَابِ (۱۶۵)

معنی: و برخی از مردم همتایانی غیر از خدا (ج) میگیرند و آنها را چون خدا (ج) دوست میدارند. و اگر ظالمان آنگاه که عذاب را ببینند، میبینند که تمام قدرت یک سره به دست خدا (ج) است و خداوند (ج) (برای این عده) سخت عذاب کننده است.

تفسیر: انکار از خدای واحد انکار از همه خلقت است. یعنی آنانیکه درک و شعور موجودیت خداوند (ج) را که در آیۀ قبلی بیان شده ندارند اینها نظام توحید را ندانسته اند و این باعث سردرگمی و دربدری شان میشود. آیه های ۱۶۴ و ۱۶۵ به تعقیب همدیگر بیانگر راز هستی است که انسان باید تعقل کند. وقتیکه انسان راز هستی و خلقت را درک نکند که منشاء اصلی کجا است همان است که مانند یک فضا نورد که در فضا معلق است و جاذبه وجود ندارد، معلق خواهد ماند زیرا تکیه گاه ندارد. در این حالت است که مسایل دنیوی به دردش نخواهد خورد. آیه از موجودیت

بُت ها سخن میگوید که در آن زمان مردم به دوستی میگرفتند و اما در زندگی امروز بسیار مردم هستند که بُت پرست نیستند اما شخصیت پرستند و این شخصیت پرستی باعث شده است تا حقایق را کتمان کنند جبهه گیری های قومی کنند و از یک شخص یک بُت تراشیده اند. به جای رجوع به خدا (ج) به پیر و مُرشد و فال بین و ساحر رجوع میکنند. غافل از اینکه این خداوند (ج) است که روزی دهنده و عزت دهنده و یار و یاور یک انسان مؤمن است.

إِذْ تَبَرَّأَ الَّذِينَ اتُّبِعُواْ مِنَ الَّذِينَ اتَّبَعُواْ وَرَأَوُاْ الْعَذَابَ وَتَقَطَّعَتْ بِهِمُ الأَسْبَابُ (۱۶۶)

معنی: آنگاه که پیشوایان از پیروان خود بیزاری جویند و عذاب را آشکارا ببینند و (آنجاست) که همه روابط میانشان بریده میشود.

تفسیر: هر اُمت یک پیشوا دارد. پیشوا کسی است که مردم را به راه حق و عدالت و رستگاری دعوت و رهنمایی کند. در صورتیکه مردم به پیشوای که به حق و راستی را تبلیغ میکند گوش فرا ندهند و به جای آن از آنان پیروی کنند که بُت پرست هستند عذاب را به چشم مشاهده میکنند. رابطهٔ انسانی و اهل ایمان از طریق خدا پرستی متصور است و اگر این وجود نداشته باشد روابط و سبب ها قطع میگردد. این آیه جنبه سیاسی و اجتماعی دارد که مردم لجوج، نادان و ستمگر پیشوای راستین خود را نادیده میگیرند و از آنان اطاعت میکنند که ایشان را به گمراهی میکشاند. در این حالت است که پیشوا دلسرد و بیزار میشود زیرا وظیفهٔ او تنها تبلیغ است و بس. اما بیخردان خود را در عذاب به خاطر نادانی خود گرفتار میکنند.

وَقَالَ الَّذِينَ اتَّبَعُواْ لَوْ أَنَّ لَنَا كَرَّةً فَنَتَبَرَّأَ مِنْهُمْ كَمَا تَبَرَّؤُواْ مِنَّا كَذَلِكَ يُرِيهِمُ اللّهُ أَعْمَالَهُمْ حَسَرَاتٍ عَلَيْهِمْ وَمَا هُم بِخَارِجِينَ مِنَ النَّارِ (۱۶۷)

معنی: و پیروان میگویند: ای کاش برای ما بازگشتی بود تا همان گونه که آنان از ما بیزاری جستند ما نیز از آنان بیزاری می جستیم. بدین سان خداوند (ج) اعمالشان را (به صورت) حسرت هایی به آنها آشکار میکند و آنها از آتش بیرون شدنی نیستند.

تفسیر: خداوند (ج) برای انسان به خاطر ظلمیکه روا میدارد مهلت و فرصت میدهد. اما انسان با سرکشی خود، طغیان خود و بیخردی خود،

خـود را جاودانـه در آتـش میسـوزاند. بعضی هـا گوینـد کـه چـرا خداونـد (ج) بایـد مـردم را کـه ایمـان ندارنـد عـذاب میکنـد. جـواب ایـن سـؤال ایـن اسـت کـه در اجتمـاع آیـا اگـر کسـی از قانـون بی اطاعتـی میکنـد و سـرکشی میکنـد جـزا نمیبیننـد؟ انسـان وقتـی از دایـره قانـون خداونـدی پـا بیـرون میکنـد کـه ایـن باعـث فسـاد و بربـادی جامعـه و حتـی صفایـی خلقـت میشـود ماننـد آلودگـی هـوا، ظلـم بـالای مـردم، فقـر و بیسـوادی؛ در ایـن حالـت اسـت کـه خداونـد (ج) بـه خاطـر بی اطاعتـی و بـر هـم زدن نظـام خلقـت او کـه بـرای آسـایش انسـان آفریـده شـده اسـت، مـردم نابکار را جـزا میدهـد.

يَـا أَيُّهَـا النَّـاسُ كُلُـواْ مِمَّـا فِـي الأَرْضِ حَـلَالاً طَيِّبـاً وَلاَ تَتَّبِعُـواْ خُطُوَاتِ الشَّيْطَانِ إِنَّـهُ لَكُـمْ عَدُوٌّ مُبِينٌ (۱۶۸)

معنـی: ای مـردم از آنچـه در زمیـن حـلال و پاکیـزه اسـت بخوریـد و از گامهـای شـیطان پیـروی مکنیـد کـه او دشـمن آشـکار شماسـت.

تفسـیر: در ایـن آیـه خداونـد (ج) از رژیـم غذایـی انسـان سـخن میگویـد. خداونـد (ج) میدانـد کـه چـه خلـق کـرده اسـت و ایـن مخلـوق بـه نـام انسـان چـه بایـد بخـورد و چـه بایـد نخـورد. هـر آن چیـزی کـه خداونـد (ج) بـرای انسـان لازم دانسـته بایـد بطـور اعتـدال در صورتیکـه بـا مـزاج شـخص مناسـب باشـد، بخـورد. بعضی اوقـات هسـتند کسـانیکه گوشـت نمیخورنـد و یـا طـور مثـال برنـج نمیخورنـد. در هـر چیـز حـلال یـک حکمـت بـرای بـدن و صحـت انسـان نهفتـه اسـت کـه در صورتیکـه کـم خـورده شـود. و بـدن انسـان بـه همـه مـواد ارتزاقـی حـلال و پاکیـزه ضـرورت دارد. در اینجـا صحبـت از حـلال و پاکیـزه اسـت. حـلال و پاکیـزه در دیـن اسـلام مفهـوم بسـیار وسـیع دارد تنهـا هـدف از پـاک بـودن کـه شسـته شـود و حـلال یعنـی گوشـت ذبـح شـود نیسـت. اول اینکـه انسـان بایـد همـان چیـزی را بایـد بخـورد کـه برایـش از طـرف خداونـد (ج) سـفارش شـده اسـت. طـور مثـال گوشـت خـوک حـرام اسـت پـس سـفارش نشـده اسـت و بایـد اجتنـاب کـرد زیـرا خداونـد (ج) میدانـد کـه بـرای انسـان ایـن گوشـت خـوب نیسـت. دوم حـلال خـوردن از عایـد صادقانـه اسـت. آنانیکـه بـا قمـار و دزدی و مـال مـردم خـوری وحقـوق مـردم را ماننـد حقـوق کارگـران پایمـال میکننـد، مـال قاچـاق، کشـت تریـاک و اختـلاس و هرگونـه تقلـب و فریـب عایـد دارنـد آن خـوراک کـه صـرف میکننـد حـلال نیسـت. سـوم ذبـح حـلال اسـت و پاکیزگـی مـواد خوراکـی اسـت. حکمـت بسـیار بـزرگ در ذبـح حیوانـات اسـت و مهمتریـن آن در تزکیـه حیـوان نهفتـه اسـت کـه بـا بریـدن

اوداج یعنی شاهرگ خون بیرون میزند و بدین ترتیب گوشت حیوان پاکیزه میشود. در صورتیکه خون از شاهرگ فوراً بیرون نشود و با یک عمل دیگر حیوان کشته شود خون در داخل شریانات باقی میماند و این گوشت را از نگاه صحی فاسد میسازد. پاکیزگی مواد غذایی تنها در شستن نیست. چون انسان یک موجود طبیعی است باید خوراک او هم طبیعی باشد. از این رو همه خوراکی ها که با مواد کیمیاوی برای نرم نگهداشتن غذا و یا خراب نشدن آن در قوطی ها به کار میرود غیر طبیعی است و پاکیزه نیست. غذا باید مطلق از همه مواد کیمیاوی منزه باشد. طبیعی کاشته شود و طبیعی پخته شود. مثلاً به جای لوبیای قوطی باید لوبیا جوش داده شود. غذا هائی که قبلاً تهیه شده برای صحت مضر است و باعث ازدیاد وزن در بدن میشود و همچنان مواد کیمیائی آن باعث دیگر اختلالات بدن میشود. شیطان در این آیه که در رابطه با خوراک حلال و پاکیزه آمده است همین مواد غیر صحی وغیر طبیعی است که ما استفاده میکنیم و این مواد غیر طبیعی و آلوده با مواد کیماوی نقش شیطان را بازی میکند.

إِنَّمَا يَأْمُرُكُم بِالسُّوءِ وَالْفَحْشَاءِ وَأَن تَقُولُواْ عَلَى اللّهِ مَا لاَ تَعْلَمُونَ (۱۶۹)

معنی: او (شیطان) شما را به بدی ها و کارهای زشت فرمان میدهد و اینکه آنچه را نمیدانید به خدا (ج) نسبت دهید.

تفسیر: شیطان وقتی در زندگی انسان عرض اندام میکند که ما از اطاعت خداوند (ج) سرپیچی کنیم. قرآن مجید حق را از باطل تفکیک کرده است. حالا بر ماست که در راه حق میرویم و یا باطل. کشمکش درونی ما همین است که چطور بر باطل غلبه کنیم و نفس خود را در مراقبت خود داشته باشیم. خداوند (ج) نمیخواهد که ما نادان باشیم. او میخواهد ما آگاه باشیم، موفق باشیم، سرفراز باشیم و سعادتمند باشیم. نادانی ما باعث میشود تا نه تنها که به بیراهه برویم و خوراکی های مضر را صرف کنیم و وقتی مریض شدیم آن را به خداوند (ج) نسبت میدهیم. خداوند (ج) نمیخواهد ما مریض باشیم. درست است که بعضی امراض در مراقبت ما نیست و اما خوراک در سلامتی بدن نقش حیاتی دارد که باید کم بخوریم، طبیعی بخوریم و نظافت را مراعات کنیم که در سلامتی جسمی و روحی ما نقش ارزنده دارد. نصیب و قسمت این نیست که هر بی احتیاطی در زندگی کنیم و بعد آنرا به خدا (ج) نسبت دهیم. نصیب و قسمت آن است که از اداره و مراقبت و اختیار ما به دور است مانند زلزله یا زمین لرزه و یا

سیلاب و یا آتشفشان.

وَإِذَا قِيلَ لَهُمُ اتَّبِعُوا مَا أَنزَلَ اللَّهُ قَالُوا بَلْ نَتَّبِعُ مَا أَلْفَيْنَا عَلَيْهِ آبَاءَنَا أَوَلَوْ كَانَ آبَاؤُهُمْ لَا يَعْقِلُونَ شَيْئًا وَلَا يَهْتَدُونَ (۱۷۰)

معنی: و چون به آنان گفته شود: «از آنچه خدا نازل کرده است پیروی کنید» میگویند: «نه، بلکه از آنچه پدران خویش را بر آن یافته ایم، پیروی میکنیم» آیا هر چند پدرانشان چیزی را نه فهمیدند و هدایت نیافته بودند، باز در خور پیروی هستند؟

تفسیر: این آیه در زندگی امروز فوق‌العاده نقش حیاتی دارد. تنها موضوع کفار نیست که پدران شان کفار بودند و مشرکین پافشاری میکردند که از گذشتگان پیروی کنند. این آیه برای مسلمین امروز حایز اهمیت است که نباید اشتباهاتی که اجداد شان کرده‌اند از آن پیروی کنند. طور مثال پدران قوم پرست بودند آیا ما هم قوم پرست باشیم؟ پدران خود خواه بودند آیا ما هم خود خواه باشیم؟ پدران به دین خیانت کردند آیا ما هم به دین خیانت کنیم؟ پدران حقوق مردم را پایمال کردند آیا ما هم حقوق مردم را پایمال کنیم؟ پدران ضد مذهب شیعه بودند آیا ما هم ضد مذهب شیعه باشیم؟ پدران ضد مذهب سنی بودند. آیا ما هم ضد مذهب سنی باشیم؟ پدران نگذاشتند تا دختران درست درس بخوانند آیا ما هم نگذاریم که دختر ما درس بخواند؟ پدران دختر را بدون اجازه اش در نکاح یک شخصیکه دختر نمیخواست، داخل کرد. آیا ما هم از شریعت دور شویم و بدون اینکه از دختر خود سؤال کنیم و نظر او را بدانیم، او را با یک ناشناسی که دختر خوش نیست عقد کنیم؟

وَمَثَلُ الَّذِينَ كَفَرُوا كَمَثَلِ الَّذِي يَنْعِقُ بِمَا لَا يَسْمَعُ إِلَّا دُعَاءً وَنِدَاءً ۚ صُمٌّ بُكْمٌ عُمْيٌ فَهُمْ لَا يَعْقِلُونَ (۱۷۱)

معنی: [دعوت تو] برای کافران مانند کسی است که بر حیوان که جز صدا و آواز را نمیشنود صدا میکنند. اینها (مانند حیوانات) کرانند، و گنگانند و کورانند و تعقل نمیکنند.

تفسیر: درس بزرگ در این آیه نهفته است. آنانیکه خود شان راه حق را نمیخواهند جستجو کنند و به بیراهه رفته‌اند مانند حیوانات هستند که هر چه شما کوشش کنید بی فایده است. این ها نه سخن حق را میشنوند و چشم بصیرت شان به تشبث خود شان کور شده است. امروز در جامعه

داریم اشخاصی را که همین حالت را دارند. وظیفه ما در مقابل شان بغض و کینه و عداوت نباید باشد. بلکه احترام و مهربانی و خلق خوش تا اگر ما بتوانیم با کردار و رویه انسانی و مدنی و اسلامی خود روحیه شان را تغییر دهیم. و بازهم اگر تغییر نمیکنند خود شان نزد پروردگار جوابگو هستند. این آیه میرساند که دین تحمیل نمیشود تا اینکه یک شخص خودش نخواهد حقیقت را درک کند. وظیفۀ پیامبر (ص) تنها تبلیغ بود و وظیفۀ دانشمندان امروز هم تنها تبلیغ است با وعظ حسنه، نه قهر و غضب و خشونت و توهین و اهانت مردم. همین که خداوند (ج) ایشان را حیوان خطاب کرده است، کافی است.

يَا أَيُّهَا الَّذِينَ آمَنُوا كُلُوا مِن طَيِّبَاتِ مَا رَزَقْنَاكُمْ وَاشْكُرُوا لِلَّهِ إِن كُنتُمْ إِيَّاهُ تَعْبُدُونَ (١٧٢)

معنى: ای کسانیکه ایمان آورده اید! از نعمت های پاکیزه که روزی تان کردیم بخورید و شکرانه خداوند (ج) را به جا بیاورید اگر خاص او را میپرستید.

تفسیر: اینجا خداوند (ج) تنها اهل ایمان را خطاب میکند که از روزی پاکیزه بخورند و شکرانه خداوند (ج) را به جا آورند اگر براستی خداوند (ج) را دوست دارند و می پرستند. هدف از غذا خوردن در اسلام تنها شکم پُر کردن نیست مانند حیوانات. هدف از غذا خوردن در اسلام گرفتن انرژی لازم است تا عبادت خداوند (ج) را به جا کنیم. از همین سبب است که در ماه رمضان اول باید افطار کنیم تا انرژی لازم را برای عبادت بگیریم و بعد نماز ادا کنیم. آنانیکه میدانند که روزی دهنده شان خداوند (ج) است شکرانه آنرا هم به جا میکنند و بدون شکرانه و دعا سفره را ترک نمیکنند. حضرت رسول کریم (ص) این دعا را بعد از صرف غذا میخواندند که ما مردم اهل ایمان باید بخوانیم: «الحمدُلله الذی اَطعَمنَا و سَقَانَا و جَعلَنَا مِن المُسلِمِين» یعنی سپاس خداوند (ج) را که خوردنی و آشامیدنی به ما داد و ما را (از بندگان که تسلیم هستیم) یعنی مسلمان خود قرار داد. کودکان تا آموختن این دعا باید بگویند الهی شکر.

إِنَّمَا حَرَّمَ عَلَيْكُمُ الْمَيْتَةَ وَالدَّمَ وَلَحْمَ الْخِنزِيرِ وَمَا أُهِلَّ بِهِ لِغَيْرِ اللَّهِ فَمَنِ اضْطُرَّ غَيْرَ بَاغٍ وَلَا عَادٍ فَلَا إِثْمَ عَلَيْهِ إِنَّ اللَّهَ غَفُورٌ رَّحِيمٌ (١٧٣)

معنى: خداوند (ج) تنها (گوشت حیوانی که) مرده باشد، خون، گوشت

خـوک و آنچـه را جـز بـه نـام خـدا ذبـح شـده باشـد بـر شـما حـرام کـرده اسـت، امـا اگـر کسـی درمانـده شـود بـدون اینکـه تجـاوز کار باشـد و زیـاده روی کنـد از آنهـا بخـورد گناهـی بـر او نیسـت، چـرا کـه خداونـد (ج) آمرزگـار مهربـان اسـت.

تفسـیر: یکـی از اساسـات عبـادت در اسـلام خـوردن غـذای سـالم و حـلال اسـت زیـرا غـذا در بـدن تأثیـر و نقـش ارزنـده دارد. غـذای سـالم بـه انسـان انـرژی لازم را میدهـد و غـذای نـا سـالم انسـان را مریـض میسـازد. خداونـد (ج) اهـل ایمـان را از خـوردن گوشـت حیـوان مـرده کـه کثیـف شـده میباشـد، خـون و گوشـت خـوک و حیواناتـی کـه در وقـت ذبـح نـام خـدا (ج) بـه آن گرفتـه نمیشـود، حـرام کـرده اسـت مشـروط بـر اینکـه مجبـور شـوند. ایـن را بدانیـم کـه وقتـی حیـوان میمیـرد هـزاران بکتریـا در بـدن حیـوان مـرده فـوراً تجمـع میکنـد و گوشـت فاسـد میشـود. خـون پتـوژن میداشـته باشـد کـه بـرای صحـت بسـیار مضـر اسـت. همچنـان خـون وقتـی در بـدن میمانـد سـمی میشـود. و چـون خـون آهـن زیـاد دارد، بـه بـدن صدمـه میرسـاند. گوشـت خـوک حـرام اسـت بـرای اینکـه ایـن گوشـت یـک نـوع کِـرم بـه نـام ترایکنوسـیز دارد کـه بسـیار میکروسـکوپی اسـت و بـه مشـکل دیـده میشـود. ایـن کِـرم حتـی در حـرارت بسـیار زیـاد هـم نمـی میـرد. چربـی گوشـت خـوک در بـدن بـه خوبـی منحـل نمیشـود و ایـن باعـث چاقـی میشـود. همچنـان خـوک یـک حیـوان کثیـف اسـت و روحیـه خـراب دارد. قسـمیکه گفتیـم غـذا در بـدن یـک نقـش اساسـی و فعـال دارد. ایـن گوشـت انسـان را در بسـیاری مسـایل بی‌تفـاوت میسـازد و چـون کثیـف خـور اسـت ایـن کثیـف خـوری در بـدن انسـان هـم میتوانـد تأثیرگـزار باشـد. در دیـن یهـود هـم، خـوردن گوشـت خـوک حـرام اسـت. ذبـح حـلال شـرایط خـود را دارد و امـا مهمتریـن آن از دیـد قـرآن مجیـد یـاد کـردن نـام خداونـد (ج) در وقـت ذبـح میباشـد. بـه هـر حـال نظـر بـه آیـهٔ پنجـم سـوره مائـده ذبـح یهـود و نصـارا کـه اهـل کتـاب هسـتند بـرای مسـلمانان حـلال اسـت. در ایـن مـورد دکتـر محمـد یوسـف قرضـاوی عالـم بـزرگ خـاور میانـه مینویسـد کـه: «مسـلمانان چنیـن مـی پنداشـتند کـه در ایـن مـورد بـا اهـل کتـاب ماننـد مشـرکین رفتـار شـود و طعـام اهـل کتـاب هـم ماننـد مشـرکین حـرام باشـد و امـا خداونـد (ج) متعـال ایـن پنـدار را از بیـن میبـرد و اجـازه میدهـد کـه از طعـام اهـل کتـاب بخوریـم همانطـوری کـه اجـازه داده اسـت بـا زنهـای کتابـی ازدواج نماییـم و شـما میتوانیـد از گوشـت حیـوان ذبـح شـده و شـکار گردیـده بـه دسـت اهـل کتـاب بخوریـد و از گوشـت ذبـح شـده و شـکار شـده بـه دسـت خـود تـان بـه آنهـا بدهیـد».

إِنَّ الَّذِينَ يَكْتُمُونَ مَا أَنزَلَ اللهُ مِنَ الْكِتَابِ وَيَشْتَرُونَ بِهِ ثَمَنًا قَلِيلاً أُولَئِكَ مَا يَأْكُلُونَ فِي بُطُونِهِمْ إِلاَّ النَّارَ وَلاَ يُكَلِّمُهُمُ اللهُ يَوْمَ الْقِيَامَةِ وَلاَ يُزَكِّيهِمْ وَلَهُمْ عَذَابٌ أَلِيمٌ (۱۷٤)

معنی: همانا کسانیکه پنهان میکنند آنچه را خداوند (ج) از کتاب آسمانی نازل کرده و آنرا به بهای ناچیز مصالحه میکنند، جز آتش به شکم های خود فرو نمیبرند و خداوند (ج) در روز قیامت با ایشان سخن نمیگوید و (از گناه) پاک شان نمیسازد و ایشان را عذاب دردناک است.

تفسیر: این آیه در رابطه به یهود و نصارا نازل شده است که حقیقت را می پوشانند و این ها دچار عذاب بزرگ خواهند شد. قضاوت به دست خداوند (ج) است. اما این آیه جنبه عمومی دارد و برای مسلمین هم است که هستند کسانیکه دین را مصالحه کرده اند، دست خود را با اهل کتاب بسته اند و به کمک اهل کتاب بالای مسلمانان حکم روایی میکنند و با اینکه خود را مسلمان میگویند و اما دین را مصالحه کرده اند یعنی به شکل لغوی آن فروخته اند و از اسلام و عدالت اسلامی خبری نیست. این ها هم جوابگو هستند زیرا حکم خداوند (ج) را در مورد رهبری مسلمین زیر پا کرده اند.

أُولَئِكَ الَّذِينَ اشْتَرَوُاْ الضَّلاَلَةَ بِالْهُدَى وَالْعَذَابَ بِالْمَغْفِرَةِ فَمَا أَصْبَرَهُمْ عَلَى النَّارِ (۱۷٥)

معنی: این ها کسانی هستند که گمراهی را به بهای هدایت و عذاب را به بهای مغفرت خریده اند. چه صبور اند بر آتش.

تفسیر: انسان سرنوشت اش را در مورد ایمان، خود تعیین میکند. خودش تصمیم گیرنده است. حق و حقانیت برایش واضح گفته شده است. حالا خودش تصمیم میگیرد عذاب را در بهای مغفرت بخرد و یا گمراهی را به بهای راهیابی.

ذَلِكَ بِأَنَّ اللهَ نَزَّلَ الْكِتَابَ بِالْحَقِّ وَإِنَّ الَّذِينَ اخْتَلَفُواْ فِي الْكِتَابِ لَفِي شِقَاقٍ بَعِيدٍ (۱۷٦)

معنی: این بدان سبب است که خداوند (ج) این کتاب را به حق فرستاد و کسانیکه در ین کتاب به اختلاف پرداختند در ستیزه ای دور به دراز اند.

تفسیر: خداوند (ج) هشدار میدهد به یهود و نصارا مبنی بر اینکه در

مورد کتاب آسمانی آخری یعنی قرآن به اختلاف پرداختند و این ها در ستیزه جویی دور به دراز قرار خواهند گرفت. نه تنها اهل کتاب در مورد کتاب های خود شان به اختلاف پرداختند در مورد قرآن مجید و اسلام هم سنگ اندازی کردند و قسمیکه در گذشته بیان کردیم حقایق را به خاطر منافع شخصی کتمان میکردند. یعنی حق و حقانیت را قبول نکردند. توضیح اساسی این آیه را در تاریخ مشاهده میکنیم. جنگ های صلیبی بر علیه مسلمانان و یهودیان توسط عیسویان صورت گرفت و هزاران نفر مسلمان را کشتند و یهودیان را تار و مار کردند. وقتی ما این آیه را میخوانیم و به تاریخ نگاه میکنیم می بینیم که برای ۲۰۰۰ سال مردم نصارا یهود را متهم به قتل حضرت عیسی (ع) میکردند. مخصوصاً این روند تا بعد از جنگ جهانی دوم دوام داشت. وقتی یهودیان در جنگ عمومی دوم به کشتار دسته جمعی سوق داده شدند پاپ کلیسا به نام «پایس دوازدهم» خود را خاموش گرفت با اینکه یک عده یهودیان را کمک کردند و از دید نازی های آلمان پنهان کردند. عیسوی ها به جان هم افتادند و با حمله به روم در قرن ۱۶ هزاران نفر کشته شد. جنگ های خونین بین کاتولیک و پروتستانت در آیرلند تباه کن بود. نکته اساسی و گل سخن تنها در مورد یهودیان و نصارا نیست بلکه در مجموع هر آن کسیکه و هر ملتی که مسلمان باشد و یا غیر مسلمان باشد حقایق را کتمان کند به بدبختی های روزگار دچار خواهد شد.

لَّيْسَ الْبِرَّ أَن تُوَلُّواْ وُجُوهَكُمْ قِبَلَ الْمَشْرِقِ وَالْمَغْرِبِ وَلَـكِنَّ الْبِرَّ مَنْ آمَنَ بِاللّهِ وَالْيَوْمِ الآخِرِ وَالْمَلآئِكَةِ وَالْكِتَابِ وَالنَّبِيِّينَ وَآتَى الْمَالَ عَلَى حُبِّهِ ذَوِي الْقُرْبَى وَالْيَتَامَى وَالْمَسَاكِينَ وَابْنَ السَّبِيلِ وَالسَّآئِلِينَ وَفِي الرِّقَابِ وَأَقَامَ الصَّلاةَ وَآتَى الزَّكَاةَ وَالْمُوفُونَ بِعَهْدِهِمْ إِذَا عَاهَدُواْ وَالصَّابِرِينَ فِي الْبَأْسَاء والضَّرَّاء وَحِينَ الْبَأْسِ أُولَـئِكَ الَّذِينَ صَدَقُوا وَأُولَـئِكَ هُمُ الْمُتَّقُونَ (۱۷۷)

معنی: نیکی [تنها] این نیست که روی خود را به جانب مشرق و مغرب کنید، بلکه نیکی آن است به خدا (ج) و روز آخرت و فرشتگان و کتاب های آسمانی و پیامبران ایمان آوردند و مال خود را با آنکه دوستش دارد به خویشاوندان، و یتیمان و درماندگان و مسافران و مستمندان و زندانیان ببخشد و نماز به پا دارد و زکات دهد و آنان که تعهد دهند به عهد خود وفا کنند و در [روز های] سخت و خساره مندی و هنگام جنگ صابر و با

ثبات باشند. همین ها صادق هستند و هم همین ها پرهیزگار هستند.

تفسیر: این آیه اشاره به منافقین دارد. نباید تنها توجه شان به شکل منافقت آمیز روی مسلۀ قبله باشد که یهودیان آن زمان را تغییر قبله بسیار هراسان ساخته بود زیرا تا قبل از تغییر قبله فکر میکردند که دین اوشان محور اساسی زندگی باید باشد. آیه تأکید دارد که تنها مسلۀ قبله اصل رکن ایمان داری نیست که کدام سو روی خود را برگردانند. این آیه اصل ایمان را مطرح میکند که آنانی صادق و پرهیزگار و با تقوا هستند که به خداوند (ج)، روز جزا، فرشتگان و همه کتاب های آسمانی مانند زبور، توارت، انجیل و قرآن ایمان دارند و به همه پیامبران منحیث آورنده پیام خدا که بر حق است، ایمان دارند. این جنبه معنوی ایمان است که در دل و قلب باید بدون شک ایمان داشت و جنبه فزیکی یا عملی ایمان همان است که مؤمن از مال خود برای خویشاوندان نیازمند، یتیمان، فقرا و آنانیکه در راه سفر به مشکلات میباشند طور مثال در سفر پول هایش مفقود میشود و یا مریض میشود، باید کمک رساند و آنانیکه بدون حکم محکمه و قضاوت عادلانه در زندان به سر میبرند چنانچه کمونیستان مردم بی گناه را در زندان انداخته بودند؛ زیرا این اشخاص نیاز به کمک دارند. رِقاب جمع رقبه است و اصلاً بنده زر خرید و برده هم معنی میدهد. هدف آیه آنان است که خود صلاحیت آزادی خود را ندارند و باید به ایشان کمک کرد. در جهان امروز به مفهوم واقعی لغت برده وجود ندارد و زمان بردگی خلاص شد. پس تفسیر آیه آن عده زندانیان است که بدون محکمه، بدون برهان و حجت قانونی و بدون هیچ گونه دلیل قانونی زندانی هستند. این آیه ایمان را در بخش معنوی و عملی به دو موضوع عمده قالب بندی میکند. یعنی ایمان راسخ به خداوند (ج) دو پایۀ اساسی یا ستون دارد. در بخش معنوی نماز و در بخش عملی زکات. رسول خدا (ص) فرموده است که: «الصَّلاةُ عَمودُ الدّین» یعنی نماز ستون دین است و «الزَّکوةُ قَنطَرةُ الاسلام» یعنی زکات پُل اسلام است. پس آنانیکه قصداً نماز نمیخوانند و قصداً زکات نمیدهند و دلیل می آورند این ها در ایمان خود شک دارند. برای اینکه زکات سالیانه فراموش نشود بهترین وقت سال ماه مبارک رمضان است. یکی از علامات منافقین نظر به یک حدیث مبارک پیشوای اسلام وعده خلافی به عهد است. وعده خلافی جنبه ایمانی و اجتماعی دارد. جنبه ایمانی آن این است که با خدا (ج) وعده اطاعت و بندگی را میکنیم و بعد آن را می شکنیم. جنبه اجتماعی آن با مردم است که وعده میکنیم و به وعده خود وفا نمیکنیم که این

شخصیت بسیار پایان ما را نشان میدهد. آیه جنبه های عملی و معنوی ایمان را با هم پیوند میدهد. و بالاخره درکارزار صبور باشید. اینجا واژهٔ جهاد به کار نرفته است بلکه واژهٔ «باس» به کار رفته است. یعنی شما باید در کارزار زندگی، سختی های زندگی و گرم و سرد روزگار صبور باشید و خود را از دست ندهید.

يَا أَيُّهَا الَّذِينَ آمَنُواْ كُتِبَ عَلَيْكُمُ الْقِصَاصُ فِي الْقَتْلَى الْحُرُّ بِالْحُرِّ وَالْعَبْدُ بِالْعَبْدِ وَالأُنثَى بِالأُنثَى فَمَنْ عُفِيَ لَهُ مِنْ أَخِيهِ شَيْءٌ فَاتِّبَاعٌ بِالْمَعْرُوفِ وَأَدَاء إِلَيْهِ بِإِحْسَانٍ ذَلِكَ تَخْفِيفٌ مِّن رَّبِّكُمْ وَرَحْمَةٌ فَمَنِ اعْتَدَى بَعْدَ ذَلِكَ فَلَهُ عَذَابٌ أَلِيمٌ (۱۷۸)

معنی: ای کسانیکه ایمان آورده اید در بارهٔ کشتگان بر شما قصاص مقررشد. آزاد در برابر آزاد و بنده در برابر بنده و زن در برابر زن؛ پس هر که برادر[دینی] اش در حق او بخشش کند باید [از این گذشت] به شایستگی پیروی کند و [خونبها] را به نیکی ادا کند. این آسانگیری و رحمتی از سوی پروردگار تان است. هر که پس از این تجاوز کند، او را عذاب سختی خواهد بود.

تفسیر: قرآن مجید در این آیه عدالت اجتماعی را مطرح میکند. در آیهٔ قبلی دیدید که کسانیکه بدون محکمه زندانی میشوند و عدالت صورت نمیگیرد ما باید اقدام جدی کنیم و کسانیکه در مقابل مردم بی گناه بی عدالتی میکنند باید اقدام های جدی صورت گیرد. متأسفانه در کشور های اسلامی این عدالت قطعاً مطرح نیست. و همیشه دولت ها از زور و دیکتاتوری کار گرفته است و مردمان بی گناه را برای حفظ منافع شخصی و قدرت در زندان انداخته اند. بعد ازجنگ عمومی دوم متحدینی که در جنگ غالب شده بودند اعضای حزب نازی را در شهر نورمبرگ آلمان محکمه کردند. در کشور افغانستان که مسلمان است نه تنها کمونیستان که هزاران بیگناه را در زندان انداختند و به قتل رساندند محاکمه نکردند، امروز حتی هم کسانیکه مرتکب جنایت شده اند در دولت کار میکنند. آیه قصاص را معیار عدالت قرار میدهد که هر کس بدون جرم و گناه کسی را بکشد و یا زندانی کند آزاد در برابر آزاد، بنده در برابر بنده و زن در مقابل زن باید محاکمه شود. مقصد از آزاد، مردمان یک کشور است و بنده در اینجا زندانیان است و همچنان زنان. یعنی کسی نمیتواند یک زن را بدون حجت و محکمه قانونی بکشد و یا زندانی کند. ما دیدیم که طالبان

زن را بدون محکمهٔ قانونی و وکیل مدافع در استدیوم کابل تیر باران کردند و مردم که از قانون خدا (ج) خبر نداشتند فرخندهٔ را به قتل رساندند. امروز که در افغانستان این همه بدبختی است، آیه در اخیر جواب میگوید که به عذاب سخت دچار میشوند. نتیجهٔ بی‌عدالتی همین است که هر روز می بینیم.

وَلَكُمْ فِي الْقِصَاصِ حَيَاةٌ يَا أُولِي الْأَلْبَابِ لَعَلَّكُمْ تَتَّقُونَ (۱۷۹)

معنی: [در قانون عدالت و مساوات] برای شما زندگانی [آبرومند] است ای مردم که خِرد دارید تا باشد که پرهیزگار شوید.

تفسیر: تمدن اسلامی به اساس علم، عبادت و عدالت بنا یافته است. یعنی فارمول (س ع). همچنان جالب است که زندگانی آبرومند اسلامی هم به اساس (س ع) استوار است. یعنی عقل، عقیده و عمل. آیه تذکار دارد که در دین عقل عقیده و عمل است که شما زندگی آبرومند و مدنی و انسانی میداشته باشید. شما باید در آیات خداوند (ج) تعقل کنید و عقیدهٔ استوار و محکم داشته باشید و عقیدهٔ تانرا در عمل پیاده کنید. همه بدبختی و بی عدالتی برای این است که ما نه از عقل کار گرفتیم و نه عقیده و نتیجه اینکه عمل ما بی ثمر است و راه گم هستیم.

كُتِبَ عَلَيْكُمْ إِذَا حَضَرَ أَحَدَكُمُ الْمَوْتُ إِنْ تَرَكَ خَيْرًا الْوَصِيَّةُ لِلْوَالِدَيْنِ وَالْأَقْرَبِينَ بِالْمَعْرُوفِ حَقًّا عَلَى الْمُتَّقِينَ (۱۸۰)

معنی: برای شما تجویز شده است که هرگاه مرگ کسی از شما فرا رسد، اگر مالی باقی گذارد، برای پدر و مادر و خویشاوندان به نیکی استفاده آنرا وصیت کند که این برای پرهیزگاران شایسته است.

معنی: دین اسلام یک دین حقوقی مکمل است و در این آیه می بینیم که وصیت را برای مسلمین فرض گردانیده است تا نشود که بعد از مرگ برای خانواده و کسانیکه میراث میبرند مشکل پیش آید. هر فرد مسلمان باید وصیت نامه خود را بنویسد و در جهان امروز برای اینکه گپ و سخن بالا نشود آنرا قانونی سازد تا حق به حقدار برسد و بعداً جنجال برای اعضای خانواده پیش نشود. بسیاری مردم هستند که این فرض خدا (ج) را نادیده گرفتند و بعد از مرگ شان خانواده دچار مشکلات زیاد شده است به شمول حق تلفی ها، بد رفتاری ها، بد اخلاقی ها. خانواده که واحد کوچک اجتماع است و باید همیشه استوار باشد، از هم پاشیده است.

فَمَنْ بَدَّلَهُ بَعْدَ مَا سَمِعَهُ فَإِنَّمَا إِثْمُهُ عَلَى الَّذِينَ يُبَدِّلُونَهُ إِنَّ اللهَ سَمِيعٌ عَلِيمٌ (۱۸۱)

معنی: هر آن کسیکه وصیت را بعد از اینکه شنید تغییر میدهد، گناه بر گردن همان هائی است که وصیت را تغییر داده اند. به یقین که خداوند (ج) شنوای داناست.

تفسیر: در زمان قدیم وصیت زیاد تر درحضور چند نفر به زبان گفته میشد و مردم می شنیدند و عمل میکردند. اما امروز در اثر پیشرفت مسایل تکنالوژی و نبودن بعضی اشخاص خانواده که فرزندان در جا های دور هستند و مدنی ساختن جامعه به اساس موارد قانونی باید وصیت نوشته شود، نقل گیری شود، در یک مرجع قانونی ثبت شود تا سند وصیت شکل قانونی داشته باشد. احکام نظر به شرایط زمان تغییر میکند. و ما باید مطابق زمان که زندگی میکنیم امور و کار های خود را مطابقت دهیم. علمای کرام گفته‌اند «اختلف الاحکام بالاختلاف زمان» یعنی عملکرد احکام نظر به شرایط زمان و مکان که زندگی میکنیم تفاوت میکند. اصل حکم پا برجاست که آن وصیت کردن است و اما اینکه ما به چه نوع حکم وصیت را اجرا میکنیم میتواند تفاوت کند. طور مثال امروز یک شخص با کامپیوتر وصیت خود را مینویسد و کاپی یا نقل آنرا به فرزندان خود میفرستد و یک نقل آن را به وکیل مدافع خود میفرستد.

فَمَنْ خَافَ مِنْ مُوصٍ جَنَفًا أَوْ إِثْمًا فَأَصْلَحَ بَيْنَهُمْ فَلاَ إِثْمَ عَلَيْهِ إِنَّ اللهَ غَفُورٌ رَحِيمٌ (۱۸۲)

معنی: اما اگر کسی از انحراف و گناه وصیت کننده بیم داشت و (با میانجیگری سالم) بین شان اصلاح آوردَ، گناهی بر او نیست. حقا که خداوند (ج) آمرزندۀ مهربان است.

تفسیر: امکان این میرود که وصیت کننده از عدالت در زمان وصیت کار نگیرد. طور مثال بین دو فرزند خود از عدالت کار نگیرد. اینجاست که کسیکه بی‌عدالتی را میبیند و یا می شنود نباید خاموش نشست و با میانجیگری سالم باید موضوع را اصلاح کند که در این عمل گناهی نیست. بر عکس برای ثبات و همبستگی و اتحاد خانواده اجر بزرگ نصیب میشود.

يَا أَيُّهَا الَّذِينَ آمَنُوا كُتِبَ عَلَيْكُمُ الصِّيَامُ كَمَا كُتِبَ عَلَى الَّذِينَ مِنْ قَبْلِكُمْ لَعَلَّكُمْ تَتَّقُونَ (١٨٣)

معنی: ای آنانیکه ایمان آورده اید روزه بر شما مقرر شد چنان که بر امت های پیش از شما بودند مقرر شده بود، تا باشد که پرهیزگار شوید.

تفسیر: این آیه خاص برای مسلمین است و ایشان را خطاب میکند که روزه برای شان فرض گردانیده شد مثلیکه برای امت های پیشین یعنی یهود و نصارا فرض شده بود. روزه یکی از نعمت های خداوند (ج) است که برای بنده مؤمن ارزانی داشته است و باید بدانیم که چرا باید یک انسان گشنگی و تشنگی را متقبل شود و خود را از خوردن و نوشیدن محروم کند؟

در اینجا سه نکتهٔ مهم نهفته است. اول تنها کسانی روزه میگیرند که به قرآن ایمان آورده اند. یعنی آن کسیکه به قرآن مجید ایمان نیاورده است، او روزه نمیگیرد. پس کسیکه بدون عذر موجه روزه نمیگیرد او یک فرد بی ایمان است. برای اینکه در شروع میگوید: «یایها الذین ءامنوا». ای کسانیکه ایمان آورده اید. دوم روزه برای مخلوق خداوند (ج) نو نیست که تنها برای مسلمانان فرض شده باشد. برای مردم قبل از نزول قرآن فرض شده بود. سوم روزه یک فرصت مناسب است که شما از همه گناه ها خود را پاک کنید که این پاکی، پاکی دل است. پاکی فکر و اندیشه است. دور کردن هر آنچه ضد توحید است که تنها از طریق روزه است که شما رستگار میشوید. تقوا یعنی دوری از بدی ها. تنها از طریق روزه است که شما میتوانید به حقیقت برسید و اخلاق محمدی را نصیب شوید. حضرت عیسی (ع) چهل روز روزه میگرفت. بودا، که دانشمندان او را یک پیامبر غیر مرسل قلمداد میکنند از طریق روزه به نیروانا رسید. روزه تنها گشنگی و تشنگی نیست بلکه در اساس پاک کاری مغز و دل است از هر گونه شرک و ضد توحید و به خدا (ج) رسیدن. با اینکه روزه تنها برای خداوند (ج) است و اجر آن را به ما میدهد و اما این را هم باید بدانیم که آن ذات اقدس الهی به روزهٔ من و تو احتیاج ندارد. اما چرا خواسته است که گشنگی و تشنگی را متقبل شویم برای آن است که به حقیقت برسیم. خود را بشناسیم، از خود سؤال کنیم که چرا در این دنیا آمده ایم؟ هدف ما از زندگی چه است؟ چرا پیر میشویم؟ و بالاخره چرا میمیریم؟ رمضان ماه عبادت است برای اینکه شما را به تفکر وا میدارد

برای پاکی نفس و خود شناسی، در این ماه در کنار روزه باید بسیار قرآن خواند زیرا قرآن خواندن مخصوصاً در این ماه فضیلت بزرگ است زیرا با تلاوت قرآن، شما آهسته آهسته به حقیقت زندگی میرسید و در عین زمان قلب شما صیقل میشود. روزه قسمیکه گفتیم تنها گشنگی و تشنگی نیست بلکه یک دسپلین است برای خود سازی و به خدا رسی. خداوند (ج) میخواهد که شما همیشه منزه از هرگونه پلیدی باشید که بزرگترین آن شرک است. روزه سه نوع است: اول روزه عام است که در این روزه گرفتن مسلمان صاحب اجر و ثواب نمیشود. روزه عام آنست که مسلمان گشنگی و تشنگی را متقبل میشود و اما زندگی‌اش در تغییر نیست، در تفکر نیست. در طول روز غیبت میکند، غضب میشود، به مردم فحش میگوید به جا های نا سالم میرود، قرآن نمیخواند، صدقه نمیدهد. خداوند (ج) به این نوع روزه احتیاج ندارد. پس یک یک دلیل عمده در روزه اصلاح اخلاقی شخص است تا بتواند در یازده ماه بعدی یک انسان بهتر باشد.

دوم روزه خاص است. این روزهٔ است که خداوند (ج) از بنده اش توقع دارد. روزهٔ خاص آنست که تمام وجود روزه میگیرد. مغز روزه میگیرد و خودش را از افکار غیرتوحیدی و اندیشه های نا سالم پاک میکند. چشم روزه میگیرد و به آن چیز که او را از تقوا به دور میکند نظر نمی افگند. گوش روزه میگیرد و به سخن های پوچ و بی اساس گوش نمیدهد. دهن روزه میگیرد و از سخن زشت و غیبت جلوگیری میکند. قلب روزه میگیرد و هر روز به ذکر خداوند (ج) میباشد. معده روزه میگیرد و نه تنها گشنگی میکشد، حرام نمیخورد. دست روزه میگیرد و به کسی به غضب دست بالا نمیکند و حرام را نمیگیرد. پا روزه میگیرد و به جا های که به تقوا او صدمه وارد میکند، نمیرود. این است روزهٔ خاص. نوع سوم روزه خاص الخاص است که تنها پیامبران خدا (ج) قادر به گرفتن آن بودند نه یک انسان عادی. در این نوع روزه پیامبران یک دقیقه از فکر و ذکر خداوند (ج) غافل نبودند و همه زندگی دنیا را وقف عبادت، ذکر، عمل نیک، کمک به بینوا و رهنمایی دیگران که جزء رسالت دینی شان بود، میکردند.

أَيَّامًا مَّعْدُودَاتٍ فَمَن كَانَ مِنكُم مَّرِيضًا أَوْ عَلَىٰ سَفَرٍ فَعِدَّةٌ مِّنْ أَيَّامٍ أُخَرَ وَعَلَى الَّذِينَ يُطِيقُونَهُ فِدْيَةٌ طَعَامُ مِسْكِينٍ فَمَن تَطَوَّعَ خَيْرًا فَهُوَ خَيْرٌ لَّهُ وَأَن تَصُومُوا خَيْرٌ لَّكُمْ إِن كُنتُمْ تَعْلَمُونَ (۱۸۴)

معنی: روز های شمرده شده [روزه بدارید] و هر کی از شما مریض یا در

سفر باشد چند روزی از روز های دیگر را روزه بگیرد و بر کسانیکه روزه طاقت فرساست درعوض (هرروز) یک فقیر را طعام دهند (فدیه) و هر که به اختیار خود کارخیری انجام دهد آن برایش بهتر است، و روزه گرفتن برای شما بهتر است اگر میدانستید.

تفسیر: روزه دو نوع است: روزه فرضی که در ماه مبارک رمضان است که در آیهٔ بعدی در مورد آن صحبت میکنیم و روزه نفلی که بیرون از ماه مبارک رمضان گرفته میشود و چندین نوع وجود دارد. اول روزه نفلی روز های دوشنبه و پنجشنبه که ثواب زیاد دارد. دوم روزه روز دهم عاشورا. (روزه عاشورا در فقه شیعه روا نیست) سوم سه روز در ماه که روز های ۱۳، ۱۴ و ۱۵ ماه قمری میباشد. چهارم روزه روز عرفات که بسیار ثواب دارد. اگر کسی بتواند روز های دوشنبه و پنجشنبه روزه گیرد ثواب آن زیاد تر است زیرا در یک ماه هشت روز را روزه گرفته میباشد. پنجم روزه شش روز بعد از ماه مبارک رمضان است که ثواب آن برابر به یکسال روزه است. در اخیر آیه میگوید روزه گرفتن برای شما بهتر است اگر میدانستید. در اینجا مسایل مفاد روزه از نگاه علمی مطرح است. تحقیقات نشان میدهد که با روزه گرفتن وزن بدن کاهش می یابد، فشار خون منسجم میشود و کلسترول یا چربی خون هم پایین می آید. اما هدف روزه گرفتن این نیست که بعد از ماه رمضان ما مانند گذشته غذا بخوریم. هدف این است که با روزه و کم خوری خود را عادت دهیم که یازده ماه بعد از رمضان آسوده تر زندگی کنیم. یعنی روزه نه تنها یک عبادت است بلکه یک آموزش صحی برای با صحت بودن است که ما به صحت خود خوب تر رسیدگی کنیم و با جنجال های صحی مواجه نگردیم. هستند بسیار مردم که ادعا میکنند که روزه اساساً بر وزن کم کردن کمک نمیکند و این برای این است که روزه گیر به رژیم غذایی خود بعد از رمضان دوام نمیدهد، ورنه کمک میکند.

در آیهٔ فوق می بینیم که روزهٔ فرضی روز های آن معلوم است چنانچه در آیهٔ بعدی میخوانیم که: "[ایام روزه] در ماه رمضان است که قرآن در آن نازل شده است که رهنمای مردم است و آیات ۱۸۵روشنگری رهنمود ها و جدا کنندهٔ حق از باطل است در بر دارد". کسانیکه در سفر باشند و یا مریض باشند میتوانند روزه را وقتی از سفر برگشتند و یا از مریضی شفا یافتند، روزه را تکمیل بگیرند. در این بخش موضوعات دیگر است که باید شما خوانندهٔ گرامی بدانید.

اول بیماری: اگر بیماری شخص دوام دار نیست، پس بعد از شفاء باید

روز هـای را کـه نتوانسـته اسـت روزه بگیـرد. و امـا اگـر مریضـی دوام دارد و سـال پُـر مریض اسـت بایـد فدیـه دهـد و متوجـه صحـت و سـلامتی خـودش باشـد. همچنان کسـانیکه بسـیار سالخورده شـده انـد توان روزه گرفتـن را ندارنـد بایـد فدیـه دهند. اگـر از نـگاه اقتصـادی ناتوان هسـتند و قـدرت فدیـه را ندارنـد، غذائـی کـه بـرای شـان تهیـه میشـود بایـد بـا یـک شـخص دیگـر قسـمت کنـد. رمضـان مـاه عدالـت و تفکیـک حـق از باطـل اسـت. اگـر یـک شـخص مشـکل بیمـاری دارد و روزه گرفتـه نمیتوانـد و فدیـه هـم نمیدهـد، ایـن شـخص بـه قـرآن ایمـان نـدارد. در آیـهٔ ۱۸۵ میخوانیـم کـه «خداونـد (ج) بـرای شـما آسـانی میخواهـد و برایتـان دشـواری نمیخواهـد». همچنـان کسـانیکه در سـفر هسـتند طـور مثـال بـرای تجـارت میـرود و چنـد روز بعـد بـر میگـردد بایـد روزه را مکمـل بگیـرد و امـا اگـر در سـفر دوامدار اسـت کـه ایـن دو حالـت دارد: اول اگـر نیـت سـفر بـرای مـدت طولانـی اسـت دو راه وجـود دارد: اول اگـر شـرایط سـفرضیق نباشـد و همـه وسـایل زندگـی مهیـا اسـت در همانجـا روزه بگیـرد کـه ایـن فضلیـت زیـاد دارد و امـروز مخصوصـاً در غـرب کـه مـا زندگـی میکنیـم همـه چیـز مهیـا اسـت و مشـکلات سـفر کـه ۱۴۰۰ سـال قبـل بـود مـردم متقبـل نمیشـوند و اگـر شـرایط ضیـق باشـد یـا بایـد در برگشـت روزه بگیـرد و یـا فدیـه دهـد.

در زمان حضـرت رسـول اکـرم (ص) هواپیمـا نبـود. خلبـان هواپیمـا هـا و مهمانـداران هواپیمـا از آنجانیکـه دوام دار در سـفر هسـتند و هـر روز پـرواز میکننـد بایـد فدیـه دهنـد زیـرا ایـن مـردم هـر روز پـرواز میکننـد و دوبـاره بـر میگردنـد و دو بـاره پـرواز میکننـد بـرای ایـن هـا وقـت نمیمانـد کـه روزه را تکمیـل گیرنـد.

قضـات کـه بـر مسـند قضـا نشسـته انـد در همـان روز از روزه معـذور هسـتند کـه نشـود در اثـر روزه قضـاوت نادرسـت کننـد. در کشـور هـای اسـلامی قضـات میتواننـد کـه روز محکمـه را بـه تعویـق بیندازنـد و امـا الحمـدالله ما امـروز وکلای مدافـع در غـرب داریـم کـه نمیتواننـد روز محکمـه را بـه تعویـق بیندازنـد. ایـن طبقـه بایـد در روز محکمـه روزه نداشـته باشـند و بعـد تـر روزه بگیرنـد. چـون محکمـه هـر روز نیسـت پـس میتواننـد روزه را بعـد از سـپری نمـودن محکمـه تکمیـل کننـد. بـرای ایـن طبقـه فدیـه نیسـت و بایـد روز هـای را کـه نتوانسـتند روزه گیرنـد بعـد از روزه تکمیـل کننـد.

در زمان رسـول کریـم (ص) جراحـی قلـب وجـود نداشـت. ایـن نـوع عملیـات هـای بسـیار حسـاس در قـرن بیسـتم در طبابـت بـه وجـود آمـد. آن عده طبیبان کـه در همچـو عملیـات هـای مهـم دخیـل هسـتند نبایـد روزه گیرنـد و بعـداً روزه

را تکمیل کنند. در این بخش هم فدیه نیست زیرا وقت کافی دارند که بعد از رمضان روز های از دست رفته را پوره کنند.

بالای زن حامله و زنی که برای دو سال شیر میدهد روزه نیست و باید فدیه دهد. و چون مدت شیر دهی دو سال است و این بسیار طویل است باید همه ماه های حمل و بعد از آنکه دو سال شیر دهی میشود باید فدیه دهد. بانوانی که حامله هستند و بعد دو سال شیر میدهند روزه قرضی ندارند. بانوانی که تکلیف ماهانه دارند باید روزه از دست رفته را بعد از رمضان تکمیل کنند.

شغل های شاقه دوام دار مانند معادن زیر زمین در کشور های غیر اسلامی و یا ایستاد شدن در مقابل کوره های آتش می ایستند و به سرعت آب وجود شان کم میشود نباید روزه گرفت و باید فدیه داد.

در زمان رسول خدا (ص) لابراتوار های کیمیا و مواد شیمیایی و تحقیقات حساس که باعث انفلاق میشود وجود نداشت. آنانیکه در این مشاغل هستند دوام دار کار میکنند برای حفظ جان خود و امنیت دیگران باید فدیه دهند و روزه نگیرند.

در کشور های غیر اسلامی طرز تدریس و شاگردی نظر به کشور های اسلامی تفاوت دارد. شاگردان که در ماه مبارک امتحان دارند و یا در ماه مبارک در لابراتوار کیمیا کار میکنند برای جلوگیری از تصادمات که باعث انفجار میشود، باید روزه را بعد از امتحان پوره کنند و این مطلب را تنها آنانی میدانند که در این کشورها درس خوانده اند و یا تدریس میکنند.

تفاوت فدیه و کفاره:

فدیه آن است که مسلمان نظر به یک عذر معقول روزه گرفته نمیتواند و به جای آن روزه فدیه میدهد که در بالا تشریح شد. اگر هم روزه نمیگیرد و هم فدیه نمیدهد پس ایمان به قرآن و اسلام ندارد. مسلمان باید بداند و به یاد داشته باشد که خداوند (ج) هم بصیر است یعنی میبیند و هم سمیع است یعنی میشنود و هم از دل های ما آگاه است. ما نباید خود را گول زنیم وقتیکه ادعای اسلامیت میکنیم.

کفاره آن است که یک مسلمان قصداً روزه میخورد با اینکه میداند که روزه است. باید در ازای یک روز یک مسکین را طعام دهد.

شَهْرُ رَمَضَانَ الَّذِي أُنزِلَ فِيهِ الْقُرْآنُ هُدًى لِّلنَّاسِ وَبَيِّنَاتٍ مِّنَ الْهُدَى وَالْفُرْقَانِ فَمَن شَهِدَ مِنكُمُ الشَّهْرَ فَلْيَصُمْهُ وَمَن كَانَ مَرِيضًا أَوْ عَلَى سَفَرٍ فَعِدَّةٌ مِّنْ أَيَّامٍ أُخَرَ يُرِيدُ اللهُ بِكُمُ الْيُسْرَ وَلاَ يُرِيدُ بِكُمُ الْعُسْرَ وَلِتُكْمِلُواْ الْعِدَّةَ وَلِتُكَبِّرُواْ اللهَ عَلَى مَا هَدَاكُمْ وَلَعَلَّكُمْ تَشْكُرُونَ (۱۸۵)

معنی: ماه رمضان ماهی است که قرآن به عنوان رهنمای مردم نازل شده است و حجت روشن است میان حق و باطل، پس هر کس از شما در این ماه مقیم بود (در سفر نبود) روزه بگیرد و هر که مریض یا در سفر بود به همان تعداد (روز های از دست رفته) روزه را قضایی بگیرد. خداوند (ج) برای شما آسانی میخواهد و سختی نمیخواهد تا شمار روزه ها را تکمیل کنید و خدا (ج) را به خاطری که هدایت تان کرده به بزرگی یاد کنید و سپاسگزار باشید.

تفسیر: روزه در ماه رمضان برای مسلمین فرض شده است. ماه رمضان ماه مبارک گفته میشود زیرا در این ماه بود که قرآن مجید نازل شد. این ماه است که بین علم و جهل یک خط فاصل کشیده شد. این ماه است که حق از باطل تفکیک شد. چون ما به قرآن ایمان آورده ایم پس به اساس قرآن روزه میگیریم.

سحری: سحری صرف طعام پس شب است تا روزه دار انرژی کافی در طول روز داشته باشد و روزه را آسانتر سپری کند. سحری ثواب زیاد دارد و سحر خیزی سنت رسول خداست. اما اگر در این کشور ها، روزه دار فکر میکند که در اثر بی‌خوابی نمی‌تواند درست به وظایف محوله خود برسد مخصوصاً آنانیکه کامیون های بزرگ را رانندگی میکنند و این طبقه از رانندگان ۲۴ ساعت در شاهراه هستند و در شاهراه خواب میکنند؛ مطالعات جامعه شناسی در این مورد میرساند که بی خوابی در آمریکا باعث سکتگی درکار میشود. گزارش ها حاکی است که عمده ترین و دلیل شماره اول تصادفات ترافیکی در شاهراه ها توسط کامیون ها و یا لاری ها، به علت بیخوابی است. حالا دوران سفر با شتر و انتقال مالتجاره با کاروان شتر تمام شد. اینجا عربستان نیست که بیخردان درتلویزیون میگوید که اگر برای یک جرعه آب هم میشود حتماً سحری بر خیز. نخیر برادر عزیز و خواهر من: نه زندگی خود را به مخاطره انداز و نه از دیگران را. سحری سنت است اگر امکانات بود و بیخوابی برایت در کار مشکل تولید نمیکند چرا نی بر خیز و سحری کن. و اما اگر سحری برایت مشکلات

ایجاد میکند، جان نگه کردن فرض است مخصوصاً رانندگان کامیون ها که در اثر یک تصادف روی جاده دیده شده که حتی پنجاه نفر هم جان به حق سپرده است. روزه به احساس آدمی نیست، به منطق روزگار است. فراموشی در روزه: اگر روزه دار در طول روز در اثر فراموشی روزه میخورد روزه او خراب نمیشود و باید دوام دهد. طور مثال ناخود آگاه بدون اینکه به یادش باشد که روزه است دست به خوردن میزند و دفعتاً به یاد می‌آورد که روزه است، باید به روزه خود دوام دهد.

آنانیکه آشپزی میکنند، مرد و زن(زیرا در عصر ما یک عده مردان هم آشپزی میکنند) و برای اینکه به دیگران طعام تهیه میکنند میتوانند طعم غذا را بچشند تا طعم آن قابل قبول باشد مثلاً نمک زیاد نشده باشد.

بوی دهن: یک حدیث از پیشوای اسلام (ص) به ما رسیده است که: « دهن روزه دار بوی مشک میدهد ». این حدیث درست است. اگر شما تنها بین مسلمانان زندگی دارید تنها وضوء کافی است و مردم میدانند که شما روزه دار هستید و منطق بوی دهن شما را میدانند که کسانیکه معده شان خالی است یک بوی ناخوشایند از دهن خارج میشود. و اما اگر شما در بین مردم که مسلمان نیستند کار میکنید، متوجه باشید که شما معرف اسلام هستید. همکار آمریکایی و اروپایی شما نباید از اسلام یک انتباه غلط بگیرد که این چه دین است که این مردم دهن خود را پاک نمیکنند و دهن شان بوی میدهد. ساجق جویدن و شیرینی های خوشبویی دهن در رمضان مجاز نیست و اما شما میتوانید دندان های تان را درطول روز کریم کنید. میتوانید در کیف کار و یا کیف زنانه (بانوان) یک برس و کریم داشته باشید و دندان های تان را برس و کریم کنید. نظافت نصف ایمان است (بعضی این حدیث را غلط فهمیده اند و میگویند نظافت جزء ایمان است که درست نیست). خداوند (ج) پاکی و نظافت را دوست دارد. گفته است روزه گیرید نه اینکه کثیف باشید.

نقطهٔ آخر برای خواهران و برادران که در کشور های اسکاندنوی مانند دنمارک، فنلند و سویدن و ناروی زندگی دارند و یا در روسیه هستند. در این مناطق شب ها سفید است که روز ها فوق‌العاده دراز است. کسانیکه در این کشور ها زندگی میکنند باید به نزدیکترین کشور که به شکل نورمال روزه میگیرد، روزه گیرد. ببینید که از نگاه جغرافیایی کدام کشور که نورمال در تابستان روزه میگیرد، شما آنها را تعقیب کنید. و نزدیک ترین کشور به ممالک اسکاندنوی ترکیه است و به ساعت سحری و افطاری ترکیه باید روزه گرفت. همچنان حالا مسلمانان در نقاط مختلف زندگی

میکنند و مسلمان که در شمال اروپا زندگی میکند میتواند از همان یک کشور نزدیک مسلمان که نورمال رمضان را سپری کنند، تعقیب کنند. مطلب مهمی را که شما باید در مسئلهٔ فقه روزه بدانید این است که فقه نظر به شرایط زمان و مکان تفاوت میکند. امروز مسلمانان در همه نقاط گیتی سکونت اختیار کرده‌اند و دیگر تنها در حجاز ۱۴۰۰ سال قبل و مکه و مدینه زندگی نمیکنند. در آن زمان مردم با شتر سفر میکرد و شغل تجارت به مقایسهٔ امروز بسیار محدود بود. نسبت پیشرفت تکنالوژی و ساینس و به وجود آمدن خدمات اجتماعی به مقایسهٔ گذشته، مردم جهان و مسلمانان شغل های مختلف دارند که در گذشته وجود نداشت. طور مثال حفر معادن در آن زمان نبود که یک کارگر ۳۰۰ متر و یا زیادتر در عمق زمین برای حفریات میرود. تفاوت ساعت درسرتا سرجهان که باعث تغییر اوقات سحری و افطار میشود، اقلیم که زندگی میکنیم، آفتاب برآمد و آفتاب نشست، شرایط کار در کشور های مختلف همه و همه باعث میشود تا فقه نظر به منطق روزگار که زندگی می کنیم تغییر کند.

در یک کشور اسلامی در ماه مبارک رمضان برای مردم سهولت ها وضع کرده اند تا مردم این ماه مبارک را آسان تر روزه داری کنند و زیادتر به فکر عبادات خود باشند. طور مثال ساعات کار را کمتر ساختند. حتی بعضی کار های که شاقه است به تعویق می اندازند. در وقت افطار مردم با خانواده های خود در دور سفره های شان دور هم هستند و خورد و بزرگ بی صبرانه منتظر هستند تا آذان افطار از رادیو و یا تلویزیون پخش شود. در حالیکه در همان وقت یک مسلمان در یک کشور غیر مسلمان سرکار خود است و آهسته یک خرما را از جیب بیرون میکند و افطار میکند تا ساعت موعود فرا رسد و بتواند صرف طعام کند. پس ما نباید توقع داشته باشیم که آن مسلمان که در مکه معظمه روزه میگیرد همان شرایط را یک مسلمان در یک کشور خارجی داشته باشد. این توقعات بیجا را تنها وهابی ها دارند که نه زمان را مد نظر میگیرند و نه مکان را و نه شرایط کار مردم را. همچنین مطلب مهم دیگر را که شما باید بدانید که دین به احساس آدمی نیست بلکه به اساس یک منطق کلی استوار است و آن عبارت است از عدالت خداوند (ج) برای بندگانش میباشد زیرا اسلام دین عدل است. خداوند (ج) خواسته است تا همه امور زندگی برای مردم آسان باشد نه مشکل و خداوند (ج) میگوید: « اِنَّ اللهَ یَأمُرُ بِالعَدلِ» یعنی خداوند (ج) به عدالت امر میکند.

وَإِذَا سَأَلَكَ عِبَادِي عَنِّي فَإِنِّي قَرِيبٌ أُجِيبُ دَعْوَةَ الدَّاعِ إِذَا دَعَانِ فَلْيَسْتَجِيبُواْ لِي وَلْيُؤْمِنُواْ بِي لَعَلَّهُمْ يَرْشُدُونَ (١٨٦)

معنی: و چون بندگانم در مورد من از تو میپرسند [بگو] من نزدیکم و دعای دعا کننده را وقتیکه من را بخواند اجابت میکنم، پس به فرمان من گردن نهند و به من ایمان بیاورند تا باشد که رهنمون شوند.

تفسیر: ماه رمضان ماه عبادت خاص پروردگار است. در این ماه دروازه های بهشت باز است. این ماه رحمت و مغفرت است برای اهل ایمان. پس خداوند (ج) غفور و رحیم به آنانیکه ایمان آورده اند خیلی ها نزدیک است و دعای کسی را که دعا میکند اجابت میکند. این برای این است که یگانه عملیکه ما برای خداوند (ج) انجام میدهیم، روزه است. با روزه است که ما ایمان خود را ثابت میکنیم و عملاً نشان میدهیم که ما فرمان بردار هستیم. خداوند (ج) از دل های ما آگاه است پس ما با روزه ایمان خود را اول به خود ثابت میکنیم یعنی روزه راه رهنمود شدن به خود شناسی است. پیامبر(ص) گفت: «کسیکه خود را شناخت، خدا را شناخت».

أُحِلَّ لَكُمْ لَيْلَةَ الصِّيَامِ الرَّفَثُ إِلَى نِسَآئِكُمْ هُنَّ لِبَاسٌ لَّكُمْ وَأَنتُمْ لِبَاسٌ لَّهُنَّ عَلِمَ اللّهُ أَنَّكُمْ كُنتُمْ تَخْتانُونَ أَنفُسَكُمْ فَتَابَ عَلَيْكُمْ وَعَفَا عَنكُمْ فَالآنَ بَاشِرُوهُنَّ وَابْتَغُواْ مَا كَتَبَ اللّهُ لَكُمْ وَكُلُواْ وَاشْرَبُواْ حَتَّى يَتَبَيَّنَ لَكُمُ الْخَيْطُ الأَبْيَضُ مِنَ الْخَيْطِ الأَسْوَدِ مِنَ الْفَجْرِ ثُمَّ أَتِمُّواْ الصِّيَامَ إِلَى اللَّيْلِ وَلاَ تُبَاشِرُوهُنَّ وَأَنتُمْ عَاكِفُونَ فِي الْمَسَاجِدِ تِلْكَ حُدُودُ اللّهِ فَلاَ تَقْرَبُوهَا كَذَلِكَ يُبَيِّنُ اللّهُ آيَاتِهِ لِلنَّاسِ لَعَلَّهُمْ يَتَّقُونَ (١٨٧)

معنی: آمیزش جنسی شما با همسران تان در شب های رمضان حلال شد. همسران شما لباس تن شمایند و شما لباس تن آنها هستید. خداوند (ج) میدانست که شما به خود خیانت میکنید، پس از شما درگذشت و شما را بخشید. پس حالا با آنها آمیزش کنید و در طلب آنچه خداوند (ج) برای تان مقرر کرده برآیید و بخورید و بنوشید تا آنکه رشتۀ سپید (صبح) از رشتۀ سیاه (شب) [که فجراست] برای شما نمایان شود، آنگاه روزه را تا شب به پایان برید و درحالیکه با مساجد معتکفید با همسران تان نزدیکی نکنید. این ها حدود الهی است، پس به [حریم] آنها نزدیک نشوید. بدین سان خداوند (ج) آیات خود را برای مردم روشن میسازد باشد که پرهیزگار شوید.

تفسیر: در این آیهٔ مبارک نکات بس مهم نهفته است. اول قرآن مسایل جنسی را متذکر میشود که حق شرعی مردان و زنان مؤمن است تا در شب های ماه رمضان آمیزش جنسی داشته باشند. مسایل جنسی که حتی مردم از صحبت کردن در مورد آن اجتناب میکنند یکی از نیازمندی های حیاتی انسانی است و قرآن واضح در این مورد اشاره میکند. یک موضوع شرم آور نیست که ما هیچ وقت روی آن صحبت نمیکنیم. مسایل جنسی تنها رفع شهوت نیست بلکه تقویه روحی مرد و زن است. قرآن میگوید که زنان شما لباس شمایند و شما لباس آنها هستید. در این بخش دو نکتهٔ مهم نهفته است اول اینکه در حریم خانواده، زن و مرد مساوی هستند. زن لباس مرد است و مرد لباس زن است. قرآن نگفته است که تنها مردان لباس زنان هستند. زن و مرد لباس همدیگر است لباس از لبسه مشتق شده است و غیر متیقن معنی میدهد. با آمیزش جنسی زنان و مردان همدیگر را می شناسند و به تکامل میرسند. همچنان از نگاه اجتماعی زنان و مردان آبرو، عزت، پشتیبان و حامی یکدیگراند. هیچ وقت یک مرد به تنهایی قادر نمیشود تا خانواده را تشکیل دهد و هیچ‌گاه یک زن به تنهایی قادر نمیشود تا یک خانواده را تشکیل دهد. زن و مرد درحریم خانواده از دید همین آیه از حقوق مساوی مدنی برخوردار هستند. در ماه رمضان زندگی باید به شکل نورمال به پیش رود و ما باید کار کنیم و به امور محوله خود برسیم نه اینکه نیم روز را به خواب سپری کنیم و تنها نماز بخوانیم و قرآن بخوانیم. این ماه است که همه زندگی انسانی را با یک نظم خاص منسجم میکند. دین اسلام دین کار و فعالیت و تشبث و تحرک است و نباید در این ماه تنبلی کرد. در شب های رمضان از پاکیزه های حلال خداوند (ج) باید بخوریم و بنوشیم اما به قدر کفایت و نه پُر خوری. آن عده عزیزان که در مسجد به اعتکاف می پردازند و وقت این کار را دارند نباید با زنان خود آمیزش جنسی داشته باشند. اعتکاف از نگاه لغوی مصدر باب افتعال است و ازعکف آمده است و درنگ کردن و ادامه دادن معنی میدهد. وقتی شخص به منظور عبادت در داخل مسجد متوقف میشود اعتکاف گفته میشود و شرط اساسی اعتکاف روزه داشتن است.

وَلاَ تَأْكُلُواْ أَمْوَالَكُم بَيْنَكُم بِالْبَاطِلِ وَتُدْلُواْ بِهَا إِلَى الْحُكَّامِ لِتَأْكُلُواْ فَرِيقًا مِّنْ أَمْوَالِ النَّاسِ بِالإِثْمِ وَأَنتُمْ تَعْلَمُونَ (١٨٨)

معنی: و اموال یکدیگر را میان خود به ناحق نخورید و به قضات از

طریـق [رشـوت] نزدیکـی نکنیـد تـا بدیـن ترتیـب مـال مـردم را آگاهانـه بـه ناحق بخورید.

تفسیر: اسلام یک دین سیاسی است. در هر نظام کـه مسلۀ قضایـی و حقوقـی مطـرح شـود، آن نظام سیاسی میشـود. در ایـن آیـه روابـط اجتماعـی افـراد جامعـه را بـه اسـاس پـاک نفسـی و صداقـت قـرآن پیشـکش میکنـد کـه مـال مـردم را بـه ناحـق نخوریـد. امـروز یکـی از بزرگتریـن مفاسـد اجتماعـی حـق تلفـی اسـت کـه در مقابـل مـردم صـورت میگیـرد. و چـه زیبـا بیـان میکنـد کـه بـرای رشـوه دادن بـه قضـات نزدیـک نشـوید تـا بـدان وسـیله راه را بـاز کنیـد و حقـوق مـردم را تلـف کنیـد و مـال مـردم را بـه ناحـق غصـب کنیـد. ایـن آیـه در زندگی امـروز افغانسـتان بسـیار مطابقـت دارد کـه حـق تلفـی و رشـوه سـتانی بـه اوج آن رسـیده اسـت. ایـن آیـه متوجـه آن کسـانی اسـت کـه در داخـل خانـواده حقـوق اعضـای خانـواده را پایمـال میکننـد و حتـی بـرای حـق تلفـی یـک وکیـل مدافـع را اسـتخدام میکننـد تـا بـه نیابـت او حـق تلفـی و خیانـت را جامـه عمـل بپوشـاند. نفـس پـاک ایمـان سـالم کار دارد و ایـن همـه مظالـم از بی ایمانی افراد در جامعه و خانواده است.

يَسْأَلُونَكَ عَنِ الْأَهِلَّةِ قُلْ هِيَ مَوَاقِيتُ لِلنَّاسِ وَالْحَجِّ وَلَيْسَ الْبِرُّ بِأَنْ تَأْتُوا الْبُيُوتَ مِنْ ظُهُورِهَا وَلَكِنَّ الْبِرَّ مَنِ اتَّقَى وَأْتُوا الْبُيُوتَ مِنْ أَبْوَابِهَا وَاتَّقُوا اللَّهَ لَعَلَّكُمْ تُفْلِحُونَ (١٨٩)

معنـی: از تـو در بـارۀ هـلال هـای (مـاه) میپرسـند. بگـو ایـن هـا بـرای وقـت شناسـی مـردم و موسـم حـج اسـت. و نیکویـی آن نیسـت کـه از پشـت خانـه هـا بـه داخـل رویـد بلکـه نیکویـی آن اسـت کـه تقـوی پیشـه کنیـد و بـه خانـه هـا از در (دخولـی) داخـل شـوید و از خداونـد (ج) بترسـید تـا باشـد کـه پرهیـزگار شوید.

تفسـیر: در ایـن آیـه خداونـد (ج) انسـجام وقـت و ارزش وقـت را بـه انسـان مـی آمــوزانــد و بـرای انسـجام آن رویـت هـلال را معیـن سـاخته اسـت تـا نـه تنهـا در کار و روزگار زندگـی مـردم منظـم باشـند و کار کننـد بلکـه موسـم حـج هـم مشـخص باشـد تـا کنگـره جهانـی حـج کـه بزرگتریـن کنگـره سـالانه در جهـان اسـت هـم منسـجم و منظـم باشـد. همچنـان ایـن آیـه تجسـس در امـور مـردم را شـدیداً محکـوم میکنـد و میگویـد تـا در خانـه هـای مـردم بـدون اجـازه داخـل نشـوند و از دَر دخولـی داخـل شـوند. کمونیسـتان ملحـد بایـد از ایـن ادب مدنـی مـی آموختنـد. در هـزاران خانـه بـدون اجـازه داخـل شـدند و خانـواده

را بـی سرپرسـت سـاختند. مـرد و نفقـه آورنـده خانـواده را بـدون محکمـه و دلیـل موجـه بـه زنـدان انداختنـد و یـا بـه قتـل رسـاندند و بـدون دلیـل قانونـی و قضایـی هـزاران زن را بیـوه سـاختند. ایـن اعمـال ضـد انسـانی از کسـانی سـر میزنـد کـه نـه تنهـا ایمـان بـه خـدا ندارنـد بلکـه بـه مقـام انسـانیت حرمـت قایـل نیسـتند. بـه اسـاس ایـن آیـهٔ مبـارک هیـچ منبـع دولتـی و حکومتـی حـق نـدارد در خانـه هـای مـردم بـدون اجـازه داخـل شـود، تلاشـی کنـد و یـا جاسوسـی کنـد مگـر بـا اجـازهٔ قانونـی و اطـلاع قبلـی. وقتـی حکومـت هـا از خـود میترسـند و از مـردم میترسـند ایـن اعمـال غیـر انسـانی را انجـام میدهنـد. همچنـان شـرایط و تقسـیم اوقـات کار و برنامـه هـای مـردم بـه مـرور زمـان تغییـر کـرده اسـت و بیـن دوسـتان و خویشـاوندان هـم بایـد تیلیفـون کـرد و اجـازه خواسـت تـا چـه وقـت برای‌شـان مسـاعد اسـت تـا از ایشـان دیـدار بـه عمـل آورنـد. اسـلام از نـگاه جامعـه شناسـی آمـد تـا مـردم مدنـی شـوند و بـا اساسـات قانـون و حرمـت آزادی دیگـران و احتـرام متقابـل، مـردم رویـه داشـته باشـند.

وَقَاتِلُواْ فِي سَبِيلِ اللّهِ الَّذِينَ يُقَاتِلُونَكُمْ وَلاَ تَعْتَدُواْ إِنَّ اللّهَ لاَ يُحِبِّ الْمُعْتَدِينَ (١٩٠)

معنـی: و در راه خـدا بـا کسـانیکه بـا شـما جنـگ میکننـد جنـگ کنیـد ولـی تجاوزگـر نباشـید کـه خـدا (ج) تجـاوز گـران را دوسـت نـدارد.

تفسـیر: قبـلاً گفتیـم کـه اسـلام یـک دیـن سیاسـی اسـت و ایـن مثـال دیگـر اسـت کـه کسـانیکه بـالای مسـلمین حملـه میکننـد مسـلمانان بایـد از خـود دفـاع کننـد و بـا ایشـان بجنگنـد، امـا آیـه صریـح بیـان دارد کـه مسـلمانان نبایـد جنـگ را اول آغـاز کننـد و یـا تجـاوز کننـد زیـرا خداونـد (ج) تجاوزگـران را دوسـت نـدارد. بـه اسـاس تعریـف، دیـن صلـح اسـت نـه جنـگ و امـا وقتـی بـر مسـلمانان تجـاوز صـورت میگیـرد بایـد از خـود دفـاع کننـد.

وَاقْتُلُوهُمْ حَيْثُ ثَقِفْتُمُوهُمْ وَأَخْرِجُوهُم مِّنْ حَيْثُ أَخْرَجُوكُمْ وَالْفِتْنَةُ أَشَدُّ مِنَ الْقَتْلِ وَلاَ تُقَاتِلُوهُمْ عِندَ الْمَسْجِدِ الْحَرَامِ حَتَّى يُقَاتِلُوكُمْ فِيهِ فَإِن قَاتَلُوكُمْ فَاقْتُلُوهُمْ كَذَلِكَ جَزَاء الْكَافِرِينَ (١٩١)

معنـی: و آنهـا را هـر جـا یافتیـد بکُشـید و از جایـی کـه بیـرون تـان کردنـد بیـرون شـان کنیـد و فتنـه از قتـل بـد تـر اسـت و بـا آنهـا در کنـار مسـجد الحـرام (مکـه) جنـگ نکنیـد مگـر اینکـه آنهـا اول جنـگ را آغـاز کننـد؛ پـس اگـر بـا شـما جنگیدنـد آنهـا را بکشـید کـه سـزای کافـران همیـن اسـت.

تفسیر: در این آیهٔ مبارک چند نکتهٔ مهم نهفته است: اول اینکه مانند آیهٔ قبلی مسلمان را دستور میدهد که شما نباید جنگ را آغاز کنید و اما اگر کفار جنگ را آغاز میکنند باید با ایشان جنگید و نابود شان کرد. منتقدین اسلام همیشه همین موضوع را به رُخ مسلمانان می کشَند که اسلام دین صلح نیست؛ اگر میبود دستور به نابودی مردم نمیداد. منتقدین این را فراموش میکنند که اسلام مسلمانان را منع کرده است که الف تجاوز کنند و ب جنگ را اول آغاز کنند و اما اگر بالای شان تجاوز میشود باید از خود دفاع کنند و دشمن خود را نابود کنند. نکتهٔ دیگر در این آیه آنست اگر شما را از محل اقامت تان بیرون میکنند باید با ایشان بجنگید. چنانچه اسرائیل مردم فلسطین را از سرزمین شان کشیدند و ایشان را به سرزمین های بیگانه آواره ساختند. در مقابل این نوع ظلم باید جنگید. نقطه سوم مسجد الحرام یعنی مکه معظمه محل امن است و در آنجا نباید جنگ کرد و مسلمانان را از جنگ در داخل حَرَم شریف منع میکند. و این دستور که در مسجد الحرام نجنگید برای مسلمان است. اما دیده شد که یک عده مسلمانان تندگرا که از همه نورم های اخلاقی، اسلامی و مدنی به دور هستند به تاریخ بیستم نوامبر ۱۹۷۹ به داخل حرم شریف حمله کردند. آنها که مخالف رژیم سعودی بودند در داخل مسجد الحرام دست به اسلحه بردند. مسلمان نباید بالای مسلمان تجاوز کند اما متاسفانه در طول تاریخ مسلمانان به جان هم افتاده اند. در افغانستان طالبان هر روز مسلمان بیگناه را می کُشند و این خونریزی به نام اسلام بر علیه مسلمان صورت گرفته است.

فَإِنِ انتَهَوْاْ فَإِنَّ اللّهَ غَفُورٌ رَّحِيمٌ (۱۹۲)

معنی: اگر [از جنگ] دست برداشتند البته خداوند (ج) بخشایندهٔ مهربان است.

تفسیر: چون خداوند (ج) مسلمانان را از تجاوز منع کرده است و اسلام دین صلح است نه اساساً جنگ، پس اگر دشمن تجاوز را متوقف میسازد، مسلمانان باید از دَر صلح پیش بیایند و جنگ را بس کنند زیرا دین اسلام دین انتقام و کینه جویی و عداوت نیست.

وَقَاتِلُوهُمْ حَتَّى لاَ تَكُونَ فِتْنَةٌ وَيَكُونَ الدِّينُ لِلَّهِ فَإِنِ انتَهَوْاْ فَلاَ عُدْوَانَ إِلاَّ عَلَى الظَّالِمِينَ (۱۹۳)

معنی: و با آنان چنان بجنگید که دیگر فتنه ای نباشد و دین خاص برای خدای یکتا گردد و اگر دست برداشتند، دشمنی جز بر ضد ظالمان جایز نیست.

تفسیر: هدف آیهٔ فوق، مبارزه با کفار است اگر آنها اول تجاوز میکنند نه مسلمانان. اما متأسفانه این آیه توسط تندگرایان اسلامی بر علیه آنان استفاده میشود که همنوا با عقاید شان نیستند. بهترین مساجد را در سوریه و عراق همین سلفی ها و وهابی ها به نام شرک منهدم کردند. چون این مردم مخالف تاریخ و مدنیت هستند. درافغانستان هم بزرگترین مجسمه بودا را که در قرن دوم بنا شده بود و یکی از افتخارات تاریخی و هنر باستانشناسی افغانستان بود به نام شرک منهدم کردند در حالیکه مسلمانان خطهٔ خراسان قدیم را اشغال کردند و اما مجسمه بودا را منهدم نکردند زیرا آنها حدیث مبارک پیشوای اسلام (ص) را میدانستند که اگر میخواهی دین تو احترام شود دین مردم را احترام کن.

الشَّهْرُ الْحَرَامُ بِالشَّهْرِ الْحَرَامِ وَالْحُرُمَاتُ قِصَاصٌ فَمَنِ اعْتَدَى عَلَيْكُمْ فَاعْتَدُواْ عَلَيْهِ بِمِثْلِ مَا اعْتَدَى عَلَيْكُمْ وَاتَّقُواْ اللّهَ وَاعْلَمُواْ أَنَّ اللّهَ مَعَ الْمُتَّقِينَ (۱۹۴)

معنی: ماه حرام در مقابل ماه حرام است و حرمت شکنی ها قصاص دارد. پس هر کس به شما تجاوز کرد با او بالمثل رویه کنید و از خدا بترسید و بدانید که خدا (ج) با اهل تقوا است.

تفسیر: در اینجا باز قرآن مسئلهٔ حقوقی و رعایت افراد جامعه را بیان میدارد که اگر کسی به شما تعدی یعنی تجاوز میکند شما باید مانند آن و بالمثل مقابله کنید نه زیاد تر از آن. همیشه باید در امورخدا (ج) را حاضر ببینید و خداوند (ج) با پرهیزگاران است. اهل تقوا آنانی هستند که از کار های زشت و ناپسند و خلاف قرآن دوری میکنند. حقوق مردم یکی از اساسات عمدهٔ یک جامعهٔ اسلامی است که باید از طرف دولت و مردم رعایت شود.

وَأَنفِقُواْ فِي سَبِيلِ اللهِ وَلاَ تُلْقُواْ بِأَيْدِيكُمْ إِلَى التَّهْلُكَةِ وَأَحْسِنُوَاْ إِنَّ اللهَ يُحِبُّ الْمُحْسِنِينَ (۱۹۵)

معنی: و در راه خدا (ج) مصرف کنید و خود را به دست خود به هلاکت نیندازید و نیکی کنید و به یقین که خداوند (ج) نیکوکاران را دوست دارد.

تفسیر: اسلام اساساً تمرکز سرمایه را به دست یک نفر و یا چند نفر توصیه نمیکند. و همیشه مردم را توصیه میکند تا در راه مردم مصرف کنند. این یک نوع مبارزه با فقر است. خواه مخواه یک خانواده باید مصارف خود را بسنجد و باقی را در راه خیریه خرج کند. اسلام از طریق ایمان مردم ثروتمند را تشویق به همکاری اجتماعی میکند. از نگاه اقتصادی اسلام کمونیزم را که همه چرخ اقتصادی به دست دولت باشد و انسان آزادی اقتصادی نداشته باشد رد میکند و همچنان نظام سرمایه داری را که به اساس سود و مواد خام ارزان و کارگر ارزان است و سرمایه به دست چند نفر تمرکز یافته است، رد میکند. وقتی قرآن از اُمت وسط سخن میگوید جنبه اقتصادی هم دارد. مسلمان آزاد است تا تولید کند، اختراع کند، تشبث اقتصادی داشته باشد و سرمایه داشته باشد و اما در عین زمان مفاد اضافی را در راه مردم مصرف کند. قرآن توصیه میکند که شما به دست خود، خود را بیچاره نسازید. معنی آیه این است که شما باید در زندگی بسیار سنجیده رفتار کنید و ریسک بیجا در مسایل اقتصادی و غیر آن را نگیرید. بعضی اشخاص قرضه های هنگفت از بانک میگیرند بدون اینکه آینده آنرا درست سنجش کرده باشند. باید همیشه بدانیم که تجارت و اقتصاد را که شروع میکنیم نه ضرر است و نه مفاد زیرا ما آینده آن را تضمین کرده نمی توانیم؛ یک ریسک (خطر خیزی) است و خداوند (ج) نمیخواهد شما زندگی تانرا با ریسک های نادرست به تهلکه بیندازید.

وَأَتِمُّواْ الْحَجَّ وَالْعُمْرَةَ لِلَّهِ فَإِنْ أُحْصِرْتُمْ فَمَا اسْتَيْسَرَ مِنَ الْهَدْيِ وَلاَ تَحْلِقُواْ رُؤُوسَكُمْ حَتَّى يَبْلُغَ الْهَدْيُ مَحِلَّهُ فَمَن كَانَ مِنكُم مَّرِيضاً أَوْ بِهِ أَذًى مِّن رَّأْسِهِ فَفِدْيَةٌ مِّن صِيَامٍ أَوْ صَدَقَةٍ أَوْ نُسُكٍ فَإِذَا أَمِنتُمْ فَمَن تَمَتَّعَ بِالْعُمْرَةِ إِلَى الْحَجِّ فَمَا اسْتَيْسَرَ مِنَ الْهَدْيِ فَمَن لَّمْ يَجِدْ فَصِيَامُ ثَلاثَةِ أَيَّامٍ فِي الْحَجِّ وَسَبْعَةٍ إِذَا رَجَعْتُمْ تِلْكَ عَشَرَةٌ كَامِلَةٌ ذَلِكَ لِمَن لَّمْ يَكُنْ أَهْلُهُ حَاضِرِي الْمَسْجِدِ الْحَرَامِ وَاتَّقُواْ اللّهَ وَاعْلَمُواْ أَنَّ اللّهَ شَدِيدُ الْعِقَابِ (١٩٦)

معنی: و حج و عُمره را برای خدا (ج) به پایان برسانید و اگر مانعی پیش آمد [اتمام حج ممکن نشد] هر قربانی که میسر است، قربانی کنید و سر های تانرا نتراشید تا قربانی به محل قربانی برسد، پس هر که از شما مریض است یا مشکل [در ناحیۀ] سر دارد پس به عوض آن روزه ای یا صدقۀ تقدیم کند و چون ایمن شدید هر که بعد از فراغت از عمره به حج پرداخت هر چه میسر شود قربانی کند و اگر کسی قربانی نیافت سه روز در اثنای حج روزه گیرد و هفت روز در بازگشت [از حج]. این ده روز تمام است. این برای کسی است که خانوادۀ اش ساکن مسجد الحرام (اهل مکه) نباشد و از خدا (ج) بپرهیزید و بدانید که خدا (ج) سخت کیفر است.

تفسیر: حج از پنج بنای مسلمانی است که هر مسلمان در طول حیات یک بار در صورتیکه استعانت اقتصادی داشته باشد و از صحت کامل بر خوردار باشد زکات سالانه خود را داده باشد و نفقه خانواده را قبلاً تهیه کرده باشد و وصیت خود را نوشته باشد، برایش فرض است. حج بزرگترین کانگره جهانی است که نه تنها مسلمانان فریضه خدا (ج) را به جا میکنند دیگر مسلمانان جهان را می بینند و توحید را در یگانگی امت درک میکنند و به چشم تجربه میکنند که همه در مقابل خداوند (ج) یک انسان است و رنگ و پوست و نژاد و ملیت و جاه و مقام و این موضوعات دنیایی دیگر مطرح نیست مگر خدا پرستی و تقوا. تأثیرات این گردهمایی برای هر کس که حج کرده بسیار بیدار کننده، آموزنده و انسان ساز است. بهترین مثالی که میتوانیم بدهیم، مالکم اکس یکی از رهبران آزادیخواه آمریکا و سیاهپوست مسلمان بود که بر علیه تبعیض نژادی مبارزه کرد؛ بعد از سفر حج مطلق تغییر روحیه داد و دیگرمخالف نژاد سفید نبود بلکه مخالف آن عده سفیدان شد که نژاد پرست بودند. حج نمائی است از اتحاد مسلمین، تجلیل از تسلسل نظام توحیدی که با

حضرت ابراهیم (ع) آغاز یافت و بزرگترین عبادت دسته جمعی در سطح جهانی برای خدای واحد و یگانه. در مورد مناسک حج بین علمای کرام سنی و شیعه اختلاف نظر است. طور مثال در تسنن حج قران آن است که حاجی میتواند حج فرضی کلان و عمره را در یک احرام نیت کند. برای مناسک حج بهتر است هر کس به فقه مبارک خود رجوع کند.

الْحَجُّ أَشْهُرٌ مَّعْلُومَاتٌ فَمَن فَرَضَ فِيهِنَّ الْحَجَّ فَلاَ رَفَثَ وَلاَ فُسُوقَ وَلاَ جِدَالَ فِي الْحَجِّ وَمَا تَفْعَلُواْ مِنْ خَيْرٍ يَعْلَمْهُ اللّهُ وَتَزَوَّدُواْ فَإِنَّ خَيْرَ الزَّادِ التَّقْوَى وَاتَّقُونِ يَا أُوْلِي الأَلْبَابِ (۱۹۷)

معنی: حج در ماه های معینی است. پس هر کس در آن ماه ها تعهد حج میکند، در ایام حج آمیزش جنسی با (همسران) فسق و جنگ و دعوا ممنوع است و هر چه نیکی کنید خدا (ج) آن را میداند و توشه [در راه سفر] بگیرید و بهترین توشه تقوا است و ای اهل خرد از من بترسید.

تفسیر: در آیهٔ گذشته مسلهٔ قربانی در حج مطرح شده بود و در این آیه ماه های حج ودیگر احکام باید رعایت شود. هدف از ماه ها شوال، ذی القعده و ذی الحجه میباشد. چون حرم شریف محل امن است از این لحاظ جدال و جنگ و دعوا و فسق و گناه ممنوع است. همچنان برای توجه خاص به عبادت پروردگار آمیزش جنسی با همسران هم در این ایام ممنوع قرار داده شده است تا تمرکز فکری تنها و تنها به ذات کبریا باشد و انسان بتواند توشهٔ خود را پیدا کند. خواه مخواه برای هر سفر توشهٔ سفر ضروری است و باید باشد و اما در ایام حج بهترین توشه، توشهٔ تقوا است تا یک مؤمن خدا پرست باخود داشته باشد تا بتواند به خدا نزدیکتر شود، نمونه اخلاق برای دیگران باشد و مهم اینکه در این ایام خود را پیدا کند و با تمرکز فکری و تفکر عمیق باید روحیه‌اش، اخلاق اش و دید و بنیش و جهان بینی اوتغییر کند. داریم کسانیکه حج رفته اند و اما بعد از حج جزیی ترین تغییر نکرده اند و هدف از حج رفتن این نیست. بازهم قوم پرست است، زن ستیز است، عصبی است، متعصب است و ده ها مشکلی که قبل از حج داشت بعد از حج هم دارد. زیرا تفکر و تعمق در ایام حج صورت نگرفته است، جزیی ترین تغییر معنوی نکرده است. خداوند (ج) حج این مردم را قبول نمیکند که نه هدف دارند و نه اندیشه و نه دانسته اند که چرا حج میروند.

لَيْسَ عَلَيْكُمْ جُنَاحٌ أَن تَبْتَغُوا فَضْلاً مِّن رَّبِّكُمْ فَإِذَا أَفَضْتُم مِّنْ عَرَفَاتٍ فَاذْكُرُوا اللَّهَ عِندَ الْمَشْعَرِ الْحَرَامِ وَاذْكُرُوهُ كَمَا هَدَاكُمْ وَإِن كُنتُم مِّن قَبْلِهِ لَمِنَ الضَّالِّينَ (۱۹۸)

معنی: بر شما مانعی نیست که از فضل پروردگارتان روزی بجوئید و چون از عرفات کوچ کردید در مشعرالحرام خدا (ج) را یاد کنید و به همان‌گونه که شما را هدایت داده یاد کنید، [به یاد بیاورید] که پیشتر شما از گمراهان بودید.

تفسیر: یکی از دلایلی که اسلام در جهان توسعه کرد از طریق تجارت بود. زیرا یک اقتصاد قوی زیربنای یک جامعه متمدن است و وقتی مردم کار داشتند، مصروف بودند و در تلاش زندگی ساختن برای زندگی بهتر باشند نه تنها که فقر و فاقگی از بین میرود، جنایت هم کاهش می‌یابد و میتواند ما را از بدبختی و فلاکت نجات دهد. از این رو خداوند (ج) خواسته است که درایام بزرگترین عبادت جهانی بعد از مراسم حج مردم به تجارت بپردازند. تجار نه تنها مصارف خود را تهیه میکنند، با فروش کالای متنوع خدمت به مردم میکنند و سکتور اقتصادی را انکشاف میدهند. همچنان اسلام دین چند بعدی است و تنها نماز خواندن و روزه گرفتن نیست بلکه همه امور زندگانی گنجانیده شده است، حتی در حج. یک موضوع مهم که در این آیه می‌آموزیم که قرآن تجارت آزاد را در کنار عبادت خدا (ج) تشویق میکند. این آیه از نگاه اقتصادی، اقتصاد کمونیستی را رد میکند. در مراسم حج اولین وقوف در عرفات است که در روز نهم ذی الحجه حجاج جمع میشوند. عرفات از عرفه گرفته شده است و شناختن معنی میدهد. سه روایت به ما در مورد عرفات رسیده است: اول اعتقاد بر این است که بی بی حوا و حضرت آدم (ع) زمانیکه از بهشت رانده شدند در همین محل همدیگر را شناختند. دوم زمانیکه حضرت جبرئیل(ع) مناسک حج را به حضرت ابراهیم(ع) آموخت از او سؤال کرد که «تو شناختی؟» حضرت ابراهیم جواب میگوید که «عَرَفتُ، عَرَفتُ» یعنی شناختم شناختم و به سبب این محل را عرفات گویند. سوم روایت این است که در این محل مردم به گناهان خود اعتراف میکنند و طالب عفو و بخشش از جانب خداوند (ج) میشوند و استدلال بر این است که ریشهٔ واژه عرفات از اعتراف مشتق شده است. مشعر الحرام شعائر حج است و فوق‌العاده با اهمیت است زیرا جنبه انسان سازی دارد. مَشعَر

از شُعور مشتق شده است و این بدین معنی است که حاجی به اساس شعور انسانی حقیقت زندگی را در همین وقوف دوم درک میکند و خود را آراسته میکند برای یک زندگی که به اساس خدا پرستی استوار است.

ثُمَّ أَفِيضُواْ مِنْ حَيْثُ أَفَاضَ النَّاسُ وَاسْتَغْفِرُواْ اللَّهَ إِنَّ اللَّهَ غَفُورٌ رَّحِيمٌ (١٩٩)

معنی: پس از همانجا که مردم روانه شدند [عرفات به سوی منی]، روانه شوید و از خدا (ج) آمرزش بخواهید که خداوند (ج) غفور و رحیم است.

تفسیر: هر کار زندگی ایجاب نظم و نسق را میکند که در زندگی امروز مشهور به «منجمنت» است یعنی اداره و انسجام. خداوند (ج) غفور و رحیم میخواهد تا بنده اش در کار ها با نظم باشد، منسجم باشد و این را از طریق حج می آموزاند.

فَإِذَا قَضَيْتُم مَّنَاسِكَكُمْ فَاذْكُرُواْ اللَّهَ كَذِكْرِكُمْ آبَاءكُمْ أَوْ أَشَدَّ ذِكْرًا فَمِنَ النَّاسِ مَن يَقُولُ رَبَّنَا آتِنَا فِي الدُّنْيَا وَمَا لَهُ فِي الآخِرَةِ مِنْ خَلاَقٍ (٢٠٠)

معنی: و چون مناسک تان را به جا آوردید، همانگونه که پدران تانرا یاد میکردید یاد کنید حتی زیاد تر و بالاتر از آن. و از مردم کسانی هستند که میگویند خدایا در همین دنیا به ما اعطا کن. این مردم در آخرت بهرهٔ ندارند.

تفسیر: در دورهٔ جاهلیت اقوام عرب بعد از ادای حج (حج قبل از اسلام به شکل شرک آمیز وجود داشت) نیاکان و پدران خود را مدح میکردند. اینجا خداوند (ج) اجداد پرستی و خانواده پرستی را نکوهش میکند و توصیه میکند که به جای اجداد پرستی و پدر پرستی، خدا پرستی کنید و از آنها کرده زیاد تر بالاتر خدا را یاد کنید. اجداد پرستی و پدر پرستی از عادات قوم و قبیله در عرب بود. متأسفانه این عمل تفوقی در بین مردم هنوز هم با اینکه مسلمان هستند وجود دارد که همیشه میخواهند به نام خاندان و اجداد شان یاد شوند و به آن مباهات میکنند. خداوند (ج) مردم را به اساس اینکه دختر و پسر کی است نمی شناسد، مگر تقوا و خدا پرستی. این به این معنی نیست که ما پدر خود را یاد نکنیم و یا برایش دعا نکنیم. این به این معنی است که ما نباید بسیار به نام پدر بنازیم، مباهات کنیم و یا خود را از دیگر مردم بلند تربدانیم برای اینکه پسر و نوه فلانی خان هستیم. اگر ما فکر میکنیم که پدر ما و جد ما چیزی بود پس کوشش کنیم که مانند پدر شویم.

حافظ چه زیبا گفته است:

ای بی‌خبر بکوش که صاحب خبر شوی
تا راهرو نباشی کی راهبر شوی
در مکتب حقایق پیش ادیب عشق
های ای پسر بکوش که روزی پدر شوی

بعد آیه میگوید که هستند مردمی که در این دنیا از خداوند (ج) مادیات را درخواست میکنند، در حالیکه مادیات انسان ساز نیست. این خدا پرستی مردم است که ایشان را یک انسان متمدن میسازد نه مادیات و برای شان هشدار میدهد که آنهائیکه به جای دعای ایمان قوی، دعای رحمت، و دعای مغفرت درخواست مادی میکنند در آن دنیا بهره ای نخواهند داشت. متأسفانه جهان سرمایه داری مردم را سخت مادی پرست ساخته است و پول برای مردم بزرگترین ارزش را دارد. وقتی مادیات مخصوصاً در کشور های رو به انکشاف و اسلامی اولویت پیدا کند همان است که معنویات خجسته فرار میکند چنانچه فرار کرده است. در این حالت است که چون کشور رو به انکشاف است و سرمایه اساسی وجود ندارد مردم برای دست داشتن به مسایل مادی رو به بدکاری می‌آورند که عبارت است از دروغ، خیانت، حق تلفی، دزدی، تقلید کورکورانه و مهمتر از همه بی هدفی و سردر گمی دچار جامعه میگردد. این بدین معنی نیست که مردم زندگی مرفع و سامان و آلات و غیره نداشته باشند. اما رسیدن به مادیات باید بطور آگاهانه، شرافتمندانه و با اساسات زندگی معنوی باشد نه غیر از آن. و قرآن انسان را به همین راه شرافتمندانه رهنمایی میکند.

وَمِنْهُم مَّن يَقُولُ رَبَّنَا آتِنَا فِي الدُّنْيَا حَسَنَةً وَفِي الآخِرَةِ حَسَنَةً وَقِنَا عَذَابَ النَّارِ (٢٠١)

معنی: و برخی از آنها میگویند: پروردگارا! ما را هم در دنیا نیکی اعطا کن و هم در آخرت و ما را از عذاب آتش نگه دار.

تفسیر: یک انسان مؤمن از خداوند (ج) رهنمایی و هدایت میخواهد. در این آیه هدف از «حَسَنَةً» علم، رهنمایی و هدایت خداوند (ج) است نه مادیات. با علم و رهنمایی پروردگار است که ما صاحب همه چیز میشویم. این علم است که زندگی آخرت ما را میسازد. کسیکه با علم قرآن زندگی میکند هرگز در آن دنیا شرمسار نخواهد شد. علم معنی وسیع دارد. انسان

از طریـق علـم قـرآن بـه دیگـر علـوم میرسـد و زندگـی را سرشـار از معرفـت میسـازد. "حَسَنةُ" به ایـن معنی نیسـت کـه مـردم تنهـا قرآن را بیاموزنـد و بـس. همچنـان بدیـن معنـی نیسـت کـه تنهـا علـوم دیگـر را بـدون راهنمایـی دیـن بیاموزنـد. دیـن دنیـای مـا را میسـازد. وقتیکه علـوم در رابطـه بـه حقـوق بشـر اسلامی تدریـس شـود، انسـان بـه بیراهـه نمیـرود. تحقیقـات خـلاف موازیـن انسانی و اخلاقـی صـورت نمیگیـرد. طـور مثـال در ایـالات متحـده آمریـکا بـرای مـدت بسیار طولانی محققین ساینس سیاهپوسـتان مـرد را بـدون در نظرداشت مسایل اخلاقـی و انسانی تحقیـق میکردنـد کـه یـک شـرم بـزرگ بـرای آنانـی بـود کـه بـه نـام تحصیـل یافتـه عـرض انـدام کـرده بودنـد. ایـن تحقیقـات در آمریـکا مشـهور بـه مطالعـات «تَسکیگی» اسـت. چـرا همچـو جنایـت صـورت گرفـت؟ بـرای اینکـه ساینـس و علـم بـدون خـدا پرسـتی بـود. و مؤمـن دعـا میکنـد کـه از عـذاب آتـش او را در امـان داشـته باشـد. آنانیکـه همچـو جنایـات را انجـام میدهنـد کـه خـلاف موازیـن اخلاقـی و انسـانی اسـت جایگاه شـان باید آتـش باشـد. ایـن آیـهٔ مبـارک یکـی از دعا هـای عُمـدهٔ قـرآن مجیـد اسـت و بـه انـدازهٔ عظمـت ایـن آیـهٔ بـزرگ اسـت کـه در طـواف حـج خوانـده میشـود.

أُولَٰئِكَ لَهُمْ نَصِيبٌ مِمَّا كَسَبُوا ۚ وَاللَّهُ سَرِيعُ الْحِسَابِ (٢٠٢)

معنـی: آنهـا هسـتند کـه از دسـتاورد خـود شـان بهـرهٔ خواهنـد داشـت و خداونـد (ج) در حسابرسی بسیار سریـع اسـت.

تفسـیر: نصیـب در لغـت یعنی دسـتآورد، بهـرهٔ کار و قسـمت معنی میدهـد. همیـن کلمـه دوگانه کـه در زبان عامیانه نصیـب و قسـمت میگوینـد از همیـن جا گرفتـه شـده اسـت. یـک عده مـردم هـر مصیبـت را نصیـب و قسـمت میدانـد. قـرآن مجیـد بـرای مـا میگویـد کـه هـر کـس بـا دسـتآورد و زحمـت کشـی خودش بهره مند خواهد شد. این آیه مـردم را از تنبلی و عـدم تحـرک بـرای یـک زندگـی بهتـر آگاهـی میبخشـد کـه ایـن شـما هسـتید کـه در چارچـوب ایمـان و عقیـدهٔ تـان زندگـی تانـرا میسـازید. خداونـد (ج) بـه همـه اعمـال و کـردار مـا آگاه اسـت و در حسـاب و شـمار کار هائـی کـه انجـام میدهیـم سریـع حسـاب میکنـد.

وَاذْكُرُواْ اللّهَ فِي أَيَّامٍ مَّعْدُودَاتٍ فَمَن تَعَجَّلَ فِي يَوْمَيْنِ فَلاَ إِثْمَ عَلَيْهِ وَمَن تَأَخَّرَ فَلا إِثْمَ عَلَيْهِ لِمَنِ اتَّقَى وَاتَّقُواْ اللّهَ وَاعْلَمُوا أَنَّكُمْ إِلَيْهِ تُحْشَرُونَ (۲۰۳)

معنی: و خدا (ج) را در روز های معین یاد کنید. هر که به زودی به انجام رساند و در دو روز تمام کند بر او گناهی نیست. و هر که تا سه روز انجام دهد گناهی بر او نیست. [این] برای کسی است که [در راه خدا(ج)] پرهیزگاری کرده است. و از خدا (ج) بترسید و بدانید که بی تردید شما به سوی او محشور میشوید.

تفسیر: روز های معین به نام روز های تشریق یاد میشود و ۱۱، ۱۲ و ۱۳ ذی الحجه در ایام حج میباشد که حجاج در وادی منی برای دعا توقف میکنند. این عمل میتواند در دو روز و یا سه روز صورت گیرد. خواه مخواه مناسک حج برای آنانی است که ایمان آورده‌اند و به یقین میدانند که دیر یا زود به سوی خداوند (ج) محشور میشوند.

وَمِنَ النَّاسِ مَن يُعْجِبُكَ قَوْلُهُ فِي الْحَيَاةِ الدُّنْيَا وَيُشْهِدُ اللّهَ عَلَى مَا فِي قَلْبِهِ وَهُوَ أَلَدُّ الْخِصَامِ (۲۰۴)

معنی: و از مردم کسانی هستند که گفتار ایشان در مورد [این] دنیا تو را به شگفتی می‌اندازد و خداوند (ج) را آنچه در دل دارد گواه میگیرد در حالیکه او از سخت ترین دشمنان است.

تفسیر: این آیه در مورد کسانی صحبت میکند که درظاهر نشان میدهند که به اسلام و دوستی پیامبر (ص) اعتقاد دارند و درظاهر سخنان دلچسپ میگویند که فکر میکنی چه انسان معتقد است و شما را به تعجب می‌اندازد و حتی سوگند به خدا (ج) یاد میکند و اما در دل از منافقین است و سخت با اسلام خصومت دارد. از این اشخاص در جامعه زیاد است. حتی در مسجد برای جلب توجه به نماز می آیند و شما اصلاً فکر نمیکنید که این از منافقین است. بعد از واقعه یازدهم سپتامبر که چند نفر وهابی و سلفی به برج های بنای بزرگ تجارتی شهر نیویارک حمله کردند، مساجد در آمریکا در زیر نظارت قوای جاسوسی آمریکا قرار گرفت. منافقین به نام مسلمان در نماز های پنجگانه شرکت میکردند و از مسلمانان جاسوسی میکردند.

وَإِذَا تَوَلَّىٰ سَعَىٰ فِي الْأَرْضِ لِيُفْسِدَ فِيهَا وَيُهْلِكَ الْحَرْثَ وَالنَّسْلَ وَاللّٰهُ لَا يُحِبُّ الْفَسَادَ (۲۰۵)

معنی: و چون دست یابد میکوشد که در زمین فساد بر پا کند و زراعت و نسل را تباه کند و خدا (ج) فساد را دوست ندارد.

تفسیر: آنانیکه [منافق] هستند وقتی دست یابند در زمین فساد بر پا میکنند. طالبان بزرگترین مثال این آیه در زندگی افغانان است که بهترین تاکستان ها را درحوزه شمالی به آتش کشیدند و اولاد بی گناه مردم را کشتند با اینکه خود را مسلمان میگفتند. درحالیکه نظر به اصول جنگ در اسلام نباید درختان و زراعت را تباه کند و نه مردم بی گناه و مواشی را به قتل رساند. "نسل" در زبان اولاد معنی میدهد و بر اولاد انسان و غیر انسان اطلاق میشود و خداوند (ج) فساد را دوست ندارد. کسانیکه مرتکب همچواعمال میشوند فساد پیشه هستند زیرا اساساً از نگاه ایکولوژی یا زیست باهمی زمین را به فساد آلوده میکنند.

وَإِذَا قِيلَ لَهُ اتَّقِ اللّٰهَ أَخَذَتْهُ الْعِزَّةُ بِالْإِثْمِ فَحَسْبُهُ جَهَنَّمُ وَلَبِئْسَ الْمِهَادُ (۲۰۶)

معنی: و چون به او گفته شود از خدا (ج) بترس، خود خواهی او را به گناه کشاند؛ پس جهنم او را بس است و چه بد جایی است.

تفسیر: مردم خود خواه و نادان بسیار مغرور میباشند. وقتی برای شان سخن نیکو و سودمند گفته شود از غرور زیاد نمی شنوند. یکی از صفت های یک انسان مؤمن سخن نیکو را شنیدن است و در آن تعمق کردن. در عین زمان انسان در اثر نشنیدن حق به گناه خود می افزاید. خود خواهی، غرور و خود پسندی یک مرض روحی است و انسان را به تباهی میکشاند و شخص که این خاصیت ها را دارد دیگران را تباه میکند. چنگیز خان مغولی و هیتلر آلمانی مثال های برجسته تاریخ بشری است که با خود خواهی و خود کامگی، خود و جهان را به فساد کشاندند. جای همچو اشخاص باید جهنم باشد.

وَمِنَ النَّاسِ مَن يَشْرِي نَفْسَهُ ابْتِغَاءَ مَرْضَاتِ اللّٰهِ وَاللّٰهُ رَءُوفٌ بِالْعِبَادِ (۲۰۷)

معنی: و نیز از مردمان کسانی هستند که برای خوشنودی خداوند (ج) جان خود را فدا میکنند و خداوند (ج) به بندگان مهربان است.

تفسیر: بلی هستند کسانیکه در راه خدا (ج) جان خود را قربان میکنند.

در تاریخ بشریت بین مسلمانان و غیر مسلمانان مثال های خوبی داریم. راه خدا (ج) یعنی راه آزادی، کرامت انسانی، تحکیم صلح و برای حقوق حقه مردم مبارزه میکنند. آن راه که مردم بی گناه را به قتل میرسانند، حقوق زنان را پایمال میکنند، تاکستان ها را به آتش میزنند، راه خدا (ج) نیست بلکه راه شیطان است. خداوند (ج) تصریح کرده است که راه او، راه قتل، آدم کشی و انتحاری و تجاوز به جان و مال مردم نیست چنانچه داعش و طالب مرتکب این جنایات شده اند. خداوند (ج) غفور و رحیم است و از اعمال خوب و بد بندگان آگاه است.

يَا أَيُّهَا الَّذِينَ آمَنُواْ ادْخُلُواْ فِي السِّلْمِ كَآفَّةً وَلاَ تَتَّبِعُواْ خُطُوَاتِ الشَّيْطَانِ إِنَّهُ لَكُمْ عَدُوٌّ مُّبِينٌ (۲۰۸)

معنی: ای آنانیکه ایمان آورده اید با تمام قلب اسلام را قبول کنید. و از گام های شیطان پیروی مکنید که او دشمن آشکار است.

تفسیر: در تفسیر ادخُلُوا فی السلم کافة گوناگون نوشته اند. طور مثال به تمام و کمال در اسلام داخل شوید، همگی از در آشتی و صلح درآئید، همگی از در ایمان و اطاعت خدا (ج) برآئید. هدف در این آیه توحید است که شما یگانگی خدا (ج) و جهان هستی را قبول کنید زیرا توحید نمایانگر مُکمَّل خدا (ج) و جهان هستی است. اینجا هدف از اصول فقه و نماز های پنج گانه و روزه و زکات نیست زیرا این مسایل فقهی شرایط دارد و اما قبولی توحید شرط و شرایط ندارد. بیراه کسی است که توحید را نمیشناسد و یا میداند و اما در عمق آن به مفهوم لغوی آیه ادخُلُوا یعنی داخل شوید، داخل نمیشوند که درک کنند که همه جهان هستی یک نظام است و یک بافت دارد و خدای آن یکی است و همه با هم پیوند ناگسستنی دارد. وقتی دشمن شما یعنی شیطان غالب میشود که شما یگانگی خدا و خلقت را درک نکنید و لبیک نگویید. "سِلم" به معنی صلح و آرامش است. معنی لغوی اسلام هم صلح است. وقتی شما به آرامش کامل راه پیدا میکنید که توحید را بدون کم و کاست قبول کنید زیرا خود شما چون جز همین خلقت هستید پس در توحید شامل هستید و اگر شما خود را از توحید به دور بدانید آرامش کلی را دستیاب نخواهید شد زیرا فطرت خود را که اسلام است انکار میکنید.

فَإِن زَلَلْتُم مِّن بَعْدِ مَا جَاءَتْكُمُ الْبَيِّنَاتُ فَاعْلَمُوا أَنَّ اللَّهَ عَزِيزٌ حَكِيمٌ (۲۰۹)

معنی: و اگر بعد از روشنگری های که برای شما نازل شده است، کج روی کنید بدانید که خدا (ج) صاحب قدرت و با حکمت است.

تفسیر: همه حقیقت روشن شده است. توحید و خدا پرستی برای شما بیان شد. حالا این مسؤولیت خود شماست که راه حق را انتخاب میکنید و یا باطل را زیرا عقل آدمی در دست خودش است. کج روی شما باعث سرنگونی خود شما در این دنیا و آن دنیا خواهد شد زیرا شما خود را جزء از این خلقت نمیدانید و این جزء غرور و خودخواهی و جهل چیزی دیگری نیست. غرور شما باعث بدبختی خود شما میشود. در کار خداوند (ج)، چه شما ایمان بیاورید و چه ایمان نیاورید کدام تغییری رخ نمیدهد و خداوند (ج) با قدرت و با حکمت باقی خواهد ماند.

هَلْ يَنظُرُونَ إِلَّا أَن يَأْتِيَهُمُ اللَّهُ فِي ظُلَلٍ مِّنَ الْغَمَامِ وَالْمَلَائِكَةُ وَقُضِيَ الْأَمْرُ وَإِلَى اللَّهِ تُرْجَعُ الْأُمُورُ (۲۱۰)

معنی: آیا منتظرند که خدا (ج) و فرشتگان در ورای سایه های ابر به سراغ آنها بیایند [و بعد ایمان بیاورند]. کار تمام است. [بدانید] که سرانجام کار ها به خدا (ج) باز گردانده میشود.

تفسیر: در شروع قرآن مجید ایمان به غیب را دانستیم. آنانیکه کجروی میکنند، لج بازی میکنند و به تشبث خود نمیخواهند ایمان آورند همیشه سنگ اندازی میکنند و میخواهند که خدا (ج) و فرشتگان خدا (ج) را در بین ابر ها ببینند. هشدار میدهد که کار به انجام رسیده است. خوب و بد شما به خداوند (ج) باز میگردد و بهتر است خود را فریب ندهید.

سَلْ بَنِي إِسْرَائِيلَ كَمْ آتَيْنَاهُم مِّنْ آيَةٍ بَيِّنَةٍ وَمَن يُبَدِّلْ نِعْمَةَ اللَّهِ مِن بَعْدِ مَا جَاءَتْهُ فَإِنَّ اللَّهَ شَدِيدُ الْعِقَابِ (۲۱۱)

معنی: از بنی اسرائیل بپرس که چه شواهد روشن برای آنها فرستادیم. و کسیکه نعمت خدا (ج) را بعد از آنکه به او رسید، تغییر دهد [بداند] که خداوند (ج) شدید العقاب (سخت کیفر) است.

تفسیر: خداوند (ج) به بنی اسرائیل یعنی یهودیان امکانات مادی و معنوی را ارزانی کرده بود اما آنها این همه نعمت ها را به راه غلط به کار بردند. پیامبران را میکشتند، به پیامبر خود گوش نمیدادند و سود خوری را رواج

دادند. آنانیکه نعمت های خداوند (ج) را در راه غلط به کار برند به عذاب شدید دچار خواهند شد. در عصر حاضر ساینس برای مقاصد غلط به کار میرود. بزرگترین مثال کشف بمب اتمی است که نه تنها که هزاران نفر در جاپان به قتل رسید، ایکولوژی آن سرزمین را به هم زد و از نگاه سیاسی، بمب اتمی هر روز جهان را تهدید میکند.

زُيِّنَ لِلَّذِينَ كَفَرُواْ الْحَيَاةُ الدُّنْيَا وَيَسْخَرُونَ مِنَ الَّذِينَ آمَنُواْ وَالَّذِينَ اتَّقَواْ فَوْقَهُمْ يَوْمَ الْقِيَامَةِ وَاللّهُ يَرْزُقُ مَن يَشَاء بِغَيْرِ حِسَابٍ (۲۱۲)

معنی: زندگی دنیا در چشم کافران زیبا آراسته شده است و مؤمنان را ریشخند میکنند. ولی پرهیزگاران در روز رستاخیز فوق آنها هستند و خدا (ج) هرکه را بخواهد بی حساب روزی میدهد.

تفسیر: در زمان پیامبر (ص) مسلمانان از نگاه مادی بسیار فقیر بودند و چون شان و شوکت و سرمایه و قدرت در دست قریش بود؛ مشرکین و کفار فکر میکردند که هست و نیست همین زندگی مادی است و به مسلمانان نسبت نداشتن این همه جاه و جلال ریشخند میکردند. در این آیه خداوند (ج) این تصور غلط شانرا باطل میسازد و به مسلمانان مژده میدهد که زندگی پرهیزگاران و آنانیکه تقوا پیشه میکنند مافوق کفار اند. و نباید متأثر باشند زیرا خداوند (ج) هر که را خواهد بیشمار روزی میدهد. این آیه در زندگی مسلمانان که در غرب زندگی میکنند بسیار آموزنده است زیرا مسلمانانی هستند که به خاطر مسایل مادی از زندگی معنوی به دور شده اند و این مشکلات زیاد اجتماعی و خانوادگی را به بار آورده است. داریم مسلمانانی که مردم را به اساس مادیات میشناسد نه ایمان که این یک عقب گرد بسیار بد در زندگی مردم است. مادیات باعث شده است تا خانواده ها به هم روابط حسنه نداشته باشند، ثروتمندان خود را از دیگران مهمتر فکر کنند و برای آنانیکه از نگاه مادی در سطح پایین قرار دارند، به نگاه تحقیرآمیز ببینند. خداوند (ج) هر کس را بخواهد روزی بی حساب میدهد و اما اول مردم را به اساس ایمان مورد مؤاخذه قرار میدهد نه جاه و جلال و مقام و ثروت.

كَانَ النَّاسُ أُمَّةً وَاحِدَةً فَبَعَثَ اللهُ النَّبِيِّينَ مُبَشِّرِينَ وَمُنذِرِينَ وَأَنزَلَ مَعَهُمُ الْكِتَابَ بِالْحَقِّ لِيَحْكُمَ بَيْنَ النَّاسِ فِيمَا اخْتَلَفُوا فِيهِ وَمَا اخْتَلَفَ فِيهِ إِلَّا الَّذِينَ أُوتُوهُ مِن بَعْدِ مَا جَاءَتْهُمُ الْبَيِّنَاتُ بَغْيًا بَيْنَهُمْ فَهَدَى اللهُ الَّذِينَ آمَنُوا لِمَا اخْتَلَفُوا فِيهِ مِنَ الْحَقِّ بِإِذْنِهِ وَاللهُ يَهْدِي مَن يَشَاءُ إِلَىٰ صِرَاطٍ مُّسْتَقِيمٍ (٢١٣)

معنی: مردم در ابتدا یک اُمت بودند [بعدها به مرور زمان دچار اختلاف شدند] سپس خداوند (ج) پیامبران را به حیث مژده رسانان و بیم دهندگان فرستاد و همراه آنها کتاب را به حق نازل کرد تا میان مردم بر سر آنچه اختلاف داشتند قضاوت کند؛ و در آن اختلاف نکردند مگر کسانیکه به آنها [دین] و کتاب داده شده بود، آنهم بعد از رسیدن شواهد روشن، به خاطر رشک و رقابتی که با هم داشتند [اختلاف را دامن زدند]، پس خداوند (ج) به خواست خود، آنانی را که ایمان آوردند به حقیقت چیزی که مورد اختلاف آنها بود هدایت کرد، و خدا (ج) هر که را بخواهد به راه راست [توحید] هدایت میکند.

تفسیر: در این آیه نکات بس ارزنده و آموزنده نهفته است: اول اینکه میگوید که در ابتدا مردم یک امت واحد بودند. در اینجا قرآن از نگاه تاریخ از «کمون اولیه» سخن میگوید که مردم یک مشت واحد بودند و پسان روی مسایل گوناگون به اختلاف پرداختند. چون زندگانی بشر از نگاه نفوس وسعت یافت روز به روز زندگی از نگاه سیاسی اقتصادی و اجتماعی پیچیده تر شده رفت. چون زیاد تر مارکسیستان کمون اولیه را رکن اولی نظام طبقاتی از دید مارکس می‌بینند، مفسرین عصر حاضر اسلام نخواستند که این موضوع را در تفسیر شرح دهند. اما حقیقت همین است که قرآن ما را از کمون اولیه ما را آگاه میسازد. اسلام کمونیزم را از نگاه فلسفی و اقتصادی رد میکند زیرا آنها به موجودیت خداوند (ج) اعتقاد ندارند و هم از نگاه اقتصادی انسان یک موجود نه تنها مولد است و باید این استعداد او به کار افتد در عین زمان آزاد خلق شده است و خودش در راستای خدا پرستی تصمیم اقتصادی میگیرد و متکی به دولت و حزب و غیره نیست. و به تعقیب آن برای رفع اختلاف پیامبران را با کتاب برای رهنمایی بشر میفرستد. این آیه واضح میسازد که هدف اصلی پیامبران رهنمایی بشریت است و اما تحمیل دین نبوده است، زیرا قرآن خواسته است تا آزادی بشر حتی به نام دین مصالحه نشود و خود انسان حق را از

باطل تفکیک کند.

أَمْ حَسِبْتُمْ أَن تَدْخُلُوا الْجَنَّةَ وَلَمَّا يَأْتِكُم مَّثَلُ الَّذِينَ خَلَوْا مِن قَبْلِكُم مَّسَّتْهُمُ الْبَأْسَاءُ وَالضَّرَّاءُ وَزُلْزِلُوا حَتَّى يَقُولَ الرَّسُولُ وَالَّذِينَ آمَنُوا مَعَهُ مَتَى نَصْرُ اللَّهِ أَلَا إِنَّ نَصْرَ اللَّهِ قَرِيبٌ (۲۱۴)

معنی: آیا پنداشتید که میتوانید داخل بهشت شوید حال آنکه نظیر آنچه بر سر گذشتگان شما آمد، بر سر شما نیامده است؟ به آنها سختی و رنج رسید و به [هَول‌و] تزلزل افتادند تا آنجا که پیامبر (ص) و کسانیکه با او ایمان آورده بودند گفتند: نصرت الهی چه وقت میرسد؟ [مژده آمد] آگاه باشید که نصرت الهی نزدیک است.

تفسیر: شان نزول آیه چنین است که در جنگ مشهور اُحد که مسلمانان شکست خوردند عبدالله بن اُبَی که یکی از منافقین بود و در دل مسلمان نبود به مسلمین گفت که تا چه وقت خود را به اسارت و کشتن میدهید، اگر محمد (ص) پیامبر بود خدا (ج) یاران او را کمک میکرد و نه اسیر میشدند و نه به قتل میرسیدند. این آیه نازل شد. مفسرین را برین است که این آیه تصریح میکند که راه بهشت امتحانات الهی را به شمول رنج و محنت و سختی و خساره و تکالیف را به پیش خواهد داشت و مسلمان باید صبور باشد و نصرت یا یاری خداوند (ج) نزدیک است و هرگز در اثر ناملایمات زندگی در راه خدا (ج) نا امید نشوند.

يَسْأَلُونَكَ مَاذَا يُنفِقُونَ قُلْ مَا أَنفَقْتُم مِّنْ خَيْرٍ فَلِلْوَالِدَيْنِ وَالْأَقْرَبِينَ وَالْيَتَامَى وَالْمَسَاكِينِ وَابْنِ السَّبِيلِ وَمَا تَفْعَلُوا مِنْ خَيْرٍ فَإِنَّ اللَّهَ بِهِ عَلِيمٌ (۲۱۵)

معنی: از تو میپرسند چه چیز را انفاق کنند؟ بگو هر خیر و نیکی (مادی و معنوی) که انفاق میکنید باید به پدر و مادر و خویشاوندان و یتیمان و مساکین (فقرا) و مسافرین [که در راه سفر کمک کار داشته باشند] و هر کار خیری که انجام دهید خداوند (ج) از آن آگاه است.

تفسیر: مردم از پیامبر (ص) میپرسند که چه چیز را در راه خدا (ج) صدقه کنند. خیرات و صدقه میتواند معنوی و مادی باشد نه صرف مادی. طور مثال در شرایط امروز افغانستان یک نفر را با سواد ساختن بزرگترین کمک است که یک افغان مستعد به هموطن خود میکند. خیرات و صدقات هم اگر شکل مادی دارد باید قسمی تنظیم شود تا شخص مستمند در آیندهٔ

نزدیك بتواند به پای خود ایستاده شود. در این راستا اولین کمك به والدین است در صورتیکه ضرورت افتد بعد خویشاوندان، بعد مردمان یتیم یعنی که سرپرست ندارند و فقرا و مساکین که شدید به کمك مادی و معنوی نیازمند هستند و مسافرین. قرآن در چند موضع سفر و کمك به مسافر را توصیه میکند زیرا مسافرین میتوانند مطالب نو را به ارمغان بیاورند، نظریات جدید را شریك شوند و در راه مال التجاره خدمت کنند که برای پیشرفت اقتصادی بسیار سودمند خواهد بود. کمك در راه خدا (ج) اجر و پاداش بزرگ دارد زیرا بدین ترتیب ما خانواده خود را، جامعهٔ خود را از بدبختی و فلاکت نجات میدهیم. در این راه نباید تظاهر صورت گیرد زیرا خداوند (ج) از همه اعمال مردم آگاهی دارد.

كُتِبَ عَلَيْكُمُ الْقِتَالُ وَهُوَ كُرْهٌ لَّكُمْ وَعَسَى أَن تَكْرَهُواْ شَيْئًا وَهُوَ خَيْرٌ لَّكُمْ وَعَسَى أَن تُحِبُّواْ شَيْئًا وَهُوَ شَرٌّ لَّكُمْ وَاللّهُ يَعْلَمُ وَأَنتُمْ لاَ تَعْلَمُونَ (216)

معنی: جهاد در راه خدا (ج) برای شما فرض شد و آن برای شما ناخوشایند است و بسا چیزی را که دوست ندارید و ناگوار است درحالیکه خیر شماست و بسا چیزی را دوست دارید آن به شر، یعنی زیان شماست، و خدا (ج) میداند و شما نمیدانید.

تفسیر: در این آیه خداوند (ج) طبیعت انسانی را به ترسیم میکشد. اول جهاد در راه خدا (ج) بر مسلمین فرض شد. جهاد دو نوع است: جهاد اکبر و جهاد اصغر. جهاد اکبر مبارزه با نفس است که بزرگترین ثواب را دارد و جهاد اصغر وقتیکه بر دین حمله صورت میگیرد که باید از خود دفاع کند بدون اینکه تجاوز کند. مبارزه با نفس برای خود سازی و شخصیت سازی انسان است. طور مثال یك شخص اعصاب خود را مراقبت میکند تا عصبی نشود. این جهاد بر نفس است و مبارزه برای حفاظت دین برای استقلال و آزادی است زیرا وقتی ما اسیر میشویم که دین را از ما بگیرند. دین در اصل آزادی و کرامت انسان مؤمن است. انسان هیچ وقت خیر خود را نمیداند. اما خداوند (ج) خیر بنده اش را میداند. انسان مؤمن باید همیشه توکل کند و در عین زمان خیر خود را از خداوند (ج) بخواهد زیرا آینده مکتوم است و راز آن نزد خداوند (ج) است. مثال ها در زندگی بشر زیاد است که انسان فکر کرده است که یك پیشامد به سود او نیست و اما پسان دیده شده که به سود او بوده است و یا برعکس آن فکر میکرده که یك چیزی به سود اوست و ثابت شده که

به سود او نبوده است.

يَسْأَلُونَكَ عَنِ الشَّهْرِ الْحَرَامِ قِتَالٍ فِيهِ قُلْ قِتَالٌ فِيهِ كَبِيرٌ وَصَدٌّ عَنْ سَبِيلِ اللَّهِ وَكُفْرٌ بِهِ وَالْمَسْجِدِ الْحَرَامِ وَإِخْرَاجُ أَهْلِهِ مِنْهُ أَكْبَرُ عِنْدَ اللَّهِ وَالْفِتْنَةُ أَكْبَرُ مِنَ الْقَتْلِ وَلَا يَزَالُونَ يُقَاتِلُونَكُمْ حَتَّى يَرُدُّوكُمْ عَنْ دِينِكُمْ إِنِ اسْتَطَاعُوا وَمَنْ يَرْتَدِدْ مِنْكُمْ عَنْ دِينِهِ فَيَمُتْ وَهُوَ كَافِرٌ فَأُولَئِكَ حَبِطَتْ أَعْمَالُهُمْ فِي الدُّنْيَا وَالْآخِرَةِ وَأُولَئِكَ أَصْحَابُ النَّارِ هُمْ فِيهَا خَالِدُونَ (217)

معنی: از تو در بارهٔ جنگ در ماه حرام میپرسند، بگو جنگ کردن در ماه حرام گناه بزرگ است [اما] بازداشتن [مردم] از راه خدا (ج) و کافر شدن به او و[بازداشتن] از مسجد الحرام و بیرون کردن ساکنان آن نزد خدا (ج) [گناه] بس بزرگ تر است و فتنه و کفر [از کشتار] هم بزرگ تر است. و آنها پیوسته با شما می جنگند تا اگر بتوانند شما را از دین تان باز گردانند و هر که از شما از دین خود برگردد و کافر بمیرد، آنان اعمالشان در دنیا و آخرت تباه میشود و آنها اهل دوزخ اند و همیشه در آن خواهند بود.

تفسیر: ماه های حرام عبارت اند از: رجب، ذی القعده، ذی الحجه و محرم میباشد و در این ماه ها جنگ ممنوع است. اما باز داشتن مردم از راه خدا (ج) و اخراج شان از مسجد الحرام گناه بزرگ تر است. فتنه و کفر نزد خداوند (ج) از کشتن بد تر است زیرا همه جامعه انسانی به فساد کشانده میشود. امروز مخالفین اسلام با انواع مختلف با مسلمانان در جنگ هستند و بزرگترین حربه شان مطبوعات است که برعلیه مسلمانان استفاده میکنند. جوانان را مغز شویی میکنند و کوشش میکنند تا از راه دین حنیف بر گردانند. دینی که با طبیعت انسانی سازگار است. جوانان هم ساده دل بدون اینکه تحقیق کنند زیر بار سخن میروند و خود را تباه میکنند. یک عده که دین را تبلیغ میکنند ناکام ماندند تا دین را از نگاه علمی تحلیل کنند و این یک بربادی دیگر ماست. چرا اعمال آنهائیکه دین را ترک میکنند در دنیا و آخرت تباه میشود؟ برای این است که دین اسلام یک روش مکمل زندگی است که خداوند (ج) برای بشریت لازم دانسته است تا نه تنها انسان با سعادت زندگی کند بلکه جهان هستی و بشریت به مخاطره نیفتد. ایکولوژی زمین و زیست باهمی به هم نخورد. مردم با فقر و جنایت زندگی نکنند و انسان همان رسالتی را که خدا (ج) برایش تعیین کرده است به پایه اکمال برساند. خدا (ج) از خدایی خلاص نمیشود اگر

کسی از دین خارج میشود. کسیکه از دین خارج میشود ضد طبیعت خود رویه میکند و تباهی را به وجود می آورد و این برای آسایش دیگران جایز نیست و خداوند (ج) جای شانرا در دوزخ تعیین کرده است. آیا اگر کسی از دین خارج میشود دولت و حکومت حق دارد که او را بکشد؟ جواب نه میباشد. اما این اشخاص حق ندارند تا تبلیغات سوء بر علیه مسلمانان کنند. جزایش را خداوند (ج) تعیین کرده است و آن کسیکه دین را ترک میکند باید کشته شود خلاف موازین حقوق بشر امروزی است. به جای کشتن شخص، دولت باید کوشش کند که بداند چرا این شخص دین را ترک کرده است؟ چه کمبودی بود که مجبور شد دین را ترک کند. عدالت اسلامی همین را ایجاب میکند. وقتی یک مسلمان از همه حقوق مدنی بر خوردار باشد، زیر فشار قرار نگیرد، کار و عاید خوب داشته باشد، خودش و خانواده اش در امن زندگی کنند، آزادی عبادت را داشته باشد، برایش حق آزادی تفکر و اندیشه داده شود و اندیشه اش اگر قبول نمیشود احترام شود چرا از دین خارج شود؟

إِنَّ الَّذِينَ آمَنُواْ وَالَّذِينَ هَاجَرُواْ وَجَاهَدُواْ فِي سَبِيلِ اللّهِ أُوْلَـئِكَ يَرْجُونَ رَحْمَتَ اللّهِ وَاللّهُ غَفُورٌ رَّحِيمٌ (۲۱۸)

معنی: کسانیکه ایمان آورده اند و کسانیکه در راه خدا (ج) هجرت کردند و در راه خدا (ج) جهاد نمودند، آنان به رحمت خدا (ج) امیدوار اند و خدا (ج) آمرزندهٔ مهربان است.

تفسیر: اَنتی تِز کفر، ایمان است. همانطوریکه آنانیکه ایمان را رد میکنند و خداوند (ج) برای شان عذاب بزرگ را پیش بینی میکند؛ در این آیه، به تعقیب آن، آنانیکه ایمان می آورند آنها را به رحمت خود امید وار میسازد. در این آیه خداوند (ج) میگوید که هجرت واقعی به سوی ایمان است و جهاد هم برای خداست و این جهاد همانا جهاد اکبر است یعنی تغییر دادن نفس ها به سوی ایمان و رستگاری. زیرا تنها ایمان و رستگاری است که انسان را به سوی تعالی میکشاند. زیرا ایمان به انسان جهت و استقامت و ثبات میدهد.

يَسْأَلُونَكَ عَنِ الْخَمْرِ وَالْمَيْسِرِ قُلْ فِيهِمَا إِثْمٌ كَبِيرٌ وَمَنَافِعُ لِلنَّاسِ وَإِثْمُهُمَا أَكْبَرُ مِن نَّفْعِهِمَا وَيَسْأَلُونَكَ مَاذَا يُنفِقُونَ قُلِ الْعَفْوَ كَذَلِكَ يُبَيِّنُ اللَّهُ لَكُمُ الْآيَاتِ لَعَلَّكُمْ تَتَفَكَّرُونَ (۲۱۹)

معنی: از تو در بارهٔ مشروبات الکهولی و قمار می‌پرسند. بگو: در آنها گناه بزرگ و فایده های برای مردم است ولی گناه آن بر فایدهٔ آن بزرگ تر است، و از تو می‌پرسند که چه چیزی را انفاق کنند (ببخشند)، بگو آنچه از احتیاج شما افزون باشد. خداوند (ج) بدین ترتیب آیات خود را بر شما روشن می‌سازد تا فکر تانرا به کار اندازید.

تفسیر: مشروبات الکهولی و قمار در عرب جاهلیه بسیار رواج داشت و جامعه را به رکود مواجه ساخته بود. در این آیه خداوند (ج) مردم را از نوشیدن مشروبات الکهولی منع می‌کند زیرا تأثیرات سوء در بدن دارد. شراب در عربی نوشیدنی معنی می‌دهد. در آیه هدف از مشروبات الکهولی است، آن مشروباتی که نشه آور است. امروز ثابت شده است که مشروبات الکهولی باعث نه تنها امراض گوناگون می‌شود باعث برهم زدن خانواده ها، تصادمات روی جاده ها و جنایت شده است. در یکی از خطبه ها از یک واعظ محترم در کشور آسترالیا شنیدم که از بدی های الکهول در نماز جمعه صحبت می‌کرد.

مشکل خطیب محترم این بود که تفاوت میان «الکهول» و «خَمر» را بیان نکرد و دقت نکردن به این موضوعات مردم را به تشویش می‌اندازد. بدین معنی که آیا عطر های مردانه و زنانه که یک فیصدی الکهول دارد هم حرام است؟

الکهول و خَمر هر دو کلمات عربی است به تفاوت اینکه خَمر کلمهٔ قرآنی است و الکهول کلمهٔ قرآنی نیست. الکهول منحیث یک مادهٔ ضد عفونی یا «انتی سپتیک» توسط یک حکیم و کیمیا دان مسلمان به نام محمد ابن زکریا رازی مشهور به شیخ رازی (متوفی ۹۲۵ میلادی) در بغداد کشف شد. (بیمارستان هم از تشبثات مسلمانان است که برای بار اول در کشور تونس مسلمانان آنرا افتتاح کردند و پیشتر از آن در دنیا شفاخانه وجود نداشت تا بیماران در یک تعمیر معالجه شوند). این مادهٔ کیمیاوی تأثیر بزرگ در رشتهٔ طب گذاشت و تا امروز به حیث مادهٔ ضد میکروبی در سرتاسر جهان استفاده می‌شود. هیچ پیچکاری تزریق نمی‌شود تا جلد پوست اول با الکهول پاک نشود. الکهول قابل نوشیدن نیست. و اگر کسی

الکهول را بنوشد همه نظم بدنی خود را شدید صدمه میزند و تنها برای استفادهٔ بیرونی بدن میباشد.

خَمر که از تخمر میوه‌جات مانند انگور، سبزیجات مانند کچالو و حبوبات مانند برنج بدست میباید، قابل نوشیدن است و اما نوشیدن آن برای مسلمانان درهمین سوره هشدار داده شده است که گناه آن بر سود آن چربی میکند. از همین لحاظ نوشیدن خَمر برای مسلمانان حرام است زیرا تأثیرات منفی بالای مغز دارد و همچنان آب وجود انسان را کم میکند که باعث مریضی های گوناگون میگردد. مطلب مهم این است که در زبان های غیر عربی یک کلمه به نام خَمر ندارند و چون الکهول هم از عمل تقطیر به وجود می‌آید آنرا مشروبات الکهولی مینامند. نتیجه اینکه یک فیصدی کم که در «کلونیا» و عطر ها وجود دارد برای حفاظت و حمایه پوست بدن از میکروب است و استفادهٔ آن حرام نیست. همچنان در شریعت اسلام هر آن چیزیکه باعث اختلال مغزی شود و انسان را معتاد کند حرام است زیرا دین یک موضوع فکری و عقلانی و مغزی است و نمیتوان دین را شناخت و یا عملی کرد وقتیکه مغز به شکل اساسی فعال نباشد. نقطهٔ آخری را که در این موضوع باید تذکر دهیم موضوع ادویه جات الکهولی است که آیا برای ما نوشیدن آن حرام است و یا حلال مانند شربت های که برای علاج سینه و سرماخوردگی ساخته شده است. جواب این سؤال این است در صورتیکه ادویهٔ غیرالکهولی پیدا نشود، گرفتن این ادویهٔ الکهولی حلال است زیرا جان نگه کردن فرض است و دوم در صورتیکه ادویهٔ غیر الکهولی علاج نکند، و ادویهٔ الکهولی علاج کند در این صورت هم منحیث ادویه و برای علاج کردن، گرفتن ادویهٔ الکهولی حلال است و همیشه یک مسلمان باید در صدد این باشد تا چگونه میتواند صحت و سلامتی درست داشته باشد تا بتواند عبادت کند زیرا بدون سلامتی ما قادر به عبادت خدا (ج) نخواهیم بود.

قمار مانند خمر جهان را به فساد اخلاقی و اقتصادی کشانده است. نتایج فوق‌العاده ناگوار دارد. مانند خَمر مردم معتاد میشوند. از همین سبب در یک آیه در کنار هم آمده است. تحقیقات جامعه شناسی نشان میدهد که تأثیرات قمار در زندگی از نگاه اقتصادی که شخص قرضدار میشود، در امور شغل صدمه وارد میکند، روابط خانوادگی را بر هم میزند، و تأثیرات منفی در صحت و سلامتی بدن دارد. از نگاه جامعه شناسی تنها ضرر آن به یک شخص نیست بلکه تأثیرات آن به همه جامعه وارد میشود. در هیچ کشور اسلامی نباید قمار و الکهول اجازه داده شود. این تنها برای مسئلهٔ دینی آن

نیست بلکه یک کشور متمدن باید در صدد صحت و سلامتی افراد جامعه باشد. در مورد اینکه چه انفاق کنند پرسان میشود و در اینجا میگوید هر چیز که از ضرورت شما اضافی بود در راه مردم به مصرف برسانید که این شامل همه چیز میشود. اما مردم با حرص زندگی میکنند و نه تنها حرص مردم باعث به وجود آوردن و ازدیاد فقر در جامعه گردیده است که در عین زمان طبقات اجتماعی را به وجود آورده است که این بدترین بدبختی یک جامعه است زیرا تقوا به مادیات مصالحه میشود و تباهی یک جامعه از همین نکته آغاز می یابد. در اخیر مردم را به تفکر وا داشته یعنی دین را کورکورانه قبول نکنید و در آیاتی که بیان شد فکر کنید تحقیق کنید و ببینید که چه به سود شماست. آیا با این همه تحقیقات که در مورد مشروبات الکهولی و قمار به نشر رسیده است و همه از تأثیرات منفی آن حکایه دارد بازهم میخواهی خمر بنوشی و یا قمار بزنی؟ اینجاست که با تفکر و تعقل، عقل آدمی را مسؤول میسازد زیرا آیه همه را بیان کرد.

فِي الدُّنْيَا وَالْآخِرَةِ ۗ وَيَسْأَلُونَكَ عَنِ الْيَتَامَىٰ ۖ قُلْ إِصْلَاحٌ لَهُمْ خَيْرٌ ۖ وَإِنْ تُخَالِطُوهُمْ فَإِخْوَانُكُمْ ۚ وَاللَّهُ يَعْلَمُ الْمُفْسِدَ مِنَ الْمُصْلِحِ ۚ وَلَوْ شَاءَ اللَّهُ لَأَعْنَتَكُمْ ۚ إِنَّ اللَّهَ عَزِيزٌ حَكِيمٌ (۲۲۰)

معنی: [ای مردم] در بارهٔ دنیا و آخرت بیندیشید. از تو در بارهٔ یتیمان میپرسند، بگو اصلاح امور شان بهتر است. اگر امور آنها را با امور خود یکجا کنید آنها برادران و خواهران شما [در دین] هستند. خداوند (ج) مفسد را از مصلح میشناسد. اگر خدا (ج) میخواست بر شما سخت میگرفت. بدون شک که خداوند (ج) با قدرت و با حکمت است.
تفسیر: این آیه از نگاه جامعه شناسی در خور غور و تعمق است زیرا اول یاد آوری میکند که در هر کار و امور زندگی شما هم دنیا را دقت کنید و هم آخرت تان را. هستند بسیار مردم که فکر میکنند که هر کار برای آخرت است در حالیکه خداوند (ج) صریح میگوید به دنیا و آخرت بیندیشید. اساساً اعمال خوب این دنیا آخرت را میسازد. هستند مردمانی که از یک طرف نماز میخوانند و از طرف دیگر به خانواده و مردم ظلم روا میدارند. بعد آیه موضوع اجتماعی و اخلاقی یتیم را پیشکش میکند که یک جامعه مؤمن و متمدن از یتیم به صورت درست و اخلاقی سرپرستی میکند. اولتر از همه به آموزش و پرورش او میپردازد یا او پسر باشد و یا دختر باشد طوری باید رویه کند که مثل اینکه عضو خانواده

اوست. دقت کنید که اخوانکم از اَخ برای مذکر و اُخت برای مونث آمده است. در اینجا تفسیر آیه چنین است که یتیمان برادران و خواهران شما هستند. امروز در اثر جنگ های خانمانسوز افغانستان و دیگر کشوری های اسلامی یتیم زیاد دارد و اما میبینیم به جای اینکه یتیم به مکتب برود در روی خیابان کفش پاک میکند در حالیکه میلیون ها دالر روی برنامه های بی‌ارزش و برای اعلانات احمقانه به مصرف میرسد. وقتی یک ملت از راه ایمان بیرون شود و دست عالم دین با بیگانه بسته باشد و دولت دست نشانده یک قدرت خارجی باشد سرنوشت یک ملت همین است. ساده‌ترین زندگی را باید آنانیکه دین را تبلیغ میکنند داشته باشند در حالیکه بر عکس آن است و از دین یک تجارت ساخته اند و اولاد یتیم روی خیابان ها سرگردان است و اگر دختر است او را یک شهوت پرست بدون جزیی ترین صله رحم و در نظر داشت عدالت به نکاح خود در می‌آورد که شرم آور است اما خدا (ج) حق نام دارد و ناظر همه اعمال ماست و میداند که کی خیانت میکند و کی اصلاح می‌آورد و در همین دنیا و در آن دنیا مردم پاداش اعمال شان و جزای اعمال شانرا خواهند دید. نیت خداوند (ج) در راستای مردم عدالت اوست.

وَلاَ تَنكِحُواْ الْمُشْرِكَاتِ حَتَّى يُؤْمِنَّ وَلأَمَةٌ مُّؤْمِنَةٌ خَيْرٌ مِّن مُّشْرِكَةٍ وَلَوْ أَعْجَبَتْكُمْ وَلاَ تُنكِحُواْ الْمُشِرِكِينَ حَتَّى يُؤْمِنُواْ وَلَعَبْدٌ مُّؤْمِنٌ خَيْرٌ مِّن مُّشْرِكٍ وَلَوْ أَعْجَبَكُمْ أُوْلَـئِكَ يَدْعُونَ إِلَى النَّارِ وَاللّهُ يَدْعُوَ إِلَى الْجَنَّةِ وَالْمَغْفِرَةِ بِإِذْنِهِ وَيُبَيِّنُ آيَاتِهِ لِلنَّاسِ لَعَلَّهُمْ يَتَذَكَّرُونَ (٢٢١)

معنی: و با زنان مشرک نکاح نکنید تا وقتیکه ایمان بیاورند و بدون شک کنیز با ایمان از زن مشرک بهتر است هر چند [زیبایی او] شما را جلب کند و به مردان مشرک تا ایمان نیاورده اند زن مدهید. همانا برده ای با ایمان از مرد مشرک بهتر است هرچند شما را جلب کند. آنها شما را به آتش میخوانند و خدا (ج) شما را به ارادهٔ خود به بهشت و مغفرت میخواند و آیات خود را برای مردم بیان میکند تا باشد که پند گیرند.

تفسیر: از نگاه دین بر حق اسلام که با طبیعت بشری سازگار است، خانواده واحد کوچک اجتماع است. این خانواده ها هستند که یک جامعهٔ با ایمان را به وجود می آورند. از این لحاظ، اینکه ما با کی ها نکاح میکنیم در روحیه و ساخت و بافت ایمانی ما نقش بارز بازی میکند. دقت کنید که در این آیه کلمه نکاح آمده است. بعضی ها نکاح را ازدواج

ترجمه کرده‌اند به یقین اینکه این کلمه از زوج آمده است. اساساً کلمه زوج برای همه مخلوقات به کار میرود. در آیهٔ چهل و نهم سوره ذاریات میخوانیم که «وَمِن كُلِّ شَيْءٍ خَلَقْنَا زَوْجَيْنِ لَعَلَّكُمْ تَذَكَّرُونَ» یعنی و از هر چیزی دو زوج آفریدیم که شما عبرت گیرید. همه جهان هستی از زوج تشکیل یافته است به شمول نباتات و حیوانات. فارسی زوج جوره است. در شروع خلقت نکاح نبوده است چنانچه در همین سوره آیهٔ سی و پنجم برای حضرت آدم (ع) میگوید «أَنتَ وَزَوْجُكَ» یعنی تو و جوره ات. اینجا نظر به قانون خلقت، «زَوْجُكَ» همسر معنی نمیدهد بلکه جفت و یا جوره معنی میدهد. کلمه همسر یک انگاشت مدنی است پسان شامل قاموس بشری شده است و در آیهٔ بیست و دوم سورهٔ صافات میخوانیم: «احْشُرُوا الَّذِينَ ظَلَمُوا وَأَزْوَاجَهُمْ وَمَا كَانُوا يَعْبُدُونَ» یعنی [ای فرشتگان] گرد آورید ظالمان و همردیفان (مشرک)را. در این آیه اول اینکه ازواجَهم معنی آن همردیفان مشرک و گنهکار است و دوم اینکه حرف «ج» با زبر است در حالیکه ازواجُهم با پیش یا ضمه است و این در معنی کلمه تغییر می‌آورد چنانچه در سورهٔ یس آیه پنجاه و ششم آمده است: «هُمْ وَأَزْوَاجُهُمْ فِي ظِلَالٍ عَلَى الْأَرَائِكِ مُتَّكِئُونَ» یعنی ایشان و جفتهایشان در سایه ساران بر روی اورنگها تکیه زده اند. می‌بینید که در آیهٔ فوق أَزْوَاجُهُمْ با ضمه یا پیش آمده است. نکته مهم این است نکاح یک موضوع مدنی است و برای انسانهای روی زمین است. نکاح معانی مختلف دارد اما در بخش این موضوع از نکح آمده است و پیمان، قرارداد، موافقه بین دو نفر است که به اساس موافقه جانبین به امضا میرسد، و در آغاز خلقت وجود نداشته است و همه جفت بودند و همچنان در آن دنیا نکاح نیست و همسر که در این دنیا عقد میکنیم در آن دنیا عقد صورت نمیگیرد. نکتهٔ اخیر اینکه زنان و مردان با عقد نکاح جفت میشوند نه قبل از آن. جفت بودن و جوره بودن یک مسلهٔ طبیعی خلقت است و شامل همه زنده جان است و اما نکاح شامل همه خلقت نیست به جز از انسان. آیه میگوید که با مشرک ازدواج نکنید. در اصل آیه از نگاه تاریخ هدف مشرکان مکه است و باید بدانیم که اصل مشرک کی است؟ مشرک تنها آن شخص نیست که در کنار خداوند (ج) یک خدای دیگر می تراشد. وقتی خوب به تعریف توحید دقت کنیم مشرک آن کسی است که توحید را قبول ندارد و نه میداند که همه جهان هستی یک ساخت و بافت دارد و خالق این جهان هستی یک موجود است و آن ذات اقدس الهی است و مهمتر اینکه چون خداوند (ج) هست کننده این جهان هستی است پس برای خلقت خود قانون هم

داده است و مشرك قانون الله (ج) را رد میکند و تکیه به قوانین خود ساخته خود میکند. درست است که تفسیر آیات تغییر میکند و اما اساس همه احکام برای سعادت بشر قرآن است و قرآن علم و حکمت و قانون دهنده همه جهان هستی است و آدمی جز همین خلقت است. از این لحاظ نکاح با اویکه قانون خداوند (ج) را رد میکند حرام است. در مورد یهود و نصارا چون اهل کتاب هستند و قرآن ایشان را مشرکین و کفار خطاب نکرده است، موضوع نکاح تفاوت میکند زیرا آنها از ادیان سماوی هستند و نظر به آیهٔ پنجم سوره مائده زنان شان برای مردان مسلمان جایز است و اما نگفته است که زنان مسلمان برای آنها جایز است. این برای این است که نکاح یك موضوع اگزوگامی است. یعنی زن از خانه خود خارج میشود و داخل خانه شوهر میشود. زن یهود و نصارا وقتی داخل خانه یك مسلمان میشوند از یك محیط غیر تکامل یافته توحیدی داخل یك محیط تکامل یافته توحیدی میشوند در حالیکه اگر دختر مسلمان با یك یهود و یا نصارا نکاح کند، داخل یك محیط غیرتکامل یافته میشود. اسلام مکمل همه ادیان سماوی است و دین پسرفت نیست بلکه دین پیشرفت است. نه تنها که اسلام اجازه داده تا با زنان یهود و نصارا نکاح صورت گیرد در عین زمان مردان مسلمان را منع کرده است که زنان اهل کتاب را به زور مسلمان سازند. شوهر مسلمان باید آنقدر از مهربانی، صله رحم، نجابت، شرافت، همکاری و بردباری در داخل خانه کار گیرد تا زن اهل کتاب خودش به اسلام ترغیب شود. در عین زمان یك شوهر مسلمان مسؤولیت های برای خانواده دارد که مهمترین آن دعوت اعضای خانواده به نماز است. قرآن میگوید: «وَأْمُرْ أَهْلَكَ بِٱلصَّلَوٰةِ وَٱصْطَبِرْ عَلَيْهَا» یعنی و اهل [خانواده] خود را به نماز فرمان ده و در آن صبورانه بکوش. همچنان با اینکه مسلمانان اهل کتاب را احترام دارند و اما قرآن پیروی آنانرا مجاز ندانسته است. در سوره آل عمران آیهٔ صدم میخوانیم: «يَٰٓأَيُّهَا ٱلَّذِينَ ءَامَنُوٓا۟ إِن تُطِيعُوا۟ فَرِيقًا مِّنَ ٱلَّذِينَ أُوتُوا۟ ٱلْكِتَٰبَ يَرُدُّوكُم بَعْدَ إِيمَٰنِكُمْ كَٰفِرِينَ» یعنی ای مؤمنان اگرعده ای از اهل کتاب را اطاعت کنید شما را بعد از ایمان تان به کفر باز میگردانند. اینجاست که ما نمی‌توانیم که دختر مسلمان را به اهل کتاب نکاح کنیم. در کنار این موضوعات، موضوع تربیه کودك است، مسایل رژیم غذایی خانواده است، طور مثال اهل کتاب مشروب مینوشد. آیا برای یك زن مسلمان جایز است که در این حالت از شوهرش اطاعت کند؟

وَيَسْـَٔلُونَكَ عَنِ الْمَحِيضِ ۖ قُلْ هُوَ أَذًى فَاعْتَزِلُوا النِّسَاءَ فِي الْمَحِيضِ ۖ وَلَا تَقْرَبُوهُنَّ حَتَّىٰ يَطْهُرْنَ ۖ فَإِذَا تَطَهَّرْنَ فَأْتُوهُنَّ مِنْ حَيْثُ أَمَرَكُمُ اللَّهُ ۚ إِنَّ اللَّهَ يُحِبُّ التَّوَّابِينَ وَيُحِبُّ الْمُتَطَهِّرِينَ (۲۲۲)

معنی: و از تو در بارۀ [خون] حیض [زنان] می پرسند. بگو آن مایۀ ناپاکی و ناراحتی است، پس در ایام حیض از [همسران تان] دوری کنید و با آنها همبستر نشوید تا پاک شوند و چون پاک شدند، از آنجا که خدا اجازه داده با آنها آمیزش کنید که خداوند (ج) توبه کاران و پاکیزگان را دوست دارد.

تفسیر: نکات عمدۀ در این آیه نهفته است. اول اینکه مسلۀ جنسی یک موضوع عمده انسانی است. متأسفانه در این مورد قطعاً درتلویزیون ها و رسانه ها صحبت نمیشود و این را یک شرم میدانند درحالیکه یکی ازنیازمندی های اساسی جامعۀ بشری است. در آیه تذکر داده شده است که در وقت عادت ماهوار (قاعدگی) همسران تان با آنها آمیزش جنسی نکنید. در بسیاری تفاسیر زنان نوشته اند. هدف از همسران شما هستند نه همه زنان. هدف از حیض همان خون است که طبیعتاً زنان ماهانه دارند و در اثر احتقان رحم پُرخون میشود و این نه تنها برای زنان ناراحت کننده است، از نگاه جنسی هم تنفر آور است. مطالعات امروزی نشان میدهد که آمیزش جنسی در زمان قاعدگی زنان تأثیرات سوء دارد، مانند عقیم شدن زن و مرد، رُشد میکروب های آمیزشی مانند سفلیس و سوزاک، التهاب اعضای تناسلی زن و داخل شدن خون ناپاک در داخل آله تناسلی مرد. خونی که هر ماه در هنگام عادت ماهانه دفع میشود همان خونی است که در عروق داخلی رحم هر ماه برای پرورش جنین جمع میشود زیرا رحم زن در هر ماه یک تخمک را برای القاء تولید میکند. "اگر در این موقع که تخمک وارد رحم میشود، اسپرم که نطفۀ مرد است در آنجا موجود باشد، تشکیل نطفه و جنین میدهد و خون های موجود در عروق رحم صرف تغذیه آن میشود، در غیر این صورت بر اثر پوسته شدن مخاط رحم و شگافتن جدار رگها خون موجود خارج میشود و این همان خون حیض است، و از اینجا دلیل دیگری برای ممنوع بودن آمیزش جنسی در این حال بدست می آید زیرا رحم زن در موقع تخلیه این خون ها هیچگونه آمادگی طبیعی برای پذیرش نطفه ندارد و لذا از آن صدمه میبیند"(سایت اسلامکویست). بعد از اینکه موضوع همبستری را به همسر

که حیض دارد منع میکند، بعد از پاکی توصیه میکند که شما هرگونه که زن و مرد آرزو دارند میتوانند عمل جنسی را انجام دهند. در مسایل جنسی بین زن و مرد هر دو باید آمادگی داشته باشد زیرا انسان از نفس واحد خلق شده است. هر دو نفس دارد و هر دو در تعامل جنسی حقوق مساوی دارند. فضای آمیزش جنسی، موافقه هر دو جانب، آمادگی جنسی هر دو جانب این ها همه برای صحت و سلامتی روحی انسان فوق‌العاده حایز اهمیت اند. هستند مردانی که احساسات همسران خود را مد نظر نه میگیرند و بطور یک جانبه میخواهند عمل جنسی را انجام دهند. زن حیوان نیست، یک انسان است و باید احساس او احترام شود. تمایلات جنسی او دانسته شود و فضای آمیزش برای هر دو مساعد باشد. و این پیشامد یک انسان با اخلاق و متمدن و مهمتر از همه مؤمن است. یکی از دلایل جنسی زن و مرد تولید نسل است. نطفۀ که در حالت آرامی محبت و عشق تشکیل میشود در روحیه طفل بعد از تولد نقش بارز دارد. همچنان آمیزش بین زن و مرد از همان جایی است که برای آمیزش جنسی است نه مقعد زن. این هم جزء پاکی و پاکیزگی است و خداوند (ج) زنان و مردانی که از گناه خوف دارند و توبه میکنند و پاکیزه هستند دوست دارد.

نِسَآؤُكُمْ حَرْثٌ لَّكُمْ فَأْتُواْ حَرْثَكُمْ أَنَّى شِئْتُمْ وَقَدِّمُواْ لأَنفُسِكُمْ وَاتَّقُواْ اللّهَ وَاعْلَمُواْ أَنَّكُم مُّلاَقُوهُ وَبَشِّرِ الْمُؤْمِنِينَ (٢٢٣)

معنی: همسران شما به مانند کشتزار شما هستند پس هرگونه که آرزو دارید با ایشان عمل جنسی را انجام دهید و برای خود پیش از پیش خیر بفرستید و از خدا (ج) بترسید و بدانید که او را ملاقات خواهید کرد و [این را] به مؤمنان بشارت ده.

تفسیر: یکی از انتقاداتی که از طرف مخالفین اسلام صورت میگیرد همین است که گویند موقف زنان آنقدر در اسلام پایین است که کشتزار مرد است. فکر نمیکنند که هدف اساسی آمیزش جنسی تنها رفع شهوت نیست و تولید نسل است. تولید نسل مانند یک کشتزار، باغ و باغبان کار دارد. بدون زمین باغبان کاری کرده نمیتواند و بدون باغبان زمین نمیتواند برای کشت آماده شود. قسمیکه در شروع گفتیم آیه راز و نشانه و پدیده معنی میدهد. راز در اینجا اول تساوی جنسی است که زن و مرد حقوق مساوی در به وجود آوردن نسل، عمل جنسی را انجام میدهند. دوم توجه مرد را جلب میکند که برای عمل جنسی مانند یک باغبان که برای کشت آمادگی

میگیرد، آمادگی بگیرد. موقع مناسب، فضای سالم، آمادگی همسر، همسر را آماده کردن برای عمل جنسی، همه و همه برای القای یک نطفه سالم ضروری است و امروز دانشمندان در رشتۀ توسعه و انکشاف انسانی به این عقیده هستند که نه تنها آمادگی لازم برای به وجود آوردن طفل در وقت عمل جنسی حتمی است بلکه در دوران حاملگی باید با زن به احتیاط رویه شود تا نطفه صدمه نبیند. هدف از صدمه، صدمه روحی است. خداوند (ج) انسان را به بهترین صورت می آفریند و اما اگر با زن در دوران حاملگی رویه خشن میشود، غذای درست نمیخورد و توجه صورت نمیگیرد امکان این میرود که یک طفل عصبی و بدخوی به بار آید. این است که باغبان در بذر تخمه و پرورش آن سعی لازم را باید بکند تا ثمر مطلوب به دست آید. آیه میگوید خیر بفرستید. اینجا از مرد مطالبه میکند که با بهترین صورت همرای همسرش رویه کند تا همسرش با روحیۀ آرام و بدون درد سر نطفه را به ارادۀ خداوند (ج) به تکامل برساند. و در آخر آیه مؤمنان را هشدار میدهد که شما باید از خدا (ج) بترسید و با همسران خود در این دوره حاملگی و قبل از آن بهترین رویه را داشته باشید و به مؤمنان مژده بده که خداوند (ج) را ملاقات خواهند کرد. یعنی از شما در مورد اینکه چگونه با همسرتان رفتار کردید و او را برای گرفتن تخمه آماده کردید پرسان خواهد شد.

وَلاَ تَجْعَلُواْ اللّهَ عُرْضَةً لِّأَيْمَانِكُمْ أَن تَبَرُّواْ وَتَتَّقُواْ وَتُصْلِحُواْ بَيْنَ النَّاسِ وَاللّهُ سَمِيعٌ عَلِيمٌ (۲۲۴)

معنی: و خدا (ج) را دست آویز سوگند های خود قرار ندهید که از اعمال نیک و پرهیزگاری و آشتی دادن بین مردم شانه خالی کنید. خداوند (ج) شنوای داناست.

تفسیر: سوگند ناحق در اسلام حرام است. در دوره جاهلیه مردم به سر اولاد و مادر و پدر و جد و اجداد خود حتی مردگان سوگند یاد میکردند. اینجا مؤمنان را از ادای سوگند (قسم خوردن) گوناگون منع میکند و بدین ترتیب میگوید که نام خدا (ج) را یک بهانه نتراشید که با یاد کردن نام خدا (ج) در اعمال نیک یا پرهیزگاری و آشتی میان مردم کم رسی کنید. مؤمنان باید بدون یاد خدا به اعمال نیک و تقوا و صلح میان مردم خدمت کنند. خداوند (ج) دانا و شنواست و میداند.

لاَّ يُؤَاخِذُكُمُ اللّهُ بِاللَّغْوِ فِيَ أَيْمَانِكُمْ وَلَكِن يُؤَاخِذُكُم بِمَا كَسَبَتْ قُلُوبُكُمْ وَاللّهُ غَفُورٌ حَلِيمٌ (٢٢٥)

معنـی: خداوند (ج) شما را در سوگند های بیهوده مورد مؤاخذه قرار نمیدهد ولی آنچه در دل دارید بازخواست میکند و خداوند (ج) غفور و حلیم یعنی بردبار است.

تفسیر: دین یک موضوع دل است، عقل است و قلب انسانی است. همه اعمال ما به اساس نیت ماست. در این آیه خداوند (ج) صریح میگوید که شما را به خاطر سوگند های بیهوده شما بازخواست نمیکند مگر آنچه در دل دارید مؤاخذه میکند. اینجا نه تنها منافقت را محکوم میکند در عین زمان خاطر نشان میکند که خود را مسخره نکنید که بیهوده سوگند یاد کنید و مردم را با سوگند های دروغ تان فریب دهید. خداوند (ج) را به یاد داشته باشید که او آمرزگار و بردبار است و شما را میبخشد در صورتیکه ناخود آگاه سوگند یاد کنید. سوگند یاد کردن یا قسم خوردن در اسلام به ناحق و هر روز بسیار گناه دارد. تنها در یک مسلۀ شرعی در حضور قاضی اجازه است تا سوگند یاد کرد نه هروز و هر دقیقه برای موضوعات روزمره و بیهوده. همچنان این آیه وضاحت دارد بر اینکه همه اعمال ما به اساس نیت ماست و خداوند (ج) دل های ما را میبیند نه رویت ظاهری ما را.

لِّلَّذِينَ يُؤْلُونَ مِن نِّسَآئِهِمْ تَرَبُّصُ أَرْبَعَةِ أَشْهُرٍ فَإِنْ فَآؤُوا فَإِنَّ اللّهَ غَفُورٌ رَّحِيمٌ (٢٢٦)

معنـی: کسانیکه سوگند میخورند که با همسران شان همبستر نشوند و نزدیکی نکنند باید تا چهار ماه انتظار کشند؛ سپس اگر بازگشتند، خداوند (ج) آمرزگار مهربان است.

تفسیر: در این آیۀ مبارک حقوق زنان بالای مردان توضیح شده است. اگر یک زن و شوهر اختلاف پیدا میکنند و شوهر سوگند یاد میکند که با همسرش نزدیکی نمیکند تا چهار ماه باید تصمیم گیرد. بعد از چهار ماه اگر یکجا نمیشود زن را باید طلاق گوید تا زن سرنوشت خود را بداند. این را در اصول فقه ایلا گویند. مرد حق ندارد تا زن را از حقوق جنسی برای اینکه قهر است محروم کند و یا زن را بی سرنوشت بگذارد. خواه مخواه این حکم برای مردان است که قوه جنسی را دارند، مریض نیستند

و یا سالخورده نیستند که عمل جنسی را انجام داده نتوانند. همچنان اگر یک مرد با همسر خود قهر میباشد و هم کلام نمیشود در این صورت هم باید سرنوشت همسرش را روشن سازد. یا آشتی کنند و یا زن را به تقدیم مهراو، طلاق گوید. هیچ انسان حق ندارد تا یک انسان دیگر را از حقوق آزادی محروم کند. در جامعۀ افغانی ما داریم مردان بی ایمان که به اساس پیوند های قومی و قبایلی زن را بی سرنوشت مانده اند بدون اینکه از خدا (ج) بترسند. حتی کشور را ترک کرده‌اند بدون اینکه سرنوشت همسرش را روشن ساخته باشد. این گناه بزرگ است، غیر اخلاقی و غیر انسانی است. "تَرَبُّص" (ربص) انتظار معنی میدهد. هم آیه در اینجا آمیزش جنسی تفسیر میشود که زن را منتظر میماند و هم بدون آن تنها قهر میباشد، باید سرنوشت همسر را روشن سازد.

وَإِنْ عَزَمُوا الطَّلَاقَ فَإِنَّ اللَّهَ سَمِيعٌ عَلِيمٌ (۲۲۷)

معنی: و اگر عزم طلاق کردند خداوند (ج) شنوای داناست.

تفسیر: می‌بینید که به تعقیب آیۀ قبلی موضوع طلاق را پیشکش میکند. آیه میگوید که اگر عزم طلاق کردند. این بدین معنی است که اول شوهر کوشش کند تا راه حل معقول زندگی زناشوهری را جستجو کند. تفاوت هائی که به میان آمده است همه را بیرون نویس کند و با همسرش در میان بگذارد و ببینند که اگر به نتیجۀ مطلوب برسند. رسول خدا (ص) فرموده است که: یکی از چیز هائی که خداوند (ج) روا دانسته و نفرت دارد، طلاق است. زن و مرد در داخل خانواده از حقوق مساوی برخوردار هستند. باید با مشوره، تفاهم و درک متقابل تفاوت ها را بر طرف کرد. حالا آن زمان که هرچه مرد بگوید و زن اطاعت کند، گذشته است. اطاعت زن از مرد وقتی واجب میشود که مرد خودش در چارچوب شریعت عمل کند نه غیر آن. اگر غیر آن عمل میکند زن حق دارد که طلاق بخواهد که این را خُلع میگویند.

وَالْمُطَلَّقَاتُ يَتَرَبَّصْنَ بِأَنْفُسِهِنَّ ثَلَاثَةَ قُرُوءٍ وَلَا يَحِلُّ لَهُنَّ أَنْ يَكْتُمْنَ مَا خَلَقَ اللَّهُ فِي أَرْحَامِهِنَّ إِنْ كُنَّ يُؤْمِنَّ بِاللَّهِ وَالْيَوْمِ الْآخِرِ وَبُعُولَتُهُنَّ أَحَقُّ بِرَدِّهِنَّ فِي ذَلِكَ إِنْ أَرَادُوا إِصْلَاحًا وَلَهُنَّ مِثْلُ الَّذِي عَلَيْهِنَّ بِالْمَعْرُوفِ وَلِلرِّجَالِ عَلَيْهِنَّ دَرَجَةٌ وَاللَّهُ عَزِيزٌ حَكِيمٌ (۲۲۸)

معنی: و زنان طلاق داده شده تا سه پاکی [از حیض] منتظر بمانند، و

اگر به خدا (ج) و روز آخرت ایمان دارند به آنها روا نیست که آنچه در رحم دارند پنهان کنند و اگر شوهران شان سر آشتی دارند به رَجعت (بازگشتن به زن) شان در این مدت سزاوار تر است اگر بخواهند صلح کنند. و زنان را بر مردان به اساس شرع حقی است همچنانکه مردان را بر زنان، و مردان را بر آنان یک درجه برتری است و خداوند (ج) پیروزمند و با حکمت است.

تفسیر: مطالب بسیار آموزنده در این آیه گنجانیده شده است. اول اینکه این آیه به آن عده زنان که قادر هستند وضع حمل بگیرند میگوید که اگر به خداوند (ج) و روز آخرت اعتقاد دارند بعد از طلاق باید سه ماه منتظر بمانند اگر حامله میباشند، و موضوع روشن گردد. این را در شرع عدهٔ گویند. این عِده برای بانوان سالخورده که قادر به حمل گرفتن نیستند، نیست. دوم در این مدت سه ماه که آنها منتظر هستند اگر با شوهران شان به یک تفاهم میرسند، شوهران میتوانند دوباره به زنان شان رجوع کنند. یعنی از نگاه شرع میتوانند با اینکه یک طلاق گفته اند دوباره رَجعت کنند و در خانواده صلح بیاورند. این در صورتی است که مرد طلاق داده باشد و زن هنوز هم خواستار صلح باشد. اگر زن خواستار صلح نمی باشد و تقاضای شوهر را رَد میکند باید شوهر طلاق را فوراً نهایی سازد. سوم آیه صریح بیان میدارد که به اساس حقوق مدنی شرعی همان حقی را که زن بالای مرد دارد همان حق را مرد بالای زن دارد یعنی از نگاه مدنی زن و مرد حقوق مدنی مساوی دارند. و مردان یک درجه بلند تر است. مطالعات مغز انسان نشان میدهد که مغز مرد و زن یگانه تفاوتی که دارد اندازهٔ آن است نه اینکه زن در عقل ضعیف تر باشد و مرد قوی تر. درجه یک انگاشت ریاضی است نه اقتصادی. یعنی مغز مرد یک درجه بزرگ تراز مغز زن است چنانچه جسامت مرد نظر به زن قوی تر است. قسمیکه در گذشته گفتیم نفقهٔ که مرد تهیه میکند یک امتیاز نیست بلکه یک مسؤولیت است. و نفقه یک انگاشت اقتصادی است. امروز هستند بسیار بانوان که برای مایحتاج خانواده در کنار شوهر شان در بیرون از منزل کار میکنند. در این صورت زن خود نفقه آورنده میشود و حقوق شان از نگاه اقتصادی در داخل خانه مساوی میشود. اگر زن کار نمیکند و امور منزل را به پیش میبرد این هم کار است که با شوهرش همکاری میکند. در نظام اقتصادی امروز امکان دارد که شوهر کار خود را از دست بدهد و زن نفقه آورنده میشود. به خاطر بیاورید وقتی کمونیستان مردان بی گناه را زندانی کردند و زنان با همت افغان همه نفقه آورنده خانواده ها شدند که این

محقق و مفسر به وجود شان افتخار میکنم. یک غلط فهمی بزرگ بین مردم است که چون آیه گفته است مردان یک درجه بلند تر است، مردم فکر میکنند که مرد ها بر زن ها برتری دارند. هیچ فکر نکرده اند که این درجه از نگاه تقوا، اخلاق، همت و پشتکار و خدا پرستی نیست بلکه یک انگاشت بیولوژیک است، ورنه زن و مرد، نه در خلقت و نه در اجتماع و نه در خانواده از هم تفاوت ندارند. و به اساس سوره آل عمران آیه ۱۹۵، قرآن میگوید: «که من عمل هیچ صاحب عملی را از شما چه مرد باشد، چه زن باشد که همه همانند یکدیگرند ضایع نمیکنم». در سوره نساء آیه اول میگوید که مرد و زن از نفس واحد خلق شده است یعنی در خلقت زن و مرد به جز همان جسامت که در بالا ذکر کردیم دیگر کدام تفاوت از نگاه عقل، شعور، استعداد، و ذکاوت نیست. در حریم خانواده میگوید زن لباس مرد است و مرد لباس زن است. نگفته است که تنها مردان لباس زنان هستند.

الطَّلَاقُ مَرَّتَانِ فَإِمْسَاكٌ بِمَعْرُوفٍ أَوْ تَسْرِيحٌ بِإِحْسَانٍ وَلاَ يَحِلُّ لَكُمْ أَنْ تَأْخُذُواْ مِمَّا آتَيْتُمُوهُنَّ شَيْئًا إِلاَّ أَن يَخَافَا أَلاَّ يُقِيمَا حُدُودَ اللّهِ فَإِنْ خِفْتُمْ أَلاَّ يُقِيمَا حُدُودَ اللّهِ فَلاَ جُنَاحَ عَلَيْهِمَا فِيمَا افْتَدَتْ بِهِ تِلْكَ حُدُودُ اللّهِ فَلاَ تَعْتَدُوهَا وَمَن يَتَعَدَّ حُدُودَ اللّهِ فَأُوْلَـئِكَ هُمُ الظَّالِمُونَ (۲۲۹)

معنی: طلاق [رجعی] دو بار است، پس از آن یا به نیکی نگاه کردن و یا به نیکی رها ساختن است و برای شما حلال نیست که از آنچه به ایشان (زنان طلاق شده) داده اید دوباره باز ستانید مگر اینکه بترسند که حدود الهی را [در کنار همدیگر] رعایت نکنند. پس اگر شما [اولیا] بیم داشتید که آن دو حدود الهی را مراعات نمیکنند، پس زن آنچه برای [فسخ نکاح] میدهد و شوهر [قبول میکند] گناهی بر آن دو نیست. این است احکام (طلاق) الهی، از آنها تجاوز نکنید. و کسانیکه از حدود الهی تجاوز کنند به تحقیق از زمره ظالمین هستند.

تفسیر: طلاق رجعی آن است که مرد دو بار به فاصله میتواند طلاق گوید و دوباره پشیمان شود و به همسرش رجوع کند. هر طلاق یک بار حساب میشود. طور مثال طلاق میگوید و پشیمان میشود و رجوع میکند و چند ماه بعد باز در اثر جنجال های خانوادگی طلاق میگوید و باز پشیمان میشود و دو باره رجوع میکند. این در صورتی است که زن هم خواستار صلح باشد. اگر زن خواستار صلح نباشد و رَجعت مرد را قبول

نکند مرد باید فوراً طلاق را نهایی کند. اگر بار سوم طلاق میگوید، این پشیمانی و رَجعت ندارد و طلاق باین صورت میگیرد. این همه فرصت ها برای این است که از طلاق جلوگیری شود. قابل تذکر است که سه طلاقه در وقتی صورت میگیرد که شوهر همسرش را با یک مرد دیگر در حالت همبستری ببیند. در این حالت سه طلاق یکجا گفته میشود. مرد حق کشتن زن و یا مرد زناکار را ندارد. چون به جز از خودش دیگر شاهد وجود ندارد از این لحاظ میتواند دروغ گوید و به زن تهمت بسته کند. برای ثبوت زنا چهار شاهد صادق باید شهادت دهند که عمل زنا را به چشم دیده اند. هرکس نمی‌تواند هر کس را به زنا و گناه محکوم کنند. زنان و مردان نامحرم حق دارند در اجتماع با هم صحبت کنند، یکجا کار کنند و در حضور مردم دید و بازدید کنند، کدام ممانعت شرعی وجود ندارد. هیچ‌کس نباید به ظن و گمان بد زندگی کند مگر به یقین. زنان و مردان مسلمان با هم در دین خواهر و برادر اند و از حقوق مدنی مساوی برخوردارند.

فَإِنْ طَلَّقَهَا فَلَا تَحِلُّ لَهُ مِنْ بَعْدُ حَتَّىٰ تَنْكِحَ زَوْجًا غَيْرَهُ فَإِنْ طَلَّقَهَا فَلَا جُنَاحَ عَلَيْهِمَا أَنْ يَتَرَاجَعَا إِنْ ظَنَّا أَنْ يُقِيمَا حُدُودَ اللَّهِ وَتِلْكَ حُدُودُ اللَّهِ يُبَيِّنُهَا لِقَوْمٍ يَعْلَمُونَ (٢٣٠)

معنی: وقتی زن را [بار سوم] طلاق گفت، دیگر بر او حلال نیست مگر آنکه به همسری جز او شوهر کند، سپس اگر آن مرد (شوهر جدید) او را طلاق گفت، بر آنان گناهی نیست که اگر میدانند احکام الهی را مراعات میکنند؛ دوباره زن و شوهر شوند، و این ها احکام الهی است که برای مردم دانا بیان میدارد.

تفسیر: بعد از دو رَجعت دیگر مرد نمی‌تواند به همسرش رَجعت کند و طلاق سوم باین صورت میشود. باین یعنی به زن دیگر دسترسی نمیتواند داشته باشد. وقتی طلاق باین صورت میگیرد زن آزاد است تا بعد از سپری نمودن عده با یک مرد دیگر نکاح کند و زندگی را به پیش ببرد. اگر از شوهر دوم طلاق میشود، شوهر اولی میتواند دوباره او را نکاح کند در صورتیکه این بار اشتباهات خود را که در گذشته کرده بودند اصلاح بیاورند و احکام الهی را در امور خانواده مراعات کنند که عبارت است از مشوره در امور خانوادگی، نظم و نسق اقتصادی خانوادگی، تفاهم روی موضوعات خانوادگی، احترام به شخصیت شوهر و احترام به شخصیت زن

و رسیدگی به کودکان میباشد. زنان و مردان که از هم برای همیش جدا میشوند، دوباره در دین خواهر و برادر میشوند. یعنی غیبت همدیگر را نمیکنند، به یک دیگر آزار و اذیت نمیرسانند و حتی در صورت ضرورت همدیگر را کمک میکنند، احترام میکنند و مانند دو انسان با کرامت و با اخلاق و متمدن زندگی میکنند. در جامعه افغانی وقتی زن و شوهر جدا میشوند با هم دشمنی میکنند که این رویه از همه موازین اخلاقی اسلامی به دور است و خلاف اساسات کرامت انسانی در اسلام میباشد.

وَإِذَا طَلَّقْتُمُ النِّسَاءَ فَبَلَغْنَ أَجَلَهُنَّ فَأَمْسِكُوهُنَّ بِمَعْرُوفٍ أَوْ سَرِّحُوهُنَّ بِمَعْرُوفٍ وَلَا تُمْسِكُوهُنَّ ضِرَارًا لِّتَعْتَدُوا وَمَن يَفْعَلْ ذَلِكَ فَقَدْ ظَلَمَ نَفْسَهُ وَلَا تَتَّخِذُوا آيَاتِ اللَّهِ هُزُوًا وَاذْكُرُوا نِعْمَتَ اللَّهِ عَلَيْكُمْ وَمَا أَنزَلَ عَلَيْكُم مِّنَ الْكِتَابِ وَالْحِكْمَةِ يَعِظُكُم بِهِ وَاتَّقُوا اللَّهَ وَاعْلَمُوا أَنَّ اللَّهَ بِكُلِّ شَيْءٍ عَلِيمٌ (۲۳۱)

معنی: و چون همسران تانرا طلاق دادید و به پایان عده خود رسیدند، یا به شایستگی نگاهشان دارید یا به شایستگی رهای شان کنید و به قصد آسیب رساندن نگاهشان مدارید و یا ظلم کنید و هر کس چنین کند به خود ظلم کرده است و آیات الهی را به مسخره نگیرید و نعمت خدا (ج) و این کتاب و حکمت را که بر شما نازل کرده است و به آن شما را پند میدهد، به یاد آورید و از خدا (ج) بترسید و بدانید که خدا (ج) به همه چیز داناست.

تفسیر: به تعقیب آیه قبلی مردان مسلمان و مؤمن را از اصول اخلاقی و مدنی اسلام در مورد طلاق باخبر میسازد که اگر زنان تانرا طلاق میگویید باید با آنها به احترام و شایستگی رفتار کنید و اگردوباره رجعت میکنید باز هم اشتباهات گذشته را تکرار نکنید و با عزت و کرامت انسانی با ایشان رویه داشته باشید. قسمیکه در بالا گفتیم مردانی هستند که به زنان شان بعد از طلاق آزار و اذیت میرسانند و این دور از اخلاق است. کسانیکه این اعمال ضد انسانی را در مقابل همسران طلاق شده انجام میدهند به خود ظلم کرده اند. ظلمی که در این دنیا به خود میکنند این است که در دید مردم یک شخص بی عزت و بی کرامت معرفی میشود زیرا احکام خدا (ج) را نادیده میگیرد و در آن دنیا از اعمال ناپسند خود در حضور پروردگار مسؤول خواهد بود. خداوند (ج) ناظر اعمال انسان است و آن کس که ایمان دارد نباید مسایل حقوقی قرآن را به مسخره گیرد و

به نعمت های خداوند (ج) که برای آبرومندی و عزتمندی ما نازل شده بی تفاوت باشد و یا تمسخر کند. خودش تمسخر مردم خواهد شد. این آیه از نگاه انتروپولوژی کلتوری یا بشرشناسی فرهنگی مسئلهٔ ناموس را در مورد زن بی اساس میسازد. زن که طلاق میشود دیگر کدام مسؤولیت در مقابل شوهر سابق خود ندارد و میتواند با هر کسیکه آرزو داشته باشد نکاح کند. زن مانند یک مرد یک شخصیت است و از حقوق مدنی مساوی برخوردار است. در اسلام زن تا وقتی ناموس است که همسر مرد است. اما ناموس بدین معنی نیست که زن از حق تحصیل، حق دیدار خانواده، حق کار و حق خود ارادیت محروم شود.

وَإِذَا طَلَّقْتُمُ النِّسَاءَ فَبَلَغْنَ أَجَلَهُنَّ فَلَا تَعْضُلُوهُنَّ أَن يَنكِحْنَ أَزْوَاجَهُنَّ إِذَا تَرَاضَوْا بَيْنَهُم بِالْمَعْرُوفِ ذَٰلِكَ يُوعَظُ بِهِ مَن كَانَ مِنكُمْ يُؤْمِنُ بِاللَّهِ وَالْيَوْمِ الْآخِرِ ذَٰلِكُمْ أَزْكَىٰ لَكُمْ وَأَطْهَرُ وَاللَّهُ يَعْلَمُ وَأَنتُمْ لَا تَعْلَمُونَ (٢٣٢)

معنی: و چون زنان تان را طلاق دادید و عده آنها به سر آمد، مانع آنان نشوید که با شوهران سابق خود[دوباره] نکاح کنند در صورتیکه میان آنها به خوبی توافق حاصل شده باشد. هر کسی از شما به خدا (ج) و روز آخرت ایمان دارد با این دستور پند داده میشود. این برای شما سودمند تر و پاکیزه تر است و خدا (ج) میداند و شما نمیدانید.

تفسیر: شان نزول آیه چنین است که در زمان پیامبر (ص) یکی از یاران حضرت رسول (ص) به نام مَعقل بن یَسار خواهری به نام جَملاء داشت که از شوهرش عاصم بن عُدی طلاق گرفته بود، بعد از پایان عده، جَملاء آرزو داشت دوباره با شوهرش نکاح کند و برادرش مانع میشد. موضوع به پیامبر اسلام (ص) راجع شد و این آیه نازل شد. همچنان روایت است که در این مورد بعضی دیگر از اعضای خانواده مداخله کرده اند و مانع شده اند. به هرحال چیزی که ما از این آیه می آموزیم این است که نکاح یک مسلهٔ شخصی است و هیچ کس از اعضای خانواده حق ندارد مداخله کند و یا مانع شود. حتی مادران و پدران حق ندارند تا مانع ازدواج دختران و پسران خود شوند. یگانه حقی که پدر دارد که میتواند مانع شود که شوهر مسلمان نباشد و همچنان اگر سوء اخلاق از مرد و یا زن سر زده باشد و مردم خبر باشند مادر و پدر باید نظر خود را بگویند اما حق ممانعت نکاح را که دختر سن او از شانزده به بالا باشد ندارند. این آیه مداخلات خانوادگی را در امور زنان و مردان مسلمان منع کرده است.

کفوه در مسئلهٔ نکاح در دین است که زن و شوهر مسلمان باشند نه مقام اجتماعی، ثروت و نام خانوادگی و غیره.

وَالْوَالِدَاتُ يُرْضِعْنَ أَوْلَادَهُنَّ حَوْلَيْنِ كَامِلَيْنِ لِمَنْ أَرَادَ أَن يُتِمَّ الرَّضَاعَةَ وَعَلَى الْمَوْلُودِ لَهُ رِزْقُهُنَّ وَكِسْوَتُهُنَّ بِالْمَعْرُوفِ لَا تُكَلَّفُ نَفْسٌ إِلَّا وُسْعَهَا لَا تُضَارَّ وَالِدَةٌ بِوَلَدِهَا وَلَا مَوْلُودٌ لَّهُ بِوَلَدِهِ وَعَلَى الْوَارِثِ مِثْلُ ذَلِكَ فَإِنْ أَرَادَا فِصَالًا عَن تَرَاضٍ مِّنْهُمَا وَتَشَاوُرٍ فَلَا جُنَاحَ عَلَيْهِمَا وَإِنْ أَرَدتُّمْ أَن تَسْتَرْضِعُوا أَوْلَادَكُمْ فَلَا جُنَاحَ عَلَيْكُمْ إِذَا سَلَّمْتُم مَّا آتَيْتُم بِالْمَعْرُوفِ وَاتَّقُوا اللَّهَ وَاعْلَمُوا أَنَّ اللَّهَ بِمَا تَعْمَلُونَ بَصِيرٌ (۲۳۳)

معنی: و مادران فرزندان خود را دو سال تمام شیر دهند. این برای کسی است که بخواهد دوره شیر دادن را تکمیل کند و خوراک و پوشاک آنها به طور شایسته به دوش کسیکه فرزند [از نسل اوست یعنی پدر] میباشد. هیچ کس جز به قدر توانش مکلف نمیشود. هیچ مادری [با وجود اختلافات] نباید به سبب کودکش آسیب ببیند و نه پدر به خاطر فرزندش رنج ببیند و بر عهده ی وارث نیز همین حکم است. پس اگر [والدین] به رضایت و مشورت یکدیگر بخواهند [طفل را پیش از وقت دو سال] از شیر باز دارند گناهی بر آنان نیست؛ و اگر خواستید برای فرزندان تان دایه بگیرید، چون به خوبی دستمزد منصفانه به آنان بپردازید گناهی برشما نیست و از خداوند (ج) بترسید و بدانید که خداوند (ج) اعمال شما را میداند و میبیند شما چه میکنید.

تفسیر: آیهٔ فوق یکی از مسایل عمدهٔ خانوادگی را به مسلمانان توضیح میدهد. اول اینکه مادران مکلف اند تا دو سال به فرزند خود شیر دهند. مطالعات عصر جدید نشان میدهد که شیر مادر برای کودک و مادر فواید زیادی دارد که شما به عظمت قرآن زیاد تر آگاهی حاصل میکنید. شیر مادر همه مواد لازم را که برای تغذیه انسان ضروری است، دارا میباشد. شیر مادر باعث تقویه عاطفی بین مادر و کودک میشود. شیر مادر باعث افزایش هوش کودک میشود. شیر مادر باعث تکامل نظام امنی بدن کودک میگردد. شیر مادر زود تر هضم میشود و برای کودک آسان تر است. مکیدن پستان مادر باعث میشود تا رحم مادر زود تر به شکل و اندازهٔ اولی باز گردد. مکیدن زود هنگام پستان مادر از خونریزی بعد از زایمان جلوگیری میکند. شیر دادن باعث کم کردن وزن مادر میشود. شیر دادن به کودک سرطان پستان را در مادر کاهش میدهد. همچنان سرطان

پستان را در نوزاد دختر کاهش میدهد. شیر مادر خطر انگیزی (ریسک) قند خون را در کودک کاهش میدهد. شیر مادر ریسک الرژی و تکلیف مرض اسما را کاهش میدهد. این مطالبی است که در اواخر قرن بیستم کشف شد و اما قرآن چهارده صد سال قبل برای مسلمانان توصیه میکند که به کودک مادر باید خود شیر دهد. بعضی اوقات میشود که مادر شیر کافی نمیداشته باشد. در این صورت برای اینکه کودک از انکشاف و توسعهٔ انسانی باز نماند دایه را توصیه میکند. زمانیکه مادر شیر میدهد مصارف و هزینه پرستاری در حد توان به دوش پدر است. یعنی مادر باید تنها به غمخوری کودک توجه کند. در جهان پیشرفته صنعتی برای مادران سه ماه رخصتی با مزد و بعضی کشورها بدون مزد وقت میدهند اما اسلام دو سال پدر را مکلف میسازد تا مصارف را تهیه کند که مادر شیر دهد. مسایلی که امروز در جوامع پیشرفته مطرح است، قرآن چهارده صد سال قبل تماس گرفته است. اگر دایه گرفته میشود پس باید با او عادلانه و منصفانه رویه کرد و دستمزد درست داد زیرا او نقش مادر را ایفا میکند. هیچ مادر نباید به خاطر فرزند رنج ببیند و هیچ پدر نباید به خاطر فرزند تکلیف ببیند. عدالت همین است. پس اگر والدین یک عذر میداشته باشند طور مثال کار میکنند بازهم میتواند دایه گیرند. خداوند (ج) از همه اعمال بندگان آگاه است و میبیند.

وَالَّذِينَ يُتَوَفَّوْنَ مِنكُمْ وَيَذَرُونَ أَزْوَاجًا يَتَرَبَّصْنَ بِأَنفُسِهِنَّ أَرْبَعَةَ أَشْهُرٍ وَعَشْرًا فَإِذَا بَلَغْنَ أَجَلَهُنَّ فَلَا جُنَاحَ عَلَيْكُمْ فِيمَا فَعَلْنَ فِي أَنفُسِهِنَّ بِالْمَعْرُوفِ وَاللَّهُ بِمَا تَعْمَلُونَ خَبِيرٌ (۲۳۴)

معنی: و کسانیکه از شما فوت میکنند و همسران شان بیوه میشوند، آنها چهار ماه و ده روز عده دارند و چون عده شان به پایان رسید هر آنچه بطور شایسته در مورد خود [تصمیم میگیرند] گناهی بر شما نیست و خدا (ج) به آنچه میکنید آگاه و داناست.

تفسیر: یک موضوع مهم دیگر خانوادگی. این آیه هم در مورد زنان است که قادر هستند وضع حمل بگیرند نه زنان سالخورده و کهنسال که وضع حمل گرفته نمیتوانند. زنان جوان که شوهران شان فوت میکند باید چهار ماه و ده روز عده را سپری کنند اگر حامله میباشند، روشن شود. امروز با پیشرفت تکنالوژی دیده میشود که زن حامله است یا خیر. اما چهارده صد سال قبل همچو چیزی ناممکن بود. با این هم در تکنالوژی

عصر حاضر هـم چهار هفته را در بـر میگیرد تا معاینات حاملگی نشان دهد که زن حامله است یا خیر. جالب اینکه مطالعات دقیقاً نشان میدهد که بعد از چهار ماه حاملگی نطفه انشکاف میکند و طفل به اندازۀ یک دانه برنج انکشاف کرده میباشد. و قرآن همین چهار ماه را تذکرداده است. این است حکمت قرآن. اکثراً این عده را در زبان عام دوره سوگواری زن میگویند. در اصل این عده دوره انتظار است که وضع حمل آشکار شود. بعد از آن دوره زن میتواند هر تصمیم که بگیرد اختیار دارد. طور مثال زن تصمیم میگیرد که با یک مرد دیگر نکاح کند. خانواده بعد از این مدت حق ندارند او را مانع شوند. و یا برای آرامش روحی میخواهد در یک شهر دیگر کوچ کند. هر تصمیم که بعد از چهار ماه و ده روز زن که شوهرش را از دست داده بگیرد، قابل احترام است.

وَلاَ جُنَاحَ عَلَيْكُمْ فِيمَا عَرَّضْتُم بِهِ مِنْ خِطْبَةِ النِّسَاءِ أَوْ أَكْنَنتُمْ فِي أَنفُسِكُمْ عَلِمَ اللهُ أَنَّكُمْ سَتَذْكُرُونَهُنَّ وَلَـكِن لاَّ تُوَاعِدُوهُنَّ سِرًّا إِلاَّ أَن تَقُولُواْ قَوْلاً مَّعْرُوفًا وَلاَ تَعْزِمُواْ عُقْدَةَ النِّكَاحِ حَتَّىَ يَبْلُغَ الْكِتَابُ أَجَلَهُ وَاعْلَمُواْ أَنَّ اللهَ يَعْلَمُ مَا فِي أَنفُسِكُمْ فَاحْذَرُوهُ وَاعْلَمُواْ أَنَّ اللهَ غَفُورٌ حَلِيمٌ (۲۳۵)

معنی: و گناهی بر شما نیست که به کنایه و سربسته خواستگاری کنید و این راز را در دل پنهان دارید؛ خدا (ج) از دل شما آگاه است که ازدواج شان را به سر می پرورانید. ولی قرار پنهانی مگذارید مگر سخنی نیکو به اساس کتاب بگوئید و تا عده شان به سر نیامده به ایشان عقد نکاح نبندید و بدانید آنچه در دلهای شماست خدا (ج) میداند پس از او بترسید که خدا (ج) بخشاینده و مهربان است.

تفسیر: به تعقیب آیۀ قبلی خداوند (ج) به مردان میگوید که شما میتوانید با زنان نکاح کنید اما اول منتظر باشید تا عده شان به پایان رسد. خداوند (ج) از دل ها آگاه است و نباید قول و قرار پنهانی با ایشان یعنی زنان بگذارید و یا به ایشان دروغ گوئید و یا کرامت شان را پایمال کنید. وقتی عده به پایان رسید رسماً نکاح کنید و مردم هم باید خبر شوند تا هیچ طرف صدمۀ اجتماعی نبیند. این آیه از نگاه جامعه شناسی حایز اهمیت است زیرا روابط زنان و مردان را به اساس اخلاق اجتماعی سر و سامان میدهد. یعنی مردان میتوانند مستقلانه به یک خانم اظهار علاقه کنند و به زنان بگویند که آرزوی نکاح را با ایشان دارند اما بعد از ختم عده. اگر زن قبول کرد، خوب و اگر معذرت خواست زن و مرد در دین خواهر

و بـرادر هسـتند و نبایـد بـه کرامـت زن دسـت درازی کـرد و او را مـورد آزار و اذیـت قـرار داد. ایـن آیـه نـه تنهـا بـه مـردان و زنـان اسـتقلال عمـل میدهـد در عیـن زمـان مـوارد عملـی را نشـان میدهـد تـا چگونـه بـا کرامـت زندگـی کنند و بـه جـز از خـدا (ج) از هیـچ موجـود دیگـری هـراس نداشـته باشـند کـه خداونـد (ج) آمرزنـده و مهربـان اسـت. همچنـان ایـن آیـه دوره نامـزدی را هـم روشـن میسـازد کـه زنـان و مـردان میتواننـد نامـزد شـوند و رابطـه داشـته باشـند تـا همدیگـر را بشناسـند و امـا همبسـتر شـده نمیتواننـد تـا نـکاح صـورت نگیـرد. زنـان و مـردان مؤمـن کـه از خـدا (ج) میترسـند حـدود خـود را میشناسـد و اگـر خطـا کاری میکننـد خـود شـان مسـؤول اعمـال شـان هسـتند نـه دیگـران.

لاَّ جُنَاحَ عَلَيْكُمْ إِن طَلَّقْتُمُ النِّسَاء مَا لَمْ تَمَسُّوهُنُّ أَوْ تَفْرِضُواْ لَهُنَّ فَرِيضَةً وَمَتِّعُوهُنَّ عَلَى الْمُوسِعِ قَدَرُهُ وَعَلَى الْمُقْتِرِ قَدْرُهُ مَتَاعًا بِالْمَعْرُوفِ حَقًّا عَلَى الْمُحْسِنِينَ (236)

معنی: اگـر زنـان را قبـل از تمـاس [جنسـی] و قبـل از تعییـن مهـر طـلاق دادیـد گناهـی بـر شـما نیسـت ولـی هدیـه شایسـته تقدیـم شـان کنیـد، توانگـر بـه قـدر تـوان خـود و تنگدسـت بـه قـدر تـوان خـود و ایـن مسـؤولیت و وظیفـه نیکـوکاران اسـت.

تفسـیر: ایـن آیـه دوران نامـزدی را صریحـاً بیـان میـدارد. در دوران نامـزدی نـکاح و مهـر نیسـت. آیـه میگویـد کـه قبـل از تمـاس جنسـی و قبـل از تعییـن مهـر. یعنـی زنـان و مـردان میتواننـد بـا هـم نامـزد شـوند، گشـت و گـزار کننـد و نشسـت و برخاسـت داشـته باشـند مشـروط بـر اینکـه تمـاس جنسـی نداشـته باشـند و تعییـن مهـر نشـده باشـد. اگـر مهـر (کـه از واجبـات نـکاح اسـت) تعییـن شـود در آنصـورت نـکاح صـورت میگیـرد. اگـر قبـل از نـکاح بـه تفاهـم نمیرسـید بایـد از روی احتـرام و مَحبـت یـک تحفـه بـه دختـر بدهیـد و یـا اگرقبـلاً تحفـه داده ایـد آنـرا پـس نگیریـد. ضـرور نیسـت کـه تحفـه هـای گرانبهـا بدهیـد کـه بعـداً آنـرا مطالبـه کنیـد. هرکـس نظـر بـه قـدر تـوان خـود بایـد مَحبـت کنـد. نکتـه مهـم ایـن اسـت کـه اگـر در دوران نامـزدی تحفـه داده ایـد دوبـاره آنـرا درخواسـت نکنیـد و اگـر نداده ایـد یـک تحفـه بـه پـاس اینکـه چنـد روزی بـا هـم دوسـت بودیـد تقدیـم کنیـد. ایـن اسـت آزادی و کرامـت انسـانی در اسـلام.

وَإِن طَلَّقْتُمُوهُنَّ مِن قَبْلِ أَن تَمَسُّوهُنَّ وَقَدْ فَرَضْتُمْ لَهُنَّ فَرِيضَةً فَنِصْفُ مَا فَرَضْتُمْ إَلاَّ أَن يَعْفُونَ أَوْ يَعْفُوَ الَّذِي بِيَدِهِ عُقْدَةُ النِّكَاحِ وَأَن تَعْفُواْ أَقْرَبُ لِلتَّقْوَى وَلاَ تَنسَوُاْ الْفَضْلَ بَيْنَكُمْ إِنَّ اللهَ بِمَا تَعْمَلُونَ بَصِيرٌ (۲۳۷)

معنی: و اگر زنان را پیش از تماس جنسی طلاق دادید و مهری تعیین کرده بودید نصف آنچه تعیین شده است بر عهده ی شماست. مگر اینکه آنان خود شان [مهر خود را] ببخشند یا کسیکه متکفل عقد نکاح است [به اجازه زن] ببخشد و گذشت شما به تقوا نزدیکتر است. فضل و بخشش را در بین خود فراموش نکنید که خداوند (ج) به آنچه میکنید بیناست.

تفسیر: امکان این میرود که بعد از نکاح اختلافات بین زن و شوهر رخ بدهد. در صورتیکه مهر تعیین شده باشد و اما همبستر نشده باشید نصف مهر را باید به زن ببخشید. مثلاً مَهر ده هزار دالر است پس پنج هزار باید به زن تقدیم شود مگر اینکه زن خودش و یا متکفل عقد نکاح به اجازه زن آن را مطلق ببخشد. خداوند (ج) اینچنین مقام زن را شامخ ساخته است و اما چه بی‌عدالتی هائی که صورت نمیگیرد که انسان شاخ میکشد زیرا قضای عادل وجود ندارد و وقتی قضای عادل وجود نداشت مردم هم تخطی میکنند و حقوق زنان را پایمال میکنند. خواه مخواه همیشه باید از عدل و انصاف کار گرفت و یک بخش عمده عدل بخشش و کرامت است که مرد و زن مؤمن باید در نظر بگیرند.

حَافِظُواْ عَلَى الصَّلَوَاتِ والصَّلاَةِ الْوُسْطَى وَقُومُواْ لِلّهِ قَانِتِينَ (۲۳۸)

معنی: بر نماز ها بالخصوص نماز میانه پا بند باشید و مطیعانه برای [عبادت خدا (ج)] به پا ایستید.

تفسیر: در مورد نماز میانه که آیا ظهر است و یا عصر است بین مفسرین اختلاف نظر است. اما از تعریف میانه یا «وسطی» چنین بر میاید که نماز ظهر باشد نه عصر زیرا میانه ی روز چاشت است. یعنی دوازده ظهر نیمه روز است و دوازده شب نیمه شب است و دوازده ساعت نصف برابر است. از نماز های فوق‌العاده مهم در پنج وقت نماز است که نباید فراموش کرد.

فَاِنْ خِفْتُمْ فَرِجَالاً أَوْ رُكْبَانًا فَإِذَا أَمِنتُمْ فَاذْكُرُوا اللهَ كَمَا عَلَّمَكُم مَّا لَمْ تَكُونُواْ تَعْلَمُونَ (۲۳۹)

معنی: پس اگر بیم [خطر] باشد پیاده یا سواره نماز کنید و چون امن شدید خدا (ج) را به همان قسمیکه به شما آموخت یاد کنید که نمیدانستید.

تفسیر: این آیه در شرایط امروز که آیا ما به سواری موتر نماز بخوانیم و یا نخوانیم خیلی ها مهم است. در صورتیکه شما احساس خطر میکنید مثلاً در شاهراه تاریک و یا یک محلی که هیچ عبور و مرور نیست خطرناک است و امکان وقوع جنایت میرود که موتر را ایستاد و نماز ادا کرد. پس بهتر است به سفر ادامه داد و در موتر نماز خواند. اما درصورتیکه شما خود را امن احساس کردید باید نماز را به اصول آن ادا کنید. در سفر، نماز های سنت نیست و تنها فرض است و در صورتیکه احساس خطر باشد نشسته در موتر ادا کنید و خود را به خطر مواجه نسازید.

وَالَّذِينَ يُتَوَفَّوْنَ مِنكُمْ وَيَذَرُونَ أَزْوَاجًا وَصِيَّةً لِّأَزْوَاجِهِم مَّتَاعًا إِلَى الْحَوْلِ غَيْرَ إِخْرَاجٍ فَإِنْ خَرَجْنَ فَلاَ جُنَاحَ عَلَيْكُمْ فِي مَا فَعَلْنَ فِي أَنفُسِهِنَّ مِن مَّعْرُوفٍ وَاللهُ عَزِيزٌ حَكِيمٌ (۲۴۰)

معنی: و کسانیکه از شما فوت میکنند و بیوه های شان بجا میماند، وصیت این است که برای یک سال اعاشه شوند و از خانه خارج ساخته نشوند؛ ولی اگر (خود شان) از خانه خارج شدند و در حق خویش اعمال شایسته انجام میدهند بر شما گناهی نیست و خداوند (ج) شکست ناپذیر حکیم است.

تفسیر: اگر یک عضو خانواده فوت میکند و همسر او میراث نمیداشته باشد، عاید نمیداشته باشد، کار نمیداشته باشد برای حفظ آبرو و عزت او تا که راه حل سالم پیدا شود، خانواده شوهر باید او را کمک کنند و از خانه و جای او را بیجا نکنند. اگر خودش بعد از میعاد عده از خانه خارج میشود و سرنوشت خود را به شکل اساسی و درست میسازد، گناهی بر اعضای خانواده شوهر نیست. از نگاه جامعه شناسی در نظام اجتماعی دو نوع خانواده وجود دارد. خانوادۀ هسته ای و خانوادۀ دامنه ای. خانواده هسته ای زیاد تر در غرب زمین است که زن و شوهر است و کودکان شان. کسی به کار شان دخالت نمیکند و خود شان زندگی خود را به پیش میبرند و

اما در اسلام خانواده شکل دامنه ای دارد یعنی همه اعضای خانواده مسؤول همدیگر هستند. یکی اگر فوت میکند مسؤولیت همه اعضای خانواده است تا از بازماندگان سرپرستی کنند. این آیه رواج قومی و قبایلی را که وقتی شوهر فوت میکند زن را بدون اینکه از او سؤال کنند به برادر شوهر نکاح میکنند رد میکند. در اسلام نظر به حدیث رسول اکرم (ص) هیچ کس حق ندارد تا زن بیوه و دختر باکره را بدون اجازه اش در نکاح کسی شامل سازد.

وَلِلْمُطَلَّقَاتِ مَتَاعٌ بِالْمَعْرُوفِ حَقًّا عَلَى الْمُتَّقِينَ (۲۴۱)

معنی: و برای زنان طلاق شده [هم] اعاشه شان به شکل منصفانه تهیه شود و این یک مکلفیت [اخلاقی] است بر عهده کسانیکه تقوا پیشه کرده اند.

تفسیر: ببینید که اسلام چقدر به زن حرمت قایل است. در مورد زنان که طلاق میشوند نباید ایشان را بدون سرنوشت رها کرد. اولین مسؤولیت شوهر مهر اوست که باید فوراً تهیه و تادیه شود و بعد کمک شود تا حد توان اعاشه شود تا زن سرنوشتش را روشن سازد. در جامعهٔ افغانی نه تنها مهر را نمی پردازند، بلکه اعاشه به هیچ صورت به زن نمیدهند و حتی با او دشمنی هم میکنند و سبب اذیت و آزار او میشوند. این عمل آنان است که از خدا (ج) نمیترسند و تقوا پیشه نکرده اند و سخن خدا (ج) برای شان بی‌اهمیت است و به صورت غیر مدنی زندگی میکنند.

كَذَلِكَ يُبَيِّنُ اللَّهُ لَكُمْ آيَاتِهِ لَعَلَّكُمْ تَعْقِلُونَ (۲۴۲)

معنی: بدین ترتیب خداوند (ج) آیات خود را به شما بیان میکند تا باشد شما تعقل کنید.

تفسیر: خداوند (ج) به انسان عقل، شعور، ذکاوت، استعداد و وجدان خدا پرستی داده است که همانا نفس اوست. انسان مؤمن از عقل کار میگیرد و نفس خود را زیر مراقبت میداشته باشد. آنان هدایت شده‌اند که آیات خدا (ج) را جدی میگیرند و به آن عمیق می‌اندیشند و برای اینکه در آخرت جوابگو نباشند آیات را در زندگی روزمره تطبیق میکنند. زندگی روزمره انسان مؤمن به اساس سه «ع» میچرخد: عقل، عقیده و عمل. عاقل و مؤمن در اسلام آن شخص است که هدایات الهی را سخت باورمند است و در عمل پیاده میکند.

اَلَمْ تَرَ إِلَى الَّذِينَ خَرَجُواْ مِن دِيَارِهِمْ وَهُمْ أُلُوفٌ حَذَرَ الْمَوْتِ فَقَالَ لَهُمُ اللهُ مُوتُواْ ثُمَّ أَحْيَاهُمْ إِنَّ اللهَ لَذُو فَضْلٍ عَلَى النَّاسِ وَلَـكِنَّ أَكْثَرَ النَّاسِ لاَ يَشْكُرُونَ (۲۴۳)

معنی: آیا مردمانی را که هزاران هزار بودند ندیدی آنگاه که از بیم مرگ از دیار خود خارج شدند، پس خدا (ج) به ایشان گفت: بمیرید و [آنها مردند] سپس زنده شان کرد؟ حقا که خداوند (ج) بر مردم صاحب کَرَم است ولی بیشتر مردم سپاسگزار نیستند.

تفسیر: در مورد آیۀ فوق مفسرین اختلاف نظر دارند. بعضی ها را عقیده بر این است که در این آیه مسلمانان را آگاهی میدهد که اگر در راه ایمان از مال و جان خود مردم نگذرند، یعنی در راه خدا (ج) جهاد نکنند دشمن نابود شان خواهد کرد با اینکه هزاران نفر باشند و اما هدف نامعلوم باشد. خداوند (ج) جبونی را دوست ندارد و مردم جبون را نیست و نابود میکند و در دست دشمن اسیر میشوند. اما اگر با ایمان قاطع بدون توقعات در راه خدا (ج) ایستادگی کنند خداوند (ج) با ایشان است. آیه اشاره به بزرگان بنی اسرائیل است که در راه جهاد برای خدا (ج) جبونی نشان میدادند. برای اینکه خداوند (ج) حکمت و قدرت خود را نشان دهد میگوید بمیرید و میمیرند و دوباره ایشان را زنده میکند. این یک درس کلی است برای آنهائیکه ایمان را جدی نمیگیرند و راه گم هستند.

وَقَاتِلُواْ فِي سَبِيلِ اللهِ وَاعْلَمُواْ أَنَّ اللهَ سَمِيعٌ عَلِيمٌ (۲۴۴)

معنی: در راه خدا (ج) پیکار کنید و بدانید که خداوند (ج) شنوای داناست.
تفسیر: جهاد در راه خدا (ج) یکی از اساسات عمده سیاست اسلامی است. مسلمانان وقتی خوار و زار میشوند که جهاد در راه ایمان را فراموش کنند. خداوند (ج) از دل های مردم آگاهی کامل دارد. جهاد در راه خدا (ج) آن است که بعضی اوقات ما باید از جان و مال خود بگذریم تا بتوانیم نه تنها کرامت انسانی خود را حفظ کنیم بلکه استقلال سیاسی و اقتصادی خود را پاسداری نماییم. متأسفانه حرص مال و دوستی جان بر ایمان مسلمانان غلبه کرده است و نتیجه آن مصالحه امور کشوری ما مسلمانان است که دو دسته به غیر مسلمانان تقدیم کردیم. از نگاه اقتصادی هم زیر یوغ بانک جهانی رفتیم به جای اینکه طرق دیگر را ارزیابی و بررسی کنیم. همه بدبختی است.

مَّن ذَا الَّذِي يُقْرِضُ اللّهَ قَرْضًا حَسَنًا فَيُضَاعِفَهُ لَهُ أَضْعَافًا كَثِيرَةً وَاللّهُ يَقْبِضُ وَيَبْسُطُ وَإِلَيْهِ تُرْجَعُونَ (۲۴۵)

معنی: کیست که در راه خدا (ج) قرض حسنه دهد تا [خدا (ج)] آن را برایش چندین برابر زیاد تر کند؛ و خداوند (ج) تنگدستی و گشایش را [در معشیت مردم] پدید می آورد و به سوی او باز گردانده میشوید.

تفسیر: قرض حسنه بدون سود است. کسانیکه در راه خدا (ج) به مردم کمک میکنند، خداوند (ج) چند برابر آن را برایشان در این دنیا و آن دنیا خواهد داد. ما وقتی از تنگدستی میتوانیم خود را نجات دهیم که در راه خدا (ج) و خدمت به مردم دل فراخ داشته باشیم. این تعاون مردمی باید برای فلاح و سعادت خانواده ها و جامعه باشد. با همکاری سالم است که ما میتوانیم چرخ اقتصادی را به کار اندازیم. وقتی ما بتوانیم به یک کسی قرض حسنه دهیم تا از نگاه اقتصادی به پای خود ایستاده شود و کار کند، یک خانواده را اساساً کمک کرده ایم. در نتیجه جامعه را آباد کرده ایم. ما به همان اندازه ثروت را ضرورت داریم که مایحتاج ما را پوره کند نه زیاد تر از آن. خداوند (ج) در کار های ما گشایش میدهد اگر ما در راه او سخاوت داشته باشیم.

أَلَمْ تَرَ إِلَى الْمَلَإِ مِن بَنِي إِسْرَائِيلَ مِن بَعْدِ مُوسَى إِذْ قَالُوا لِنَبِيٍّ لَهُمُ ابْعَثْ لَنَا مَلِكًا نُّقَاتِلْ فِي سَبِيلِ اللّهِ قَالَ هَلْ عَسَيْتُمْ إِن كُتِبَ عَلَيْكُمُ الْقِتَالُ أَلاَّ تُقَاتِلُواْ قَالُواْ وَمَا لَنَا أَلاَّ نُقَاتِلَ فِي سَبِيلِ اللّهِ وَقَدْ أُخْرِجْنَا مِن دِيَارِنَا وَأَبْنَآئِنَا فَلَمَّا كُتِبَ عَلَيْهِمُ الْقِتَالُ تَوَلَّوْاْ إِلاَّ قَلِيلاً مِّنْهُمْ وَاللّهُ عَلِيمٌ بِالظَّالِمِينَ (۲۴۶)

معنی: آیا ندیدی بزرگان بنی اسرائیل را بعد از [رسالت موسی) وقتی به پیامبر خود گفتند: برای ما ملک (پادشاهی) برگزین تا در راه خدا (ج) جهاد کنیم؟ گفت اگر به شما فرمان جهاد داده شود، [نشود که]جهاد نکنید! گفتند: چرا در راه خدا (ج) جهاد نکنیم درحالیکه از سرزمین خود رانده شده ایم و از فرزندان خود جدا افتاده ایم؟ اما هنگامی که بر جهاد دستور یافتند، جز اندک شمار از ایشان، همه روی گردان شدند و خدا (ج) به [حال] ظالمین آگاه است.

تفسیر: توجه کنیم که از آیهٔ ۲۴۶ الی آیهٔ ۲۵۲ که اخیر جزء دوم قرآن مجید میباشد موضوع دوباره بر میگردد روی یهودیان که مطالب آن برای

ما ارزنده، آموزنده و قابل غور و تعمق میباشد زیرا در زندگی امروز میتواند پند بزرگ باشد. در این آیه دو نکتهٔ عمدهٔ معنوی وسازندگی سیاسی نهفته است. حکم به جهاد برای اهل ایمان که جنبه معنوی و سازندگی سیاسی دارد و اطاعت از رهبر دانا و عادل برای نظم و قانون و جلوگیری از فساد. جهاد هم یک پدیدهٔ معنوی است زیرا با جهاد بر نفس که جهاد اکبر است انسان خود را از بدی ها به دور کرده و راه کرامت و آبرومندی و عزتمندی را به پیش میگیرد. جهاد سازندگی سیاسی که جهاد اصغر است برای تأمین عدالت، صلح و زیست با همی، مبارزه با شرک، آبادی شهر، مبارزه با فقر و بیسوادی، حقوق مساوی بین افراد جامعه، مبارزه با فساد و فحشا، وجلوگیری از سراسیمگی و ضعف سیاسی و اجتماعی است که هر دو جهاد برای مسلمین فرض است. یهودیان درخواست یک فرمانروا را میکنند تا زیر فرمان او به جهاد بپردازند. برای شان گفته میشود که نشود از جهاد سرباز زنند، که همین‌طور هم کردند. جالب این است که میگفتند چرا از جهاد سرباز زنیم در حالیکه ما را از دیار ما آواره کردند و از فرزندان ما را جدا کردند. نظر به قانون شکنی هائی که میکردند، نافرمانی خداوند (ج) را میکردند، عهد و پیمان را می شکستند و مهمتر از همه بی اتفاق بودند و بسیار از نگاه سیاسی و اجتماعی ضعیف شده بودند با اینکه خداوند (ج) ایشان را از نعمت های فراوان بی بهره نمانده بود و اما ناشکری میکردند. همان بود که از دیار شان توسط دشمن رانده شده و حتی اولاد شان اسیر گرفته شد. امروز که به قدرت رسیده‌اند خود شان نه تنها از حکم پروردگار شانه خالی کردند، هزاران فلسطینی را از خانه های شان آواره ساخته‌اند زیر نام صهیونیزم و ایالات متحده آمریکا و غربیان همیشه از این ظلم پشتیبانی کردند. خداوند (ج) میگوید: آنانیکه در راه خدا (ج) جهاد نمیکنند یعنی راه صلح و زیست باهمی و عدالت را در پیش نمیگیرند از اعمال شان آگاه است و این‌ها از ظالمین هستند.

وَقَالَ لَهُمْ نَبِيُّهُمْ إِنَّ اللَّهَ قَدْ بَعَثَ لَكُمْ طَالُوتَ مَلِكًا قَالُوا أَنَّى يَكُونُ لَهُ الْمُلْكُ عَلَيْنَا وَنَحْنُ أَحَقُّ بِالْمُلْكِ مِنْهُ وَلَمْ يُؤْتَ سَعَةً مِّنَ الْمَالِ قَالَ إِنَّ اللَّهَ اصْطَفَاهُ عَلَيْكُمْ وَزَادَهُ بَسْطَةً فِي الْعِلْمِ وَالْجِسْمِ وَاللَّهُ يُؤْتِي مُلْكَهُ مَن يَشَاءُ وَاللَّهُ وَاسِعٌ عَلِيمٌ (٢٤٧)

معنی: و پیامبرشان به آنها گفت: خداوند (ج) طالوت را به شما برگزید. گفتند: چطور امکان دارد که او بر ما فرمانروایی کند حال آنکه ما شایسته

ترایم و او از مال دنیا چیزی ندارد؟ گفت: خداوند (ج) او را بر شما برگزیده و او را در دانش و توانایی جسمی فزونی داده است و خداوند (ج) فرمانروایی را به هر که بخواهد میدهد و خداوند (ج) گشایشگر داناست.

تفسیر: به تعقیب آیهٔ بعدی، پیامبر شان که حضرت اشمُوئیل (ع) بود به دربار خداوند (ج) استدعا کرد تا یک فرمانروا برای شان برگزیند. همان بود که خداوند (ج) درخواست حضرت اشمُوئیل را قبول میکند و طالوت را برای فرمانروایی شان میفرستد. طالوت شخص بلند قامت و قوی هیکل بود و از دانش دنیوی برخوردار بود. اما یهودیان او را در اول نپذیرفتند زیرا طالوت نه از یک خانوادهٔ ثروتمند بود که برای یهودیان اهمیت داشت و تا امروز ثروت برای یهودیان بسیار با اهمیت است و نه طالوت نَسَب پیامبری داشت یعنی سابقهٔ نبوت نداشت و نه از خانوادهٔ حضرت یوسف (ع) بود که سابقهٔ حکومت داری داشتند. طالوت تنها دانش و قوای روحی و فزیکی بزرگ داشت و این برای یهودیان کافی نبود و گفتند که ایشان از طالوت بهترند زیرا اقلاً سرمایه دارند. چون یهودیان همیشه بهانه گیر و خورده گیر هستند (چنانچه در داستان گاو زرد دیدیم) برای اینکه او را قبول نکنند طالب یک نشانه شدند. پندی که از این آیه میگیریم این است که منحیث یک مؤمن اول ما باید با دانش شخص و توانایی جسمی او معتقد باشیم نه اینکه حتماً پول دار باشد و ما فکر کنیم که میتواند رهبری کند. چنانچه یک عده زیاد در آمریکا فکر کردند که آقای ترمپ سرمایه دار است پس میتواند یک رهبر خوب هم باشد در حالیکه ۶۶٪ مردم از اینکه همچو رئیس جمهور دارند خوش نیستند. پند دوم از این آیه، رهبر شخصی که روحیات قوی و قوای جسمی و توانایی داشته باشد باید به صفت رهبر انتخاب شود. اشخاص اعصاب خراب و بد خوی و اینکه تکالیف صحی داشته باشند نباید در انتخابات که در زندگی سیاسی امروز به راه می افتد سهم گیرند. و یا قانون انتخابات از سهمگیری همچو اشخاص باید جلوگیری کند.

وَقَالَ لَهُمْ نَبِيُّهُمْ إِنَّ آيَةَ مُلْكِهِ أَن يَأْتِيَكُمُ التَّابُوتُ فِيهِ سَكِينَةٌ مِّن رَّبِّكُمْ وَبَقِيَّةٌ مِّمَّا تَرَكَ آلُ مُوسَى وَآلُ هَارُونَ تَحْمِلُهُ الْمَلَائِكَةُ إِنَّ فِي ذَٰلِكَ لَآيَةً لَّكُمْ إِن كُنتُم مُّؤْمِنِينَ (۲۴۸)

معنی: و پیامبر شان به آنها گفت: نشانهٔ [طالوت] همانا این است که «صندوق عهد» به سوی شما خواهد آمد که در آن آرامشی از سوی

پروردگار شما و اندرزهای خاندان موسی و هارون قرار دارد در حالیکه فرشتگان آنرا حمل میکنند؛ در این نشانه ای برای شماست اگر ایمان داشته باشید.

تفسیر: نشانهٔ طالوت برای قوم یهود «صندوق عهد» بود. تابوت در زبان عربی صندوق چوبی را گویند چنانچه در آیه میخوانیم هر نوع صندوق چوبی را گویند. مردم ما وقتی از کلمهٔ تابوت میشنوند فوراً تابوت جنازه را ترسیم میکنند در حالیکه معنی آن همان است که گفتیم. در مورد اینکه این تابوت یا «صندوق عهد» چه بود روایات مختلف وجود دارد. واقعبینانه ترین روایت را مرحوم یوسف علی نقل کرده است که ترجمه فارسی آن از متن انگلیسی توسط این مفسر چنین است: "صندوق تبرکات از چوب درخت صمغ عربی (القرظ) و مرصع با طلا بوده ۵ در ۳ در ۳ فُت حجم داشت (باب ۵ بند ۱۰-۲۲ سفر خروج). گفته شده که در آن «گواهی نامهٔ خداوند (ج)» یا ده فرمان که در سنگ حک شده است با یادگار موسی و هارون [علیهما السلام] جا داده شده است. سرپوش آن «سرپوش رحمت» نام دارد که صفحهٔ طلایی است با دو فرشتگان آسمانی که بال های شان به بیرون کشیده شده است. این یک ملکیت بسیار ارزنده و مقدس برای بنی اسرائیل بود. این صندوق در اوایل عهد اشموئیل به دست دشمن افتاده بود. وقتی این صندوق برگشت کرد، در قریه برای مدت بیست سال باقی ماند و بعداً در عهد سلطنت [طالوت] به پایتخت برده شد. بناءً یک نشانه از وحدت و قدرت به شمار میرفت. تا زمانیکه یهودیان از محتوای این صندوق به درستی پیروی میکردند بسیار با قدرت و منسجم بودند و زمانیکه از پیروی ده فرمان که در صندوق عهد بود غفلت ورزیدند بسیار ضعیف شدند و دشمن نه تنها بالای شان غالب شد بلکه آنها را از سرزمین شان بیرون راند، کودکان شان را اسیر گرفت و صندوق عهد هم به دست دشمن افتاد. نوع چوب این صندوق در بعضی تفاسیر درخت عکاسی ترجمه شده است که اشتباه است. پندی که ما از این داستان میگیریم این است که قرآن مجید برای ما رهنمای بسیار ارزنده و مقدس است تا رهیاب شویم با سعادت باشیم و با سر فرازی زندگی کنیم. غفلت وغلط فهمی این کتاب آسمانی یعنی قرآن مجید ما را خوار و ذلیل میسازد. امروز که مسلمانان بسیار بیچاره و ضعیف هستند برای این است که از قرآن به دور هستند و نه تنها دشمن غالب شده است به اندازهٔ که بیت المقدس را اشغال کردند، مردم فلسطین را از دیار شان بیرون کردند و خانواده ها را از هم جدا کردند و هزاران جوان فلسطینی در

زندان به سر میبرد. و قدرت های مسلمان همه خاموش اند و تسلی شان یکی دو روز اعتصاب و راه پیمایی خیابانی است و بس.

فَلَمَّا فَصَلَ طَالُوتُ بِالْجُنُودِ قَالَ إِنَّ اللهَ مُبْتَلِيكُم بِنَهَرٍ فَمَن شَرِبَ مِنْهُ فَلَيْسَ مِنِّي وَمَن لَّمْ يَطْعَمْهُ فَإِنَّهُ مِنِّي إِلَّا مَنِ اغْتَرَفَ غُرْفَةً بِيَدِهِ فَشَرِبُواْ مِنْهُ إِلَّا قَلِيلاً مِّنْهُمْ فَلَمَّا جَاوَزَهُ هُوَ وَالَّذِينَ آمَنُواْ مَعَهُ قَالُواْ لاَ طَاقَةَ لَنَا الْيَوْمَ بِجَالُوتَ وَجُنودِهِ قَالَ الَّذِينَ يَظُنُّونَ أَنَّهُم مُّلاَقُو اللهِ كَم مِّن فِئَةٍ قَلِيلَةٍ غَلَبَتْ فِئَةً كَثِيرَةً بِإِذْنِ اللهِ وَاللهُ مَعَ الصَّابِرِينَ (٢٤٩)

معنی: پس همینکه طالوت با سپاهیان به راه افتاد گفت: خداوند (ج) شما را با نهر آب امتحان میکند، پس هر که از آن بنوشد از من نیست و هر که از آن نه چشد از من است، مگر کسی به اندازۀ کف دستی بیاشامد. همه از آن نوشیدند جزشمار اندکی از ایشان. و زمانیکه او [طالوت] و مؤمنان همراهش از نهر گذشتند، [عده ای نافرمان] گفتند امروز ما را یارای [مقابله با] جالوت و سپاه او نیست. ولی آنها که میدانستند خدا (ج) را ملاقات خواهند کرد گفتند: چه بسا گروهی اندک به خواست خداوند (ج) بر گروهی که افزون است غلبه یافته و خداوند (ج) با صابران است.

تفسیر: اساساً خداوند (ج) میداند که کی ها ایمان دارد و کی ها ندارند زیرا از قلوب مردم آگاه است. پس همه امتحانات خداوند (ج) برای آزمایش خود ماست که چون اساس ایمان به غیب است با تعقل و درک عمیق خدا را بشناسیم و اطاعت کنیم. اینجا هم مردم یهود را به ایمان شان امتحان میکند. دو سپاه در مقابل هم قرار میگیرند. سپاه طالوت که تعدا شان بسیار کم بود و سپاه جالوت که تعداد شان بسیار زیاد بود. چرا سپاه طالوت موفق میشود به خاطر ایمان به خدا (ج) و تکیه و توکل به ذات پروردگار. اینجا می بینیم که ایمان در سرفرازی یک سپاه به اندازۀ نقش دارد که به چه اندازه در هدف خود مصمم است. تعداد مطرح نیست. هدف، مرام و ایمان و صبر در همه ساحات زندگی مطرح است.

وَلَمَّا بَرَزُواْ لِجَالُوتَ وَجُنُودِهِ قَالُواْ رَبَّنَا أَفْرِغْ عَلَيْنَا صَبْرًا وَثَبِّتْ أَقْدَامَنَا وَانصُرْنَا عَلَى الْقَوْمِ الْكَافِرِينَ (٢٥٠)

معنی: و آنگاهی که در مقابل سپاه جالوت قرار گرفتند، گفتند: پروردگارا! بر ما شکیبایی فرو بار و قدمهای ما را استوار ساز و بر قوم کافر پیروزما گردان.

تفسیر: اهل ایمان همیشه به خالق توکل میکنند زیرا خداوند (ج) متوکلین را دوست دارد. این بدین معنی نیست که ما در کار ها برنامه ریزی نداشته باشیم، هدف و مرام نداشته باشیم، تصامیم معقول نگیریم و یا بدون سنجش اصولی کاری نکنیم. اهل ایمان همه امور خود را درست ارزیابی میکنند، دقیق می سنجد و بعد از خداوند (ج) طلب شکیبایی و پیروزی در کارها میکند. آیهٔ فوق دعای عمده است که هر مسلمان باید بیاموزد.

فَهَزَمُوهُم بِإِذْنِ اللهِ وَقَتَلَ دَاوُودُ جَالُوتَ وَآتَاهُ اللهُ الْمُلْكَ وَالْحِكْمَةَ وَعَلَّمَهُ مِمَّا يَشَاءُ وَلَوْلاَ دَفْعُ اللهِ النَّاسَ بَعْضَهُم بِبَعْضٍ لَفَسَدَتِ الأَرْضُ وَلَـكِنَّ اللهَ ذُو فَضْلٍ عَلَى الْعَالَمِينَ (۲۵۱)

معنی: پس با ارادهٔ خداوند (ج) آنها را شکست دادند و داود جالوت را کشت و خداوند (ج) او را پادشاهی و حکمت داد و از آنچه میخواست به وی آموخت. و اگر خدا (ج) بعضی مردم را بوسیلهٔ گروه دیگر دفع نکند زمین تباه میشود ولی خداوند (ج) بر جهانیان کرَم و احسان دارد.

تفسیر: حضرت داؤود (ع) در سپاه طالوت بود و او بود که سر لشکر کفار را که جالوت باشد از پا در آورد. پاداش آن ازجانب خداوند (ج) پادشاهی و علم و حکمت بود. داستان داؤود (ع) یک داستان عقیده و ایمان و عزم راسخ بود ورنه نه خود سلاح داشت و نه تجربه کافی برای جنگ کردن. با فلاخن و چند عدد سنگچل جالوت را از پا در آورد. عزم و اراده ای داؤود به خاطر ایمان راسخ او به خداوند (ج) بود. هیچ گاه خداوند (ج) آنان را که با عقیده راسخ و عزم متین بر خاطر ایمان، عدالت اجتماعی و صلح مردمی میجنگند نا امید نمیکند. جهاد قسمیکه گفتیم یا برای اصلاح نفس انسانی است و یا ایمان و مبارزه با کفر و فساد و شرک و بی عدالتی. پاداش داؤود (ع) کتاب آسمانی زبور بود که متأسفانه امروز در دسترس جهانیان قرار ندارد اما میتوان گفت که پیام پروردگار به بشریت از اول تا آخر خدا پرستی بوده و چون به داؤود (ع) علم و حکمت آموخت، این به ما میرساند که پادشاه و یا هر مقامی که رعیت برای منافع همگانی از او اطاعت کنند، عادل و دانا باشد. میراث حضرت داؤود (ع) برای بشریت با اینکه کتاب زبور در طول تاریخ از بین رفت؛ همین است که مردم کسی را به رهبری انتخاب کنند که خداپرست، دانا و عادل باشد. سؤال عمده در این آیه همین است که چرا بعضی مردم توسط یک گروه دیگر از بین میروند. خداوند (ج) انسان را با اراده و اختیار خلق کرده است. انسان

بسیار اوقات از حدود خود تجاوز میکنند و باعث بربادی و فساد میگردد. از این رو چون خداوند (ج) عادل است و با حکمت است یک گروه را مقرر میکند تا آنانیکه فساد میکنند، جنایت میکنند دفع کند. بهترین مثال دفع قوای آلمان نازی توسط متحدین بود. اگر آنها دفع نمیشدند جهان به تباهی سوق داده میشد.

تِلْكَ آيَاتُ اللهِ نَتْلُوهَا عَلَيْكَ بِالْحَقِّ وَإِنَّكَ لَمِنَ الْمُرْسَلِينَ (۲۵۲)

معنی: این آیات الهی است که به حق به تو میخوانیم و بی شک تو از پیامبرانی.

تفسیر: قرآن مجید کتاب است که مشتمل از آیات است نه جملات و لغات. آیه یعنی راز، نشانه و پدیده معنی میدهد. خداوند (ج) با اینکه قرآن را به زبان عربی نازل کرده است، اما این عربی، به شکل آیه است. آیه ترجمه نمیشود بلکه مفهوم آن به اساس عدالت تفسیر میشود زیرا خداوند (ج) عادل است. از نگاه علم زبان شناسی ترجمه از زبان انسان به انسان است. آیه زبان انسان نیست؛ زبان خدا (ج) است و خدا با ما به راز سخن میگوید. برای فهم این کتاب آسمانی اول اعتقاد بسیار راسخ به خداوند (ج) است بعد واژه شناسی عربی. اگر اعتقاد کامل به خداوند (ج) نباشد بنده در فهم این کلام رهنمایی نمیشود. هستند کسانیکه مسلمان اند و حتی به حیث عالم دین عرض اندام کرده اند اما نتوانستند که قرآن را درک کنند زیرا خود شان از راه عدالت به دور بوده‌اند. طور مثال قوم پرست بودند و یا زن ستیز بودند و یا ضد شیعه بودند و یا ضد سنی بودند. برای فهم کلی قرآن انسان مؤمن باید قلب مطلق صاف و پاک داشته باشد در غیر آن با روحیه تبعیض و خود خواهی و تعصب که اصلاً در اسلام وجود ندارد، خداوند (ج) مفسر را کمک نمیکند تا کلام او را کسی درک کند. یک دلیل که اشتباهات در «ترجمه» قرآن زیاد دیده میشود برای این است که مترجم با اینکه زبان انسانی عربی را آشنایی داشته، اما به واژه شناسی عربی کمتر دسترسی داشته است. آیات الهی همه علم و معرفت و حکمت است و بر مفسر است تا به اساس علوم انسانی، حکمت پروردگار را درک کند و بداند. قرآن به هیچ صورت تحت الفظ ترجمه نمیشود خداوند (ج) واضح بیان میدارد که آیات خود را به حق بر پیامبر(ص) میخواند و مژده میدهد که محمد مصطفی (ص) از فرستادگان خدا (ج) است و کسی در رسالت او نباید شک کند. این آیه

بیانگر این است که مرجع قانون در اسلام قرآن مجید و بعد محمد (ص) میباشد نه فتوا های خود ساخته و بافته انسانها. و چون احادیث ۱۵۰ سال بعد جمع آوری شده است باید دیده شود که به قرآن مطابقت دارد یا خیر زیرا محمد (ص) هیچ موضوعی را که به قرآن مطابقت نداشته است و یا از عدالت بدور بوده باشد و یا خلاف رسالت او بوده باشد نگفته است زیرا او به استناد قرآن مجید رحمة للعالمین است. آن شخصیت که همچو مقام از جانب خداوند (ج) دریافته باشد هرگز سخن خلاف انسانیت و کرامت انسانی و خلاف عدل صحبت نمیکند.

جزء سوم

تِلْكَ الرُّسُلُ فَضَّلْنَا بَعْضَهُمْ عَلَىٰ بَعْضٍ ۘ مِّنْهُم مَّن كَلَّمَ اللَّهُ ۖ وَرَفَعَ بَعْضَهُمْ دَرَجَاتٍ ۚ وَآتَيْنَا عِيسَى ابْنَ مَرْيَمَ الْبَيِّنَاتِ وَأَيَّدْنَاهُ بِرُوحِ الْقُدُسِ ۗ وَلَوْ شَاءَ اللَّهُ مَا اقْتَتَلَ الَّذِينَ مِن بَعْدِهِم مِّن بَعْدِ مَا جَاءَتْهُمُ الْبَيِّنَاتُ وَلَٰكِنِ اخْتَلَفُوا فَمِنْهُم مَّنْ آمَنَ وَمِنْهُم مَّن كَفَرَ ۚ وَلَوْ شَاءَ اللَّهُ مَا اقْتَتَلُوا وَلَٰكِنَّ اللَّهَ يَفْعَلُ مَا يُرِيدُ (٢٥٣)

معنی: اینان پیامبرانی هستند که بعضی را بر بعضی برتری دادیم. از آنان کسی بود که خدا (ج) با او سخن گفت و بعضی را به درجات بلند ارتقا داد و به عیسی (ع) پسر مریم معجزات آشکار دادیم و او را به روح القُدُس تقویت کردیم و اگر خدا (ج) میخواست کسانیکه بعد از این پیامبران بودند با وجود روشنگری هائی که برای شان آمده بود جنگ و ستیز نمیکردند ولی آنها اختلاف پیشه کردند، پس گروهی از آن ها ایمان آوردند و برخی کافر شدند و اگر خدا (ج) میخواست جنگ و ستیز نمیکردند و لیکن خدا (ج) آنچه را اراده کند انجام میدهد [تا آنها در راه انتخاب حق از باطل آزاد باشند].

تفسیر: با اینکه رسالت و نبوت همه پیامبران یکی بوده است اما موقف یکی نبوده زیرا در زمان مختلف زیست کرده اند و خداوند (ج) نظر به صوابدید زمان شان فضیلت هائی برای شان داده است که از همدیگر متفاوت است زیرا زمان ایجاب میکرد. پیامبری که با او خداوند (ج) سخن گفت حضرت موسی (ع) بود که مشهور به کلیم الله است که در آیۀ ۱۶۴ سورۀ نساء بیان شده است. به حضرت عیسی (ع) لقب روح القُدُس را داد. در کنار آن قدرت علاج بیماران که غیر قابل علاج بودند، احیای مردگان و فهم کلی حکمت خداوند (ج) بود. منظور از روح القُدُس نیروی خاص معنوی است که خداوند به بندگان خاص الخاص میدهد و سهم حضرت عیسی (ع) خواه مخواه زیاد تر بوده است زیرا تولد او هم بدون پدر یک معجزه بود و به اذن خداوند (ج) کار هائی را که انجام میداد از دید یک انسان خارق‌العاده بود. بعضی مفسرین روح القُدُس را جبرئیل امین تفسیر کرده اند که فرشتۀ وحی بود. اما منطق خوبتر در این مورد این است که روح از خود ذات الله (ج) است و القُدُس است یعنی از همه آلودگی های دنیایی و نفسانی پاک و منزه است و با این روح خاص الخاص حضرت عیسی (ع) را تقویه کرده بود. عیسویان به خاطر همین حکمت بزرگی که حضرت عیسی (ع) داشت، او را غلط فهمیدند و توبه نعوذ باالله خدا (ج)

خطاب کردند. غافل از اینکه او یک انسان بود با نیروی خارق‌العادۀ که خداوند (ج) به او اعطا کرده بود، عرض اندام کرد. قرآن حضرت عیسی (ع) را پسر مریم میگوید نه پسر خدا (ج). این نکته تثلیث (پدر، پسر و روح مقدس) را که عیسویان در اوایل قرن سوم میلادی از خود ساختند، رد میکند. و به حضرت رسول کریم (ص) قرآن را فرو فرستاد و چون قرآن مکمل ادیان پیشین است درجه رفیع دارد. خداوند (ج) بافضیلت های گوناگون که به پیامبران اعطا کرد خواست بشر را با رهبری پیامبران رهنمایی کند و دوم از وجود خودش و قدرت بی انتهای خود مردم را بشناساند و آگاه سازد. یک عده ایمان آوردند و یک عده با اینکه برای شان عقل و شعور داده شده بود نتوانستند حقیقت را درک کنند و حتی امروز که در قرن بیست و یکم قرار داریم، هستند مردمانی که وجود خداوند (ج) را درک کرده نمیتوانند و به گفتۀ قرآن از جملۀ سُفَها هستند. اخیر آیه بسیار جالب است که میگوید تا در راه انتخاب حق از باطل آزاد باشند. اینجا خداوند (ج) انسان را مسؤول درک حقیقت میکند که خودش حق را از باطل تفکیک کند نه اینکه دین تحمیل شود.

يَا أَيُّهَا الَّذِينَ آمَنُواْ أَنفِقُواْ مِمَّا رَزَقْنَاكُم مِّن قَبْلِ أَن يَأْتِيَ يَوْمٌ لاَّ بَيْعٌ فِيهِ وَلاَ خُلَّةٌ وَلاَ شَفَاعَةٌ وَالْكَافِرُونَ هُمُ الظَّالِمُونَ (۲۵۴)

معنی: ای آنانیکه ایمان آورده‌اید! پیش از آنکه روزی فرا رسد که در آن نه داد و ستدی هست و نه دوستی و شفاعتی، از آنچه روزی تان دادیم انفاق کنید و بدانید که کافران همان ستمگران اند.

تفسیر: در این آیه مانند آغاز سورۀ بقره مردم را به مسؤولیت اجتماعی شان فرا میخواند که هر چه دارید در راه خدا (ج) یعنی مردم انفاق کنید که نشود روزی رسد و شما جهان را ترک میکنید که در آنجا دیگر نه داد و ستد است و نه دوستی و شفاعت. این آیه مردم را مسؤول میسازد که در بخش معنوی شناخت خدای تعالی است و در بخش عملی انفاق در راه خدا (ج). اساساً از این آیه درک میکنیم و میدانیم که خدا (ج)، خدای مردم است. قرآن کتاب مردم است. این اعمال شما در مقابل مردم است که شفاعت شما را میکند. قرآن کتاب مردم است و هر قدر شما به مردم برسید به خدا (ج) رسیده اید. رزق تنها غذا نیست. هدف از رزق به صورت عموم، غذا، ثروت، مال و دارایی و علم است که یک انسان مؤمن در راه خدا (ج) صدقه میکند. سؤال مطرح میشود که آن کسیکه

ثروت ندارد و یا علم ندارد و زندگی خودش به مشکل سپری میشود چه باید بکند؟ صدقه در اسلام معنی وسیع دارد و تنها به مسایل مادی و پولی نیست. دانشمندان راه های دیگر صدقه را بیان میدارند که در این تفسیر فهرست میکنیم: ۱- دعا: برای اهل خانواده تان و مردم دعا کنید. دعا یک صدقه است. ۲- دانش: اگر چیزی یاد دارید باید به دیگران بطور رایگان بیاموزانید. مثلاً یک شخص را باسواد سازید که بزرگترین صدقه است. ۳- مشوره نیک: شما میتوانید با مشوره نیک مشکل کسی را حل کنید. ۴- لبخند: از بهترین صدقات اجتماعی است که باید با مردم با لبخند و تبسم پیش آمد کرد. ۵- کمک به مردم: هر کاری که میتوانید و توان آنرا دارید به مردم کمک کنید. ۶- وقت: از وقت تان برای خدمت خانواده و دیگران دریغ نکنید. ۷- تربیه سالم: اگر اولاد دارید کوشش کنید به تربیه سالم او بپردازید. مثلاً او را نماز بیاموزانید و اصول اخلاقی دین را برایش تدریس کنید. ۸- صبر: در مقابل ناملایمات زندگی صبور باشید. ۹- یادآوری: به خانواده و دوستان راه حق و راستی را یاد آوری کنید. ۱۰- زیان و بدی: کوشش کنید تا از زیان و بدی جلوگیری کنید و این صدقه بزرگ است زیرا جامعه باید از فساد دور باشد. ۱۱- به آهستگی سخن گویید و صدای تانرا بالای کسی بلند نکنید. ۱۲- عفوه: مردم که به شما جفا کردند عفوه کنید. ۱۳- احترام: کوشش کنید هر کس را احترام کنید، خورد و بزرگ. ۱۴- شاکر باشید. همیشه کوشش کنید خوش باشید قانع باشید و شاکر باشید. ۱۵- عیادت مریض: یک صدقه بسیار بزرگ است که انجام میدهید. ۱۶- راه را پاک کنید: کوشش کنید که مواد زیان آور را از سرخیابان بردارید و محل را نظیف نگه دارید. ۱۷- به زن و اولاد رسیدگی لازم کنید هم در غذا، هم در مَحبت و هم در آموزش و پرورش. ۱۸- سلام دهید: کوشش کنید تا مردم را اول سلام دهید که هر که سلام اول داد ثواب بیشتر برد. برای یک مؤمن راه های دیگر است تا در راه خدا (ج) یعنی مردم صدقه دهد و اگر شما این اعمال را که تذکر دادیم انجام دهید بهترین صدقات را داده اید.

اللّهُ لاَ إِلَـهَ إِلاَّ هُوَ الْحَيُّ الْقَيُّومُ لاَ تَأْخُذُهُ سِنَةٌ وَلاَ نَوْمٌ لَّـهُ مَا فِي السَّمَاوَاتِ وَمَا فِي الأَرْضِ مَن ذَا الَّذِي يَشْفَعُ عِنْدَهُ إِلاَّ بِإِذْنِـهِ يَعْلَمُ مَا بَيْنَ أَيْدِيهِمْ وَمَا خَلْفَهُمْ وَلاَ يُحِيطُونَ بِشَيْءٍ مِّنْ عِلْمِهِ إِلاَّ بِمَا شَاء وَسِعَ كُرْسِيُّهُ السَّمَاوَاتِ وَالأَرْضَ وَلاَ يَؤُودُهُ حِفْظُهُمَا وَهُوَ الْعَلِيُّ الْعَظِيمُ (۲۵۵)

معنی: الله (ج) یکتا است و جز او معبودی نیست. زنده و پاینده است. نه غنودن(نیم خوابی) او را فرا گیرد و نه خواب. هرچه در آسمانها و زمین است از آن اوست. کیست که در پیشگاه او جز به اذن او شفاعت کند؟ گذشته و آینده را میداند و به چیزی از علم او راه نمی یابند مگر آنچه خود بخواهد. قلمرو علم و قدرتش آسمانها و زمین را فرا گرفته است و نگهداشت آنها بر او دشوار نیست. او بسیار والایی بزرگ وبا عظمت است.

تفسیر: آیۀ ۲۵۵ سورۀ بقره مشهور به آیة‌الکرسی است و نظر به روایت از رسول خدا (ص) افضل ترین یا سید آیات قرآن مجید است. از یاد کردن این آیه برای هر مسلمان حتمی و ضروری است. هدف کلی آیه توحید و بزرگی خداوند متعال است که همه هستی و نیستی انسان و خلقت در ید اوست. همه جهان هستی از اوست. همیشه بیدار است و ناظر اعمال بندگان است. در این مورد تفسیر زیبا داریم از امام محمد غزالی طوسی متوفی ۵۰۵ هجری قمری که از کتاب او زیر عنوان جواهر القرآن برای شما نقل قول میکنیم:

"در آیة‌الکرسی، فکرت کن در اینکه: چرا او را سید آیت های قرآن گفت. اگر عاجز آیی از بیرون آوردن حقیقت وی، بدان اقسام که ما نهادیم باز گرد، و آن مراتب را نگهدار تا ترا معلوم شود. و یاد کردیم که: معرفت ذات خداوند تعالی، و معرفت صفات وی از همه شریفتر است، و غایت مقصود و مطلوب از «علوم قرآن» وی است، و آن اقسام دیگر که مقصود است از بهر وی است، و وی در نفس خود مطلوب است، نه از بهر چیزی دیگر. پس وی اصل و مقصود و سر بُوَد، و دیگر ها تبع وی بُوَند، و از بهر وی بُوَند، و همه روی به وی دارند، و همه از بهر وی آیند، نه آنکه در ذات خود مقصود باشند و آیۀ الکرسی [فقط] مشتمل است برذکر ذات حق، و صفات وی، و افعال وی، و در وی ذکر دیگر اقسام نیست.

«لا الله لا اله الاهو» اشارت است به ذات توحید و «الحی القیوم» اشارت است به صفت ذات، به بزرگی او؛ که «قیوم» آن بود که وی بخودی خود قائم بود، و هر چه جز وی بُوَد به وی قائم بُوَند. که هیچ چیز را بقا نبود

بی [نگاه] داشت وی، همه را وی آفریده، و همه را وی نگاه میدارد، و این غایت جلال و عظمت بُوَد. و «لاتأخذه سنةٌ و لانوم» تنزیه و تقدیس است. یعنی پاکی یاد کردن حق تعالی است، از صفات حادث و نالایق. و تقدیس یک قسم است از اقسام معرفت. و قوله عزوجل: «له ما فی السموات و ما فی الارض» اشارت است به همهٔ افعال حق تعالی، و بیان آنکه «همه از وی است، و بازگشت همه به وی است» و قوله تعالی «من ذاالذی یشفع عنده الا باذنه» بیان آنست که: متفردست در مُلک و حکم، که هیچ کس شفاعت نتواند کرد دیگری را جز به دستور وی. و این بیان آنست که «مُلک و حکم اَمر» جز وی را نیست، و کس را با وی شرکت نیست. و قوله عزوجل «یعلم ما بین ایدیهم و ما خلفهم و لا یحیطون بشیء من علمه الا بماشاء» اشارت است به صفت علم و تفصیل بعضی از معلومات، و بیان آنکه «علم به حقیقت (حقیقی) جز وی را نیست» و هر که علم است [آن علم] دادهٔ وی است، نه از ذات آن کس است بلکه عطای وی است و موهبت وی، و بدان قدر است که او خواسته است. و قوله «وسع کرسیه السموات و الارض» اشارت است به عظمت مُلک وی و کمال قدرت وی. و در آن سری است که حال کشف آن سر راکسی احتمال نکند، و آن معرفت «کُرسی» است و معرفت صفاتش، و فراخی وی مر آسمانها و زمین را، با همه چیز ها که در وی در آید. و این معرفت شریف و دقیق است، و پوشیده بر بسیاری عقلها. و بسیاری از علوم به وی باز بسته است. و قوله عزوجل «و لا یَوُده حفظهما» اشارت است به صفت قدرت و کمال وی، و پاکی وی از ضعف و نقصان. و قوله «و هوالعلی العظیم» اشارت است به دو اصل عظیم از صفات خداوند – جل جلاله – و شرح آن دراز است" (کتاب جواهر القرآن اثر امام محمد غزالی طوسی علیه الرحمه به کوشش سید حسین خدیوجم، صفحه 64-65). تاثیرات شگفت انگیزی که برای مسلمانان از این آیه روایت شده زیاد است. اسم اعظم خداوند (ج) در همین آیه نهفته است. هر کسیکه این آیه را بعد از هر نماز فرض بخواند راه بهشت را به خود هموار میکند. در روایت دیگر آمده است که آن کسیکه متداوم این آیه را میخواند فرشته‌ای کار های خوب یک شخص را مینویسد و کار های بد او را محو میکند. خواندن متداوم آیهٔ الکرسی سختی مرگ را آسان میکند.

لَا إِكْرَاهَ فِي الدِّينِ قَد تَّبَيَّنَ الرُّشْدُ مِنَ الْغَيِّ فَمَنْ يَكْفُرْ بِالطَّاغُوتِ وَيُؤْمِن بِاللهِ فَقَدِ اسْتَمْسَكَ بِالْعُرْوَةِ الْوُثْقَىٰ لَا انفِصَامَ لَهَا وَاللهُ سَمِيعٌ عَلِيمٌ (۲۵۶)

معنی: در دین زور و جبر نیست؛ چرا که راه از بیراهه روشن شده است. پس هر کس به طاغوت کفر ورزد و به خدا (ج) ایمان بیاورد، یقیناً به محکم ترین دستاویز دست یافته است که هرگز نخواهد گسست و خداوند (ج) شنوای داناست.

تفسیر: در راه دین اکراه یعنی زور و جبر نیست. نه بالای مسلمان و نه غیر مسلمان. انسان که برایش عقل و شعور داده شده است خودش مسؤول است که حقیقت را درک کند. هیچ کس حق ندارد تا دین را بالای مردم تحمیل کند. راه روشن از راه تاریک مشخص ساخته شده است. حالا به تعقل و تثبث شخص است که چقدر میتواند از دین بیاموزد و در روشنایی آن گام بردارد و فیض برد. کسانیکه برای شان حقیقت گفته میشود و هنوز هم کفر می ورزند خود شان نزد خداوند (ج) مسؤول هستند نه دیگران. مشکل عمدۀ کشور های اسلامی همین است که دین را بالای مردم تحمیل میکنند در حالیکه دین یک مسئلۀ قلبی و فکری و ذهنی است. تا شخص با تثبث خود دین را قبول نکند و از استعدادی که خداوند (ج) برایش داده است کار نگیرد عالم، دانشمند و کتاب ها نمیتواند او را قانع کند. هدف از حکومت اسلامی تحمیل دین نیست که مردم حتماً نماز بخوانند و روزه بگیرند. هدف از دولت اسلامی و حکومت اسلامی اول آموزش و پرورش مردم است تا مردم از بیسوادی بر آیند و خود شان قادر شوند تا قرآن را بخوانند و در زندگی تطبیق کنند. دوم هدف یک حکومت اسلامی تأمین امنیت مردم است که مردم با امن زندگی کنند و مهم اینکه بدون ترس زندگی کنند. اگر ترس هم میداشته باشند خود شان باید از خدا (ج) بترسند نه از حکومت. سوم هدف از حکومت اسلامی بر آورده ساختن نیاز اقتصادی مردم است که مردم کار داشته باشند و دست شان به اصطلاح دراز نباشد. و بالاخره وظیفه یک حکومت اسلامی انفاذ قانون است به اساس اجماع امت و شورای که مردم با قانون زندگی کنند و مدنی باشند. دولت نباید به نام دین در امور شخصی مردم مداخله کند مشروط براینکه در هر مورد قانون حکمفرما باشد.

طاغوت در لغت یعنی هر معبودی که غیر از خدا (ج) باشد، شیطان و

سرکش معنی میدهد. وقتی مردم اعمال نادرست انجام میدهند که آموزش و پرورش اصولی حاصل نکرده باشند، تأمین عدالت نباشد و مردم به فقر زندگی کنند. و دولت ناکام مانده باشد تا قانون را تطبیق کند. قانون هم وقتی برای یک جامعه قابل قبول است که اول عدالت تأمین شود. در یک نظامی که عدالت نباشد قانون بی معنی است. مردم وقتی به طاغوت یعنی پرستش غیر خدا (ج) رو می آورند که دولت ناکام مانده باشد تا خدا (ج) را و اهداف خدا (ج) را، رحمانیت خدا (ج) را، غفوری خدا (ج) را، علم خدا (ج) را و حکمت خدا (ج) را به صورت واقعی آن تدریس کند. وقتی مردم در جهل نگاه داشته شوند خود به خود به خرافات و اعمال ناشایسته و شیطانی متوصل میشوند. تعلیم و تربیه سالم، اقتصاد قوی، عدالت سرتاسری بین زن و مرد، بین همه اقوام و همه مذاهب و ادیان و انفاذ قانون باعث به وجود آوردن یک نظام عادل و مردم متمدن میشود. در این حالت دین به زور تطبیق نمیشود. و چون در دین دیکتاتوری نیست به هیچ صورت نمیتواند بالای مردم به زور تطبیق شود.

اللّٰهُ وَلِيُّ الَّذِينَ آمَنُوا يُخْرِجُهُم مِّنَ الظُّلُمَاتِ إِلَى النُّورِ ۖ وَالَّذِينَ كَفَرُوا أَوْلِيَاؤُهُمُ الطَّاغُوتُ يُخْرِجُونَهُم مِّنَ النُّورِ إِلَى الظُّلُمَاتِ ۗ أُولَٰئِكَ أَصْحَابُ النَّارِ ۖ هُمْ فِيهَا خَالِدُونَ (۲۵۷)

معنی: خدا سرپرست مؤمنان است و آنانی را از تاریکی ها به سوی روشنایی بیرون می آورد و آنانیکه کافر شدند سرپرستان شان طاغوتی هاست که از نور به تاریکی ایشان را میبرند. آنها دوزخی اند و در آنجا جاودان اند.

تفسیر: ببینید در این آیه واضح میسازد که خدا (ج) مردم را از تاریکی به روشنایی میبرد و اما طاغوتیان مردم را برعکس از روشنایی به تاریکی سوق میدهد. کسانیکه خدا (ج) را و حکم خدا (ج) را قبول کرده اند سرپرست آنها خداوند (ج) است. کسانیکه خدا (ج) و حکم خدا (ج) را قبول نکرده اند سرپرست شان اهل طاغوت است. حکومت و دولت میتواند اهل طاغوت باشد وقتی به مردم رسیدگی کامل نکند. ارگان دولتی با ناز و نعمت زندگی کنند و مردم به فقر. جوامع اسلامی با رهبری نا سالم و غیر عادلانه طاغوت را خود خلق میکند. همه بی عدالتی هائی که از طرف یک دولت صورت میگیرد بیانگر طاغوت است زیرا خود در راه غیر خدا (ج) روان هستند.

اَلَمْ تَرَ إِلَى الَّذِي حَاجَّ إِبْرَاهِيمَ فِي رِبِّهِ أَنْ آتَاهُ اللهُ الْمُلْكَ إِذْ قَالَ إِبْرَاهِيمُ رَبِّيَ الَّذِي يُحْيِي وَيُمِيتُ قَالَ أَنَا أُحْيِي وَأُمِيتُ قَالَ إِبْرَاهِيمُ فَإِنَّ اللهَ يَأْتِي بِالشَّمْسِ مِنَ الْمَشْرِقِ فَأْتِ بِهَا مِنَ الْمَغْرِبِ فَبُهِتَ الَّذِي كَفَرَ وَاللهُ لاَ يَهْدِي الْقَوْمَ الظَّالِمِينَ (۲۵۸)

معنی: آیا ندیدی آن کس را که چون خدا (ج) به او پادشاهی اعطا کرده بود با ابراهیم در بارهٔ پروردگارش مجادله کرد؟ آنگاه که ابراهیم گفت: خدای من موجودی است که زنده میکند و می میراند. او گفت: من نیز زنده میکنم و می میرانم. ابراهیم گفت: خداوند (ج) آفتاب را از مشرق طلوع میدهد تو از مغرب آن را بر آور. آن کافر پیشه مبهوت ماند، و خداوند (ج) ظالمین را هدایت نمیکند.

تفسیر: به ادامه آیه قبلی می بینیم که مرام لیدرشپ یا رهبری کافر پیشه است که با پیامبر خدا (ج) حضرت ابراهیم (ع) به مجادله بر میخزد. تاریخ نویسان شخصی که با ابراهیم (ع) به مجادله برخاسته نمرود گفته اند و یا شاید یک زعیم دیگر بوده باشد زیرا قرآن و حدیث در این مورد شخص را آشکار نکرده است. به هر حال موضوع در این مبحث شخص و نام شخص نیست. گل سخن در اینجاست که وقتی سطح رهبری مسلمانان و اهل ایمان کافر پیشه باشد و از دساتیر قرآن سر باز زند او از جملهٔ ظالمین است و جامعه را به بربادی میکشاند. درس عمده که ما از این آیه می آموزیم که باید رهبر ما، رئیس جمهور ما و یا پادشاه ما باید عادل باشد و دانا باشد و خدا پرست باشد تا رعیت از او پیروی کنند. امروز یک دلیل بزرگ فساد در کشور های اسلامی فقدان رهبر عادل و خدا شناس است. در عرصه حکومت داری خدا شناسی در عمل است نه به قلب تا مردم اطمینان پیدا کنند که به اساس عدل با ایشان رویه میشود. در این آیه حضرت ابراهیم (ع) از مردم نمایندگی میکند زیرا خدا (ج) خدای مردم است و انسان مؤمن و خدا پرست خلیفه خداست و پادشاه را محکوم میکند به خدا نشناسی. امرای اسلامی از نگاه عملی همه خدا ناشناسند. اگر این ها خدا شناس میبودند مسلمانان این همه ضعیف و بیچاره نمیشدند. همه بی عدالتی ها در یک جامعهٔ اسلامی از رهبری فاسد است که کتاب خدا (ج) و ارشادات پیامبر اکرم (ص) به نام دموکراسی و آزادی و نوکری بیگانه یعنی طاغوت زیر پا گذاشته شده است. وقتی پادشاه کفر پیشه مات و مبهوت میشود معنی این چیست؟ معنی آن این

است که وقتی تو خدا ناشناس هستی، رهبری تو دیگر برای ما مفهوم ندارد. امروز به جای دساتیر بر حق قرآن در امور اقتصادی بانک جهانی برای ما دیکته میکند که اقتصاد خود را تنظیم کنیم. در همه امور امروز طاغوت حکمفرماست.

أَوْ كَالَّذِي مَرَّ عَلَىٰ قَرْيَةٍ وَهِيَ خَاوِيَةٌ عَلَىٰ عُرُوشِهَا قَالَ أَنَّىٰ يُحْيِي هَٰذِهِ اللَّهُ بَعْدَ مَوْتِهَا فَأَمَاتَهُ اللَّهُ مِائَةَ عَامٍ ثُمَّ بَعَثَهُ قَالَ كَمْ لَبِثْتَ قَالَ لَبِثْتُ يَوْمًا أَوْ بَعْضَ يَوْمٍ قَالَ بَل لَّبِثْتَ مِائَةَ عَامٍ فَانظُرْ إِلَىٰ طَعَامِكَ وَشَرَابِكَ لَمْ يَتَسَنَّهْ وَانظُرْ إِلَىٰ حِمَارِكَ وَلِنَجْعَلَكَ آيَةً لِّلنَّاسِ وَانظُرْ إِلَى الْعِظَامِ كَيْفَ نُنشِزُهَا ثُمَّ نَكْسُوهَا لَحْمًا فَلَمَّا تَبَيَّنَ لَهُ قَالَ أَعْلَمُ أَنَّ اللَّهَ عَلَىٰ كُلِّ شَيْءٍ قَدِيرٌ (۲۵۹)

معنی: یا داستان کسیکه از شهری گذشت که بر سقف هایش فرو ریخته بود [در دل] گفت: خدا (ج) چگونه مردم این دیار را پس از مرگ شان زنده میکند. پس خداوند (ج) او را صد سال بمیراند، سپس [دوباره] زنده کرد و گفت: چه مدت [در این حال] بودی؟ گفت: یک روز یا قسمتی از یک روز بوده ام. فرمود: [نه] بلکه صد سال [در این حال] بوده ای. به خوراکی و نوشیدنی خود نگاه کن که تغییر نیافته است. و بسوی الاغ خود نگاه کن [که چگونه از بین رفته است] و تو را برای مردم نشانه [معاد] قرار میدهیم، و به این استخوان ها بنگر که چگونه آنها را پیوند میدهیم سپس بر آنها گوشت میپوشانیم. همین که [حقیقت] برای او آشکار شد، گفت: [به یقین] میدانم که خداوند (ج) بر همه چیز تواناست.

تفسیر: خداوند (ج) نشانه های قدرت و بزرگی خود را به انسان که عقل داشته باشد نشان میدهد. یکی ازاساسات عمدۀ ایمان اعتقاد به معاد یعنی روز حشر جسمانی و روحی است. در این آیه خداوند (ج) نشان میدهد که زنده کننده و میراننده تنها خداوند (ج) است. به همین اساس «یوتینیژیا» یا مرگ خوش به رضا در اسلام حرام است که یک شخص از دکتور معالج قسمیکه در بعضی کشور های اروپایی رواج دارد خواهش کند که چون زیاد درد دارد به زندگی اش خاتمه دهد. مسلۀ دیگر در این آیت وقت و زمان است که برای خداوند (ج) وقت و زمان مطرح نیست. وقت و زمان و ساعت برای بندگان است تا زندگی خود را سر و سامان دهند و منسجم سازند. برای وقوع یک کار خداوند (ج) به وقت و زمان احتیاج ندارد. قرآن در سورۀ النحل آیۀ چهلم میگوید «لَهُ کُنْ فَیَکُونُ» یعنی شو

همان میشود. هر زمانی که خداوند (ج) اراده کند آن کار صورت میگیرد و وقت کار ندارد. این ما هستیم که باید متوجه زمان باشیم که زود میگذرد و هنوز هم ما در صدد اصلاح خود و درک حقیقت نیستیم. مسئلۀ سوم در این آیه این است که تنها خداوند (ج) باقی است و همه چیز در این دنیا فنا شدنی است و اما قدرت خداوند (ج) همین است که دوباره زنده میکند. یعنی مرگ انسان یک وصل است و آن دنیا برای مؤمن دنیای جاودانی است. در مورد اینکه آن شخص کی بوده است بین مورخین اختلاف نظر است. اما یک موضوع ثابت است که یکی از پیامبران پیشین بوده است زیرا خداوند (ج) با او سخن گفته است. همچنان در مورد اینکه آن شهر کدام یک بوده هم اختلاف نظر است. اینکه کی بود و کجا بوده بیت المقدس یا شهر دیگر مطرح نیست. مطرح همان موضوعات مهم است که در بالا به حیث یک برگۀ آموزشی یاد آورشدیم.

وَإِذْ قَالَ إِبْرَاهِيمُ رَبِّ أَرِنِي كَيْفَ تُحْيِي الْمَوْتَى قَالَ أَوَلَمْ تُؤْمِن قَالَ بَلَى وَلَـكِن لِّيَطْمَئِنَّ قَلْبِي قَالَ فَخُذْ أَرْبَعَةً مِّنَ الطَّيْرِ فَصُرْهُنَّ إِلَيْكَ ثُمَّ اجْعَلْ عَلَى كُلِّ جَبَلٍ مِّنْهُنَّ جُزْءًا ثُمَّ ادْعُهُنَّ يَأْتِينَكَ سَعْيًا وَاعْلَمْ أَنَّ اللهَ عَزِيزٌ حَكِيمٌ (۲۶۰)

معنی: و آنگاه که ابراهیم (ع) گفت: خدایا به من نشان بده که مردگان را چگونه زنده میکنی؟ فرمود: مگر باور نداری؟ گفت: چرا، ولی از آن جهت که دل من آرام گیرد. فرمود: چهار پرنده بگیر [آنها را بکش] و تکه‌تکه کن، و در هم آمیز. سپس به هر کوهی یک تکه‌ای از آنها را بگذار، آنگاه آنها را صدا کن تا شتابان به سوی تو آیند و بدان که خدا (ج) صاحب قدرت و با حکمت است.

تفسیر: حضرت ابراهیم (ع) که پدر توحید است میدانست که خداوند (ج) با قدرت است اما سؤال میکند تا مطمئن شود. در این بخش ما باید بیاموزیم که در مسایل دین و علم هیچ گناه نیست که ما سؤال کنیم و اطمینان حاصل کنیم. شنیده شده است که سؤال نکنید که گنهکار میشوید در حالیکه یک پیامبر بزرگ از خداوند (ج) سؤال میکند نه برای اینکه در موجودیت خدا شک داشت و اما منحیث یک انسان میخواست بداند و به حقیقت زیاد تر نزدیک شود. سؤال کردن، کنجکاوی، تتبع و تحقیق اساس علم است و ما نمیتوانیم بدون شک و تردید علم بیاموزیم. جالب است که اساس تحقیقات علمی در دانشگاه ها سؤال کردن است و

اول موضوعی که در تحقیقات مطرح میشود که ما چه را میخواهیم جواب گوییم و سؤال آن چه است؟

مَثَلُ الَّذِينَ يُنفِقُونَ أَمْوَالَهُمْ فِي سَبِيلِ اللهِ كَمَثَلِ حَبَّةٍ أَنبَتَتْ سَبْعَ سَنَابِلَ فِي كُلِّ سُنبُلَةٍ مِّئَةُ حَبَّةٍ وَاللهُ يُضَاعِفُ لِمَن يَشَاءُ وَاللهُ وَاسِعٌ عَلِيمٌ (۲۶۱)

معنی: مثال کسانیکه اموال شانرا در راه خدا (ج) میبخشند چون مثال دانه ای است که هفت خوشه برویاند که هر خوشه ای صد دانه باشد و خدا برای هر کس بخواهد اجر [آنرا] چند برابر میدهد و خداوند (ج) گشایشگر و دانا است.

تفسیر: قرآن به زبان مردم نازل شده است تا مردم اُمی پند پذیر شوند. از این رو قرآن همیشه مثال های ساده و بسیط را پیشکش میکند تا مردم درک حقیقت کنند. کسانیکه در راه خدا (ج) انفاق میکنند مانند این است که یک دانه ثمر آن هفت خوشه و در هر خوشه صد دانۀ دیگر میروید. انفاق مال در راه خدا (ج) پاداش بسیار بزرگ دارد. خداوند (ج) در عوض چندین برابر به کسیکه مال خود را انفاق کرده است اعطا میکند. این آیه در بخش اجتماع است که مسلمانان باید مردمان دست گیر و اجتماعی باشند و نگذرانند تا یک موجود دیگر به هر دلیلی که است خوار و ذلیل شود. ابرار بودن در دین اسلام بسیار تاکید شده است و آن عبارت است از نیکوکاری و احسان است بدون توقع و چشمداشت که مسلمان به شکل های گوناگون میتواند در عرصه های مختلف جامعه و مردم جامه عمل بپوشاند. سعدی چه زیبا گفته است:

ره نیک مردان آزاده گیر

چو ایستاده‌ای دست افتاده گیر

الَّذِينَ يُنفِقُونَ أَمْوَالَهُمْ فِي سَبِيلِ اللهِ ثُمَّ لاَ يُتْبِعُونَ مَا أَنفَقُواْ مَنًّا وَلاَ أَذًى لَّهُمْ أَجْرُهُمْ عِندَ رَبِّهِمْ وَلاَ خَوْفٌ عَلَيْهِمْ وَلاَ هُمْ يَحْزَنُونَ (۲۶۲)

معنی: کسانیکه مال شانرا در راه خدا (ج) میبخشند و به دنبال بخشش خود منت و آزاری نمیرسانند، اجر شان نزد خداوند (ج) است. نه بیمی بر آنهاست و نه اندوهگین شوند.

تفسیر: یکی از اساسات عمدۀ اخلاقی تواضع است. هر کاری که ما میکنیم باید تواضع داشته باشیم و به رُخ مردم نکشیم. آنانیکه از کمک های خود شان ویا صدقات شان یادآوری میکنند نه تنها اجری که از طرف

خدا (ج) برای شان داده میشود محو میکنند، بلکه عزت و احترام خود را در جامعه نیز صدمه میزنند. هستند کسانیکه یکی را کمک میکنند و بعد او را طعنه میدهند و یا میخواهند که همیشه طرف منت دار باشد که او را کمک کرده است. انفاق در راه خدا (ج) چنین نیست. کافی است که اجر خود را از خدا (ج) بگیریم. اگر ما صدقات و کمک هائی را که میکنیم یاد آور میشویم چنین معنی میدهد که ما خود نمایی میکنیم و یا به مردم نشان میدهیم که من صدقه دهنده هستم. این روحیه از نادانی کبر و خود خواهی است و ثواب ندارد. اگر ما در راه خدا (ج) خدمت میکنیم، خدا (ج) خودش میبیند و درج اعمال ما میشود ضرور نیست یاد کنیم. مخصوصاً بعضی اشخاص با کسیکه کمک کرده‌اند آزرده میشوند فوراً به رُخ او میکشند که این کار مخالف آن چیزی است که خدا (ج) از ما میخواهد. شعر مشهور نظامی گنجوی در این مورد بسیار زیبا است؛

تواضع ز گردن فرازان نکوست

گدا گر تواضع کند خوی اوست

قَوْلٌ مَعْرُوفٌ وَمَغْفِرَةٌ خَيْرٌ مِّن صَدَقَةٍ يَتْبَعُهَا أَذًى وَاللّهُ غَنِيٌّ حَلِيمٌ (۲۶۳)

معنی: سخن نیکو [با نیازمندان] و گذشت از صدقه ای که آزاری در پی دارد بهتر است و خدا (ج) بی‌نیاز و حلیم است.

تفسیر: به ادامه آیهٔ قبلی تکرار قرآن توصیه میکند که با آنانیکه نیازمند هستند و به کمک احتیاج دارند باید بسیار به ملایمت و نیکویی سخن گفت زیرا قلب آنها بسیار نازک است و میشود احساسات شان زود جریحه دار شود. کمک تنها برای رفع اقتصادی مردم نیست بلکه کمک برای التیام دل هاست که هیچ کس خود را در این دنیا تنها احساس نکند. برای شخصی که نیازمند است مَحبت و دلسوزی و سخن نیک شما وقتیکه کمک میکنید صد بار با ارزش تر است از اینکه او را کمک پولی کنید و دلسوزی و مَحبت همراه نداشته باشد.

يَا أَيُّهَا الَّذِينَ آمَنُواْ لاَ تُبْطِلُواْ صَدَقَاتِكُم بِالْمَنِّ وَالأَذَى كَالَّذِي يُنفِقُ مَالَهُ رِئَاءَ النَّاسِ وَلاَ يُؤْمِنُ بِاللّهِ وَالْيَوْمِ الآخِرِ فَمَثَلُهُ كَمَثَلِ صَفْوَانٍ عَلَيْهِ تُرَابٌ فَأَصَابَهُ وَابِلٌ فَتَرَكَهُ صَلْدًا لاَّ يَقْدِرُونَ عَلَى شَيْءٍ مِّمَّا كَسَبُواْ وَاللّهُ لاَ يَهْدِي الْقَوْمَ الْكَافِرِينَ (۲۶۴)

معنی: ای آنانیکه ایمان آورده اید! صدقات خود را با منت و آزار باطل

نکنید مانند کسیکه برای ریا و نمایاندن به مردم مالش را انفاق میکند و به خدا (ج) و روز آخرت ایمان ندارد. مثال آن همچو تخته سنگی است که روی آن خاك باشد و باران تند آنرا بشوید و آنرا صاف در جای گذارد. این [طبقه] مردم هیچ چیزی را حصول نخواهند کرد و خداوند (ج) گروه کافران را هدایت نمیکند.

تفسیر: به ادامه آیات قبلی بازهم صریح هشدار میدهد که اگر برای خدا انفاق میکنید باید خاص برای خدا باشد و در آن ریا نباشد، مردم آزاری نباشد و کسانیکه با دادن صدقات مردم نیازمند را منت گذار میسازند از اجر و ثواب هیچ چیزی حاصل شان نخواهد شد. جالب اینکه آنانیکه همچو کار را میکنند مانند کفار هدایت نمیشوند. اعمال شان که با اذیت و آزار دیگران باشد مانند آنست که یک تخته سنگ را خاك گرفته باشد و آنرا بشوید و پاك سازد. آنانیکه صدقات شان با طعنه و کنایه و خود نمایی و نشان دادن به مردم است هیچ سودی برای شان نخواهد داشت و اگر میخواهید چنانچه قبلاً گفته آمد یک دانه شما که در راه مردم انفاق میکنید صد دانه شود باید لب از لب نگشود و دست چپ از صدقه دست راست بیخبر باشد. عطار چه قشنگ گفته است:

گر کنی خیری بدست خویش کن

خیر خود را وقف هر درویش کن

یک درم کان را بدست خود دهند

به بُوَد زان کز پی او صد دهند

گر ببخشی خود یکی خُرمای تَر

بهتر از بعد تو صد مثقال زر

وَمَثَلُ الَّذِينَ يُنفِقُونَ أَمْوَالَهُمُ ابْتِغَاءَ مَرْضَاتِ اللَّهِ وَتَثْبِيتًا مِّنْ أَنفُسِهِمْ كَمَثَلِ جَنَّةٍ بِرَبْوَةٍ أَصَابَهَا وَابِلٌ فَآتَتْ أُكُلَهَا ضِعْفَيْنِ فَإِن لَّمْ يُصِبْهَا وَابِلٌ فَطَلٌّ وَاللَّهُ بِمَا تَعْمَلُونَ بَصِيرٌ (۲۶۵)

معنی: و مثال کسانیکه مال شانرا برای خوشنودی و رضای خدا (ج) و برای [تحکیم] ایمان خویش انفاق میکنند همچون بوستانی بر تپه ای است که بارانی شدید بر آن ببارد و میوه هایش را دوچندان بار سازد و اگر باران شدید هم به آن نرسد باران سبک (کافی است) و خدا (ج) به آنچه میکنید بیناست.

تفسیر: در این آیه دو موضوع مهم نهفته است: یکی معنویت عملی ایمان که وقتی شما در راه خدا (ج) یعنی مردم انفاق میکنید ثروت شما دو چند خواهد شد. هر قدر ناچیز هم باشد بدون تأثیر نیست چنانچه باران کم هم بی تأثیر نیست و دوم موضوع ایکولوژی زمین است که با آب باران است که نه تنها زمین بارور میشود بلکه منبع حیات آب است. پروفیسور محمد شفیق یونس از دانشگاه لورن فرانسه از قول دانشمندان ساینس فضایی در کتاب «اسلام حامی زیست مخلوقات خداوند (ج) و محافظ سلامت روحی انسان» چنین مینویسد: " در حدود صد هزارمیلیارد تن کاربن توسط اجسام سماوی کوچک در هنگام تصادم اینها به زمین آورده شده است که تقریباً ۱۵۰ چند کاربن بیالوجیکی را که در حال حاضر به کار برده شده است، تشکیل میدهد. پس احتمال زیاد آن وجود دارد که ما از تصادم این مواد عضوی خارج زمین و آب مایع زمین بوجود آمده باشیم. بر عکس آن دیده نمیشود که عضویت های زنده در فضا تولید شده باشند و در مرحلۀ دخول در اتمسفیر زمین مقاومت کرده باشند. پس میتوان گفت که حقیقتاً حیات درکرۀ زمین آفریده شده و آب مایع برای آفرینش زنده جانها ضروری بوده است " (صفحه ۴۶). پروفیسور محمد شفیق یونس مینگارد که اینکه موضوع حیات زنده جانها آب است در سورۀ نور آیۀ چهل و پنجم یک هزار و چهار صد سال قبل واضح بیان شده است. قرآن میگوید: وَاللَّهُ خَلَقَ كُلَّ دَابَّةٍ مِن مَّاءٍ يعنی که خداست که هر جنبده ای را از آب آفرید.

أَيَوَدُّ أَحَدُكُمْ أَن تَكُونَ لَهُ جَنَّةٌ مِّن نَّخِيلٍ وَأَعْنَابٍ تَجْرِي مِن تَحْتِهَا الأَنْهَارُ لَهُ فِيهَا مِن كُلِّ الثَّمَرَاتِ وَأَصَابَهُ الْكِبَرُ وَلَهُ ذُرِّيَّةٌ ضُعَفَاء فَأَصَابَهَا إِعْصَارٌ فِيهِ نَارٌ فَاحْتَرَقَتْ كَذَلِكَ يُبَيِّنُ اللهُ لَكُمُ الآيَاتِ لَعَلَّكُمْ تَتَفَكَّرُونَ (۲۶۶)

معنی: آیا کسی از شما دوست دارد که باغی از درختان خرما و انگور داشته باشد، که جویبار ها در زیر درختان روان است و هر گونه میوه برایش به ثمر میرسد و پیری اش فرا میرسد و فرزندان خورد سال ناتوان داشته باشد، ناآگاه گردبادی آتشین بر آن بزند و [باغ یکسره] بسوزد؟ خداوند (ج) بدین گونه آیات اش را برای شما بیان میکند تا بیندیشید [تفکر کنید].

تفسیر: در این آیه خداوند (ج) توجه یک شخص مؤمن را جلب میکند

که نباید در زندگی غافل باشد و فکر کند که همه زندگی همیشه روبراه است و هیچگونه اتفاق نمی افتد. مثال می‌آورد که یک شخص صاحب درختان میوه مانند خرما و انگور میباشد و از مزایای باغ خود لذت میبرد، سالخورده میشود و اولاد او هم ناتوان هستند تا کاری برایش انجام دهند و در این وقت یک آتش سوزی شدید رخ میدهد و همه باغ را به آتش میکشد. اینجا سه نکته نهفته است: اول اینکه اگر یک انسان با ریا و خود نمایی و مردم آزاری صدقات میدهد همه‌اش به باد فنا میرود و سودی نخواهد داشت. دوم نه تنها که صدقات ما باید خاص برای خدا (ج) باشد در عین زمانی انسان باید در طول حیات اعمالی انجام دهد که پشیمانی نداشته باشد زیرا عقل و نفس انسان به دست خودش است و اگر اتفاق بدی می‌افتد از خود سؤال کند که چه کاری بدی انجام داده است که همه چیز به باد فنا رفت، یا رسوایی صورت گرفت و یا یک مصیبت رخ داد. در سورهٔ نساء آیهٔ هفتاد و نهم میخوانیم: «مَّآ أَصَابَكَ مِنْ حَسَنَةٍ فَمِنَ ٱللَّهِ وَمَآ أَصَابَكَ مِن سَيِّئَةٍ فَمِن نَّفْسِكَ» یعنی هر خیری که به تو رسد از سوی خداوند (ج) است و هر شری که به تو برسد از خود توست. اینجاست که آیه ما را از خواب غفلت بیدار میکند و متوجه میسازد تا متوجه اعمال، کردار و گفتار خود باشیم. سوم در اخیر آیه میگوید که فکر کنید، از عقل کار گیرید و غافل نباشید. ما باید هرزمان روی اعمال کردار و گفتار خود فکر کنیم زیرا همه‌اش میتواند به ما مشکل بسازد.

يَا أَيُّهَا الَّذِينَ آمَنُوا أَنفِقُوا مِن طَيِّبَاتِ مَا كَسَبْتُمْ وَمِمَّا أَخْرَجْنَا لَكُم مِّنَ الْأَرْضِ وَلَا تَيَمَّمُوا الْخَبِيثَ مِنْهُ تُنفِقُونَ وَلَسْتُم بِآخِذِيهِ إِلَّا أَن تُغْمِضُوا فِيهِ وَاعْلَمُوا أَنَّ اللَّهَ غَنِيٌّ حَمِيدٌ (۲۶۷)

معنی: ای آنانیکه ایمان آورده اید! از بهترین چیز هائی که به دست آورده‌اید و از آنچه از زمین برایتان برآورده‌ایم انفاق کنید و قصد بخشیدن چیزهای بد و بیهوده را نکنید حال آنکه خود تان دوست ندارید همچو چیزی را بستانید مگر آنکه [از عیبی که در آن است] چشم‌پوشی کنید و بدانید که خداوند (ج) بی‌نیاز ستوده است.

تفسیر: تفسیر این آیه را در حدیث رسول اکرم (ص) می یابیم که چیزی را که برای خود میخواهی به دیگران هم همان را آرزو کن. مؤمن باید در راه خدا (ج) بهترین ها را صدقه کند نه اموال بیهوده و کهنه و فرسوده را. همچنان از محصولات طبیعی که در دسترس ما قرار دارد باید با مردم

شریک شویم نه اینکه همه را خود تصاحب کنیم. چنانچه اکثر ثروت عربستان سعودی که از نفت به دست می‌آید مال خود اعضای سلطنت است و مردم در فقر زندگی میکنند.

الشَّيْطَانُ يَعِدُكُمُ الْفَقْرَ وَيَأْمُرُكُم بِالْفَحْشَاء وَاللّهُ يَعِدُكُم مَّغْفِرَةً مِّنْهُ وَفَضْلاً وَاللّهُ وَاسِعٌ عَلِيمٌ (٢٦٨)

معنی: شیطان شما را به تهیدستی بیم میدهد و به زشتی[اعمال نادرست] وا میدارد و خدا (ج) به شما آمرزش و بخشش خود را وعده میدهد و او گشایشگر دانا است.

تفسیر: این آیه هم به دنبال آیهٔ انفاق است که مردم بسیاری اوقات برای انفاق در راه خدا (ج) دو دله میباشند که اگر صدقه بدهم نشود که خودم به بیچارگی گرفتار شوم. اینها همه وسواس شیطان است که ما را از راه خدا (ج) به دور میکند و اما خداوند (ج) گشایشگر است و او وعدهٔ آمرزش و بخشش را به ما میکند. ما باید در راه خدا (ج) دست باز داشته باشیم و نترسیم. همچنان این آیه میرساند که شیطان شما را از راه راست منحرف میسازد و شما خود مرتکب اعمال بد میشوید. طور مثال با دوستان برای خوشگذرانی برای یکی دو ساعت قماربازی میکنید در حالیکه شما میدانید که کار حرام است. شیطان وقتی ظهور میکند که ما از راه خدا (ج) به دور شویم و فرمان الهی را فراموش کنیم در حالیکه خداوند (ج) آمرزنده و مهربان است و شما را میبخشد. این آیه توجه شما را در راه راستی و خوبی جلب میکند. به عبارت دیگر ما همیشه باید مثبت فکر کنیم از اینکه منفی فکر کنیم و به خداوند (ج) اعتماد کنیم.

يُؤتِي الْحِكْمَةَ مَن يَشَاء وَمَن يُؤْتَ الْحِكْمَةَ فَقَدْ أُوتِيَ خَيْرًا كَثِيراً وَمَا يَذَّكَّرُ إِلاَّ أُوْلُواْ الأَلْبَابِ (٢٦٩)

معنی: به هر کسیکه بخواهد حکمت میبخشد و به هر که حکمت داده شود یقیناً خیر بسیاری داده شده است و به جز خردمندان کسی پند نمیگیرد.

تفسیر: دین علم و حکمت است و از علوم انسانی است. هر کس را که بخواهد خداوند (ج) اعطا میکند. رسول خدا (ص) فرموده است که کسیکه خداوند (ج) به وی ارادهٔ خیر کند او را در امور دین دانشمند میسازد. این یکی از نعمات خداوند (ج) است که به هر کس ارزانی نمیکند و به

تحصیلات عالی هم ارتباط ندارد. این فقط به نیت شخص در راه خدا (ج)، صداقت او در راه خدا (ج)، و زحمت کشی او در راه خدا (ج) بستگی دارد و بس. بعضی اوقات میبینید که یک شخص تحصیلات بلند ندارد و اما مسایل را بسیار خوب میداند. این نکته را که حکمت و علم را خداوند (ج) به هرکس که اراده کند میدهد تنها صاحبان خرد میدانند.

وَمَا أَنفَقْتُم مِّن نَّفَقَةٍ أَوْ نَذَرْتُم مِّن نَّذْرٍ فَإِنَّ اللَّهَ يَعْلَمُهُ وَمَا لِلظَّالِمِينَ مِنْ أَنصَارٍ (۲۷۰)

معنی: و هر چه را انفاق کردید یا هر نذر را که میبندید، خداوند (ج) آنرا میداند و ظالمین را یاوری نیست.

تفسیر: خداوند (ج) سمیع و بصیر است و از همه اعمال انسان آگاهی مطلق دارد. پس هر صدقه و خیرات و نذر را که میکنیم او میداند. روزی شنیده بودم که کسی گفته بود نذر کردن شرک است. این مشکل وهابیت است که حتی مساجد را به نام شرک ویران کردند. ما در افغانستان نذر های گوناگون داریم و این از فرهنگ اصیل اسلام به ما آمده است و نه تنها نذر کردن در راه خدا (ج) شرک نیست بزرگترین ثواب را دارد.

إِن تُبْدُوا الصَّدَقَاتِ فَنِعِمَّا هِيَ وَإِن تُخْفُوهَا وَتُؤْتُوهَا الْفُقَرَاءَ فَهُوَ خَيْرٌ لَّكُمْ وَيُكَفِّرُ عَنكُم مِّن سَيِّئَاتِكُمْ وَاللَّهُ بِمَا تَعْمَلُونَ خَبِيرٌ (۲۷۱)

معنی: اگر صدقه را آشکار کنید این کار خوبی است و اگر پنهانش بدارید و به بینوایان بدهید این برای شما بهتر است و گناهان شما را پاک میکند و خداوند (ج) از آنچه میکنید آگاه است.

تفسیر: خیرات و صدقه بسیار بهتر است که دور از انظار مردم به بینوایان داده شود. آن موجودی که باید ببیند، میبیند و آگاه است که خداوند (ج) دانا و توانا است. این عمل صدقه و خیرات پنهانی عزت نفس انسان را بلند میبرد و شامل تواضع و فروتنی میکند که شایسته یک شخص مؤمن است. هرگونه خیرات و صدقه و نذر که باشد گناهان را پاک میکند. خداوند (ج) میخواهد که شما همیشه با نفس های منزه زندگی کنید نه نفس های آلوده.

لَيْسَ عَلَيْكَ هُدَاهُمْ وَلَـكِنَّ اللّهَ يَهْدِي مَن يَشَاءُ وَمَا تُنفِقُواْ مِنْ خَيْرٍ فَلِأَنفُسِكُمْ وَمَا تُنفِقُونَ إِلاَّ ابْتِغَاء وَجْهِ اللّهِ وَمَا تُنفِقُواْ مِنْ خَيْرٍ يُوَفَّ إِلَيْكُمْ وَأَنتُمْ لاَ تُظْلَمُونَ (۲۷۲)

معنی: هدایت [مردم] به عهدۀ تو نیست بلکه خدا (ج) هر که را بخواهد هدایت میکند. و هر مالی را که صدقه میکنید به مفاد خود شماست و جز برای طلب رضای خدا (ج) انفاق نکنید و هر مالی را که انفاق کنید [پاداش آن] به شما داده خواهد و به شما ظلم و ستم صورت نمیگیرد.

تفسیر: دو نکتۀ مهم در این آیه نهفته است. اول اینکه هدایت مردم به دست پیامبر (ص) نیست و وظیفۀ پیامبر (ص) تنها رساندن پیام الهی است نه تحمیل دین و مردم را به زور و فشار وا دارد تا دین را قبول کنند. خداوند (ج) آیات را فرستاد. حالا این مربوط میشود به شخصی که چقدر میتواند از این دین مستفید شود زیرا خداوند (ج) به او عقل داده است و اگر در راه راست نمیباشد، خودش مسؤول است نه دیگران. دین تحمیل نمیشود زیرا انسان آزاد و خود مختار خلق شده است. وقتیکه انسان به تشبث خود خواست راه حق را پیدا کند، خداوند (ج) او را هدایت میکند. دوم خداوند (ج) وعده میدهد که وقتی در راه خدا (ج) انفاق میکنید نباید تشویش داشته باشید زیرا خداوند (ج) به شما اجر و پاداش آنرا خواهد داد. اینجا خداوند (ج) انسان را از دو دلی نجات میدهد و اعتماد به خودش را توصیه میکند. یکی از اساسات ایمانداری اعتماد به خداوند (ج) است که وعده او حق است و ما نباید تشویش داشته باشیم.

لِلْفُقَرَاء الَّذِينَ أُحصِرُواْ فِي سَبِيلِ اللّهِ لاَ يَسْتَطِيعُونَ ضَرْبًا فِي الأَرْضِ يَحْسَبُهُمُ الْجَاهِلُ أَغْنِيَاء مِنَ التَّعَفُّفِ تَعْرِفُهُم بِسِيمَاهُمْ لاَ يَسْأَلُونَ النَّاسَ إِلْحَافًا وَمَا تُنفِقُواْ مِنْ خَيْرٍ فَإِنَّ اللّهَ بِهِ عَلِيمٌ (۲۷۳)

معنی: [خیرات و صدقات] برای آن نیازمندانی است که در راه خدا (ج) به تنگنا افتاده اند و برای [کسب و کار] سفر نمیتوانند و به خاطر خویشتن داری که دارند، [مردم] آنها را توانگر میپندارند. آنان را به سیمای شان میشناسی. از مردم به اصرار چیزی نمیخواهند و هر مالی [به آنان] انفاق کنید بی گمان خداوند (ج) از آن آگاه است.

تفسیر: صدقات و خیرات تنها برای آنان است که واقعاً نیازمند هستند و به کمک احتیاج دارند. از آنجائیکه تجارت یکی از اساسات عمدۀ جامعه

سازی در اسلام است و اسلام زیاد تر توسط تجارت گسترش یافت؛ آنانیکه نمیتوانند و از نگاه اقتصادی قادر نیستند برای کسب و کار تجارت سفر کنند و در محل زندگی‌شان کار هم پیدا نمیشود یعنی بیکار هستند؛ این ها مستحق صدقات و خیرات هستند. این طبقه مردم به خاطر آبرومندی و غرور متواضعانهٔ که دارند به کسی دست دراز نمیکنند و از کسی چیزی نمیخواهند اما تو از سیمای شان او را میشناسی و درک میکنی. هر مالی که برای همچو مردم با وقار بدهی خداوند (ج) آگاه است و اجر شما را میدهد. صدقات به مردم با وقار قسمی داده شود که او نداند که صدقه است زیرا احساسات او جریحه دار میشود.

الَّذِينَ يُنفِقُونَ أَمْوَالَهُم بِاللَّيْلِ وَالنَّهَارِ سِرًّا وَعَلَانِيَةً فَلَهُمْ أَجْرُهُمْ عِندَ رَبِّهِمْ وَلَا خَوْفٌ عَلَيْهِمْ وَلَا هُمْ يَحْزَنُونَ (٢٧٤)

معنی: کسانیکه مال شانرا شب و روز، پنهان و آشکار، انفاق میکنند اجر آنها نزد پروردگار شان است و نه بیمی بر آنهاست و نه اندوهگین شوند.
تفسیر: زکات و صدقات میتواند پنهانی باشد که کسی از آن خبر نشود و میشود آشکار باشد اما پنهانی آن اجر زیاد تر دارد. همچنان زکات و خیرات و صدقات شکل عمومی و انفرادی دارد. عمومی آن است که کسی یک مکتب آباد میکند و یا کار های خیریه انجام میدهد. این خواه مخواه آشکار است. انفرادی آن است که کسی به یک شخص نیازمند کمک میکند که باید پنهانی باشد.

الَّذِينَ يَأْكُلُونَ الرِّبَا لَا يَقُومُونَ إِلَّا كَمَا يَقُومُ الَّذِي يَتَخَبَّطُهُ الشَّيْطَانُ مِنَ الْمَسِّ ذَٰلِكَ بِأَنَّهُمْ قَالُوا إِنَّمَا الْبَيْعُ مِثْلُ الرِّبَا وَأَحَلَّ اللهُ الْبَيْعَ وَحَرَّمَ الرِّبَا فَمَن جَاءَهُ مَوْعِظَةٌ مِّن رَّبِّهِ فَانتَهَىٰ فَلَهُ مَا سَلَفَ وَأَمْرُهُ إِلَى اللهِ وَمَنْ عَادَ فَأُولَٰئِكَ أَصْحَابُ النَّارِ هُمْ فِيهَا خَالِدُونَ (٢٧٥)

معنی: آنان که سود میخورند بر نخیزند مگر مانند کسیکه شیطان به جنون آشفته اش کرده است. این از این روست که گفتند: خرید و فروش مانند سود است؛ در صورتیکه خداوند (ج) معاملهٔ تجاری را حلال و سود را حرام کرده است. پس حالا کسیکه از پروردگارش پندی به او رسد و [از این کار] بازایستد، آنچه در گذشته شده است از آن اوست و کارش با خداست، و اگر به سود خوری بازگردد پس آنان دوزخیانند و در آن ماندگار.

تفسیر: یکی از بزرگترین مصیبت های جامعهٔ امروزی سود است که اسلام حرام کرده است. سود در زمان حضرت عیسی (ع) حرام بـود. افلاطون فیلسوف یونانی هم سود را یک عمل اقتصادی ناپسند دانسته است. اما یهودیان سود را رواج دادند و امروز همه نظام اقتصادی با سود است. سود کشور های رو به انکشاف را به زانو در آورده است قسمیکه بانک جهانی برای تکمیل پروژه های یک کشور با سود پول قرضه میدهد و کشور رو به انکشاف قادر نیست تا سود را بدهد و در نتیجه در یوغ امپریالیزم جهانی قرار میگیرد. سود دو نوع میتواند باشد، یکی از طریق بانک و دیگر شخصی و خصوصی. در کشور های سرمایه داری و غربی مسلمانان مجبور هستند که برای خرید یک خانه از قرض بانکی استفاده کنند و باید هر چه زود تر آن قرض را خلاص کنند. دانشمندان اسلامی بعد از اینکه مشکل مسلمانان را در غرب درک کردند که مسلمانان در محرومیت و ضرر قرار دارند فتوا دادند که یک خانه باید به سود بانکی بخرند و نه زیاد تر از آن. آنانیکه چند خانه دارند با سود، همه‌اش حرص است. و یا خانه را برای یک سرمایه گزاری آینده خریده اند و سود میدهند و آنرا به کرایه داده اند جواز داده نشده است. سود با قرضه خصوصی که یک شخص برای یک کسی دیگر پول قرض میدهد مطلق حرام دانسته شده است. کسیکه اسلام را منحیث یک عقیده توحیدی قبول کرده است باید بداند که در اسلام محرومیت و ضرر نیست که مسلمان در محرومیت قرار گیرد و یا ضرر بیند و اما اسلام حرص را هم محکوم میکند. هر کس حق دارد یک سرپناه داشته یاشد و اما نباید با معاملهٔ سود دادن و سود گرفتن زندگی را به پیش برد بلکه با کار و زحمت. یکی از دلایلی که سود حرام است این است که شخص بدون کار و زحمت پول میسازد. جالب است که شخص سود خور را قرآن به یک انسان جنون زده تشبیه میکند. چنین معنی میدهد که این عده اشخاص درست تعادل عصبی و دماغی در این دنیا ندارند و در آخرت هم با صالحین و صدیقین محشور نمیشوند. یک عده مفسرین این آیه را در روز رستاخیز گفته اند که سود خور در روز محشر مانند جنون زدگان بر میخزند. اما این آیه در این دنیا هم میتواند چنین باشد زیرا پول و ثروت چشم شانرا خیره کرده است و این باعث دگرگونی دفاعی شان شده میتواند.

يَمْحَقُ اللّهُ الْرِّبَا وَيُرْبِي الصَّدَقَاتِ وَاللّهُ لاَ يُحِبُّ كُلَّ كَفَّارٍ أَثِيمٍ (٢٧٦)

معنی: خداوند (ج) سود را نابود [بی برکت] میگرداند و صدقات را افزون [با برکت] میکند و او هیچ کفرپیشهٔ گنهکار ناسپاس را دوست نمیدارد.

تفسیر: انسان تصور میکند که سود ثروتش را زیاد میکند و اما شخص زندگی بی برکت میداشته باشد به خاطر استثمار دیگران و اما به آنانیکه صدقه میدهد مژدهٔ افزایش ثروت و برکت را میدهد. چون سود در قرآن حرام دانسته شده است از گناهان کبیره است و باید از آن جلوگیری کرد. قرآن به وضاحت میگوید که اشخاص سود گیرنده کفر پیشه گنهکار و ناسپاس است.

إِنَّ الَّذِينَ آمَنُواْ وَعَمِلُواْ الصَّالِحَاتِ وَأَقَامُواْ الصَّلاَةَ وَآتَوُاْ الزَّكَاةَ لَهُمْ أَجْرُهُمْ عِندَ رَبِّهِمْ وَلاَ خَوْفٌ عَلَيْهِمْ وَلاَ هُمْ يَحْزَنُونَ (٢٧٧)

معنی: کسانیکه ایمان آورده و اعمال نیکو انجام داده و نماز بر پا داشته و زکات دادند، پاداش آنها نزد پروردگار شان است، نه بیمی بر آنهاست و نه اندوهگین شوند.

تفسیر: دین اسلام، دین عقل عقیده و عمل است. آنانیکه عقل دارند درک حقیقت موجودیت و احکام خدا را کرده اند. این اشخاص هستند که توشه آخرت را با اعمال نیکو، نماز و زکات آماده میسازند. این آیه صراحت به این دارد که اعمال نیکو باید توأم با نماز و زکات باشد نه اینکه عمل نیکو باشد و نماز و زکات نباشد و یا نماز و زکات باشد و عمل نیکو دیگر به باد فراموشی سپرده شود. اینجا برای اینکه ما سعادت دنیوی و اخروی را نصیب شویم مثلث کار نیک، عبادت و زکات را در یک قالب پیشکش میکند. هستند اشخاصی که کار های نیک انجام میدهند و اما عبادت خدا (ج) را نمیکنند که این مغایر قرآن است. اعمال نیک را شاید یک کافر هم انجام دهد. اما اویکه ایمان به توحید آورده اعمالش توأم با نماز و زکات است.

يَا أَيُّهَا الَّذِينَ آمَنُواْ اتَّقُواْ اللّهَ وَذَرُواْ مَا بَقِيَ مِنَ الرِّبَا إِن كُنتُم مُّؤْمِنِينَ (٢٧٨)

معنی: ای آنانیکه ایمان آورده اید اگر به واقعیت مؤمنیت از خدا (ج) بترسید و بازماندهٔ سود را رها کنید.

تفسیر: سود گرفتن کار یک مؤمن نیست و باید هر چه زود تر از این

عمل حرام و ضد منافع انسانی دست بردارد. سود بانکی هم در غرب باید به مساکین داده شود کدام ممانعت شرعی وجود ندارد. اما خود شخص نباید از آن استفاده کند.

فَإِن لَّمْ تَفْعَلُواْ فَأْذَنُواْ بِحَرْبٍ مِّنَ اللَّهِ وَرَسُولِهِ وَإِن تُبْتُمْ فَلَكُمْ رُؤُوسُ أَمْوَالِكُمْ لاَ تَظْلِمُونَ وَلاَ تُظْلَمُونَ (۲۷۹)

معنی: و اگر [این کار را] نکنید پس به جنگی از جانب خدا (ج) و رسولش آگاه باشید، و اگر توبه کردید اصل سرمایه از آنِ شماست [بدین صورت] نه ستم میکنید و نه ستم میبینید.

تفسیر: خداوند (ج) هشدار میدهد، در صورتیکه شخص از سود گیری توبه کند، کار تمام است، نه ستم کرده است و نه ستم میبیند. در غیر آن در مقابل غضب خدا (ج) و جنگ رسول خدا (ص) مواجه خواهد شد. دولت های اسلامی باید بانک هائی که به اساس مضاربه عمل میکنند تاسیس کنند و باید در جوامع اسلامی گلیم سود بر چیده شود. سود گیری توسط افراد جامعه مانند گوشت خوک حرام است زیرا تأثیرات سوء در اجتماع دارد که خانمانسوز است. سود کشور های رو به انکشاف را مطلق در یوغ امپریالیزم جهانی قرار داد. داستان امریکای لاتین از نگاه اقتصادی توسط امریکا بیانگر این حقیقت ظالمانه است به نام سود.

وَإِن كَانَ ذُو عُسْرَةٍ فَنَظِرَةٌ إِلَى مَيْسَرَةٍ وَأَن تَصَدَّقُواْ خَيْرٌ لَّكُمْ إِن كُنتُمْ تَعْلَمُونَ (۲۸۰)

معنی: و اگر مقروض تنگدست بود پس مهلتی باید یابد تا گشایشی یابد و اینکه صدقه دهید برای شما بهتر است اگر میدانستید.

تفسیر: بسیار اوقات میشود که قرض دار قادر نیست که قرض را تأدیه کند. در صورتیکه شما درک این موضوع را دارید که جانب مقابل قادر نیست، بهتر است قرض را ببخشید از اینکه مطالبه کنید. در این راستا شامل اجر و ثواب بی پایان خواهید شد. شما با عمل بخشش نه تنها یک انسان را نجات میدهید در عین زمان عقیده تانرا پاک تر میسازید که در راه خدا دوستی تجلی میکند.

وَاتَّقُواْ يَوْمًا تُرْجَعُونَ فِيهِ إِلَى اللّهِ ثُمَّ تُوَفَّى كُلُّ نَفْسٍ مَّا كَسَبَتْ وَهُمْ لاَ يُظْلَمُونَ (٢٨١)

معنی: و از روزی بترسید که به سوی خدا باز گردانده میشوید، سپس به هر کس هر چه کسب کرده [پاداش آن] مکمل داده میشود و بر آنان ظلم صورت نمیگیرد.

تفسیر: کسانیکه ایمان دارند میدانند که وعده خدا (ج) حق است. این را همه میدانند که روز آخرت آمدنی است. پس چه بهتر که کاری صورت گیرد تا پشیمانی نداشته باشد و آن صادقانه عمل کردن و اطاعت کردن است.

يَا أَيُّهَا الَّذِينَ آمَنُواْ إِذَا تَدَايَنتُم بِدَيْنٍ إِلَى أَجَلٍ مُّسَمًّى فَاكْتُبُوهُ وَلْيَكْتُب بَّيْنَكُمْ كَاتِبٌ بِالْعَدْلِ وَلاَ يَأْبَ كَاتِبٌ أَنْ يَكْتُبَ كَمَا عَلَّمَهُ اللّهُ فَلْيَكْتُبْ وَلْيُمْلِلِ الَّذِي عَلَيْهِ الْحَقُّ وَلْيَتَّقِ اللّهَ رَبَّهُ وَلاَ يَبْخَسْ مِنْهُ شَيْئًا فَإن كَانَ الَّذِي عَلَيْهِ الْحَقُّ سَفِيهًا أَوْ ضَعِيفًا أَوْ لاَ يَسْتَطِيعُ أَن يُمِلَّ هُوَ فَلْيُمْلِلْ وَلِيُّهُ بِالْعَدْلِ وَاسْتَشْهِدُواْ شَهِيدَيْنِ مِن رِّجَالِكُمْ فَإِن لَّمْ يَكُونَا رَجُلَيْنِ فَرَجُلٌ وَامْرَأَتَانِ مِمَّن تَرْضَوْنَ مِنَ الشُّهَدَاء أَن تَضِلَّ إْحْدَاهُمَا فَتُذَكِّرَ إِحْدَاهُمَا الأُخْرَى وَلاَ يَأْبَ الشُّهَدَاء إِذَا مَا دُعُواْ وَلاَ تَسْأَمُوْاْ أَن تَكْتُبُوْهُ صَغِيرًا أَو كَبِيرًا إِلَى أَجَلِهِ ذَلِكُمْ أَقْسَطُ عِندَ اللّهِ وَأَقْومُ لِلشَّهَادَةِ وَأَدْنَى أَلاَّ تَرْتَابُواْ إِلاَّ أَن تَكُونَ تِجَارَةً حَاضِرَةً تُدِيرُونَهَا بَيْنَكُمْ فَلَيْسَ عَلَيْكُمْ جُنَاحٌ أَلاَّ تَكْتُبُوهَا وَأَشْهِدُوْاْ إِذَا تَبَايَعْتُمْ وَلاَ يُضَآرَّ كَاتِبٌ وَلاَ شَهِيدٌ وَإِن تَفْعَلُواْ فَإِنَّهُ فُسُوقٌ بِكُمْ وَاتَّقُواْ اللّهَ وَيُعَلِّمُكُمُ اللّهُ وَاللّهُ بِكُلِّ شَيْءٍ عَلِيمٌ (٢٨٢)

معنی: ای مؤمنان! هنگامی که با قرض معامله میکنید پس آنرا بنویسید. و باید کاتبی عادل آنرا میان شما بنویسد و کاتب همانطوریکه خدا (ج) به او آموخته است از نوشتن آن دریغ نورزد. پس باید بنویسد و قرض دار املا کند و از خدا (ج)، پروردگار خویش بترسد و چیزی از آن را کم نکند. و اگر [شخص] قرض دار بیسواد و ناتوان باشد یا املا نتواند پس ولی او عادلانه املا کند. و دو شاهد از مردان را شاهد بگیرید و اگر دو مرد نباشند یک مرد و دو زن از شاهدانی که شما رضایت دارید [انتخاب کنید] که اگر یکی شان فراموش کرد دیگری یاد آوری کند. و شاهدین وقتی برای [ادای شهادت] خوانده میشوند دریغ نکنند. و از نوشتن تا آخر ملول نشوید خواه اندک باشد و یا به درازا باشد که این در پیشگاه خداوند (ج)

منصفانه تر و برای گواهی دادن استوار تر و برای شك و تردید نكردن مناسب تر است مگر آنكه تجارتی باشد [دست به دست] كه میان خود انجام میدهید در این صورت بر شما گناهی نیست كه آنرا ننویسید. و چون خرید و فروش كنید بر آن شاهد بگیرید. و نباید به كاتب و شاهد صدمۀ برسد و اگر چنین كنید از فرمان خدا (ج) خارج شده اید، و از خدا (ج) بترسید و خداوند (ج) به شما می آموزاند و خداوند (ج) بر هر چیزی داناست.

تفسیر: اول باید یاد آور شویم كه در قرآن مجید طویل ترین آیه همین آیه ۲۸۲ سورۀ بقره است. این آیه همانطوریكه در اخیر آیه میخوانیم خداوند (ج) به ما صورت قرض دادن و قرض گرفتن را تعلیم داده است كه یكی از ضروریات عمدۀ خانواده ها، تجارتخانه ها و مردم است. یكی از مسایلی است كه باید هر مسلمان رعایت كند. بسیار مردم از همدیگر آزرده شده اند، وقتی یك اصول اساسی در بین شان نبوده و یا قرض نرسیده و یا انكار صورت گرفته است و یا فراموش شده است. به هر حال هر معامله باید كتابت شود و شاهدین در پای آن امضاء كنند. در جهان امروز در بسیاری مسایل باید یك وكیل مدافع گرفته شود مخصوصاً قرضه های هنگفت، موضوع رسمی شود. یك نكتۀ مهم دیگر كه در این آیه نهفته است موضوع شهادت دو زن و یك مرد است كه منتقدین اسلام همیشه به رُخ مسلمانان میكشند كه زنان و مردان در اسلام از حقوق مساوی مدنی برخوردار نیستند و از همین سبب در شهادت دو زن است و یك مرد. اول اینكه چهارده صد سال قبل به زنان موقع داده شده است كه در مسایل قضایی سهیم باشند و از همین سبب زنان نقش شاهد را كه یك مسلۀ قضایی است به استناد آیۀ فوق بازی میكنند. دوم حضرت بی بی عایشه صدیقه (رض) در دوران مدینه بعد از رحلت شوهرش حضرت محمد (ص) یك فقهی بود و در كنار مردان آن زمان در راستای اصول فقه خدمت میكرد. در كتاب زنان بر گزیدۀ اثر استاد احمد محمد جمال مترجم محمد حنیف («حنیف») بلخی میخوانیم كه: « اما در بارۀ علم و ادب او[بی بی عایشه] ابو موسی میگوید: بما اصحاب پیغمبر علیه السلام مشكلی پیش نمیشد مگر اینكه از عایشه (رض) میپرسیدیم و علم آن مسأله را نزد عایشه (رض) میافتیم» همچنان در همین كتاب از عطا بن رباح روایت شده است كه گفت: "عایشه (رض) فقیه ترین و عالمترین مردم و نیكو ترین مردم در رأی و نظر بود". بلی! زنان در صدر اسلام جایگاه علمی خود را داشتند و آیه واضح میرساند كه در شهادت و یا امور قضایی نقش دارند. اینكه چرا

دو شاهد زن است برای اینکه زنان تکلیف زنانگی میتوانند داشته باشند و در این حالت امکان دارد به نسبت درد و رنج میتوانند که فراموش کنند و دیگر آن برای اینکه عدالت صدمه نبیند یاد آوری کند. این دو شاهد بدین معنی نیست که زنان از مردان کمتر هستند و یا در امور قضایی نقش ندارند. نکتهٔ دیگر جالب این است که کسیکه قرض میگیرد باید املا کند. یعنی به زبان خود در گرفتن در حضور دو شاهد اقرار کند که قرض گرفته است نه اینکه قرض دهنده از خود بنویسد و پسان از متن انکار صورت گیرد که قرض گیرنده انکار کند که او همچو نگفته است. واقعاً این همه نظم و اداره و سنجش دقیق برای صلح بین مردم و مدنی ساختن مردم در چهارده صد سال قبل شگفت انگیز است.

وَإِن كُنتُمْ عَلَىٰ سَفَرٍ وَلَمْ تَجِدُواْ كَاتِبًا فَرِهَانٌ مَّقْبُوضَةٌ فَإِنْ أَمِنَ بَعْضُكُم بَعْضًا فَلْيُؤَدِّ الَّذِي اؤْتُمِنَ أَمَانَتَهُ وَلْيَتَّقِ اللَّهَ رَبَّهُ وَلَا تَكْتُمُواْ الشَّهَادَةَ وَمَن يَكْتُمْهَا فَإِنَّهُ آثِمٌ قَلْبُهُ وَاللَّهُ بِمَا تَعْمَلُونَ عَلِيمٌ (۲۸۳)

معنی: و اگر در سفر بودید و کاتبی نیافتید، گروی بستانید و اگر کسی از شما دیگری را امین دانست، آنکه امین دانسته شده است، امانت او را باز پس دهد و باید از خداوند (ج) بترسد. و شهادت را پنهان نکنید و هر که آنرا پنهان کند همانا گنهکار است و خدا (ج) به آنچه میکنید داناست.

تفسیر: در این آیه به تعقیب آیهٔ گذشته آموزش و پرورش مدنی اصول اخلاقی قرض داری است. در صورتیکه کسی پیدا نمیشود تا کتابت کند، گروی در برابر قرضه درست است. همچنان کسیکه قرضه میگیرد و شما او را امین میشمارید او باید از خدا (ج) بترسد و امانت را به وقت معین دوباره برساند. باید بسیار متوجه بود که شهادت دروغ و یا کتمان شهادت در اسلام گناه کبیره است.

لِلَّهِ مَا فِي السَّمَاوَاتِ وَمَا فِي الْأَرْضِ وَإِن تُبْدُواْ مَا فِي أَنفُسِكُمْ أَوْ تُخْفُوهُ يُحَاسِبْكُم بِهِ اللَّهُ فَيَغْفِرُ لِمَن يَشَاءُ وَيُعَذِّبُ مَن يَشَاءُ وَاللَّهُ عَلَىٰ كُلِّ شَيْءٍ قَدِيرٌ (۲۸۴)

معنی: آنچه در آسمانها و زمین است از آن خداوند (ج) است. و آنچه در دل دارید عیان کنید و یا نهان کنید خداوند (ج) شما را بدان محاسبه میکند، پس هر کس را که خواهد می آمرزد و هر که را خواهد عذاب میکند و خدا (ج) بر هر کاری تواناست.

تفسیر یونس ۲۳۴

تفسیر: در این آیه چند نکتهٔ مهم برای ما هشدار داده شده است. اول اینکه آنچه در آسمانها و زمین است. این بدان معنی است که الف: انسان نباید در مسایل ایکولوژیک دست درازی های بیجا کند. ب: اینکه آنچه در زمین است معنی آن این است که ذخایر معدنی مال مردم است و برای استفادهٔ مردم خداوند (ج) خلق کرده است و نمیتوان آنرا به مفاد یکی دو نفر غصب کرد. طور مثال نفت و یا دیگر مواد زیر زمینی حق ملت مسلمان است. نکتهٔ دوم این است که خداوند (ج) میداند که ما چه میکنیم و از اعمال و کردار ما آگاهی مطلق دارد پس نباید خود را فریب دهیم و سوم اینکه هر که را خواهد مورد عفوه قرار میدهد و هر که را خواهد عذاب میکند. خداوند (ج) خدای عادل است و هیچ چیز از او پنهان نیست پس میداند که در پنهان مردم چه ها میکنند و نظر به عمل کرد مردم به ایشان اجر میدهد و یا عذاب میکند زیرا ما از همه چیز آگاهی نداریم.

آمَنَ الرَّسُولُ بِمَا أُنزِلَ إِلَيْهِ مِن رَّبِّهِ وَالْمُؤْمِنُونَ كُلٌّ آمَنَ بِاللهِ وَمَلآئِكَتِهِ وَكُتُبِهِ وَرُسُلِهِ لاَ نُفَرِّقُ بَيْنَ أَحَدٍ مِّن رُّسُلِهِ وَقَالُواْ سَمِعْنَا وَأَطَعْنَا غُفْرَانَكَ رَبَّنَا وَإِلَيْكَ الْمَصِيرُ (۲۸۵)

معنی: پیامبر به آنچه از سوی پروردگارش براو نازل شده ایمان دارد و مؤمنان همگی به خدا (ج) و فرشتگان و کتاب ها و پیامبران او ایمان دارند و [گویند] میان هیچ یک از پیامبران او فرق نمیگذاریم و میگویند: شنیدیم و اطاعت کردیم. بار الها! از تو آمرزش میخواهیم و بازگشت به سوی توست.

تفسیر: آیهٔ ۲۸۵ و آیهٔ بعدی یعنی ۲۸۶ یکجا مشهور است به «آمن الرسول» که ختم سورهٔ بقره است. این آیه نه تنها اعتراف مؤمنان است که به ایمان خود اعتراف میکنند در عین زمان، به ذات خود، پایهٔ اساسی ایمان داری است. یک مؤمن باید به خدا (ج)، فرشتگان خدا (ج)، کتاب های آسمانی و پیامبران الهی ایمان کامل داشته باشد تا مسلمان شمرده شود. مسلمان به همه پیامبران و کتاب های آسمانی ایمان دارد و بین شان تفاوت نمیگذارد و همه را به یکسان میبیند. قابل یاد آوری است که اهل کتاب از این آیه مستثنی شمرده شده اند. زیرا شنیده شده که چون آنها پیامبر اسلام را قبول ندارند پس کافر هستند. آنها به اساس کتاب های آسمانی تورات و انجیل مورد بازخواست قرار میگیرند نه قرآن کریم. اول اینکه

قرآن همهٔ اهل کتاب را مقصر نمیداند و دوم اینکه هستند کسان ایشان که شبانه سجده میکنند. سوم اینکه در هیچ موضع قرآن، ایشان را خداوند (ج) کافر خطاب نکرده است. برای روشن شدن موضوع بهتر است دو آیه از کلام الله مجید را نقل قول کنیم. در آیهٔ ۱۹۹ سورهٔ آل عمران میخوانیم که: « وَإِنَّ مِنْ أَهْلِ ٱلْكِتَٰبِ لَمَن يُؤْمِنُ بِٱللَّهِ وَمَا أُنزِلَ إِلَيْكُمْ وَمَا أُنزِلَ إِلَيْهِمْ خَٰشِعِينَ لِلَّهِ لَا يَشْتَرُونَ بِـَٔايَٰتِ ٱللَّهِ ثَمَنًا قَلِيلًا أُو۟لَٰٓئِكَ لَهُمْ أَجْرُهُمْ عِندَ رَبِّهِمْ إِنَّ ٱللَّهَ سَرِيعُ ٱلْحِسَابِ » یعنی و از اهل کتاب کسانی هستند که به خداوند (ج) و آنچه برای شما نازل شده و آنچه برای خود شان نازل شده، ایمان دارند، در حالیکه در برابر خداوند (ج) خاشع اند و آیات الهی را به بهای ناچیز نمی فروشند؛ اینان پاداش شان نزد خداوند (ج) [محفوظ] است که خداوند (ج) زود شمار است. در همین سوره آیهٔ ۱۱۳ میخوانیم که: « لَيْسُوا۟ سَوَآءً مِّنْ أَهْلِ ٱلْكِتَٰبِ أُمَّةٌ قَآئِمَةٌ يَتْلُونَ ءَايَٰتِ ٱللَّهِ ءَانَآءَ ٱلَّيْلِ وَهُمْ يَسْجُدُونَ » یعنی آنان یکسان و همسان نیستند؛ از اهل کتاب گروهی درست کردارند که آیات الهی را در دل شب میخوانند و سر به سجده می نهند.

هیچ مذهب و طریقهٔ اسلامی از اهل تسنن و اهل تشیع ایشان را کافر نمیگوید به جز آنانیکه زیر افکار غیر قرآنی وهابیان قرار گرفته اند. دکتور محمد یوسف قرضاوی عالم مشهور از اهل تسنن در کتاب حلال و حرام در اسلام در مورد اهل کتاب چنین مینویسد: «وقتیکه اسلام به نیکی و احسان با مخالفین خود از هر دینی که باشند حتی با مشرکین و بت پرستانی مانند مشرکین عرب که در آیهٔ فوق الذکر [سوره ممتحنه آیات ۸-۹] در بارهٔ ایشان نازل شده است، امر و تشویق مینماید، مسلماً نسبت به اهل کتاب از یهود و نصارا اهمیت خاص داده است و به ایشان احترام میگذارد، خواه تحت سلطه اسلام باشند یا خارج از قلمرو اسلام قرار گیرند. قرآن آنان را جز به (یا اهل الکتاب) و یا (ایها الذین اتوالکتاب) خطاب نمیفرماید، و بدین وسیله اشاره میفرماید که آنان در اصل صاحب دین آسمانی هستند، و نسبت به مسلمانان خویشاوند و ذوالقربی میباشند و این نزدیکی و خویشاوندی در اشتراک آنان در اصول دین آسمانی با مسلمانان نمایان میگردد که تمام انبیاء برای ابلاغ مبعوث شده اند».

لَا يُكَلِّفُ اللّهُ نَفْسًا إِلَّا وُسْعَهَا لَهَا مَا كَسَبَتْ وَعَلَيْهَا مَا اكْتَسَبَتْ رَبَّنَا لَا تُؤَاخِذْنَا إِن نَّسِينَا أَوْ أَخْطَأْنَا رَبَّنَا وَلَا تَحْمِلْ عَلَيْنَا إِصْرًا كَمَا حَمَلْتَهُ عَلَى الَّذِينَ مِن قَبْلِنَا رَبَّنَا وَلَا تُحَمِّلْنَا مَا لَا طَاقَةَ لَنَا بِهِ وَاعْفُ عَنَّا وَاغْفِرْ لَنَا وَارْحَمْنَا أَنتَ مَوْلَانَا فَانصُرْنَا عَلَى الْقَوْمِ الْكَافِرِينَ (٢٨٦)

معنی: خدا (ج) هیچ کس را به جز توانش تکلیف نمیکند. هر چه نیکی کند به سود او و هرچه بدی کند به زیان اوست؛ پروردگارا اگر فراموش کردیم یا خطا کردیم بر ما مگیر. خدایا بار گرانی را بر عهدۀ ما مگذار، چنانکه آن را بر عهدۀ گذشتگان ما گذارده ای؛ پروردگارا آنچه تاب و توان آن را نداریم بر دوش ما مگذار. از گناهان ما در گذر، ما را ببخشا و بر ما رحم کن، تو مولای مایی پس ما را بر گروه کافران پیروز گردان.

تفسیر: آیۀ فوق با آیۀ پیشتر از این در ختم های قرآن مجید و یا نماز ها یکجا تلاوت میشود زیرا دعای عمده در آن نهفته است. در تفسیر این بخش دو نکته قابل غور و تعمق است، مخصوصاً جوانان و آن اینکه میگوید هیچ چیز را از توان انسان بالا تر نیافریده است. ما در هر کار باید با ثبات باشیم مصمم باشیم، مرام و هدف ما معلوم باشد و از هیچ کار مخصوصاً در آموختن علم دلسرد نشویم. بعضی اوقات یک جوان میگوید که درسهایش مشکل است. هیچ چیز در این دنیا مشکل نیست برای اینکه از توان انسانی ما بیرون نیست اما برای رسیدن به هدف باید زیاد تر زحمت کشید. اول اینکه مسایل انسانی نباید فراسوی عقل انسانی باشد تا بتواند در خور توان باشد. دوم نکته که قابل غور و تعمق است که مسلمان دعا میکند « پروردگارا بار گرانی را به عهدۀ ما مگذار چنانکه آن را بر عهدۀ گذشتگان ما گذارده ای» اینجا مقصد از گناهان و طغیان گذشتگان است که مسلمان دعا میکند که خداوند (ج) ایشان را در پناه داشته باشد.

سورهٔ آل عمـران

اساساً سورهٔ آل عمران بستگی دارد به سورهٔ بقره اما از یک دید دیگر و زاویهٔ دیگر موضوعات را پیشکش اهل ایمان میکند. مانند سورهٔ بقره یک نظر عمومی تاریخ بشریت را در رابطه با اهل کتاب بیان میدارد و ظهور مسلمانان را به نیازمندی مبارزه در راه حق و راستی پیشکش میکند و آنانیکه با دین اسلام مزین شده‌اند تشویق به دریافت رهنمایی، با ثبات بودن در راه ایمان، و امید واری به آینده میکند. مطالب سوره عبارت اند از تأکید بالای عیسویان تا اساس دین آسمانی که توحید و خدا پرستی را درک کنند و بشناسند چنانچه در سورهٔ بقره توجه یهودیان را جلب کرده است. درس های آموزنده از جنگ های بدر و اُحُد دارد و همچنان مسؤولیت های که مؤمنین در امور خود شان و مردم بیرونی دارند تأکید میورزد.

در مورد نام سورهٔ آل عمران گفته میشود که پدر حضرت موسی (ع) بوده است. در مورد شان نزول آیه مفسران مینویسند که زیاد تر از هشتاد آیهٔ این سوره در بارهٔ مسیحیان نجران از کوهستان های شمالی یمن نزد محمد (ص) برای تحقیق در بارهٔ اسلام آمده بودند. جلسه بین محمد (ص) و مسیحیان قسمی شروع شد که پیامبر (ص) و یارانش نماز عصر را خوانده بودند که آنها وارد مسجد شدند. آنها هم رو به مشرق کرده عبادت کردند. یاران پیامبر (ص) میخواست ایشان را مانع شود و اما پیامبر (ص)

گذاشت آنها به همان عنعنه خود نماز ادا کنند. و فرمود به آنها کاری نداشته باشید. این بزرگترین درسی بود که به امت اسلامی داد که ادیان دیگر را احترام کنید.

سورهٔ آل عمران در مدینه نازل شده است و شامل ۲۰۰ آیه است. ۹۱ آیه شامل جزء سوم قرآن مجید میشود. این سوره بحث های آموزنده دارد که آغاز آن توحید است. مسایل آموزشی در مورد جهاد، اجر و پاداش شهیدان، حیات جاویدان، حج و خانه خدا (ج)، امر به معروف و نهی از منکر، دوستی با دشمنان، تاریخ انبیاء سخن میگوید. به اساس یک حدیث پیشوای اسلام حضرت محمد (ص) فضیلت تلاوت این آیه یعنی آیات آن امن ساختن مؤمن از راه دوزخ است.

بِسْمِ اللهِ الرَّحْمٰنِ الرَّحِيمِ

الٓمٓ (۱)

معنی: از آیات رمزی قرآن مجید است.

تفسیر: درشروع سوره بقره توضیح شد.

اَللهُ لَآ إِلٰهَ إِلَّا هُوَ الْحَیُّ الْقَیُّومُ (۲)

معنی: خداوند (ج) است که آنکه جز او معبودی نیست و زنده پاینده است.

تفسیر: این آیهٔ مبارک بیانگر توحید است. یعنی خدای که هست کننده همه خلقت است و همه جهان هستی یک بافت دارد و همه ای خلقت با هم پیوند دارد یعنی این ارتباط هماهنگی اگر نباشد توحید نیست. هر چیز برای یک هدف خلق شده است و بیهوده نیست. الحی و القیوم از اسماء عظمی است و ذکر آن صیقل دل است.

نَزَّلَ عَلَیْکَ الْکِتٰبَ بِالْحَقِّ مُصَدِّقًا لِّمَا بَیْنَ یَدَیْهِ وَأَنْزَلَ التَّوْرٰىةَ وَالْإِنْجِیلَ (۳)

معنی: این کتاب را بر حق بر تو نازل کرد که تصدیق کنندهٔ کتاب های پیشین است [یعنی] تورات و انجیل را نازل کرد.

تفسیر: در این آیه خداوند (ج) تسلسل ادیان آسمانی را نشان میدهد که این کتاب پیام پیشین که در کتاب مقدس یعنی تورات برای یهودیان و انجیل برای عیسویان نازل شده است، تصدیق میکند. آن پیام در رابطه بر آیه دوم این سوره همانا توحید و خداپرستی است که هر دو گروه یعنی یهود و نصارا درست درک نکردند و به بیراهه رفتند و گمراه شدند. در اینجا ما می‌بینیم که خداوند (ج) تورات و انجیل را تأیید میکند. اینکه پیروان این کتاب های آسمانی به بیراهه رفتند، قضاوت در دست ما نیست. ما هنوز هم مکلف به احترام کتاب شان و دین شان هستیم.

مِنْ قَبْلُ هُدًى لِلنَّاسِ وَأَنْزَلَ الْفُرْقَانَ إِنَّ الَّذِینَ کَفَرُوا بِآیَاتِ اللهِ لَهُمْ عَذَابٌ شَدِیدٌ وَاللهُ عَزِیزٌ ذُو انْتِقَامٍ (٤)

معنی: از پیش، که راهنمای مردم باشد، و فرقان (قرآن) را نازل کرد.

کسانیکه آیات خدا (ج) را انکار کردند برای آنان عذابی سخت است و خداوند (ج) مقتدر دادستان است.

تفسیر: کتاب الهی راهنمای روشن برای رستگاری است. فرقان یعنی کتابی که حق را از باطل تفکیک میکند. در رابطه به این موضوع، حق، توحید است و باطل انتی تز توحید است. به عبارت دیگر باطل آن است که یگانگی خداوند (ج) و جهان هستی را ما درک نکنیم و همه خلقت را تکه و پارچه مجسم کنیم و ندانیم، نه تنها که خداوند (ج) یکه و یگانه است و اما نظام خلقت هم یکه و یگانه است. علم و انسان هم یکه و یگانه است و مرجع همه همانا خداوند (ج) است. حق در اصل از نگاه لغت مطابقت و هماهنگی معنی میدهد. یعنی همه نظام هستی با هم مطابقت و هماهنگی دارد و چون حق ثابت است و پا برجاست باطل هرگز به آن راه ندارد. از همین سبب خدا (ج) حق است زیرا ثابت و در عالم هستی انکار ناپذیر است زیرا خودش صانع حقیقی است. کسانیکه این حقیقت بزرگ یعنی توحید را انکار میکنند به عذاب بزرگ دچار خواهند شد. این عذاب به خاطر این نیست که خداوند (ج) را انکار میکنند زیرا با انکار خداوند (ج)، آن ذات اقدس الهی از خدایی خلاص نمیشود. با انکار خداوند (ج)، آیات خداوند (ج) و توحید، اساساً انسان همه خلقت و خود را انکار میکند و باعث بدبختی خود و بشریت و بر هم زدن نظام هستی میشود و دگر گونی خلق میکند. مثال های بزرگ این انکار که جامعهء بشری را به فحشا و نابسامانی سوق داده است میتوان روابط نامشروع و غیر طبیعی مانند هم جنس بازی و تحقیقات غیر اخلاقی غیر مسؤولانه زیر عنوان ساینس مانند اولین اطفال که توسط « ادیتد جین» ساخته اند نامبرد. اسلام و قرآن مخالف ساینس و پیشرفت های علمی نیست. اسلام مخالف آن تحقیقات است که به نسل آدمی و اخلاق مدنی انسانی صدمه وارد کند و یا باعث تباهی نسل بشر شود مانند کشف بمب اتمی.

إِنَّ ٱللَّهَ لَا يَخْفَىٰ عَلَيْهِ شَىْءٌ فِى ٱلْأَرْضِ وَلَا فِى ٱلسَّمَآءِ (٥)

معنی: بدون شک، هیچ چیز نه در زمین و نه در آسمان بر خداوند (ج) پوشیده نیست.

تفسیر: خداوند (ج) که همه خلقت از اوست و خودش خلق کرده است و موارد کاری آنرا میداند، در نزد او هیچ چیز پوشیده نیست. چون انسان هم از خلقت اوست اعمال و کار کرد های انسانی و نیت انسان هم از او

پوشیده نیست. خداوند (ج) ناظر خلقت خود است. او همه چیز را برای سعادت بشر و پیشرفت بشری و انسانی به شمول فکر و مغز بسیار پیشرفته در اختیار انسان قرار داده است تا انسان به تعالی برسد. اما وقتیکه انسان از آن سوءاستفاده میکند، دادستان پیروزمند و توانا و دانا اوست که قضاوت نهایی در دست آن اقدس الهی است و این منکران راز های خلقت و طبیعت را باید به جزای اعمال ضد انسانی شان برساند و رنه جهان هستی تباه میشود.

هُوَ ٱلَّذِى يُصَوِّرُكُمْ فِى ٱلْأَرْحَامِ كَيْفَ يَشَآءُ ۚ لَآ إِلَٰهَ إِلَّا هُوَ ٱلْعَزِيزُ ٱلْحَكِيمُ (٦)

معنی: او موجودی است که شما را در رحم ها هرگونه بخواهد نقشبندی میکند. خدا (ج) جز او نیست که پیروزمند فرزانه است.

تفسیر: در این آیه در رابطه به آیهء بالا خداوند (ج) از بزرگترین راز فلسفه خلقت به انسان خبر میدهد و میگوید هرگونه بخواهد صورتگری یا نقشبندی میکند. ظاهراً این آیه چنین معنی میدهد که تذکر رفت و اما این آیه تنها از صورتگری سخن نمیگوید. از نگاه فلسفه خلقت «الصُّورة» در زبان عربی آنچه به وسیله آن ماده موجود میشود و صفات ممیزهٔ آن پدید می آید. و این همانا تشکل سه دورهٔ تشکلی نطفه در رحم است. در عربی میگویند « باتحاد المادة بصورة تتم عملیه الخلق » یعنی با اتحاد ماده و صورت کار آفرینش کمال می پذیرد. این یکی از موضوعات عمدهٔ خلقت است که امروز ساینس سه دوره را توضیح کرده است تا تخمه به کمال میرسد.

هُوَ ٱلَّذِىٓ أَنزَلَ عَلَيْكَ ٱلْكِتَٰبَ مِنْهُ ءَايَٰتٌ مُّحْكَمَٰتٌ هُنَّ أُمُّ ٱلْكِتَٰبِ وَأُخَرُ مُتَشَٰبِهَٰتٌ ۖ فَأَمَّا ٱلَّذِينَ فِى قُلُوبِهِمْ زَيْغٌ فَيَتَّبِعُونَ مَا تَشَٰبَهَ مِنْهُ ٱبْتِغَآءَ ٱلْفِتْنَةِ وَٱبْتِغَآءَ تَأْوِيلِهِۦ ۗ وَمَا يَعْلَمُ تَأْوِيلَهُۥٓ إِلَّا ٱللَّهُ ۗ وَٱلرَّٰسِخُونَ فِى ٱلْعِلْمِ يَقُولُونَ ءَامَنَّا بِهِۦ كُلٌّ مِّنْ عِندِ رَبِّنَا ۗ وَمَا يَذَّكَّرُ إِلَّآ أُوْلُواْ ٱلْأَلْبَٰبِ (٧)

معنی: او موجودی است که این کتاب را بر تو نازل کرد که بخشی از آن آیات محکمات است که آنها اساس کتاب است، و بخش دیگر متشابهات است؛ اما کج دلان از این کتاب، برای فتنه جویی و به قصد تاویل نادرست آن متشابهات رادنبال میکنند. در حالیکه تاویل آنرا جز خدا (ج) نداند و آنها که در دانش ریشه دارند گویند: ما بدان ایمان داریم همه از جانب پروردگار ماست و جز خردمندان متوجه نمیشوند.

تفسیر: آیات رمز معنی میدهد و مشکل مفسرین همین است که قرآن را کوشش کرده اند با زبان عربی انسانی معنی کنند. آیات در این بخش دو نوع است: محکمات یعنی صریح و روشن و متشابهات یعنی آن آیاتی که دارای تاویل است. آیات صریح و روشن آن آیات است که استوار و پابرجاست که گفتگو در آن مطرح نیست مانند «قُل هُوَاللهُ اَحَد» یعنی بگو که خدا (ج) یگانه است. مُتشابه آن آیات است که شبیه یکدیگرند و احتمالات زیاد در تاویل و تفسیر آن میرود. فرق عمدهٔ محکم و متشابه این است که محکم انسان را از انحراف به دور میسازد زیرا نظر به تعریف استوار است و متشابه انسان را به تعمق و تفکر وا میدارد تا حقیقت را درک کند. اما چالش در این است که آیات را نمیتوان تحت الفظی معنی کرد. طور مثال در آیات متشابه «یَدُالله فوق اَیدیهم» یعنی دست خدا (ج) بالای دستهای آنهاست. این را میدانیم که خداوند (ج) مانند انسان دست ندارد پس در اینجا هدف از «یَد» دست فزیکی نیست بلکه قدرت و حکمت خداوند (ج) است که دست بالا دارد. آیات نظر به شرایط زمان و مکان نازل شده است و همه قابل تفسیر است. زیرا قسمیکه در مقدمه از ابن عباس نقل قول کردیم اینکه « القرآن یُفَسِرُالزمان». این مساله جدی گرفته نشده است و نتیجه اینکه قوانین اسلامی دچار چالش های شده است که جوابگوی نیازمندی های بشری امروز نیست و جوامع اسلامی مانند تونس را مجبور ساخت تا به سیکولریزم روی بیاورد مانند مسئله میراث. هدف از تفسیر آیه نباید کجروی باشد. هدف از تفسیر آیه باید تأمین عدالت و آسان ساختن فهم قرآن برای مردم امی باشد زیرا قرآن کتاب مردم است. خواه مخواه آیات چه محکمات باشد و چه متشابهات باشد میتواند از عقل و فهم آدمی بسیار بالا باشد. پس به جای تاویل و تفسیر که ما را به بیراهه بکشاند تا روشن شدن موضوع از نگاه علمی باید به همان شکل اولی قبول کرد. بعضی آیات است که معنی آن نظر به شرایط زمان و مکان تغییر میخورد مانند بردگی. امروز بردگی نظر به تعریف آن بردگی که در زمان پیامبر بود نیست. ما نمیتوانیم بگوییم که آیه نعوذ بالله دیگر بیمورد است. اما تعریف بردگی طور مثال در جهان امروز کودک ربایی است، قاچاق انسان است، استثمار انسان از نگاه اقتصادی است.

رَبَّنَا لَا تُزِغْ قُلُوبَنَا بَعْدَ إِذْ هَدَيْتَنَا وَهَبْ لَنَا مِن لَّدُنكَ رَحْمَةً إِنَّكَ أَنتَ ٱلْوَهَّابُ (۸)

معنی: بار الها! دل های ما را پس از آنکه هدایتمان کردی ملغزان و ما را از نزد خویش رحمتی بخشای، بر حق که تو بسیار بخشنده‌ای.

تفسیر: به تعقیب آیهٔ قبلی که کج دلان در تفسیر کج روی میکنند این دعای عمده آمده است که باید مسلمان از یاد کند و همیشه بخواند. وقتی دل های ما می لغزد که ما در آیه شک میکنیم. وقتی دل های ما می‌لرزد که ما به جای جستجوی حقیقت میخواهیم کج روی کنیم وقرآن را العیاذ بالله بی‌اساس نشان دهیم و یا انتقاد کنیم با اینکه در اول ایمان آورده ایم. قرآن ما را به تفکر و تعقل دعوت میکند و باید برای درک حقیقت زحمت کشیم نه اینکه هم خود را مسلمان گوییم و هم قرآن را انتقاد کنیم. کار انتقاد عمل منافقین است. انتقاد کار کفار است نه از مسلمانان.

رَبَّنَآ إِنَّكَ جَامِعُ ٱلنَّاسِ لِيَوْمٍ لَّا رَيْبَ فِيهِ إِنَّ ٱللَّهَ لَا يُخْلِفُ ٱلْمِيعَادَ (۹)

معنی: پروردگارا! به یقین تو گردآورنده ای مردمان هستی در آن روزی که تردیدی در آن نیست، مسلماً خداوند (ج) خلاف وعده نمیکند.

تفسیر: یکی از اساسات عمدهٔ دین شناسی و حقانیت دین اسلام اعتقاد به روز آخرت است. شخص مؤمن به آخرت اعتقاد دارد و یقین کامل دارد که این دنیا فانی است و در عقب آن جهان جاودانی است و بعد از رسیدن به آن از او بازخواست میشود. و خداوند (ج) به وعده خود خلاف نمیکند. این آیه اعتراف شخص مؤمن درباره خداوند (ج) است. کسیکه مؤمن نیست این آیه را رد میکند و رد معاد کفر بالله است زیرا نه تنها خدا (ج) را نفیه میکند، سخن او را نیز نفیه میکند. بعضی ها هستند که گویند قرآن را قبول دارند و اما بعضی مطالب که در قرآن است قبول ندارند. این اساساً شک به ایمان خود شان است و هنوز دقیق ایمان نیاورده اند. به همین دلیل است که مؤمن دعا میکند اینکه بعد از اینکه ایمان آوردیم ما را ملغزان.

إِنَّ ٱلَّذِينَ كَفَرُوا۟ لَن تُغْنِيَ عَنْهُمْ أَمْوَالُهُمْ وَلَا أَوْلَـٰدُهُم مِّنَ ٱللَّهِ شَيْـًٔا وَأُو۟لَـٰٓئِكَ هُمْ وَقُودُ ٱلنَّارِ (۱۰)

معنی: و البته کسانیکه کافر شدند، اموال و فرزندانشان به هیچ صورت

آنهـا را از [عـذاب] خداونـد (ج) بـاز نـدارد و آنـان خـود آتشگیـره ای دوزخ اند.

تفسیر: بازهم به تعقیب آیهٔ قبلی کسانیکه در حقانیت خدا (ج) و آیات او شك مى آرند به زيان خود كافر شده اند. مال و اولاد شان، ايشان را نجات نخواهند داد. بسیار مردمان بی‌خبرهستند و فکر میکنند که مال و ثـروت و يـا اولاد کـه خدمـت شـانرا میکنـد، چنانچـه کـار شـانرا در ایـن دنیـا حل میکند در این مورد هم به درد شان خواهد خورد و نجات پیدا خواهند کرد. در حالیکه مال و جگرگوشه های شان در بخش ایمان، حقانیت خدا (ج) و آخرت شـان جزیـی تریـن خدمتـی کـرده نمیتواننـد و بایـد خـود را فریب ندهند و اعتقاد خود را راسخ سازند قبل از اینکه ناوقت شود. دعای فـوق را آنانی میخوانند که ایمان بسیار قـوی و راسـخ دارنـد. مـال دنیـا و اولاد یـک امانـت خداونـد (ج) اسـت کـه بـه انسـان داده اسـت و میتوانـد پـس بگیـرد. نبایـد مغـرور شـد و نبایـد بـه امانـت خـدا (ج) تکیـه کـرد مگـر خـود خـدا (ج).

كَدَأْبِ ءَالِ فِرْعَوْنَ وَٱلَّذِينَ مِن قَبْلِهِمْ كَذَّبُوا۟ بِـَٔايَٰتِنَا فَأَخَذَهُمُ ٱللَّهُ بِذُنُوبِهِمْ ۗ وَٱللَّهُ شَدِيدُ ٱلْعِقَابِ (11)

معنـی: همچـون شـیوهٔ فرعونیـان و کفـار پیشـین آیـات مـا را دروغ پنداشـتند، پـس خداونـد (ج) آنـان را بـه گناهـان شـان بگرفـت کـه خداونـد (ج) سـخت کیفراست.

تفسیر: بـاز هـم بـه تعقیب آیهٔ قبلی فرعونیـان و کفـار را مثال می‌آورد کـه آیـات را انـکار کردنـد و بـه عـذاب بـزرگ دچـار شـدند. شـیوهٔ فرعـون و کفـار آن شـیوه ای اسـت کـه مملـو از کبـر و غـرور و خودخواهـی اسـت. انـکار و تحریـف راه حـق اسـت. متکـی بـه جـاه و جـلال و قشـون بـزرگ و قـوای منظـم نظامـی و سـرمایه اسـت. ایـن هـا هیـچ کـدام نجـات دهنـده نیسـت مگـر ایمـان بـه خداونـد (ج). ایـن مـردم چـون دل هـای مملـو از کفـر دارنـد آتـش از تـه قلـب خـود شـان زبانـه میکشـد. یعنـی خـود شـان خـود را بـه عـذاب بـزرگ دچـار میکننـد.

قُل لِّلَّذِينَ كَفَرُوا۟ سَتُغْلَبُونَ وَتُحْشَرُونَ إِلَىٰ جَهَنَّمَ ۚ وَبِئْسَ ٱلْمِهَادُ (12)

معنـی: بـه کافـران بگـو: بـه زودی مغلـوب گردیـد و بـه سـوی جهنـم گِـرد آورده شـوید و چـه بـد جایگاهـی اسـت.

تفسیر: شـان نـزول آیـه چنین است کـه پـس از جنـگ «بـدر» و کامیابی

مسلمانان، یهودیان اعتراف کردند که پیامبر (ص) که در تورات از او نام برده شده و در جنگ مغلوب نمیشود همین است. بعضی ها گفتند که صبر کنید در یک جنگ دیگر دیده خواهد شد. همان بود که در جنگ اُحد مسلمانان شکست خوردند و آنها از سخن خود برگشتند و ادعا کردند که نی غلط کرده بودند. پیمان خود را با پیامبر (ص) نقض کردند و با مشرکان برعلیه اسلام قد اعلم نمودند. آیه نازل شد و برای شان بیان داشت که به زودی مغلوب خواهند شد. جنگ بدر و احد نقطه های آموزشی دارد که مسلمانان را آگاهی میدهد. ایمان قوی داشتن به حکمت خداوند (ج)، منظم بودن، صفت رهبری را محترم شمردن و دیگر پند های ایست که مسلمان میتواند بیاموزد تا همیشه با استقامت و استوار مبارزه کند.

قَدْ كَانَ لَكُمْ ءَايَةٌ فِى فِئَتَيْنِ ٱلْتَقَتَا فِئَةٌ تُقَٰتِلُ فِى سَبِيلِ ٱللَّهِ وَأُخْرَىٰ كَافِرَةٌ يَرَوْنَهُم مِّثْلَيْهِمْ رَأْىَ ٱلْعَيْنِ وَٱللَّهُ يُؤَيِّدُ بِنَصْرِهِۦ مَن يَشَآءُ إِنَّ فِى ذَٰلِكَ لَعِبْرَةً لِّأُو۟لِى ٱلْأَبْصَٰرِ (۱۳)

معنی: قطعاً در [داستان] دو گروهی که باهم رو در رو شدند برای شما درس عبرتی بود؛ گروهی در راه خدا (ج) میجنگید و دیگری کافر بود که مؤمنان را به چشم سر دو برابر میدید و خدا (ج) هر که را خواهد به نصرت خویش یاری میرساند. یقیناً! اهل بصیرت را عبرتی است.

تفسیر: به ادامهٔ تفسیر قبلی آیه پند بزرگ به اهل ایمان پیشکش میکند. این آیه بیانگر یک حقیقت بزرگ است و آن اینکه تنها میدان کارزار در زندگی مطرح نیست. در همه ابعاد زندگی مسلمانان در مقابل کفر قرار میگیرند. امروز دلیل عقب مانی مسلمانان نداشتن یک رهبری سالم، تعصب، بیسوادی و ده ها مرض اجتماعی دیگر است که به خاطر عدم اتحاد و نیاموختن علم و نداشتن ایمان قوی ضعیف شده اند. خداوند (ج) اهل ایمان را چه گروهی و چه انفرادی باشد کمک میکند وقتی ایمان راسخ داشته باشند. این نکته را تنها اهل بصیرت میدانند. وقتی مسلمانان از پیامبر شان اطاعت کردند و صفوف شان منظم بود و اعتقاد شان راسخ بود خداوند (ج) به ایشان نصرت نصیب کرد و وقتی تیت و پراگنده شدند خداوند (ج) چون عادل است ایشان را شکست داد تا بیاموزند. درس عبرت بدر و احد همین است.

زُيِّنَ لِلنَّاسِ حُبُّ ٱلشَّهَوَٰتِ مِنَ ٱلنِّسَآءِ وَٱلۡبَنِينَ وَٱلۡقَنَٰطِيرِ ٱلۡمُقَنطَرَةِ مِنَ ٱلذَّهَبِ وَٱلۡفِضَّةِ وَٱلۡخَيۡلِ ٱلۡمُسَوَّمَةِ وَٱلۡأَنۡعَٰمِ وَٱلۡحَرۡثِۗ ذَٰلِكَ مَتَٰعُ ٱلۡحَيَوٰةِ ٱلدُّنۡيَاۖ وَٱللَّهُ عِندَهُۥ حُسۡنُ ٱلۡمَـَٔابِ (١٤)

معنی: عشق به خواستنی ها از جمله زنان و فرزندان و مال هنگفت اعم از زر و سیم و اسپان نشان دار، دام ها و کشتزاران در چشم مردم آراسته شده است؛ این ها بهرۀ ناپایدار زندگانی دنیا است و انجام نیکو نزد خداوند (ج) است.

تفسیر: این آیه دو نقطه مهم را تأکید دارد. اول اینکه ما نباید به مسایل دنیایی مانند مال و زن، و زرق و برق روزگار فریب بخوریم و ایمان را فراموش کنیم؛ در غیر آن ما خود سر خود ظلم کرده ایم. دیده شد در جهاد افغانستان که ایمان فراموش شد و مسلمان، مسلمان را کشت، کابل را به خاکروبه مبدل کردند. این بدین معنی نیست که مردم زر و سیم و زندگی مادی نداشته باشند و از نعمات خداوند (ج) لذت نبرند. این بدین معنی است که ما نباید دین را به دنیا برای منافع شخصی مصالحه کنیم. همچنان این آیه بیانگر این واقعیت است که آیات نظر به زمان و مکان نازل شده است. امروز کسی توجه به اسپ ندارد اما توجه به موتر/ ماشین لوکس دارد. حتی زر و سیم به دیگر مواد مادی تبدیل شده است و آیات فقط یک نشانه است که عمق موضوع را بیان میدارد و اما در طول زمان چون شرایط محیط فرق میکند خواسته ها و نیازمندی ها تغییر میخورد. امروز تنها کشتزاران نیست و اما فابریکات تولید کننده است و مؤسسات خدماتی است مانند گوگل و فیسبوک است که سرمایه شان میلیارد برابر از یک کشتزار بلند تر است.

۞ قُلۡ أَؤُنَبِّئُكُم بِخَيۡرٖ مِّن ذَٰلِكُمۡۚ لِلَّذِينَ ٱتَّقَوۡاْ عِندَ رَبِّهِمۡ جَنَّٰتٞ تَجۡرِي مِن تَحۡتِهَا ٱلۡأَنۡهَٰرُ خَٰلِدِينَ فِيهَا وَأَزۡوَٰجٞ مُّطَهَّرَةٞ وَرِضۡوَٰنٞ مِّنَ ٱللَّهِۗ وَٱللَّهُ بَصِيرُۢ بِٱلۡعِبَادِ (١٥)

معنی: بگو: آیا شما را به بهتر از این ها خبر دهم؟ برای متقیان نزد پروردگار شان باغ های است که از پای درختانش نهرها جاری است و در آن جاودانه بمانند و همسران پاکیزه که رضامندی و خوشنودی خداوند (ج) را دارند، و خداوند (ج) به [احوال] بندگان بیناست.

تفسیر: در اینجا تکرار از روز آخرت سخن به میان آمده است و اما

این بار مژده یک فضای گوارا را میدهد. این در طبیعت انسان است که مناطقی که آب و هوای خوب و گوارا داشته باشد، احساس خوشی و سلامتی میکند؛ پس خداوند (ج) همان را در آن دنیا وعده میدهد. همچنان از ازواج مطهره هم نوید میدهد. ازواج جمع زوج است یعنی جوره که برای مرد و زن گفته میشود. این آیه که شنیده شده است در آن دنیا زنان برای مردان است رد میکند. ازواج برای هر دو است. یعنی در کنار درختان که نهر ها از زیر آن جاری است زوج ها هم هستند برای مردان و زنان. این آیه اعتقاد مؤمن را نه تنها قوت میبخشد در عین زمان تفکر غلط که زندگی آن دنیا وجود ندارد را رد میکند و قرآن از زندگی جاویدان مژده میدهد.

ٱلَّذِينَ يَقُولُونَ رَبَّنَآ إِنَّنَآ ءَامَنَّا فَٱغۡفِرۡ لَنَا ذُنُوبَنَا وَقِنَا عَذَابَ ٱلنَّارِ (١٦)

معنی: کسانیکه میگویند: خداوندا! ایمان آوردیم پس گناهان ما را بیامرز و ما را از عذاب آتش در امان دار.

تفسیر: دعای عمده است که مسلمان باید از یاد کند و همیشه بخواند. رسول خدا (ص) فرموده است که دعا مغز عبادت است. مؤمن باید دعا را عادت خود سازد زیرا دعا مبارزه با شرک و رد شرک است، دعا اعتقاد به معاد است و بالاخره دعا اعتراف به وحدانیت است. انسان از سهو، اشتباه و خطا خالی نیست پس این دعا است که نجات دهنده اوست. نجات دهنده او از گناهان و نجات دهنده او از عذاب کفر و عصیان که آتش دوزخ است.

ٱلصَّٰبِرِينَ وَٱلصَّٰدِقِينَ وَٱلۡقَٰنِتِينَ وَٱلۡمُنفِقِينَ وَٱلۡمُسۡتَغۡفِرِينَ بِٱلۡأَسۡحَارِ (١٧)

معنی: [اینان] شکیبایان، راستگویان، فرمانبران، صدقه دهندگان [در راه خدا (ج)] و [آنانیکه] در سحر گاهان آمرزش میخواهند، هستند.

تفسیر: اشاره به نماز فجر است که ثواب زیاد دارد. کسانیکه از صفات نیک مانند شکیبایی و صداقت در راه خدا (ج) و فرمانبرداری از خدا (ج) و صدقه دهندگان راه خدا (ج) هستند و در نماز فجر از خداوند (ج) آمرزش میخواهند، اینان راه بهشت هستند و از مزایای بهشت برخوردار میشوند. صفات یک انسان خوب و مدنی در این آیه تمثیل شده است. هستند اشخاصی که نماز را به شکل عنعنه میخوانند و اما از اخلاق اسلامی به دور هستند. به اساس آیۀ فوق، ما باید صبر و شکیبایی در مقابل مردم،

راست‌گویی و صداقت، نه محافظه کاری و دروغ و تملق، و فرمانبرداری راستین از رب العزه و در کنار آن صدقه برای بینوا و مستمند و بخشش خواستن در صبحگاهان است که ما را نجات میدهد نه اینکه تنها نماز بخوانیم و استغفار نکنیم. نماز بخوانیم و مردم آزاری کنیم. نماز بخوانیم و صبور نباشیم و نماز بخوانیم و حقیقت را پنهان کنیم و یا محافظه کاری کنیم.

شَهِدَ ٱللَّهُ أَنَّهُۥ لَآ إِلَٰهَ إِلَّا هُوَ وَٱلْمَلَٰٓئِكَةُ وَأُو۟لُوا۟ ٱلْعِلْمِ قَآئِمًۢا بِٱلْقِسْطِ ۚ لَآ إِلَٰهَ إِلَّا هُوَ ٱلْعَزِيزُ ٱلْحَكِيمُ (۱۸)

معنی: خدا (ج) همواره نگهبان عدل و راستی است، گواهی میدهد که جز او معبودی نیست و فرشتگان و دانشوران [نیز گواهی میدهند] جز او معبودی نیست که با قدرت و با حکمت است.

تفسیر: یکی از صفات بزرگ خداوند (ج) عدل است و به عدالت و انصاف خود، خودش گواهی میدهد تا مردم یقین داشته باشند و بیراه نشوند. در این راستا فرشتگان و دانشوران هم از عدل و راستی و وعده خداوند (ج) شهادت میدهند. در این آیه مقام دانشوران در کنار فرشتگان است. یک دلیلی که مقام اهل علم در اسلام بسیار بالا است همین است که به همان جا رسیده است که حق را شهادت دهد. اهل علم نباید با دستگاه های فاسد سیاسی همکاری کند. اهل علم نباید به خاطر جاه و مقام دست خود را با اجنبی بسته کند. اهل علم نباید در خدمت دربار و سلطنت باشد. اهل علم نباید دین را مصالحه کند. در غیر آن مقام علمی ندارد. تنها در دنیای انسانی این دانشوران هستند که حق را شهادت میدهند و مردم را به راه حق رهنمایی میکنند. نه اینکه به نام عالم دین مردم را به تعصب و تنگ نظری و تبعیض دعوت کند.

إِنَّ ٱلدِّينَ عِندَ ٱللَّهِ ٱلْإِسْلَٰمُ ۗ وَمَا ٱخْتَلَفَ ٱلَّذِينَ أُوتُوا۟ ٱلْكِتَٰبَ إِلَّا مِنۢ بَعْدِ مَا جَآءَهُمُ ٱلْعِلْمُ بَغْيًۢا بَيْنَهُمْ ۗ وَمَن يَكْفُرْ بِـَٔايَٰتِ ٱللَّهِ فَإِنَّ ٱللَّهَ سَرِيعُ ٱلْحِسَابِ (۱۹)

معنی: درحقیقت دین نزد خدا (ج) همان اسلام است، و اهل کتاب در آن اختلاف نکردند مگر پس از آنکه به حقانیت آن دانستند، آن هم به خاطر حسد و رقابت که بین خویش [داشتند]. و هر آن کسیکه به آیات خداوند (ج) کفر ورزد و کافرشود آگاه باشد که خداوند (ج) سریع حساب

گیرنده است.

تفسیر: یک غلط فهمی بزرگ باید رفع شود که در اینجا هدف از اسلام، مسایل فقه اسلامی و سنت پیامبر اسلام و اصولی که مسلمانان اعتقاد دارند نیست. در این آیه هدف از اسلام، توحید و خدا پرستی است. اهل کتاب خدا (ج) را میشناختند و میشناسد و اما درک توحید را نکرده بودند و نه کرده اند و از همین سبب ضالین یعنی گمراه شدند. عیسی (ع) و عُزیر (ع) را پسران خدا (ج) گفتند. همچنان در اینجا کفر معنی کفر بالله نیست و اهل کتاب کافر نیستند. در اینجا کفر به معنی ناسپاسی معنی میدهد. یعنی اهل کتاب به آیات ناسپاسی کردند. قرآن مجید هرگز اهل کتاب را کافر خطاب نکرده است. آنها به کتاب خود مؤمن هستند و مسلمانان به کتاب خود. در قرآن مجید سورهٔ نساء میخوانیم که: وَإِن مِّنْ أَهْلِ ٱلْكِتَٰبِ إِلَّا لَيُؤْمِنَنَّ بِهِۦ قَبْلَ مَوْتِهِۦ ۖ وَيَوْمَ ٱلْقِيَٰمَةِ يَكُونُ عَلَيْهِمْ شَهِيدًا. آیه (۱۵۹) یعنی و هیچ کس از اهل کتاب نیست مگر آنکه پیش از مرگش به او (عیسی) ایمان آورد، و روز قیامت او (عیسی) برای شان گواه باشد. همچنان، در منشور نامه امتیاز های که از جانب حضرت محمد (ص) به راهبان عیسوی صومعهٔ سنت کاترین که در سال ۶۲۸ عیسوی تقدیم شده است، رسول خدا (ص) در مورد عیسویان چنین گفته است: « برحق، که من، خدمتگاران دین، انصار و پیروان من از ایشان دفاع میکنیم برای اینکه عیسویان شهروندان من اند. به نام خداوند (ج) که من از هر آنچیزیکه ایشان را ناراضی بسازد در مقابله خواهم بود» (کتاب تاریخ اسلام از ۵۷۰ الی ۱۹۵۰ عیسوی اثر دکتور اکرم ظهور).

فَإِنْ حَآجُّوكَ فَقُلْ أَسْلَمْتُ وَجْهِىَ لِلَّهِ وَمَنِ ٱتَّبَعَنِ ۗ وَقُل لِّلَّذِينَ أُوتُوا۟ ٱلْكِتَٰبَ وَٱلْأُمِّيِّۦنَ ءَأَسْلَمْتُمْ ۚ فَإِنْ أَسْلَمُوا۟ فَقَدِ ٱهْتَدَوا۟ ۖ وَّإِن تَوَلَّوْا۟ فَإِنَّمَا عَلَيْكَ ٱلْبَلَٰغُ ۗ وَٱللَّهُ بَصِيرٌۢ بِٱلْعِبَادِ (٢٠)

معنی: اگر با تو به چون و چرا برخاستند بگو: من و هر که پیرو من است روی به خدا (ج) سپرده ایم و به اهل کتاب و قوم بی کتاب، بگو آیا شما نیز تسلیم شدید پس اگر تسلیم شدند قطعاً هدایت یافته اند و اگر روی برتافتند تنها رساندن پیام بر عهده ای توست و خداوند (ج) به بندگان بیناست.

تفسیر: در اینجا درس بزرگ نهفته است که اول یهود و نصارا را اهل کتاب معرفی میکند برای اینکه کتاب دارند و کفار را قوم بی کتاب.

تفاوت عمده بین مشرکان مکه و اهل کتاب در داشتن کتاب آسمانی بود. از هر دو گروه دعوت میکند به ذات پروردگار تسلیم شوند چنانچه خودش و پیروانش تسلیم شده بود. نقطه دوم که بسیار در زندگانی ما مطرح است که دین را تحمیل نمیکند و قرآن میگوید وظیفهٔ پیامبر (ص) تنها رساندن پیام الهی است و اما خود شان باید به تشبث خود ایمان بیاورند. متأسفانه امروز زیر عنوان امر به معروف و نهی از منکر دین تحمیل میشود که این خلاف اصول اخلاقی قرآن است. علمای اسلام دین را نخواستند تا بالای مردم تحمیل شود. در بعضی از تفاسیر الأمین را امی نوشته اند که اشتباه است. محمد (ص) خودش امی بود. در اینجا هدف از آنانی است که کتاب برای شان داده نشده بود.

إِنَّ ٱلَّذِينَ يَكْفُرُونَ بِـَٔايَـٰتِ ٱللَّهِ وَيَقْتُلُونَ ٱلنَّبِيِّـۧنَ بِغَيْرِ حَقٍّ وَيَقْتُلُونَ ٱلَّذِينَ يَأْمُرُونَ بِٱلْقِسْطِ مِنَ ٱلنَّاسِ فَبَشِّرْهُم بِعَذَابٍ أَلِيمٍ (٢١)

معنی: کسانیکه آیات الهی را انکار میکنند و به ناحق پیامبران را میکشند و مردمی را که به عدالت فرمان میدهند به قتل میرسانند، آنها را به عذاب دردناک خبر ده.

تفسیر: سه موضوع مهم در این آیه نهفته است. انکار آیات و قتل پیامبران و قتل مردم که به عدالت فرمان میدهند. انکار آیات یعنی انکار از حقیقت جهان هستی که خداوند (ج) خلق کرده است و برای آن یک نظم بخشیده است. پیامبران برای خبر دادن و ابلاغ آمده اند تا مردم را از حقیقت آگاهی دهند. و چون عدل در عربی توازن معنی میدهد آنانیکه عدل را میخواهند تأمین کنند یعنی توازن را به وجود بیاورند، همه را میکشند. این آیه از یک حقیقت تلخ بشری پرده بر میدارد که انسان با همه کرامت که برایش داده شده است بسیار اوقات از دانستن حقیقت طفره میرود و حتی باعث قتل آورندهٔ حقیقت و اویکه حق را میگوید و برای تأمین عدالت زحمت میکشد میشود. مردم مغرض و آنانیکه منافع گروهی و اقتصادی خود را میخواهند حفظ کنند به قتل میرسانند. یهودیان پیامبران را مانند حضرت یحیی (ع) به قتل رساندند و یا دسیسهٔ که در مورد حضرت عیسی (ع) ساختند. در طول تاریخ آنانیکه حقیقت را گفتند او را زهر دادند و علامه یوسف علی سقراط را مثال می آورد.

أُوْلَٰٓئِكَ ٱلَّذِينَ حَبِطَتْ أَعْمَٰلُهُمْ فِى ٱلدُّنْيَا وَٱلْأَخِرَةِ وَمَا لَهُم مِّن نَّٰصِرِينَ (٢٢)

معنی: اینان کسانی هستند که اعمالشان در دنیا و آخرت به هدر رفته و یاوری ندارند.

تفسیر: جالب است کسانیکه به این اعمال شوم مانند انکار آیات و قتل پیامبران و آنانیکه عدالت را میخواهند تأمین کنند، میکشند؛ اعمال شان بیهوده است. معنی این سخن این است که هستند مردمانی که امروز از یک طرف کمک میکنند و چنین تبلیغ میکنند که دست بیچاره و یتیم را میگیرند و از طرف دیگر دست شان با آنانیکه کشور ها را غارت میکنند یکی است. جالب تر اینکه همین مردمان از حقوق بشر سخن میگویند در حالیکه بر عکس حقوق بشر و منافع بشر در جهان عمل میکنند.

أَلَمْ تَرَ إِلَى ٱلَّذِينَ أُوتُوا۟ نَصِيبًا مِّنَ ٱلْكِتَٰبِ يُدْعَوْنَ إِلَىٰ كِتَٰبِ ٱللَّهِ لِيَحْكُمَ بَيْنَهُمْ ثُمَّ يَتَوَلَّىٰ فَرِيقٌ مِّنْهُمْ وَهُم مُّعْرِضُونَ (٢٣)

معنی: آیا کسانی را که بهره ای از کتاب الهی را دارند، ندیدی که چون به کتاب خدا (ج) فراخوانده میشوند تا میان شان داوری و یا قضاوت صورت گیرد، گروهی از آنان به حال اعراض رویگردان میشوند.

تفسیر: اساساً این آیهٔ مبارک روی اهل کتاب مخصوصاً یهودیان است. شان نزول آیه برای ما جالب است زیرا یک مسله برای قضاوت به محمد (ص) که دربین یهودیان اتفاق افتاده بود محول گردید. رسول خدا (ص) خواست تا به اساس کتاب خود شان یعنی تورات بین خود حل و فصل کنند. آنانیکه منافع شان در خطر می افتید و به ضرر بودند قبول نکردند. این برای ما آموزنده است زیرا مسلمانان هم تا جایی قرآن را قبول دارند که منافع شان در خطر نیفتد و حق را نمی شنوند. کشتار مردم بی گناه در افغانستان توسط طالبان مثال زندهٔ این آیت در افغانستان است. در حالیکه قرآن کشتار مردم بی گناه را جنایت بشری میداند. همچنان تفسیر این آیه به ما صریح میگوید که ادیان دیگر باید احترام شوند و به کتاب های شان با اینکه خود شان تحریف کرده اند حرمت گذاشته شود. این آیه حکایه از زیست با همی با ادیان دیگر میکند. قضاوت نهایی در دست الله سبحان و تعالی است نه بندگان.

ذَٰلِكَ بِأَنَّهُمْ قَالُوا۟ لَن تَمَسَّنَا ٱلنَّارُ إِلَّآ أَيَّامًا مَّعْدُودَٰتٍ ۖ وَغَرَّهُمْ فِى دِينِهِم مَّا كَانُوا۟ يَفْتَرُونَ (٢٤)

معنی: این بر آن سبب است که آنها گفتند: هرگز آتش جز چند روزی محدود به ما نخواهد رسید و دروغ هائیکه می ساختند آنها را در دین شان فریب داد.

تفسیر: بازهم داستان یهودیان را بازگو میکند که از پذیرفتن حق طفره میرفتند و چون خود را قوم بهتر می نامیدند ادعا داشتند که اگر مجازات هم شوند برای چند روز محدود خواهد بود. مفسرین مینویسند که منظور از «ایاماً معدودات» همان چهل روزی است که یهودیان گوساله پرستی را پیشه کردند و گناه بزرگ بود که مرتکب شدند. به هر حال برای توجیه اعمال نادرست خود توجیها و دروغ ها می بافتند. مسلمانان هم برای توجیه اعمال نادرست خود به دروغ و دلایل که خلاف قرآن است توصل ورزیده اند مانند به وجود آوردن و توجیه اعمال دهشت و وحشت به نام حملات استشهادی گفتن.

فَكَيْفَ إِذَا جَمَعْنَٰهُمْ لِيَوْمٍ لَّا رَيْبَ فِيهِ وَوُفِّيَتْ كُلُّ نَفْسٍ مَّا كَسَبَتْ وَهُمْ لَا يُظْلَمُونَ (٢٥)

معنی: پس چگونه خواهد بود آنگاه که اینان را در روزی که شک و تردید در آن نیست (روز قیامت) گرد آوریم و به هر کس جزای اعمال و کردارش به تمامی داده شود و بر آنها ستمی نرود؟

تفسیر: خداوند (ج) در اینجا از عدل الهی سخن میگوید و سؤال میکند که چطور امکان دارد مردمی که دروغ میبافند، ساخته کاری میکنند، آیات را انکار میکنند و هنوز هم روی ستم را نخواهند دید.؟ هرکس مسؤول اعمال خود است و دستآورد هایش برایش سپرده خواهد شد. یک نقطۀ مهم که از این آیه می‌آموزیم این است که تفسیر غلط، تاویل غلط، و توجیه غلط آیات گناه بزرگ است و از دید خداوند (ج) پنهان نیست. دوم اینکه هیچ کس مسؤول اعمال و کردار کسی دیگر نیست پس هر کدام ما باید مواظب خود باشیم. در جامعه مسلمان امروز همه مسؤولیت دینی را به آنانیکه دین را تبلیغ و تدریس میکنند واگزار کرده اند. هر مسلمان با سواد و بی‌سواد تحصیل کرده و غیر آن در اسلام مسؤول است و باید دین را به صورت درست آن بیاموزد و عمل کند نه اینکه تکیه به دیگران کند.

علمای اسلام برای رهنمایی هستند و اما مسؤولیت گناه مردم را ندارند. در رهنمایی آنها هم باید غور و مداقه کرد نه اینکه کورکورانه قبول کرد.

قُلِ ٱللَّهُمَّ مَٰلِكَ ٱلْمُلْكِ تُؤْتِى ٱلْمُلْكَ مَن تَشَآءُ وَتَنزِعُ ٱلْمُلْكَ مِمَّن تَشَآءُ وَتُعِزُّ مَن تَشَآءُ وَتُذِلُّ مَن تَشَآءُ ۖ بِيَدِكَ ٱلْخَيْرُ ۖ إِنَّكَ عَلَىٰ كُلِّ شَىْءٍ قَدِيرٌ (٢٦)

معنی: بگو: بار الها ای دارنده فرمانروایی! به هر کی خواهی فرمانروایی میدهی و از هر کی خواهی فرمانروایی را باز می ستانی و هر که را خواهی عزت میبخشی و هر که را خواهی خوار میگردانی. [سررشتۀ] همه خیر به دست توست و تو بر هر کاری توانا هستی.

تفسیر: مُلک در این آیه پادشاهی، فرمانروانی و حکومت تفسیر شده است. که همه درست است و اما نزدیکترین برای فهم این آیه فرمانروایی است که تنها از یک کشور نیست بلکه میتواند از یک خانواده باشد. فرمانروایی که خداوند (ج) اعطا میکند آن فرمانروایی است که شخص بتواند عدل الهی را در زمین پیاده کند که عبارت است از حقوق مردم، تساوی بین زن و مرد، عدالت بین مردم به شمول نا مسلمانان، جلوگیری از ظلم، جلوگیری از فساد، حمایت از آزادی های فردی در قبال قانون. هدف این پادشاهی و فرمانروایی نیست که یک شخص به زور و قتل هزاران نفر به قدرت رسیده باشد و یا توسط بیگانگان به قدرت رسیده باشد. اگر یک شخص جبار و ظالم مانند هیتلر به قدرت میرسد سؤال این است که آیا این فرمانروایی از طرف خداوند (ج) به او داده شده است؟ نخیر. در اینجا مردم نقش دارند که کی را انتخاب کنند. حدیث مشهور است که «هر ملت لایق همان حکومتی است که دارد» یعنی مردم در سرنوشت سیاسی خود باید اشخاص با تقوا و سالم را انتخاب کنند ورنه خود شان مسؤول هستند. در آیه تنها از خیر سخن میگوید نه از شر. شر هیچ گاه از طرف خداوند (ج) نیست و شر از اعمال خود انسان است. عزت و ذلت در دست خداوند (ج) است و اما خداوند (ج) عادل است و کسی را عزت میدهد که می بیند تنها برای عدالت کار میکند و کسی را ذلیل میسازد و منفور میسازد که نه برای عدالت بلکه منافع خودش است و بس. همه خیر به دست خداوند (ج) است و اما اگر خوار خوار میشویم از اعمال خود ماست که در اثر توجیه غلط دروغ بافی و غفلت، خداوند (ج) ما را خوار میسازد. وقتی این آیه را در مسایل سیاسی امروزی تطبیق میکنیم، به وضاحت می بینیم که چه جعل کاری های از سران دولت ها

حتی زیر نام اسلام سر میزند. تنها یهود و نصارا نیست که توجیه میکنند و دروغ پردازی میکنند. سران دولت های اسلامی دست کمی از این ها ندارد. تفسیر کلاسیک آیه این است که فتح مکه پشت منافقان را لرزاند و پیامبر (ص) نوید تسخیر خراسان و روم را داد و از همانجا بود که مخالفت ها و سنگ اندازی ها بر علیه اسلام صورت گرفت و تا امروز ادامه دارد. قوای مخالف اسلام هرگز نمیخواهد تا مسلمانان به معراج کمال برسند و یا باید از قوای اجنبی پیروی کنند و یا باید از بین برده شوند.

تُولِجُ ٱلَّيۡلَ فِى ٱلنَّهَارِ وَتُولِجُ ٱلنَّهَارَ فِى ٱلَّيۡلِۖ وَتُخۡرِجُ ٱلۡحَىَّ مِنَ ٱلۡمَيِّتِ وَتُخۡرِجُ ٱلۡمَيِّتَ مِنَ ٱلۡحَىِّۖ وَتَرۡزُقُ مَن تَشَآءُ بِغَيۡرِ حِسَابٖ (٢٧)

معنی: شب را در روز و روز را در شب داخل میکنی و زنده را از مرده و مرده را از زنده بر می آوری و هر کی را خواهی بی حساب روزی میدهی.
تفسیر: این آیه به تعقیب آیه قبلی است که ادعای یهود و نصارا را باطل میسازد زیرا آنها ادعا داشتند که همه چیز از آن آنهاست. خداوند (ج) به ایشان میگوید که اصل فرمانروایی در دست خداوند (ج) است و به هر کی بخواهد میدهد. قدرت دارد که روز را در شب و شب را در روز داخل میکند و این قدرت را دارد که مرده را زنده کند و زنده را به حیاتش خاتمه دهد. و برای هر کس که لازم داند بی حساب روزی میدهد. روزی تنها رزق که خوردن معنی میدهد نیست. روزی علم است، ثروت است و جاه و جلال است. هدف آیه از زنده کردن و مردن همانا قانون خلقت است که میروید و دوباره از بین میرود. موجودات زنده اساساً از مواد بی جان نشو و نما کرده اند. نکته مهم دیگر که در این آیه است که خداوند (ج) با داد خود انسان را در یک آزمایش بزرگ قرار میدهد که اگر غفلت کرد و به مردم نرسید فرمانروایی از او گرفته میشود.

لَّا يَتَّخِذِ ٱلۡمُؤۡمِنُونَ ٱلۡكَٰفِرِينَ أَوۡلِيَآءَ مِن دُونِ ٱلۡمُؤۡمِنِينَۖ وَمَن يَفۡعَلۡ ذَٰلِكَ فَلَيۡسَ مِنَ ٱللَّهِ فِى شَىۡءٍ إِلَّآ أَن تَتَّقُواْ مِنۡهُمۡ تُقَىٰةٗۗ وَيُحَذِّرُكُمُ ٱللَّهُ نَفۡسَهُۥۗ وَإِلَى ٱللَّهِ ٱلۡمَصِيرُ (٢٨)

معنی: مؤمنان نباید کافران را به جای مؤمنان دوست بگیرند. و هر که چنین کند او را با خدا (ج) هیچ رابطه‌ای نیست مگر اینکه از آنان به نوعی تقیه کنید. و خداوند (ج) شما را از خودش بر حذر میدارد و بازگشت به سوی اوست.

جزء سوم ۲۵۵

تفسیر: اینجا قرآن روابط خارجی مسلمانان را مطرح میکند که نباید کفار را به حیث ولی قبول کنند. ولی در لغت به معنی دوست است. اما در این آیه به مفهوم آن کسی است که او را سرپرست و حامی خود بپذیرد و به او تکیه کند و کسانیکه ایشان را ولی خود گیرند خداوند (ج) با آنها کاری نخواهد داشت و رابطه شان با خداوند (ج) قطع میشود. مگر اینکه از آنان به نوعی تقیه کنید. دانستن تقیه در اینجا مهم است. یعنی اگر مسلمانان متوجه میشوند که در خطر هستند در این حالت از ایشان پرهیز کنید برای حفظ نیرو و جلوگیری از ضایع کردن مدارک در دست داشته مانند قوا و غیره درست است که به طرح دوستی ریخت که به شکل موقتی خواهد بود. در زمان جهاد، شهید احمدشاه مسعود به استناد همین آیه آتش بس را با روس ها برای یک مدت کوتاه موافقه کرد که مخالفین حتی مسلمان، نسبت عدم شناخت درست قرآن، آن شهید را غلط درک کردند. همه به سوی خدا (ج) بر میگردد و جوابگو خواهد بود.

قُلْ إِن تُخْفُوا۟ مَا فِى صُدُورِكُمْ أَوْ تُبْدُوهُ يَعْلَمْهُ ٱللَّهُ وَيَعْلَمُ مَا فِى ٱلسَّمَـٰوَٰتِ وَمَا فِى ٱلْأَرْضِ وَٱللَّهُ عَلَىٰ كُلِّ شَىْءٍ قَدِيرٌ (۲۹)

معنی: بگو: اگر آنچه در سینه های شماست پنهان کنید، یا عیان کنید خداوند (ج) آنرا میداند، و آنچه را در آسمان ها و زمین است هم میداند، و خداوند (ج) بر هر چیزی تواناست.

تفسیر: زیبایی خدا پرستی همین است که انسان را به وجدان خودش مسؤول میسازد. انسان اگر تنها هم باشد از دید خدا شناسی تنها نیست. هر عملی که از او سرزند خداوند (ج) میداند. هر تصور و اندیشهٔ فکری که انسان داشته باشد خداوند (ج) از آن آگاهی دارد. از همین سبب است که نیت نیک داشتن فوق‌العاده حایز اهمیت است. هیچ کار ما که از خداوند (ج) پنهان باشد و یا عیان باشد پوشیده نیست. همه راز هستی نزد اوست و آگاه مطلق است. این آیه به ما می آموزاند که نباید در زندگی از در منافقت پیش آییم مگر صداقت و راستی.

يَوْمَ تَجِدُ كُلُّ نَفْسٍ مَّا عَمِلَتْ مِنْ خَيْرٍ مُّحْضَرًا وَمَا عَمِلَتْ مِن سُوٓءٍ تَوَدُّ لَوْ أَنَّ بَيْنَهَا وَبَيْنَهُۥٓ أَمَدًۢا بَعِيدًا ۗ وَيُحَذِّرُكُمُ ٱللَّهُ نَفْسَهُۥ ۗ وَٱللَّهُ رَءُوفٌۢ بِٱلْعِبَادِ (۳۰)

معنی: روزی که هر کس از نیک و بد کرده است حاضر میابد و آرزو

میکند ای کاش میان او و کار بدش فاصلهٔ دور بود، و خداوند (ج) شما را از [کیفر] خود بر حذر میدارد و خداوند (ج) بر بندگان رؤوف این یعنی مهربان است.

تفسیر: ببینید این آیه انسان را مسؤول میسازد که باید متوجه اعمال خود باشد زیرا روز بازپرس رسیدنی است. و از اعمال بد بازخواست خواهد شد. یکی اعمال بد است که انسان به خود وارد میکند و یکی به دیگران. خداوند (ج) بسیار مهربان است که از اعمال ناشایستهٔ که به خود روا داشته اید شما را عفوه کند و اما این اعمال بد ما، در مقابل دیگران است که بازخواست میشویم. این عدالت خداوندی است که نمیگذارد حقوق مردم پایمال شود. در روز باز پرس انسان آرزو میکند ای کاش در حق مردم ظلم نمیکرده بود و از اعمال بدش فرسنگها فاصله میداشت.

قُلْ إِن كُنتُمْ تُحِبُّونَ ٱللَّهَ فَٱتَّبِعُونِى يُحْبِبْكُمُ ٱللَّهُ وَيَغْفِرْ لَكُمْ ذُنُوبَكُمْ وَٱللَّهُ غَفُورٌ رَّحِيمٌ (٣١)

معنی: بگو: اگر خدا (ج) را دوست دارید از من پیروی کنید تا خدا (ج) دوستان بدارد و گناهانتان را بیامرزد و خداوند (ج) آمرزندای مهربان است.

تفسیر: محمد (ص) قرآن را به جامعهٔ بشری معرفی کرد و همه را تشویق به خدا پرستی نمود. پس برای درک حقیقت قرآن باید از محمد (ص) پیروی نمود. توقع خداوند (ج) همین بود که مردم از پیامبرش پیروی کنند و او را رهنمای خود سازند. اینجا هدف از سنت ها که در احادیث آمده است نیست. هدف از پیروی محمد (ص) این است چیزیکه او از قرآن مجید ابلاغ میکرده است مردم لبیک گویند و بدین ترتیب نه تنها خود را از آتش نجات دهند بلکه دوستی خداوند (ج) را نیز تصاحب کنند. قبولی خداوند (ج) از طریق آورندهٔ ای قرآن و دوستی خداوند (ج) از طریق دوستی و از اطاعت پیامبر (ص) متصور است.

قُلْ أَطِيعُوا۟ ٱللَّهَ وَٱلرَّسُولَ فَإِن تَوَلَّوْا۟ فَإِنَّ ٱللَّهَ لَا يُحِبُّ ٱلْكَافِرِينَ (٣٢)

معنی: بگو: خدا (ج) و رسول (ص) را اطاعت کنید پس اگر رویگردان شدند [بدانند که] خداوند (ج) کافران را دوست ندارد.

تفسیر: این آیه واضح تر مردم را به اطاعت خدا (ج) و رسول (ص) دعوت میکند و کسانیکه از فرستادگان خدا (ج) اطاعت نمیکنند، خداوند (ج) ایشان را دوست ندارد. رسول به معنی فرستادهٔ خداوند (ج) است.

حضرت محمد (ص) هم نبی بود و هم رسول یعنی هم خبر دهنده بود و هم فرستاده ای خدا. در این صورت اطاعت او نه تنها بر مسلمانان، بلکه برای همه بشریت لازم است زیرا خاتم النبیین است. پس کسانیکه از وی اطاعت نمیکنند به یقین کافر شدند. در اینجا کافر به معنی ناسپاس است. زیرا مشرکین مکه که کافر بودند. روی سخن به آنان است که اهل کتاب هستند که خداوند (ج) آنانیکه ناسپاس هستند دوست ندارد. آنجا نگفته است که جای شان دوزخ است که بد جایی است.

إِنَّ ٱللَّهَ ٱصْطَفَىٰٓ ءَادَمَ وَنُوحًا وَءَالَ إِبْرَٰهِيمَ وَءَالَ عِمْرَٰنَ عَلَى ٱلْعَٰلَمِينَ (٣٣)

معنی: همانا خداوند (ج) آدم (ع) و نوح (ع) و خاندان ابراهیم (ع) و خاندان عمران (ع) را بر مردم جهان برگزید.

تفسیر: می بینید که به تعقیب آیه گذشته از رسالت پیامبران پیشین یادهانی میکندکه خداوند (ج) آدم (ع)، نوح (ع) و خاندان حضرت ابراهیم (ع) که در تورات و قرآن مشهود است و نمایندگی از ادیان آسمانی میکند. اهمیت حضرت ابراهیم (ع) از دید قرآن این است که پدر توحید شناخته شده است و همچنان فرزندان او حضرت اسماعیل (ع) و حضرت اسحق (ع) که از این دو پسر دو شاخچۀ بزرگ ادیان توحیدی ساخته میشود. همچنان خاندان عمران (ع) اشاره به حضرت بی بی مریم و پسرش حضرت عیسی (ع) میباشد که همه از آدم (ع) تا محمد (ص) پیام آور توحید و خدا پرستی بودند.

ذُرِّيَّةَۢ بَعْضُهَا مِنۢ بَعْضٍۗ وَٱللَّهُ سَمِيعٌ عَلِيمٌ (٣٤)

معنی: فرزندانی که برخی از نسل برخی دیگراند و خداوند (ج) شنوای داناست.

تفسیر: بعضی مفسرین گفته اند که آل عمران (ع) هم از آل ابراهیم (ع) است، چنانچه آیۀ فوق در باره آنها نازل شده است و آل عمران (ع) حضرت موسی (ع) و برادرش هارون دو پسر عمران بودند. به هر حال هدف کلی آن است که این خاندان ها همه پیام آور توحید بوده‌اند و اگر شما خدا (ج) را دوست دارید باید از فرستادگان او اطاعت کنید. در اخیر آیه خاطر نشان میکند که خداوند (ج) شنوای داناست یعنی حتی یک زمزمه را قادر است بشنود و این از دانایی لایتناهی اوست.

إِذْ قَالَتِ ٱمْرَأَتُ عِمْرَانَ رَبِّ إِنِّى نَذَرْتُ لَكَ مَا فِى بَطْنِى مُحَرَّرًا فَتَقَبَّلْ مِنِّىٓ إِنَّكَ أَنتَ ٱلسَّمِيعُ ٱلْعَلِيمُ (٣٥)

معنی: آنگاه که همسر عمران (ع) گفت: پروردگارا! آنچه در شکم دارم نذر تو کردم آزاد برای [خدمت خانه‌ای] تو، پس از من بپذیر که تو شنوای دانا هستی.

تفسیر: اینجا در رابطه به آیات قبلی و تسلسل ادیان توحیدی و آنانیکه نقش عمده دارند، به تولد بی بی مریم مادر حضرت عیسی (ع) اشاره میکند. نام مادر مریم به لاتین حَنَه است. بعضی دوشیزه گان و بانوان کشور ما نام شان آنا است. انگلیسی حَنَه، آنا است و حَنَه یا آنا دختر عمران (ع) بود. نکتۀ دیگر در این آیه نذر برای خداوند (ج) بود که تا حال در فرهنگ دینی همه ادیان رواج دارد. نذر تنها به نام خداوند (ج) میشود و ثواب زیاد دارد. تصور میکرد که فرزندش باید پسر باشد که نبود و در آن زمان فرزندان به خدمت معبد و خانه خدا (ج) در می آمدند و کار های معبد را انجام میدادند. و از اینکه دختر زایید در شگفت شد زیرا هدف او این بود که فرزندش در خدمت معبد و آزاد باشد که از عهده کار های آن بر آید.

فَلَمَّا وَضَعَتْهَا قَالَتْ رَبِّ إِنِّى وَضَعْتُهَآ أُنثَىٰ وَٱللَّهُ أَعْلَمُ بِمَا وَضَعَتْ وَلَيْسَ ٱلذَّكَرُ كَٱلْأُنثَىٰ وَإِنِّى سَمَّيْتُهَا مَرْيَمَ وَإِنِّىٓ أُعِيذُهَا بِكَ وَذُرِّيَّتَهَا مِنَ ٱلشَّيْطَانِ ٱلرَّجِيمِ (٣٦)

معنی: پس چون فرزند را بزاد، گفت: پروردگارا! من آنرا دختر زاییدم و خدا بهتر میداند که او چه زاده است و پسر همچو دختر نیست و من او را مریم نامیدم و او و خاندانش را از شَر شیطان مطرود به تو میسپارم.

تفسیر: مریم در لغت یعنی زن عبادتکار و خدمتگزار است. نوزاد و فرزندانی که ازاو به وجود می آیند از خدا خواست تا از شَر شیطان در امان باشند. این آیه بسیار برای تساوی حقوق مدنی بین زنان و مردان آموزنده است. حَنَه نظر به رسم آن زمان پسر آرزو داشت تا در خدمت آزادانه معبد باشد و اما خداوند (ج) برایش دختر داد. در اینجا خداوند (ج) دختر را منزلت بخشید. در احادیث رسول اکرم (ص) هم میخوانیم که کسیکه سه دختر داشته باشد جایش بهشت است. مقام مادر هم نظر به پدر در اسلام سه مرتبه بلند تر است. اما نظام های قومی و قبایلی

جزء سوم

قشر زن را قشر دوم جامعه میدانند و از همه حقوق مدنی ایشان را به نام دین محروم کرده اند. گفتیم که مریم یعنی عبادتکار و خدمتگزار. و این خدمتگزاری برای خداست. سبحان الله و الله اکبر که خداوند (ج) جزیی ترین تبعیض بین زن و مرد نکرده است و در اینجا با داستان مریم مقام زن را بسیار شامخ ساخته است.

فَتَقَبَّلَهَا رَبُّهَا بِقَبُولٍ حَسَنٍ وَأَنبَتَهَا نَبَاتًا حَسَنًا وَكَفَّلَهَا زَكَرِيَّا ۖ كُلَّمَا دَخَلَ عَلَيْهَا زَكَرِيَّا ٱلْمِحْرَابَ وَجَدَ عِندَهَا رِزْقًا ۖ قَالَ يَٰمَرْيَمُ أَنَّىٰ لَكِ هَٰذَا ۖ قَالَتْ هُوَ مِنْ عِندِ ٱللَّهِ ۖ إِنَّ ٱللَّهَ يَرْزُقُ مَن يَشَآءُ بِغَيْرِ حِسَابٍ (۳۷)

معنی: خداوند (ج) او (مریم را) به طرز نیکویی پذیرفت و او را نیکو بار آورد و زکریا را سرپرست او قرار داد. هر بار که زکریا در محراب بر او وارد میشد نزد او رزق و روزی خاصی میافت، [یک روز] گفت: ای مریم! این روزی از کجا برای تو میرسد؟ پاسخ داد: این از جانب خداوند (ج) است؛ خدا (ج) به هر که خواهد بی حساب روزی میدهد.

تفسیر: این آیه حکایه از این دارد که زن و مرد با خداوند (ج) رابطه خاص میتوانند داشته باشند. مریم در زبان عبری یعنی خادم خانه. پس خداوند (ج) مریم را بسیار بزرگی داد زیرا او را خادم خانهٔ خود قرار داد و رابطه‌ای خاص با او بر قرار کرد که برایش روزی میفرستاد که خودش و مریم میدانست تا اینکه زکریا از حصول روزی سؤال کرد. وقتی مریم راز را افشاء میکند که خداوند (ج) به او روزی میرساند و به هر کی خواهد روزی بی شمار میدهد در اینجا مسئله مرد و زن از نگاه قرآن دیگر مطرح نیست. و خداوند (ج) زن باشد و یا مرد باشد برایش روزی رسان است و تبعیض نیست. این آیه نشان میدهد که تنها باید زن و مرد مسلمان به خداوند (ج) تکیه کنند.

هُنَالِكَ دَعَا زَكَرِيَّا رَبَّهُۥ ۖ قَالَ رَبِّ هَبْ لِى مِن لَّدُنكَ ذُرِّيَّةً طَيِّبَةً ۖ إِنَّكَ سَمِيعُ ٱلدُّعَآءِ (۳۸)

معنی: اینجا بود که زکریا پروردگارش را بخواند و عرض کرد: بار الها! از جانب خود فرزندی پاک به من عطا کن که تو شنوای دعایی.

تفسیر: وقتی زکریا قدرت و توانایی خداوند (ج) را درک میکند که فرد نازا را صاحب فرزند میکند و به این شایستگی، اینجاست که از خداوند (ج) تقاضا میکند که برایش یک فرزند اعطا کند. همچنان اعتراف میکند

که خداوند (ج) شنوندۀ دعا است. این آیه در زندگی آن عده عزیزان که اولاد ندارند حایز اهمیت است. ما باید از خداوند (ج) درخواست کمک کنیم نه اینکه نزد فال بین و یک ملا برویم که برای ما دعا کند. خیر ما را خداوند (ج) میداند. اگر خیر بنده باشد برایش یک فرزند اعطا میکند.

فَنَادَتْهُ ٱلْمَلَٰٓئِكَةُ وَهُوَ قَآئِمٌ يُصَلِّى فِى ٱلْمِحْرَابِ أَنَّ ٱللَّهَ يُبَشِّرُكَ بِيَحْيَىٰ مُصَدِّقًۢا بِكَلِمَةٍ مِّنَ ٱللَّهِ وَسَيِّدًۭا وَحَصُورًۭا وَنَبِيًّۭا مِّنَ ٱلصَّٰلِحِينَ (٣٩)

معنی: پس در حالیکه در محراب در نماز ایستاده بود، فرشتگان او را ندا دادندکه خداوند (ج) تو را به یحیی نوید میدهد که تصدیق کنندۀ کلمۀ از جانب خداوند (ج) است و بزرگوار وباز دارندۀ نفس و مادیات بر کنار وپیامبری از صالحان است.

تفسیر: مفسرین کلمه را در این آیه حضرت عیسی (ع) تفسیر کرده اند که به حضرت یحیی مژده میدهد. حضرت عیسی (ع) پیامبر بزرگوار بود. یکی از مشخصات عمده‌ای این پیامبر بزرگوار این بود که در مورد تمایل جنسی نفس کشُته داشت. این به این معنی نبود که مردم عادی از شهوت حق و حلال پرهیز کنند. این فقط یک راز و حکمت خداوند (ج) در مورد یکی از پیامبران الهی بود. اما راهبان کاتولیک ازدواج را به خود منع قرار دادند ونه تنها که حکمت تمایل نداشتن جنسی حضرت عیسی (ع) را نتوانستند درک کنند خود را به گناه آغشته کردند. گزارش اخبار جهانی بی بی سی لندن مورخ ۲۰ آگست ۲۰۱۸ حاکی است که ۴۰۰۰ از کشیشان کاتولیک در سر تاسر جهان محکوم به تجاوز جنسی کودکان هستند.

قَالَ رَبِّ أَنَّىٰ يَكُونُ لِى غُلَٰمٌ وَقَدْ بَلَغَنِىَ ٱلْكِبَرُ وَٱمْرَأَتِى عَاقِرٌۭ قَالَ كَذَٰلِكَ ٱللَّهُ يَفْعَلُ مَا يَشَآءُ (٤٠)

معنی: گفت: پروردگارا! چگونه من را فرزندی خواهد بود درحالیکه پیر شده‌ام و همسرم نازاست؟ [فرشته] گفت: چنین است که خدا (ج) هر چه بخواهد میکند.

تفسیر: پیامبران با اینکه مقام پیامبری داشتند و در قدرت خداوند (ج) شک نداشتند اما انسان بودند و با خداوند (ج) مانند یک انسان عادی برخورد میکردند. در این صحنه زکریا پرسان میکند که چطور امکان دارد که در این حالت پیری صاحب فرزند شود. اینجا زکریا انسان بودن خود را به اثبات میرساند حتی که پیامبر باشد. و فرشته برایش میگوید خداوند

(ج) به هر کاری قادر است. نکته دیگر در این آیه این است که انسان مؤمن نباید از رحمت خداوند (ج) نا امید باشد و یا در قدرت او برای انجام کاری شک کند. وقتی یک مؤمن نا امید میشود مشرک میشود زیرا چنین معنی میدهد که موجودی نیست که به او تکیه کرد و خواستار کمک شد. مطلب دیگری را که می آموزیم این است که قدرت خداوند (ج) با ساینس و علم انسانی نمیتواند ثبوت شود مگر یقین داشتن به حکمت پروردگار.

قَالَ رَبِّ اجْعَل لِّي ءَايَةً قَالَ ءَايَتُكَ أَلَّا تُكَلِّمَ ٱلنَّاسَ ثَلَـٰثَةَ أَيَّامٍ إِلَّا رَمْزًۭا ۗ وَٱذْكُر رَّبَّكَ كَثِيرًۭا وَسَبِّحْ بِٱلْعَشِىِّ وَٱلْإِبْكَـٰرِ (٤١)

معنی: گفت: پروردگارا! به من یک رمز را نشان بده. فرمود: راز تو این است که سه روز با مردم جز به اشاره سخن نگویی و پروردگارت را بسیار یاد کن و در شام و فجر او را تسبیح بگوی.

تفسیر: در این آیه ما به واژه آیه برمیخوریم که اکثراً نشانه ترجمه شده است. در این آیه در شروع آیه، میگوید به من رمز را نشان بده و جواب میشنود که راز تو سخن نگفتن برای سه روز است جز به اشاره. اصل اینکه چرا خداوند (ج) خواسته که زکریا سه روز به اشاره سخن گوید درست واضح نیست. اندیشه پردازی شده است و اما جواب قانع کننده نیست. خود اصل سکوت که هدایت شده به ما حکم میکند که نمیتوانیم راز را بدانیم. ذکر زیاد تأکید شده است مطلبی که فن تصوف به آن زیاد تأکید دارد. همچنان نماز صبح و شام یعنی آفتاب برآمد و آفتاب نشست اهمیت علمی خود را در دین دارد و مؤمن نباید این دو نماز را از دست دهد. حکمت زیاد در نماز های صبحانه و شام نهفته است. یکی آن این است که توازن کلی روحی و معنوی را به انسان میدهد زیرا نماز مسلمان ارتباط مستقیم به گردش زمین در دور آفتاب دارد.

وَإِذْ قَالَتِ ٱلْمَلَـٰٓئِكَةُ يَـٰمَرْيَمُ إِنَّ ٱللَّهَ ٱصْطَفَىٰكِ وَطَهَّرَكِ وَٱصْطَفَىٰكِ عَلَىٰ نِسَآءِ ٱلْعَـٰلَمِينَ (٤٢)

معنی: و هنگامی که فرشتگان گفتند: ای مریم! خداوند (ج) تو را برگزید و پاکیزه ساخت و تو را بر زنان جهان برتری داد.

تفسیر: این آیه نه تنها مقام بی بی مریم را ثابت میسازد، بلکه مقام زن را در اسلام بسیار شامخ نشان میدهد که خداوند (ج) یک زن را بر

میگزیند و بر زنان جهان منحیث یک شخصیت برازنده معرفی میکند زیرا واژه اصطفیک دوبار در این آیه دیده میشود؛ یکی برای مریم و دیگری برای مقام والای زن در خلقت و جهان انسانیت.

يَٰمَرْيَمُ ٱقْنُتِى لِرَبِّكِ وَٱسْجُدِى وَٱرْكَعِى مَعَ ٱلرَّٰكِعِينَ (٤٣)

معنی: ای مریم! مطیع پروردگار خود باش، سجده کن و با رکوع کنندگان رکوع نما.

تفسیر: اینجا یک زن را مانند مردان به اطاعت خویش دعوت میکند بعد به سجده و بعد به رکوع. در اینجا قرآن مقام اجتماعی زن را با مرد نشان میدهد که با رکوع کنندگان یکجا رکوع کن. اینجا نگفته است که با زنان رکوع کند بلکه آیه بیانگر عبادت پروردگار است که مردان و زنان مؤمن یکجا ادا میکنند. اینکه اول سجده آمده است و بعد رکوع منظور از ثیاق کلام است نه نظم اصول نماز جماعت.

ذَٰلِكَ مِنْ أَنۢبَآءِ ٱلْغَيْبِ نُوحِيهِ إِلَيْكَ ۚ وَمَا كُنتَ لَدَيْهِمْ إِذْ يُلْقُونَ أَقْلَٰمَهُمْ أَيُّهُمْ يَكْفُلُ مَرْيَمَ وَمَا كُنتَ لَدَيْهِمْ إِذْ يَخْتَصِمُونَ (٤٤)

معنی: این از خبر های غیبی است که به تو وحی میکنیم، و آن دم که قرعه های خود را با قلم می اندازند تا کدام یک مریم را سرپرستی کند، تو پیش آنها نبودی و [هم] آن وقتیکه با یکدیگر مشاجره میکردند نزد شان نبودی.

تفسیر: وقتی رهبران مذهبی بنی اسرائیل به موافقه نرسیدند که کدام کسی کفالت حضرت مریم را داشته باشد با قلم های که تورات را مینوشتند به دریا افگندند و به این ترتیب قرعه کشی نمودند که قلم هرکس مخالف جریان آب حرکت کرد برنده همان است و قرعه به نام حضرت زکریا (ع) برآمد. توسط وحی پیامبر (ص) اصل داستان خبر داده میشود. و میگوید که تو نه در زمان تربیت مریم بودی و نه در وقتیکه بالای سرپرستی او جدال داشتند.

إِذْ قَالَتِ ٱلْمَلَٰٓئِكَةُ يَٰمَرْيَمُ إِنَّ ٱللَّهَ يُبَشِّرُكِ بِكَلِمَةٍ مِّنْهُ ٱسْمُهُ ٱلْمَسِيحُ عِيسَى ٱبْنُ مَرْيَمَ وَجِيهًا فِى ٱلدُّنْيَا وَٱلْءَاخِرَةِ وَمِنَ ٱلْمُقَرَّبِينَ (٤٥)

معنی: آنگاه که فرشتگان گفتند: ای مریم! خدا (ج) تو را به کلمه‌ای از جانب خود که نامش مسیح عیسی بن مریم است مژده میدهد که در دنیا

و آخرت آبرومند بوده و از جمله نزدیکان [پروردگار] است.

تفسیر: خداوند (ج) مژده ظهور حضرت عیسی (ع) را به مریم میدهد که نامش مسیح است. مسیح اصلاً کلمهٔ عبرانی است. در ایام قدیم پادشاهان خود را برای آمادگی وظیفه چرب میکردند. احتمال زیاد میرود که کلمه مساژ هم از همین کلمه گرفته شده است. همچنان یک معنی دیگر مسیح، مسح کننده است. و شاید به این منظور نام او را خداوند (ج) مسیح گذاشته است که با اذن خداوند (ج) مریضان پیس را مسح میکرد و شفا میداد. عیسی مسیح مرد آبرومند و مقرب خداوند (ج) و وظیفه‌اش تبلیغ یکتا پرستی بود. اما پیروانش او را غلط فهمیدند. از زمره صالحین بود یعنی همه صفات یک انسان که از همه گناه و ناپاکی به دور بود، می زیست.

وَيُكَلِّمُ ٱلنَّاسَ فِى ٱلْمَهْدِ وَكَهْلًا وَمِنَ ٱلصَّٰلِحِينَ (٤٦)

معنی: و در گهواره [با اعجاز] و در میانسالی [با وحی] با مردم سخن میگوید و از صالحان است.

تفسیر: حضرت عیسی (ع) تاریخ گواه است که مرد دانشمند بود و به اراده خداوند (ج) از خورد سالی وعظ میکرد. عمر او و نبوت او کوتاه بود و در سن سی و سه سالگی به آسمان خدا رفت و دوره نبوت تقریباً سه سال دوام کرد.

قَالَتْ رَبِّ أَنَّىٰ يَكُونُ لِى وَلَدٌ وَلَمْ يَمْسَسْنِى بَشَرٌ قَالَ كَذَٰلِكِ ٱللَّهُ يَخْلُقُ مَا يَشَآءُ إِذَا قَضَىٰٓ أَمْرًا فَإِنَّمَا يَقُولُ لَهُۥ كُن فَيَكُونُ (٤٧)

معنی: مریم گفت: پروردگارا! چگونه صاحب فرزند میشوم حال آنکه بشری به من نزدیکی نکرده است یعنی تماس حاصل نکرده است؟ فرمود: چنین است که خدا (ج) آنچه بخواهد می آفریند و چون کاری را اراده کند فقط به آن می گوید «شو» پس میشود.

تفسیر: خداوند (ج) آفرینندهٔ جهان هستی است و این قدرت را دارد که یک انسان را بدون اینکه تماس جنسی حاصل شده باشد خلق کند و خلقت عیسی (ع) یک معجزه بود و نمایانگر قدرت خداوند (ج). خداوند (ج) هر کاری را که اراده کند وقت و زمان کار ندارد. وقتی بگوید شو انجام می‌پذیرد.

وَيُعَلِّمُهُ ٱلْكِتَٰبَ وَٱلْحِكْمَةَ وَٱلتَّوْرَىٰةَ وَٱلْإِنجِيلَ (٤٨)

معنی: و به او کتاب و حکمت و تورات و انجیل می آموزد.

تفسیر: خداوند (ج) به حضرت عیسی (ع) حکمت و تورات و انجیل را آموخت. تورات برای یهودیان و انجیل برای عیسویان نازل شد و از کتاب های آسمانی به شمار میرود و برای مسلمانان واجب است تا این کتاب ها را در کنار انبیاء محترم شمارند. اینکه اهل کتاب، کتاب های شانرا تحریف کردند به ما مسلمانان مربوط نیست و خود شان نزد پروردگار جواب دهنده خواهند بود نه ما مسلمانان. ما برای صلح پایدار و زیست باهمی باید همه ادیان آسمانی و غیر آنرا احترام کنیم و با اخلاق نیکو کرامتی که خداوند (ج) به ما داده است نشان دهیم نه اینکه ایشان را کافر خطاب کنیم و به کتب شان بی احترامی کنیم. رسول خدا (ص) فرموده است که: میخواهید دین شما احترام شود دین دیگران را احترام کنید.

وَرَسُولًا إِلَىٰ بَنِىٓ إِسْرَٰٓءِيلَ أَنِّى قَدْ جِئْتُكُم بِـَٔايَةٍ مِّن رَّبِّكُمْ ۖ أَنِّىٓ أَخْلُقُ لَكُم مِّنَ ٱلطِّينِ كَهَيْـَٔةِ ٱلطَّيْرِ فَأَنفُخُ فِيهِ فَيَكُونُ طَيْرًۢا بِإِذْنِ ٱللَّهِ ۖ وَأُبْرِئُ ٱلْأَكْمَهَ وَٱلْأَبْرَصَ وَأُحْىِ ٱلْمَوْتَىٰ بِإِذْنِ ٱللَّهِ ۖ وَأُنَبِّئُكُم بِمَا تَأْكُلُونَ وَمَا تَدَّخِرُونَ فِى بُيُوتِكُمْ ۚ إِنَّ فِى ذَٰلِكَ لَءَايَةً لَّكُمْ إِن كُنتُم مُّؤْمِنِينَ (٤٩)

معنی: و او را به عنوان پیامبری به سوی بنی اسرائیل میفرستد که [میگوید] با معجزه از پروردگار تان به سوی شما آمده‌ام؛ من از گل برای شما چیزی به شکل پرنده میسازم و در آن میدمم و آن به اذن خداوند (ج) پرندۀ میشود و به اذن خداوند (ج) کور مادر زاد و [مرض] پیس را شفا میدهم و مردگان را زنده میکنم و شما آنچه را میخورید و آنچه در خانه هایتان ذخیره میکنید خبر میدهم. اگر اهل ایمان باشید در این امر برایتان نشانۀ [از حقیقت است که من براستی پیامبر] میباشم.

تفسیر: اول باید بدانیم که دلیل فرستادن پیامبران برای آن بوده است که پیام الهی به بیراهه کشانده میشد. در این بخش خداوند (ج) پیامبران را با بعضی معجزات میفرستد تا مردم یقین حاصل کنند و ایمان بیاورند. با اینکه برای بنی اسرائیل پیامبر فرستاده شده است و اما همه رسالت پیامبران جهانی است و برای همه مردم است نه گروه خاص. اینبار پیامبر را با معجزاتی که در آیه مشهود است استوار میسازد که قدرت و عظمت خداوند (ج) را به چشم ببینند و به حقانیت خدا (ج) و رسول (ص) او را

درک کنند.

وَمُصَدِّقًا لِّمَا بَيْنَ يَدَىَّ مِنَ ٱلتَّوْرَىٰةِ وَلِأُحِلَّ لَكُم بَعْضَ ٱلَّذِى حُرِّمَ عَلَيْكُمْ ۚ وَجِئْتُكُم بِـَٔايَةٍ مِّن رَّبِّكُمْ فَٱتَّقُوا۟ ٱللَّهَ وَأَطِيعُونِ (٥٠)

معنی: [میگوید] و تورات را که پیش از من نازل شده تصدیق میکنم و برخی از چیز ها را که بر شما حرام شده برایتان حلال کنم و از سوی خداوند (ج) به شما معجزه ای آورده ام پس از خدا (ج) بترسید و از من [که پیامبر او هستم] فرمان برید.

تفسیر: این آیه نشان دهنده یک حقیقت مهم است که حضرت عیسی (ع) یک دین جدید را نیاورد بلکه پیام قبلی را که به موسی (ع) نازل شد تصدیق کرد نه اینکه رد کند. آن پیام خدا پرستی بود. عبادت خدای واحد بود و بس. در عین زمان آیه نشان دهنده این است که در بعضی موارد پیام قبلی را تکمیل کرد و بعضی چیز هائی که حرام بود حلال گردانید. و اعتراف میکند که اعمال را که انجام میدهد یک معجزه است که از جانب خداوند (ج) به او اعطا شده است و یک انسان است و پیامبر است، پس از خدا (ج) بترسید و از من فرمان برید. یعنی مطالبی را که برای من وحی میشود از آن اطاعت کنید.

إِنَّ ٱللَّهَ رَبِّى وَرَبُّكُمْ فَٱعْبُدُوهُ ۚ هَٰذَا صِرَٰطٌ مُّسْتَقِيمٌ (٥١)

معنی: به راستی خدای یکتا پروردگار من و پروردگار شماست پس او را بپرستید که راه راست و درست همین است.

تفسیر: آیه تأکید به خدا پرستی دارد که خدای همه عالمیان یکی است و راه حق در زندگی انسانی همانا خدا پرستی است. آیه واضح میسازد که حضرت عیسی (ع) یک پیامبر است و همان رسالت را دارد که پیامبر پیشین از او یعنی حضرت موسی (ع) داشته است.

فَلَمَّآ أَحَسَّ عِيسَىٰ مِنْهُمُ ٱلْكُفْرَ قَالَ مَنْ أَنصَارِىٓ إِلَى ٱللَّهِ ۖ قَالَ ٱلْحَوَارِيُّونَ نَحْنُ أَنصَارُ ٱللَّهِ ءَامَنَّا بِٱللَّهِ وَٱشْهَدْ بِأَنَّا مُسْلِمُونَ (٥٢)

معنی: پس وقتی عیسی (ع) به کفر آنها پی برد، گفت: یاوران من به سوی خدا (ج) چه کسانند؟ حواریون گفتند که ما یاوران خداییم، به خدا (ج) ایمان آورده ایم و شاهد باشد که ما فرمانبرداریم.

تفسیر: در اینجا حضرت عیسی (ع) به کفر یعنی ناسپاسی یهودیان پی

میبرد. و از آنانیکه او را به حیث پیامبر و فرستاده خداوند (ج) قبول کرده بودند تعهد میگیرد که آنانیکه به خداوند (ج) ایمان دارند کی ها هستند. حواریون میگویند ایشان هستند که به خدا (ج) ایمان آورده اند و از او منحیث پیامبر اطاعت میکنند. این آیه در بعد خدا شناسی و رسالت حضرت عیسی (ع) نهایت مهم است که حضرت عیسی (ع) هرگز ادعای خدایی نکرده است.

رَبَّنَآ ءَامَنَّا بِمَآ أَنزَلْتَ وَٱتَّبَعْنَا ٱلرَّسُولَ فَٱكْتُبْنَا مَعَ ٱلشَّـٰهِدِينَ (٥٣)

معنی: پروردگارا! به آنچه نازل کرده ای ایمان آورده ایم و از این پیامبر [عیسی (ع)] پیروی میکنیم پس ما را در زمره شاهدان بنویس.
تفسیر: اینجا حواریون و یاران عیسی مسیح به خداوند (ج) ایمان شان را اعتراف میکنند که به او ایمان آورده‌اند و حضرت عیسی (ع) را به حیث پیامبر خدا (ج) قبول کردند و تقاضا کردند که ایشان را در زمره شاهدان راه حق بنویسد. و وعده میکنند که از عیسی (ع) پیروی میکنند. نظر به این آیه حواریون حضرت عیسی (ع) را پسر خدا نپنداشتند و منحیث یک پیامبر و فرستاده خدا (ج) شناختند.

وَمَكَرُواْ وَمَكَرَ ٱللَّهُ وَٱللَّهُ خَيْرُ ٱلْمَـٰكِرِينَ (٥٤)

معنی: و نیرنگ کردند و (فکر کردند) خدا (ج) را فریب میدهند. [اما] خداوند (ج) از بهترین تدبیر کنندگان است.
تفسیر: ترجمه این آیه همیشه گنگ بوده است. طور مثال یک جا خوانده شده که مکروا را مکاره ترجمه کرده‌اند در حلیکه خداوند (ج) مکاره نیست. یهودیان از نیرنگ کار گرفتند و تصور کردند که خدا (ج) را فریب میدهند و اما خدا (ج) برای شان میگوید که شما هر نیرنگی را که بازی کنید او تدبیر کننده راه حق و راه خیر است و دسیسه و حیله و نیرنگ شان جایی را نمیگیرد. ما باید متوجه باشیم که خداوند (ج) همیشه ناظر اعمال ماست و بصیر است یعنی میبیند. حتی اگر در مقابل کسی نیت بد داشته باشیم ما جوابگو هستیم. تدبیر در مساله قتل حضرت عیسی (ع) بود که خواستند او را از بین ببرند و اما تدبیر خداوند (ج) چنان بود که آنها حتی تصور آنرا نمیکردند و حضرت عیسی (ع) را بالا برد و نجاتش داد.

إِذْ قَالَ ٱللَّهُ يَـٰعِيسَىٰٓ إِنِّى مُتَوَفِّيكَ وَرَافِعُكَ إِلَىَّ وَمُطَهِّرُكَ مِنَ ٱلَّذِينَ كَفَرُوا۟ وَجَاعِلُ ٱلَّذِينَ ٱتَّبَعُوكَ فَوْقَ ٱلَّذِينَ كَفَرُوٓا۟ إِلَىٰ يَوْمِ ٱلْقِيَـٰمَةِ ۖ ثُمَّ إِلَىَّ مَرْجِعُكُمْ فَأَحْكُمُ بَيْنَكُمْ فِيمَا كُنتُمْ فِيهِ تَخْتَلِفُونَ (٥٥)

معنی: آنگاه که خداوند (ج) فرمود: ای عیسی! من تو را برگرفته و به سوی خود بالا میبرم و تو را از [شروو اتهامات] کافران پاک میسازم و پیروان تو را تا روز قیامت بر کافران برتری میدهم، سپس برگشت شما به سوی من است، پس در آنچه بر سر آن اختلاف داشتید در میان تان قضاوت میکنم.

تفسیر: به تعقیب آیه قبلی به دار زدن حضرت عیسی (ع) را رد میکند، چنانچه عیسویان عقیده دارند. و خداوند (ج) نگذاشت این بار پیامبرش را یهودیان به قتل برسانند و او را نزد خود به بالا خواست. از این آیه می‌آموزیم که به دار زدن حضرت عیسی (ع) با اینکه یک دسیسه بود اما از جانب خداوند (ج) خنثی میشود و یاران واقعی حضرت عیسی (ع) را که به خداوند (ج) اعتقاد کامل داشتند به خاطر ایمان شان بر کافران تفوق یعنی برتری میدهد. آنانیکه به حضرت عیسی (ع) خیانت نکردند و دست خود را با یهودیان در دسیسه قتل شریک نساختند مژده داده میشود که در امان خواهند بود. اخیر آیه بازگشت همه به سوی اوست و در آخرت است که ما به سزای اعمال خود خواهیم رسید. تاریخ به ما میگوید که کسانیکه به عیسی مسیح خیانت کردند در اکثریت بودند و یک عده کم به او منحیث پیامبر خدا (ج) ایمان آوردند.

فَأَمَّا ٱلَّذِينَ كَفَرُوا۟ فَأُعَذِّبُهُمْ عَذَابًا شَدِيدًا فِى ٱلدُّنْيَا وَٱلْـَٔاخِرَةِ وَمَا لَهُم مِّن نَّـٰصِرِينَ (٥٦)

معنی: اما کسانیکه کافر شدند، آنها را در دنیا و آخرت به عذابی سخت دچار میسازم و هیچ یاوری نخواهند داشت.

تفسیر: عدالت خداوند (ج) در اساس همین است که بین مؤمن و کافر یک فرق عظیم گذاشته است. آنانیکه دسیسه کردند و حیله کردند و خواستند پیامبر خدا (ج) را که برای رهنمایی بشریت فرستاده شده بود از بین ببرند و آیات خدا (ج) را تکذیب کردند به عذاب بزرگ دنیایی و اخروی دچار خواهند شد. براستی شرایط ناگوار سیاسی که در جهان به وجود آمده است مانند جنگ اول جهانی، جنگ دوم جهانی، همه و همه

عـذاب بـود کـه نـازل شـد و امـا انسـان بـه انـدازۀ مغـرور و سـرکش است کـه بـه خـود نمیگیـرد کـه اینهـا اساسـاً عـذاب خداونـد (ج) است.

وَأَمَّا ٱلَّذِينَ ءَامَنُواْ وَعَمِلُواْ ٱلصَّلِحَٰتِ فَيُوَفِّيهِمْ أُجُورَهُمْ ۗ وَٱللَّهُ لَا يُحِبُّ ٱلظَّٰلِمِينَ (٥٧)

معنی: و اما کسانیکه ایمان آورده و عمل صالح انجام دادند، اجر شان را تمام خواهـد داد و خداونـد (ج) ستمکاران را دوسـت نـدارد.
تفسیـر: اینجـا خداونـد (ج) عدالـت خـود را نشـان میدهـد کـه آنانیکـه ایمـان آورده انـد و کار هـای نیکـو ماننـد بـا سـواد سـاختن مـردم، کمـک بـه مـردم، تعمیـر بیمارسـتان، کوشـش در بـه وجـود آوردن عدالـت بیـن مـردم، مبـارزه بـر علیـه فسـاد بـه شـکل موزون آن، نشـر دیـن اسـلام بـه شـکل مـوزون و متعـادل و هـر کار نیـک دیگـر کـه مـردم میکننـد، خداونـد (ج) اجر و پـاداش شـان را خواهـد داد و خداونـد (ج) مـردم سـتمکار یعنـی ظالـم را دوسـت نـدارد. انتـی تـز عدالـت ظلـم اسـت. در آن کشـور کـه عدالـت نباشـد ظلـم اسـت و ظلـم بـا اعمـال نیکـو از بیـن میـرود.

ذَٰلِكَ نَتْلُوهُ عَلَيْكَ مِنَ ٱلْءَايَٰتِ وَٱلذِّكْرِ ٱلْحَكِيمِ (٥٨)

معنی: اینها که بر تو میخوانیم از راز ها و پند های حکمت آمیز است.
تفسیـر: قرآن مجیـد کتـاب علـم و معرفـت و حکمـت اسـت. آیـه بـه معنی راز و نشـانه معنی میدهـد و قـرآن بـا راز و حکمـت بـا مـا سـخن میگویـد. ایـن بـر ماسـت کـه مـا بایـد بـه آیـات فکـر کنیـم تعمـق کنیـم و بـرای خـود تصمیـم بگیریـم. چالـش مـا همیـن اسـت. نبایـد عجولانـه فکـر کنیـم. نبایـد آیـت را بـدون تعمـق و تفکـر رد کنیـم. نبایـد چنیـن فکـر کنیـم کـه دیـن امـروز بـه درد خـور جامعـه نیسـت. بـر عکـس مـا تـا زنـده هسـتیم بـرای همـه امـور بـه دیـن ضـرورت داریـم و بایـد از قـرآن و راز و حکمـت قـرآن بیاموزیـم.

إِنَّ مَثَلَ عِيسَىٰ عِندَ ٱللَّهِ كَمَثَلِ ءَادَمَ ۖ خَلَقَهُۥ مِن تُرَابٍ ثُمَّ قَالَ لَهُۥ كُن فَيَكُونُ (٥٩)

معنی: مثال عیسی (ع) نزد خداونـد (ج) ماننـد مثال آدم (ع) اسـت کـه او را از خـاک آفریـد سـپس بـه او گفـت بـاش، پـس وجـود یافـت.
تفسیـر: بحـث و گفتگـو روی خلقـت عیسـی مسـیح کـه بـدون پـدر بـه دنیـا آمـد و در ایـن آیـه خداونـد (ج) بـه خاطـر مـی آورد کـه خلقـت عیسـی (ع)

مانند حضرت آدم (ع) از خاک است. آدم (ع) هم پدر نداشت و همچنان عیسی مسیح پدر نداشت و اما به اذن خداوند (ج) هر دو از خاک آفریده شدند و هر دو انسان بودند نه اینکه خدا (ج) بوده باشند ویا پسر خدا (ج) بوده باشند.

اَلْحَقُّ مِن رَّبِّكَ فَلَا تَكُن مِّنَ ٱلْمُمْتَرِينَ (٦٠)

معنی: حق از جانب پروردگار توست؛ پس از تردیدکنندگان مباش.

تفسیر: در این آیه دو واژه بسیار مهم برای اهل ایمان نهفته است. اول حق و دوم ممترین. حق آن است که از جانب پروردگار است و آن چیزیکه تأیید پروردگار نیست حق نیست. بسیار چیز ها در زندگی انسانها وجود دارد و اما حق نیست و باید از آن امتناع کرد. طور مثال سحر و جادو و رمل انداختن آنها وجود دارد اما حق نیست یعنی نه از جانب پروردگار است و نه مورد تأیید خداوند (ج) است. ممترین اساساً دو دله معنی میدهد و این آیه یعنی ممترین جنبه توحیدی و جنبه اجتماعی دارد. اول جنبه توحیدی آن این است که ما به حیث مسلمان و مؤمن نباید در قدرت پروردگار، موجودیت پروردگار و عظمت او شک کنیم و دو دله باشیم و یقین حاصل کنیم که خداوند (ج) بر حق است و ما در این جهان بیکران تنها نیستیم. جنبه اجتماعی آن این است که در بسیاری از امور اجتماعی، روابط خصوصی و کار ما دو دله میباشیم که بکنم یا نکنم. قبول کنم و یا نکنم بروم و یا نروم. خداوند (ج) به انسان عقل داده است و باید از عقل کار گیرد جوانب را بسنجد و بعد تصمیم بگیرد و نتیجه را به خداوند (ج) محول کند. در کار های اداری بعضی اوقات یک مدیر نمیتواند درست تصمیم بگیرد و این یک صفت خوب نیست. ما باید همیشه مصمم باشیم و به پیش برویم و نتیجه را توکل به مدبر اصلی یعنی خدای پاک کنیم.

فَمَنْ حَآجَّكَ فِيهِ مِنۢ بَعْدِ مَا جَآءَكَ مِنَ ٱلْعِلْمِ فَقُلْ تَعَالَوْا۟ نَدْعُ أَبْنَآءَنَا وَأَبْنَآءَكُمْ وَنِسَآءَنَا وَنِسَآءَكُمْ وَأَنفُسَنَا وَأَنفُسَكُمْ ثُمَّ نَبْتَهِلْ فَنَجْعَل لَّعْنَتَ ٱللَّهِ عَلَى ٱلْكَٰذِبِينَ (٦١)

معنی: پس هر که با وجود دانشی که [در باره عیسی (ع)] سوی تو آمد مجادله کند بگو بیایید پسرانمان و پسرانتان و زنان خود و زنان شما را کسان خود وکسان شما را فرا میخوانیم سپس [به درگاه خدا (ج)] تضرع کنیم و آنانیکه دروغ میگویند لعنت خدا را میفرستیم.

تفسیر: خلقت حضرت عیسی (ع)، مرگ او و زندگی او که به اذن خداوند (ج) بیمار را شفا میداد ومرده را زنده میکرد و در گهواره سخن میگفت همه و همه برای آنانیکه اعتقاد کامل به خداوند (ج) و قدرت و عظمت خداوند (ج) نداشتند سؤال بر انگیز بود. در اینجا خداوند (ج) به رسول خدا (ص) میگوید که اگر در این مورد با تو بحث و گفتگو میکنند پس یک جلسه‌ای بزرگ دایر شود و تو و آنها پسران و زنان و کسان خود را دور هم گرد بیاورید و ببینید که کی دروغ میگوید و اویکه دورغ میگوید لعنت خدا (ج) را به او میفرستیم.

إِنَّ هَٰذَا لَهُوَ ٱلْقَصَصُ ٱلْحَقُّ ۚ وَمَا مِنْ إِلَٰهٍ إِلَّا ٱللَّهُ ۚ وَإِنَّ ٱللَّهَ لَهُوَ ٱلْعَزِيزُ ٱلْحَكِيمُ (٦٢)

معنی: به راستی حکایت واقعی (عیسی مسیح) همین است و معبودی جز خدا (ج) نیست، و خداوند (ج) است که به یقین پیروزمند و با حکمت است.

تفسیر: آیه از داستان واقعی حضرت عیسی (ع) حکایه میکند و سخنان باطل را که العیاذ بالله پسر خداست و یا به صلیب کشیده شد خط بطلان میکشد و در اخیر آیه میگوید خداوند (ج) پیروزمند و شکست ناپذیر و با حکمت است و قادر است فرزندی را بدون پدر به وجود بیاورد.

فَإِن تَوَلَّوْا۟ فَإِنَّ ٱللَّهَ عَلِيمٌۢ بِٱلْمُفْسِدِينَ (٦٣)

معنی: پس اگر روی گردان شدند بدون شک و تردید خداوند (ج) به حال مفسدان آگاه است.

تفسیر: هشدار میدهد که اگر با این همه شواهد و حقیقت واقعی که حکایه شد داستان عیسی مسیح را قبول نمیکنند، خداوند (ج) از حال مردم فاسد آگاهی دارد. این آیه بسیار آموزنده است برای آنانیکه حق را قبول نمیکنند و آیات را تکذیب میکنند فاسد هستند. فاسد به معنی گندیده، پوسیده، گمراه، منحرف و هرزه معنی میدهد. یعنی کسانیکه سخن خدا (ج) را قبول ندارند مغز های شان پوسیده و گندیده است و مردم هرزه هستند.

قُلْ يَـٰٓأَهْلَ ٱلْكِتَـٰبِ تَعَالَوْاْ إِلَىٰ كَلِمَةٍ سَوَآءٍ بَيْنَنَا وَبَيْنَكُمْ أَلَّا نَعْبُدَ إِلَّا ٱللَّهَ وَلَا نُشْرِكَ بِهِۦ شَيْـًٔا وَلَا يَتَّخِذَ بَعْضُنَا بَعْضًا أَرْبَابًا مِّن دُونِ ٱللَّهِ ۚ فَإِن تَوَلَّوْاْ فَقُولُواْ ٱشْهَدُواْ بِأَنَّا مُسْلِمُونَ (٦٤)

معنی: بگو: ای اهل کتاب! بیایید بر سر سخنی که میان ما و شما مشترک است تمرکز کنیم که جز خدا (ج) را نپرستیم و کسی را با او شریک نکنیم و هیچ کدام از ما کسی دیگر را به جای خداوند (ج) صاحب اختیار نگیرد. پس اگر از این [پیشنهاد] سرباز زدند بگویید: شاهد باشید که ما به فرمان خداییم.

تفسیر: اهل کتاب صاحب دین آسمانی و ابراهیمی هستند. مشکل شان در شناخت واقعیت تاریخی حضرت عیسی (ع) و رسالت او بود که همانا او یک پیامبر بیش نبود. بحث و گفتگو یا مباهله را نپذیرفتند و دیگر استدلال را هم نادیده گرفتند. در این آیه از ایشان دعوت به عمل می‌آورد که بیایید به یک نقطه تمرکز کنیم و آن عبارت است از پرستش خدای واحد است. زیرا یهود و نصارا هر دو ادعای توحید میکردند. این آیه ایشان را به وحدت دعوت میکند و اما بازهم نتیجه مطلوب به دست نمی آید. اساس توحید خدا پرستی است به وحدانیت خداوند (ج). مفسران گویند که دانشمندان اهل کتاب برای منافع خود تاویل و تفسیر هائی داشتند که مغایر توحید قرار میگرفت و بزرگترین آن همانا موضوع تثلیث میباشد. جالب است که بعد از یازدهم سپتامبر در ایالات متحده آمریکا دولت و مقام های اهل کتاب در همین کوشش بودند و هستند تا وجه مشترک بین ادیان را جستجو کنند تا یک صلح دایمی برای زیست باهمی به وجود بیاید. این تشبث را که وجه مشترک همه ادیان خدا پرستی است قرآن چهارده صد سال قبل پیشنهاد کرده است.

يَـٰٓأَهْلَ ٱلْكِتَـٰبِ لِمَ تُحَآجُّونَ فِىٓ إِبْرَٰهِيمَ وَمَآ أُنزِلَتِ ٱلتَّوْرَىٰةُ وَٱلْإِنجِيلُ إِلَّا مِنۢ بَعْدِهِۦٓ ۚ أَفَلَا تَعْقِلُونَ (٦٥)

معنی: ای اهل کتاب! چرا در بارۀ ابراهیم گفتگو و دعوا میکنید در حالیکه تورات و انجیل نازل نشد مگر بعد از او؟ آیا تعقل نمیکنید؟

تفسیر: اهل کتاب مطلق در یک سراسیمگی عجیب گرفتار شده بودند. عیسی (ع) بسیار زود از دنیا به بالا رفت. همه مسایل برای شان مغشوش بود. یهود و نصارا بین خود گفتگو میکردند که حضرت ابراهیم (ع) را

پیرو دین خود معرفی کنند. قرآن برای شان واضح ساخت که فکر کنید چطور این ادعا را میکنید در حالیکه تورات و انجیل هر دو بعد از او نازل شده است. حالا هم که زیاد تر از دو هزار سال از میلاد مسیح میگذرد اهل کتاب شناخت واقعی از حضرت ابراهیم (ع) که پدر توحید و پدر سه دین توحیدی است ندارند و به حیث یک پیامبر عادی از او در کتاب های شان تذکر به عمل آمده است.

هَـٰٓأَنتُمْ هَـٰٓؤُلَآءِ حَـٰجَجْتُمْ فِيمَا لَكُم بِهِۦ عِلْمٌ فَلِمَ تُحَآجُّونَ فِيمَا لَيْسَ لَكُم بِهِۦ عِلْمٌ ۚ وَٱللَّهُ يَعْلَمُ وَأَنتُمْ لَا تَعْلَمُونَ (٦٦)

معنی: شما همان کسانی هستید که در آنچه به آن علم دارید به نزاع پرداختید [ولی] چرا در باره موضوعی که نسبت به آن علم ندارید گفتگو میکنید؟ و خدا (ج) میداند و شما نمیدانید.

تفسیر: خداوند (ج) توجه اهل کتاب را جلب میکند و به یاد شان می آورد که در مسایلی که علم داشتید نزاع میکردند یعنی وقتی یک موضوع دانسته شد و آگاهی حاصل شد باز چرا بالای آن گفتگو کرد و اما اهل کتاب این کار را میکردند. خداوند (ج) از ایشان پرسان میکند پس چطور شما به مسایلی که قطعاً آگاهی ندارید بحث و مشاجره میکنید. تنها خدا (ج) میداند و شما نمیدانید. خداوند (ج) میداند که چه زمان حضرت ابراهیم (ع) را برای ابلاغ توحید فرستاد شما چه را میدانید؟ درحالیکه فاصله میان حضرت ابراهیم (ع) و حضرت موسی (ع) صد ها سال است. پرسان میکند وقتیکه شما وجود نداشتید بدون اسناد و شواهد چرا بحث میکنید و چرا در این مسایل مجادله میکنید؟ اینجا نه تنها بی علمی اهل کتاب را بر ملا میسازد، بی شعوری شان را هم آشکار میسازد. همچنان قرآن به ما می آموزاند که در مسایل آگاهانه و با شواهد و اسناد استدلال کنیم که یکی از اساسات تحقیقات امروزی است.

مَا كَانَ إِبْرَٰهِيمُ يَهُودِيًّا وَلَا نَصْرَانِيًّا وَلَـٰكِن كَانَ حَنِيفًا مُّسْلِمًا وَمَا كَانَ مِنَ ٱلْمُشْرِكِينَ (٦٧)

معنی: ابراهیم (ع) نه یهودی بود و نه نصرانی بلکه موحدی خالص و تسلیم به رضای خدا (ج) بود یعنی فرمانبردار بود و از مشرکان نبود.

تفسیر: ابراهیم (ع) از دید قرآن و اسلام پدر توحید است و همچنان جد ادیان توحیدی یعنی یهودیت عیسویت و اسلام. دو پسرش یعنی حضرت

اسماعیل (ع) و حضرت اسحق (ع) دو شاخه بزرگ نبوت را تشکیل دادند. محمد (ص) از ذریات حضرت اسماعیل (ع) است وحضرت موسی (ع) از ذریات حضرت اسحق (ع). حضرت ابراهیم (ع) نه کافر بود نه مشرک بود و نه یهودی بود و نه عیسوی. یک موحد بود یعنی به وحدانیت خداوند (ج) اعتقاد کامل داشت. او تسلیم به رضای خداوند (ج) بود و فرمانبردار و «مسلمون» اصلا همین معنی را دارد. در بعضی تفاسیر «مسلما» و «مسلمون» مسلمان ترجمه شده است. هدف از این مسلمانی که ما هستیم نیست. هدف تنها تسلیمی به ذات خداوند (ج) است و فرمانبرداری از او. مسلمان در ادبیات امروزی به کسی اطلاق میشود که او به محمد (ص) هم اعتقاد داشته باشد. حنیف از واژه حَنَف که اساساً پاک معنی میدهد یعنی از شرک و کفر مطلق پاک است. همچنان از دید قرآن شناسی به کسی گفته میشود که به سوی حق تمایل دارد و از کیش وآیین باطل روی گردان میباشد.

إِنَّ أَوْلَى ٱلنَّاسِ بِإِبْرَٰهِيمَ لَلَّذِينَ ٱتَّبَعُوهُ وَهَٰذَا ٱلنَّبِىُّ وَٱلَّذِينَ ءَامَنُوا۟ۗ وَٱللَّهُ وَلِىُّ ٱلْمُؤْمِنِينَ (٦٨)

معنی: در حقیقت نزدیک ترین مردم به ابراهیم (ع) کسانی هستند که از او پیروی کردند و نیز این پیامبر و کسانیکه به او گرویدند. خداوند (ج) ولی (سرپرست) مؤمنان است.

تفسیر: ظهور پیامبران همیشه بدون چالش نبوده است و همیشه مردمانی وجود دارند که حق و راستی را نمی پذیرند. پیامبران به همه قدرت فکری و عقلانی و پشتیبانی که از جانب پروردگار داشتند در شروع با مخالفین زیاد روبرو میشدند. اینکه مردم چرا با پیامبران مخالفت میکردند برای این است که وظیفه پیامبران مسلمان ساختن مردم نبود و در این راه آنها فشار نمی آوردند و خداوند (ج) میخواست تا مردم خود شان به حقانیت پی برند و به تثبث خود خدا پرستی را قبول کنند. تعداد پیروانی که حق و راستی را پذیرفتند بسیار اندک بود، کسانیکه حق و حقانیت را درک میکردند تعداد شان در دور و بر حضرت ابراهیم (ع) هم کم بود. بعد از صعود حضرت عیسی (ع) تعداد یاران عیسی(ع) به اندازه اندک بود که عیسویت به سقوط مواجه شده بود و سنت پال یکی از حواریون مردم را تشویق به عشق عیسی (ع) کرد و گفت هر چه میکنید بکنید اما عیسی (ع) را دوست داشته باشید. یعنی برای اینکه مردم به دین بر گردند ایشان

را آزاد گذاشت و برای او حلال و حرام واحکامی که موسی (ع) آورده بود دیگر مهم نبود. زیرا هدف رسالت عیسی (ع) تکمیل احکام حضرت موسی (ع) بود. خرافاتی که عیسویان به بار آورده بودند و کلیسا شدیداً از مردم به نام دین سوءاستفاده میکرد راه را باز کرد تا خداوند (ج) دوباره پیام آسمانی را تجدید حیات بخشد و جامعه بشری را از این فلاکت نجات دهد و همین بود که محمد (ص) که در کتاب تورات از او یادآوری شده است ارسال نمود. آیه میگوید آنان به ابراهیم (ع) نزدیک اند که از او پیروی کنند. در اینجا مساله رنگ و پوست و نژاد و قوم و زبان همه و همه از بین میرود و تنها خدا پرستی مطرح میشود. یهودیان و عیسویان پیام توحید را به بیراهه کشاندند و مسلمانان امروز میراث ابراهیم (ع) را که خدا پرستی است جامه عمل پوشاندند. با این هم در بین مردم مسلمانان نظر به تبلیغات اجنبیان قوم پرست هستند، مذهب پرست هستند، نژاد پرست هستند، زن ستیز هستند که این همه اصول خدا پرستی و توحید را صدمه رسانده است. ولی خداوند (ج) دوست و یاور مؤمنان است. مؤمنان آنانی هستند که به حقانیت خدا (ج) و پیامبر شان اعتقاد دارند.

وَدَّت طَّآئِفَةٌ مِّنْ أَهْلِ ٱلْكِتَٰبِ لَوْ يُضِلُّونَكُمْ وَمَا يُضِلُّونَ إِلَّآ أَنفُسَهُمْ وَمَا يَشْعُرُونَ (٦٩)

معنی: گروه از اهل کتاب آرزو دارند که شما را گمراه کنند ولی جز خود شان را گمراه نمیکنند و شعور ندارند.

تفسیر: متأسفانه امروز عدۀ زیاد در بدبختی زندگی میکنند و یک دلیل آن تقلید کورکورانه از اهل کتاب است. تجلیل کرسمس توسط مسلمانان، پیروی از بانک جهانی در امور اقتصادی، تقلید از آداب و رسوم اهل کتاب زیر عنوان مدرنیته و تجدد همه و همه مسلمانان را بیراه ساخته است و هیچ کس حتی به روی خود نمی‌آورد که این همه تقلید جامعه ما را به رکود مواجه کرده است. هستند مردمانی از اهل کتاب که تبلیغات غلط در مورد اسلام میکنند و یا اسلام را زیر سؤال میبرند. این ها تنها خود را به بیراه میکشانند نه یک مؤمن واقعی را.

يَٰٓأَهْلَ ٱلْكِتَٰبِ لِمَ تَكْفُرُونَ بِـَٔايَٰتِ ٱللَّهِ وَأَنتُمْ تَشْهَدُونَ (٧٠)

معنی: ای اهل کتاب! چرا آیات خدا (ج) را انکار میکنید با اینکه شما به [حقانیت آن] گواهی میدهید.

تفسیر: یهودیان و عیسویان از حقانیت دین بر حق از روی کتاب شان آگاهی داشتند و اما انکار کردند. در اینجا سرزنش آمیز ایشان را مورد بازخواست قرار میدهد که شما از حقانیت موضوع آگاهی دارید چرا سرباز میزنید؟ این آیه برای یهود و نصارا گفته شده است و اما امروز برای کمونیستان، سیکولریستان و آنانیکه آیات خدا (ج) را قصداً انکار میکنند و حتی خود را مسلمان هم میگویند، وارد است.

يَٰٓأَهۡلَ ٱلۡكِتَٰبِ لِمَ تَلۡبِسُونَ ٱلۡحَقَّ بِٱلۡبَٰطِلِ وَتَكۡتُمُونَ ٱلۡحَقَّ وَأَنتُمۡ تَعۡلَمُونَ (٧١)

معنی: ای اهل کتاب! چرا حق را بر باطل می آمیزید و حقیقت را پوشیده میدارید درحالیکه علم آن را دارید.

تفسیر: قسمیکه گفتیم اهل کتاب از حقیقت میدانستند و اما انکار میکردند. میدانستند که هدف پیامبر (ص) تنها خدا پرستی است و محمد (ص) پیامبران پیشین را نهی نمیکند. از پیامبری و رسالت محمد (ص) خبر داشتند و اما بازهم انکار کردند. ازنگاه مسایل امروزی این آیه در رابطه به مطبوعات است که باید حقایق گفته شود و از باطل جلوگیری شود. هستند خبر گزاری هائی که حقایق تاریخ و اجتماع و سیاست را پنهان میکنند و به جای آن قوم پرستی، مذهب پرستی و اخبار غلط را برای منافع گروهی و قومی پخش میکنند.

وَقَالَت طَّآئِفَةٌ مِّنۡ أَهۡلِ ٱلۡكِتَٰبِ ءَامِنُواْ بِٱلَّذِيٓ أُنزِلَ عَلَى ٱلَّذِينَ ءَامَنُواْ وَجۡهَ ٱلنَّهَارِ وَٱكۡفُرُوٓاْ ءَاخِرَهُۥ لَعَلَّهُمۡ يَرۡجِعُونَ (٧٢)

معنی: و دسته‌ای از اهل کتاب گفتند: آغاز روز به آنچه بر مؤمنان نازل شده بگروید و پایان آن [روز را] انکار کنید. شاید آنها از تسلیم به رضای حق بر گردند.

تفسیر: شأن نزول این آیه چنین است که یهودیان خیبر از طرف صبح نزد رسول خدا میرفتند و ادعای ایمان داری میکردند و در آخرهمان روز از ایمان خود بر میگشتند. وقتی سؤال شد چرا همچو کاری را انجام میدهید؟ گفتند ما صبحگاهان ایمان آوردیم و اما وقتی به کتاب های خود مراجعه کردیم متوجه شدیم که صفات پیامبر (ص) با کتاب ما مطابقت نمیکند، بدین ترتیب میخواستند به مردم بگویند که این ها در امور دین و خداشناسی آگاه‌تر اند. بدین ترتیب میخواستند ایمان مسلمانان را متزلزل سازند. هنوز هم که چهارده صد سال میگذرد قوه های مخالف اسلام در صدد همین

هستند تا چطور شود اسلام را بد نام کنند. رسم کاریکاتور پیامبر اسلام نشانه ای همین مخالفت هاست. و جالب اینکه هر قدر مخالفت زیاد شد ما به دین خود زیاد تر گرویده شدیم زیرا قرآن به ما از همهٔ این دسیسه ها آگاهی داده است.

وَلَا تُؤْمِنُوٓا۟ إِلَّا لِمَن تَبِعَ دِينَكُمْ قُلْ إِنَّ ٱلْهُدَىٰ هُدَى ٱللَّهِ أَن يُؤْتَىٰٓ أَحَدٌ مِّثْلَ مَآ أُوتِيتُمْ أَوْ يُحَآجُّوكُمْ عِندَ رَبِّكُمْ ۗ قُلْ إِنَّ ٱلْفَضْلَ بِيَدِ ٱللَّهِ يُؤْتِيهِ مَن يَشَآءُ ۗ وَٱللَّهُ وَٰسِعٌ عَلِيمٌ (٧٣)

معنی: و جز از کسیکه از دین شما پیروی کند اعتماد نکنید، بگو، هدایت، هدایت خداوند (ج) است [و گفتند: باور نکنید] که به کسی نظیر آنچه به شما داده شده است داده شود یا بتوانند در پیشگاه پروردگار شما با شما بگومگو کنند. بگو: فضل و بخشش در دست خداست، آن را به هر که بخواهد میدهد و خداوند (ج) گشایشگر داناست.

تفسیر: این آیه در رابطه به اهل کتاب مخصوصاً قوم یهود نازل شده است. شأن نزول این آیه بازهم روی می‌چرخد که یک دسته از یهودیان خیبر به یهودیان مدینه همین توصیه را میکردند که از دین خود بیرون نشوند و سلطه دینی را در یهودیت مستحکم نگه دارند. بدین صورت تسلط دینی و نژادی در دست یهود باشد اما این آیه برای مسلمانان هم جنبه سیاسی دارد. به مسلمانان هشدار میدهد که شما به جز از آنانیکه در دین شما هستند به دیگران اعتماد نکنید. در اخیر آیه میگوید اینکه هدایت از طرف خداست و هر که را بخواهد هدایت میکند و سخن چینی ها و تخریب و دسیسه ها جایی را نمیگیرد.

يَخْتَصُّ بِرَحْمَتِهِۦ مَن يَشَآءُ ۗ وَٱللَّهُ ذُو ٱلْفَضْلِ ٱلْعَظِيمِ (٧٤)

معنی: هر که را خواهد خاص رحمت خویش میکند و خداوند (ج) صاحب فضل و کرم بزرگ است.

تفسیر: مردم هر کاری میخواهند بکنند میتوانند بکنند و اما حقیقت را با اینکه کوشش میکنند پنهان کنند بالاخره بر ملا میشود. و خداوند (ج) مؤمنان واقعی را که مخالف نژاد پرستی، تبعیض، دو رنگی و تعصب دینی و آنهائیکه تسلط قومی را میخواهند میشناسد. آنها از راه رستگاری و توحید چه مسلمان باشد و یا غیر مسلمان به دور هستند. تنها کسانی را مورد بخشش و رحمت خود قرار میدهد که خدا پرست هستند و از خداوند (ج)

جزء سوم

فرمانبرداری میکنند و تسلیم به راه حق هستند.

وَمِنْ أَهْلِ ٱلْكِتَٰبِ مَنْ إِن تَأْمَنْهُ بِقِنطَارٍ يُؤَدِّهِۦٓ إِلَيْكَ وَمِنْهُم مَّنْ إِن تَأْمَنْهُ بِدِينَارٍ لَّا يُؤَدِّهِۦٓ إِلَيْكَ إِلَّا مَا دُمْتَ عَلَيْهِ قَآئِمًا ۗ ذَٰلِكَ بِأَنَّهُمْ قَالُوا۟ لَيْسَ عَلَيْنَا فِى ٱلْأُمِّيِّـۧنَ سَبِيلٌ وَيَقُولُونَ عَلَى ٱللَّهِ ٱلْكَذِبَ وَهُمْ يَعْلَمُونَ (٧٥)

معنی: و از اهل کتاب کسی است که اگر او را بر مال زیاد امانت دار پنداری، آن مال را (به امانت) به تو باز میگرداند و از آنان کسی است که او را [اگر یک] دینار هم باشد امانت دار شماری آن را به تو باز نمیگرداند مگر آنکه پیوسته بالای سرش ایستاده باشی. این بدان سبب است که آنها گفتند: ما در مورد کسانیکه کتاب آسمانی ندارند مسؤول نیستیم و بر خدا (ج) دروغ می بندند و خود شان هم میدانند.

تفسیر: در اینجا اهل کتاب را خوبتر معرفی میکند. کسانی هستند از ایشان که بسیار امانت دار هستند و ما در هجرت با ایشان برخوردیم که یک عدۀ شان مردم واقعاً صادق و امانت دار هستند و اما هستند یک عدۀ زیاد از اهل کتاب که در مقابل مسلمانان بسیار تعصب دارند و این برای این است که آنها مسلمانان را صاحب کتاب آسمانی نمیدانند و به خداوند (ج) دروغ می بندند در حالیکه میدانند. بهترین مثال آن پاپ نیکولاس پنجم بود که هدایت داد تا در کنار سیاهپوستان آفریقا، مسلمانان را برده گیرند زیرا مسلمانان را اهل ایمان نمیدانستند. در حالیکه مسلمانان عیسویان را همه اهل ایمان میدانند.

بَلَىٰ مَنْ أَوْفَىٰ بِعَهْدِهِۦ وَٱتَّقَىٰ فَإِنَّ ٱللَّهَ يُحِبُّ ٱلْمُتَّقِينَ (٧٦)

معنی: آری، هر که به وعده وفا کند و تقوا پیشه کند، بدون شک خداوند (ج) پرهیزگاران را دوست دارد.

تفسیر: آیات کلام الله مجید جنبه توحیدی و اجتماعی دارد. جنبه توحیدی وعده با خداوند (ج) است که ما او را پرستش میکنیم و فرمانبردار میباشیم. جنبه اجتماعی آن همانا وعده هائی است که با مردم میکنیم و به عهد خود وفا نمیکنیم که شخصیت ناسالم را نشان میدهد. رسول خدا کسانی را که به وعده وفا نمیکنند از جمله منافقین خوانده است. بسیار مهم است که اول با مردم وعده نکنیم و اگر وعده کردیم به عهد خود وفا کنیم.

إِنَّ ٱلَّذِينَ يَشْتَرُونَ بِعَهْدِ ٱللَّهِ وَأَيْمَٰنِهِمْ ثَمَنًا قَلِيلًا أُولَٰٓئِكَ لَا خَلَٰقَ لَهُمْ فِى ٱلْءَاخِرَةِ وَلَا يُكَلِّمُهُمُ ٱللَّهُ وَلَا يَنظُرُ إِلَيْهِمْ يَوْمَ ٱلْقِيَٰمَةِ وَلَا يُزَكِّيهِمْ وَلَهُمْ عَذَابٌ أَلِيمٌ (٧٧)

معنی: بدون شك، آنانیکه پیمان خدا (ج) و سوگند های خود را به بهای ناچیز میفروشند آنان را در آخرت بهره ای نیست و خدا (ج) در روز قیامت با آنها سخن نمیگوید و به سوی شان نگاه نمیکند و پاك شان نمیسازد و آنها را عذابی بزرگ است.

تفسیر: باز هم این آیه اول جنبه توحیدی دارد که ما با تصدیق ایمان به قلب به خداوند (ج) عهد میکنیم که تنها پرستش آن ذات اقدس الهی را کنیم و نباید از منافقت کار گیریم زیرا خداوند (ج) از دل های ما آگاه است. و کسانیکه عهد و پیمان خود را میفروشند اینها از آخرت بهره ای ندارند، خداوند (ج) به سوی شان نگاه نمیکند و از گناه پاك نمیشوند و در عذاب خواهند بود. جنبه اجتماعی و سیاسی این آیه هم بسیار مهم است زیرا هستند کسانیکه ایمان به خداوند (ج) دارند و اما برای منافع شخصی، گروهی و قومی خود دین را مصالحه میکنند. با مسلمانان یك چیز و با غیر مسلمانان یك چیز دیگر میگویند. از اصول دین خارج میشوند. آنانیکه در مسایل افغانستان دخیل بودند همه دین را مصالحه کردند و فروختند. فقط از منافع گروهی، قومی و شخصی جانبداری کردند تا خود شان رئیس جمهور شوند. در زمان انتخابات قرآن را در دست خود گرفتند و اما ضد قرآن رویه کردند. کوشش کردند تا آمریکا را خوش سازند. به جای اینکه بیرق اسلام واقعی را بالا کنند خواستند تا آمریکا ایشان را به قدرت برساند. مصالحه دین، فروش دین است که مرتکب شدند.

وَإِنَّ مِنْهُمْ لَفَرِيقًا يَلْوُۥنَ أَلْسِنَتَهُم بِٱلْكِتَٰبِ لِتَحْسَبُوهُ مِنَ ٱلْكِتَٰبِ وَمَا هُوَ مِنَ ٱلْكِتَٰبِ وَيَقُولُونَ هُوَ مِنْ عِندِ ٱللَّهِ وَمَا هُوَ مِنْ عِندِ ٱللَّهِ وَيَقُولُونَ عَلَى ٱللَّهِ ٱلْكَذِبَ وَهُمْ يَعْلَمُونَ (٧٨)

معنی: و همانا گروهی از ایشان هستند که خواندن کتاب را به زبان خود چنان میخوانند که گمان کنید از کتاب خداست در حالیکه آن از کتاب نیست و ادعا میکنند که آن از جانب خداست در حالیکه از جانب خدا (ج) نیست و بر خداوند (ج) دروغ می بندند و خود شان هم میدانند.

تفسیر: در این آیه به مؤمنین هشدار میدهد که متوجه باشید که آنانیکه

دین را میفروشند مطالب خود ساختۀ خود را بیان میکنند و ادعا میکنند که از جانب خداست درحالیکه از جانب خدا (ج) نیست. روی سخن آیه طرف یهودیان است که مطالب اصلی را تحریف میکردند و مطالب غلط در باره پیامبر اسلام (ص) مینوشتند و به او نسبت میدادند. مطالب را چنان هوشیارانه تغییر میدادند که شنونده فکر میکرد که درست است و به خداوند (ج) دروغ میبستند که از جانب خدا (ج) نازل شده است. امروز هم در امور سیاسی اهل کتاب و رهبران شان در گفتار شان صادق نیستند. مطالب را چنان مینویسند و توجیه میکنند که مردم فکر میکنند که راست میگویند. مطبوعات غرب در این راستا نقش اساسی بازی میکند که اخبار را غلط گزارش دهند و اما قسمیکه شما فکر میکنید راست میگویند. اهل کتاب در مسألۀ سوریه و فجایعی که صورت گرفت نقش منفی بازی کردند و اما حالا مردم جهان از همه دسیسه ها آگاهی دارند.

مَا كَانَ لِبَشَرٍ أَن يُؤْتِيَهُ ٱللَّهُ ٱلْكِتَابَ وَٱلْحُكْمَ وَٱلنُّبُوَّةَ ثُمَّ يَقُولَ لِلنَّاسِ كُونُوا۟ عِبَادًا لِّى مِن دُونِ ٱللَّهِ وَلَـٰكِن كُونُوا۟ رَبَّـٰنِيِّـۧنَ بِمَا كُنتُمْ تُعَلِّمُونَ ٱلْكِتَـٰبَ وَبِمَا كُنتُمْ تَدْرُسُونَ (۷۹)

معنی: هیچ بشری نیست که خداوند (ج) به او کتاب، حکمت و پیامبر (ص) داده باشد و بعد به مردم بگوید به جای [آنکه بندگان] خدا (ج) باشید بندگان من باشید بلکه [باید بگوید] شما که کتاب آسمانی را تعلیم داده اید و به علاقه شدید آموزش یافته اید عالمان ربانی باشید.

تفسیر: وظیفۀ بس مهم پیامبران رساندن آیات الهی به مردم است و رهنمایی های شان خلاف سنت الهی نیست. حضرت عیسی (ع) پیام خدا پرستی و توحید را ابلاغ کرد نه اینکه به مردم بگوید که او را پرستش کنند. وظیفۀ دانشمندان هم همین است که پیام الهی را با کمال امانت داری و به اساس عدالت الهی به مردم برسانند.

وَلَا يَأْمُرَكُمْ أَن تَتَّخِذُوا۟ ٱلْمَلَـٰٓئِكَةَ وَٱلنَّبِيِّـۧنَ أَرْبَابًا أَيَأْمُرُكُم بِٱلْكُفْرِ بَعْدَ إِذْ أَنتُم مُّسْلِمُونَ (۸۰)

معنی: نه اینکه شما را دستور دهد که فرشتگان و پیامبران را به خدایی بگیرید. آیا او شما را پس از آنکه به خداوند (ج) تسلیم شده اید به کفر میخواند؟

تفسیر: خداوند (ج) چنین دستور نداده است که فرشتگان و پیامبران را

به خدایی بگیرید. چنانچه عیسویان این اشتباه بزرگ را کردند و حضرت عیسی (ع) را العیاذ بالله خدا (ج) خواندند و یا پسر خدا (ج). در حالیکه خداوند (ج) او را با روح القدس تأیید کرده است و فرشته به او وحی می آورد.

وَإِذْ أَخَذَ ٱللَّهُ مِيثَٰقَ ٱلنَّبِيِّـۧنَ لَمَآ ءَاتَيْتُكُم مِّن كِتَٰبٍ وَحِكْمَةٍ ثُمَّ جَآءَكُمْ رَسُولٌ مُّصَدِّقٌ لِّمَا مَعَكُمْ لَتُؤْمِنُنَّ بِهِۦ وَلَتَنصُرُنَّهُۥ ۚ قَالَ ءَأَقْرَرْتُمْ وَأَخَذْتُمْ عَلَىٰ ذَٰلِكُمْ إِصْرِى ۖ قَالُوٓا۟ أَقْرَرْنَا ۚ قَالَ فَٱشْهَدُوا۟ وَأَنَا۠ مَعَكُم مِّنَ ٱلشَّٰهِدِينَ (۸۱)

معنی: و هنگامیکه خداوند (ج) از پیامبران پیمان گرفت که چون به شما کتاب و حکمت بخشیدم، آنگاه پیامبری به سوی شما آمد که تصدیق کننده ای کتاب آسمانی شماست، باید به او ایمان بیاورید و باید کمکش کنید آنگاه گفت: آیا قبول کردید و پیمانم را پذیرفتید؟ گفتند: بلی قبول کردیم. گفت: پس شاهد باشید و من نیز با شما گواهانم.

تفسیر: هدف از فرستادن پیامبران به بشریت این بوده است تا مردم رهنمایی شوند. نسل بشر با همه عقل و شعوری که دارد به رهنمایی نیازمند است. خداوند (ج) از پیامبران تعهد میگیرد که به ذات اقدس الهی سر تعظیم فرو میکنند و به تعقیب آنها امت های شان. خداوند (ج) از مردم میخواهد تا نه تنها به پیامبر (ص) منحیث پیامبر خدا ایمان بیاورند در عین زمان ایشان را یاری دهند و یا کمک کنند. آیه شکل عمومی دارد و امت ها باید از پیامبر خود پیروی کنند و به او یاری رسانند. در اینجا خداوند (ج) نه تنها تسلسل نبوت را نشان میدهد در عین زمان اتحاد رسالت را در بین انبیاء (ع) نشان میدهد که هدف همانا از اول تا آخر خدا پرستی بوده است. کلمه طیبه که ما مسلمانان از قلب میخوانیم همین تعهد است که منحیث امت رسول الله (ص) به خدا (ج) و پیامبر (ص) تعهد میکنیم.

فَمَن تَوَلَّىٰ بَعْدَ ذَٰلِكَ فَأُو۟لَٰٓئِكَ هُمُ ٱلْفَٰسِقُونَ (۸۲)

معنی: پس کسیکه این تعهد را پشت پا میزند همانا از فاسقان هستند.
تفسیر: آنانیکه فرمان خدا (ج) را سر تعظیم فرو نمیکنند یعنی آیات خدا (ج) را تکذیب میکنند. پیامبر (ص) را رد میکند. به خداوند (ج) دروغ میبندد این ها فاسق هستند. فاسقین شامل رحمت الهی نمیشوند و به عذاب بزرگ گرفتار خواهند شد.

أَفَغَيْرَ دِينِ ٱللَّهِ يَبْغُونَ وَلَهُ أَسْلَمَ مَن فِى ٱلسَّمَٰوَٰتِ وَٱلْأَرْضِ طَوْعًا وَكَرْهًا وَإِلَيْهِ يُرْجَعُونَ (۸۳)

معنی: آیا دینی جز دین الهی می جویند؟ حال آنکه هر که در آسمانها و زمین است خواه و ناخواه فرمانبردار اوست و همه به سوی او بر گردانده میشوند.

تفسیر: این آیه از نگاه زیست شناسی فوق‌العاده حایز اهمیت است. همه جهان هستی از آن اوست و گرداننده و چرخاننده همه هستی خداوند (ج) است. انسان جز همین خلقت است. همه جهان هستی و کاینات از دید قرآن مسلمان است زیرا به خداوند (ج) تسلیم است و فرمانبردار اوست. زیرا قانون خدا (ج) و قانون طبیعتِ هر دو یکی است. یک طفل که از یک مادر کافر تولد میشود او اساساً مسلمان است زیرا نظر به قانون خدا (ج) تولد میشود و اما این خانواده، اجتماع و نظام های سیاسی و اجتماعی است که یک انسان را از مسیر خدا پرستی دور میسازد. همه به او (خداوند (ج) برمیگردند). پس همه نظام خلقت از اوست و ما در این مورد کدام اختیار نداریم که تغییر دهیم. جبر و اختیار که در فلسفه بحث شده است مورد بحث همین آیه است. ما اختیار نداریم که طبیعت را تغییر دهیم و قانون خدا (ج) را تغییر دهیم و اما این استعداد را داریم که خدا (ج) را رد کنیم و قبول نکنیم چنانچه مردم ملحد کرده اند. موضوعی را که ملحدین هرگز نمیخواهند بدانند این است که قانون خدا (ج) را تغییر داده نمی‌توانند و مرگ خود را و زمان آنرا تغییر داده نمیتوانند. آنانیکه خدایی خدا (ج) را رد میکنند خود شان مسؤل آخرت خود هستند نه دیگران. اما در جامعه بشری و جامعه مسلمان بالخصوص تطبیق احکام از طریق قانون حتمی است تا جامعه به فساد کشانده نشود.

قُلْ ءَامَنَّا بِٱللَّهِ وَمَآ أُنزِلَ عَلَيْنَا وَمَآ أُنزِلَ عَلَىٰٓ إِبْرَٰهِيمَ وَإِسْمَٰعِيلَ وَإِسْحَٰقَ وَيَعْقُوبَ وَٱلْأَسْبَاطِ وَمَآ أُوتِىَ مُوسَىٰ وَعِيسَىٰ وَٱلنَّبِيُّونَ مِن رَّبِّهِمْ لَا نُفَرِّقُ بَيْنَ أَحَدٍ مِّنْهُمْ وَنَحْنُ لَهُۥ مُسْلِمُونَ (۸۴)

معنی: بگو: ما به خداوند (ج) و به آنچه به ما نازل شده و آنچه به ابراهیم (ع)، اسمعیل (ع)، اسحق (ع)، یعقوب (ع) و بازماندگان یعقوب (ع) نازل شد و آنچه به موسی (ع) و عیسی (ع) و پیامبران از سوی پروردگار شان داده شده ایمان آوردیم؛ میان هیچ یک از آنها فرق نمیگذاریم و ما

به او تسلیم هستیم.

تفسیر: در این آیه خداوند (ج) تأکید میکند و به پیامبر اسلام (ص) میگوید که بگو به رسالت پیامبران که همه برای یک هدف فرستاده شده اند و آن عبارت از خدا پرستی و پرستش خدای واحد است، ایمان داریم. همچنان تسلسل پیامبران و آنچه برای شان نازل شده است به همه ایمان داریم و میان شان فرقی نمیگذاریم و به خدای واحد تسلیم هستیم. این آیه موجودیت ادیان ابراهیمی را بیان میدارد.

وَمَن يَبْتَغِ غَيْرَ ٱلْإِسْلَٰمِ دِينًا فَلَن يُقْبَلَ مِنْهُ وَهُوَ فِى ٱلْءَاخِرَةِ مِنَ ٱلْخَٰسِرِينَ (٨٥)

معنی: و هر که دینی غیر از اسلام برگزیند، هرگز از او پذیرفته نمیشود و او در آخرت از زیانکاران خواهد بود.

تفسیر: اول اینکه یک عدۀ زیاد مردم تفسیر اصلی این آیه را مطلق غلط فهمیده اند و چنین فکر میکنند که هدف از اسلامیت است که ما مسلمان هستیم. مرام اصلی اسلام در این آیه تسلیمی به ذات اقدس الهی است. یعنی هر آن کسیکه به خداوند (ج) تسلیم باشد همان را خداوند (ج) قبول میکند. در مورد تفسیر دقیق این آیه به تعقیب آیه قبلی میگوید که میان پیامبران و چیزی که برای شان نازل شده است فرق نمیگذاریم و به همه پیامبران ایمان داریم. این ثابت میسازد که همه ادیان و مذاهب و پیامبران باید از طرف مسلمانان قابل احترام باشند. دوم در سوره بقره آیه ۶۲ خواندیم که خداوند (ج) گفته است: « از مؤمنان، یهودیان، مسیحیان و صابئین، کسانیکه به خداوند (ج) و روز آخرت ایمان آورده و کار های شایسته انجام داده باشند پاداش شان نزد پروردگار شان است و نه ترسی برآنهاست و نه اندوهگین شوند». همچنان در سوره نساء آیه ۱۵۹ میخوانیم که: « و هیچ کس از اهل کتاب نیست مگر آنکه پیش از مرگش به او [عیسی (ع)] ایمان آورد، و روز قیامت او [عیسی (ع)] برایشان شاهد است. در سوره یونس آیه ۹۹ میخوانیم که: « و اگر پروردگارت [به ارادۀ حتمی] میخواست، همه جمعیت زمین ایمان می آوردند، پس آیا تو مردم را به اکراه یعنی زور وا میداری تا اینکه مؤمن شوند». این آیات میرساند که همه ادیان قابل احترام است. همه پیامبران قابل احترام هستند. دین کار زور نیست و هدف از (اسلام) در آیه این است که در هر دینی که باشد مسلمان محمد (ص) و یا غیر آن، یگانه شرط مؤمن بودن همانا تسلیمی به

جزء سوم

خداوند (ج) است و ایمان داشتن به پیامبرشان و به کتاب هائی که برای شان نازل شده است و بس.

كَيْفَ يَهْدِى ٱللَّهُ قَوْمًا كَفَرُوا۟ بَعْدَ إِيمَـٰنِهِمْ وَشَهِدُوٓا۟ أَنَّ ٱلرَّسُولَ حَقٌّ وَجَآءَهُمُ ٱلْبَيِّنَـٰتُ ۚ وَٱللَّهُ لَا يَهْدِى ٱلْقَوْمَ ٱلظَّـٰلِمِينَ (٨٦)

معنی: چطور ممکن است که خداوند (ج) قومی را بعد از ایمان شان هدایت کند و پس از اینکه شهادت دادند که پیامبر (ص) برحق است و نشانه های روشن برای آنان آمده باشد، کافر شوند. و خداوند (ج) قوم ستمکار را هدایت نمیکند.

تفسیر: در رابطه به آیات گذشته خداوند (ج) میگوید: چطور امکان دارد یعنی این چقدر مضحک است که بعد از ایمان آوردن و حقانیت پیامبر (ص) را شناختن و حصول آیات روشن برای رهنمایی و هدایت، مردم دوباره به کفر روی بیاورند. اینان مردمان ظالم هستند یعنی ستمکار هستند و اول برخود ستم میکنند. یکی از مشخصات مردم ظالم در جامعه بشری از نگاه روانشناسی ظلم خودی است که مردم بالای خود ظلم میکنند. این ها ابداً هدایت نمیشوند. ظلم خودی بزرگترین آن شرک و کفر است.

أُو۟لَـٰٓئِكَ جَزَآؤُهُمْ أَنَّ عَلَيْهِمْ لَعْنَةَ ٱللَّهِ وَٱلْمَلَـٰٓئِكَةِ وَٱلنَّاسِ أَجْمَعِينَ (٨٧)

معنی: جزای اینان آن است که لعنت خداوند (ج) و فرشتگان و همه مردم بر آنان است.

تفسیر: خداوند (ج) کسی را که لعن میکند یعنی از رحمت خود محروم میسازد و این بدترین غضب خداوند (ج) است که بالای انسان سرکش، مغرور و بی ایمان نازل میشود. این اشخاص را نه تنها خداوند (ج) لعنت میکند بلکه فرشتگان و عالمان هم ایشان را لعنت میکنند. لعنت کردن توسط بزرگان و دانشمندان خفیه است.

خَـٰلِدِينَ فِيهَا لَا يُخَفَّفُ عَنْهُمُ ٱلْعَذَابُ وَلَا هُمْ يُنظَرُونَ (٨٨)

معنی: جاودانه در دوزخ اند و از عذاب شان کم نمیشود و به آنان مهلت داده نمیشود.

تفسیر: بالاخره نتیجه کفر و بی ایمانی همین است. لعنت پروردگار، فرشتگان، عالمان و جهنم. این زمان است که همه هشدار ها بی نتیجه مانده است و فرصت ها را از دست داده اند و دیگر مهلت داده نمیشوند و

عدالـت خداونـد (ج) همیـن اسـت.

إِلَّا ٱلَّذِينَ تَابُوا۟ مِنۢ بَعْدِ ذَٰلِكَ وَأَصْلَحُوا۟ فَإِنَّ ٱللَّهَ غَفُورٌ رَّحِيمٌ (٨٩)

معنـی: مگر کسانیکه بعد از آن توبه کردند و [خود را] اصلاح کردند پس [حقـا کـه] خداونـد (ج) آمرزگار مهربان است.

تفسیر: ایـن آیـه دو جنبـه دارد. توبـه از کفر و همچنـان توبه از کار هـای ناشایسته کـه اهل ایمان مرتکب میشوند. روی سخن اول سوی آنان است کـه خداونـد (ج) را و آیـات و پیامبـر (ص) را رد کـرده انـد. همچنـان بـه آن عـده از اهل ایمان است که اعتقاد دارند و اما مرتکب گناه و خطا شده انـد و قبل از اینکـه پشیمان شـوند بایـد خـود را اصلاح کننـد.

إِنَّ ٱلَّذِينَ كَفَرُوا۟ بَعْدَ إِيمَٰنِهِمْ ثُمَّ ٱزْدَادُوا۟ كُفْرًا لَّن تُقْبَلَ تَوْبَتُهُمْ وَأُو۟لَٰٓئِكَ هُمُ ٱلضَّآلُّونَ (٩٠)

معنـی: کسـانیکه بعـد از ایمـان شـان کفـر ورزیدنـد، سـپس بـه کفـر خـود افزودنـد، هرگـز توبـه شـان قبـول نمیشـود.

تفسیر: کسانیکه صاحب ایمان بودند و بعد از ایمان کافر شدند، ایـن طبقه مـردم بـه کفر خـود افزود کـرده اند و توبه شـان قبول نمیشـود. یـک عـده از جوانـان مسلمان در اثـر فریب دستگاه هـای مخالف اسلام در جهان غـرب اسلام را تـرک کردنـد و حتی به افتخار در رسانه هـای مجازی و اجتماعی گفتنـد کـه اسلام را تـرک کـرده انـد. این هـا کسـانی هستند کـه بـدون مطالعه دقیـق و دانستن حقیقـت اسلام را تـرک کـرده انـد. توبـه اینها هرگـز پذیرفتـه نمیشـود. بسـا افسـوس اسـت کـه اینهـا از نادانـی بـه خـود ظلـم روا داشـته انـد.

إِنَّ ٱلَّذِينَ كَفَرُوا۟ وَمَاتُوا۟ وَهُمْ كُفَّارٌ فَلَن يُقْبَلَ مِنْ أَحَدِهِم مِّلْءُ ٱلْأَرْضِ ذَهَبًا وَلَوِ ٱفْتَدَىٰ بِهِۦٓ ۗ أُو۟لَٰٓئِكَ لَهُمْ عَذَابٌ أَلِيمٌ وَمَا لَهُم مِّن نَّٰصِرِينَ (٩١)

معنـی: راسـتی کسـانیکه [پـس از ایمـان شـان] کافر شـدند و در حال کفر مردنـد، حتـی اگـر زمیـن را پـر از طلا کـرده باشند و فدیـه داده باشـند هرگـز از ایشـان پذیرفتـه نمیشـود. آنان عـذاب دردنـاک در پیـش دارنـد و هیـچ یـاوری نخواهنـد داشـت.

تفسیر: به ادامه آیات ما قبل بازهـم یاد آور میشود که فکر نکننـد که زر و سـیم کـه در دنیا حتی فدیه و صدقه داده باشند ایشـان را نجات خواهند داد. ایـن آیـه در زندگانی امـروز بسیار بـرای مـا آموزنده اسـت زیـرا بعضی کسـان

هستند که میگویند فلان شخص ایمان ندارد و اما انسان بسیار خوب است و هر روز مردم را کمک میکند پس او به جهنم میرود؟ جواب به اساس آیه فوق بلی است. همه اعمال نیک انسان به هدر میرود در صورتیکه خدا پرست نباشد، از هر دینی که باشد. در اینجا اصل سخن روی خدا پرستی چرخ میخورد. تنها ایمان است که یک انسان را نجات میدهد و بس.

جزء چهارم

لَن تَنَالُوا الْبِرَّ حَتَّىٰ تُنفِقُوا مِمَّا تُحِبُّونَ ۚ وَمَا تُنفِقُوا مِن شَيْءٍ فَإِنَّ اللَّـهَ بِهِ عَلِيمٌ ﴿۹۲﴾

معنی: هرگز به نیکی نمیرسید مگر اینکه از چیزیکه دوست دارید [در راه مردم] خرج کنید و هر چه [در راه مردم] خرج کنید بدون شک خداوند(ج) از آن آگاه است.

تفسیر: در این آیهٔ کریمه سه نکتهٔ مهم نهفته است. اول هر چیزی را که به خود میخواهید باید به مردم بخواهید نه آن چیزهای کهنه و فرسوده را که کار ندارید. نیکی به مردم این نیست که مردم این را از خود کمتر بدانید. یکرنگی همین است. حتی باید مردم را از خود بلندتر بدانید که این تواضع شما را نشان میدهد. نکتهٔ دوم این است که آیه بیان این حقیقت است که مردم مسلمان و غیر مسلمان یک زندگی برادرانه و محبت آمیز داشته باشند و حس همکاری را بین مردم تشویق میکند و خود خواهی را سرزنش میکند. نکتهٔ سوم همین است که هر کاری که در راه مردم انجام داده میشود نزد خداوند(ج) بدون پاداش نیست و شما باید به این مسأله اعتقاد کامل داشته باشید. این آیه برای همه بشریت است و ما مسلمانان چون امت آخری هستیم باید به همه مردم مسلمان و غیر مسلمان رسیدگی کنیم. یعنی یکی از اساسات عمدهٔ زندگی اجتماعی و مدنی را این آیه گویا است.

كُلُّ الطَّعَامِ كَانَ حِلًّا لِّبَنِي إِسْرَائِيلَ إِلَّا مَا حَرَّمَ إِسْرَائِيلُ عَلَىٰ نَفْسِهِ مِن قَبْلِ أَن تُنَزَّلَ التَّوْرَاةُ ۗ قُلْ فَأْتُوا بِالتَّوْرَاةِ فَاتْلُوهَا إِن كُنتُمْ صَادِقِينَ ﴿۹۳﴾

معنی: همهٔ خوراکیها برای مردم اسرائیل حلال بود مگر آنچه یعقوب(ع) قبل از نزول تورات بر خود حرام کرده بود. بگو: اگر شما در [گفتار خود] صادق هستید پس تورات را بیاورید و آنرا بخوانید.

تفسیر: دراین آیه نکات مهم نهفته است. مهمترین موضوع که از این آیه استنباط میشود این است که حرام کردن یک چیز تنها حق خداوند(ج) است نه پیامبران. حضرت یعقوب(ع) برخود، خوردن بعضی خوراکیها را منع کرده بود زیرا به مزاج او سازش نداشت. خداوند(ج) آن خوراکی ها را حرام نکرده بود. از نگاه رژیم غذایی اسلامی ما اول باید متیقن شویم که یک خوراک به مزاج ما سازش خوب دارد یا خیر؟ اگر ندارد تنها به همان شخص حرام است نه دیگران. نکتهٔ دیگر اینکه خداوند(ج) مردم

یهود را به کتاب خودشان میخوانند که باید از کتاب خود بیاموزند. در این آیه مسلمان می آموزد که هر دین و آئین، کتابش و پیروان آن باید احترام شود، نه به خاطر اینکه مسلمان نیستند، توهین و اهانت یا حقوق شان پایمال شود. همهء ادیان به اساس کتاب خود شان مورد مؤاخذه قرار میگیرند و این ازنگاه مطالعات گوناگونی فرهنگ ها این آیه نهایت ارزنده است.

فَمَنِ افْتَرَىٰ عَلَى اللَّهِ الْكَذِبَ مِن بَعْدِ ذَٰلِكَ فَأُولَٰئِكَ هُمُ الظَّالِمُونَ ﴿٩٤﴾

معنی: بعد از این هر کس به خداوند(ج) دروغ بندد پس آنان از ظالمان هستند.

تفسیر: از دید قرآن سخن خداوند(ج) حق است و صادقانه است. حالا روشن شد که همه خوراکیها را حرام نکرده است. تشبث خود پیامبر یعنی حضرت یعقوب(ع) چیزی را که بر خود حرام کرده بود، خداوند(ج) حرام نکرده بود و حرام نمیکند. کسانیکه به خداوند(ج) دروغ میبندند از جملهٔ ستمکاران یا ظالمین هستند. گناه ظالم برابر به شرک و کفر است. امروز هستند کسانیکه در برنامه های تلویزیونی میگویند، العیاذ بالله قرآن علم نیست و این سخن دروغ است یعنی که خداوند(ج) دروغ میگوید. در حالیکه قرآن، خود میگوید «و اینکه خداوند(ج) علم او همه چیز را احاطه کرده است». (سوره طلاق آیهٔ ۱۲) این برماست که علم بیاموزیم و از مزایای علمی قرآن مستفید شویم. وقتی انسان خداوند(ج) را رد میکند همه جهان هستی را که او خالق آن است رد میکند و این برایش تباه کننده است و از همین سبب ظلم به مثابه شرک است.

قُلْ صَدَقَ اللَّهُ ۗ فَاتَّبِعُوا مِلَّةَ إِبْرَاهِيمَ حَنِيفًا وَمَا كَانَ مِنَ الْمُشْرِكِينَ ﴿٩٥﴾

معنی: بگو خداوند(ج) راست گفته پس از دین ابراهیم(ع) پیروی کنید که حنیف بود و از مشرکان نبود.

تفسیر: دراین آیه، اول یک شخص مؤمن از حقانیت قرآن می آموزد که قرآن مجید دروغ نمی گوید و خداوند(ج) در سخن خود به بشریت صادق است و دوم از ملت ابراهیم(ع) یعنی دین ابراهیم(ع) که حنیف یعنی حقگرا، موحد یا یکتا پرست است پیروی کنید. همچنان دین حنیف یعنی که در این دین کجی و غلطی نیست. حضرت ابراهیم(ع) در دین خداوند(ج) مقام شامخ دارد. نه تنها که مردم را به یکتاپرستی که اساس توحید است

دعوت کرد، بلکه جد همه ادیان ابراهیمی نیز است که سماوی هم نامیده میشود. واژه ملت در ادبیات فارسی هم از همین آیه به ما رسیده است. وقتی میگوئیم ملت شریف افغانستان یعنی ملت خداپرست و یکتا پرست. از نگاه ادبیات سیاسی به آن مردم اطلاق میشود که موحد هستند.

اِنَّ اَوَّلَ بَیتٍ وُضِعَ لِلنَّاسِ لَلَّذِی بِبَكَّةَ مُبَارَكًا وَهُدًى لِلْعَالَمِینَ ﴿۹۶﴾

معنی: همانا اولین خانهٔ که برای [عبادت] مردمان بنا شد درمکه است و مایهٔ برکت و هدایت برای جهانیان است.

تفسیر: کعبه منحیث سمبول وحدانیت توسط حضرت ابراهیم(ع) و پسرش حضرت اسماعیل(ع) بنا شد که در گذشته تخریب شده بود. این خانه مردمان گیتی را به عبادت خدای واحد دعوت میکند نه یک قوم یا نژاد خاص و یا ملیت خاص. خداوند(ج) یکه و یگانه است و خدای جهانیان است نه از یک گروه خاص. هدف از «بکه» در آیه همانا مکهٔ معظمه است. در این آیه که از بنای سمبول وحدانیت برای بشریت سخن میگوید دو واژه به چشم میخورد که برای ما نهایت ارزنده است. اول آن «مبارک» است و دوم آن«هدایت» است. مبارک یعنی با برکت. پس باید بدانیم که برکت این بنا در چه است؟ برکت این بنا شکل سمبولیک آن است که به شکل مکعب است یعنی هر چهار ضلع آن مساوی است. هیچ شکل هندسی دیگر چهار ضلع مساوی ندارد به جزء از مکعب. یعنی به همه یکسان مساویانه میرسد و خداوند(ج) به خلقت خود عادل است. وقتی داخل صحن کعبه میشوید دیگر مسأله قبله از بین میرود. هر جانب این بنا که شما بایستید، قبله است. برکت بنا در این است که شما را به اتحاد و یگانگی دعوت میکند. اینجا مسأله قوم و نژاد و مذهب و زبان و رنگ و پوست دیگر نیست. کعبه یعنی سمبول وحدانیت خدا(ج) و سمبول همبستگی با انسان. خداوند(ج) خدای مردم است و انسان خلیفهٔ او در زمین است. هر قدر ما خود را به کعبه یعنی خدا پرستی نزدیک کنیم همه «یک» میشویم و هر قدر از کعبه دور شویم تیت و پراگنده میشویم. قانون فزیک هم همین است. اگر شما یک مکعب را بگذارید و در داخل آن یک شمع روشن کنید و این مکعب یک دَر داشته باشد که روشنایی بیرون بتابد و در مقابل این دَر مکعب یک شی را در یک فاصلهٔ دور تر قرار دهید؛ حالا هر قدر شی را به مکعب نزدیک کنید یک میشود و هر قدر از مکعب دور کنید چند تا میشود. تنها با خدا پرستی است که

من، ما میشود و اتحاد به وجود می‌آید. کعبه نشانهٔ وحدت و مایهٔ هدایت است برای اینکه شما را به توحید هدایت میکند. قسمیکه در گذشته گفتیم توحید یعنی خداوند(ج) یکی است، انسان یک انسان است، جهان هستی یکی است و علم یکی است. مرجع همهٔ آن ذات اقدس الهی است. ببینید که بنا چهار ضلع دارد و چهار پدیده را که ذکر کردیم احتوا میکند. شان نزول تاریخی این آیه این است که یهودان به رسول خدا(ص) میگفتند اینکه مسلمانان به کدام اساس خود را به ابراهیم(ع) نزدیک میدانند در حالیکه او در شام زیست و قبلهٔ پیامبران پیشین همه بیت المقدس بود. این آیه به جواب اعتراض آنها نازل شد.

فِيهِ آيَاتٌ بَيِّنَاتٌ مَّقَامُ إِبْرَاهِيمَ ۖ وَمَن دَخَلَهُ كَانَ آمِنًا ۗ وَلِلَّهِ عَلَى النَّاسِ حِجُّ الْبَيْتِ مَنِ اسْتَطَاعَ إِلَيْهِ سَبِيلًا ۚ وَمَن كَفَرَ فَإِنَّ اللَّهَ غَنِيٌّ عَنِ الْعَالَمِينَ ﴿٩٧﴾

معنی: در آن نشانه های روشن است [از جمله] مقام ابراهیم(ع) و هر که داخل این محوطه شود در امان [خدا] است. حق خداوند(ج) بر مردم است که قصد زیارت این خانه کنند. در صورتیکه توان آنرا داشته باشند. هر کس ناسپاسی کند و کُفر ورزد باید بداند که خداوند(ج) از مردم جهان بی‌نیاز است.

تفسیر: مقام ابراهیم(ع) که حج از همان نقطه آغاز می‌یابد برای شخص معتقد به توحید نهایت ارزنده است. زیرا نه تنها مسلمانان بلکه همه بشریت باید رَد پای ابراهیم(ع) را که پدر توحید است و یکتاپرست بود تعقیب کنند. حج خانه خدا برای همه فرض است در صورتیکه امکانات مالی و صحی داشته باشند. بخش دوم آیه امنیت کسانی است که داخل صحن کعبه میشوند. خداوند(ج) مظهر آرامش دلهاست. وقتی انسان معتقد به خداوند(ج) رجوع میکند آرامش قلبی و روحی برایش دست میدهد. حالا این محوطه مکان امن است برای آنانیکه تسلیم به حق هستند. منتقدین اسلام میگویند که چرا باید ثروتمندان حج کنند و حج برای مستمندان نیست. جواب این سؤال این است که اول انسان ها همین استعداد را دارند که در اثر سعی و تلاش با اینکه خداوند(ج) به همه استعداد داده است درحصول علم و تدارک ثروت از یک دیگر سبقت جویند. دوم اینکه آنانیکه حتی ثروتمند نیستند و اما کار و شغل و حقوق دارند در صورتیکه به توحید و امر خداوند(ج) اعتقاد قوی داشته باشند میتوانند پس انداز

کنند و این فریضه را انجام دهند. سوم از نگاه جامعه شناسی اقتصادی این ثروتمندان هستند که در اثر بیعدالتی مردم را استثمار میکنند و حقوق شانرا پایمال میکنند. این عده مردم وقتی تجربه سفر حج را میکنند بیدار میشوند که ازهیچ کسی برتری ندارند به جزء از تقوا.

قُلْ يَا أَهْلَ الْكِتَابِ لِمَ تَكْفُرُونَ بِآيَاتِ اللَّهِ وَاللَّهُ شَهِيدٌ عَلَىٰ مَا تَعْمَلُونَ ﴿٩٨﴾

معنی: بگو: ای اهل کتاب! چرا آیات خداوند(ج) را انکار میکنید در حالیکه خداوند(ج) شاهد اعمال و کردار شماست.

تفسیر: اهل کتاب مردمان یهودی و عیسوی هستند که اکثرشان آیات خداوند(ج) را در مورد حقانیت قرآن و اینکه قرآن تداوم ادیان گذشته است انکار میکنند در حالیکه پیام خداوند(ج) به بشریت از طریق همه پیامبران یکی است: پرستش خدای واحد و شریک نساختن به خداوند(ج) اهل کتاب محمد(ص) را منحیث پیامبر به رسمیت نشناختند. آیاتی که در باره محمد(ص) در تورات نازل شد انکار کردند. دراین آیه خداوند(ج) توجه شانرا جلب میکند که چرا آیات او را انکار میکنند. این تنها در مورد قرآن نیست. یهود و نصارا روی آیاتی که برای خودشان در تورات و انجیل نازل شده بود گفتگو میکردند. این آیه هشدار است به مسلمان و غیر مسلمان که سخن حق را بشنوند و به بیراهه نروند.

قُلْ يَا أَهْلَ الْكِتَابِ لِمَ تَصُدُّونَ عَن سَبِيلِ اللَّهِ مَنْ آمَنَ تَبْغُونَهَا عِوَجًا وَأَنتُمْ شُهَدَاءُ ۗ وَمَا اللَّهُ بِغَافِلٍ عَمَّا تَعْمَلُونَ ﴿٩٩﴾

معنی: بگو ای اهل کتاب چرا مردم را از راه خدا(ج) مانع میشوید و راه کج را اختیار میکنید در حالیکه میدانید و با خبرايد و خداوند(ج) از آنچه میکنید غافل نیست.

تفسیر: اهل کتاب از روز اول تا امروز چون توحید را انکار کردند حقانیت پیام خداوند(ج) را درک نکردند. این نه تنها باعث شد تا عیسویت و یهودیت همیشه به جان هم افتند؛ بلکه بزرگترین انشعاب در تفکر عیسویت به وجود آمد که کاتولیک و پروتستانت بود. شاید کسی بگوید که مسلمانان هم انشعاب را به نام سنی و شیعه به وجود آوردند و اما انشعاب مسلمانان روی مسایل سیاسی بود نه اصل عقیده به خداوند(ج) یا حقانیت قرآن ویا رسالت محمد(ص). یکی از دلایل عمده که مردم از عیسویت بریدند و رنسانس آغاز گمراهی یافت خود عیسویان بود که

حقانیت کتاب خود را ندانسته بودند. ندانستن درست دین خداوند(ج) باعث ظهور سیکولریزم شد و پسان تر مارکس دین را تریاک جامعه خواند. مسلمانان هم امروز از اهداف اصلی دین که آزادی انسان است و اینکه انسان یک موجود خود مختار است و خودش باید در زندگی تصمیم بگیرد به دور رفته‌اند و مانند عیسویت قرون وسطی دین را تحمیل میکنند در حالیکه دین تحمیل نمیشود. مردم را به کفر میگیرند، در حالیکه کفر گرفتن کار مردم نیست. مسلمانان به جای مبارزه با بیسوادی، تعمیم حقوق زنان، تساوی بین مذاهب وتساوی بین اقوام به جان هم افتیده اند. چنانچه عیسویان به جان هم افتیدند و مخالف علم و معرفت بودند. ناسیونالیزم و عدم شناخت دین فاجعهٔ قتل یهودان را در دوران آلمان نازی فراهم ساخت و در کشورهای اسلامی به خاطر مذهب، مسلمانان بی گناه هر روز کشته میشوند. در حالیکه هدف خداوند(ج) تنها خداپرستی است نه مذهب پرستی، ملیت پرستی و مردم را به بدعت و کفر محکوم کردن.

یَا أَیُّهَا الَّذِینَ آمَنُوا إِن تُطِیعُوا فَرِیقًا مِّنَ الَّذِینَ أُوتُوا الْکِتَابَ یَرُدُّوکُم بَعْدَ إِیمَانِکُمْ کَافِرِینَ ﴿۱۰۰﴾

معنی: ای آنانیکه ایمان آورده‌اید اگر گروهی از اهل کتاب را اطاعت کنید شما را بعد از ایمان تان به حال کفر برمیگردانند.

تفسیر: این آیه در زندگی مسلمانان امروز حایز اهمیت فراوان است. این آیه خطاب به مسلمانان است. اگر از گروهی از اهل کتاب یعنی یهود و نصارا پیروی کنید با اینکه شما ایمان دارید اما شما را به قرآن و محمد(ص) ناسپاس میسازد. کفر در این آیه ناسپاسی معنی میدهد نه کفر بالله. مشکل عمدهٔ مسلمانان همین تقلید از یهود و نصارا در زندگی سیاسی، اقتصادی و اجتماعی است. از زمانیکه مسلمانان از قافلهٔ تمدن که در قرون نهم الی سیزدهم میلادی سردمدار علم و صنعت بودند، به عقب افتادند و صنعت و تکنالوژی به دست غیر مسلمانان افتاد؛ مسلمانان به جای اینکه خود را با زینت علم آراسته کنند و دست به دست هم دهند و در عرصهٔ علم و معرفت نظر به ایجابات عصر نو عمل کنند از یهود و نصارا تقلید کردند. این تقلید نه تنها ما را به جائی نرساند بلکه در مورد دین، ما را بی‌تفاوت، بی مسئوولیت و ناسپاس ساخت. امروز یک مسلمان ادعای نامسلمانی نمیکند و اما در عین زمان کوشش نمیکند که از اسلام بیاموزد. تصور میکند وقتی یهودان و عیسویان در صنعت و تکنالوژی پیشرفته اند،

در فرهنگ سیاسی، اجتماعی و اقتصادی هم پیشرفته هستند در حالیکه چنین نیست. ناسیونالیزم غرب دامنگیر ما شد و برادری و اخوت ما از هم پاشید. سود بانکی امروز جهان را به فقر سوق داده است. بی بند و باری های اجتماعی غرب به سراغ ما آمده است و نتیجه این است که زندگی اجتماعی و خانوادگی ما از هم پاشیده است. زیرا ما به قرآن مجید و ارشادات محمد(ص) ناسپاسی کردیم. به جای چنگ زدن به علم و معرفت ما به جان هم افتاده‌ایم، از قوم دفاع میکنیم، از مذهب دفاع میکنیم و بی بند و باری غرب را آزادی و تکامل انسانی میدانیم و این نتیجۀ ناسپاسی ماست که نه غربی شدیم و نه شرقی. اوئیکه به اسلام گرویده است یک اسلام ظاهری است نه علمی و عدلی. تصور میکند که با از بر کردن چند آیه و حدیث یک مسلمان خوب است در حالیکه همرای یک غربی در مسایل علم و معرفت و تحقیقات برابری کرده نمیتواند. هدف اسلام این نیست که ما تنها پنج وقت نماز بخوانیم، لباس سفید دراز عربی به تن کنیم و چلتار عربی به سر زنیم. هدف اسلام در اول آموختن علم و ساینس است، زیرا در شروع به ما گفت اقراء یعنی بخوان و پسان محمد مصطفی(ص) پیامبر بزرگوار اسلام گفت که اولین شیء را خداوند(ج) خلق کرد قلم بود. پس اساس زندگی یک مسلمان، زن و مرد باید علم و معرفت باشد و بعد قرآن را به اساسات جامعۀ امروز در زندگی پیاده کردن است. خداوند(ج) وقتی از ما خشنود میباشد که هر جوان اول خود را به علم و ساینس آراسته کند و در کنار آن نماز خوان باشد و در همه امور، زندگی اسلامی داشته باشد. در غیر آن ما خدا(ج) را درست نشناخته ایم. شیخ فرید الدین عطار نیشاپوری چه قشنگ گفته است:

چو شمع از پی علم باید گداخت

که بی علم نتوان خدا را شناخت

وَكَيْفَ تَكْفُرُونَ وَأَنتُمْ تُتْلَىٰ عَلَيْكُمْ آيَاتُ اللَّهِ وَفِيكُمْ رَسُولُهُ ۗ وَمَن يَعْتَصِم بِاللَّهِ فَقَدْ هُدِيَ إِلَىٰ صِرَاطٍ مُّسْتَقِيمٍ ﴿١٠١﴾

معنی: و چگونه ناسپاسی میکنید در حالیکه آیات خداوند(ج) به شما خوانده میشود و رسول او در بین خود شماست. هرکس به دین خدا(ج) تمسک جوید به راه راست هدایت شده است.

تفسیر: به ادامه آیۀ قبلی خاطر نشان میکند که چطور امکان دارد ناسپاسی کنید یعنی آیات خداوند(ج) را نادیده بگیرید و پیامبر(ص) هم

در بین خود شماست که شما را رهنمایی می‌کند. کسانی به راه راست یعنی توحید، علم و معرفت، و حق و عدالت رهنمایی می‌شود که از قرآن مجید و ارشادات رسول اکرم(ص) بیاموزد. از خود سؤال کنیم چرا ما عقب مانده هستیم؟ دلیل عمدۀ آن این است که ما ادعای اسلامیت می‌کنیم بدون اینکه فرهنگ اسلامی داشته باشیم. در اینجا به مسلمانان، زن و مرد خطاب می‌کند که پیامبر(ص) در بین خود شماست که از او بیاموزید. نقش پیامبر(ص) منحیث فرهنگ دهندۀ مردمان مؤمن در این آیه خیلی آشکار است. زیرا محمد(ص) بنیانگذار فرهنگ اسلامی است. فرهنگ در اسلام نمو معنی می‌دهد. قرآن مجید کتاب هدایت است و اما ارشادات رسول کریم(ص) که به نص قرآن مجید مطابقت داشته باشد، به عدالت و شخصیت والای آن ناجی بشریت مطابقت داشته باشد به مسلمان فرهنگ می‌دهد و با تطبیق قرآن و ارشادات پیامبر(ص) است که ما نمو می‌کنیم و به منزل مقصود میرسیم. همه نابسامانی‌ها در جامعۀ مسلمان تقلید از بیگانه و عدم تطبیق فرهنگ اسلامی است.

يَا أَيُّهَا الَّذِينَ آمَنُوا اتَّقُوا اللَّهَ حَقَّ تُقَاتِهِ وَلَا تَمُوتُنَّ إِلَّا وَأَنتُم مُّسْلِمُونَ ﴿١٠٢﴾

معنی: ای آنانیکه ایمان آورده‌اید خداوند(ج) را چنانچه حق التفات را [بالای شما] دارد توجه کنید و زینهار جز تسلیم شده [به رضای حق] نمیرید.

تفسیر: در اکثر تفاسیر «اتقوا» ترس و پروا معنی شده است. ما نباید از خدا(ج) بترسیم زیرا خداوند(ج) مظهر همه خوبی‌ها، نعمت و مهربانی و غفوری برای بنده است و بنده را دوست دارد. ما باید به خداوند(ج) و نعمت‌های او توجه کنیم و از مرحمت او غافل نباشیم. هدف از آیه که اکثراً مسلمان معنی شده است تسلیمی به ذات اقدس الهی است. اسلام دو معنی دارد یکی لغوی و دیگر لفظی. معنی لغوی اسلام از واژۀ سلمه مشتق شده است یعنی صلح و از نگاه لفظی تسلیمی به ذات خداوند(ج) است. پس مسلمون در اینجا یعنی به حق تسلیم باشید و تسلیم ناشده نه میرید. در شروع آیه می‌گوید ای آنانیکه ایمان آورده اید. ایمان به کی؟ به خداوند(ج). وقتی که ما به خداوند(ج) ایمان می آوریم پس باید تسلیم به رضای پرودگار باشیم. این آیه اشاره به توحید هم است. یعنی هر کسیکه به خداوند(ج) ایمان داشته باشد و تسلیم به رضای حق او را میتوان مسلمان خطاب کرد.

وَاعْتَصِمُوا بِحَبْلِ اللَّهِ جَمِيعًا وَلَا تَفَرَّقُوا ۚ وَاذْكُرُوا نِعْمَتَ اللَّهِ عَلَيْكُمْ إِذْ كُنتُمْ أَعْدَاءً فَأَلَّفَ بَيْنَ قُلُوبِكُمْ فَأَصْبَحْتُم بِنِعْمَتِهِ إِخْوَانًا وَكُنتُمْ عَلَىٰ شَفَا حُفْرَةٍ مِّنَ النَّارِ فَأَنقَذَكُم مِّنْهَا ۗ كَذَٰلِكَ يُبَيِّنُ اللَّهُ لَكُمْ آيَاتِهِ لَعَلَّكُمْ تَهْتَدُونَ ﴿۱۰۳﴾

معنی: همگی به عهد و پیمان خداوند(ج) استوار باشید و تیت و پراگنده نشوید و از نعمت های خداوند(ج) سپاسگزار باشید و یاد کنید؛ آنگاه که با هم دشمن بودید، پس میان دلهای شما الفت انداخت و به لطف [خداوند(ج)] شما با هم [در دین] خواهر و برادر شُدید و در پرتگاه نابودی (آتش دوزخ) قرار گرفته بودید شما را نجات داد. بدین ترتیب خداوند(ج) نشانه های خود را برای شما آشکار میکند تا باشد که شما هدایت یابید.

تفسیر: همه مفسرین بدون تحقیق دقیق واژهٔ «حَبل»، این واژه را ریسمان معنی کرده اند. خوانندهٔ قرآن مجید تصور میکند که خداوند(ج) در بالا نشسته و یک ریسمان در دست دارد و برای اینکه ما نجات پیدا کنیم باید به ریسمان خدا(ج) چنگ زنیم و بالا برویم! واژهٔ «حبل» در این آیه عهد و پیمان است که انسان مؤمن با خداوند(ج) میبندد و تفسیر کلمهٔ طیبه هم همین است که ما به دل اعتراف و تصدیق میکنیم که خداوند(ج) یکه و یگانه است و محمد(ص) فرستاده اوست و ما از خداوند(ج) و رسول(ص) اطاعت و پیروی میکنیم. واژهٔ «حبل»، قسمیکه گفتیم در این آیه عهد و پیمان معنی میدهد که ما باید در عهدی که با خداوند(ج) کرده ایم ثابت قدم و استوار باشیم. خداوند(ج) در این آیه نفاق را نکوهش میکند و میگوید از نعمت های خداوند(ج) یکی آن اینکه به دلهای شان الفت انداخت تا در دین با هم خواهر و برادر باشید. بلی! نفاق، همه هست و نیست آدمی را از بین میبرد. خواه این نفاق بین دو برادر باشد، خواه در یک خانواده باشد و خواه بین زن و شوهر باشد و خواه در یک ملت باشد شدید خانمان سوز است. وقتی ما در پرتگاه نابودی قرار میگیریم که اول نظر به آیهٔ قبلی از خداوند(ج) غافل شویم یعنی به خداوند(ج) توجه نکنیم و دوم اخوت را فراموش کنیم. سقوط ما در جهنم دنیایی هم همین است. و وقتی رهایاب میشویم که همه با تعهد خود به خداوند(ج) و رسول او استوار باشیم و هر چه زیاد تر به حیث مسلمان اخوت را تقویت کنیم، نجات ما در دنیا و آخرت از نگاه تیولوژیک پابندی به اوامر خداوندی و از نگاه سوسیولوژیک مستحکم نمودن خواهری و برادری است.

وَلْتَكُن مِنكُمْ أُمَّةٌ يَدْعُونَ إِلَى الْخَيْرِ وَيَأْمُرُونَ بِالْمَعْرُوفِ وَيَنْهَوْنَ عَنِ الْمُنكَرِ ۚ وَأُولَٰئِكَ هُمُ الْمُفْلِحُونَ ﴿١٠٤﴾

معنــی: و در میان شما گروهی باشد که مـردم را بـه نیکی دعوت کنند و بـا کارهای شایسته رهنمایی کنند و از اعمـال ناشایسته باز دارند و اینان رستگارند.

تفسیــر: در زمان طالبان از این آیه سوء استفاده صورت گرفت و حتی مانند عربستان سعودی یک پولیس امربه معروف و نهی از منکر داشتند. زنان را در روی خیابان شلاق میزدند. اگر کسی ریش نمیداشت لـت و کـوب میکردند. خانه ها را تلاشی میکردند که در وقت نماز کسی در خانه نباشد و در مسجد باشند. خلاصه امر به معروف و نهی از منکر به بد ترین نحوه آن در جامعۀ افغانستان عملی شد و مردم حتی از دین نفرت پیدا کردند. در زندگانی امروز که نفوس شهرها و کشورها مانند حجاز چهارده صد سال قبل نیست شکل امـر بـه معروف و نهی از منکر و عملکرد آن تغییـر میکند. امروز قوانین مدنی جای خود را بـه امـر معروفی و نهی از منکر میدهد. قبـل از اینکـه بـه امـر معروف و نهی از منکر بپردازیم خوبست تا بدانیم که اسلام باعث به وجود آوردن یک نظام مدنی چهارده قرن قبل گردیـد. زمانیکـه حضرت رسول کریـم(ص) بـه یثـرب هجـرت کـرد، نـام یثرب را مدینه گذاشت. مدینه یعنی شهر. از نگاه جامعه شناسی سیاسی مـردم شهـری از دهاتـی و قریـه یی تفاوت کلی دارند. مـردم شهربا قانون زندگی میکننـد. همه مشتقات مانند مدن، مدنی و متمدن از مدینه آمده است. بزرگترین فـرآورد هـای مدینه قانون سازی بـود. مردم آموختند کـه باید بـا قانون زندگی کنند. مـردم شهری نبایـد بـا سحر و جادو و خرافات زندگی کنند. مـردم شهر زن ستیز نیستند، قومگرا نیستند، بـه زور و تهدید زندگی نمیکنند و مردم متمدن میباشند. درجامعۀ امروز قانون امربه معروف میکنـد، نـه پولیس امربه معروف و نهـی از منکر. در کنـار آن مـردم سـواد میآموزند و قانون مدنی کـه به اکثریت آراء تصویب میگـردد نافـذ میشـود. مردم شهری یا مدینه فاضله بـه اساس قانون مدنی روابـط اجتماعی خـود را سـر و سامان مـی بخشنـد. هر کـس نمیتوانـد قانون را بـه دسـت بگیـرد و یا پولیس مـردم را لـت و کـوب کنـد. هـرگاه مـردم خـلاف رفتـاری کنـد بازداشت میشـود و به قانون سپرده میشود. جامعۀ مسلمان باید یک جامعۀ مدنی باشد. در جامعۀ مدنی زور و تهدیـد، لـت و کـوب و بـه کفـر گرفتـن

مـردم گنجـایـش نـدارد. مـردم خـود بـایـد قـانـون را بیاموزنـد و احـتـرام کنند. قـرآن مجیـد یـك هدایـت اسـت امـا قوانین مدنی از آن اسـتـخـراج میشـود. طور مثال حجاب در قرآن آمـده اسـت و اگـر یـك زن حجـاب نمی پوشد خـودش نـزد خـداونـد(ج) مسئـول اسـت نـه دیـگـران. امـا اگر شـورای کشـور بـه اکـثـریـت آراء رأی میدهد کـه حجـاب بـرای زنـان از جملـة قوانین مدنی کشوراست در آنصـورت هـر زن مکلـف اسـت تـا حجـاب بپوشد نـه اینکـه مـردم عـادی یـك زن را محکـوم بـه بی ایمانـی و فحشـا کنـد. مـردم در یـك جامعۀ مدنی این حق را نباید داشته باشند کـه قـانـون را بـه دسـت خـود گیرند. دولت، محکـمـه و قـوه قضـایی بـرای همین اسـت تـا امـر بـه مـعـروف و نـهـی از منـکـر کـنـنـد تـا مـردم بـه اسـاس قـانـون زنـدگی کـنـنـد و زنـدگـی بـدون جنجـال داشته باشند. در غرب زمین، طور مثال مشـروبـات الکـهـولی آزاد اسـت. حـال مسلمانی کـه در این دیـار زنـدگی میکـنـد، قـانـونـاً حـق دارد کـه این مشـروبـات را خـریـداری کنـد زیـرا قـانـون کشـور بـرایـش اجـازه میـدهـد. اگـر خـریـداری نمیکنـد از تقـوای خـود شـخـص اسـت. قـرآن مجید بـرای همـه نـازل شـده اسـت و مـردم در اسـاس مسئـولیـت فـردی دارنـد. امـا وقتـی مسئـولیـت اجـتـمـاعـی مطـرح میشـود قـوانیـن مدنـی وضـع میشـود و مـردم مسئـول قـانـون میشـونـد. مـدیـنـه فـاضـلـه در اسـلام همیـن اسـت کـه مـردم خـود مسئـول اخـلاق، کـردار و رویـه خـود میشـونـد، بـدون زور و فشـار. امـروز رسـانـه هـای مطبـوعـاتـی بـه شـمـول «سـوشـل میـدیـا» کـه رسـانـه هـای اجتـمـاعـی ترجمـه شـده اسـت بـهـتـریـن منـبـع امـر بـه مـعـروف و نـهـی از منـکـر اسـت تـا مـردم راهیـاب شـونـد، تحصـیـل یـافتـه شـونـد و خـودشـان بـه تـثبـت خـود مـردمـان بـا مسئـولیـت بـا اخـلاق و مدنـی شـونـد و حقـوق دیـگـران را پایمـال نکـنـنـد.

وَلَا تَكُونُوا كَالَّذِينَ تَفَرَّقُوا وَاخْتَلَفُوا مِن بَعْدِ مَا جَاءَهُمُ الْبَيِّنَاتُ ۚ وَأُولَٰئِكَ لَهُمْ عَذَابٌ عَظِيمٌ (١٠٥)

معنـی: همـانـند کسـانـی نبـاشیـد کـه بعـد ازاینکـه دلایـل آشـکار بـرای شـان آمـد، تیـت و پراگنـده شـدنـد و بیـن خـود اختـلاف پیـدا کـردنـد و این طبقـه بـا عـذاب بـزرگ روبـرو خـواهنـد شـد.

تفسـیر: این آیـه اشـاره بـه یهـود و نصـارا دارد کـه بین خـود بـه تفـرقـه پرداختنـد و تیـت و پراگنـده شـدنـد. بـه اسـاس این آیـه مصیبت یـك خـانـواده، یـك کـتـلـۀ از مـردم و یـك ملـت نفـاق اسـت. این آیـه بـه دنبـال آیـۀ امـر بـه مـعـروف و نـهـی از منـکـر آمـده اسـت کـه مسلمانـان بـایـد همـدیـگـر را بـه عمـل خیـر دعـوت

کنند و از ناشایسته به صورت موزون باز دارند و اتحاد خود را حفظ کنند. متأسفانه در اثر رهبری فاسد و علمای درباری که منافع قومی و شخصی شان مطرح است جامعه در آتش نفاق میسوزد. نفاق به شکل مذهبی، قومی، زبانی دامنگیر ما شده است و تباه کننده است. علاج نفاق تبعیض را ریشه کن کردن است. جامعه وقتی مدنی میشود که افراد جامعه زن و مرد، از همه گروه ها، مذاهب و اقوام ازحقوق مساوی اجتماعی و سیاسی و اقتصادی برخوردار باشند و هیچگونه تبعیض، تنگ نظری و تعصب وجود نداشته باشد، حتی آنانیکه مسلمان نیستند.

يَوْمَ تَبْيَضُّ وُجُوهٌ وَتَسْوَدُّ وُجُوهٌ ۚ فَأَمَّا الَّذِينَ اسْوَدَّتْ وُجُوهُهُمْ أَكَفَرْتُم بَعْدَ إِيمَانِكُمْ فَذُوقُوا الْعَذَابَ بِمَا كُنتُمْ تَكْفُرُونَ ﴿١٠٦﴾

معنی: در آن روزی که چهره هایی سرفراز و چهره هایی سرافگنده گردد و اما [به سرافگندگان گفته شود] آیا پس از ایمان تان کفر ورزیدید. پس به سزای کفرتان عذاب را بچشید.

تفسیر: قسمیکه در مقدمه گفتیم قرآن به عربی است و اما آیات است و آیات ترجمه نمیشود، زیرا ترجمه از زبان انسان به انسان است. آیه به اساس عدالت، مفهوم آن معنی و تفسیر میشود نه اینکه تحت الفظ ترجمه شود. آیۀ یک صد و ششم سوره نساء همه تحت الفظ ترجمه شده است که این باعث تبعیض نژادی شده است. در ادبیات عامیانه چهره سفید و سیاه، هدف آن سرفرازی و سرافگندگی است نه اینکه آنانیکه چهره های سیاه دارند بدبخت هستند. در این آیه موضوع پوست مطرح نیست. اسلام اولین دین و روش جهانی است که با تبعیض نژادی مبارزه کرد. در کتاب های مقدس انجیل و تورات این واژه ها غلط ترجمه شده است و باعث تبعیض نژادی در روی زمین گردید و سیاه پوستان برده گرفته شدند. این آیه بیانگر این حقیقت است که آنانیکه مزین به لباس ایمان و تقوا هستند نزد خداوند(ج) سرفرازند و آنانیکه ایمان را ترک کرده اند سرافگنده هستند و چون خود شان به تشبث خود از دایرۀ خلقت بیرون شدند به سزای اعمال شان عذاب می بینند. انسان یک موجود خود مختار است. خود تصمیم میگیرد. دولت یا مردم حق ندارد که کسی را به خاطر اینکه دین را ترک میکند مجازات کند. مجازات آنانیکه دین را ترک میکنند به دست خداوند(ج) است نه مردم و یا دولت. اما ما باید سؤال کنیم که چرا یک شخص دین را ترک میکند؟ چه کمبودی دارد که دین را ترک

کرده است؟ دینی که برای سعادت و سرفرازی بشر نازل شده است. آیا حقوق او پایمال شده است؟ آیا گرسنه است؟ آیا از آزادی بیان و کلام محروم است؟ آیا اولادش حق تحصیل را ندارد؟ آیا بیخانه است؟ آیا به خاطر نژاد یا مذهب یا زبان در مقابل او تبعیض صورت گرفته است؟ در اینجا تئوری دورخایم جامعه شناس فرانسوی را مطرح میکنیم که ما باید دلیل اینکه یک شخص یک عمل را انجام میدهد جستجو کنیم نه اینکه فوراً او را به دار بزنیم. طور مثال کسی دزدی میکند پس ما باید جستجو کنیم که دزدی از حرص است و یا احتیاج و فقر. اگر از فقر است این دولت است که باید دست اش قطع شود نه از دزد. اول باید دلیلی که یک شخص از دین می برآید دریافت شود نه اینکه بدون تحقیق ما یک شخص را به دار بزنیم. امروز گروه های مخالف اسلام هر روز برعلیه اسلام تبلیغ میکنند و به مسلمانان ضعیف النفس وعده های مادی میدهند تا او را از راه اسلام به دور کنند. پس چالش ما همین است که همه چگونه همدیگر را از هر نگاه راضی میداریم تا هیچ کس شوق برآمدن از دین را نکند.

وَأَمَّا الَّذِينَ ابْيَضَّتْ وُجُوهُهُمْ فَفِي رَحْمَةِ اللَّهِ هُمْ فِيهَا خَالِدُونَ ﴿۱۰۷﴾

معنی: و اما سر فرازان مشمول رحمت حق میشوند و در آنجا جاودانند.
تفسیر: در اینجا عدالت خداوندی ترسیم میشود که آنانیکه با ایمان هستند، صادق هستند، آیات خداوند(ج) را برای منافع شخصی مصالحه نمیکنند، از دین تجارت نمیسازند اینها در رحمت خداوند(ج) هستند و این رحمت پروردگار جاویدانی است.

تِلْكَ آيَاتُ اللَّهِ نَتْلُوهَا عَلَيْكَ بِالْحَقِّ ۗ وَمَا اللَّهُ يُرِيدُ ظُلْمًا لِلْعَالَمِينَ ﴿۱۰۸﴾

معنی: این ها آیات الهی است که به حق بر تو میخوانیم و خدا(ج) هیچ ظلمی بر مردم جهان روا نمیدارد.
تفسیر: اینجا خداوند(ج) واضح بیان میکند که قرآن مجید کتاب آیات است. کتاب حروف و لغات و جملات نیست. ما انسانها قرآن را با حرف و لغت و واژه و جمله می بینیم در حالیکه همه آیات است. یعنی راز خداوند(ج) است و ترجمه نمیشود. تنها مفهوم آن به اساس عدالت معنی میشود. درحقانیت آیات هیچ شک و تردید وجود ندارد و برای سعادت و سرفرازی بشر نازل شده است تا انسان زندگی مرفه، آسوده، با کرامت و

سر بلند داشته باشد. خداوند(ج) این همه آیات را برای اینکه بندهٔ خود را دوست دارد نازل کرده است و خداوند(ج) ستمگر نیست که بر مردم ظلم کند. پس ما باید به آیات با دقت تام توجه کنیم و برای اینکه شامل رحمت حق شویم و در این دنیا آسوده باشیم و در آن دنیا سرفراز، باید خود را از رحمت حق بی نصیب نسازیم.

وَلِلَّهِ مَا فِي السَّمَاوَاتِ وَمَا فِي الْأَرْضِ ۚ وَإِلَى اللَّهِ تُرْجَعُ الْأُمُورُ ﴿۱۰۹﴾

معنی: و آنچه در آسمانها و زمین است از آن خداست و همه کار ها به سوی خداوند(ج) باز گردانده میشود.

تفسیر: این آیه اشاره به توحید دارد مبنی بر اینکه هر آن چیزی که هست شده است چه در زمین و چه در فضا و آسمانها همه متعلق به خداوند(ج) است. مالک جهان هستی خداوند(ج) است. انسان جزء همین نظام هستی است. انسان برای یک مسئوولیت بزرگ که رسالت خداوند(ج) در زمین است و برای امور مختلف گماشته شده است مانند کشفیات، اختراعات، عدالت، آموزش و پرورش؛ همه و همه انسان یک مکلفیت دارد. پس انسان هر کاری را که انجام میدهد مسئول است و اعمال و کارهائی که انجام میدهد نزد پروردگار عالمیان منحیث مالک حقیقی این جهان هستی جوابگو است. اینجاست که ما باید درک این حقیقت را بکنیم که توجه خاص به امور جمیله داشته باشیم مانند اعمار مکتب، بیمارستان، بازسازی شاهراه ها، حفر چاه های آب آشامیدنی، مبارزه با بیسوادی، فقر و بیماری و کمک به معتادین تریاک و هر آن چیزیکه جامعه را مدنی و شگوفان میسازد باید انجام دهیم تا نزد پروردگار شرمسار نباشیم. این آیه مسئولیت انسان را در روی زمین ترسیم میکند که فراموش نکند تا برای پیشبرد امور و رفاه جامعه شانه خالی نکند حتی که کوچک باشد. در اسلام تنها و تنها دولت مسئوول نیست، مردم هم مسئوول هستند. طور مثال رئیس یک خانواده در تحصیل اولاد خود مسئوول است و یا مردم در نظافت شهر مسئوول هستند. اسلام دین امت است از همه است و همه دست به دست میدهند تا به رفاه و آرامی برسند.

كُنتُمْ خَيْرَ أُمَّةٍ أُخْرِجَتْ لِلنَّاسِ تَأْمُرُونَ بِالْمَعْرُوفِ وَتَنْهَوْنَ عَنِ الْمُنكَرِ وَتُؤْمِنُونَ بِاللَّهِ ۗ وَلَوْ آمَنَ أَهْلُ الْكِتَابِ لَكَانَ خَيْرًا لَّهُم ۚ مِّنْهُمُ الْمُؤْمِنُونَ وَأَكْثَرُهُمُ الْفَاسِقُونَ ﴿١١٠﴾

معنی: شما بهترین امتی هستید که برای مردم پدید آمده اید. به کارهای پسندیده مردم را دعوت میکنید و از کارهای ناپسند ایشان را باز میدارید [و این برای آن است که] به خدا(ج) ایمان دارید. و اگر اهل کتاب ایمان آورده بودند برایشان بهتر بود. بعضی از ایشان [به کتاب خود] مؤمن اند و اما اکثرشان فاسقند.

تفسیر: دین اسلام تداوم ادیان ابراهیمی است و یک دین جداگانه نیست. مسلمانان امت آخری هستند و بهترین امت پدید آمده اند زیرا پیام خداوند(ج) برای بشریت تکمیل گردید. مؤمنان واقعی نه تنها که از شرک و کُفر پاک و منزه هستند بلکه رسم زندگی متمدن به ایشان آموزش داده میشود تا برای دیگر مردم جهان یک الگو باشند. با تواضع و فروتنی به امور خیر فرمان میدهند و از کارهای ناشایسته که زندگی انسانی را به نابودی میکشاند مردم را باز میدارند. کارهای ناشایسته آن اعمالی است که زندگی انسانی را به شکل فردی و یا دسته جمعی به مخاطره می‌اندازد مانند اسراف، آلودگی هوا، کثافت شهرها، بی قانونی و بی نظمی، در سطح فردی پُرخوری، نوشیدن مشروبات الکهولی، بی احترامی به مردم و پایمال کردن حقوق مردم و هر آن چیزیکه کرامت انسانی را پایمال کند. مقصد از اهل کتاب مردمان یهود و نصارا است. در بین این مردم واقعاً مردمان مؤمن هستند که اعتقاد راسخ به خداوند(ج) دارند و متعهد به دین خود هستند و به کسی آزار نمیرسانند. در صورت امکان کمک هم میکنند. اما اکثر شان هستند که به نام عیسوی و یهودی هستند و اما نظر به آیه فاسق هستند. احکام دین شانرا زیر پا میگذارند. در مسایل سیاسی از حق جانبداری نمیکنند. یک عدۀ زیاد شان در مقابل مسلمانان تعصب دارند. مراکز فحشا را زیر عنوان دموکراسی حمایه و پشتیبانی میکنند. عدۀ کثیرشان در قضیه فلسطین با هم همدست هستند و این یک آشوب را در خاورمیانه برپا کرده است.

لَن يَضُرُّوكُمْ إِلَّا أَذًى ۖ وَإِن يُقَاتِلُوكُمْ يُوَلُّوكُمُ الْأَدْبَارَ ثُمَّ لَا يُنصَرُونَ ﴿١١١﴾

معنی: به شما زیان رسانده نمیتوانند به جز از آزار مختصر و زبانی و اگر

با شما درگیر شوند به شما پشت خواهند کرد و نصرت داده نمیشوند.
تفسیر: اینجا خداوند(ج) به مسلمانان امید میدهد که یهود و نصارا به شما زیان رسانده نمیتوانند مگر اندک و زبانی. امروز ما در سیاست های خاورمیانه زیادتر جنگ های روانی را شاهد هستیم که رسانه‌های خبری پُر است. صدمهٔ شان زیادتر توسط جاسوسی و نفاق پراگنی است. دسایس آنهائیکه به اسلام و مسلمانان مخالفت دارند وقتی کارگر می‌افتد که مسلمانان خود ضعیف باشند و در نفاق باشند. مخالفین اسلام به مسلمانان زیان زیاد رسانده نمیتوانند زیرا سرمایه های معدنی مانند نفت و گاز و دیگر ذخایر معدنی نزد مسلمانان است. در این حالت جنگ هم به مفادشان نیست چنانچه از درگیری با ایران خودداری میکنند و تا حال کرده اند. این آیه برای آن کشور ها و مسلمانان است که به اساس اتحاد اسلامی، اخلاق اسلامی و اساسات سیاسی اجتماعی و اقتصادی اسلام زندگی خود را ساخته اند ورنه مانند عراق، سوریه و افغانستان تار و مار میشوند.

ضُرِبَتْ عَلَيْهِمُ الذِّلَّةُ أَيْنَ مَا ثُقِفُوا إِلَّا بِحَبْلٍ مِّنَ اللَّهِ وَحَبْلٍ مِّنَ النَّاسِ وَبَاءُوا بِغَضَبٍ مِّنَ اللَّهِ وَضُرِبَتْ عَلَيْهِمُ الْمَسْكَنَةُ ۚ ذَٰلِكَ بِأَنَّهُمْ كَانُوا يَكْفُرُونَ بِآيَاتِ اللَّهِ وَيَقْتُلُونَ الْأَنبِيَاءَ بِغَيْرِ حَقٍّ ۚ ذَٰلِكَ بِمَا عَصَوا وَّكَانُوا يَعْتَدُونَ ﴿١١٢﴾

معنی: هر جا که یافت شوند دچار خواری شوند مگر اینکه به پیمان خود با خدا(ج) [استوار باشند] و در تعهد با مردم [وفادار] و متعهد باشند. [در غیر آن] دچار خشم خداوند(ج) و دچار بیچارگی خواهند شد. این به خاطر این بود که آیات خداوند(ج) را انکار میکردند و پیامبران را به ناحق میکشتند، سرکشی میکردند و از حدود خویش تجاوز مینمودند.
تفسیر: شان نزول این آیه اساساً به خاطر اهل یهود است که آیات را انکار میکردند، یعنی در پیمان خود با خداوند(ج) محکم نبودند. علمای شان با مردم راست و صادق نبودند و پیامبران الهی را وقتی منافع شان در خطر می‌افتاد به قتل میرساندند و برای قتل شان دسیسه میکردند چنانچه در مورد قتل عیسی(ع) دسیسه کردند و موفق نشدند و از حدود خود تجاوز میکردند. امروز هم اکثر یهودان نه با خدا(ج) راست و صادق هستند و نه با مردم. و این باعث بسیار دگرگونی های سیاسی در خاورمیانه و حتی جهان شده است. امروز دیگر پیامبری نیست که به قتل برسانند و اما

جزء چهارم

چون از نگاه اقتصادی دست بالا دارند میخواهند حقایق تاریخ را بپوشانند. چنانچه وقتی فیلم مشهور حضرت عیسی(ع) زیرعنوان «مصائب مسیح» (تولید۲۰۰۴)، با کارگردانی مِل گیبسون در جهان سینما به نمایش گذاشته شد و در آن فیلم دسیسه قتل حضرت عیسی(ع) واضح بیان گردید، یهودان شدید اعتراض کردند که این فیلم به ضد یهود ساخته شده است. قسمیکه در گذشته گفتیم همیشه آب را خیط میکنند و ماهی میگیرند. دولت های مهم جهانی را با پول و دسایس گوناگون مهار کرده اند و کسی صدای خود را کشیده نمیتواند. اشخاصی که برای عدالت فلسطین سخن گوید، در آمریکا یا فوراً بد نام میشود و یا کار خودش را از دست میدهد و یا اگر بسیار مهم باشد به شکل مرموز به قتل میرسد. حتی همین قدرت را دارند که پادشاهان را از پا درآورند. یکی از دلایلی که پادشاه ایران سقوط کرد تنها سیاست های پادشاه ایران توافق با آمریکا و غرب نبود. وضع بسیار خراب شد بعد از اینکه پادشاه ایران در یک مصاحبه تلویزیونی با مایک والاس (۱۹۷۶)، که او هم یهود بود، مصاحبه کرد. رضا شاه پهلوی، پادشاه ایران واضح بیان داشت که لابی (گروه منفعت جو) یهود به حدی قدرتمند است که نه تنها سیاست آمریکا را اداره میکند بلکه منافع اسرائیل را مد نظر میگیرد. و این سخن درست است. برای معلومات بیشتر لطفاً کتاب «مگر جرأت کنند که سخن گویند» اثر پال فنلی را مطالعه کنید. مردم مسلمان ضد یهود نیست. یهودیت یکی از ادیان ابراهیمی است و مسلمانان هیچ وقت ضد یک دین، نژاد، رنگ و پوست نبوده اند. زمانیکه یهودان را عیسویان در اسپانیه قتل و قتال کردند و از اسپانیهٔ آن زمان یهودان را کشیدند؛ یهودان به قلمرو اسلامی پناهنده شدند و مسلمانان منحیث اهل کتاب همه ای شان را به آغوش باز پذیرفتند. زمانیکه نظامیان هیتلر آلمانی یهودان را تعقیب میکردند، مسجد جامع پاریس در فرانسه یک عده یهودان را در داخل مسجد پناه داد و برای یهودان، مسلمانان کارت هویت اسلامی ساختند و به نام مسلمان ایشان را نجات دادند. از این سرگذشت تاریخی فرانسویان یک فیلم زیرا عنوان «مردان آزاد» (۲۰۱۲) تهیه کردند. مشکل مسلمانان با دین یهود نیست، با روش های سیاسی اسرائیل است که اکثر یهودان بدون درنظرداشت حقوق بشر و عدالت از اسرائیل حمایه و پشتیبانی میکنند. بعضی شان که راست میگویند محکوم به ضد اسرائیل میشوند. بُرنی سَندَرز یهودی کاندید رئیس جمهوری از حزب دموکرات در انتخابات (۲۰۲۰) اسرائیل را نژاد پرست خواند و یهودان برایش رأی ندادند. و رأی خود را به جُوبایدن که یهود نیست و اما گفت من یک

صهیونیست هستم رأی دادند دلیلی که یک عده زیاد مردم جهان به ضد یهود هستند و یهودان را اذیت میکنند به خاطر روش های اسرائیل و اینکه آنها همه چیز را برای خود میخواهند و صهیونیست های عیسوی با ایشان همدست هستند و یکجایی از حدود خود تجاوز میکنند.

لَيْسُوا سَوَاءً ۗ مِنْ أَهْلِ الْكِتَابِ أُمَّةٌ قَائِمَةٌ يَتْلُونَ آيَاتِ اللَّهِ آنَاءَ اللَّيْلِ وَهُمْ يَسْجُدُونَ ﴿١١٣﴾

معنی: آنان یکسان نیستند. برخی از اهل کتاب امتی هستند که آیات الله را تلاوت میکنند و در هنگام شب سر به سجده مینهند.

تفسیر: به تعقیب آیه قبلی اینجا مسلمانان را آگاه میسازد که همه اهل کتاب ناسپاس و نفاق انداز و صهیونیست نیستند. کتاب خود را که آنهم از عرش عظیم نازل شده است تلاوت میکنند یعنی به کتاب خودشان مانند تورات و انجیل پابند و استوار هستند. به مردم حتی که مسلمان باشد کمک میکنند. مخالف روش‌های سیاسی اسرائیل هستند و از مردم مظلوم فلسطین حمایه میکنند و در نصف های شب سجده میکنند. ما از این آیه می‌آموزیم که اهل کتاب نه تنها همه ایشان یکسان نیستند کافر و مشرک هم نیستند و خداوند(ج) را به اساس کتاب خودشان اطاعت میکنند و مردم نیکوکار هستند. پس ما باید هوشیار باشیم که با کدام یک از این مردم دوست باشیم و بدانیم که کدام یک شان ناسپاس، نفاق انداز و ناسالم است.

يُؤْمِنُونَ بِاللَّهِ وَالْيَوْمِ الْآخِرِ وَيَأْمُرُونَ بِالْمَعْرُوفِ وَيَنْهَوْنَ عَنِ الْمُنْكَرِ وَيُسَارِعُونَ فِي الْخَيْرَاتِ وَأُولَٰئِكَ مِنَ الصَّالِحِينَ ﴿١١٤﴾

معنی: به خداوند(ج) و روز آخرت ایمان دارند و به نیکی فرمان میدهند و از بدی نهی میکنند و به کار های نیک میشتابند و آنان از جملهٔ صالحان هستند.

تفسیر: قسمیکه بیان کردیم، هستند مردم اهل کتاب که واقعاً خدمتگار مردم و عدالت هستند. روش‌های غلط دولت های شانرا تقبیح میکنند. به مردم خود و حتی مسلمانان کمک میکنند و توقع ندارند. اینان اهل ایمان هستند و به روز آخرت ایمان دارند و از خدا(ج) خوف میکنند. کارهائی میکنند که به سود مردم است. بسیاری از مردم مهاجر کشورهای جنگ زده مانند افغانستان را کمک کردند، کار برای‌شان جستجو کردند و اولاد

جزء چهارم

شان را به مکتب داخل کردند و صدها کمک های دیگر که این مفسر شاهد بوده ام.

وَمَا يَفْعَلُوا مِنْ خَيْرٍ فَلَن يُكْفَرُوهُ ۗ وَاللَّهُ عَلِيمٌ بِالْمُتَّقِينَ ﴿١١٥﴾

معنی: و هر کار خیر را انجام دهند بدون اجر و ثواب [از جانب خداوند(ج)] نخواهد ماند و خداوند(ج) به حال مردم که تقوا پیشه میکنند آگاه است.

تفسیر: بعضی اوقات شنیده میشود که تنها اعمال نیک مسلمانان مورد اجابت خداوند(ج) قرار میگیرد نه از غیر مسلمانان. این آیه به وضاحت آشکار میسازد هر کسیکه عمل نیک انجام دهد و تقوا پیشه کند یعنی از بدی ها دوری کند از جانب خداوند(ج) پاداش می بیند. خداوند(ج) در مقابل بندگان خود تبعیض نمیکند. یگانه کسیکه مورد عفوه قرار نمیگیرد مشرک است. برای همه بندگان خود مسلمان باشد یا از اهل کتاب باشد، غفور و رحیم است وقتی کار نیک انجام دهند و از بدی‌ها دوری کنند. به مردم کمک کنند و برای بهبود جامعهٔ بشری خدمت کنند اجر و پاداش خواهند داشت.

إِنَّ الَّذِينَ كَفَرُوا لَن تُغْنِيَ عَنْهُمْ أَمْوَالُهُمْ وَلَا أَوْلَادُهُم مِّنَ اللَّهِ شَيْئًا ۖ وَأُولَٰئِكَ أَصْحَابُ النَّارِ ۚ هُمْ فِيهَا خَالِدُونَ ﴿١١٦﴾

معنی: به یقین آنانیکه کافرند مال (دارایی و ثروت) و اولادشان به هیچ حالتی ایشان را از [عذاب] خداوند(ج) باز ندارد و آنان در آتش اند و در [آنجا] جاودانه خواهند ماند.

تفسیر: انسان موجودی است که در داشته های دنیا مغرور میشود و هرگز فکر نمیکند که همه داشته های ما یک امانت است. انسانی که به خالق اعتقاد ندارد تصور میکند که تنها مال و ثروت و اولاد است که میتواند او را نجات دهد. در ایام قدیم که صنعت و مشاغل گوناگون امروزی مانند خدمات عامه و شرکت های گوناگون وجود نداشت، ثروت و اولاد پشتیوانهٔ قوی به شمار میرفت. درست است که از نگاه لغوی اولاد فرزندان معنی میدهد و اما چون اولاد یک سرمایهٔ جسمی و معنوی است، پس اینجا اولاد تنها فرزندان یک خانواده نیست زیرا امکان دارد که یک خانوادهٔ اولاد نداشته باشد و یا اولاد داشته باشد و اولاد ثروت نداشته باشد. در این آیه، اولاد هم اشاره به قوای معنوی و جسمی یک کشور است که با سرمایه و قوای جسمی خود مغرور نشوید. امروز ایالات متحده آمریکا منحیث یک ابر

قدرت به دو چیز مغرور است سرمایه و قوای جسمی و معنوی مردم خود. اما این دو یعنی سرمایه و قوای جسمی نه یک خانواده را نجات میدهد و نه یک کشور را تا ایمان به خدا(ج) نداشته باشند. کشورهائی که هر دو قوه را دارند می بینید که به چه مصائب و بدبختی های دیگر مبتلا هستند مانند مواد مخدره، الکهولیزم، تجاوز جنسی به زنان، کودک ربایی و ده ها مشکلات اجتماعی دیگر هستند. خانواده هائی که هم اولاد دارند و هم ثروت و اما چون از اول تربیۀ درست ایمانی وجود نداشته است اولاد بیراه است و ثروتش نتوانسته است تا حل مشکل کند. یا ثروت به جای اینکه در راه خدا(ج) به مصرف برسد با اسراف برای خودنمایی و آسودگی خودی به کار رفته است نه رفاه مردم، پس هر دو برای مؤمن یک فتنۀ بزرگ است. پس نباید خود را فریب دهیم و فکر کنیم که اولاد ما یعنی قوه های جسمی و یا ثروت ما به درد ما میخورد و یا قوای بزرگ نظامی و سرمایه ما را در سطح جهانی نجات میدهد. اشخاص بی ایمان جایگاه بدی دارند و اما متأسفانه که غافل هستند.

مَثَلُ مَا يُنفِقُونَ فِي هَذِهِ الْحَيَاةِ الدُّنْيَا كَمَثَلِ رِيحٍ فِيهَا صِرٌّ أَصَابَتْ حَرْثَ قَوْمٍ ظَلَمُوا أَنفُسَهُمْ فَأَهْلَكَتْهُ وَمَا ظَلَمَهُمُ اللَّهُ وَلَكِنْ أَنفُسَهُمْ يَظْلِمُونَ ﴿١١٧﴾

معنی: آنچه در زندگی دنیایی [برای سود خود] مصرف میکنند (نه در راه مردم) مانند باد است با سرمای گزنده که به کشت و زراعت کسانی که به خود ظلم روا داشته اند، بزند و آنرا تباه سازد و خداوند(ج) به آنان ظلم نکرده است بلکه خود بر خود ظلم میکنند.

تفسیر: یکی از اساسات عمدۀ ایمانداری در اسلام و دین بر حق تعامل بسیار محکم اجتماع با مردم است. خداوند(ج) لطف میکند و علم و سرمایه و ثروت میدهد و اما اگر این علم و ثروت در راه خدا(ج) یعنی مردم نرسد و در اختیار مردم نباشد رسالت ایمانی خود را ادا نکرده ایم. خداوند(ج) نه به نماز ما نیازمند است و نه به روزه ما و نه به زکات ما. اما زکات از پنج بنای مسلمانی است تا مسلمان و شخص با ایمان با زکات رابطه استوار با جامعه داشته باشد و دست فقیر و بیچاره را بگیرد یا با علم که آموخته آنرا رایگان در خدمت مردم قرار دهد تا مردم از فیض علم راه خود را دریابند. پس کسانیکه تنها به خود فکر میکنند، خانه آسوده دارند و ثروت شان تنها در اختیار خود و اولاده اوست و یا

علم آموخته و از علم او یک نفر هم مستفید نشده و یا کتابخانهٔ بزرگ دارد و تنها خودش به آن دسترسی دارد این روحیه هم مانند بادی سرد و تند است که به یک مزرعه میخورد و تباه میکند. این ظلم است که به خود روا میدارند وقتی از مردم غافل میشوند. خداوند(ج) ظالم نیست. این عالِم و سرمایه دار و اوئیکه زندگی مرفه دارد ظالم است و جامعه در فقر و بیسوادی و بدبختی میسوزد. سؤال کنیم چرا ما بی‌سواد داریم؟ برای اینکه اوئیکه باسواد است به بی‌سواد تدریس نکرده است. از خود سؤال کنیم چرا ما فقیر داریم؟ برای اینکه اوئیکه ثروت دارد، ثروت او تنها برای خودش بوده است نه مردم. هدف این آیه این است که مسلمانان هر چه دارند بعد از مایحتیاج خود به مردم برسانند و شگوفانی مدینه فاضله همین است. چنانچه حضرت ابوبکر صدیق(رض) همه ثروت خود را در راه مردم به مصرف رساند. کسانیکه برای خود تنها زندگی میکنند به خود ظلم کرده اند زیرا خداوند(ج) از ایشان توقع دیگر داشت و برای امتحان به ایشان علم و ثروت داد و آن یک آزمایش بود. اکثریت در کشورهای اسلامی ناکام ماندند. زیرا برای خود زندگی کردند و مردم را فراموش کردند. تحصیلات عالی، خانه های مجلل و موترهای لوکس با راننده و همه برای خودش و بس. هدف ایمان و دین این نیست و نبوده است که ما برای خود زندگی کنیم و دیگران را فراموش کنیم. اگر مردم افغانستان بطور منسجم از همه نقاط دنیا که هستند پول زکات خود را میفرستادند امروز ما این همه فقیر نمیداشتیم. اوئیکه تحصیل کرد و برای شهرت خود کتاب نوشت اگر ده نفر را باسواد میکرد ما این فقر و جهل و بیسوادی را نمیداشتیم.

يَا أَيُّهَا الَّذِينَ آمَنُوا لَا تَتَّخِذُوا بِطَانَةً مِن دُونِكُمْ لَا يَأْلُونَكُمْ خَبَالًا وَدُّوا مَا عَنِتُّمْ قَدْ بَدَتِ الْبَغْضَاءُ مِنْ أَفْوَاهِهِمْ وَمَا تُخْفِي صُدُورُهُمْ أَكْبَرُ ۚ قَدْ بَيَّنَّا لَكُمُ الْآيَاتِ ۖ إِن كُنتُمْ تَعْقِلُونَ ﴿۱۱۸﴾

معنی: ای آنانیکه ایمان آورده اید به غیر از خود تان بیگانه را همراز نگیرید زیرا آنها از هیچگونه شر و فساد در حق شما دریغ نمیکنند. دوست دارند شما در رنج باشید. همانا کینه و دشمنی از گفتارشان هویداست و آنچه در دل های خود پنهان میکنند بزرگ‌تر است. ما آیات را به حق برای شما بیان کردیم که تعقل کنید.

تفسیر: این آیه از نگاه اجتماعی و سیاسی و خانوادگی حایز اهمیت فراوان

است. دراینجا خداوند(ج) هشدار میدهد به مؤمنان، اوئیکه اعتقاد ندارد و از شما نیست، شما همراز خود نگیرید. یکی از مشکلات عمدهٔ جوامع مسلمان همین است که غیر مسلمانان چنان در پوست ما در آمده است که همه زندگی اسلامی مردم مصالحه شده است. تنها بیسوادی نیست. مسلمان بی‌سواد با فرهنگ تر است. این تحصیل یافته است که دین را مصالحه کرده است. بعد از سقوط عثمانی ها مسلمانان همیشه غیر مسلمان را در امور سیاسی همراز گرفته اند. و آنها چه کردند بین ما نفاق را دامن زدند، دین را توسط علمای فروخته شده کمرنگ ساختند، جوانان را به نام آزادی و دموکراسی بی‌فرهنگ ساختند. امروز همراز ما امریکائیان است. این بدین معنی نیست که ما با ایشان همکاری نکنیم، تبادل افکار نکنیم و یا معاهدات امضاء نکنیم و اما ما نباید ایشان را همراز و ولی خود بگیریم. غیر مسلمانان همیشه مستقیم و یا غیر مستقیم به مسلمانان صدمه میرسانند. زیاد تر صدمه شان معنوی است و جوانان را از اسلام به دور میکنند. یکی از اهداف دموکراسی غربی در کشورهای اسلامی از بین بردن دین و جایگزین کردن افکار غیر اسلامی از طریق همراز بودن با آنان که در قدرت هستند، میباشد. حتی در قانون اساسی هم دست درازی کردند و بدون یک ماده ثابت قانونی دین را آزاد گذاشتند تا عیسویان در عیسوی ساختن مردم دست بلند داشته باشند. نیچه فیلسوف آلمانی درست گفته است که دموکراسی یک اتحاد عیسویت با سرمایه دار برای تسلط کشورهاست. مخصوصاً یهودان بسیار در این کار ماهر هستند و با اشخاص مهم دولتی طرح دوستی میریزند و این دوستی به دوستی خانوادگی تبدیل میشود و راز مسلمانان را از هر نگاه میدانند. اگر در مورد اسلام تبصرهٔ غلط میکنند چون ما خود، در عقاید خود ضعیف هستیم فوراً با ایشان همنوا میشویم به جای اینکه موقف خود را روشن کنیم. سؤال کنید که چرا خلیلزاد در کنفرانس بن پیشنهاد یک دولت اسلامی را نکرد؟ برای اینکه او همراز غیر مسلمان بود و است و برای منافع آنها کار میکند. یکی از دلایل بدبختی ما همراز بودن با بیگانه است که در نتیجه ما از خود کُش و بیگانه پرست شدیم و به بیگانه زیاد تر حرمت داریم تا از خود.

هَا أَنتُمْ أُولَاءِ تُحِبُّونَهُمْ وَلَا يُحِبُّونَكُمْ وَتُؤْمِنُونَ بِالْكِتَابِ كُلِّهِ وَإِذَا لَقُوكُمْ قَالُوا آمَنَّا وَإِذَا خَلَوْا عَضُّوا عَلَيْكُمُ الْأَنَامِلَ مِنَ الْغَيْظِ ۚ قُلْ مُوتُوا بِغَيْظِكُمْ ۗ إِنَّ اللَّهَ عَلِيمٌ بِذَاتِ الصُّدُورِ ﴿۱۱۹﴾

معنی: بلی! این شما هستید که ایشان را دوست میدارید ولی آنها شما را [از قلب] دوست نمیدارند و شما به همه کتاب های آسمانی ایمان دارید و وقتی که با شما روبرو شوند گویند ایمان آورده‌ایم و اما وقتی که تنها شوند به دشمنی شما انگشتان خود را از خشم دندان میگیرند. بگو: به خشم خود بمیرید؛ به یقین که خداوند(ج) از راز دلها آگاه است.

تفسیر: به تعقیب آیهٔ قبلی تذکار میدهد که این ما هستیم که میخواهیم ایشان را دوست بگیریم و اما آنها از دل ما را دوست نمیگیرند و دوست ندارند. ما منحیث مسلمان به همه کتاب‌های آسمانی مانند زبور، تورات و انجیل ایمان داریم و اما آنها پیامبر ما را رد میکنند و قبول ندارند. یکی از دلایل که دختر مسلمان با اهل کتاب نمیتواند نکاح کند همین است که ما به همه پیامبران ایمان داریم و اما آنها محمد(ص) را قبول ندارند که در آینده در مورد بحث خواهیم کرد. با اینکه مسلمانان ایشان را منحیث اهل کتاب میشناسد نه مشرک و کافر. با آن‌ها طرح دوستی میریزند و اما اهل کتاب اکثریت شان به روش زندگی ما اعتقاد ندارند، به پیامبر ما اعتقاد ندارند و اسلام را به بهانه های مختلف رد کرده اند. جنگ های صلیبی در گذشته شاهد قول ماست. خود شان به عیسویت خود ایمان دارند و اما وقتی ما نام از اسلام میگیریم مو در بدن شان راست میشود. هر جا که نام اسلام بالا شده است غربیان یا اهل کتاب با همدستی فروخته شدگان و همرازهای مسلمان شان نظام شان را تخریب کردند. در الجزایر انتخابات را از مسیر آن کشیدند. بهار عرب را سرنگون کردند و به جای آن یک دیکتاتورمانند جنرال سیسی را به قدرت رساندند. هر روز به پشت نظام اسلامی ایران هستند که چطور شود آنرا از پای اندازند. اینکه ایران کمی و کمبودی خود را دارد و یا مشکلات خود را دارد، مشکل ملت ایران است نه از غرب. ما وقتی خارجیان را می‌بینیم بسیار مهمانواز هستیم که این از فرهنگ بلند ما سرچشمه میگیرد و اما آنها همین احساس را ندارند. در وقت سخن گفتن، در مقابل شما خاموش هستند و حتی سخنان شما را تأیید میکنند و شما فکر میکنید که شخص با ایمان است و اما در پشت سر خنجر میزنند. نمیدانند که خداوند(ج) از راز دلها آگاه است و

خداوند(ج) میداند که نیت مردم چه است، مسلمان باشد و یا نباشد.

إِن تَمْسَسْكُمْ حَسَنَةٌ تَسُؤْهُمْ وَإِن تُصِبْكُمْ سَيِّئَةٌ يَفْرَحُوا بِهَا ۖ وَإِن تَصْبِرُوا وَتَتَّقُوا لَا يَضُرُّكُمْ كَيْدُهُمْ شَيْئًا ۗ إِنَّ اللَّـهَ بِمَا يَعْمَلُونَ مُحِيطٌ ﴿١٢٠﴾

معنی: اگر به شما خیری رسد اندوهگین میشوند و اگر شری رسد بدان شاد میشوند و اما اگر شما [در اندیشه] خود استوار و با ثبات باشید نیرنگ آنها هیچ صدمه به شما رسانده نمیتواند. خداوند(ج) به آنچه در محیطی که انجام میدهند در دانستن آن آگاهی کامل دارد.

تفسیر: این آیات همه روی اهل کتاب میچرخد که شدید دین و آئین خود را تعقیب میکنند، خواه سیکولر باشد و خواه صهیونیست باشد. سیکولر و صهیونیست بدین معنی نیست که دین خود را انکار کنند. بعضی کارهای خوب در کشورهای مسلمان اتفاق می‌افتد و اما شما اخبار آن را نمیشنوید. نه به خاطریکه اهمیت ندارد بلکه به خاطریکه خوش نمیشوند. اما اگر یک اتفاق بدی رخ میدهد فوراً شما آنرا در اخبار میبینید. سخن قرآن روی آنهائی است که به دین و آئین خود پابند هستند. این طبقه وقتی به شما یک کار خیر اتفاق بیفتد خوش نمیشوند و اگر کار بد به شما اتفاق بیفتد خوش میشوند. گزند و صدمه شان وقتی کارگر می‌افتد که ما به عقاید خود ضعیف باشیم و اندیشه اسلامی ما ضعیف باشد و خود ما دین را به لا دینی مصالحه کرده باشیم. کوشش میکنند شما را از اسلامیت خارج کنند.

وَإِذْ غَدَوْتَ مِنْ أَهْلِكَ تُبَوِّئُ الْمُؤْمِنِينَ مَقَاعِدَ لِلْقِتَالِ ۗ وَاللَّـهُ سَمِيعٌ عَلِيمٌ ﴿١٢١﴾

معنی: [به یاد آور] و آنگاه که صبحگاهان از نزد اهل خود بیرون شدی در حالیکه مؤمنان را برای جنگ آماده میکردی و خداوند(ج) شنوای داناست.

تفسیر: این آیه برای رسول کریم(ص) در جنگ اُحُد بود که پیامبر(ص) از خانه بیرون شد و مؤمنان را برای جنگ با کفار آماده ساخت. اردوگاه را دامنهٔ کوه اُحُد تعیین کرد. اما در تاریخ میخوانیم که این تصمیم بعد از مشوره با مردم مخصوصاً آنانیکه در جنگ شرکت میکردند اتخاذ گردید که میدان کارزار در بیرون مدینه باشد. این آیه میرساند که دین یک پدیدهٔ سیاسی است. وقتی سیاست در کار باشد نظامی هم میشود. آنانیکه ادعا میکنند دین از سیاست جدا باشد سخت اشتباه میکنند. اما سیاست

جزء چهارم

اسلام به این معنی نیست که یک دیکتاتور به قدرت رسد و یا حقوق حقۀ مردم پایمال شود. یا یک گروه به نام حزب مردم را استثمار کند. سیاست در اسلام اصلاح امور است تا مسلمانان آسوده زندگی داشته باشند و دین را به زور بالای مردم تحمیل نکنند.

إِذْ هَمَّت طَّائِفَتَانِ مِنكُمْ أَن تَفْشَلَا وَاللَّهُ وَلِيُّهُمَا ۗ وَعَلَى اللَّهِ فَلْيَتَوَكَّلِ الْمُؤْمِنُونَ ﴿١٢٢﴾

معنی: آنگاه که دو گروه از شما تمایل به جنگ نداشتند و سُستی نشان دادند در حالیکه خداوند(ج) یار شان بود و مؤمنان تنها باید به خداوند(ج) توکل کنند.

تفسیر: داستان جنگ اُحُد در تاریخ اسلام برای مسلمانان بسیار آموزنده است. اول مشوره در کار که پیامبر(ص) با مردم و یاران مشوره میکرد. پس ما نباید مشوره را در امور فراموش کنیم و خود سرانه تصمیم بگیریم که این نشانۀ خودکامگی و دیکتاتوری است. دوم سطح رهبری که در همچو مواقع باید از زعیم اطاعت صورت گیرد که این درست انجام نشد. امروز ما محمد (ص) را در کنار خود نداریم و اما افکار والای او همیشه با ماست و باید سرمشق زندگی قرار دهیم. سوم نباید به افواهات گوش داد و تصمیم گرفت. به ظن و گمان زندگی کردن خلاف حکم قرآن است و جامعه را به فساد و گمراهی سوق میدهد. و چهارم نباید خداوند(ج) را فراموش کرد و اعتماد خود را از خالق قطع کرد. این خالق است که در اثر اتحاد ما، همبستگی ما و سعی و تلاش ما برای راه حق با ما کمک میکند. دو گروه که در جهاد سُستی نشان دادند بنو سلمه از قبیلۀ اوس و بنو حارثه از قبیلۀ خزرج بودند.

وَلَقَدْ نَصَرَكُمُ اللَّهُ بِبَدْرٍ وَأَنتُمْ أَذِلَّةٌ ۖ فَاتَّقُوا اللَّهَ لَعَلَّكُمْ تَشْكُرُونَ ﴿١٢٣﴾

معنی: براستی که خداوند(ج) شما را در [جنگ] بدر یاری رساند در حالیکه شما کم قوه بودید پس از خدا(ج) پروا کنید و شکرانۀ او را بجا آرید.

تفسیر: بدر در لغت به معنی پُر و کامل است. از همین لحاظ مهتاب شب چهارده را شب بدر گویند. اما اساساً بدر نام یک شخص است که بین مکه و مدینه یک چاه آب داشت. کاروان ها توقف میکردند و از آن چاه آب میگرفتند و این محله به نام همان شخص مشهور شد. در

این آیه به تعقیب آیهٔ قبلی خداوند(ج) عظمت خود را برای بندگان مؤمن خاطر نشان میکند اینکه در جنگ بدر با اینکه مسلمانان از نگاه قوه نظامی ضعیف بودند و اما در جنگ برنده شدند. در اینجا نکات مهم است که باید تذکر داد. اول اینکه این قوه بزرگ نظامی تنها نیست که باعث موفقیت میشود. آمریکایی ها در ویتنام شکست خوردند و شصت هزار سپاه آمریکایی از بین رفت. شوروی ها در افغانستان شکست خوردند و در حدود پانزده هزار از سپاه شوروی جان خود را از دست دادند. این اتحاد مسلمانان و نظم نسق و اطاعت از سر لشکر و توکل به خداوند(ج) است که ما برنده میشویم. دوم اساس جنگ بدر آزادی فکری بود. چون دین یک موضوع عقل و دل است پس این آزادی عقل و فکر مهمترین آزادی انسانی است که عقل شما در اسارت دیگران نباشد. هرگاه عقل انسان اسیر ساخته شد بردگی او حتمی است. امروز مخالفین اسلام بسیار کوشش دارند که اندیشه ما را زیر عنوان دموکراسی و آزادی تغییر دهند در حالیکه دین، ما را از هرگونه اسارت آزاد ساخت. اینکه مسلمانان به بیراهه رفتند و هر روز به نام دین مردم را مانند قرون وسطی عیسویت کنترول میکنند خلاف اسلام است. انسان مسئول عقل خود است. اگر گناه میکند خودش مسئول است و اگر ثواب کمایی میکند امتیازش از خودش است. جنگ بدر نشان داد که این اندیشه سالم شماست که برنده میشوید نه قوه نظامی و سلاح جنگی و آن عبارت است از تفکر خدا پرستی است.

إِذْ تَقُولُ لِلْمُؤْمِنِينَ أَلَن يَكْفِيَكُمْ أَن يُمِدَّكُمْ رَبُّكُم بِثَلَاثَةِ آلَافٍ مِّنَ الْمَلَائِكَةِ مُنزَلِينَ ﴿١٢٤﴾

معنی: آنگاه که به مؤمنان میگفتی آیا شما را کفایت نمیکند که خداوند(ج) شما را با سه هزار فرشتهٔ آسمانی که فرو فرستاده، یاری دهد؟
تفسیر: یکی از اساسات ایمانداری در اسلام اعتقاد به ملائک یعنی فرشتگان خداوند(ج) است که به اذن خداوند(ج) وظایف گوناگون را انجام میدهند. در این آیه توجه مسلمانان را به نصرت الهی توسط فرشتگان الهی مژده میدهد. رد موجودیت فرشتگان در اسلام کفر پنداشته میشود و باید اسمای شان با عزت و حرمت یاد شود مانند حضرت جبرئیل علیه السلام که فرشتهٔ وحی بود.

بَلَىٰ ۚ إِن تَصْبِرُوا وَتَتَّقُوا وَيَأْتُوكُم مِّن فَوْرِهِمْ هَٰذَا يُمْدِدْكُمْ رَبُّكُم بِخَمْسَةِ آلَافٍ مِّنَ الْمَلَائِكَةِ مُسَوِّمِينَ ﴿۱۲۵﴾

معنی: بلی! اگر استقامت [در راه دین] و تقوا پیشه کنید و دشمن دفعتاً سر شما بتازد، پروردگارتان شما را با پنج هزار فرشتۀ که نشان خاص دارند یاری خواهد کرد.

تفسیر: یکی از اساسات ایمان اعتقاد به غیب است که در شروع قرآن توضیح کردیم. انسان مؤمن باید به خداوند(ج) که به چشم نمی‌بیند اعتقاد کامل داشته باشد. وقتی که به خداوند(ج) دانا و توانا اعتقاد راسخ پیدا کرد به کارکردهای او هم اعتقاد میداشته باشد. در این آیه مؤمنان را قوت دل میدهد که اگر شما به راه دین الهی استوار و ثابت قدم باشید و در دل‌های شما شک و تردید نباشد، خداوند(ج) با پنج هزار فرشتۀ نشانه‌دار شما را کمک خواهد کرد. «مُسَوِّمین» بلند قامت هم معنی میدهد. یعنی فرشتگان با قدرتی که کسی تاب مقابله با ایشان را ندارد. هدف آیه در کل این است که در هر حالت انسان مؤمن نباید امید خودش از یاری پروردگار قطع کند. کسیکه امید خود را از پروردگار عالمیان قطع میکند نه تنها کمک نمیشود، مشرک میشود یعنی دیگر خداوند(ج) (العیاذ بالله) وجود ندارد و این به مثابه کفر است. عدد پنج هزار نشانۀ کثرت است که منابع قوت را تمثیل میکند. و این یک آسودگی خاطر است برای انسانی که تصور میکند تنها با قدرت جسمی است که میتوان دشمن را شکست داد. در این آیه خداوند(ج) با روح و روان آدمی تماس میگیرد و او را تسکین میدهد که با پنج هزار فرشتۀ بلند قامت به کمک شما خواهد شتافت.

وَمَا جَعَلَهُ اللَّهُ إِلَّا بُشْرَىٰ لَكُمْ وَلِتَطْمَئِنَّ قُلُوبُكُم بِهِ ۗ وَمَا النَّصْرُ إِلَّا مِنْ عِندِ اللَّهِ الْعَزِيزِ الْحَكِيمِ ﴿۱۲۶﴾

معنی: و خداوند(ج) [این را] جز یک مژده قرار نداد تا دلهای شما آرام گیرد و کامیابی جز از سوی خداوند(ج) شکست ناپذیر حکیم است.

تفسیر: به تعقیب آیۀ قبلی چنانچه در تفسیر آیه گفتیم خداوند(ج) با روح و روان انسان مؤمن تماس میگیرد و دل او را آسوده میکند. در حالیکه برای خداوند(ج) بسیار سهل است تا بدون پنج هزار فرشته شما را به مقام پیروزی برساند. خداوند(ج) حکیم فرزانه است و از او هر کاری ساخته

است. قرآن مجید همیشه به توان و فهم انسان سخن میگوید. چون انسان قوت را در فزونی لشکر میبیند او را با عدد فزونی تسکین میدهد. بدین معنی که قرآن با علم روانشناسی انسان را آشنا میکند که کدام موارد انسان را خوش میسازد و انرژی میدهد.

لِيَقْطَعَ طَرَفًا مِّنَ الَّذِينَ كَفَرُوا أَوْ يَكْبِتَهُمْ فَيَنقَلِبُوا خَائِبِينَ ﴿۱۲۷﴾

معنی: [بدین ترتیب] ریشه کفار را قطع کند تا از هدف شوم خود ناامید شوند.

تفسیر: کفار مکه بسیار مغرور و سنگدل بودند و میخواستند با اعمال وحشیانه مسلمانان را نیست و نابود کنند. حتی زنان شان جسد های مرده را تکه و پاره میکردند تا از این حالت مسلمانان وهم کنند و بترسند. اما اینجا وعده خداوند(ج) تحقق می‌پذیرد بر اینکه ریشهٔ اهداف شوم شانرا قطع میکند تا نا امید برگردند. هدف آیه این است که مسلمانان هرگز شکست نمیخورند مشروط بر اینکه در عقیده خود با ثبات باشند و در این حالت است که مخالفین اسلام هیچ کاری کرده نمیتوانند. امروز که مسلمانان به مصیبت گرفتار شده اند به خاطر این است که ما درعقاید خود مستحکم نیستیم و همه بر ما میتازند و شروع آن از بی اتفاقی است که عقیده ما مسلمانان به نام مذهب و قوم و زبان مطلق مصالحه شده و از هم پاشیده شده است.

لَيْسَ لَكَ مِنَ الْأَمْرِ شَيْءٌ أَوْ يَتُوبَ عَلَيْهِمْ أَوْ يُعَذِّبَهُمْ فَإِنَّهُمْ ظَالِمُونَ ﴿۱۲۸﴾

معنی: اختیار کار به دست تو نیست یا خداوند(ج) آنها را میبخشد و یا عذاب شان میکند برای اینکه ظالم هستند.

تفسیر: این آیه پند بزرگ در زندگانی امروز ماست. این وظیفهٔ ما نیست که ما از خود خدا(ج) بسازیم و مردم را قضاوت کنیم. به پیامبر(ص) میگوید که کار تو عفوه و بخشش این مردم نیست. این به عهده خداوند(ج) است که به خاطر ظلمی که روا داشته اند ایشان را عفوه میکند و یا میبخشد و در جامعهٔ مدنی مسلمان تنها قانون میتواند مردم را به کفر محکوم کند نه اینکه مردم سر هم بتازند. مسلمانان تنها در میدان جنگ با کفار در صورتیکه تجاوز کرده باشند معامله میکند. در غیر آن اگر تجاوز نمیکنند و در کار خود مصروف هستند ما به کارشان کاری نداریم. همچنان آنانیکه در جامعهٔ مسلمان بیراهی میکنند قسمیکه گفته

آمد قانون کشور بالای شان تصمیم میگیرد نه اینکه مردم برای سرنوشت آنها تصمیم گیرند.

وَلِلَّـهِ مَا فِي السَّمَاوَاتِ وَمَا فِي الْأَرْضِ ۗ يَغْفِرُ لِمَن يَشَاءُ وَيُعَذِّبُ مَن يَشَاءُ ۚ وَاللَّـهُ غَفُورٌ رَحِيمٌ ﴿١٢٩﴾

معنی: و آنچه که در آسمانها و زمین است از آن خداوند(ج) است. هر کس را که بخواهد میبخشد و هرکس را که بخواهد عذاب میکند و خداوند(ج) آمرزندۀ مهربان است.

تفسیر: باز تاکید میکند که گناه مردم را خداوند(ج) بازرسی میکند که کی را میبخشد و کی را نمیبخشد. در این آیه، از آنجائیکه ایمان یک مسأله دل است، کفر و ایمان مردم و قضاوت آن تنها به دست پروردگار است. قسمیکه گفتیم تنها قانون جزای یک کشور مسلمان به اساس قوانین وضع شده و ثبوت میتواند یک شخص را محکوم به جزا کند نه کسی دیگر. قتل وحشیانۀ فرخنده در کابل نشانۀ بربریت یک جامعه را نشان داد که بدون محکمه و ثبوت، مردم از محکمۀ صحرایی کار گرفتند و این تنها زن ستیزی نبود بلکه نشان دهندۀ یک جامعه‌ای که در آن قانون حکمفرما نیست و غیر مدنی است، حکایت دارد. اسلام آمد تا مردم مدنی شوند و از طریق ایمان و قانون با هم معامله کنند نه بربریت. در شروع آیه میخوانیم که هر چه در آسمانها و در زمین است از آن خدا(ج) است. این مطلب مسأله اقتصادی و سیاسی مهم را افاده میکند و آن اینکه ذخایر معدنی، جنگلات، دریا، ابحار و فضا از آن خداوند(ج) است و کسی حق تشبث را ندارد. اما ما می‌بینیم که ذخایر معدنی به نفع یک گروه خاص بهره برداری میشود و قدرت های بزرگ مسایل فضایی را بین خود تقسیم کرده‌اند و ماهواره های شان جهان را به نفع خودشان اداره میکند. همچنان این آیه حکایت از یک حقیقت ساینس میکند که خلقت آسمانها و زمین یک و مطالبی که بین آنهاست مسأله مطالعات کهکشان را پرده برمیدارد که در سوره های بعدی انشاءالله بحث خواهیم کرد.

يَا أَيُّهَا الَّذِينَ آمَنُوا لَا تَأْكُلُوا الرِّبَا أَضْعَافًا مُّضَاعَفَةً ۖ وَاتَّقُوا اللَّـهَ لَعَلَّكُمْ تُفْلِحُونَ ﴿١٣٠﴾

معنی: ای آنانیکه ایمان آورده اید سود را دو برابر و چند برابر نگیرید و نخورید و از خداوند(ج) بترسید تا باشد که به فلاح رسید.

تفسیر: قرآن مردم مؤمن یعنی خداپرست را از گرفتن سود منع میکند. انسان به فلاح نمیرسد در صورتیکه سود خور باشد. سود در زمان افلاطون تقبیح شده بود و همچنان حضرت عیسی(ع) سود را حرام میدانست. اما قوه های مخرب جامعه و آنانیکه تنها منافع خود را در نظر داشتند سود را رواج دادند و امروز یک مرض مهلک جهانی شده است. همه بانک ها به سود است. قرضه بانک جهانی به سود است. جالب این است که وقتی یک کشور رو به انکشاف مانند افغانستان سود را داده نتوانست میخواهند به ذخایرمعدنی آن راه پیدا کنند تا پولی را که با سود قرض داده اند پس بگیرند و امپریالیزم همین است. در این حالت است که کشور به یغما میرود. اینکه ما هرگز صاحب یک قدرت اقتصادی نمیشویم برای این است که زیر قرض بانکی دفن هستیم و تنها کشورها نیست؛ خانواده ها هم زیر قرض با سود دفن هستند. قرض گرفتن یک نورم اجتماعی شده است. مردم بدون قرض زندگی کرده نمیتوانند، اصلاً حقوقی که میگیرند کافی نیست و نظام اقتصادی مجبور شان میکند تا قرض بگیرند و سود دهند. مسلمانان در کشورهای غربی مجبور هستند تا سود دهند تا صاحب خانه شوند و یا اولادشان به دانشگاه رود. در این گناهی نیست زیرا خداوند(ج) موقف شان را میداند. اگر خانه را به سود نخرند زیادتر صدمه اقتصادی می‌بینند و دین اسلام دین محرومیت و ضرر نیست.

وَاتَّقُوا النَّارَ الَّتِي أُعِدَّتْ لِلْكَافِرِينَ ﴿۱۳۱﴾

معنی: و از آتشی که برای کافران آماده شده بترسید.

تفسیر: از آنجائیکه سود خانمانسوز است کسانی سود میگیرند که ایمان ندارند خواه مسلمان باشد و خواه از یک دین دیگر باشد. سودخوری به مثابه کفر است. کشورهای رو به انکشاف نباید این طلسم خانماسوز امپریالیزم جهانی را لبیک گویند. کوشش کنند خود اکتفا شوند، ساده زندگی کنند و اما زیر بار قرض با سود بانکی نروند زیرا این عمل سود و سودگیری نه تنها کفرآمیز است استثمار کننده است و کشورها به نام کمک استثمار میشوند.

وَأَطِيعُوا اللَّهَ وَالرَّسُولَ لَعَلَّكُمْ تُرْحَمُونَ ﴿۱۳۲﴾

معنی: از خدا(ج) و پیامبر(ص) اطاعت کنید تا خداوند(ج) بالای شما رحم کند.

تفسیر: ما وقتی مشمول رحمت میشویم که از خداوند(ج) و پیامبر(ص) اطاعت کنیم. قرآن یک کتاب هدایت است و اما پیامبر(ص) فرهنگ دهنده است. هدف آیه همین است که شما هدایت را از خداوند(ج) بگیرید و پیامبر(ص) را پیروی کنید تا صاحب فرهنگ توحیدی، انسانی و مدنی شوید. این پیامبر(ص) بود که قرآن را به ما آموخت. هستند کسانیکه گویند ما قرآن را قبول داریم و اما سنت و حدیث را قبول نداریم. دلیل شان این است که بعضی از احادیث جنجال بر انگیز است. این برای این است که احادیث صد و پنجاه سال بعد از رحلت پیامبر(ص) جمع آوری شده است و از زبان اشخاص مختلف روایت شده و توسط شخص پیامبر(ص) بررسی نشده است. اما ما نمیتوانیم همه احادیث را یکسره نادیده بگیریم. احادیث باید مطابقت به قرآن داشته باشد زیرا حدیث درست، تفسیر قرآن است. سنت ها مقید به زمان و مکان است. سنت روش زندگی پیامبر(ص) بوده است و بعضی از آن سنت ها امروز قابل تطبیق نیست. مشکل یک عده زیاد مسلمانان همین است که تفاوت میان سنت و حدیث را نمیدانند و این باعث بسیار جگرخونی های اجتماعی شده است. حدیث جهانی است و آن حدیث که به قرآن مطابقت داشته باشد هرگز تغییر نمیکند و تطبیق آن به مسلمان فرهنگ اسلامی میدهد. طور مثال قرآن میگوید الهی بر علم من بیفزای (سوره طه آیهٔ ۱۱۴) به احادیث که در مورد این آیه روایت شده است توجه کنید: «آموختن علم برای مرد و زن فرض است.»، «در جستجوی علم باش حتی در چین.»، «از گهواره تا گور دانش آموز.» اینجاست که می‌بینیم این احادیث درست است و قابل تطبیق است زیرا به نص قرآن مجید مطابقت دارد. سنت قسمیکه گفتیم مقید به زمان و مکان است. طور مثال حضرت رسول کریم(ص) دندان های شانرا مسواک میکرد. امروز مسواک در دسترس ما قرار ندارد و اما بُرس و کریم/خمیرِ دندان استفاده میکنیم. هدف آن سنت نظافت دندان هاست نه اینکه حتماً باید با مسواک پاک شود. یعنی با مسواک کردن، پیشوای اسلام(ص) به مردم نظافت دندان را آموخت. اگر ما احادیث ثقه و درست را نادیده بگیریم هرگز فرهنگ اسلامی نمیداشته باشیم. پیشوای اسلام بنیانگذار فرهنگ اسلامی است و نظر به نص قرآن بهترین نمونهٔ زندگی است که از او پیروی باید کرد.(سوره احزاب آیهٔ ۲۱) اینکه مردم به حالت قومی و قبایلی زندگی میکنند و یا زن ستیز هستند و یا هر روز در نفاق بسر میبرند و یا حقوق مردم را پایمال میکنند و یا دین را تحمیل میکنند و مطلق غلط فهمیده اند و یا انسان را از حق آزادی به

نام دین محروم میکنند برای این است که فرهنگ اسلامی ندارند و پیام واقعی اسلام را ندانسته اند.

وَسَارِعُوا إِلَىٰ مَغْفِرَةٍ مِّن رَّبِّكُمْ وَجَنَّةٍ عَرْضُهَا السَّمَاوَاتُ وَالْأَرْضُ أُعِدَّتْ لِلْمُتَّقِينَ ﴿١٣٣﴾

معنی: بشتابید به سوی آمرزش پروردگارتان و [در طلب] بهشت آن که به وسعت آسمانها و زمین است، باشید که برای اهل تقوا آماده شده است.
تفسیر: انسان جایز الخطا است. اشتباه میکند، خطا میکند، سهو میکند و گناه میکند. اما خداوند(ج) بسیار غفور و رحیم است و بخشاینده است. در این آیه تشویق میکند اهل ایمان را که برای درخواست و حصول آمرزش پروردگار بشتابید و هیچ گاه ناوقت نیست. و بهشت که وسعت آن برابر به همه آسمانها و زمین است، آنرا طلب کنید. اینجا اشاره به معاد است که رکن ایمان است که ما باید به چیزهائیکه وعده داده شده است یقین داشته باشیم. قسمیکه در گذشته گفتیم این آیه هم فلسفه دکارت فرانسوی را رد میکند که «من وجود دارم، پس هستم» یعنی بعد از مرگ زندگی وجود ندارد. در حالیکه خداوند(ج) ما را به زندگی نوین و جاودانه در بهشت برین وعده میکند و از ما میخواهد که برای حصول آن از راه تقوا تلاش کنیم. تقوا دوری از بدی هاست. از هر بدی که شما دوری میکنید که هم به خود شما ضرر دارد و هم به مردم، شما با تقوا هستید. تقوا تنها در نماز خواندن نیست که از یک طرف نماز ادا کنید و از طرف دیگر حقوق مردم را پایمال کنید یا فحش بگویید و یا به مردم بی احترامی کنید و یا به خانواده خود بی‌حرمتی کنید.

الَّذِينَ يُنفِقُونَ فِي السَّرَّاءِ وَالضَّرَّاءِ وَالْكَاظِمِينَ الْغَيْظَ وَالْعَافِينَ عَنِ النَّاسِ ۗ وَاللَّهُ يُحِبُّ الْمُحْسِنِينَ ﴿١٣٤﴾

معنی: همان کسانیکه در [زمان] آسودگی و مشکلات [در راه مردم] خرج میکنند و از قهر و غضب جلوگیری میکنند و مردم را مورد عفوه و بخشش قرار میدهند، خداوند(ج) نیکوکاران را دوست دارد.
تفسیر: این آیه از نگاه روابط زیست باهمی که اقتصاد را با روانشناسی جامعه یعنی سوسیوسایکولوژی گره زده است فوق العاده حایز اهمیت است. اول اقتصاد را مطرح میکند و آنانی را خداوند(ج) دوست دارد که اگر در زمان آرامی و آسودگی باشند و یا زمان مشکلات باشند از چیزیکه

دارند دراه مردم صدقه میکنند. اینجا آیه میتواند در دو بخش مورد ارزیابی قرار گیرد. اول وقتی که خود ما در آسودگی و یا مشکلات به سر میبریم و یا جامعه در آسودگی و مشکلات به سر میبرد و اما خود در مشکلات میباشیم. گاهی اتفاق می‌افتد که خود ما در آسودگی به سر میبریم و اما جامعه مانند امروز افغانستان به مشکلات است و یا هم خود ما به مشکل هستیم و هم جامعه به مشکلات است. در هر دو صورت ما نباید دیگران را فراموش کنیم و هر چه داریم باید در راه مردم و رفاه مردم تقسیم کنیم. این آیه مسئوولیت در مقابل جامعه‌ای که زیست میکنیم مطرح میکند. آرامی ما در قبال آرامی دیگران است. هر گاهی که ما به فکر آسودگی دیگران باشیم ایمان ما امتحان میشود و تقوای ما به تمثیل کشیده میشود. آیه ربط میدهد موضع اجتماع را به روح و روان شخص که ما باید از قهر و غضب جلوگیری کنیم. قهر و غضب نه تنها موقف اجتماعی ما را ضعیف میسازد زیرا منحیث یک شخص بیحوصله و تندخو معرفی میشویم و مردم از ما دوری میکنند، در عین زمان به سلامتی ما صدمه وارد میکند. مردم روی مسایل موجه و غیر موجه قهر میشوند و این یک امر طبیعی است. اما چالش ما این است که چطور از قهر و غضب چه در خانواده که واحد کوچک اجتماع است و چه در اجتماع جلوگیری کنیم زیرا سلامتی خود ما مطرح است. مطالعات درباره قهر وغضب که امروز در دانشگاه ها چه در بخش روانشناسی و چه در بخش اداره و کار تدریس میکنند نشان میدهد که قهر و غضب باعث سردردی، مشکلات هضمی، بی‌خوابی، درد مفاصل، تشنج روحی، افسردگی، بلند رفتن فشار خون و سکتۀ مغزی میشود. جالب است که امروز این مسایل را از روی علم میدانیم. اما قرآن مجید چهارده صد سال قبل ما را از قهر و غضب هشدار میدهد که از قهر جلوگیری کنیم و گذشت داشته باشیم و مردم را مورد عفوه و بخشش قرار دهیم. یعنی این آیه یک بحث مهم روانشناسی را مطرح میکند.

وَالَّذِينَ إِذَا فَعَلُوا فَاحِشَةً أَوْ ظَلَمُوا أَنْفُسَهُمْ ذَكَرُوا اللَّهَ فَاسْتَغْفَرُوا لِذُنُوبِهِمْ وَمَنْ يَغْفِرُ الذُّنُوبَ إِلَّا اللَّهُ وَلَمْ يُصِرُّوا عَلَىٰ مَا فَعَلُوا وَهُمْ يَعْلَمُونَ ﴿۱۳۵﴾

معنی: و کسانیکه کارهای ناشایسته میکنند و یا به خود ظلم میکنند [باید] خداوند(ج) را یاد کنند و آمرزش بخواهند و چه موجودی جزء خداوند(ج) گناهان را می آمرزد؟ و آنانیکه دانسته و آگاهانه بر اعمال ناشایسته خود

پافشاری نمیکنند.

تفسیر: اول باید بدانیم که فحشا در لغت تنها زناکاری و اعمال جنسی غیر شرعی نیست قسمیکه اکثریت چنین تصور میکنند. هر کار بدی که مغایر اخلاق مدنی و خلاف موازین اخلاقی قرآن و ارشادات رسول کریم(ص) باشد فحشا است. رشوه فحشا است، دروغ فحشا است، کاذب بودن فحشا است، فریب مردم و تقلب فحشا است، قمار و مشروبات الکهولی فحشا است و غیره. اما اکثراً قسمیکه گفتیم فحشا را به یک عمل زنا خلاصه میکنند و به زنان بد کاره فاحشه خطاب میکنند. «فاحشه» در زبان عربی گناه زشت معنی میدهد. دوم نکته نظر آیه این است که مردم با اعمال ناشایسته تنها به جامعه صدمه وارد نمیکنند بلکه به خود ظلم روا میدارند. اینجا آیه فرد را محور اساسی در نظام اجتماعی قرار میدهد که ما نباید به خود ستم یا ظلم کنیم اگر میخواهیم از جنجال های زندگی فارغ باشیم. یک شخص که نماز نمیخواند اصلاً به خود ظلم میکند و یا قسمیکه در آیۀ قبلی تذکر رفت غضب میشود، اساساً به خود ظلم میکند و یا پُر خوری میکند به خود ظلم کرده است زیرا صحت خود را به مخاطره می اندازد. خداوند(ج) بندۀ خود را دوست دارد. هر اشتباهی که کند و آمرزش بخواهد و گناه خود را تکرار نکند خداوند(ج) او را می آمرزد. در این قسمت رابطۀ شخص تنها با خداوند(ج) است برای ستم که به خود روا داشته نه دیگران مشروط بر اینکه اشتباه جنبۀ اجتماعی نداشته باشد. در آنصورت خداوند(ج) هم نمیبخشد تا مردم نبخشند.

أُولَٰئِكَ جَزَاؤُهُم مَّغْفِرَةٌ مِّن رَّبِّهِمْ وَجَنَّاتٌ تَجْرِي مِن تَحْتِهَا الْأَنْهَارُ خَالِدِينَ فِيهَا ۚ وَنِعْمَ أَجْرُ الْعَامِلِينَ ﴿١٣٦﴾

معنی: پاداش اینها [در کنار] مغفرت از جانب خداوند(ج) بوستان هائی است که از زیر درختان آن نهرهای آب روان جاری است و جاودانه در آن میمانند و پاداش آنانیکه کار سالم میکنند چه نیکوست.

تفسیر: کسانیکه از کار های ناشایسته دوری میکنند مورد عفوه خداوند(ج) قرار میگیرند و نه تنها بخشیده میشوند در آن دنیا مکان شان جاهای گوارا مانند بوستان هائی است که درختان و جویبارهائی در آن گنجانیده شده است. از منتقدین اسلام شنیده شده که گفته اند برای این درخت و آب و نهر در قرآن آمده است که در شبه جزیره عرب همین ایکولوژی وجود نداشته است. اصل موضوع این است که قرآن با طبیعت انسان سخن

میگویـد. انسـان در دیگر کشورها هـم بـرای میلـه و تفریـح در جاهائـی کـه درخت و بـاغ و نهـر آب باشـد، میـرود. قرآن جاهائی را تذکر داده کـه بـا فطـرت انسـان هماهنگـی دارد و آن جـا هـا تـازه بـا طـراوت، سـرد، معتـدل و گـوارا اسـت. قرآن مژده میدهد کـه بعد از مـرگ اهـل ایمان در همیـن جاهـا زندگـی جاودانه دارنـد کـه بـا طبیعـت انسـانی سـازگار اسـت و دوسـت دارنـد.

قَدْ خَلَتْ مِن قَبْلِکُمْ سُنَنٌ فَسِیرُوا فِی الْأَرْضِ فَانظُرُوا کَیْفَ کَانَ عَاقِبَةُ الْمُکَذِّبِینَ ﴿۱۳۷﴾

معنـی: قبـل از شـما روش هـای زنـدگانی بـوده اسـت کـه گذشـته اسـت پـس در زمیـن [خـدا(ج)] سـیر و سـفر کنیـد و بنگریـد سـر انجـام آنهائیکـه تکذیـب کردنـد چگونـه اسـت.

تفسـیر: این آیـه از علـم باستانشناسی صحبـت میکنـد کـه پیـش از شـما روش هـای زندگـی دیگـر هـم بـوده اسـت. پـس شـما سـیر و سـیاحت کنیـد و حقیقـت را کشـف کنیـد، آنانیکـه چـه در گذشـته آیـات را تکذیـب کردنـد و چـه در حـال حاضـر تکذیـب میکننـد. این آیـه مـا را بـه دانسـتن وقایـع گذشـتۀ تاریـخ و آثاریکـه بـه جـا مانده اسـت تشـویق میکنـد. و این یـک حقیقـت مسـلم اسـت کـه انسـان امـروزی از گذشـته و تجـارب آن بسـیار مـی آمـوزد. دوم این آیـه نشـان دهنـدۀ این حقیقـت اسـت کـه جامعـۀ انسـانی همیشـه بـوده و درطـول تاریـخ از بیـن رفتـه اسـت و نسـل هـای جدیـد روی کار آمـده اسـت. پـس کشـف اسـتخوان هائیکـه حکایـت از چندیـن ملیـون سـال میکنـد تعجـب آور نیسـت. این آیـه مـردم را بـه سـیر و سـیاحت تشـویق میکنـد. و این هـم یـک واقعیـت دیگـر اسـت کـه انسـان امـروزی بـا سـیر و سـیاحت بسـیار می آمـوزد و بـه معـراج کمـال میرسـد. در آیۀ قبلـی دیدیـم کـه قرآن مـردم را از قهـر و غضـب منـع میکنـد و امـا در اول مسـأله اقتصـاد را مطـرح میکنـد. وقتـی مـا سـفر میکنیم می بینیـم کـه نظـام هـای دموکراسـی وکشـور هـای بـزرگ صنعتـی نتوانسـته اسـت کـه جلـو فقـر و بـی خانگـی و یـا فسـاد اخلاقـی را بگیـرد. امـروز در شـهرهای بـزرگ آمریـکا کـه قدیمیتریـن دموکراسـی بـه شـمار میرود نمیداننـد تـا چگونـه بـا فقـر و بیخانگـی مـردم مبـارزه کننـد. دموکراسـی هندوسـتان کـه از نـگاه نفـوس بزرگتریـن بـه شـمار میـرود فقـر و بدبختـی دامنگیـر جامعـه اسـت. مسـایل اخلاقـی دیگـر ماننـد نظـام طبقاتـی در هندوسـتان کـه «کاسـت» یـاد میشـود و یـا فحشـا در غـرب. این آیـه پاسـخگوی همیـن شـرایط اسـت کـه مـا بایـد درک کنیـم کـه اصـل مشـکل در کاذب بـودن نظـام هـای سیاسـی

است که به نفع مردم نیست. همچنان در کشور افغانستان بچه بازی و فقر و بیچارگی و یا بیسوادی در کشورهای اسلامی همه بیانگر کاذب بودن نظام های سیاسی است. هر نظام که باشد خواه غربی و یا شرقی اگر به اساس عدالت نباشد کاذب است. پس سفر کنید و حقیقت را کشف کنید که مشکل در کجاست. در غزلیات سعدی علیه الرحمه در باب این آیه میخوانیم:

بسیار سفر باید تا پخته شود خامی

صوفی نشود صافی تا در نکشد جامی

هَذَا بَيَانٌ لِّلنَّاسِ وَهُدًى وَمَوْعِظَةٌ لِّلْمُتَّقِينَ ﴿۱۳۸﴾

معنی: این بیانگر[عبرتها] برای مردم[مؤمن] و هدایت و پند است برای آنانیکه تقوا پیشه میکنند.

تفسیر: قسمیکه گفتیم وقتی شما در زمین سفر میکنید آنانیکه کاذب هستند و نظام های فرسوده و کاذب دارند به وضاحت میبینید. طور مثال مردمان آسیایی مانند هندوستانی ها و سریلانکائی ها در دوبی مطلق استثمار شده اند. آنانیکه ایمان دارند این حقایق را میبینند و تأسف میخورند و اما آنانیکه در ایمان خود ضعیف هستند تنها زرق و برق شهر دوبی را میبینند. به حالت مکذبین فکر هم نمیکنند. همچنان عده‌ای زیاد مردم مکزیک در امریکا استثمار میشوند و با پول فوق العاده کم در زمین های زراعتی کار میکنند. جالب اینکه آمریکائی ها داد از حقوق بشر هم میزنند. پس در سیر و سیاحت عبرت های بزرگ نهفته است. هدف سفر در اسلام تنها هواخوری و خوش گذرانی نیست بلکه کشف حقایق زندگی است.

وَلَا تَهِنُوا وَلَا تَحْزَنُوا وَأَنتُمُ الْأَعْلَوْنَ إِن كُنتُم مُّؤْمِنِينَ ﴿۱۳۹﴾

معنی: وبی ثبات نگردید و اندوهگین نشوید چرا که اگر مؤمن باشید شما برترید.

تفسیر: تنها اهل ایمان این واقعیت ها را درک میکنند و اما به شما میگوید که احتیاط کنید تا نه در ایمان تان بی ثبات شوید و نه متاثر شوید. شما یک برتری دارید که اقلاً شما کاذب نیستید و از نظام های کاذب جانبداری نمیکنید و خود شما مردم را استثمار نمیکنید، اگر واقعاً مؤمن هستید و از خدا ترس دارید. مؤمن بودن تنها به مسجد رفتن نیست و یا روزه گرفتن. مؤمن آن است که در نظام اجتماعی منحیث یک شخص

عادل دخیل باشد و از بیعدالتی ها جلوگیری کند و با نظام های فاسد و فروخته شده همکاری نکند و دست مردم را بگیرد.

إِنْ يَمْسَسْكُمْ قَرْحٌ فَقَدْ مَسَّ الْقَوْمَ قَرْحٌ مِثْلُهُ ۚ وَتِلْكَ الْأَيَّامُ نُدَاوِلُهَا بَيْنَ النَّاسِ وَلِيَعْلَمَ اللَّهُ الَّذِينَ آمَنُوا وَيَتَّخِذَ مِنْكُمْ شُهَدَاءَ ۗ وَاللَّهُ لَا يُحِبُّ الظَّالِمِينَ ﴿١٤٠﴾

معنی: اگر به شما [در اُحُد] آسیبی برسد آن گروه را نیز همانند آن [در بدر] آسیبی رسیده است و ما این روزها [شکست و پیروزی] در بین مردم میگماریم تا مؤمنان واقعی آشکار شود و از خود شما شاهدان [حقیقت] پیش آیند و [دانسته شود] که خداوند(ج) مردم ظالم را دوست ندارد.

تفسیر: اساس جنگ در اسلام تفکیک حق بر باطل است. تکثیر ایمان و تبلیغ ایمان مسئولیت هر مؤمن است. در جنگ یک هدف باید باشد درغیر آن سپاه بدون هدف واقعی جنگ، روحیات خود را مخصوصاً در ایام شکست از دست میدهد و یا به مشکلات روحی سپاه دچار میشود. این آیه بیانگر یک حقیقت است که شکست یا پیروزی هر دو جانب صدمه میبینند. اما مهم این است که کی ها تنها برای خدا(ج) مبارزه کرده اند و پاداش شان اگر شکست بخورند و یا پیروز شوند نزد خداوند(ج) همین است. سپاه آمریکایی در ویتنام شکست خورد و عده زیاد سپاه دچار تکالیف روحی شده بودند زیرا هدف جنگیدن برای شان مشخص نبود. عساکری که در عراق جنگیدند یک عده شان اعتراض کردند که هدف معلوم نیست و یک عده زیادشان دریافتند که جنگ عراق تنها به سود چند تن از سرمایه داران است. هدف جهاد در افغانستان احیای ایمان مردم بود و برنده شدند و چون نیت ها تغییر کرد در میدان سیاست بازنده شدند و سران مجاهدین خوش نام نرفتند زیرا قدرت طلبی جای ایمان را گرفت.

وَلِيُمَحِّصَ اللَّهُ الَّذِينَ آمَنُوا وَيَمْحَقَ الْكَافِرِينَ ﴿١٤١﴾

معنی: تا که خداوند(ج) مؤمنان را نیرومند گرداند و کافران را تدریجاً به نقصان مواجه میکند.

تفسیر: این یک قانون طبیعی است که وقتی یک شخص مخصوصاً از نگاه علم و فن ورزیده و نیرومند شود قوای مخالف را ضعیف میسازد. در این آیه در تفاسیر گذشته توجه لازم به ریشه لغت نشده است و «ولیمحص»

خالص ترجمه شده و «یمحق» نیست و نابود ترجمه شده است. هدف آیه این است که وقتی مسلمانان در عقیده ورزیده و نیرومند شوند دشمنان اسلام آهسته آهسته ضعیف میشوند تا اینکه از بین بروند نه اینکه نیست و نابود میشوند. تا جهان باقی است کفار هم است زیرا از نگاه جامعه شناسی انتی تز ایمان، کفر است. ایمان وقتی ارزش خود را نشان میدهد که در مقابل آن کفر قرار گیرد. ما وقتی ارزش ایمان را درست میدانیم که دین را علمی بیاموزیم و عقیده خود را قوی کنیم و در این صورت است که کفر بی‌اهمیت میشود. مثال برجستهٔ این آیه فتح مکه است وقتی مسلمانان از نگاه عقیدتی و تجهیزاتی نیرومند شدند کفار مکه تسلیم شدند.

أَمْ حَسِبْتُمْ أَن تَدْخُلُوا الْجَنَّةَ وَلَمَّا يَعْلَمِ اللَّهُ الَّذِينَ جَاهَدُوا مِنكُمْ وَيَعْلَمَ الصَّابِرِينَ ﴿١٤٢﴾

معنی: آیا گمان میبرید که داخل بهشت میشوید در حالیکه خداوند(ج) جهاد و استقامت شما را [در راه ایمان] آشکار نکرده است.

تفسیر: همین قسمیکه گناه جزا دارد؛ تلاش، استقامت و شکیبایی در ایمان پاداش دارد. تنها ما ادعا کنیم که راهی بهشت میشویم بدون اینکه در آن راستا سعی ورزیده باشیم یک تصور باطل است. هستند مردمانی که همین اندیشه غلط را دارند که همینکه کلمه طیبه را خواندی راهی بهشت میشوی ما باید در راه ایمانداری برای نفس خود و مردم کار کنیم تا مستحق بهشت شویم. جهاد که اساساً اکبر است یعنی اول نفس خود را صیقل دهیم و از همه بدی ها دوری کنیم و در کنار آن به مردم برسیم و در راه خدمت به مردم کوشش کنیم تا مستحق پاداش شویم. انسان و در این بحث مسلمان یک موجود اجتماعی است و مسؤولیت های بزرگ نه تنها برای خود و خانواده خود دارد بلکه برای جامعه هم دارد. این است که ما باید هم خود و هم جامعه را دستگیری کنیم تا امتیاز بهشت را بدست بیاوریم.

وَلَقَدْ كُنتُمْ تَمَنَّوْنَ الْمَوْتَ مِن قَبْلِ أَن تَلْقَوْهُ فَقَدْ رَأَيْتُمُوهُ وَأَنتُمْ تَنظُرُونَ ﴿١٤٣﴾

معنی: و قبل ازینکه با مرگ روبرو شوید [از روی احساسات] شهادت را آرزو میکردید و اما [در میدان جنگ] تنها نظاره میکردید.

تفسیر: انسان از نگاه طبیعی دو خاصیت دارد. یکی بسیار وقت به اساس احساس صحبت میکند و منطق روزگار را نادیده میگیرد و دوم اینکه حرف

میزند و در عمل پیاده نمیکنند. در آیهٔ قبلی دیدیم که خداوند(ج) تذکر میدهد که برای راه بهشت شما باید جهاد کنید. در این آیه جهاد اصغر را مشرح میکند که از مرگ یاد میکنید و از روی احساس شهادت را آرزو میکنید و اما به میدان معرکه یا جنگ میرسید جرأت ندارید با مرگ و شهادت که آرزو میکردید برابر شوید. آیات به هم یک تسلسل زیبا دارد و اگر توجه کنید به آیهٔ قبلی یک تفاهم دارد. ما در این دنیا به هیچ کار موفق نمیشویم تا در راه آن تلاش نورزیم و همچنین است راه بهشت. برای راه بهشت هم باید خدمات صادقانه انجام داد. اساساً کار و تلاش این دنیا اگر صادقانه باشد و تنها به منظور خدا پرستی باشد آخرت ما را میسازد. خدمات ما اول باید خاص برای مردم باشد و صادقانه باشد و توأم با خدا پرستی باشد و با این روحیه ما به بهشت خواهیم رسید.

وَمَا مُحَمَّدٌ إِلَّا رَسُولٌ قَدْ خَلَتْ مِن قَبْلِهِ الرُّسُلُ ۚ أَفَإِن مَّاتَ أَوْ قُتِلَ انقَلَبْتُمْ عَلَىٰ أَعْقَابِكُمْ ۚ وَمَن يَنقَلِبْ عَلَىٰ عَقِبَيْهِ فَلَن يَضُرَّ اللَّـهَ شَيْئًا ۗ وَسَيَجْزِي اللَّـهُ الشَّاكِرِينَ ﴿١٤٤﴾

معنی: و نیست محمد(ص) جزء پیامبری که قبل از اوهم پیامبران گذشتند. آیا اگر او بمیرد یا کشته شود به عقب بر میگردید: هر کس به عقب بر گردد به خداوند(ج) زیانی نمیرساند و خداوند(ج) آنانی را که سپاسگزار هستند پاداش خواهد داد.

تفسیر: شان نزول آیه در بارهٔ آوازهٔ بود که در جنگ احد اتفاق افتاد مبنی بر اینکه محمد(ص) کشته شده است. این شایعه دروغ بود و اما باعث تشویش مسلمانان شد مخصوصاً آنانیکه که در ایمان خود ضعیف بودند یعنی میدان جنگ را رها کردند و بعضی خواستند اسلام را ترک کنند که این آیه نازل شد. این آیه در زندگانی امروز هم حایز اهمیت فراوان است. مسلمانان بسیار تیت و پراگنده هستند. بحث های بیجا میکنند. یک عده از دین خارج شدند و به عقب بر گشتند و به عیسویت پیوستند و یا کافر شدند بدون اینکه قرآن را درست به شکل علمی مطالعه کنند؛ نه تنها اسلام را ترک کردند بلکه بر علیه اسلام تاخت و تاز کردند و تصور کردند که اسلام مانند عیسویت قرون وسطی است و به زندگانی امروز ربط ندارد و بیهوده است. سخت به اشتباه رفتند. آیه به ما میگوید که آیا اگر محمد(ص) در میان شما نباشد مثلیکه امروز نیست و اما خداوند(ج) است. گفتار پیامبر(ص) برای رهنمایی های فرهنگی ما وجود دارد. میشود

که اختلاف نظر ها وجود داشته باشد چنانچه پیامبر(ص) فرموده است: «اختلاف نظر رحمت امت من است» و اما نباید اتحاد اسلامی خود را از دست دهیم چنانچه داده ایم. در اثر ظهور مذاهب و طرز و دید و بینش های مختلف به جای اینکه آنرا یک وسیله زیست باهمی ببینیم کوشش میکنیم که همدیگر را غلط ثبوت کنیم. همه در اصول که خداوند(ج) حق است، قرآن او بر حق است و محمد(ص) بر حق است تفاوت نظر ندارند. در تفسیر و تاویل موضوعات و اتفاقات تاریخی تفاوت ها موجود است و باید باشد و ما باید دید و بینش همدیگر را احترام کنیم و از اصول خدا پرستی بیرون نشویم. اگر ما از اصول خدا پرستی بیرون میشویم به خداوند(ج) کدام زیانی نمیرسد و ما به خود صدمه میرسانیم. خداوند(ج) آنانی را که خدا پرست هستند دوست دارد.

وَمَا كَانَ لِنَفْسٍ أَن تَمُوتَ إِلَّا بِإِذْنِ اللَّهِ كِتَابًا مُّؤَجَّلًا ۗ وَمَن يُرِدْ ثَوَابَ الدُّنْيَا نُؤْتِهِ مِنْهَا وَمَن يُرِدْ ثَوَابَ الْآخِرَةِ نُؤْتِهِ مِنْهَا ۚ وَسَنَجْزِي الشَّاكِرِينَ ﴿١٤٥﴾

معنی: و هیچ کس بدون ارادهٔ خداوند(ج) نمی میرد و این سرنوشتی معین است و هر که پاداش این دنیا را بخواهد به او میدهیم و هر که پاداش آخرت را خواهد آنرا هم میدهیم و سپاسگزاران را پاداش میدهیم.

تفسیر: این آیه عمل یوتینیژیا را که در اروپا زیادتر رواج پیدا کرده است مطلق رد میکند. یوتینیژیا آن عمل است که مریض از درد زیاد خواهش میکند که دکتور معالج به زندگی او خاتمه دهد. زنده کننده و میرانندهٔ انسان خداوند(ج) است. هیچ کس این اجازه را ندارد که زندگی یک شخص را خاتمه دهد. در این آیه خداوند(ج) میگوید که هر انسان در این دنیا یک سرنوشت معین دارد و وقت او که پوره شد جهان را ترک میکند. خداوند(ج) دانا و توانا است و اگر کسی آرزوی خوبی های این دنیا را کند و یا آن دنیا را، برایش میدهد و سپاسگزاران را پاداش میدهد. این آیه زندگانی حضرت ایوب(ع) را به تمثیل میکشد که بسیار مریض شد و اما متداوم شکر گزار بود تا صحت خود را دریافت کرد. ما در ایام مریضی و ناجوری بسیار بیحوصله میشویم و اما باید بدانیم که در مریضی ما که خواه از غفلت دیگران مریض شدیم و خواه از گناهی که کردیم مریض شدیم و خواه از غفلت خود مریض شدیم، یک راز است و باید درهرحال در کنار دوا و طبیب که به تداوی خود میپردازیم شکر گزار باشیم. این را

هم به یاد بیاوریم که خداوند(ج) ظالم نیست که ما را مریض سازد. یعنی مریضی از جانب خداوند(ج) نیست.

وَكَأَيِّن مِّن نَّبِيٍّ قَاتَلَ مَعَهُ رِبِّيُّونَ كَثِيرٌ فَمَا وَهَنُوا لِمَا أَصَابَهُمْ فِي سَبِيلِ اللَّهِ وَمَا ضَعُفُوا وَمَا اسْتَكَانُوا ۗ وَاللَّهُ يُحِبُّ الصَّابِرِينَ ﴿١٤٦﴾

معنی: و بسی پیامبران که خدا پرستان در کنارشان مبارزه کردند و از هر رنجی که در راه مبارزه به خاطر خدا(ج) کشیدند، سست و بیچاره و درمانده نشدند و خداوند(ج) صابران را دوست می‌دارد.

تفسیر: قبول راه حق برای نسل بشر بسیار مشکل است. پیامبران برای آگاهی بشر نازل شد و عدهٔ قلیل سخن حق را درک کردند و در کنار پیامبرشان مردانه وار ایستادند و برای راه حق مبارزه کردند. اما این مبارزه با زور و خشم و انتحار و دهشت و وحشت که امروز داعش و طالب و القاعده و غیره به وجود آورده اند، نبود. مبارزه با وعظ حسنه و رساندن پیام حق بود. تجاوز در اندیشهٔ شان نبود. در میدان کارزار وقتی شهید شدند که به ایشان تجاوز صورت گرفت. مبارزه به اساس ایمان راسخ به خداوند(ج) و اعتقاد به گفتار پیامبر(ص) هرگونه ناامیدی و سستی را محو و نابود کرد. این آیه به ما می آموزاند که شما وقتی در امور موفق میشوید که اندیشهٔ سالم توحیدی داشته باشید به سخنان پیامبر(ص) معتقد باشید که برای ما مسلمانان پیامبر واپسین محمد(ص) بود و در امور صبور باشید. یعنی اندیشهٔ سالم با صبوری شما را در امور موفق میسازد.

وَمَا كَانَ قَوْلَهُمْ إِلَّا أَن قَالُوا رَبَّنَا اغْفِرْ لَنَا ذُنُوبَنَا وَإِسْرَافَنَا فِي أَمْرِنَا وَثَبِّتْ أَقْدَامَنَا وَانصُرْنَا عَلَى الْقَوْمِ الْكَافِرِينَ ﴿١٤٧﴾

معنی: [این گروه از مردمان با ایمان] گفتارشان جز این نبود که میگفتند که الهی! گناهان ما را بیامرز و از زیاده روی درامور ما در گذر و قدم های ما را [در راه ایمان] استوار نگهدار و ما را بر گروه کافران پیروز گردان.

تفسیر: دعای عمده است که مسلمانان باید از بَر کنند و همیشه بخوانند. در شروع دعا آمده است که گناهان ما را بیامرز. برای اینکه دعای ما قبول شود اول باید از گناه بپرهیزیم و بعد دعا میکنیم که اگر در کارهای ما زیاده روی صورت گرفته است و از عدالت و اعتدال خارج شدیم ما را مورد عفوه قرار ده. دعای ما وقتی قبول میشود که ما منزه از گناه باشیم و از اعتدال در امور و عدالت چه در جهاد و چه امور محوله اجتماعی و

خانواده‌گی عدول نکرده نباشیم.

فَآتَاهُمُ اللَّهُ ثَوَابَ الدُّنْيَا وَحُسْنَ ثَوَابِ الْآخِرَةِ ۗ وَاللَّهُ يُحِبُّ الْمُحْسِنِينَ ﴿١٤٨﴾

معنی: خداوند(ج) به آنها پاداش دنیوی و اخروی را عنایت کرد و خداوند(ج) نیکوکاران را دوست دارد.

تفسیر: وعده خدا(ج) حق است. خداوند(ج) هرگز به وعدۀ که به مؤمنان و نیکوکاران کرده است تخلف نمیکند. توجه کنید که در اخیر آیه میگوید: «مُحْسِنِینَ» یعنی نیکوکاران. اینجاست که خداوند(ج) به مؤمن بودن تنهایی ما کاری ندارد بلکه در کنار مؤمن بودن ما باید کارهای شایسته به خود و خانواده و اجتماع کنیم و در این حالت است که ما را دوست دارد.

يَا أَيُّهَا الَّذِينَ آمَنُوا إِن تُطِيعُوا الَّذِينَ كَفَرُوا يَرُدُّوكُمْ عَلَىٰ أَعْقَابِكُمْ فَتَنقَلِبُوا خَاسِرِينَ ﴿١٤٩﴾

معنی: ای آنانیکه ایمان آورده‌اید اگر از کافران پیروی کنید شما را به عقب باز میگردانند و آنگاه است که خساره مند شده باز میگردید.

تفسیر: هدف آیه تنها این نیست که مسلمان بعد از قبول ایمان دوباره کافر شود. ایمان کورکوانه نیست. ایمان یک نور الهی است و اگر کسی به درستی آنرا درک کرد هرگز به عقب بر نمیگردد. آنانیکه بعد از ایمان کافر شدند برای این بوده که از عقل و بصیرت کار نگرفته و بدون درک ایمان و هدف ایمان و تجلی ایمان خواسته که قبول کند و دوباره به عقب برگشته است. این آیه ما را هم در امور دنیوی پند میدهد که ما باید روش‌های اجتماعی و سیاسی و اقتصادی خود را داشته باشیم تا در این دنیا موفق شویم. یکی از دلایل بزرگ که کشورهای رو به انکشاف هرگز انکشاف نمیکند همین است که ما از غیر مسلمانان تقلید میکنیم و این تقلید به جای پیشرفت ما را خساره مند ساخته است زیرا موازی به اصول و فرهنگ اسلامی ما نیست.

بَلِ اللَّهُ مَوْلَاكُمْ ۖ وَهُوَ خَيْرُ النَّاصِرِينَ ﴿١٥٠﴾

معنی: بلی! خداوند(ج) مولای شماست و او بهترین کمک کنندگان است.

تفسیر: اینجا امید میدهد و مژده میدهد که یگانه یاری دهنده واقعی شما خداوند(ج) است و اوست که شما را به کامیابی میرساند. این یاری و نصرت وقتی به سراغ ما می‌آید که ما از خداوند(ج) و رسول(ص)

پیروی کنیم، روش‌های خانوادگی، اجتماعی، اقتصادی و سیاسی خود را به اساس اسلام بدون تبعیض بین زن و مرد، بدون تبعیض بین اقوام و مذاهب عیار کنیم و از تقلید کورکورانه از کفار و غیر مسلمانان بپرهیزیم. اگر ما در امور اجتماعی و سیاسی و اقتصادی از عدالت کار میگیریم و در امور بازسازی کشور به اساسات فرهنگ اسلامی و تاریخ کهن معماری خود اقدام کنیم، ظفر واقعی به سراغ ما خواهد آمد.

سَنُلْقِي فِي قُلُوبِ الَّذِينَ كَفَرُوا الرُّعْبَ بِمَا أَشْرَكُوا بِاللَّهِ مَا لَمْ يُنَزِّلْ بِهِ سُلْطَانًا ۖ وَمَأْوَاهُمُ النَّارُ ۚ وَبِئْسَ مَثْوَى الظَّالِمِينَ ﴿١٥١﴾

معنی: در دل کافران هراس و وحشت را افگنیم برای اینکه با خداوند(ج) شریک قایل شدند [در حالیکه] هیچگونه حجت و برهانی خداوند(ج) نفرستاده است. سر انجام کار اینها آتش است و آن جایگاه بد است برای مردم ظالم یا ستمکار.

تفسیر: یگانه چیزی را که خداوند(ج) نمی‌بخشد شرک است. شرک تنها این نیست که ما مانند یونان قدیم از خدایان متعدد یاد کنیم. یا بگوییم که خدا(ج) دو تا است. این تنها شرک نیست. شرک از نگاه توحید آن است که ما صانع خلقت را انکار میکنیم. شرک آن است که ما قانون طبیعت را که بانی آن خداوند(ج) است انکار میکنیم. شرک آن است که ما قانون طبیعت و قانون خدا(ج) را یکی نمیدانیم. اهل کتاب هم به خداوندیگانه اعتقاد دارند و با اینکه قرآن مجید ایشان را مشرک خطاب نمیکند و اما گمراه هستند، چرا؟ برای اینکه توحید را ندانسته اند. جهان هستی یک بافت دارد و همه با هم یک مُشت واحد است و انکار از این حقیقت شرک است. همچنان مالک واقعی جهان هستی خداوند(ج) است و کسیکه این نکته را درک نکند از دید قرآن مشرک است. سؤال در این است که چرا مشرک ظالم گفته شده است؟ برای اینکه مردم ظالم در اساس خلقت نابکاری میکنند و به نام ساینس و تحقیقات در نظم خلقت دست اندازی میکنند مانند داروین که امروز تئوری او غلط ثابت شده است. مانند آنانیکه به تحقیقات غیر منطقی ژنتیک دست میزنند و نظام خلقت را به بیراهه میکشانند. مانند مارکس که تصور کرد انسان تنها یک موجود مادی و اقتصادی است. اینها همه ظلم کردند و از همین رو، مشرک ظالم است و جای اینها آتش یعنی دوزخ است زیرا خداوند(ج) آرزو ندارد که آنها به خلقت او دست درازی کنند و خلقت را با نابسامانی

های فکری خود دگرگون کنند.

وَلَقَدْ صَدَقَكُمُ اللَّهُ وَعْدَهُ إِذْ تَحُسُّونَهُم بِإِذْنِهِ ۖ حَتَّىٰ إِذَا فَشِلْتُمْ وَتَنَازَعْتُمْ فِي الْأَمْرِ وَعَصَيْتُم مِّن بَعْدِ مَا أَرَاكُم مَّا تُحِبُّونَ ۚ مِنكُم مَّن يُرِيدُ الدُّنْيَا وَمِنكُم مَّن يُرِيدُ الْآخِرَةَ ۚ ثُمَّ صَرَفَكُمْ عَنْهُمْ لِيَبْتَلِيَكُمْ ۖ وَلَقَدْ عَفَا عَنكُمْ ۗ وَاللَّهُ ذُو فَضْلٍ عَلَى الْمُؤْمِنِينَ ﴿١٥٢﴾

معنی: و خداوند(ج) به وعدۀ خود با شما وفا کرد وقتی به اذن خداوند(ج) [دشمنان] را نیست و نابود کردید تا آنگاه که بی اراده شدید و در امور جنگ و جهاد اختلاف کردید و بعد از آنکه خداوند(ج) چیزی را که دوست داشتید (پیروزی) را به شما نشان داد، نافرمانی کردید. گروهی از شما [خوبی] های دنیا را میخواهد و گروهی [خوبی] های آخرت را. [اینجا بود که] شما را از کامیابی بر دشمن بازداشت تا شما را امتحان کند و خداوند(ج) شما را مورد عفوه قرار داد و خداوند(ج) بر مؤمنان فضل و بخشایش دارد.

تفسیر: انسان موجود عجیب است. زود با موفقیت های خود مغرور میشود و در اثر خودستایی غافل میشود و این باعث میشود تا سلسله کارها از پیش او به خطا رود و در امور بی اراده میشود. مسلمانان در جنگ اُحُد همین روحیه را داشتند و بعد از موفقیت بی اراده شدند زیرا تصور کردند که همین پایان کار است. مجاهدین افغانستان هم در جهاد افغانستان برنده شدند و اما بعد بی اراده شدند و بین هم اختلاف کردند و از خدا(ج) نافرمانی کردند و نتیجه‌اش را شما دیدید. فراموش نکنیم که وقتی ما کامیاب میشویم مورد امتحان خداوند(ج) قرار میگیریم. در اُحُد و جهاد افغانستان مسلمانان مورد امتحان بزرگ قرار گرفتند و بعد از جنگ میدان را باختند زیرا به اختلاف پرداختند. در هر حال خداوند(ج) بر مؤمنان بخشایش دارد.

إِذْ تُصْعِدُونَ وَلَا تَلْوُونَ عَلَىٰ أَحَدٍ وَالرَّسُولُ يَدْعُوكُمْ فِي أُخْرَاكُمْ فَأَثَابَكُمْ غَمًّا بِغَمٍّ لِّكَيْلَا تَحْزَنُوا عَلَىٰ مَا فَاتَكُمْ وَلَا مَا أَصَابَكُمْ ۗ وَاللَّهُ خَبِيرٌ بِمَا تَعْمَلُونَ ﴿١٥٣﴾

معنی: [به یاد آرید] آنگاه که پا به فرار گذاشتید و پروای کسی را نداشتید و پیامبر(ص) از پشت سرتان، شما را فرا میخواند. و بدین ترتیب [بود] که خداوند(ج) غم و اندوه را نصیب شما کرد تا پندی باشد [برای

آینده] که اندوهناک نشوید بر آنچه از دست دادید و آنچه بر سر شما آمده غم مخورید و خداوند(ج) به آنچه میکنید آگاه است.

تفسیر: وقتی ما در ایمان ضعیف باشیم استقرار فکری نخواهیم داشت و به مجردیکه فشار آید بی حوصله میشویم و نه تنها خود را فراموش میکنیم بلکه پروای دیگران را هم نداریم. این به خاطری است که ما دفعتاً فراموش میکنیم که خداوندی بالای سر ماست و نظاره گر اعمال ماست و دست گیرنده است. دوم اینکه هدف را فراموش میکنیم. آیهٔ فوق روی مسألهٔ جنگ اُحد بود که مردم فرار را بر قرار ترجیح دادند و پیامبر(ص) سرشان صدا میکرد و اما کو گوش شنوا؟ و اما حالا ما از این آیه چه پند میگیریم؟ امروز هم ما باید اول ثبات فکری خود را درست کنیم. هدف ما در امور محوله نه تنها جنگ و جهاد، دیگر مسایل زندگانی باید معلوم باشد وقتی هدف معلوم بود پیروزی ازآن ماست. اطاعت از پیشوای عادل است که ما باید پیروی کنیم و با او همکاری کنیم. بر تصمیم خود ثابت قدم باشیم. سُست بودن در امور ما را به عقب میکشاند. در راه مبارزه برادر خود را تنها نگذاریم و در امور به خداوند(ج) توکل کنیم یعنی اعتماد داشته باشیم.

ثُمَّ أَنزَلَ عَلَيْكُم مِّن بَعْدِ الْغَمِّ أَمَنَةً نُّعَاسًا يَغْشَىٰ طَائِفَةً مِّنكُمْ ۖ وَطَائِفَةٌ قَدْ أَهَمَّتْهُمْ أَنفُسُهُمْ يَظُنُّونَ بِاللَّهِ غَيْرَ الْحَقِّ ظَنَّ الْجَاهِلِيَّةِ ۖ يَقُولُونَ هَل لَّنَا مِنَ الْأَمْرِ مِن شَيْءٍ ۗ قُلْ إِنَّ الْأَمْرَ كُلَّهُ لِلَّهِ ۗ يُخْفُونَ فِي أَنفُسِهِم مَّا لَا يُبْدُونَ لَكَ ۖ يَقُولُونَ لَوْ كَانَ لَنَا مِنَ الْأَمْرِ شَيْءٌ مَّا قُتِلْنَا هَاهُنَا ۗ قُل لَّوْ كُنتُمْ فِي بُيُوتِكُمْ لَبَرَزَ الَّذِينَ كُتِبَ عَلَيْهِمُ الْقَتْلُ إِلَىٰ مَضَاجِعِهِمْ ۖ وَلِيَبْتَلِيَ اللَّهُ مَا فِي صُدُورِكُمْ وَلِيُمَحِّصَ مَا فِي قُلُوبِكُمْ ۗ وَاللَّهُ عَلِيمٌ بِذَاتِ الصُّدُورِ ﴿١٥٤﴾

معنی: سپس، بعد از آن غم، آرامشی [از طریق] خواب پینکی به شما فرود آورد که گروهی از شما را فرا گرفت و گروهی دیگر بودند که تنها در فکر خود بودند، و اندیشه های مشکوکانه مانند دوران جاهلیت دربارهٔ حقانیت خدا(ج) داشتند. [آنها] میگفتند: آیا ما را در این کار اختیاری هست؟ بگو: سررشتهٔ همه کارها به دست خداوند(ج) است. در دل خود چیزهائی را نهان داشتند که بر تو آشکار نمیکردند؛ میگفتند اگر کار به دست ما میبود کشته نمیشدیم. بگو: اگر در خانه های خود هم بودید کسانیکه مرُدن شان مقرر شده بود با پای خود به سراغ مرگ میرفتند

تا بدین اساس خداوند(ج) نیت های شما را بیازماید و آنچه در دل دارید تصفیه کند و خداوند(ج) به راز دل ها آگاه است.

تفسیر: نکات بسیار آموزنده در این آیه برای ما گفته شده است. اول اینکه «قُتِلنا» در این آیه در تفاسیر قتل ترجمه شده است که در فرهنگ ما قتل کردن یک جنایت است و خداوند(ج) قاتل کسی نیست. هدف آنجا از مُردن است. آیه از غم سخن میگوید. مسلمانان که ایمان به خداوند(ج) داشتند و به پیامبری رسول خدا(ص) اعتقاد داشتند با اینکه در جنگ اُحد سراسیمه شدند و اما نا امید نشدند و چون دل های شان مملو از عشق خداوند(ج) بود، خداوند(ج) به ایشان یک آرامش روحی داد و یک خواب سُبُک که عمیق نبود و ما آنرا پینکی میگوئیم برای شان فرو فرستاد تا آرام گیرند و آنهائیکه در دل ایمان نداشتند حقانیت خدا(ج) را زیر سؤال بردند و سؤال میکردند که چرا یک عده کشته شدند و اگر در این میدان کارزار نمی بودند کشته نمی‌شدند و از این قبیل سخنان بیهوده. این ها مانند بعضی از مجاهدین جهاد افغانستان بدون اینکه واقعاً خدا(ج) را بشناسند و ترس و عشق خدا(ج) در قلب های شان باشد راه جهاد در پیش گرفتند. یک عده به زنان تجاوز کردند. مسلمان، مسلمان را اسیر گرفت. به همدیگر اعتماد نداشتند و ما شواهد از این اعمال مجاهدین در دست داریم. چرا؟ برای اینکه قبل از اینکه خدا(ج) را درست بشناسند به جهاد رفتند و به جای خوبی مرتکب جنایت شدند. کابل را با راکت ها منهدم کردند. این ها برای خدا(ج) جهاد نکردند بلکه برای قدرت و جاه و مقام جنگیدند. آنانیکه ایمان مطلق ندارند تصور میکنند که کسی از نیت شان نمیداند. غافل از اینکه خداوند(ج) از نیت های شان آگاه است و از راز دل ها میداند. در این آیه خداوند(ج) راز مرگ را که آزمایش ایمان است به بندگان می آموزاند. چون ما روز رفتن خود را نمیدانیم ساعت رفتن و اینکه چگونه از این دنیا رخت بر میبندیم، نمیدانیم؛ مرگ حجت است بین ایمان و کُفر. آنانیکه ایمان به خداوند(ج) دارند نه تنها از مرگ نمیرسند بلکه منتظر آن هستند. آنانیکه ایمان دارند میدانند که مرگ یک آزمایش ایمان است. با اعتقاد به معاد ما ایمان خود را به خود ثابت میکنیم. کسیکه ایمان ندارد به روز آخرت و خداوند(ج) اعتقاد ندارد. نکتهٔ دیگر آموزنده این آیه قسمیکه گفتیم راز دل هاست. خداوند(ج) از راز دل ها میداند. اما مردم بی ایمان این را درک نمیکنند و چون خداوند(ج) از راز دل ها میداند مردم را با نیت های شان مورد مؤاخذه قرار میدهد نه اعمال شان. این مسأله از نگاه روانشناسی دین بسیار مهم و جالب است.

ما همیشه فکر میکنیم که تنها هستیم و نه اعمال ما را کسی میبیند و نه از نیت ما کسی میداند در حالیکه در نزد خداوند(ج) هیچ چیز پنهان نیست و ما نباید خود را فریب دهیم.

إِنَّ الَّذِينَ تَوَلَّوْا مِنكُمْ يَوْمَ الْتَقَى الْجَمْعَانِ إِنَّمَا اسْتَزَلَّهُمُ الشَّيْطَانُ بِبَعْضِ مَا كَسَبُوا ۖ وَلَقَدْ عَفَا اللَّهُ عَنْهُمْ ۗ إِنَّ اللَّهَ غَفُورٌ حَلِيمٌ ﴿١٥٥﴾

معنی: همانا کسانیکه در روز برخورد دو گروه [در جنگ اُحُد] از هم رو گرداندند [این] شیطان بود که ایشان را به سبب سُستی ایمان به لغزش کشاند و [اما] خداوند(ج) از آنها در گذشت چرا که خداوند(ج) آمرزندۀ بردبار است.

تفسیر: قسمیکه در آیات بالا دیدیم آنانیکه اعتقاد راسخ دارند و یا ندارند نزد خداوند(ج) آشکار است زیرا خداوند(ج) از راز دل ها آگاه است. به دنبال آیۀ قبلی به ما میگوید که در زمان برخورد دو گروه در جنگ اُحُد با هم اختلاف کردند. یکی با اعتقاد راسخ به میدان جنگ رفته بودند و گروه دیگر بدون اعتقاد راسخ به خداوند(ج). کسانی بودند که اعتقاد داشتند و اما شیطان در دل های شان وسوسه کرد و خداوند(ج) چون راز دل ها را میدانست سرشان سخت نگرفت و از ایشان درگذشت. این آیه در روزگار ما بسیار آموزنده است که ما باید در همه امور و کارهای خود اول به تفکر توحیدی خود اعتقاد داشته باشیم و به اعتقادات خود استوار باشیم و توکل به خداوند(ج) کنیم. شیطان وقتی وسوسه میکند که ما در اعتقاد خود ضعیف باشیم، درچیزیکه میدانیم ضعیف باشیم. مثلاً شما در یک موضوع صحبت میکنید، اگر سر خود حاکم هستید آزادانه و با ثبات صحبت کنید و از عقاید خود تنها دینی نه، بلکه دیگر موضوعات زندگی دفاع کنید. وقتی ما در میدان مبارزات فکری بازنده میشویم که در اصول اعتقادی خود ضعیف باشیم. یعنی به چیزیکه میگوئیم تسلط کامل نداریم. این آیه غفوری و رحیمی خداوند(ج) را نشان میدهد که اگر نیت شما درست باشد و اعتقاد شما سالم باشد و در این حال شیطان در دل شما وسوسه کند او شما را مورد عفوه قرار میدهد زیرا از دل شما آگاه است. پس خداوند(ج) هرگز و هیچ گاه بندۀ خود را به ناحق مورد بازخواست قرار نمیدهد زیرا حق المبین عادل و بردبار یعنی حلیم است.

يَا أَيُّهَا الَّذِينَ آمَنُوا لَا تَكُونُوا كَالَّذِينَ كَفَرُوا وَقَالُوا لِإِخْوَانِهِمْ إِذَا ضَرَبُوا فِي الْأَرْضِ أَوْ كَانُوا غُزًّى لَوْ كَانُوا عِنْدَنَا مَا مَاتُوا وَمَا قُتِلُوا لِيَجْعَلَ اللَّهُ ذَٰلِكَ حَسْرَةً فِي قُلُوبِهِمْ ۗ وَاللَّهُ يُحْيِي وَيُمِيتُ ۗ وَاللَّهُ بِمَا تَعْمَلُونَ بَصِيرٌ ﴿١٥٦﴾

معنی: ای آنانیکه ایمان آورده‌اید مانند کسانی نباشید که کافر شدند و دربارۀ برادران و خواهران [دینی] شان که به سیاحت رفتند و یا به جهاد رفتند، گفتند اگر نزد ما می‌ماندند، نمی‌مُردند و یا کشته نمی‌شدند تا خداوند(ج) این [پندار] ها را مایۀ حسرت در دل قرار دهد و خداوند(ج) است که زنده می‌کند و می‌میراند و خداوند(ج) به آنچه می‌کنید بیناست.

تفسیر: در این آیه خداوند(ج) به مؤمنان هشدار می‌دهد و چشم و گوش شان را باز می‌کند که مانند کفار که به حکمت پروردگار، روز آخرت و اینکه اعتقاد ندارند که خداوند(ج) از اعمال شان و دل های شان آگاه است، نباشید و تصور کنید که برادران و یا خواهران شما راهی جهانگردی شوند و یا راهی جهاد شوند و در خانه میماندند مرگ به سراغ شان نمی آمد. این حسرت بیجا و بیهوده است. خداوند(ج) زنده کننده و میراننده است و وقت و زمانیکه این دنیا را ترک میکنیم نزد خداوند(ج) است. ما باید آماده باشیم و بهترین آمادگی، آمادگی ایمان است که نجات دهنده ماست. فکر نکنید که خداوند(ج) شما را نمی بیند. همانطوریکه از دلهای شما آگاهی دارد اعمال انسان را هم می‌بیند و بصیر است. ما هیچ چیز را از خداوند(ج) پنهان کرده نمیتوانیم پس بهتر است کوشش کنیم تا یک انسان بهتر باشیم و قسمیکه در گذشته گفتیم خود را فریب ندهیم.

وَلَئِنْ قُتِلْتُمْ فِي سَبِيلِ اللَّهِ أَوْ مُتُّمْ لَمَغْفِرَةٌ مِنَ اللَّهِ وَرَحْمَةٌ خَيْرٌ مِمَّا يَجْمَعُونَ ﴿١٥٧﴾

معنی: و اگر در راه خدا(ج) کشته شوید و یا بمیرید آمرزش و رحمت خداوند(ج) بهتر است از آنچه دیگران در [زندگی] جمع میکنند.

تفسیر: کشته شدن و مُردن در راه خدا(ج) اجر بی پایان دارد. تنها در میدان جنگ و کار زار نیست. اگر کسی در اثر حق گفتن جان خود را از دست میدهد. اگر کسی با قلم از حقایق دفاع کند مرد باشد و یا زن باشد و به خاطر قلم، او جان اش را از دست بدهد و یا در هر مورد که حق و راستی و عدالت باشد و جان او را بگیرند شهید است و نام او جاودان است

و همیشه در خاطره هاست.

وَلَئِن مُّتُّمْ أَوْ قُتِلْتُمْ لَإِلَى اللَّهِ تُحْشَرُونَ ﴿١٥٨﴾

معنی: [به هر حال] اگر بمیرید و یا کشته شوید البته به سوی خدا(ج) محشور میشوید.

تفسیر: در آیهٔ قبلی از اجر و پاداش کشته شدن در راه خدا(ج) یادآوری شد. در این آیه به ما میگوید که اگر در راه خدا(ج) کشته شویم و یا نشویم و به مرگ طبیعی بمیریم بازهم جواب دادنی اعمال و گفتار و کردار خود هستیم و نزد خداوند(ج) محشور میشویم، پس باید متوجه خود باشیم. انسانی باشیم که خداوند(ج) ما را دوست داشته باشد. وقتی خدا(ج) دوست داشت آیندهٔ ما در آخرت تضمین است خواه بمیریم و یا خواه در راه خدا(ج) کشته شویم.

فَبِمَا رَحْمَةٍ مِّنَ اللَّهِ لِنتَ لَهُمْ ۖ وَلَوْ كُنتَ فَظًّا غَلِيظَ الْقَلْبِ لَانفَضُّوا مِنْ حَوْلِكَ ۖ فَاعْفُ عَنْهُمْ وَاسْتَغْفِرْ لَهُمْ وَشَاوِرْهُمْ فِي الْأَمْرِ ۖ فَإِذَا عَزَمْتَ فَتَوَكَّلْ عَلَى اللَّهِ ۚ إِنَّ اللَّهَ يُحِبُّ الْمُتَوَكِّلِينَ ﴿١٥٩﴾

معنی: پس تو به لطف و رحمت الهی با آنان نرم خویی کردی و اگر درشتخوی و سخت دل میبودی از گرد تو پراگنده میشدند. پس از ایشان در گذر و برایشان آمرزش بخواه و در امور با ایشان مشورت کن و چون تصمیمت را گرفتی برخداوند(ج) توکل کن که خداوند(ج) اهل توکل را دوست دارد.

تفسیر: این آیه در زندگانی امروز مخصوصاً مردمانی که در کشورهای صنعتی زندگی میکنند بی نهایت حایز اهمیت است. اینجا به معیار امروزی خداوند(ج) از قهر و غضب سخن به میان می‌آورد و میگوید که اگر شما از نرمش و نرم خویی کار نگیرید مردم از اطراف شما تیت و پراگنده میشوند. نه تنها که باید با مردم و زیر دستان و اهل اداره به نرمخویی رفتار کرد باید با ایشان مشوره کرد و نظر شانرا گرفت. اینجا به پیامبر(ص) سفارش میکند که با مردم مشوره کند و نظر شانرا چه در جنگ و غیر آن بگیرد و بعد تصمیم نهایی را گرفته به خداوند(ج) توکل کند. اساساً در این آیه خداوند(ج) به مردم «منجمنت مدرن» را تدریس میکند که ما چگونه برای اینکه در کار خود موفق باشیم یکی باید با اعصاب آرام با مردم رویه کنیم و دوم با همکاران و زیر دستان در امورمشوره کنیم و بعد

تصمیم گیری کنیم و وقتی تصمیم گرفتیم به خداوند(ج) توکل کنیم که حالا ارادهٔ خداوند(ج) در چه است.

إِن يَنصُرْكُمُ اللَّهُ فَلَا غَالِبَ لَكُمْ ۖ وَإِن يَخْذُلْكُمْ فَمَن ذَا الَّذِي يَنصُرُكُم مِّن بَعْدِهِ ۗ وَعَلَى اللَّهِ فَلْيَتَوَكَّلِ الْمُؤْمِنُونَ ﴿١٦٠﴾

معنی: [توجه کنید] که اگر خداوند(ج) شما را کمک کند کسی بر شما پیروز نخواهد شد و اگر رهایتان کند کیست که شما را کمک کند؟ پس مؤمنان باید به خداوند(ج) توکل کنند.

تفسیر: یار و یاور مؤمنان خداوند(ج) است. خداوند(ج) وقتی ما را یاد میکند و در پناه او قرار میگیریم که از یاد او غافل نباشیم. ما مخلوق هستیم و یگانه چاره ساز ما، یاری دهندهٔ ما، دست گیرندهٔ ما و حامی ما خداوند(ج) است و باید در همه امور به خداوند(ج) تکیه کنیم و به او اعتماد داشته باشیم. باید بدانیم که او هم بصیر است یعنی ما را میبیند و هم سمیع است ما را میشنود و از راز دلهای ما آگاه است پس نباید غفلت ورزیم. همچنان ما باید در امور خود تلاش کنیم، سعی ورزیم و وظایف ایمانی، وجدانی و اخلاقی خود را انجام دهیم و عاقبت الامر به خداوند(ج) توکل کنیم. توکل اعتماد معنی میدهد و یکی از اساسات عمدهٔ ایمانداری است زیرا ما خداوند(ج) را در قلب و وجود خود حس میکنیم. وقتی ما به خداوند(ج) توکل میکنیم در سایهٔ رحمت او قرار میگیریم و هرگز تنها نیستیم. آنهائیکه خود را تنها حس میکنند برای این است که درک نکرده اند که خدا(ج) با ایشان است و خداوند(ج) بندگان خود را دوست دارد و همیشه مؤمنین را در راه خیر یاری میرساند.

وَمَا كَانَ لِنَبِيٍّ أَن يَغُلَّ ۚ وَمَن يَغْلُلْ يَأْتِ بِمَا غَلَّ يَوْمَ الْقِيَامَةِ ۚ ثُمَّ تُوَفَّىٰ كُلُّ نَفْسٍ مَّا كَسَبَتْ وَهُمْ لَا يُظْلَمُونَ ﴿١٦١﴾

معنی: و هیچ پیامبر هرگز به غلط نمیرود. و هر کسیکه به غلط برود یعنی خیانت کند در روز قیامت در آن چیزیکه خیانت کرده است پاسخگوی خواهد بود و هر نفس همان را حصول میکند که [در طول حیات] کمایی کرده است و با هیچ کس برخورد غیرعادلانه یعنی ظلم صورت نمیگیرد.

تفسیر: در اینجا به مردم میگوید که شما گمان مبرید که پیامبر(ص) به شما خیانت کرده و حقایق را از شما پنهان نموده است. هیچ پیامبر هرگز نه پنهان میکند و نه به شما احتیاج دارد که خیانت کند. هرکسیکه به

شمول پیامبر(ص) به غلط رود در روز آخرت جوابگوی خواهد بود. هر نفس یعنی هر انسان مسؤول اعمال و گفتار و کردار خود است و همان چیزی را درآخرت حصول میکند که در طول حیات کمایی کرده است و بر هیچ کس ظلم و ستم نمیشود زیرا خداوند(ج) عادل است. این آیه از صداقت پیامبر(ص) سخن میگوید مخصوصاً که پیشوای اسلام قبل از پیامبری مشهور به شخص امین بود. مردم را اطمینان میدهد که به پیامبر(ص) اعتماد داشته باشند زیرا او نه غلط میرود و نه به شما خیانت میکند و نه از شما چیزی را پنهان میکند. به همه مردم هشدار میدهد که شما هر کدام مسئول خود و نفس خود هستید و هرعملی که انجام میدهید برابر به آن پاداش میگیرید و ظلم و ستم به شما نمیشود. این عدالت خداوندی است. نکتهٔ مهم در این آیه از نگاه انتروپولوژی اصالت انسان است که او را مسئول میسازد.

أَفَمَنِ اتَّبَعَ رِضْوَانَ اللَّهِ كَمَن بَاءَ بِسَخَطٍ مِّنَ اللَّهِ وَمَأْوَاهُ جَهَنَّمُ ۚ وَبِئْسَ الْمَصِيرُ ﴿١٦٢﴾

معنـی: آیا کسیکه خشنودی خداوند(ج) را میجوید مانند همان کسی است که خشم خدا(ج) را به خود باز میگرداند؟ جای او جهنم است و چه بد جایی است.

تفسـیر: نمیشود در تناقض زندگی کرد که از یک سو خشنودی خدا(ج) را بجوییم و از جانب دیگر غضب خدا(ج) را به خود باز گردانیم؛ کسانیکه به جهنم وعده داده شدند. به ادامهٔ آیهٔ قبلی هر انسان مسئول نفس خود است و اینجا خداوند(ج) میخواهد که شما در حالت دورویی و دو دلگی نباشید. اگر آرزو دارید که زندگی با سعادت داشته باشید. تأکید آیه روی موضوع خداپرستی است و اما از نگاه جامعه شناسی این آیه هم حکایت از این دارد که ما باید به اساس یک اصول اخلاقی زندگی کنیم که ریشه آن خداپرستی است و در همه حالات خداوند(ج) را در قلب خود داشته باشیم تا پشیمان نشویم. ما میتوانیم با خداپرستی از همین جهان برای خود بهشت روی زمین را بسازیم و یا با دستان و تفکر جاهلانه خود همین دنیا را برای خود جهنم بسازیم. این آرزوی خداوند(ج) برای بندهٔ مؤمن نیست.

هُمْ دَرَجَاتٌ عِندَ اللَّـهِ ۗ وَاللَّـهُ بَصِيرٌ بِمَا يَعْمَلُونَ ﴿١٦٣﴾

معنی: آنها در نزد خداوند(ج) صاحب منزلت ها و مقامات هستند و خداوند(ج) به آنچه میکنند بینا است.

تفسیر: میبینید که ما وقتی به درجات بلند میرسیم که حواس خداپرستی ما بلند باشد. یعنی اینکه ما به مقام های مختلف نزد خداوند(ج) میرسیم از سعی و تلاش خود ماست زیرا خداوند(ج) میبیند که ما چه میکنیم. این عملکرد خود ماست که ما را به اعلی علیین میرساند و هر انسان این فرصت برایش از جانب خداوند(ج) مهیا شده است مشروط بر اینکه درک خداپرستی او قوی باشد. امکان دارد که یک انسان به اندوختهٔ ثروت نایل شود و یا صاحب اولاد شود و یا تحصیلات عالی داشته باشد و اگر کمبودی ایمان داشت اینها همه میتواند باعث سرنگونی شخص شود و اما خودش نمیداند که سرنگونی او از بابت بی ایمانی است و اعتراف هم نمیکند و این اشخاص با همه ثروت و زرق و برق مادی بیراه هستند.

لَقَدْ مَنَّ اللَّـهُ عَلَى الْمُؤْمِنِينَ إِذْ بَعَثَ فِيهِمْ رَسُولًا مِّنْ أَنفُسِهِمْ يَتْلُو عَلَيْهِمْ آيَاتِهِ وَيُزَكِّيهِمْ وَيُعَلِّمُهُمُ الْكِتَابَ وَالْحِكْمَةَ وَإِن كَانُوا مِن قَبْلُ لَفِي ضَلَالٍ مُّبِينٍ ﴿١٦٤﴾

معنی: به راستی که خداوند(ج) بر مؤمنان منت گذاشت وقتی از میان خودشان پیامبری برانگیخت تا آیات خداوند(ج) را به مردم بخواند و [از شرک] پاکشان سازد و به ایشان کتاب و حکمت بیاموزد در حالیکه بدون تردید در گمراهی قرار داشتند.

تفسیر: یکی از بزرگترین نعمت های خداوند(ج) به بشریت پیامبر اکرم حضرت محمد مصطفی صلی الله علیه و سلم میباشد. مردی که از بین مردم به پیامبری انتخاب شد تا مردم از نگاه روانی و روحی خود را آرام تر احساس کنند. نظر به این آیه، یکی از وظایف پیامبر(ص) رهنمایی بشریت بود تا از شرک پاک شان سازد و به راه علم و حکمت ایشان را رهنمایی کند. سعادت بشری تنها در آموختن علم نیست که ما دانشگاه برویم. اول در پاکسازی قلب و روح ما از هرگونه شرک است و بعد تحصیل علوم و حکمت. این را خداوند(ج) برای بشریت آرزو دارد که اول شما خود را از شرک پاک کنید و بعد در پی آموختن علم شوید زیرا بدون علم ما نمیتوانیم رسالت انسانی خود را به پایهٔ اکمال برسانیم. و رسالت انسانی

ما حتی که تحصیل یافته باشیم با موجودیت شرك با تأثیر گزار نخواهد بود. متأسفانه امروز تعداد زیاد مسلمانان با خرافات زندگی میکنند و از آموزش و پرورش خبری نیست و این فاجعه را بار آورده است. آیه به وضاحت حاکی از یك حقیقت بزرگ است که خدا پرستی توأم باید با آموختن علم باشد و از ارشادات پیامبر اکرم(ص) باید آموخت زیرا نظر به نص قرآن پاك محمد(ص) رحمت العالمین است و الگوی زندگی برای مسلمانان.

أَوَلَمَّا أَصَابَتْكُم مُّصِيبَةٌ قَدْ أَصَبْتُم مِّثْلَيْهَا قُلْتُمْ أَنَّىٰ هَٰذَا ۖ قُلْ هُوَ مِنْ عِندِ أَنفُسِكُمْ ۗ إِنَّ اللَّهَ عَلَىٰ كُلِّ شَيْءٍ قَدِيرٌ ﴿١٦٥﴾

معنی: وقتی برای شما رنجی رسید که بطور قطعی دو برابر آن را خود [به دشمن] وارد کرده بودید، گفتید: این رنج از کجاست؟ بگو: از جانب خود شماست. خداوند(ج) بر هر کاری تواناست.

تفسیر: این آیه اشاره به جنگ اُحد دارد که مسلمانان به خود ضربه وارد کردند وقتیکه سنگرها را خالی کردند و از خود سؤال میکردند که این مصیبت یا رنج از کجا شد؟ حالا داستان اُحد گذشت و اما امروز این آیه به ما چه را تعلیم میدهد؟ آیه بیانگر یك حقیقت بزرگ است. قسمیکه در گذشته اشاره کردیم که ما مسلمانان باید در کار خود با ثبات باشیم. از دو دله گی و تضاد فکری دوری کنیم. ارشادات ثقۀ پیامبر(ص) را در امور خود بعد از احکام الهی به یاد بیاوریم. درعزم و برنامه‌های زندگی ثابت قدم باشیم و در این صورت است که پیروزی از ماست.

وَمَا أَصَابَكُمْ يَوْمَ الْتَقَى الْجَمْعَانِ فَبِإِذْنِ اللَّهِ وَلِيَعْلَمَ الْمُؤْمِنِينَ ﴿١٦٦﴾

معنی: و آنچه در روز برخورد دو گروه [در جنگ اُحد] به شما رسید، به ارادۀ خداوند(ج) بود تا مؤمنان واقعی را برای [مردم] شناسایی کند.

تفسیر: شناخت منافقین کار بس مشکل است زیرا دین و اعتقاد به خداوند(ج) کار دل است و عقیدۀ مردم نه به چشم دیده میشود نه به عباء و قباء. در این آیه آنانیکه منافق بودند خطای خود را بر ملا ساختند و خداوند(ج) ایشان را برای اهل ایمان آشکار ساخت تا متوجه خود باشند. مطلب مهم را که در این آیه مسلمانان باید توجه داشته باشند این است که خطرناکترین مردم منافقین هستند که به نام مسلمان، اسلام و مسلمانان را تخریب میکنند و دست شان با بیگانه بسته است و برای بیگانه خدمت

میکنند. برای منافع بیگانه حقوق مسلمانان را مصالحه میکنند. شخص منافق از کافر و مشرک بدتر است زیرا مردم کافر و مشرک را میشناسد که آنها به راه خود روان هستند و اما منافق را کسی نمیشناسد تا ما در اعمال او دقیق نشویم و ایشان را شناسایی نکنیم. نمایندۀ آمریکا در قضیۀ افغانستان بهترین نمونۀ منافق و منافقت بود.

وَلِيَعْلَمَ الَّذِينَ نَافَقُوا ۚ وَقِيلَ لَهُمْ تَعَالَوْا قَاتِلُوا فِي سَبِيلِ اللَّهِ أَوِ ادْفَعُوا ۖ قَالُوا لَوْ نَعْلَمُ قِتَالًا لَاتَّبَعْنَاكُمْ ۗ هُمْ لِلْكُفْرِ يَوْمَئِذٍ أَقْرَبُ مِنْهُمْ لِلْإِيمَانِ ۚ يَقُولُونَ بِأَفْوَاهِهِم مَّا لَيْسَ فِي قُلُوبِهِمْ ۗ وَاللَّهُ أَعْلَمُ بِمَا يَكْتُمُونَ ﴿١٦٧﴾

معنی: و تا آشکار سازد کسانی را که منافق بودند و به آنان گفته شد بیایید در راه خدا(ج) بجنگید و یا [از حق] دفاع کنید، گفتند: اگر[هنر جنگ] را میدانستیم حتماً از شما پیروی میکردیم. [اما] آنها در آن روز به کفر نزدیکتر بودند نظر به ایمان. به زبان مطالبی را گویند که در دلهای شان نیست و خداوند(ج) به آنچه پنهان میدارند داناتر است.

تفسیر: یکی از مسایل عمده از صدر اسلام تا امروز موضوع منافقین است که در بالا اشاره کردیم و خداوند(ج) از دلهای شان میداند و اما برای مردم بسیار مشکل است که منافق را بشناسند. منافق بهترین عربی صحبت میکند. قرآن و حدیث را از بردارد. لباس و عمامه به سر میکند و اما مسلمانان را اغوا میکند و فریب میدهد. به یاد دارم قبل از فاجعۀ یازدهم سپتامبر در آمریکا یکی از آمریکائیان که مسلمان شده بود و از نوجوانی زبان عربی را هم فصیح صحبت میکرد و منحیث یک شیخ در جامعۀ آمریکا عرض اندام کرده بود و یک عدۀ زیاد جوانان را بسیار متعصب به بار آورد و به ضد آمریکا جوانان را تحریک میکرد. لباس غربی را مورد انتقاد قرار میداد. خودش قبل از یازدهم سپتامبر لباسهای مضحک به تن میکرد. بعد از یازدهم سپتامبر اولین کسیکه در صف اول منحیث مسلمان در کانگرس آمریکا نشسته بود همین مرد منافق بود. همه مردم به حیرت رفته بودند که تا دیروز این مرد به ضد آمریکا و زندگی غرب سخنرانی میکرد و اما امروز چطور شد که یکباره لباس غربی به تن کرد و نکتایی بسته کرد و در صف اول نشست. اما خداوند(ج) این مردمان را رسوا میکند و اما وقت را در بر میگیرد. قبلاً گفته بودیم که چون کفار اعتقاد ندارند که خداوند(ج) سمیع و بصیر است و از دلها آگاه است، کفار همیشه دو دله هستند و تصور میکنند که کسی از دلهای شان آگاه نیست و همیشه

هم به نعل میزنند و هم به میخ. این آیه به وضاحت منافقین را آشکار میسازد. دو نکتهٔ مهم است اول اینکه ما باید بدانیم که اگر ایمان داریم و یا نداریم اعمال و گفتار و کردار ما نزد خداوند(ج) واضح و روشن است و ما چیزی را پنهان کرده نمیتوانیم. دوم باید کوشش کنیم تا منافقین را در صف خود شناسایی کنیم. یکی از دلایلی که صفوف مسلمین همیشه متضرر میشود موجودیت منافقین است که در بین مسلمانان جا گرفته اند. منافق خلاف اسلام و منافع مسلمانان عمل میکند.

الَّذِينَ قَالُوا لِإِخْوَانِهِمْ وَقَعَدُوا لَوْ أَطَاعُونَا مَا قُتِلُوا ۗ قُلْ فَادْرَءُوا عَنْ أَنْفُسِكُمُ الْمَوْتَ إِنْ كُنْتُمْ صَادِقِينَ ﴿١٦٨﴾

معنی: همان هائیکه به برادران خود گفتند که اگر از ما پیروی میکردند کشته نمیشدند. بگو: اگر [در گفتار تان] صادق هستید مرگ را از خود دور کنید.

تفسیر: منافقان در زمان جنگ اُحُد کناره گیری کردند و به کسانیکه به جنگ رفتند و کشته شدند تبصره کردند که اگر به سخن ایشان گوش میدادند کشته نمیشدند. برایشان گفته میشود که اگر به چیزیکه شما میگویید راست هستید مرگ را از خود دور کنید. منافقان نمیدانستند که جنگ در راه خدا(ج) برای تحکیم عدالت و صلح و زیست مسالمت آمیز چه ثواب و اجر بزرگ دارد. و اینقدر کم عقل هستند که فکر میکنند که تنها مردم در راه جنگ کشته میشوند. در حالیکه مرگ در هر حالت به سراغ انسان آمدنی است و از آن گریزی نیست خواه به جنگ برویم و یا نرویم.

وَلَا تَحْسَبَنَّ الَّذِينَ قُتِلُوا فِي سَبِيلِ اللَّهِ أَمْوَاتًا ۚ بَلْ أَحْيَاءٌ عِنْدَ رَبِّهِمْ يُرْزَقُونَ ﴿١٦٩﴾

معنی: هرگز کسانی را که در راه خدا(ج) کشته شده اند مرُده مپندار، آنها زنده هستند و در نزد پروردگارشان روزی داده میشوند.

تفسیر: نه تنها که زندگی بعد از مرگ برای مسلمانان وعده داده شده است یعنی زندگی انسان مانند علف هرزه نیست که بعد از مرگ هیچ و پوچ باشد بلکه آنانیکه در راه خدا(ج) میمیرند نزد پروردگارشان روزی داده میشوند و حیات جاودانی دارند و از دیگر کسانیکه جهان را به طور طبیعی ترک کرده‌اند زندگی معنوی بلندتر دارند. اینجا مقام شهید را هم بازگو

میکند که شهید در راه اسلام نزد خداوند(ج) مقام بسیار شامخ دارد. آیه در مورد آنانی است که شهید شده اند و اما آنانیکه درراه خدا(ج) جهان را ترک میکنند در دنیا هم نام شان همیشه باقی است و هرگز از اذهان دور نمیشود. یعنی نام شهید در دنیا و آخرت همیشه بلند است.

فَرِحِينَ بِمَا آتَاهُمُ اللَّهُ مِن فَضْلِهِ وَيَسْتَبْشِرُونَ بِالَّذِينَ لَمْ يَلْحَقُوا بِهِم مِّنْ خَلْفِهِمْ أَلَّا خَوْفٌ عَلَيْهِمْ وَلَا هُمْ يَحْزَنُونَ ﴿١٧٠﴾

معنی: به آنچه خداوند(ج) به ایشان [در آن دنیا] داده است خوشحال هستند و به بازماندگانیکه هنوز به ایشان نه پیوسته اند با خوشی خود بشارت میدهند که نه بیمی بر ایشان است و نه اندوهگین شوند.

تفسیر: جسم خاک میشود و اما روح انسان به ملکوت میپیوندد. انسانیکه در راه خدا(ج) کشته شده بسیار در آن دنیا مسرور است و حتی به کسانیکه به ایشان نه پیوسته اند مسرور هستند که نباید ازمرگ ترس و بیم داشته باشند. انسان مؤمن از مرگ هراس ندارد زیرا میداند که زندگانی جاودانی منتظر اوست. رزق در این آیه هدف از خوراک نیست. در آن دنیا کسی گشنه و تشنه نمیشود. روزی یا رزق در اینجا معنویات بسیار بلند است که خداوند(ج) به آنان که در راه او جان خود را از دست میدهند اعطا میکند. این آیه اعتقاد به معاد را یکی از اساسات مهم ایمانداری میسازد زیرا زندگی با ایمان و با عزت و با اخلاق مدنی سالم این دنیا، زندگی با شکوه معنوی آن دنیا را میسازد.

يَسْتَبْشِرُونَ بِنِعْمَةٍ مِّنَ اللَّهِ وَفَضْلٍ وَأَنَّ اللَّهَ لَا يُضِيعُ أَجْرَ الْمُؤْمِنِينَ ﴿١٧١﴾

معنی: به نعمت و فضل الهی [مشکور] اند و اینکه خداوند(ج) پاداش مؤمنان را بدون اجر نمیگذارد مسرور هستند.

تفسیر: رفتگان در راه خدا(ج) به جهانیان مژده میدهند که مطمئن باشید که اعمال نیک و ایمان با صدق شما بی بهره نیست و خداوند(ج) اجر همه را به شما میدهد. زیبایی این آیه در این است که دنیا را به آخرت وصل میکند و همچنانکه ما در این دنیا زحمت میکشیم و خداوند(ج) اجر اعمال نیک ما را میدهد؛ در آن دنیا هم ما را به خاطر نیکی های ما در این دنیا، پاداش میدهد. یعنی عمل نیک ما در این دنیا تنها برای دنیا نیست، اندوختهٔ آخرت ماست.

الَّذِينَ اسْتَجَابُوا لِلَّهِ وَالرَّسُولِ مِن بَعْدِ مَا أَصَابَهُمُ الْقَرْحُ ۚ لِلَّذِينَ أَحْسَنُوا مِنْهُمْ وَاتَّقَوْا أَجْرٌ عَظِيمٌ ﴿۱۷۲﴾

معنی: کسانیکه دعوت خدا(ج) و پیامبر(ص) را بعد از اینکه زخم برداشتند اجابت کردند برای آنها اجر و پاداشی بزرگ است.

تفسیر: آیه در مورد جنگ اُحد است که مؤمنان دعوت خدا(ج) و پیامبر(ص) را لبیک گفتند و خواه مخواه خداوند(ج) اجر عظیم به ایشان ارزانی داشت. اما آیه بسیار فراگیر و عالمگیر است. امروز هم ما مسلمانان اگر در اثر تبلیغ بر حق دین و گفتن حقایق و افشاء حقایق ضربه میخوریم خداوند(ج) اجر آن را میدهد. ما نباید چنین تصور کنیم که این آیات تنها برای جنگ بدر بوده و برای زندگی امروز ما نیست. مسلمانان واقعی که در راه دین کار میکنند مورد تمسخر قرار میگیرند. یا حقایق را می‌نویسند به چالش ها برابر میشوند نباید اندوهگین شوند زیرا اجر زحمات خود را می‌بینند.

الَّذِينَ قَالَ لَهُمُ النَّاسُ إِنَّ النَّاسَ قَدْ جَمَعُوا لَكُمْ فَاخْشَوْهُمْ فَزَادَهُمْ إِيمَانًا وَقَالُوا حَسْبُنَا اللَّهُ وَنِعْمَ الْوَكِيلُ ﴿۱۷۳﴾

معنی: [برخی از مردم] گفتند مردمان برای جنگ با شما گرد آمده اند، پس از آنان بترسید، ولی [این سخن] بر ایمان شان افزود و گفتند خداوند(ج) ما را بس است و بهترین حمایتگر کارساز و نیکو است.

تفسیر: مؤمن واقعی هرگز از کسی نمیترسد به جزء خداوند تبارک و تعالی که حامی و پشتیبان واقعی مؤمنین است. منافقین همیشه ما را از قوای نظامی مخالفین، از ثروت و تکنالوژی آنها میترساند که نه باید در مقابل شان ایستادگی کنیم و زبون باشیم. اینجاست که ما خود را به دست خود به دشمن اسلام تسلیم میکنیم و راه استثمار را خود باز میکنیم. اگر ما متحد میباشیم، هدف مشترک میداشته باشیم و مرام ما استقلال و آزادی انسان و حقوق بشر و کرامت انسانی باشد. خداوند(ج) هر قدر اندک باشیم از ما حمایت میکند و آیا از خداوند(ج) کرده حامی بزرگ تر و قوی تر و داناتر میداشته باشیم؟ جالب این است که آنهائیکه ایمان شان قوی است هر قدر دشمن کوشش میکند تا اسلام را تخریب کند، مسلمانان را زیر فشار قرار دهد چنانچه مسلمانان آمریکا بعد از فاجعۀ یازدهم سپتامبر زیر فشار قرار گرفتند و یا بعدها دولت آمریکا ورود اتباع یک عده کشورهای

اسلامی را به آمریکا ممنوع قرار داد؛ بازهم مسلمانان قوی‌تر شده رفتند و نه حراسیدند.

فَانقَلَبُوا بِنِعْمَةٍ مِنَ اللَّـهِ وَفَضْلٍ لَّمْ يَمْسَسْهُمْ سُوءٌ وَاتَّبَعُوا رِضْوَانَ اللَّـهِۗ وَاللَّـهُ ذُو فَضْلٍ عَظِيمٍ ﴿١٧٤﴾

معنی: در نتیجه با نعمت و تفضل خداوند(ج) بازگشتند بدون اینکه آسیبی به ایشان رسیده باشد. [این برای این بود] که در پی رضا و خوشنودی خداوند(ج) بودند و خداوند(ج) صاحب فضل بزرگ است.

تفسیر: مؤمنان با ظفر و پیروزی برگشتند و در حالتی بودند که گویی هیچ آسیبی به ایشان نرسیده است. از نگاه روانشناسی وقتی ما به خداوند(ج) تکیه میکنیم و هدف ما مبارزه برای کرامت انسانی و شگوفانی جامعهٔ مسلمان باشد و تلاش ما برای خشنودی و رضای خداوند(ج) باشد؛ خداوند(ج) بسیار فضل و کرامت دارد و پاداش ما را بی چون و چرا میدهد. آیه در مورد جنگ بدر به ادامهٔ آیهٔ قبلی آمده است و اما تطبیق آیه در هر زمان برای ما آموزنده است.

إِنَّمَا ذَٰلِكُمُ الشَّيْطَانُ يُخَوِّفُ أَوْلِيَاءَهُ فَلَا تَخَافُوهُمْ وَخَافُونِ إِن كُنتُم مُّؤْمِنِينَ ﴿١٧٥﴾

معنی: در حقیقت، این شیطان است که دوستان [خدا(ج)] را میترساند پس اگر مؤمن هستید از آنان مترسید و از من بترسید.

تفسیر: اینجا خداوند(ج) میخواهد تا بندهٔ مؤمن روح و روانش با خالقش باشد. ترس تنها از خدا(ج) باید باشد نه از بندهٔ نافرمان مانند شیطان و یا به طور عموم بندگان. اگر ما از خدا(ج) و رسولش پیروی میکنیم نباید بترسیم و نه دل ناآرامی داشته باشیم. ترس وقتی در دل ما خانه میکند که خود ما قصداً خدا(ج) را از فکر و ذهن و اندیشه خود بیرون کرده و هر طرف از ترس دست و پا میزنیم. در حقیقت ما شیطان را با عدم پیروی از خدا(ج) و رسول الله(ص) برای خود خلق میکنیم. خداوند(ج) میگوید راه شیطان را باز نکنید و از او که برای شما درد سر خلق میکند نترسید. از من پیروی کنید و از من بترسید. شیطان کیست؟ شیطان از مادهٔ شطن آمده است به معنی دور شدن، خبیث و پست است. موجودی است که از نظر ها پنهان است و کوشش میکند که شما را از راه حق به دور کند. اسم خاص است و از نسل جنیان و با ماهیت آتش خلق شده است. کلمهٔ شیطان

جزء چهارم

به انسان و جن اطلاق میشود. یعنی انسانهای شیطان صفت وجود دارند که شما را اغوا میکنند و به بیراهه میکشانند. انسان با ایمان که همیشه با خدا(ج) است، شیطان، نه به شکل جن و نه انس به او راه پیدا کرده نمیتواند. واژهٔ شیطان به صورت مفرد هفتاد بار در قرآن مجید و هژده بار به صورت جمع یعنی شیاطین آمده است. نکتهٔ جالب در مورد شیطان این است که به اشکال مختلف ظهور میکند. طور مثال شیطان به شکل میکروب ظهور میکند و شما را بیچاره میسازد. حدیث رسول خدا(ص) است که فرموده است: "خللوا لحاکم و قصّوا اظفارکم فان الشیطان یَجری ما بَین اللحم و الظفر" یعنی « ریشهای خود را شانه کنید و ناخنهای خود را کوتاه سازید زیرا شیطان میان گوشت و ناخن روانست» (حدیث شماره ۱۴۵۶ کتاب نهج الفصاحه، مجموعهٔ کلمات قصار حضرت رسول اکرم(ص) به کوشش ابوالقاسم پاینده.) همچنان، شیطان به انسان بسیار نزدیک است و هر لمحه میتواند انسان مورد تهاجم قرار دهد. جالب است که همانطوریکه روح خدا(ج) در انسان است، شیطان هم مانند خون در بدن انسان است و انسان هر ثانیه در مبارزه برای حق از باطل است. به این حدیث توجه کنید: « ان الشیطان یَجری من ابن آدم مَجری الدم» (حدیث شماره ۶۴۰ مأخذ بالا) یعنی شیطان مانند خون در تن انسان جاریست. چالش انسان با ایمان همین است که هم روح خدا(ج) در انسان است و هم شیطان مانند خون در تن او جاری است و اگر خرابی میکند شیطان موفق شده است. پس هر زمانیکه انسان مؤمن احکام خدا(ج) را فراموش کرد و ارشادات پیامبر کریم(ص) را فراموش کند شیطان راه اش باز میشود. خداوند(ج) همه ای ما را از شر شیطان نجات دهد و خداوند(ج) ما را بی ایمان نسازد.

وَلَا يَحْزُنكَ الَّذِينَ يُسَارِعُونَ فِي الْكُفْرِ ۚ إِنَّهُمْ لَن يَضُرُّوا اللَّـهَ شَيْئًا ۗ يُرِيدُ اللَّـهُ أَلَّا يَجْعَلَ لَهُمْ حَظًّا فِي الْآخِرَةِ ۖ وَلَهُمْ عَذَابٌ عَظِيمٌ ﴿۱۷۶﴾

معنی: و کسانیکه در [راه] کُفر میکوشند، تو را اندوهگین نسازند؛ آنان هرگز به خدا(ج) زیانی نمیرسانند خداوند(ج) برای شان در آخرت بهره ای قرار نمیدهد و برایشان عذابی بزرگ است.

تفسیر: روی آیه به جانب پیامبر(ص) است که از کُفر مردم غمگین نشود. آنانیکه کُفر میورزند به خدا(ج) آسیبی نمیرسانند و در آخرت هم بهره ای از جانب خداوند(ج) نخواهند داشت. نه تنها که بهره ای ندارند

بلکه به عذاب بزرگ هم دچار خواهند شد. امروز هم کفار در مقابل ما ایستادگی میکنند. اسلام را تمسخر میکنند. قرآن را نفیه میکنند و در تلویزیون ها هم برنامه دارند و هم در برنامه هائیکه خود برنامه ساز ایمان قوی ندارد به نام آزادی بیان داخل میشوند و اسلام را میکوبند. این آیه ما را امیدوار میسازد که ما اهل ایمان نباید غمگین شویم. خداوند(ج) به ایشان طوریکه لازم است میرسد. ما باید از حوصله کار گیریم. به مجالس شان که میدانیم اسلام را توهین کرده‌اند نرویم. جواب جاهلان خاموشی است و باید خاموشی اختیار کنیم و از دین با وعظ حسنه و اخلاق نیکو دفاع کنیم نه اینکه توهین و اهانت کنیم و یا قتل و قتال را راه اندازیم. حضرت رسول اکرم(ص) بعد از فتح مکه کفار مکه را مورد عفوه قرار داد. و اما اگر در مقابل ما جنگیدند ما باید بجنگیم و اما تجاوز نباید از طرف مسلمین باشد.

إِنَّ الَّذِينَ اشْتَرَوُا الْكُفْرَ بِالْإِيمَانِ لَن يَضُرُّوا اللَّهَ شَيْئًا وَلَهُمْ عَذَابٌ أَلِيمٌ ﴿١٧٧﴾

معنی: درحقیقت آنانیکه کُفر را به جای ایمان اختیار کردند به خداوند(ج) کدام زیان نمیرسد و برای شان عذابی دردناک است.

تفسیر: اساساً به خداوند(ج) هیچگونه صدمه و زیان نمیرسد اگر مردم کُفر را اختیار میکنند. اما سؤال در این است که چرا کفر مردم این همه مهم است و چرا کفار این همه عذاب دردناک را باید متحمل شوند. در گذشته هم گفتیم کُفر تنها ایمان نداشتن به خداوند(ج) نیست. کُفر آیات را تکذیب کردن است که مردم از راه انسانیت و اخلاق انسانی که شایسته یک جامعه مدنی است خارج میشوند. به عبارت دیگر، کُفر مردم جامعهٔ انسانی را برباد میدهد و این به سود انسان نیست. خداوند(ج) کُفر را محکوم میکند برای اینکه جامعه به خطر سوق داده میشود. ببینید آلودگی هوا که انسان باعث شده است حتی زندگی را برای نه تنها انسان، بلکه به دیگر حیوانات مشکل ساخته است. جنس حیواناتی که برای زیست باهمی ضروری است یا از بین رفته است و یا کم شده است. بمب اتمی باعث تهدید بشریت شده است. کثافت ابحار و دریاها، انتقال مواد باطله در کشورهای رو به انکشاف توسط کشورهای صنعتی، چور و چپاول عاج فیل با کشتار بیرحمانهٔ این حیوانات، غارت معادن الماس در آفریقا به نفع چند تن سرمایه دار همه و همه اعمال کُفر آمیز است. قتل و قتال روزانه در شهرهای بزرگ کرامت انسانی را تهدید میکند. اینها همه کُفر است.

فهرست این موضوعات زیاد است و همه کفر آمیز است زیرا خلاف رضای پروردگار است.

وَلَا يَحْسَبَنَّ الَّذِينَ كَفَرُوا أَنَّمَا نُمْلِي لَهُمْ خَيْرٌ لِأَنفُسِهِمْ ۚ إِنَّمَا نُمْلِي لَهُمْ لِيَزْدَادُوا إِثْمًا ۚ وَلَهُمْ عَذَابٌ مُّهِينٌ ﴿١٧٨﴾

معنی: کفار چنین نپندارند که ما به ایشان مهلت میدهیم برای آنها بهتر است. ما برای ایشان مهلت میدهیم تا به گناه خود بیفزایند و [آنگاه] عذاب خوار کننده خواهند داشت.

تفسیر: کفار که از همه نعمت های مادی برخوردار اند و همه را چنین تصور میکنند که خود شان بدست آورده اند و اینکه مردمان را برده ساختند، استثمار کرده اند، حقوق مردم را پایمال کرده اند، زمین‌های مردم را غصب کرده اند؛ با ثروت و سرمایه خود حقوق کارگران را نقض کرده اند و غیره، پس بازخواست از ایشان نخواهد شد؟ با این اعمال به کفر خود روز به روز می افزایند و اما درک نمیکنند. این حالت شدید به زیان شان است هم در این دنیا و هم در آخرت. توجه شانرا جلب میکند اگر از عقل سلیم کار گیرند.

مَّا كَانَ اللَّهُ لِيَذَرَ الْمُؤْمِنِينَ عَلَىٰ مَا أَنتُمْ عَلَيْهِ حَتَّىٰ يَمِيزَ الْخَبِيثَ مِنَ الطَّيِّبِ ۗ وَمَا كَانَ اللَّهُ لِيُطْلِعَكُمْ عَلَى الْغَيْبِ وَلَٰكِنَّ اللَّهَ يَجْتَبِي مِن رُّسُلِهِ مَن يَشَاءُ ۖ فَآمِنُوا بِاللَّهِ وَرُسُلِهِ ۚ وَإِن تُؤْمِنُوا وَتَتَّقُوا فَلَكُمْ أَجْرٌ عَظِيمٌ ﴿١٧٩﴾

معنی: چنین نیست که خداوند(ج) مؤمنان را به همان گونۀ که شما هستید وا گذارد تا آنکه پلید را از ناپاک، منزه سازد و خدا(ج) بر آن نیست که شما را از غیب آگاه سازد ولی خدا(ج) هرکه از میان فرستادگانش بخواهد بر میگزیند. پس به خدا(ج) و پیامبرانش ایمان بیاورید و تقوا پیشه کنید برای شما اجر عظیم خواهد بود.

تفسیر: در این آیه چندین نکته است که باید تحلیل شود. اول خداوند(ج) مؤمنان را به مثل کفار وا نمیگذارد. اینجا دو استنباط میشود: اول اینکه خداوند(ج) حامی و پشتیبان مؤمنان است و ایشان را تنها نمیگذارد. دوم با اینکه خداوند(ج) حامی و پشتیبان مؤمنان است و اما وقتاً فوقتاً مؤمنان مورد آزمایش قرار میگیرند تا خود شان به راه حق باشند. نکتۀ قابل توجه این است که چون خداوند(ج) از راز دلها آگاه است میداند که کیها منافق اند و کیها پاک و منزه است. این آزمایش است که مسلمانان

دچار چالش ها میشوند و اگر دلهای پاك داشته باشند با آن چالش ها به وجه احسن دست و پنجه نرم میکنند و نا امید نمیشوند زیرا میدانند که خداوند(ج) با ایشان است. متوجه باشیم که وقتی از آزمایش خداوند(ج) یاد میکنیم، اساساً خداوند(ج) میخواهد ما ایمان خود را برای خود ثابت کنیم زیرا او میداند که ما ایمان داریم یا نداریم. این آزمایش برای تقویه روحی و معنوی خود ماست. موضوع دیگر اینکه خداوند(ج) نمیخواهد که انسان از اسرار غیب بداند. زیرا اگر انسان از اسرار غیب بداند رسالت او برای موشگافی جهان هستی و تلاش آدمی برای درك حقیقت خاتمه پیدا میکند و این به ضرر انسان است. انسان باید متشبث باشد، محرك باشد و ادراك داشته باشد تا منحیث خلیفۀ خدا(ج) در روی زمین حقایق را درك کند، کشف کند و به پیش برود و پیامبران را برای رهنمایی بشر فرستاده است تا رهنمایی باشند برای انسان بودن خوب. انسان به یك الگو نیازمند است و این الگو برای نسل بنی آدم پیامبران است و بس زیرا پیامبران نیازمندی جهان انسانیت را میدانند. وقتی مردم از خدا(ج) و رسول(ص) او پیروی کنند راه سعادت دنیوی و اخروی را به خود هموار میکنند.

وَلَا يَحْسَبَنَّ الَّذِينَ يَبْخَلُونَ بِمَا آتَاهُمُ اللَّهُ مِن فَضْلِهِ هُوَ خَيْرًا لَهُمْ ۖ بَلْ هُوَ شَرٌّ لَهُمْ ۚ سَيُطَوَّقُونَ مَا بَخِلُوا بِهِ يَوْمَ الْقِيَامَةِ ۗ وَلِلَّهِ مِيرَاثُ السَّمَاوَاتِ وَالْأَرْضِ ۗ وَاللَّهُ بِمَا تَعْمَلُونَ خَبِيرٌ ﴿١٨٠﴾

معنی: و کسانیکه خداوند(ج) از فضل خود به ایشان [نعمات خود را] اعطا کرده رشك میورزند هرگز تصور نکنند که رشك ورزیدن (بخیل بودن) برای شان خوب است بلکه برای شان بد است. به زودی به آنچه تنگ چشمی کرده‌اند روز قیامت طوق گردن شان میشود. میراث آسمانها و زمین از آن خداست و خداوند(ج) به آنچه میکنید آگاه است.

تفسیر: خداوند(ج) به اساس عشق و محبت که به بنده مؤمن دارد او را از فیض نعمات خود برخوردار میکند و اما بنده نباید بخیلی و رشك ورزی کند که از چیزیکه برایش داده در راه مردم مصرف نکند. بخیل بودن از صفات بد انسانی است و باید شخص مؤمن دست بلند داشته باشد و باید بداند که هر چیزیکه دارد خداوند(ج) در آن نقش داشته است. یکی از آزمایش های که انسان میشود از طریق مال، ثروت و علم است که به بنده داده است و بندۀ مؤمن آنرا قسمت میکند در غیر آن بخیل است و این

صفت محکوم شده است. میراث آسمانها و زمین از آن خداست بدین معنی است که تصور نکنید که شما مالک هر چیزیکه در دنیا است هستید. آنها همه نزد شما یک امانت است. این بخش آیه که میراث آسمانها و زمین از آن خداست یک موضوع عمدهٔ اقتصادی را مطرح میکند و آن اینکه بالاخره شما از این دنیا میروید و بازهم خداوند(ج) مالک ثروت هاست. به عبارت دیگر همه ثروت‌های زمین اصلاً و اساساً مال مردم یک سرزمین است نه از یک نفر که همه را تصاحب کند و تنها به نفع خود سود برد و مردم در فقر و فاقگی زندگی کنند و خداوند(ج) از اعمال ما آگاه است پس نباید خود را گول زنیم. میراث آسمانها و زمین نظام سرمایه داری را که چند نفر محدود همه سرمایه های طبیعی را نزد خود انحصار کرده‌اند و حقوق کارگران پایمال است و مردم در فقر زندگی میکنند نفیه میکند و یا حزب کمونیست همه را به نفع خود تصاحب کرده است و حقوق مردم بطور گسترده نقض شده است.

لَقَدْ سَمِعَ اللَّهُ قَوْلَ الَّذِينَ قَالُوا إِنَّ اللَّهَ فَقِيرٌ وَنَحْنُ أَغْنِيَاءُ ۘ سَنَكْتُبُ مَا قَالُوا وَقَتْلَهُمُ الْأَنْبِيَاءَ بِغَيْرِ حَقٍّ وَنَقُولُ ذُوقُوا عَذَابَ الْحَرِيقِ ﴿۱۸۱﴾

معنی: مسلماً، خداوند(ج) سخن آنانیکه گفتند خدا(ج) نیازمند است و ما توانگریم، شنید. به زودی آنچه را گفتند و اینکه پیامبران را به ناحق میکشتند خواهیم نوشت و خواهیم گفت بچشید عذاب سوزان را.

تفسیر: روی سخن جانب یهودان است که به خدا(ج) طعنه میزدند که خداوند(ج) نیازمند است و آنها توانگر هستند. قوم یهود از قدیم الایام به پول و ثروت اندوزی علاقه خاص دارند. ثروت داشتن را معیار یک افتخار میدانند. این روحیه یهودی در طول تاریخ باعث شده است تا به خاطر ثروت اندوزی همه مسایل را زیر پا نهند. با اینکه سازمانهای یهودی وجود دارد که به نفع فقرا، مهاجرین و حقوق بشر در آمریکا فعال هستند و اما بطور عموم سازمانهای شان به نفع همه مردم نیست. مخصوصاً در سطح جهانی شرکت هائیکه دارند برضد منافع مردمی است. یک دلیل مخالفت در مقابل یهودیت در سطح جهانی همین است. مسلمانان هیچگونه مخالفت با یهودیت ندارند زیرا دین ایشان را به حیث یک دین سماوی میشناسند. یهودان در تاریخ دین شناسی به کشتن پیامبران محکوم هستند. آخرین پیامبری را که خواستند به قتل رسانند حضرت عیسی(ع) بود که برنامه شانرا خداوند(ج) خنثی کرد. شان نزول این آیه هم به یهودان نسبت داده

تفسیر یونس ۳۵۲

شده است که به مسلمانان طعنه آمیز گفته بودند که خداوند(ج) نادار است و ما ثروتمند هستیم. پیامبراسلام برای جلب تبرعات همین اصطلاح که کیست که برای خداوند(ج) قرض حسنه دهد به کار میبرد. منظور از قرض حسنه که در آیه آمده است انفاق یا خرج کردن در راه خدا(ج) است نه اینکه خداوند(ج) قرضه کار داشته باشد و آنها این گفته اصطلاحی را به بیراهه کشاندند و گفتند که نعوذ بالله پس معلوم میشود خداوند(ج) نادار است و آنها ثروتمند هستند. برای اهل یهود سرمایه و ثروت در زندگی مقدم است.

ذَلِكَ بِمَا قَدَّمَتْ أَيْدِيكُمْ وَأَنَّ اللَّهَ لَيْسَ بِظَلَّامٍ لِّلْعَبِيدِ ﴿۱۸۲﴾

معنی: به خاطر اعمال نادرست که قبلاً با دستان خود مرتکب شده بودید و خداوند(ج) هرگز بر بندگان خود ظالم نیست.

تفسیر: علامه یوسف علی در تفسیر این آیه مینویسد که خودخواهی مغرورانه و نژاد پرستانهٔ یهود باعث شد تا درک حقیقت در مورد پیامبر آخرالزمان را که از نژاد خودشان نبود، نکنند. درس بزرگ که از این آیه آموخته میشود این است که آیا نفرت و ناسازگاری در زمانهٔ ما در بین دیگر نژاد ها ناشناخته است؟ چطور امکان دارد که یک نژاد یا مردم مقید به انتخاب خدا(ج) باشد؟ در حالیکه خداوند(ج) خالق و پرورندهٔ همه نژادها و همه جهانیان است (ترجمه از متن انگلیسی توسط مُفَسِر) موضوع دیگری که باعث ضدیت یهود در سطح جهانی شده است همین روحیهٔ نژاد پرستانهٔ یهود است که حتی جهان را به مخاطره انداخته است. بهترین مثال این روحیه در مقابل مردم فلسطین است که هم قلمرو شانرا اشغال کرده‌اند و هم میگویند که این قلمرو تنها و تنها از یهود است و دیگر نژاد ها حق ندارند در این سرزمین زندگی کنند. نه تنها که حقوق مردم مسلمان فلسطین پایمال شده است بلکه عیسویان هم مورد تبعیض قرار گرفته اند.

الَّذِينَ قَالُوا إِنَّ اللَّهَ عَهِدَ إِلَيْنَا أَلَّا نُؤْمِنَ لِرَسُولٍ حَتَّىٰ يَأْتِيَنَا بِقُرْبَانٍ تَأْكُلُهُ النَّارُ ۗ قُلْ قَدْ جَاءَكُمْ رُسُلٌ مِّن قَبْلِي بِالْبَيِّنَاتِ وَبِالَّذِي قُلْتُمْ فَلِمَ قَتَلْتُمُوهُمْ إِن كُنتُمْ صَادِقِينَ ﴿۱۸۳﴾

معنی: همچنان آنهائیکه گفتند خداوند(ج) از ما عهد گرفته است که به هیچ پیامبری ایمان نیاوریم مگر آنکه قربانی به ما بیاورد که در عرش

خدا(ج) به کمال رسیده باشد، بگو: پیش از من پیامبران با آیات روشن آمدند حتی با چیزهائیکه شما خواسته بودید؛ پس چرا ایشان را کشتید اگر در گفتار خود صادق هستید.

تفسیر: یهودان همیشه از درک و قبول حقیقت شانه خالی میکردند و بهانه جویی میکردند. این بار هم بهانه جویی کردند و دروغ گفتند که خدا(ج) با ایشان عهد کرده است که هیچ پیامبری را قبول نکند تا درعرش خدا(ج) قربانی به کمال رسد. جواب شان این بود که اگر صادق هستید پس چرا پیامبرانی را که قبلاً نازل شده بود کشتید؟ بلی یکی از اعمال بد که یهودان میکردند چون پیامبران حق را تبلیغ میکردند آنها را میکشتند زیرا حق گفتن، تادیه زکات اینکه یک پیامبر دیگر مردم را باید رهنمایی کند به ضد منافع شان بود. امروز هم در مسایل سیاسی از هیچگونه بیرحمی دریغ نمیکنند و در عقب پرده در مسایل سیاسی نه تنها خاور میانه بلکه جهان نقش دارند.

فَإِن كَذَّبُوكَ فَقَدْ كُذِّبَ رُسُلٌ مِّن قَبْلِكَ جَاءُوا بِالْبَيِّنَاتِ وَالزُّبُرِ وَالْكِتَابِ الْمُنِيرِ ﴿١٨٤﴾

معنی: پس اگر تو را تکذیب میکنند [بدان که] پیامبران پیش از تو را با آیات واضح، پندها و اندرز ها و کتاب‌های روشن هم تکذیب کردند.

تفسیر: در تاریخ بشر دو نوع پیامبران عرض اندام کردند. یکی پیامبران مرسل و یکی پیامبران غیر مرسل. در این آیه خداوند(ج) میفرماید که قبل از تو پیامبران را یهودان رد کردند که چه برای‌شان پند و اندرز داد یعنی پیامبران غیر مرسل که وحی آسمانی به اوشان نیامده بود. مثلاً بودا و زرتشت از پیامبران غیر مرسل بودند که به مردم پند دادند و حتی بعضی اصول و قوانین را برای بهبود جامعهٔ بشری وضع کردند. مقصد از آیهٔ «الزُّبُر» همین است و «الکتاب المُنیر» یعنی کتاب‌های آسمانی که برای پیامبران مرسل فرستاده شد یعنی آنانیکه برای‌شان وحی نازل شد. یهودان همه را چه به شکل پند و اندرز به ایشان گفته شد و چه به شکل وحی آسمانی هر دو را رد کردند و این به زیان خود شان بود. همچنان الزُّبُر جمع :"زبور" به معنی کتاب‌هائی است که احکام با خط درشت روی سنگ و مانند آن نوشته شده است. و مطالب آن جنبهٔ استحکامی دارد و اما مُنیر آیات روشن است که همه سعادت بشر در آن نهفته است و با نزول قرآن مجید تکمیل میگردد.

كُلُّ نَفْسٍ ذَائِقَةُ الْمَوْتِ ۗ وَإِنَّمَا تُوَفَّوْنَ أُجُورَكُمْ يَوْمَ الْقِيَامَةِ ۖ فَمَن زُحْزِحَ عَنِ النَّارِ وَأُدْخِلَ الْجَنَّةَ فَقَدْ فَازَ ۗ وَمَا الْحَيَاةُ الدُّنْيَا إِلَّا مَتَاعُ الْغُرُورِ ﴿١٨٥﴾

معنی: هر انسانی مرگ را میچشد و شما بدون شک بطور کامل پاداش خود را در روز قیامت دریافت خواهید کرد آنها که از آتش (دوزخ) دور ساخته شده‌اند به بهشت داخل شوند و براستی رستگار شده‌اند و زندگی دنیا جزء مایهٔ فریب نیست.

تفسیر: «ذائقه» چشیدن معنی میدهد یعنی هر کس مرگ را میچشد. اینکه ما چگونه مرگ را میچشیم به دست خود ماست و اما «موت» به دست خداوند(ج) است. حالا ما باید چگونه زندگی کنیم که چشیدن مرگ را به خود آسان کنیم. با اطاعت خداوند(ج)، خدمت به مردم و از هرگونه منفی بافی مانند غیبت، گله و گزاری، توقعات بیجا، کم شمردن مردم، خود خواهی و کبر و غرور، و از هرگونه بدی دوری کنیم و با رضای خداوند(ج) زندگی کنیم که مرگ ما آسان باشد. آیه متعاقب چشیدن مرگ از بهشت سخن میگوید. یعنی کسانی راهی بهشت میشوند که از آتش جهنم دور شده باشند و اینها رستگاران هستند. پس مرگ آسان ما و راه بهشت به رستگاری رابطه مستقیم دارد. خداوند(ج) هیچ مؤمن را خوار و بالین نکند و راه سعادت اخروی را نصیبش گرداند.

لَتُبْلَوُنَّ فِي أَمْوَالِكُمْ وَأَنفُسِكُمْ وَلَتَسْمَعُنَّ مِنَ الَّذِينَ أُوتُوا الْكِتَابَ مِن قَبْلِكُمْ وَمِنَ الَّذِينَ أَشْرَكُوا أَذًى كَثِيرًا ۚ وَإِن تَصْبِرُوا وَتَتَّقُوا فَإِنَّ ذَٰلِكَ مِنْ عَزْمِ الْأُمُورِ ﴿١٨٦﴾

معنی: به یقین شما با اموالتان و جانتان آزمایش خواهید شد و بی تردید از اهل کتاب قبل از خود و هم مشرکان سخنان دل آزار کننده زیاد میشنوید و اگر صبوری کنید و تقوا پیشه کنید بدون شک [مقاومت] از شایسته ترین کارهاست.

تفسیر: از آنجائیکه ایمان به قلب است، خداوند(ج) شما را با اینکه از قلب های ما آگاهی دارد و اما برای اثبات ایمان ما برای خود ما، با چیزهائیکه برای ما بسیار شیرین است امتحان میکند و خواه مخواه مال، ثروت و اولاد برای همه بسیار شیرین است. تکرار میگویم که ما باید بدانیم که این همه آزمایش برای یادآوری ایمان ما به خود ماست. همه چیز زندگی

برای ما یک امانت است و ملکیت ما نیست. پس ما باید به این امانات مانند اولاد و مال و دارایی بسیار دلبسته نباشیم و کوشش کنیم که اگر مال است بعد از مصارف خود ما، با مساکین قسمت کنیم و اگر اولاد است باید تربیه سالم از کودکی بدهیم، دست شانرا گرفته به سوی راه حق و علم و معرفت با پند و اندرز نیکو رهنمایی کنیم. همچنان مسلمانان طعنه و کنایه و آزار از اهل کتاب زیاد میشوند. این مسأله تنها در ایام پیامبر نبود؛ امروز هم است. در آمریکا یک عیسوی متعصب قرآن را به آتش کشید. در دنمارک کاریکاتور رسول خدا(ص) را به تصویر کشیدند. در مطبوعات همیشه اسلام زیر سؤال میرود. در ایالت اریزونا یک مرد سیک را که عمامهٔ او شباهت به عمامهٔ مسلمانان داشت به قتل رساندند. هر سال به مساجد مسلمانان حمله میشود. بعضی مسلمانان کار خود را به خاطر مسلمان بودن از دست داده اند. هواپیماها چندین بار در مقابل زنان مسلمان که حجاب داشتند تبعیض کرده اند. اما قرآن به ما چه پند میدهد که در این حالات چه باید کرد؟ باید از صبر و حوصله کار بگیریم و خود ما تقوا پیشه کنیم. اعمال ما باید طوری باشد که آنها درک کنند و بدانند که ما مردم با اخلاق، با ایمان و متمدن هستیم. ما باید دعوت شان کنیم. چندی قبل چند تن از سفید پوستان آمریکایی نژاد پرست که شدید در مقابل مسلمانان حساسیت نشان میدادند یکی شان یک تشبث خوب کرد و داخل یک مسجد شد و وقتی مُحبت و عبادت و مهمان نوازی مسلمانان را دید تغییر عقیده داد و به اسلام و مسلمانان احترام قایل شد. کار ما خشونت نیست. کار ما تجاوز نیست. کار ما مُحبت، احترام مردم، همکاری با مردم از خود و بیگانه، کمک رسانی در اوقات عاجل، همسایگی نیک و مقام کرامت انسانی را محترم شمردن است. این است راه اسلام و قرآن که محمد(ص) به بشریت تقدیم کرد.

وَإِذْ أَخَذَ اللَّهُ مِيثَاقَ الَّذِينَ أُوتُوا الْكِتَابَ لَتُبَيِّنُنَّهُ لِلنَّاسِ وَلَا تَكْتُمُونَهُ فَنَبَذُوهُ وَرَاءَ ظُهُورِهِمْ وَاشْتَرَوْا بِهِ ثَمَنًا قَلِيلًا ۖ فَبِئْسَ مَا يَشْتَرُونَ ﴿۱۸۷﴾

معنی: و آنگاه که خداوند(ج) از اهل کتاب تعهد گرفت که بیان روشن را به مردم بگویند و پنهان نکنند و اما پشت گوش کردند و به بهای ناچیز [عهد] را مصالحه کردند. و چه بد معامله کردند.

تفسیر: بلی! پیام حق به بشریت قبلاً توسط پیامبران پیشین رسیده بود. پیام خداپرستی. اما متأسفانه اهل کتاب یعنی یهود و نصارا اصل پیام را

به مـردم خـود نرسـاندند. قسمیکه در گذشته دیدیـم، یهودان همیشه سنگ انـدازی میکردنـد. حقایـق را پنهـان میکردنـد و حتـی پیامبـران را میکشـتند. علمـای عیسـوی هـم، پیام حق را بـه مردم نرسـاندند، مسأله تثلیث یا سـه گانه بـاوری را، یعنی (خـدای پـدر، خـدای پسـر و روح القـدس) کـه در یـک جسـم مجسـم میشـود از خـود سـاختند و حضرت عیسـی علیـه السلام را نعـوذ بـالله پسـر خـدا(ج) گفتنـد. امـروز هـم در مسـایل، مخصوصاً سیاسی اهـل کتـاب از عدالـت کار نمیگیرنـد. یـک اتحـاد سـه گانـه یعنـی عیسـویان، یهـودان و نظـام سـرمایه داری بـه وجـود آورده‌انـد و بـه نـام دموکراسـی کشـورها را بـه مفـاد خـود معاملـه میکننـد و هـر دو گـروه در عقـب پـرده مخالف اسـلام هسـتند. انتخابـات اسـلامی الجزایـر را سـر بـه نیسـت کردنـد. انتخابـات مصـر را سـر بـه نیسـت کردنـد و هـر جـا کـه مسـلمانان قـد اعلـم کنند اینهـا یـک موقـف میگیرنـد. در رابطـه بـه آیـه، دیـن را هـم بـرای منافـع خـود تحریـف کردنـد و از ایـن مطلـب جـواب خواهنـد داد.

لَا تَحْسَبَنَّ الَّذِينَ يَفْرَحُونَ بِمَا أَتَوا وَّيُحِبُّونَ أَن يُحْمَدُوا بِمَا لَمْ يَفْعَلُوا فَلَا تَحْسَبَنَّهُم بِمَفَازَةٍ مِّنَ الْعَذَابِۖ وَلَهُمْ عَذَابٌ أَلِيمٌ ﴿١٨٨﴾

معنـی: البتـه گمـان مبـر [ای پیامبر] کـه بـه کـردار [معاملـه بـد] کـه کرده‌انـد شـادمانند و خـوش دارنـد بـرای کاری کـه نکـرده انـد مـورد سـتایش قـرار گیرنـد. هرگـز چنیـن تصـور نکـن کـه آنـان از عـذاب نجـات پیـدا میکننـد. [بـر عکـس] عـذاب دردنـاک خواهنـد داشـت.

تفسـیر: آنانیکـه آیـات خـدا(ج) را تحریـف کردنـد، حقایـق را پنهـان کردنـد و بیـان روشـن و واضـح خـدا(ج) را بـه مـردم نرسـاندند فکر نکننـد کـه دچـار عـذاب نمیشـوند ای پیامبـر(ص) آنهـا هـم دچارعـذاب خواهنـد شـد. در زندگـی امـروز مـا، مسـلمانان هسـتند اشخاصیکـه چـه بـه نـام عالـم دیـن و چـه سیاسـتمدار حقایـق را از مسـلمانان پنهـان میکننـد و شـادمانند از کارهائیکـه نکـرده انـد و ازمـردم توقـع دارنـد کـه سـتایش شـوند. مسـأله صلـح ناتمـام در افغانسـتان همیـن اسـت کـه فکـر میکننـد کـه کاری کـرده انـد در حالیکـه بـه نفـع مـردم ظالـم مسـلمان و قـوه هـای اجنبـی کار کـرده انـد و خـوش هسـتند و از مـا توقـع دارنـد کـه ایشـان را تقدیـر کنیـم. مـا نبایـد فریـب همچـو نیرنگهـا را بخوریـم.

وَلِلَّهِ مُلْكُ السَّمَاوَاتِ وَالْأَرْضِ ۗ وَاللَّهُ عَلَىٰ كُلِّ شَيْءٍ قَدِيرٌ ﴿۱۸۹﴾

معنی: و خداراست ملکیت آسمانها و زمین و خداوند(ج) بر هرچیزی تواناست.

تفسیر: فرمانروایی آسمانها و زمین از آن خداست و خداوند(ج) بر هر کاری تواناست. آیه یک مسأله عمدۀ اقتصادی و ستراتیژیک یا راهبردی را مطرح میکند. ببینید ملکیت یک انگاشت اقتصادی است و در این آیه متذکر میشود که هر آنچه بین آسمانها و زمین است از آن خداست. پس همه سرمایه های که در زمین است مانند معادن، جواهرات، روغنیات و غیره از آن خداست. از آنجائیکه خدا(ج)، خدای مردم است پس همه این سرمایه ها از آن مردم است و برای استفادۀ مردم خلق شده است تا مردم از برکت این همه ثروت لذت برند و زندگی آسوده داشته باشند. اما شما می‌بینید که به خاطر این همه ثروتها چه جنگهای خانمانسوزی را قدرت‌های بزرگ به راه انداخته است. کشورها به خاطر همین ثروتها اشغال شده است. پادشاهان به خاطر غصب همین سرمایه ها سقوط داده شده اند. مردم باید بیدار شوند. قرآن میگوید که هر چه در آسمانها یعنی فضا هم است از آن خداوند(ج) است. اما امروز جنگ‌های فضایی شدید وضع صلح و زیست باهمی را به خطر انداخته است. کشورهای ایالات متحده، چین و روسیه در کوشش هستند تا تسلط فضایی داشته باشند و از آن طریق زمین را مسلط باشند. این حالت نه تنها صلح جهانی را به مخاطره انداخته است بلکه فقر و فاقگی را شدید دامن زده است. زیاد سرمایه ها به نفع مخلوق خدا(ج) به مصرف نمیرسد مگر چند قدرت جهانی که در سازمان ملل متحد حق ویتو دارند و حقوق دیگر کشور ها همه انحصار شده است.

إِنَّ فِي خَلْقِ السَّمَاوَاتِ وَالْأَرْضِ وَاخْتِلَافِ اللَّيْلِ وَالنَّهَارِ لَآيَاتٍ لِأُولِي الْأَلْبَابِ ﴿۱۹۰﴾

معنی: مسلماً در خلقت آسمانها و زمین و مدار شب و روز که در پی هم است برای اهل خرد نشانه‌های روشن است.

تفسیر: در این آیه خداوند(ج) اهل خرد و ایمان را به تفکر و تدبر دعوت میکند که در خلقت آسمانها و زمین عمیق شوند. امروز ما در اثر پیشرفت علوم میدانیم که در قرآن مجید رازهای ساینس نهفته است. قرآن مجید

کتاب ساینس نیست اما کتاب حکمت و هدایت است. به عهدهٔ انسان گماشته شده است تا رازهای خلقت را کشف کند. همینکه شب، روز میشود و روز، شب میشود برای ما یک حقیقت علمی را بازگو میکند که کرهٔ زمین در مدار خود چرخ میخورد و شب و روز را به وجود میآورد. ۲۳.۹۳ ساعت را در بر میگیرد که زمین یک دوره را تکمیل کند و کرهٔ زمین یک دور مکمل را در ۲۴ ساعت تکمیل میکند. از همین خاطر است که آفتاب در شرق طلوع میکند و درغرب افول میکند.

الَّذِينَ يَذْكُرُونَ اللَّـهَ قِيَامًا وَقُعُودًا وَعَلَىٰ جُنُوبِهِمْ وَيَتَفَكَّرُونَ فِي خَلْقِ السَّمَاوَاتِ وَالْأَرْضِ رَبَّنَا مَا خَلَقْتَ هَـٰذَا بَاطِلًا سُبْحَانَكَ فَقِنَا عَذَابَ النَّارِ ﴿۱۹۱﴾

معنی: همانها که خداوند(ج) را در حالت نشسته و ایستاده و به پهلو افتیده یاد میکنند و در آفرینش آسمانها و زمین می‌اندیشند که الها اینها را به بیهوده نیافریده ای! پاکی تو! پس ما را از عذاب آتش دوزخ نگهدار.

تفسیر: مقام انسانیت در تفکر و اندیشهٔ اوست. انسان یک موجود متفکر خلق شده است. این تفکر است که به او آزادی میدهد. یعنی انسان آزاد خلق شده است و تنها با آزادی فکری است که انسان نه تنها که حقیقت را درک میکند بلکه در فکر کشف جهان هستی میشود و مقام خلیفه بودن خودش را انجام میدهد. انسان با اندیشه است که در باره خلقت جهان هستی نشسته و ایستاده و به پهلو افتیده تعقل میکند و متوجه میشود که این جهان هستی به باطل آفریده نشده است. همه مخلوقات در زیست باهمی یک نقش دارند و برای همدیگر هستند. مورچه نقش خودش را دارد و یک عنکبوت نقش خودش را دارد. ما را به فکر می‌اندازد که هدف این همه حیوان و پرنده و حشره و غیره چه است و بالاخره نقش انسان در این جهان هستی چه باید باشد؟ متوجه میشویم که همه با هم بستگی دارد و برای زیست باهمی همدیگر ضروری هستند و دعا میکند که او را از عذاب آتش جهنم حفظ بدارد. آیه برای نمازگزارانی که بیمار هستند هم مژده میدهد که اگر شما نشسته و به پهلو افتیده در بیمارستان هستند میتوانند از یاد خدا(ج) غافل نباشند و خداوند(ج) را یاد کنند.

رَبَّنَا إِنَّكَ مَن تُدْخِلِ النَّارَ فَقَدْ أَخْزَيْتَهُ ۖ وَمَا لِلظَّالِمِينَ مِنْ أَنصَارٍ ﴿۱۹۲﴾

معنی: پروردگارا! هرکه را در آتش افگنی به یقین رسوایش کرده‌ای و برای ظالمین هیچ مددگاری نیست.

تفسیر: به ادامهٔ آیهٔ قبلی آنهائیکه فکر نمیکنند، تعقل نمیکنند و وظیفهٔ انسانی شان و رسالت انسانی را انجام نمیدهند و درک حقیقت را نمیکنند و نمیدانند که این جهان هستی به عبث خلق نشده است و رازی در میان است و بالاخره حقیقت را انکار میکنند خود به خود راه جهنم را به خود باز میکنند. در اخیر آیهٔ قبلی، ازنجات عذاب آتش دوزخ دعا میکند. در این آیه بنده اعتراف میکند کسی را که خواسته باشد که به خاطر تفکرش و اندیشه باطل او به دوزخ برد براستی رسوا کرده است. توجه میکنید که این آیه در رابطه به آیهٔ قبلی از نگاه روانشناسی بسیار مهم است که این اندیشه و تفکر ماست که یا باعث سعادت ما میشود و یا باعث سرنگونی ما میشود. این اندیشه سالم ایمان است که در اثر تفکر و تعقل به وجود می‌آید و ما را نجات میدهد. دو آیهٔ فوق به ما میرسانند که دین یک موضوع فکری و عقلانی است و نباید کورکورانه قبول کرد مگر با اندیشه و تفکر به حق رسید. ما از اعمال خود در این دنیا در مقابل مردم و قانون قضایی مسئول هستیم و اما در نزد خداوند(ج) از طریق تفکر و اندیشه خود مسئول هستیم زیرا دین یک موضوع فکری است و خداوند(ج) به دلهای ما میبیند نه صورت‌های ما و یا تنها اعمال ما.

رَبَّنَا إِنَّنَا سَمِعْنَا مُنَادِيًا يُنَادِي لِلْإِيمَانِ أَنْ آمِنُوا بِرَبِّكُمْ فَآمَنَّا ۚ رَبَّنَا فَاغْفِرْ لَنَا ذُنُوبَنَا وَكَفِّرْ عَنَّا سَيِّئَاتِنَا وَتَوَفَّنَا مَعَ الْأَبْرَارِ ﴿١٩٣﴾

معنی: ای پروردگارا! آواز اوئیکه ما را به سوی ایمان فرا میخواند شنیدیم که ندا میداد به پروردگار تان ایمان بیاورید و ایمان آوردیم. بار الها! پس گناهان ما را ببخش از بدی‌های ما درگذر و ما را با نیکو کاران بمیران.

تفسیر: در این آیه دعای عمده آمده است که هر مؤمن باید به خاطر بسپارد. این آیه رسالت پیامبران الهی را تذکر میدهد که مردم را به راه ایمان دعوت کردند. آنانیکه شنیدند، گفتند ایمان آوردیم پس از کفر ما و بدی‌های ما درگذر و استدعا میکنند که ایشان را با نیکو کاران در روز محشر زنده بدارد. هدف نیکوکاران آنانی هستند که ایمان آوردند آیات کلام الله مجید را تکذیب نکردند و از بدی‌ها دوری کردند و توحید را به رسمیت شناختند.

رَبَّنَا وَآتِنَا مَا وَعَدتَّنَا عَلَىٰ رُسُلِكَ وَلَا تُخْزِنَا يَوْمَ الْقِيَامَةِ ۗ إِنَّكَ لَا تُخْلِفُ الْمِيعَادَ ﴿١٩٤﴾

معنی: پروردگارا! و آنچه از طریق پیامبرانت به ما وعده کردی، عنایت فرما و ما را در روز قیامت رسوا مگردان بدون شک که تو خلاف وعده نمیکنی.

تفسیر: بار دیگر دعای عمده که مؤمن باید به خاطر بسپارد. در اینجا انسان مؤمن تعهد خود را با خداوند(ج) محکم میکند که ما بندگان تو میدانیم که تو به وعده هایت که از زبان پیامبران تو شنیده‌ایم خلاف نمیکنی پس به ما عفوه و بخشش را عنایت فرما و ما را در روز آخرت رسوا مگردان. این تعهد و در عین زمان دعا نه تنها که اعتراف به حقانیت خداوند(ج) است در عین زمان بنده اعتراف میکند که خداوند(ج) نقش عظیم در سرنوشت او دارد و وعدۀ خداوند(ج) را گرامی میشمارد و دست دعا بالا میکند.

فَاسْتَجَابَ لَهُمْ رَبُّهُمْ أَنِّي لَا أُضِيعُ عَمَلَ عَامِلٍ مِّنكُم مِّن ذَكَرٍ أَوْ أُنثَىٰ ۖ بَعْضُكُم مِّن بَعْضٍ ۖ فَالَّذِينَ هَاجَرُوا وَأُخْرِجُوا مِن دِيَارِهِمْ وَأُوذُوا فِي سَبِيلِي وَقَاتَلُوا وَقُتِلُوا لَأُكَفِّرَنَّ عَنْهُمْ سَيِّئَاتِهِمْ وَلَأُدْخِلَنَّهُمْ جَنَّاتٍ تَجْرِي مِن تَحْتِهَا الْأَنْهَارُ ثَوَابًا مِّنْ عِندِ اللَّهِ ۗ وَاللَّهُ عِندَهُ حُسْنُ الثَّوَابِ ﴿١٩٥﴾

معنی: پس خداوند(ج) دعای شانرا اجابت کرد که من هرگز عمل هیچ کدام شما را از مرد باشد و یا زن باشد ضایع نمیکنم. شما از یکدیگرید. بنابر این کسانیکه هجرت کردند و از خانه‌هایشان بیرون رانده شدند و در راه من آزار دیدند و جنگیدند و کشته شدند به یقین که من گناهانشان را میزدایم و ایشان را در جنت جای میدهیم که در زیر درختان آن جویبارها جاری است. پاداشی است از جانب خداوند(ج) و پاداش نیک تنها نزد خداوند(ج) است.

تفسیر: به ادامۀ آیۀ قبلی خداوند(ج) دعای شان را مستجاب میگرداند. در این آیه دو نکتۀ مهم از نگاه جامعه شناسی تذکر یافته است: اول «عَمل» در عربی کار معنی میدهد. آیه میگوید که خداوند(ج) کار هیچ یک، زن باشد و یا مرد باشد ضایع نمیکند. یعنی کار کردن زنان و مردان در جامعه مجاز است. عمل تنها صدقه و زکات و کارهای اجتماعی نیست. مرد و زن حق دارند تا در جامعه کار کنند چنانچه بی بی خدیجه کبرا همسر پیامبر

اکرم(ص) یک بانوی تجارت پیشه بود. حضرت بی بی عایشه(رض) یک فقهی بود. این آیه کار زن و مرد را در جامعه مجازٍ دانسته است. هر کاری که خواسته باشند میتوانند انجام دهند. مخصوصاً در اقتصاد جهان امروز اکثر بانوان اگر همکاری نکنند خانواده به شکست اقتصادی مواجه میشود زیرا حقوق شوهر تنها کافی نیست. نکتهٔ دوم در آیه برای کسانی است که بالایشان ظلم صورت گرفته است و در راه خدا(ج) کشته شدند و یا از خانه و کاشانهٔ شان به خاطر ظلمی که صورت گرفته است مهاجر شده اند مثلیکه ما به خاطر ظلم کمونیستان راه هجرت را در پیش گرفتیم. در این حالت خداوند(ج) به خاطر ظلمی که صورت گرفته و مردم بیچاره و بیخانمان شدند همه گناهان شانرا میبخشد. پس هجرت نه تنها که آموزنده است و مردم رنج و محنت زیاد را متقبل میشوند اما در عین زمان هجرت در راه خدا(ج) پاداش بزرگ دارد و برای مردم رنج کشیده پاداش بزرگ همانا بهشت برین است که وعده داده شده است و بالاخره نکتهٔ دیگر اینکه به زنان و مردان میگوید که «شما از همدیگرید» یعنی در اجتماع هم زنان و مردان مکمل همدیگر هستند و در دین خواهر و برادر هستند.

لَا يَغُرَّنَّكَ تَقَلُّبُ الَّذِينَ كَفَرُوا فِي الْبِلَادِ ﴿۱۹۶﴾

معنی: رفت و آمد کفار در شهرها تو را نفریبد.
تفسیر: آیه در رابطه به آیهٔ بالا است که وقتی هجرت میکنی خواه مخواه با کفار و مردم ناسپاس هم روبرو میشوی. با زرق و برق شهرها رو برو میشوی و نشود که کفار و زرق و برق شهرها تو را از یاد خدا(ج) غافل سازد. این آیه در زندگانی آنانیکه هجرت کردند بسیار هشدار دهنده و آموزنده است. یک عده زیاد افغانان با چه مشکلات افغانستان را به خاطر ظلم کمونیزم ترک کردند و در کشورهای مختلف هجرت کردند و اما در هجرت خدا(ج) را فراموش کردند. واقعاً وقتی زرق و برق شهرها را دیدند و با مردم کفار و ناسپاس روبرو شدند دیگر همه چیز را به باد فراموشی سپردند. طلاق افزایش یافت. نماز از خانه‌ها رخت بر بست. اسلام زیرسؤال رفت. یک عده کافر شدند و در برنامه‌های تلویزیونی داخل شدند و اسلام را کوبیدند. برنامه‌های تلویزیونی به ضد اسلام ساخته شد و آنانیکه روی به اسلام آوردند فکر کردند که دیگران همه کافرند. مذهب اجداد شانرا که حنفی بود در اثر تبلیغات شدید وهابیها فراموش کردند و وهابی شدند که وهابیگری آدمی را از انسانیت میکشد. مشکلات یک عده افغانان در

هجرت بـه خاطر اینکـه خـدا(ج) را فرامـوش کردنـد روز بـه روز افـزایـش یافت. مهمتر اینکه نتوانستند که یک پُل خوب ارتباطی بین زندگی شرق و زندگی غرب اعمار کنند کـه بتواننـد از مصایـب روزگـار در امان باشنـد. آیـه توجـه همیـن قشـر را جلب میکنـد کـه کفـار و آنانیکه ناسپـاس هستنـد و زرق و بـرق شهـرهـا میتوانـد مـا را فریـب دهـد.

مَتَاعٌ قَلِيلٌ ثُمَّ مَأْوَاهُمْ جَهَنَّمُ ۚ وَبِئْسَ الْمِهَادُ ﴿١٩٧﴾

معنـی: این بهـره ای انـدک است و سپس جایگـاه شـان جهنم است کـه چـه بـد جایگاهی است.

تفسـیر: آیـه هشـدار میدهـد بـه آنانیکـه وقتـی خـدا(ج) را فرامـوش میکننـد و مرتکـب ظلـم بـه خـود و دیگـران میشـونـد جایگـاه خـود را خـود تعییـن میکننـد زیـرا خداونـد(ج) مـردم ظالـم را دوسـت نـدارد کـه باعـث تباهـی خـود، خانـواده و جامعـه میشونـد.

لَـٰكِنِ الَّذِينَ اتَّقَوْا رَبَّهُمْ لَهُمْ جَنَّاتٌ تَجْرِي مِن تَحْتِهَا الْأَنْهَارُ خَالِدِينَ فِيهَا نُزُلًا مِّنْ عِندِ اللَّـهِ ۗ وَمَا عِندَ اللَّـهِ خَيْرٌ لِّلْأَبْرَارِ ﴿١٩٨﴾

معنـی: ولی آنانیکه تقوا پیشه کردنـد و از خداونـد(ج) هـراس دارنـد برایشـان جنـات است کـه جویبارهائـی در زیـر درختهـای آن جـاری است. در آنجـا جاودانه بسر میبرنـد و ایـن پذیرایـی است از جانـب خداونـد(ج) و [آن چیزیکه نـزد خداونـد(ج) است] بـرای نیکـو کاران بهتـر است.

تفسـیر: اینجـا خداونـد(ج) بـرای مـردم بـا ایمـان و آنانیکه تقـوا پیشـه میکننـد یعنـی از بدی‌هـا دوری میکننـد و از خداونـد(ج) پـروا میکننـد وعـدۀ جایگـاه هـای گـوارا را میدهـد کـه نـه تنهـا بـا طبیعـت آدمی سـازگار است بلکـه انسـان از همچـو جاهـا لـذت میبـرد. خداونـد(ج)، خداونـد عـدل و انصـاف است. آنانیکـه در راه حـق و راستی هستنـد بایـد پـاداش خـود را بگیرنـد و مـردم نیکـو کار در رحمـت خداونـد(ج) هستنـد.

وَإِنَّ مِنْ أَهْلِ الْكِتَابِ لَمَن يُؤْمِنُ بِاللَّـهِ وَمَا أُنزِلَ إِلَيْكُمْ وَمَا أُنزِلَ إِلَيْهِمْ خَاشِعِينَ لِلَّـهِ لَا يَشْتَرُونَ بِآيَاتِ اللَّـهِ ثَمَنًا قَلِيلًا ۗ أُولَـٰئِكَ لَهُمْ أَجْرُهُمْ عِندَ رَبِّهِمْ ۗ إِنَّ اللَّـهَ سَرِيعُ الْحِسَابِ ﴿١٩٩﴾

معنـی: و از اهـل کتـاب کسانی هستنـد کـه آنچـه بـه شمـا و خودشـان نـازل شـده ایمـان دارنـد در حالیکـه در راه خداونـد(ج) تواضـع دارنـد و آیـات الهی

را به بهای ناچیز مصالحه نمی‌کنند. پاداش آنها نزد پروردگارشان [محفوظ] است. بدون شک خداوند(ج) در شمردن [اعمال و کردار و گفتار] بسیار تیز است.

تفسیر: آیه در اینجا به اهل کتاب اشاره می‌کند که هستند مردمان در بین اهل کتاب که به حقانیت خداوند(ج) و آیاتی که برای ما و برای خود شان نازل شده است ایمان دارند و در مقابل خداوند(ج) بسیار فروتن و متواضع هستند و آیات خداوند(ج) را مصالحه نمی‌کنند. این آیه به ما میرساند که اهل کتاب کافر نیستند و قرآن هرگز ایشان را کافر و مشرک خطاب نکرده است. پاداش و اجرای این مردم هم نزد پروردگار است. بدون شک خداوند(ج) در شمردن اعمال و کردار و گفتار مردم و اینکه مردم چه می‌کنند بسیار سریع است یعنی تیز است. برای خداوند(ج) زمان وجود ندارد که کار هایش زمانگیر باشد.

يَا أَيُّهَا الَّذِينَ آمَنُوا اصْبِرُوا وَصَابِرُوا وَرَابِطُوا وَاتَّقُوا اللَّهَ لَعَلَّكُمْ تُفْلِحُونَ ﴿٢٠٠﴾

معنی: ای آنانیکه ایمان آورده‌اید صبوری داشته باشید و ثابت قدم باشید و رابطه‌ها را مستحکم دارید و از خدا(ج) بترسید تا رستگار شوید.

تفسیر: ما باید در امور خود غافل نباشیم. وظایف خود را به وجه احسن انجام دهیم و صبوری پیشه کنیم. زندگی نشیب و فراز زیاد دارد و چالش ما همین است تا صبور باشیم. صبوری این نیست که اجازه دهیم تا حقوق ما پایمال شود، استثمار شویم و یا از ما سوءاستفاده صورت گیرد. ما در راه ایمان خود استوار و ثابت قدم باشیم و در مسایل روزگار ببینیم که قرآن به ما چه گفته است و به اساس آن عمل کنیم. نگذاریم تا دیگران در مغز و فکر ما رخنه کنند. خود ما برای خود از طریق قرآن و ارشادات ثقۀ پیامبر(ص) تصمیم گیریم. در عین زمان رابطه‌های برادری از طریق همکاری، مشوره و حُسن اخلاق محکمتر سازیم. حدود خود را بشناسیم و حقوق دیگران را پایمال نکنیم. در همه امور خدا(ج) را حاضر ببینیم و خداوند(ج) را نباید فراموش کنیم و همیشه از او کمک بخواهیم. با اندیشۀ خداپرستی است که ما می‌توانیم در زندگی موفق باشیم. وقتی ما خدا(ج) را داریم نباید در دل خود هراس را راه دهیم. یگانه موجودی که باید هراسید خداوند(ج) است که ما را به راه رستگاری هدایت می‌کند.

سورهٔ نساء
پیشگفتار

بسیار شگفت انگیز است که چهارده صد سال قبل به خاطر حرمت زن یک سوره نازل میشود. زنان نصف یک جامعهٔ اسلامی را تشکیل میدهند و در مدنیت با مردان در اسلام حقوق مساوی دارند. زنان در اسلام در کنار مردان باعث به میان آوردن تمدن اسلامی شدند و نقش بارز بازی کردند. اولین انسانیکه به پیامبر ایمان آورد یک زن بود یعنی همسرش بی بی خدیجه کبرا(رض)، اولین مسلمان که در راه اسلام شهید شد یک زن بود به نام سُمَیَه بنت خیاط. بی بی عایشه صدیقه همسر محبوب پیامبر یک فقهی و همچنان سیاست پیشه بود. بی بی فاطمه زهرا دختر گرامی پیامبر اسلام(ص) یک بانوی دانشمند بود. منبر مسجد به پیشنهاد یک زن بنیاد نهاده شد. در جنگ‌های اسلام زنان از مردان که زخم برداشته بودند پرستاری کردند. در زمان جمع آوری و تدوین قرآن مجید، این صحیفه که باعث به وجود آوردن یک تمدن جهانی شد نزد یک زن یعنی حضرت بی بی حفصه دختر حضرت عمر (رض) به امانت گذاشته شد. سورهٔ نساء که در مورد زنان است حقوق زن را و اینکه زنان از مردان کمی و کمبودی ندارند شامل ۱۷۶ آیه است تصریح میکند و در مدینه نازل شده است یعنی بعد از هجرت سوره‌های قرآن برای شرایط خاص

و ضرورت‌های خاص نازل شده است. سورهٔ نساء مستثنی از این نیست و فضیلت خود را دارد. حضرت رسول کریم(ص) فرموده است: «هر کس سوره نساء را قرائت کند، مانند آن است که بر همه مؤمنانی که میراثی بر جای گذاشته اند، صدقه داده است و اجری همانند آزاد کردن بنده به او خواهند داد و از شرک به دور بوده و در مشئیت الهی از کسانی خواهد بود که خداوند(ج) از آنها در گذشته است». امام محمد غزالی طوسی علیه الرحمه سورهٔ نساء را گوهر علم خوانده است. علمای کرام اسلام همه سورهٔ نساء را سورهٔ مدنی میخوانند به جز از یک آیهٔ یعنی آیهٔ (۵۸) که دربارهٔ عثمان بن ابی طلحه نازل شده است و آن در مورد داستان کلید کعبه به ابن طلحه میباشد که امانات خدا(ج) را به اهل آن بسپارید.

بِسْمِ اللَّهِ الرَّحْمَٰنِ الرَّحِيمِ

يَا أَيُّهَا النَّاسُ اتَّقُوا رَبَّكُمُ الَّذِي خَلَقَكُم مِّن نَّفْسٍ وَاحِدَةٍ وَخَلَقَ مِنْهَا زَوْجَهَا وَبَثَّ مِنْهُمَا رِجَالًا كَثِيرًا وَنِسَاءً ۚ وَاتَّقُوا اللَّهَ الَّذِي تَسَاءَلُونَ بِهِ وَالْأَرْحَامَ ۚ إِنَّ اللَّهَ كَانَ عَلَيْكُمْ رَقِيبًا ﴿١﴾

معنی: ای مردم از پروردگار تان بترسید موجودی که شما را از تن یگانه آفرید و همسرش را از او آفرید و از آن دو مردان و زنان بسیاری را وسعت بخشید. و از خدایی که با عهد به او از همدیگر درخواست میکنید بترسید و از خویشاوندان مبرُید. به یقین که خداوند(ج) مراقب شماست.

تفسیر: آیۀ اول سورۀ نساء در آغاز واضح اعلام میدارد که مرد و زن از نفس واحد خلق شده است و در خلقت زن و مرد جزیی ترین دو رویی و تبعیض نیست. در آغاز خداوند(ج) به بشریت اعلام میکند که شما از تن یگانه آفریده شده اید و سرشت انسان چه مرد باشد و چه زن باشد هر دو یکی است. آیۀ فوق، اینکه در متون دینی ما از یهودیت و عیسویت داخل شده است که زن از قبرغه چپ مرد خلق شده است، رد میکند. متن فارسی سخن غلط که داخل متون دینی ما مسلمانان شده است، چنین است، با کمی تغییر: «با زنان به نیکی رفتار کنید زیرا زنان از قبرغۀ چپ خلق شده است و در قبرغه آنچه کج تر است بالا تر است و اگر بخواهید راستش کنید آنرا می شکنید و اگر رهایش کنید کج میماند پس با زنان به نیکی رفتار کنید.» این موضوع را جامعه شناس مشهور جهان اسلام مرحوم دکترعلی شریعتی اصلاح کرد و چنین گفت: « مسأله دیگر، آفریدن زن از دنده ای [بغل] مرد است آنطور که از عربی به فارسی ترجمه شده است. این کلمۀ دنده غلط ترجمه شده است و در خود زبان عربی و عِبری، این کلمه به معنی سرشت است.» حوا را، یعنی زن را، از سرشت مرد آفریدیم. «چون این کلمه، معنی دنده هم میدهد، روایتی پیدا شده که زن از دندۀ چپ مرد آفریدیم و از این جهت زنها یک دنده کم دارند!!!» همین غلط فهمی ها باعث شده تا زنان قشر دوم جامعه قرار گیرد در حالیکه قرآن به وضاحت میگوید که مرد و زن را از نفس واحد آفریدیم. دوم مطلب مهم که در این آیه است مسألۀ نسل آدمی است که از آدم(ع) و بی بی حوا آمده است و از این دو دیگر زنان و مردان خلق شده اند. این آیه تئوری داروین را رد میکند که آدم از نسل بوزینه است.

اول اینکه بوزینه خود مخلوق خداوند(ج) است. بوزینه را کی خلق کرده است؟ خودش به وجود آمده است؟ مهندس این طرح خلقت کجاست؟ دانشمندان آمریکایی همین سؤال را در رد تئوری داروین کردند. داروین در قرن نوزده «انتخاب طبیعی» را پیشکش کرد و اما در اثر پیشرفت علم ثابت شد که موانع طبیعی بیشماری در سد راه این تئوری قرار دارد منجمله منشأ همه سیستم بیولوژیکی. طور مثال در بدن انسان حدود صد تریلیون سلول وجود دارد و در داخل هر سلول یک هسته وجود دارد که هر هسته شامل یک دی ان ای میباشد. و هر دی ان ای یک ژنوم است و این را نمیتوان با تئوری داروین محاسبه کرد، مخصوصاً اینکه در زمان داروین تکنالوژی پیشرفت نکرده بود و میکروسکوپ وجود نداشت. چطور امکان دارد این هم از روی ظاهر موضوع به گفتۀ داروین طراحی شده باشد؟ کتاب‌های زیادی در رد تئوری داروین توسط دانشمندان ساینس به نشر رسیده است نه اهل دین و مذهب. «نفس» در زبان عربی معانی مختلف دارد و در این آیه هدف آن نسل آدمی است که مرجع آن حضرت آدم(ع) و بی بی حوا میباشد. این آیه یک موضوع مهم خانوادگی را از نگاه جامعه شناسی بیان میکند و آن اینکه صلۀ رحم را قطع نکنید و وقتی از همدیگر درخواست میکنید با رحم و محبت زندگی کنید. چون خانواده واحد کوچک اجتماع است از اینرو این آیه به استواری خانواده با صلۀ رحم تأکید میکند. اولین کسانیکه ما باید روابط مستحکم داشته باشیم اعضای خانواده و خویشاوندان است. زیرا خانواده محور اساسی یک جامعه و مرجع اساسی آموزش و پرورش و پیشرفت انسانی است.

وَآتُوا الْيَتَامَىٰ أَمْوَالَهُمْ ۖ وَلَا تَتَبَدَّلُوا الْخَبِيثَ بِالطَّيِّبِ ۖ وَلَا تَأْكُلُوا أَمْوَالَهُمْ إِلَىٰ أَمْوَالِكُمْ ۚ إِنَّهُ كَانَ حُوبًا كَبِيرًا ﴿٢﴾

معنی: و اموال یتیمان را به آنان بدهید و مال بیهودهای خود را با مال اصلی و حقوقی آنها عوض نکنید و اموال آنها را با مال خود یکجا کرده حیف و میل نکنید که این گناه بزرگ است.

تفسیر: آیه بعد از اینکه در آیه قبلی از اهمیت خانواده یاد میکند، در این آیه موضوع یتیم را تذکر میدهد. دو نوع یتیم وجود دارد. یکی اوئیکه با شما در یک خانه زندگی میکند و دومی اوئیکه در بیرون از منزل زندگی میکند. در اینجا مسلمانان یک مسؤولیت بس بزرگ دارند تا از یتیمان چه در خانه و چه در بیرون منزل سرپرستی کنند و اگر مال از آنها از پدر و

مادرش به جای مانده است، آن مال را با بسیار امانت داری وقتی به سن بلوغ میرسند به ایشان تسلیم کند. نزد علمای کرام مال یتیم را بیجا کردن گناه کبیره و نا بخشودنی است. اگر در بیرون منزل یتیمان هستند ما همان چیزی را که کار نداریم و بیهوده است به نام صدقه به آنها میدهیم که این مورد قبول خداوند(ج) نیست. باید هر چیزیکه میدهیم جدید باشد، کارآمد باشد و به درد خور یتیم باشد. اگر در داخل خانه هستند با اینکه فرزند یتیم، فرزند ما نیست و اما به اساس صلهٔ رحم مانند اولاد خود با ایشان باید رویه کرد تا آنها هرگز احساس حقارت و کمبودی نکنند. نه تنها که مال امانت شانرا باید سالم نگهداری کرد بلکه با ایشان مانند یک پدر و مادر واقعی رفتار کرد. بعضی اوقات چون یتیم خوردسال میباشد مردم مال آنها را با مال خود یکجا میکنند که حساب دقیق آن ناپدید میشود و این هم گناه است. مال یتیم یک امانت بزرگ است و باید بسیار محتاطانه نگهداری شود و در وقت مناسب به ایشان سپرده شود. امروز یک مشکل عمدهٔ افغانستان و دیگر کشورهای اسلامی سرپرستی یتیمان است. اگر مردم مؤمن واقعاً با دلسوزی به یتیم رسیدگی کند ما امروز مشکل یتیم نمیداشته باشیم. سازمان های خیریه عرض اندام کرد و هزاران دالر توسط مردم به افغانستان از کشورهای که مردم مهاجر شده اند سرازیر شد و اما مشکل یتیم حل نشد. چرا؟ برای اینکه یک عده زیاد این سازمانهای خیریه همه را به جیب خود انداختند. خود در آمریکا و اروپا از پول یتیم صاحب سرمایه شدند. خوردن و حیف و میل مال یتیم گناه کبیره است و این مردم جای شان جهنم است چون حقوق آن عده بینوا را پایمال کرده‌اند که از خود دفاع کرده نمیتوانند.

وَإِنْ خِفْتُمْ أَلَّا تُقْسِطُوا فِي الْيَتَامَىٰ فَانْكِحُوا مَا طَابَ لَكُمْ مِنَ النِّسَاءِ مَثْنَىٰ وَثُلَاثَ وَرُبَاعَ ۖ فَإِنْ خِفْتُمْ أَلَّا تَعْدِلُوا فَوَاحِدَةً أَوْ مَا مَلَكَتْ أَيْمَانُكُمْ ۚ ذَٰلِكَ أَدْنَىٰ أَلَّا تَعُولُوا (3)

معنی: اگر با دختران یتیم نکاح میکنید و میترسید که عدالت و انصاف را مراعات کرده نمیتوانید با دیگر زنان که برای شما حلال است تا دو، سه یا چهار زن را نکاح کنید و اگر باز هم بیم دارید که عدالت را نمیتوانید تأمین کنید با یک همسر اکتفا کنید و یا آنکه به ملکیت شما درمی آید اکتفا کنید، این پسندیده تر است برای اینکه مرتکب ظلم نشوید.

تفسیر: مطالب مهم در این آیه نهفته است و مخصوصاً که مخالفین اسلام این آیه را به غلط تعبیر میکنند تا اسلام را تخریب کرده باشند. در بخش اول آیه نکاح دختر یتیم است که میگوید شما میتوانید دختر یتیم را که به (سن قانونی) برسد و آماده ازدواج باشد نکاح کنید اما اگر خوف دارید که عدالت را با دختر یتیم تأمین کرده نمیتوانید شما با دیگر زنان تا چهار زن میتوانید نکاح کنید. اول اینجا می‌بینیم که قرآن راه انصاف را برای دختران یتیم مطرح میکند. زیرا میشود که مال یتیم پیش شما باشد و در اثر ازدواج، شما در مال او بی‌عدالتی کنید. دوم دختر یتیم کس و کوی ندارد و نشود که شما از این موقعیت سوءاستفاده کنید و حقوق او را در زناشونی پایمال کنید. طور مثال مهر او را ندهید. یا برای اینکه یتیم است در مقابل او بی مهری کنید. در اینجا حقوق انسانی یک موجود که بی پدر و مادر است قرآن مطرح میکند و میگوید که اگر عدالت را نمیتوانید تأمین کنید بهتر است دو، سه تا چهار تا از زنان دیگر را نکاح کنید. اینجا هم آیه معنی نمیدهد که یکجایی نکاح کنید و اما تا چهار بار. آیه تصریح دارد که از دختر جوان و بی کس و کوی در گذر زیرا تو در مقابل عدالت قرار میگیری. پس اول یک مرد ببیند که اگر میتواند یک دختر یتیم را با انصاف و عدالت نکاح کند که چه خوب و اگر نمیتواند با دیگر زنان نکاح کند. غلط فهمی در کجاست؟ غلط فهمی در اینجاست که مردان بدون اینکه به یتیم جامعه توجه کنند تصور میکنند که چهار زن حق دارند. قرآن همچو حکمی نکرده است. اول باید دیده شود که ما میتوانیم یک یتیم را با عدالت نکاح کنیم یا خیر. اگر او نبود و یا نمیتوانیم عدالت را تأمین کنیم باز هم قرآن یک همسر را اجازه داده است نه چهار تا، زیرا وقتی ما عدالت را در مقابل یتیم نمیتوانیم مراعات و تأمین کنیم در مقابل دیگر زنان هم نمیتوانیم تأمین کنیم. نازکی آیه در همین نقطه است. کسیکه زن دوم را میگیرد باید توجیه عادلانه داشته باشد. وقتی قرآن در این بخش از عدل سخن میگوید تنها از نگاه مادی نیست که مرد مراتب مادی را تکافو کند بلکه مراتب روحی و معنوی زن هم است. از این لحاظ باید برای زن دوم توجیه شود که برای نکاح زن دومی، مرد چه توجیه دارد. در آیۀ قبلی خواندیم که از صله رحم کار گیرید. یکی از اقدامات صله رحم مشوره با زن اول است نه اینکه خود مختار مرد عمل کند و زن دوم را بدون مشوره همسر اول داخل خانه کند. این نه تنها از عدالت به دور است بلکه بی‌حرمتی به مقام شامخ خانواده در اسلام است. مشوره با همسر سنت رسول الله(ص) است. مهم این است

که قرآن انسان را به وجدان و اخلاق و کرامت انسانی خودش مسئول میسازد نه قانون مدنی کشور. اینجا مسأله ایمان مطرح است نه قانون. اگر نمیتوانیم که عدالت کنیم و این را خود ما خوب میدانیم زیرا ما، خود را میشناسیم به یک زن اکتفا کنیم. سؤال در این است که چرا نکاح یتیم در کنار دیگر زنان آمده است. استنباط همین است که ما اول باید به یتیم رسیدگی کنیم تا جامعه به فساد کشانده نشود. کودکان بی سرپرست نباشند و زنان مخصوصاً آنانیکه کار نمیکنند و به امور خانواده میرسند باید از نگاه روحی، اقتصادی و اجتماعی مصئون باشند. جنگ و جهاد کودکان را بی سرپرست میسازد. زنان را بی خانمان میسازد. شاید یک زن بتواند خود اکتفا باشد چنانچه بی بی خدیجه کبرا(رض) خود اکتفا بود و اما هدف از ازدواج خود اکتفا بودن اقتصادی نیست. هر زن و هر مرد یک همراز باید داشته باشد زیرا مرد و زن از دید قرآن مکمل همدیگر هستند. نکتۀ دیگر که مخالفین اسلام انتقاد میکنند مسأله کنیزان هستند. در این آیه نگفته است که یک توانگر خدمۀ خودش را به زور و فشار عقد کند و یا تصاحب کند. مانند دیگر زنان آنها را میتوانند نکاح کنند و همه امورشرعی نکاح تطبیق میشود. آنهم در صورتی است که آن خدمه خودش راضی باشد. راضی بودن زن از اساسات عمدۀ نکاح است. در این آیه اسلام طبقات اجتماعی را از نگاه جامعه شناسی رد میکند و کنیز یا خدمه را حکم میکند که میتوانید نکاح کنید. یعنی شما نباید یک خدمه را پایین‌تر از زنان دیگر ببینید. در زندگانی امروز کنیز و غلام دیگر وجود ندارد و اما مردم خدمه که کارشان را انجام میدهد دارند. پس یک مرد توانگر که مهر را تأدیه کند و حقوق خدمه را برایش تقدیم کند میتواند با او نکاح کند و همسر رسمی او شود. دیگر نظامهای طبقاتی با طبقۀ اجتماعی و اقتصادی خود ازدواج میکنند و اما اسلام با این آیه قسمیکه گفته آمد نظام طبقاتی را به اساس ثروت و مقام اجتماعی و نام خانوادگی رد میکند و زن و مرد را تنها به تقوا میشناسد. وزیر باشد و یا خدمه باشد. به این اساس است که شما ظلم نمیکنید و اگر از این اصول اخلاقی بیرون شوید مرتکب ظلم میشوید. کفوه در اسلام به اساس حدیث پیشوای اسلام دین است نه طبقات اجتماعی، نام ونسب خانوادگی و ثروت.

وَآتُوا النِّسَاءَ صَدُقَاتِهِنَّ نِحْلَةً ۚ فَإِن طِبْنَ لَكُمْ عَن شَيْءٍ مِّنْهُ نَفْسًا فَكُلُوهُ هَنِيئًا مَّرِيئًا ﴿٤﴾

معنی: و مهریه زنان را با جبین گشاده تقدیم شان کنید و اگر آنها چیزی از آن را به شما بخشیدند آنرا با کمال میل تصاحب کنید.

تفسیر: زن و مرد از نگاه مدنی در نکاح حقوق مساوی دارند. اما قرآن مجید برای زنانی که نکاح میکنند از جانب مرد مهریه را سفارش کرده است. چرا؟ برای اینکه در آن زمان مردان همه صلاحیت اقتصادی را در دست داشتند و اکثر زنان هیچگونه قدرت اقتصادی نداشتند. قرآن با تعیین مهر به زنان یک قوه اقتصادی بخشید تا در مقابل مردان کمی و کمبودی حس نکنند. از طرف دیگر مردان از زنان سوءاستفاده نکنند. از جانب دیگر اگر زن جدا میشود خوار و ذلیل نشود. مهریه یک تحفه از جانب مرد است وحق زن است که تصمیم بگیرد نه اینکه دیگران برایش تصمیم بگیرند. نکاح که از نکح آمده است، قرار داد، پیمان و موافقتنامه معنی میدهد و هر دو حقوق مساوی دارند تا در سرنوشت آینده خود تصمیم بگیرند. مردان باید چیزی را که زن مطالبه میکند اگر موافق بود با خوشرویی و خشنودی بپردازد. اگر مهر برای آینده موکول میشود و زن در آینده طلب میکند باید فوراً تأدیه شود. هستند مردانی که در زمان عقد وعده میکنند و پسان وفا نمیکنند. این‌ها چون حق یک زن را پایمال میکنند ظالم هستند. اگر زن مهریه را می‌بخشد این صلاحیت را دارد و یا اگر ثلث آن را میگیرد و بقیه را بعداً میگیرد هم میتواند. اگر همه را قبل ازینکه خطبه نکاح خوانده شود میخواهد داشته باشد هم میتواند. زن در مسأله مهر خود صلاحیت عام و تام را دارد. نباید کسی دیگر برای زن تصمیم بگیرد.

وَلَا تُؤْتُوا السُّفَهَاءَ أَمْوَالَكُمُ الَّتِي جَعَلَ اللَّهُ لَكُمْ قِيَامًا وَارْزُقُوهُمْ فِيهَا وَاكْسُوهُمْ وَقُولُوا لَهُمْ قَوْلًا مَّعْرُوفًا ﴿٥﴾

معنی: به خوردسالان (که به عقل نرسیده‌اند) که خداوند(ج) شما را به سرپرستی ایشان گماشته است، اموال شانرا ندهید و مصرف خوراک و پوشاک و تعلیم شان کنید و با آنها با خوشرویی سخن گویید.

تفسیر: اگر ما مسئوول یک یتیم میشویم دو مسئوولیت داریم. بطورعادلانه از مالی که دارند و نزد ما امانت است باید به لباس خوراک و تعلیم

و تربیه شان رسیدگی کنیم. توجه کنید که رزق در دین تنها خوراک معنی نمیدهد. رزق در دین خوراک، ثروت و سرمایه و همچنان علم معنی میدهد. مسؤولیت یک کسیکه یتیم را نگهداری میکند تنها خوراک و پوشاک نیست. چون زیر بنای دین ما علم است باید یتیم به مکتب فرستاده شود تا علم بیاموزد. چون یتیمان دل نازک دارند زیرا از نعمت پدر و مادر محروم هستند باید با ایشان با بسیار محبت و مهربانی سخن گفت و رویه کرد تا احساسات شان جریحه دار نشود. اینجا قرآن بسیار به سادگی روانشناسی کودک را که امروز در دانشگاه ها تدریس میشود مطرح میکند.

وَابْتَلُوا الْيَتَامَىٰ حَتَّىٰ إِذَا بَلَغُوا النِّكَاحَ فَإِنْ آنَسْتُم مِّنْهُمْ رُشْدًا فَادْفَعُوا إِلَيْهِمْ أَمْوَالَهُمْ ۖ وَلَا تَأْكُلُوهَا إِسْرَافًا وَبِدَارًا أَن يَكْبَرُوا ۚ وَمَن كَانَ غَنِيًّا فَلْيَسْتَعْفِفْ ۖ وَمَن كَانَ فَقِيرًا فَلْيَأْكُلْ بِالْمَعْرُوفِ ۚ فَإِذَا دَفَعْتُمْ إِلَيْهِمْ أَمْوَالَهُمْ فَأَشْهِدُوا عَلَيْهِمْ ۚ وَكَفَىٰ بِاللَّهِ حَسِيبًا (٦)

معنی: و یتیمان را بیازمایید تا هنگامیکه برای نکاح آماده شوند. اگر مشاهده کردید که [از نگاه عقلی] به سن رُشد رسیده‌اند اموال شانرا [که نزد شما امانت است] به ایشان برگردانید و قبل از بلوغ شان، مال آنها را حیف و میل نکنید و کسانیکه توانگر است باید از عزت نفس کار گیرد و کسانیکه تنگدست است در حد اعتدال و امانتداری از آن تصاحب کند و زمانیکه مال شانرا به ایشان باز میگردانید در حضور شاهدین باشد و خداوند(ج) برای حساب کردن کافی است.

تفسیر: تأکید است روی مسالۀ یتیمان. اگر به سن نکاح یعنی سن قانونی میرسند که باید زندگی خود را داشته باشند سرپرست باید مشاهده کند که همان کاردانی را دارد یعنی از عهدۀ زندگی خود برآمده میتواند. در این صورت است که مال امانت که نزد شما دارد به او برمیگردانید. اینجا تأکید شده سن که قبل از بلوغ فکری آنها، شما کوشش نکنید که مال شانرا حیف و میل کنید و یا وقتی برای‌شان مصرف میکنید از اسراف کار گیرید. کسانیکه توانگر هستند باید در این مورد از عزت نفس کار گیرند و کسانیکه تهیدست هستند و این مسئوولیت را دارند همانقدر مصرف کنند که مایحتیاج شان است نه زیاد تر تا مال یتیم بیجا نشود. در زندگانی امروز مؤسسات خیریه هم باید اول جوانان یتیم را به دانشگاه بفرستند زیرا نکاح در اسلام سنت است و آموختن علم فرض تا آنها یک آیندۀ

پُربار داشته باشند و خداوند(ج) حساب گیرنده اعمال مردمان است و از هر بی‌عدالتی ما حساب خواهیم داد و دراین حساب و کتاب خداوند(ج) بهترین حساب کننده است.

لِّلرِّجَالِ نَصِيبٌ مِّمَّا تَرَكَ الْوَالِدَانِ وَالْأَقْرَبُونَ وَلِلنِّسَاءِ نَصِيبٌ مِّمَّا تَرَكَ الْوَالِدَانِ وَالْأَقْرَبُونَ مِمَّا قَلَّ مِنْهُ أَوْ كَثُرَ ۚ نَصِيبًا مَّفْرُوضًا ﴿۷﴾

معنی: مردان را آنچه والدین و خویشاوندان به جای میگذارند سهمی است و برای زنان هم آنچه والدین و خویشاوندان به جا میگذارند سهمی است چه کم باشد چه زیاد باشد سهم تعیین شده است.

تفسیر: اینجا اشاره به میراث است که مردان سهم دارند و هم زنان سهم دارند. در این آیه حقوق زن و مرد را از نگاه اقتصادی مساوی دانسته است. این سهم چه از والدین برسد و یا چه از خویشاوندان. برای هریک، یک سهم معین شده میرسد. این آیه واضح میسازد که سهم میراث تنها از طرف والدین نیست و دیگر خویشاوندان هم میتوانند به مردان و زنان خانواده میراث بگذارند.

وَإِذَا حَضَرَ الْقِسْمَةَ أُولُو الْقُرْبَىٰ وَالْيَتَامَىٰ وَالْمَسَاكِينُ فَارْزُقُوهُم مِّنْهُ وَقُولُوا لَهُمْ قَوْلًا مَّعْرُوفًا ﴿۸﴾

معنی: در وقت تقسیم [میراث] اگر خویشاوندان، یتیمان و بینوایان حضور میرسانند به ایشان چیزی بدهید و با ایشان با خوشرویی و مُحبت سخن گویید.

تفسیر: جالب است که این آیه میراث را منحصر به یکی دو نفر اعضای خانواده نمیکند. توجه آیه با تقسیم میراث روی آنانی است که در جامعه هستند و میشود ضرورت داشته باشند. مانند خویشاوندان که در اصل ارث نیستند یا یتیمان و بینوایان. پس این وظیفهٔ ماست تا به آنها هم رسیدگی کنیم. ببینید که حتی میراث را خداوند(ج) مانند سرمایه منحصر به یک خانواده و اعضای آن نمیکند. اسلام شدید با زدودن فقر در جامعه مبارزه میکند از راه عدالت و همکاری همه جانبه. آیه تصریح میکند که هیچ‌گاه آنانی را که به کمک کار دارند فراموش نکنید. مانند آیهٔ سوم سورهٔ بقره توضیح دادیم که سرمایه در اسلام در انحصار سرمایه دار نیست و میگوید هر چه دارید د راه مردم به مصرف برسانید.

وَلْيَخْشَ الَّذِينَ لَوْ تَرَكُوا مِنْ خَلْفِهِمْ ذُرِّيَّةً ضِعَافًا خَافُوا عَلَيْهِمْ فَلْيَتَّقُوا اللَّهَ وَلْيَقُولُوا قَوْلًا سَدِيدًا ﴿٩﴾

معنـی: آنانیکه فرزندان خورد سال از خود به جای میگذارند که برای آیندۀ شان بیمناک هستند باید عین ترس را [در مورد یتیم] داشته باشند پس از خدا(ج) بترسند و با [ناتوانان] سخن نیکو گویند.

تفسـیر: چه شایسته است که ما باید همان ترسی را که برای آیندۀ اولاد خود داریم باید از خدا(ج) بترسیم و عین ترس برای اولاد بی سرپرست یتیم داشته باشیم و آنها را از اولاد خود کمتر ندانیم و با ایشان با تواضع و محبت صحبت کنیم. این آیه از چند نگاه بسیار آموزنده است. اول جنبه اخلاقی آیه را توجه کنید که ما را به اخلاق نیکو دعوت میکند. دوم جنبه سوسیو-اکونومیک یعنی رابطۀ جامعه را با اقتصاد مطرح میکند. توجه کنید که غم خورشی یتیمان را مطرح میکند و سوم همکاری در جامعه را که جامعه به اساس همکاری یک نظم و نسق موزون داشته باشد و ما به همدیگر برسیم. سبحان الله به عدالت خداوند(ج).

إِنَّ الَّذِينَ يَأْكُلُونَ أَمْوَالَ الْيَتَامَىٰ ظُلْمًا إِنَّمَا يَأْكُلُونَ فِي بُطُونِهِمْ نَارًا ۖ وَسَيَصْلَوْنَ سَعِيرًا ﴿١٠﴾

معنـی: آنانیکه اموال یتیم را به شکل غیرعادلانه تصاحب میکنند توجه داشته باشند که خودشان آتش را خورده اند و به زودی با شعله های آتش افروخته خواهند شد.

تفسـیر: از آنجائیکه انسان یک موجود سرکش است و در همه موارد مخصوصاً پول و ثروت عادل نیست این آیه هشدار میدهد که متوجه باشید که اگر شما حق یتیم را پایمال میکنید مثل آنست که آتش را بلعیده باشید و در آتش بزرگ افروخته خواهید شد. راستی دیده شده است کسانیکه مال یتیم را پایمال کرده‌اند در همین دنیا به مشکلات گوناگون دچار شده اند. تصور کنید که در آن دنیا چه حال خواهند داشت.

يُوصِيكُمُ اللَّهُ فِي أَوْلَادِكُمْ لِلذَّكَرِ مِثْلُ حَظِّ الْأُنْثَيَيْنِ فَإِن كُنَّ نِسَاءً فَوْقَ اثْنَتَيْنِ فَلَهُنَّ ثُلُثَا مَا تَرَكَ وَإِن كَانَتْ وَاحِدَةً فَلَهَا النِّصْفُ وَلِأَبَوَيْهِ لِكُلِّ وَاحِدٍ مِّنْهُمَا السُّدُسُ مِمَّا تَرَكَ إِن كَانَ لَهُ وَلَدٌ فَإِن لَّمْ يَكُن لَّهُ وَلَدٌ وَوَرِثَهُ أَبَوَاهُ فَلِأُمِّهِ الثُّلُثُ فَإِن كَانَ لَهُ إِخْوَةٌ فَلِأُمِّهِ السُّدُسُ مِن بَعْدِ وَصِيَّةٍ يُوصِي بِهَا أَوْ دَيْنٍ آبَاؤُكُمْ وَأَبْنَاؤُكُمْ لَا تَدْرُونَ أَيُّهُمْ أَقْرَبُ لَكُمْ نَفْعًا فَرِيضَةً مِّنَ اللَّهِ إِنَّ اللَّهَ كَانَ عَلِيمًا حَكِيمًا ﴿١١﴾

معنی: خداوند(ج) شما را در بارۀ اولادتان توصیه میکند که سهم پسر چون سهم دو دختر است و اگر دختران بیش از دو تن باشند، دو/سوم میراث از دختران است و اگر تنها یک دختر باشد نیم میراث از آن اوست. اگر متوفی را فرزندی باشد، والدین او وارث یک ششم مال هستند و اگر او را فرزندی نباشد تنها والدین وارث او هستند، برای مادرش یک سوم مال میرسد و اگر برادرانی دارد مادر یک ششم خواهد رسید. [این تقسیم بندی] بعد از وصیت و یا پرداخت قرض داریهای اوست [که دَین خانواده است]. شما نمیدانید که پدرانتان و یا اولادتان کدام یک برای شما نزدیکتر است. این فریضۀ از جانب خداوند(ج) است به یقین خداوند(ج) دانای حکیم است.

تفسیر: اولین موضوعی را که در این آیه باید بدانیم که انگاشتهای اقتصادی چه ازطریق قرآن باشد و چه غیر آن از نگاه علم اقتصاد تغییر پذیر است. طور مثال یک شخص امروز ثروت دارد و یک سال بعد همان ثروت را ندارد و ورشکست شده است. پس تقسیم مال میراث در اثر ورشکست شدن تغییر میکند. دوم در گذشته گفتیم که قرآن نظر به ایجابات زمان و مکان تفسیر میشود نه اینکه همه موضوعات را متنی قبول کرد. پس تفسیر آیات نظر به شرایط تغییر میکند و زیبایی قرآن در همین نکته است که یک کتاب راکد و جامد نیست. سوم قرآن کتاب هدایت است و برای بنده هدایت داده است تا بیاموزد و زندگی خودش را نظم و نسق دهد. در این آیه موارد تقسیم میراث را منحیث یک الگو به ما هدایت داده است نه اینکه ما شرایط زمان و مکان را مد نظر نگیریم و عمل کنیم. جهان امروز، جهان چهارده صد سال قبل محمد(ص) نیست. امروز زن و مرد کار میکنند و هر دو نفقه آورنده هستند. زنان شغل‌های بلند دارند. هر دو، خواهر و برادر در یک خانواده که تفاوت سن‌شان شاید یکی دو سال پس و پیش باشد تحصیلات عالی دارند و در بسیاری

خانواده‌ها دختران در تحصیل و کسب و کار از برادرانشان سبقت جسته‌اند. مهمتر اینکه قرن بیست و یکم قرن حقوق مساوی مدنی بین زن و مرد است. اگر ما حقوق دختر خود را مساوی به برادرش نمیدهیم، در زندگانی امروز امکان این میرود که دختر ما از دین اسلام دلسرد شود. بارها از دختران جوان همین موضوع را شنیده‌ام که اسلام (استغفرالله) دین عدالت نیست و اگر میبود حقوق ما را پایمال نمیکرد. این جوانان آگهی ندارند که دین به نظر به ایجابات عصر و زمان تفسیر میشود و چون گروه مذهبی قطعاً از موقف خود بیرون نمیشوند و قرآن را مانند وهابیها متنی قبول میکنند این باعث شده است که حتی بعضی جوانان دختر و پسر عیسوی شوند. حضرت رسول کریم(ص) اولین مفسر قرآن مجید بود. بعد از او حضرت ابن عباس(رض) و بعد از او حضرت علی(رض) و بعد علمای کرام، یعنی قرآن قبلاً تفسیر شده است. حضرت محمد(ص) فرموده است که «اِنَّ اللهَ تَعالی یُحِبُّ اَن تَعدِلوا بَینَ اولادِکُم حتی فی القُبَل» یعنی خداوند(ج) دوست دارد که میان فرزندان خود حتی در بوسیدن آنها به عدالت رفتار کنید. (حدیث شماره ۷۵۴ نهج الفصاحه: مجموعهٔ قصار حضرت رسول اکرم (ص) با ترجمهٔ فارسی بانضمام فهرست موضوعی. مترجم ابوالقاسم پاینده چاپ دوم ۱۳۷۶) این حدیث فوق‌العاده جالب است مخصوصاً که کلمهٔ «حتی» در حدیث دیده میشود. یعنی در همه امور شما باید با اولادتان که شامل دختر و پسر است حتی اگر ایشان را میبوسید از عدالت کار گیرید. پس ما باید از عدالت کار گیریم و در تقسیم میراث بین خواهر و برادر در عصر حاضر بی‌عدالتی نکنیم. یکی از دلایلی که در مورد این آیه می‌آورند این است که دختر، شوهر میکند و از شوهر هم میراث میگیرد. این یک توجیه نادرست است زیرا نکاح در اسلام سنت است و اگر کسی مرد باشد و یا زن باشد نکاح میکند داخل ثواب میشود زیرا سنت مؤکد است و اما اگر نکاح نمیکند گنهکار نمیشود. در عصر حاضر یک دختر دوست ندارد ازدواج کند و آرزو دارد تنها زندگی کند. این حق قانونی، مدنی و شرعی یک دختر است که اگر میخواهد تنها زندگی کند. اختیار خودش است و اما حقوق که از پدر میگیرد باید عادلانه باشد مانند برادرش.

وَلَكُمْ نِصْفُ مَا تَرَكَ أَزْوَاجُكُمْ إِن لَّمْ يَكُن لَّهُنَّ وَلَدٌ ۚ فَإِن كَانَ لَهُنَّ وَلَدٌ فَلَكُمُ الرُّبُعُ مِمَّا تَرَكْنَ ۚ مِن بَعْدِ وَصِيَّةٍ يُوصِينَ بِهَا أَوْ دَيْنٍ ۚ وَلَهُنَّ الرُّبُعُ مِمَّا تَرَكْتُمْ إِن لَّمْ يَكُن لَّكُمْ وَلَدٌ ۚ فَإِن كَانَ لَكُمْ وَلَدٌ فَلَهُنَّ الثُّمُنُ مِمَّا تَرَكْتُم ۚ مِّن بَعْدِ وَصِيَّةٍ تُوصُونَ بِهَا أَوْ دَيْنٍ ۗ وَإِن كَانَ رَجُلٌ يُورَثُ كَلَالَةً أَوِ امْرَأَةٌ وَلَهُ أَخٌ أَوْ أُخْتٌ فَلِكُلِّ وَاحِدٍ مِّنْهُمَا السُّدُسُ ۚ فَإِن كَانُوا أَكْثَرَ مِن ذَٰلِكَ فَهُمْ شُرَكَاءُ فِي الثُّلُثِ ۚ مِن بَعْدِ وَصِيَّةٍ يُوصَىٰ بِهَا أَوْ دَيْنٍ غَيْرَ مُضَارٍّ ۚ وَصِيَّةً مِّنَ اللَّهِ ۗ وَاللَّهُ عَلِيمٌ حَلِيمٌ ﴿۱۲﴾

معنی: و نصف از میراث همسرانتان از شماست اگر فرزندی نداشته باشند و اگر فرزندی داشته باشند یک چهارم میراث آنها [و این] بعد از این است که به وصیت عمل شده باشد و قروض تأدیه شده باشد. همچنان اگر شما فرزندی نداشته باشید یک چهارم و اگر فرزندی داشته باشید یک هشتم میراث تان بعد از اینکه به وصیت عمل میشود و قروض تأدیه میشود از همسرانتان است و اگر مرد یا زنی کلاله است (پدر و مادر و فرزندی ندارد) بمیرد و دارای برادر و خواهری باشد، به هر کدامشان یک ششم میراث میرسد و اگر خواهران و برادران بیش از این باشند همه در یک سوم مال شریک هستند. البته بعد از اینکه وصیت غیر مضر و قروض متوفی جامه عمل میپوشد. این سفارش از جانب خداست و خداوند(ج) دانای حلیم یعنی بردبار است.

تفسیر: در این آیه دو سه نکتۀ قابل غور است. اول اینکه میراث وقتی تقسیم میشود که به وصیت متوفی عمل شود. در این حالت است که هرچه متوفی وصیت کرده باشد همانگونه عمل میشود. ما حق نداریم که وصیت را تغییر دهیم. حال ما نمیدانیم که متوفی چه وصیت کرده است. دوم اگر متوفی قرض دار میباشد اول باید قروض او پرداخته شود نه اینکه به ورثه تقسیم شود. امکان دارد که اگر چیزی مانده باشد همه به قرض رود و هیچ چیزی برای ارث باقی نماند و وصیت غیر مضر همین است که در آیه آمده است. دیده شده است که ورثه ارث برده‌اند بدون اینکه قروض تأدیه شده باشد. در این حالت همه گنهکار محسوب میشوند زیرا حقوق مردم که قرض داده‌اند پایمال میشود. خداوند(ج) میخواهد که شما عادلانه عمل کنید و همین الگو را به شما سفارش میکند. باید یاد آور شویم که در جامعۀ عرب به اندازه‌ای بی‌عدالتی بود که این آیات یک انقلاب را به وجود آورد مخصوصاً در حق زن که هیچگونه حق و

حقوق نداشت. به اساس این آیه خانواده‌ها باید پیش از پیش وصیت خود را بنویسند و این کار بسیار شایسته است از اینکه اولاد بعد از مرگ پدر و مادرشان به جان هم افتند و یا حقوق خواهران خود را پایمال کنند و یا حقوق آنانیکه در زمان حیات قرض داده‌اند پایمال شود که متأسفانه این کار در همه جا اتفاق افتاده است.

تِلْكَ حُدُودُ اللَّهِ ۚ وَمَن يُطِعِ اللَّهَ وَرَسُولَهُ يُدْخِلْهُ جَنَّاتٍ تَجْرِي مِن تَحْتِهَا الْأَنْهَارُ خَالِدِينَ فِيهَا ۚ وَذَٰلِكَ الْفَوْزُ الْعَظِيمُ ﴿١٣﴾

معنی: اینها حدود الهی است و هر که از خدا(ج) و رسول(ص) او اطاعت کند او را داخل جنات میکند که از پای درختانش جویبارها جاری است که در آن جاودانه باقی میمانند و این یک موفقیت بزرگ است.

تفسیر: موضوعی را که انسان اکثراً نمیتواند درک کند این است که انسان مخلوق است و خداوند(ج) میداند که چگونه باید زندگی کند تا به سعادت دنیوی و اخروی برسد. همین نکته را فراموش میکند. انسان را خداوند(ج) خلق کرده است و احتیاجات و ضروریات انسان را خداوند(ج) خوب میداند. همه زندگی را با هدایات قرآنی و ارشادات پیامبر(ص) برای سرفرازی ما مهیا کرده است. پس ما وقتی به خوشبختی واقعی میرسیم که از قرآن که برای هدایت بشر نازل شده و از ارشادات محمد(ص) که به ما رسم زندگی نوین و مدنی را می‌آموزد پیروی کنیم. برای همین اطاعت است که ما میتوانیم راه بهشت را برای خود هموار کنیم. برای به بهشت رفتن ما باید در این دنیا با اخلاق مدنی و با عدالت زندگی کنیم در غیر آن بهشت حصول نمیشود.

وَمَن يَعْصِ اللَّهَ وَرَسُولَهُ وَيَتَعَدَّ حُدُودَهُ يُدْخِلْهُ نَارًا خَالِدًا فِيهَا وَلَهُ عَذَابٌ مُّهِينٌ ﴿١٤﴾

معنی: و هر که خدا(ج) و رسول(ص) را نافرمانی کند و از حدود او تجاوز کند، او را در آتشی داخل سازد که برای همیش در آنجا میماند و برای او عذاب تحقیرآمیز خواهد بود.

تفسیر: به تعقیب آیهٔ قبلی هشدار برای کسانیست که هدایات خداوند(ج) را فراموش میکنند و همانطوریکه برای آنان که مطیع هستند جنات زیبا و با طراوت وعده شده است برای آنانیکه نافرمانی میکنند آتش سوزان وعده شده است. سؤال این است که چرا آنانیکه نافرمانی میکنند باید

به عـذاب تحقیرآمیـز دچـار شـوند؟ در گذشته هـم بـه ایـن موضـوع تمـاس گرفتیم. از رویت قرآن میدانیم که خداوند(ج) مالک خلقت خود است. بـرای خلقـت خـود یـک قانـون و نظـم دارد. آنانیکـه نافرمانی میکننـد نظـم خلقـت را بـر هـم میزننـد و همـه بشـریت تبـاه میشـود. شـما تصـور کنیـد همیـن مسأله ویـروس کرونـا کـه در همـه جهان پخش شـده است اگر جنگ های مخفی بیولوژیک باشد جهان انسـانیت را به تباهی میکشـاند و اگـر از حیوانات شـیوع کـرده باشـد؛ این در اثر غفلت خود بشر است که حیوانات را که بایـد نخورنـد، میخورنـد و یـا نگهـداری این حیوانـات قسـمی اسـت کـه دور از نظافـت و عدالـت اسـت و ترحـم بـر حیـوان نیسـت. نافرمانـی خداونـد(ج)، خداونـد(ج) را از خدایـی خلاص نمیکنـد و امـا نافرمانی خداونـد(ج) کـه مـا بـا خلقتـش بـازی میکنیـم و جهـان هسـتی را بـه نابـودی میکشـانیم بایـد جـزا داشـته باشـد. داسـتان بمـب هیروشـیما و ناگاسـاکی بـالای جاپـان در جنگ جهانـی دوم کـه ایـن جنایـت را آمریکا مرتکـب شـد نابخشـودنی اسـت. اگـر سـاینتست و دانشـمند خداتـرس باشـد هرگـز همچـو سـلاح مخـرب را تولیـد نمیکنـد و جهـان هسـتی را بـه نابـودی نمیکشـاند.

وَاللَّاتِي يَأْتِينَ الْفَاحِشَةَ مِن نِسَائِكُمْ فَاسْتَشْهِدُوا عَلَيْهِنَّ أَرْبَعَةً مِّنكُمْ ۖ فَإِن شَهِدُوا فَأَمْسِكُوهُنَّ فِي الْبُيُوتِ حَتَّىٰ يَتَوَفَّاهُنَّ الْمَوْتُ أَوْ يَجْعَلَ اللَّهُ لَهُنَّ سَبِيلًا ﴿١٥﴾

معنـی: اگر یکـی از زنـان شـما مرتکـب گنـاه زشـت میشـود چهـار نفـر شـاهد را از بیـن خـود بـرای شـهادت انتخـاب کنیـد و چـون شـهود شـهادت دادنـد آنها را در منـازل شـان خانه قلفی کنید تا مـرگ شـان فـرا رسـد یـا خداونـد(ج) راه دیگـری بـرای آنهـا فرمان دهد.

تقسیـر: چنـد نکتـه در ایـن آیـه قابـل غـور اسـت، خـوب توجـه کنیـد. اول «فحشاء» تنها زنا معنی نمیدهد. «فحشاء» کار زشـت معنی میدهد. این آیه توسـط همه مفسـرین زنا ترجمه شـده اسـت؛ در حالیکه ما نـه تنها در زبان عربی بلکه زبان عربی قرآن بـرای عمل زنا، واژه زنا را داریـم. پس چرا در ایـن آیـه واژه زنـا بـه کار نرفته اسـت کـه فحشا آمده اسـت؟ این سـؤال است کـه تـا امـروز جـواب قانـع کننـده نداریـم. مفسـرین نظریـات گوناگون دارند. تعریـف فحشـاء میتوانـد بسـیار وسـیع باشـد. در مـورد زنـا آیـۀ قرآن است کـه مـی گویـد: «وَلَا تَقْرَبُوا الزِّنَا ۖ إِنَّهُ كَانَ فَاحِشَةً وَسَاءَ سَبِيلًا» (سـورۀ اسـراء آیـۀ ٣٢). یعنـی و بـه زنـا نزدیـک نشـوید که بـه یقیـن آن فحشـاء (عمـل زشـت) و

راه بد است. خوب توجه کنید که در این آیه واژه‌های «اَلزِّنَىٰٓ» و «فَاحِشَةً» هر دو یکجا آمده است. یعنی زنا عمل زشت است نه اینکه فحشاء، زنا معنی دهد. اما در آیهٔ شانزدهم سورهٔ نساء، همه، فحشاء را زنا ترجمه کرده‌اند و این ترجمه که همه فحشاء را زنا ترجمه کرده‌اند سؤال بر انگیز است. آیا این فحشاء (گناه زشت) چه بوده میتواند؟ دزدی؟ زنا؟ خیانت به اسلام؟ کشتن اولاد؟ که زنان بعضاً اولاد خود را میکشند؛ کفر؟ شرک؟ چه بوده میتواند؟ جواب این مسأله در این است وقتی ما تاریخ جاهلیه عرب را میخوانیم اکثر زنان هیچ مقامی در جامعه نداشتند. عرب جاهلیه به دختر داشتن شرم میکردند و دختران را زنده به گور میکردند. در همچو جامعه یک شخص به نام محمد(ص) به اذن خداوند(ج) عرض اندام میکند و حقوق زن و مرد را از نگاه مدنی مساوی اعلام میکند. این یک انقلاب فرهنگی بود. قرآن برای اینکه از حقوق زنان دفاع کرده باشد که هیچگونه مدافع در یک جامعهٔ قومی و قبائلی نداشتند، میگوید که اگر از زنان شما عمل زشت، هر چه باشد، سر زند؛ چهار شاهد شهادت دهند تا زن مقصر شناخته شود. بدین ترتیب قرآن، دست مردان را از سر زنان که همیشه از ایشان سوءاستفاده صورت میگرفت و حق و حقوق شان پایمال میکرد و زن هیچگونه امتیاز در جامعهٔ عرب جاهلیه نداشت، کوتاه میکند و زن را از شر مرد رهایی میبخشد. دوم اینکه وقتی ما به معنی دقیق واژه فحشاء نگاه میکنیم «گناه زشت» معنی میدهد نه زنا. بلی! درست است که زنا، گناه زشت است و دزدی و خیانت به اسلام هم گناه زشت است. و بدترین گناه زشت در اسلام کفر و شرک است که حتی بخشوده نمیشود. تنها فحشاء زنا نیست و نه اینکه ما این آیه را به زنا تفسیر کنیم. و دلیل اینکه چهار شاهد در مقابل دو شاهد آمده است علامه یوسف علی در این مورد قشنگ مینویسد که به خاطر حیثیت و شخصیت و حمایت مقام اجتماعی زن شواهد قوی‌تر را ایجاب میکرد. یعنی به آسانی به زنان تهمت نه بندند و به آسانی زنان را محکوم نکنند. نکتهٔ دیگر در این آیه واژه زنان شما آمده است نه همسران شما که عربی آن زوجه است. یعنی همه زنان جامعه اگر کار زشت میکنند چهارشاهد حضور به هم رساند تا کار زشت او را یعنی فحشاء را شهادت دهد. این آیه زنان را از هر گونه اسارت و حکمروایی مرد آزاد میسازد و میگوید هر خلاف که میکنند شما چهار شاهد بیاورید. و خواه‌ناخواه چهار شاهد آوردن در هر موضوع کاری است بس مشکل. این آیه از نگاه حقوق مساوی بین زن و مرد حایز اهمیت است. زیرا در واقعیت زن و مرد را یکسان میسازد.

و زنان را هم متوجه میسازد که ای زنان شما متوجه خود باشید و خلاف رفتار نکنید تا تبر مردان دسته یابد و حقوق شما را پایمال کنند و به شما ناحق تهمت ببندند. از نگاه منطق اگر یک زن و مرد عمل زشت زنا را یا هر گناه زشت دیگر را انجام دهند آیا امکان دارد که چهار شاهد در یک وقت و زمان شهادت دهد؟ جواب نی است. اینجا خداوند(ج) کار تهمت بستن و بی‌عدالتی مردان را مطلق بسته کرده است. در مورد زنا باید بگوییم که زنا آن است که مرد و زن که زن و شوهر نیستند در عمل جماع دیده شوند و وقتی حکم زنا میتواند صادر شود که چهار شاهد این عمل را یکجا دیده باشند که اصلاً ناممکن است. مخصوصاً اینکه امروز شرایط دید و بازدید زنان و مردان به اندازه ای زیاد است که اصلاً کسی متوجه نمیشود. همچنان زنا اشکال مختلف دارد. زنای مرد و زن متاهل است که محصنه گفته میشود و جزای سنگین دارد. زنای غیر محصنه است که طرفین متاهل نیست. به هر صورت زنا، محصنه یا غیر محصنه به توافق طرفین صورت می‌پذیرد و ثبوت آن چهار شاهد است در غیر آنکه خودشان از ترس خدا(ج) اعتراف کنند. و اما تجاوز جنسی هم زنا است که نه محصنه است و نه غیر محصنه و در این قسمت به زن که تجاوز صورت میگیرد قطعاً گنهکار نیست. اینجا مرد مقصر است. به هر حال در زنای تجاوز جنسی که همه مفسرین در این قسمت خاموش هستند مرد باید جزا بیند و دوم اینکه احتیاج به شاهد نیست زیرا در تکنالوژی امروز «دی ان ای» ثابت میکند که زنا صورت گرفته است یا خیر. امروز زن نمیتواند که به مرد تهمت بندد. زیرا هستند زنانی که به مردان تهمت می بندند. صحبت کردن با زن بیگانه در بازار و محافل زنا نیست. نوشیدن یک پیاله قهوه و چای با زن بیگانه در یک رستوران زنا نیست. تنها بودن با زن بیگانه در اماکن عمومی زنا نیست. حتی اگر یک زن و یک مرد در یک اتاق تنها میباشند و کار میکنند مانند یک اداره این درست است و زنا نیست. در اخیر آیه میخوانیم که اگر زن مرتکب گناه زشت میشود او را در خانه زندانی کنید نه اینکه سنگسار کنید. سنگسار در سنت یا روش آن زمان هم در دین یهود بود و هم در اسلام و سنت‌ها مقید به زمان و مکان است و امروز خلاف حقوق بشر است که کشورهای اسلامی همه عضو ملل متحد هستند. در اخیر میخوانیم که تا خداوند(ج) فرمان دیگری دهد. اینجا راه توبه برای گنهکار و راه عفوه و بخشش از طرف پدر و مادر و خانواده باز است و این به خاطر کرامت، صلۀ رحم و انسانیت است. راه دیگر یا فرمان خداوند(ج) بعد از زندانی کردن چه است؟ جواب این

سؤال را خداوند(ج) در سورهٔ نور آیهٔ دوم میدهد که زن و مرد زناکار یک صد تازیانه بزنید در صورتیکه چهار شاهد شهادت میدهند. حکم سنگسار که ثبوت آن اساساً ناممکن است وقتی صورت گرفته است که زن یا مرد خود اعتراف به زنا کنند. در سورهٔ نور می بینیم که جزای مرد و زن یکی است نه اینکه از زن زیاد تر باشد و از مرد کمتر.

وَاللَّذَانِ يَأْتِيَانِهَا مِنكُمْ فَآذُوهُمَا ۖ فَإِن تَابَا وَأَصْلَحَا فَأَعْرِضُوا عَنْهُمَا ۗ إِنَّ اللَّهَ كَانَ تَوَّابًا رَّحِيمًا ﴿١٦﴾

معنی: اگر از شما زن و مردی از بین شما مرتکب گناه زشت میشود آنها را تنبیه کنید. پس اگر توبه کردند، ازآنها دست بردارید که بدون شک خداوند(ج) توبه پذیر مهربان است.

تفسیر: در تفسیر این آیه دانشمندان اختلاف نظر دارند. در این آیه نه واژه زنا آمده است و نه فحشاء. در مورد واژهٔ «والذان» در شروع آیه نظریات متفاوت است. اما چیزیکه ثابت است این است که «والذان» تثنیهٔ مذکر است. از این سبب یک عده مفسرین مانند عبدالله یوسف علی، دو مرد ترجمه کرده است. بعضی مفسرین آیه را در رابطه به لواط تفسیر کرده‌اند و بعضی تفاسیر مانند تفسیر نمونه، هر دو، مرد و زن تفسیر شده است و این درست تر است زیرا زن و مرد مرتکب فحشاء و زنا میشود نه تنها زن. دلیل تفسیر نمونه را در این بحث نقل قول میکنیم، «کلمهٔ «اللذان» اگر چه از تثنیه مذکر است، منظور آن زن و مرد هر دو میباشد و به اصطلاح از باب «تغلیب» است و با توجه به رجوع ضمیر «یاتیانها» به کلمهٔ «فاحشه» که در آیهٔ قبل آمده است استفاده میشود که نوع عمل منافی عفت که در این آیه آمده، مانند نوعی است که در آیهٔ قبل میباشد.» باید توجه کرد که در اسلام کیفر اعمال بسیار شدید است تا مردم هرگز به عمل ناروا حتی نزدیک نشوند چه خاصه که انجام دهند و در عین زمان حکم در صورت جامهٔ عمل میپوشد که جرم مجرم ثابت شود که این مسأله هم مشکل است. یعنی در اسلام برای اینکه مردم خلاف رفتاری نکنند هم جزای جرم بسیار شدید است و هم در عین زمان ثبوت آن. متأسفانه در جامعهٔ امروزی ما هر کس یک شخص را گنهکار میشمارد و یا محکوم به گناه میکند بدون ثبوت جرم و شهود و محاکمه که این اخلاق پایین جامعه را نشان میدهد.

إِنَّمَا التَّوْبَةُ عَلَى اللَّهِ لِلَّذِينَ يَعْمَلُونَ السُّوءَ بِجَهَالَةٍ ثُمَّ يَتُوبُونَ مِنْ قَرِيبٍ فَأُولَٰئِكَ يَتُوبُ اللَّهُ عَلَيْهِمْ ۗ وَكَانَ اللَّهُ عَلِيمًا حَكِيمًا ﴿١٧﴾

معنی: خداوند(ج) توبه کسانی را می‌پذیرد که از روی نادانی یک عمل را انجام میدهند و به زودی توبه میکنند. آنانند که خداوند(ج) توبه شانرا می‌پذیرد و خداوند(ج) دانای حکیم است.

تفسیر: در این آیه خداوند(ج) بالای بندگان سخت نمیگیرد و اگر کسی اعتراف کند که از نادانی گناه کرده است مورد عفوه قرار میگیرد مشروط بر اینکه به زودی به گناه خود توبه کند. در این مسأله دو نکته قابل غور است، یکی آنکه شخص مرتکب گناه میشود که به خود گناه کرده است و توبه میکند و دیگر اینکه مرتکب گناه میشود که به مردم صدمه میرساند. اینجا بحث حق الله و حق العبد مطرح میشود. زیرا خداوند(ج) حق خودش را نظر به استدلال حقُ الله می‌بخشد و اما نظر به استدلال حق العبد نمی‌بخشد تا کسیکه صدمه دیده است نبخشد. طور مثال اگر کسی نماز اداء نمیکند این به خود گناه میکند و این را خداوند(ج) می‌بخشد و یا نمی‌بخشد خودش میداند. و اما اگر کسی حقوق مردم را پایمال میکند در این صورت است که خدا(ج) نمی‌بخشد تا بنده از حق خود نگذرد.

وَلَيْسَتِ التَّوْبَةُ لِلَّذِينَ يَعْمَلُونَ السَّيِّئَاتِ حَتَّىٰ إِذَا حَضَرَ أَحَدَهُمُ الْمَوْتُ قَالَ إِنِّي تُبْتُ الْآنَ وَلَا الَّذِينَ يَمُوتُونَ وَهُمْ كُفَّارٌ ۚ أُولَٰئِكَ أَعْتَدْنَا لَهُمْ عَذَابًا أَلِيمًا ﴿١٨﴾

معنی: و توبهٔ کسانیکه متداوم گناه میکنند تا وقت مرگشان فرا میرسد، وآنگاه گویند توبه کردم پذیرفته نمیشود و نه توبه کسانیکه در حال کُفر میمیرند. برای اینها عذاب دردناکی فراهم کرده‌ایم.

تفسیر: هدف از این آیه این است که دَر توبه باز است و هر گاهی که شما توبه کنید قبول میشود نه اینکه به گناه خود اصرار ورزید تا که مرگ شما فرا رسد. در اینکه آیا علایم مرگ آشکار شود و یا بعد از مرگ بین دانشمندان گفتگو است. اما هدف آیه توبه بعد از مرگ است زیرا وقت مرگ خود را هیچ‌کس نمیداند. یا طور مثال دفعتاً سکته میکند. آیه میگوید نکنید که وقت مرگ شما رسید و دوباره زنده شوید آنجا توبه کنید. در آنوقت توبه پذیرفته نمیشود. در اینجا یک نکتهٔ مهم دیگر هم است که گوش شما را در مورد روز آخرت باز میکند که شما

دوباره زنده میشوید. در آخرت که ما باید ایمان داشته باشیم اعمال قطع میشود و در آنوقت توبه پذیرفته نمیشود. همچنان آنانیکه حقیقت برایشان گفته میشود و حقیقت را رد میکنند و در حال کفر میمیرند عذاب دردناک دارند.

يَا أَيُّهَا الَّذِينَ آمَنُوا لَا يَحِلُّ لَكُمْ أَن تَرِثُوا النِّسَاءَ كَرْهًا ۖ وَلَا تَعْضُلُوهُنَّ لِتَذْهَبُوا بِبَعْضِ مَا آتَيْتُمُوهُنَّ إِلَّا أَن يَأْتِينَ بِفَاحِشَةٍ مُبَيِّنَةٍ ۚ وَعَاشِرُوهُنَّ بِالْمَعْرُوفِ ۚ فَإِن كَرِهْتُمُوهُنَّ فَعَسَىٰ أَن تَكْرَهُوا شَيْئًا وَيَجْعَلَ اللَّهُ فِيهِ خَيْرًا كَثِيرًا ﴿١٩﴾

معنی: ای آنانیکه ایمان آورده‌اید برای شما حلال نیست که زنان را بر خلاف آرزوی شان تصاحب کنید[در نکاح خود داخل سازید] و به آنان سختگیری نکنید تا بخشی از چیزیکه برای ایشان[تحفه] داده‌اید دوباره پس بگیرید مگر اینکه مرتکب عمل زشت شده باشند و با آنان خوشرفتاری کنید و اگر آنها را خوش ندارید[بدانید] چه بسا چیزی را که خوش نمی‌دارید خداوند(ج) در آن خیربسیاری نهفته باشد.

تفسیر: چند نکتۀ نهایت مهم در این آیه برای مدنی بودن ما و برای حقوق حقۀ زنان آمده است. اول اینکه هیچ‌کس حق ندارد یک زن را به زور در نکاح خود داخل سازد. باید از دختر پرسان شود که به نکاح خود راضی است یا خیر. هستند جوانان پسر که یک دختر خوشش می‌آید و اصرار میورزند که او را تصاحب کنند و میل و آرزوی دختر را مد نظر نمیگیرند و این خلاف اصول ازدواج و خلاف اصول اخلاق اسلامی و خلاف قوانین مدنی اسلام و جهان است. زن مانند مرد نفس دارد و حق دارد تا مانند یک مرد در زندگی خود تصمیم گیرد. پس در نکاح هر دو طرف باید رضایت داشته باشند. دوم آیه به زمان نامزدی اشاره دارد که اگر چیزی تحفه داده‌اید دوباره از روی احترام و اخلاق حمیدۀ اسلامی و مُحبت نخواهید و در این مورد سختگیری نکنید. در این مورد هم وقتی نامزدی بر هم میخورد اولین چیزی را که خانوادۀ پسر مطالبه میکند همانا تحفه هائی است که به دختر داده اند. این نه تنها نشان میدهد که مسلمانان از قرآن آگاهی ندارند بلکه آنقدر سویۀ فرهنگی پایین دارند که نمیدانند که تحفه دوباره گرفته نمیشود. سوم ضرور نیست که ما تحفه های قیمتی بدهیم که پسان پشیمان شویم. دوره نامزدی دوره شناخت است و اگر نامزدان راضی نمی‌باشند که نکاح کنند و آبرومندانه جدا

میشوند گناهی نیست. باید بدانیم که تحفه هائی که میدهیم ضمانت نکاح نیست که فکر کنیم که وقتی نامزد شدیم حتماً نکاح هم باید صورت بگیرد. با این هم خداوند(ج) راه انصاف را باز گذاشته که اگر شما از دختر یک عمل زشت که خلاف اخلاق میباشد و هم باید شواهد داشته باشید میتوانید نصف تحفه را دریافت کنید نه همه تحفه را. با زنان خوش رفتاری کنید و باحوصله باشید و با احترام با ایشان رویه کنید. هیچ انسان مکمل نیست. میشود که یک چیزی عادی از دختر خوش تان نمی آید و اما آن موضوع شاید بسیار مهم نباشد و با اینکه یک عادت او را دوست ندارید که میتواند اصلاح شود اما به خیر شماست. شاید شما هم یک مشکل داشته باشید که دختر پسند نکند.

وَإِنْ أَرَدتُّمُ اسْتِبْدَالَ زَوْجٍ مَّكَانَ زَوْجٍ وَآتَيْتُمْ إِحْدَاهُنَّ قِنطَارًا فَلَا تَأْخُذُوا مِنْهُ شَيْئًا ۚ أَتَأْخُذُونَهُ بُهْتَانًا وَإِثْمًا مُّبِينًا ﴿٢٠﴾

معنی: و اگر تصمیم میگیرید همسری جایگزین همسرتان کنید و به یکی از آنها زر و سیم بسیار داده‌اید چیزی را بازپس نگیرید. آیا با تهمت بستن و گناه آن را بازپس میگیرید؟

تفسیر: این آیه در مورد حقوق و حمایت زنان است. در دوران جاهلیه وقتی یک زن دیگر را میگرفتند به زن اولی تهمت می‌بستند تا مهر را دوباره بگیرند. مهر زن در زمان جاهلیه هم بود و اما با آمدن اسلام نظم و نسق عادلانه پیدا کرد. در این آیه گوشزد میکند که اگر شما همسر جدید میگیرید هر مقدار زر و سیم و یا مال که به زن اول داده‌اید دوباره با زور و بهتان و خیانت نگیرید. در جامعۀ امروز اگر مرد همسر دوم را اختیار میکند باید توجیه عادلانه داشته باشد یعنی با زن اول مشوره کند که چرا به زن دوم ضرورت است؟ چه کمبودی است؟ چرا راضی نیست؟ در این حالت است که زن هم برای زندگی خود تصمیم میگیرد که توجیه را بشنود و لبیک گوید و یا اگر راضی نبود طلاق بگیرد. در نکاح شرط است و زنان در زمان که عقد صورت میگیرد میتوانند شرط بگذارند که اگر شوهر بدون اجازه زن دوم را عقد میکند او جدا خواهد شد.

وَكَيْفَ تَأْخُذُونَهُ وَقَدْ أَفْضَىٰ بَعْضُكُمْ إِلَىٰ بَعْضٍ وَأَخَذْنَ مِنكُم مِّيثَاقًا غَلِيظًا ﴿٢١﴾

معنی: و چگونه آنرا پس میگیرید در حالیکه با هم همبستر شده‌اید و آنها (با عقد نکاح) از شما تعهد محکم گرفته‌اند.

تفسیر: گفتیم که در نکاح شرط است و یکی از شرایطی که زن دارد تعیین مهر است که قبل از نکاح مرد قبول میکند. مهر حق زن است و خودش باید تصمیم بگیرد نه اینکه دیگران برایش تصمیم بگیرند. مرد تضمین میکند که در مقابل مهر که تعیین شده زن را در نکاح خود داخل میکند. این یک تعهد است که مرد در مقابل زن میکند. حالا اگر زن دومی را اختیار میکند این حق را ندارد که مهر را مطالبه کند برای اینکه آن مهر زن اول را به زن دوم بدهد و یا به زور غصب کند و مرتکب ظلم و ستم شود. مردان نباید بخاطریکه مهر را بگیرند تهمت بسته کنند و از بی‌عدالتی کار گیرند. اگر مرد این کار را میکند، دادگاه اسلامی باید از حقوق زن دفاع کند نه اینکه در مقابل زن بی‌عدالتی صورت گیرد.

وَلَا تَنكِحُوا مَا نَكَحَ آبَاؤُكُم مِّنَ النِّسَاءِ إِلَّا مَا قَدْ سَلَفَ ۚ إِنَّهُ كَانَ فَاحِشَةً وَمَقْتًا وَسَاءَ سَبِيلًا ﴿٢٢﴾

معنی: و با زنان که پدران شما نکاح کرده اند، نکاح نکنید مگر آنچه در گذشته [جاهلیت] رخ داده باشد چرا که این عمل زشت و منفور و رسم و رواج بدی است.

تفسیر: این آیه از نگاه ساینس علم جینیالوژی یا تبار شناسی چهارده صد سال قبل صحبت میکند. در ایام جاهلیه مردم عرب زنان را ازدواج میکردند که پدران شان ازدواج کرده بود. با آمدن اسلام این رسم حرام ساخته شد زیرا از نگاه تبارشناسی تناقضات جسمی و خانودگی را به بار می آورد. دلیل علمی آن این است که این نوع ازدواج‌ها از نگاه روانشناسی دشمنی‌ها را خلق میکند و از نگاه تبار شناسی نسل بر هم میخورد و از نگاه اقتصادی موضوعات میراث مطرح میشود. این آیه یکی از آیه‌های ساینس در قرآن است. دانشمندان ساینس را عقیده بر این است که این ازدواج‌ها باعث به وجود آورد ژن خراب میشود. ژن از نگاه نسل شناسی عامل تعیین وراثت و بخش عمده‌اش از پروتین و دی ان ای ساخته شده است.

حُرِّمَتْ عَلَيْكُمْ أُمَّهَاتُكُمْ وَبَنَاتُكُمْ وَأَخَوَاتُكُمْ وَعَمَّاتُكُمْ وَخَالَاتُكُمْ وَبَنَاتُ الْأَخِ وَبَنَاتُ الْأُخْتِ وَأُمَّهَاتُكُمُ اللَّاتِي أَرْضَعْنَكُمْ وَأَخَوَاتُكُم مِّنَ الرَّضَاعَةِ وَأُمَّهَاتُ نِسَائِكُمْ وَرَبَائِبُكُمُ اللَّاتِي فِي حُجُورِكُم مِّن نِّسَائِكُمُ اللَّاتِي دَخَلْتُم بِهِنَّ فَإِن لَّمْ تَكُونُوا دَخَلْتُم بِهِنَّ فَلَا جُنَاحَ عَلَيْكُمْ وَحَلَائِلُ أَبْنَائِكُمُ الَّذِينَ مِنْ أَصْلَابِكُمْ وَأَن تَجْمَعُوا بَيْنَ الْأُخْتَيْنِ إِلَّا مَا قَدْ سَلَفَ ۗ إِنَّ اللَّهَ كَانَ غَفُورًا رَّحِيمًا ﴿٢٣﴾

معنی: و بر شما حرام است نکاح با مادرانتان و دخترانتان و خواهرانتان و عمه ها و خاله هایتان و دختران برادر و دختران خواهر و مادران(دایه) که شما را شیر داده‌اند و خواهران رضاعی شما و مادران همسران تان (خُشو ها) و دختران همسر شما (دختر اندر) که در سرپرستی شما قرار دارند، زنانی که شما با ایشان همبستر شده‌اید، اگر با آنها همبستر نشده‌اید گناهی بر شما نیست و همسران پسرانتان (عروسان) شما که از نسل شما هستند و نیز نکاح دو خواهر در یک زمان مگر آنچه در جاهلیت قبلاً اتفاق افتاده باشد که خداوند(ج) آمرزنده مهربان است.

تفسیر: این آیه دقیقاً نظام خانوادگی را از طریق ازدواج تثبیت میکند که ما با کدام اشخاص میتوانیم نکاح کنیم و خانواده تشکیل دهیم. آیه در مورد زنان و یا دخترانی که نکاح با ایشان حرام است واضح و روشن است. نه تنها که از نگاه تبار شناسی این آیه حایز اهمیت است از نگاه تاریخ دین هم با اهمیت است زیرا در اصل دین یهود این مسایل رعایت نمی‌شده است و قرآن صریح موضوع را مطرح میکند. نظر به این آیه نکاح با دختر یا پسرعمو، دختر و یا پسر برادر مادر (ماما/دایی) و دختران و پسران عمه و خاله همه رواست. حضرت محمد(ص) دختر گرامی اش را با حضرت علی(رض) نکاح کرد که از خانواده اش بود. درغرب زمین در اثر پیشرفت علم ژنیتیک یک عده دانشمندان ازدواج باخاله زاده، عمه زاده، عمو زاده، ماما/دایی زاده را مناسب نمیدانند و ادعا میکنند که این ازدواج ها باعث مشکلات تولد میشود که طفل معیوب بار آید. در این زمینه شواهد هم ارایه میکنند. اما یک عده دانشمندان دیگر این مسأله را رد میکنند و ادعا دارند که اینکه طفل معیوب بار می آید دلیل آن ازدواج با عموزاده و خاله زاده نیست و آنها هم دلایل علمی خود را دارند. به هر حال این مفسر راه میانه را تعقیب میکنم و توصیه میکنم که نزدیکان خانواده قبل از ازدواج باید خون خود را معاینه کنند و مطمئن شوند که

در آینده آسیب از بابت نکاح شان نیست. امروز جوانان که در غرب بزرگ شده‌اند با عمو زاده و خاله زاده ازدواج نمیکنند و یک موضوع بحث خانواده ها شده است. در صورتیکه کدام موضوع در خون دیده نشود نکاح شان رواست در غیر آن نباید ساینس را نادیده گرفت. در زمان پیامبر(ص) مطالعات ژنتیک و دی ان ای که حتی یک قتل از روی آن امروز ثابت میشود نبود. اسلام دین علم و معرفت است و باید عاقلانه عمل کرد. آنانیکه یک زن دو کودک را که طور مثال یکی از خودش بوده و یکی از خودش نبوده شیر داده است هم قابل غور و مطالعه است. کودکان چون از یک زن شیر نوشیده اند با هم خواهر و برادر رضاعی میشوند و در آینده نکاح شان حرام است. پس شیر دادن هم نقش بارز در تبار شناسی و مسایل ژنتیکی دارد که باید توجه عمیق کرد. وقتی موضوع شیر دادن مطرح میشود باید خاطر نشان کنیم که بانک شیر که در غرب رواج دارد برای مسلمانان حرام است.

جزء پنجم

۞ وَالْمُحْصَنَاتُ مِنَ النِّسَاءِ إِلَّا مَا مَلَكَتْ أَيْمَانُكُمْ كِتَابَ اللَّهِ عَلَيْكُمْ وَأُحِلَّ لَكُم مَّا وَرَاءَ ذَٰلِكُمْ أَن تَبْتَغُوا بِأَمْوَالِكُم مُّحْصِنِينَ غَيْرَ مُسَافِحِينَ فَمَا اسْتَمْتَعْتُم بِهِ مِنْهُنَّ فَآتُوهُنَّ أُجُورَهُنَّ فَرِيضَةً وَلَا جُنَاحَ عَلَيْكُمْ فِيمَا تَرَاضَيْتُم بِهِ مِن بَعْدِ الْفَرِيضَةِ إِنَّ اللَّهَ كَانَ عَلِيمًا حَكِيمًا (٢٤)

معنی: و زنان شوهر دار [نیز بر شما حرام است] به جزء زنانیکه [اسیر جنگی هستند] به ملکیت دست شما در آمده است. این است حکم خدا(ج)؛ در غیر آن نکاح دیگر زنان برای شما حلال است در صورتیکه از مال خود مصرف کنید و به صورت آبرومندانه نه پلیدانه به نکاح در آورید. و از زنا خود داری کنید و وقتی زنان را تصاحب کردید مهر شانرا منحیث فریضۀ الهی بپردازید و در آنچه پس از تعیین مهر توافق کردید بر شما گناهی نیست. بدون شک خداوند(ج) دانا و حکیم است.

تفسیر: این آیه یکی از آیه‌هائی است که مخالفین اسلام هر روز به رُخ مسلمین میکشند که مسلمانان به کنیزان تجاوز میکنند و به زور زن خود میسازند، (استغفرالله). اول اینکه واضح بیان میدارد که زنان شوهر دار بر شما حرام است. یعنی تا وقتی که یک زن در قید نکاح کسی دیگر است از آنها خواستگاری به عمل آمده نمیتواند، حتی که اسیر باشد و شوهرش حیات داشته باشد و یا در اثر جنگ مفقود نباشد یعنی کشته نشده باشد. دوم «مَلَکَتْ اَیمَانُکُمْ» تفسیر آن این است که زنانی که در ملکیت دست شما قرار میگیرند. آنها زنانی هستند که اسیرجنگی هستند و شوهر های شان در جنگ کشته شده اند. اینها را هم مسلمانان باید آبرومندانه نه بطور زشتکارانه خواستگاری کنند و در صورتیکه زن مایل بود با مصرف ولیمه و تأدیه مهر، ایشان را در نکاح خود شامل سازند. هدف از مصرف مال در این آیه مجلس ولیمه است که چند نفر برای عقد نکاح دعوت میشود. وقتی که مهر به موافقۀ زن اسیر تعیین شد در آنصورت گناهی نیست که شما از آنها کام گیرید. یکی از شرایط نکاح تعیین مهر است. نکاح عقد نمیشود تا مهر تعیین نگردد. این آیه واضح میسازد که مسلمانان حق ندارند که تا زنان را که اسیر گرفته‌اند، الف: بدون موافقه شان، ب: بدون مجلس ولیمه و ج: بدون تأدیه مهر تصاحب کنند و مرتکب زنا شوند. در این آیه واژۀ «مُسَافِح» زناکار معنی میدهد. دین اسلام دین عدالت و اخلاق است نه دین ظلم و ستم و فحشاء.

وَمَن لَّمْ يَسْتَطِعْ مِنكُمْ طَوْلاً أَن يَنكِحَ ٱلْمُحْصَنَٰتِ ٱلْمُؤْمِنَٰتِ فَمِن مَّا مَلَكَتْ أَيْمَٰنُكُم مِّن فَتَيَٰتِكُمُ ٱلْمُؤْمِنَٰتِ ۚ وَٱللَّهُ أَعْلَمُ بِإِيمَٰنِكُم ۚ بَعْضُكُم مِّنۢ بَعْضٍ ۚ فَٱنكِحُوهُنَّ بِإِذْنِ أَهْلِهِنَّ وَءَاتُوهُنَّ أُجُورَهُنَّ بِٱلْمَعْرُوفِ مُحْصَنَٰتٍ غَيْرَ مُسَٰفِحَٰتٍ وَلَا مُتَّخِذَٰتِ أَخْدَانٍ ۚ فَإِذَآ أُحْصِنَّ فَإِنْ أَتَيْنَ بِفَٰحِشَةٍ فَعَلَيْهِنَّ نِصْفُ مَا عَلَى ٱلْمُحْصَنَٰتِ مِنَ ٱلْعَذَابِ ۚ ذَٰلِكَ لِمَنْ خَشِىَ ٱلْعَنَتَ مِنكُمْ ۚ وَأَن تَصْبِرُوا۟ خَيْرٌ لَّكُمْ ۗ وَٱللَّهُ غَفُورٌ رَّحِيمٌ (۲۵)

معنی: اگر آنانیکه توان مالی ندارند تا با زنان آزاد مؤمن نکاح کنند میتوانند با دختران مؤمن که در ملکیت شان قرار گرفته‌اند، نکاح کنند و خداوند(ج) از ایمان شما آگاهی مطلق دارد. شما از همدیگرید؛ به اجازۀ سرور شان آنها را نکاح کنید و مهریه شان‌را به وجه پسندیده بپردازید در حالیکه پاکدامن باشند و دوستان نهانی نداشته باشند و وقتی ازدواج کردند اگر مرتکب گناه زشت میشوند مجازات آنها به اندازۀ نصف مجازاتی است که برای زنان آزاد تثبیت شده است؛ این حکم ازدواج برای کسانی است که از گناه ترس دارند. اما بهتر است که صبوری پیشه کنید و خداوند(ج) آمرزگار مهربان است.

تفسیر: روی سخن طرف کسانی است که اگر توان مالی ندارند میتوانند دختران مؤمنی که در ملکیت شان قرار گرفته است به اجازۀ سرپرست شان نکاح کنند. جهان امروز، جهان بَرده و کنیز نیست که مردم برده و کنیز داشته باشند. آیه میگوید، «شما از همدیگرید». در این آیه، حکمت قرآن در این است که هیچ کس را نمیخواهد از حق زندگی و در اینجا همسر داشتن محروم سازد نه زن را و نه مرد را. همچنان وقتی یک مرد توانگر باشد و یا ناتوان باشد یک دختر را به اجازه سرپرست او نکاح میکند، اساساً در مقابل بردگی مبارزه میکند زیرا با نکاح آن دختر آزاد میشود. مانند دیگر زنان باید مهر شان تأدیه شود حتی که یک خرما باشد. خداوند(ج) نمیخواهد مردم با فحشا زندگی کنند و یک زندگی بی مسئوولیت داشته باشند. بر عکس خداوند(ج) میخواهد تا مردم با آبرو و با عزت باشند و ازفحشا و زشت کاری بپرهیزند، مرد باشد و یا زن باشد. قرآن به دخترانی که در گذشته کنیز بودند و امروز به حیث خدمه کار میکنند و یا اسیر گرفته شده‌اند یک امتیاز بزرگ داده است و آن اینکه مجازات شان نصف مجازات زن آزاد است. از نگاه روانشناسی این امتیاز خود، مردم را از بدکاری به دور نگاه میدارد. دوم اینکه خداوند(ج) عدالت

خـود را بـرای آنانیکـه فقیـر هستند و یا اسیر گرفتـه شده‌اند واضح میسازد و عدالـت اسلامی را به بهترین وجه به تمثیل میکشد.

يُرِيدُ ٱللَّهُ لِيُبَيِّنَ لَكُمْ وَيَهْدِيَكُمْ سُنَنَ ٱلَّذِينَ مِن قَبْلِكُمْ وَيَتُوبَ عَلَيْكُمْ وَٱللَّهُ عَلِيمٌ حَكِيمٌ (۲٦)

معنـی: خداونـد(ج) میخواهـد تـا روش‌هـای پیشینیان را بـه شـما روشـن و واضح سازد و نشان دهد و شما را مـورد عفـوه قـرار دهـد، خداونـد(ج) دانـا و حکیـم اسـت.

تفسیـر: مقصـد از سنت‌ها یـا روش گذشتـگان چیسـت؟ در اینجـا هـدف از پاکدامنی عفـت و آبرومنـدی انسـانی اسـت کـه بانظـم و نسـق ازدواج در گذشته هـم سروسامان داده شـده بـود. حقوق کنیـز و غیر آن بایـد مراعـات شـود و مـردم بـا اخـلاق و بـدون محرومیـت بـه خاطـر اینکـه ناتـوان هسـتند و یـا اسیـر گرفتـه شده‌انـد و یـا امـروز خدمـه هسـتند، ازحـق زندگـی محـروم نشـوند. خداونـد(ج) مصلحـت بنده اش را میدانـد. وقتی روابـط زنان و مـردان در چارچـوب اخلاقی پی ریزی میشـود نه تنها کـه از فساد اخلاق جلوگیری بـه عمـل می‌آیـد بلکـه در کنـار آن منافـع عمـده در آن نهفتـه اسـت. طـور مثال جلوگیـری از شیـوع امـراض ماننـد مـرض ایدز انسـان را به یـک مکلفیت اجتماعی رهبـری کـرد تـا انسـان در مقابـل کمتـر از خـود حتـی کـه یـک خدمـه باشـد احسـاس مسئولیت اخلاقـی کنـد. خداونـد(ج) میخواهـد سنت‌های پیشیـن را روشـن سـازد تـا مـا کـه امـت آخـری هستیم از گنـاه و فحشا و زشـت کاری و پایمـال کـردن حقـوق مـردم بپرهیزیـم و یـک الگـوی از عدالـت و صداقـت باشـیم.

وَٱللَّهُ يُرِيدُ أَن يَتُوبَ عَلَيْكُمْ وَيُرِيدُ ٱلَّذِينَ يَتَّبِعُونَ ٱلشَّهَوَٰتِ أَن تَمِيلُوا۟ مَيْلًا عَظِيمًا (۲۷)

معنـی: خداونـد(ج) میخواهـد کـه توبـۀ شـما را قبـول کنـد امـا آرزوی آنانیکه که ازخواهشات نفسـانی پیـروی میکننـد، آرزو دارنـد کـه شـما منحـرف شـوید واز [زندگـی بـا عـزت] بسیار زیـاد فاصلـه گیریـد.

تفسیـر: خداونـد(ج) بنـدۀ خـود را دوسـت دارد و آرزو نـدارد کـه بنـده بـه مشـکل باشـد و یـا در زندگـی دچـار مشکـلات شـود و راه توبـه را بـاز مانـده اسـت تـا قبـل از اینکـه دیر نشـده اسـت مـردم بـه خدا(ج) بـاز گردنـد و زندگـی بـا آبـرو و بـا عـزت و در چـار چـوب اخلاقـی مدنـی و اخلاقـی داشـته باشـند.

اما هستند کسانیکه از خواهشات نفسانی بدون در نظرداشت مسائل اخلاقی و احساس مسئوولیت و احترام به کرامت انسانی دیگران، به کج راهی میروند و شما را منحرف میکنند. اینجاست که مردم از خدا(ج) و رحمت خدا(ج) بسیار دور میشوند و خود را نه تنها درگودال گناه و معصیت دفن میکنند بلکه از رحمت خداوند (ج) به دست خود، خود را نیز بی نصیب میسازند.

یُرِیدُ ٱللَّهُ أَن یُخَفِّفَ عَنکُمۡۚ وَخُلِقَ ٱلۡإِنسَٰنُ ضَعِیفٗا (۲۸)

معنی: خداوند(ج) میخواهد که بر شما آسان گیرد و انسان [از نگاه جسمی و نفسانی] ناتوان خلق شده است.

تفسیر: خداوند(ج) در این آیه به بنده میگوید که آرزو ندارد تا بنده به مشکل باشد زیرا انسان از نگاه جسمی و نفسانی ضعیف خلق شده است. در تراجم دیگر همه میخوانیم که انسان ناتوان یا ضعیف خلق شده است. انسان تنها از نگاه جسمی و نفسانی ضعیف خلق شده است نه عقلانی. اگر انسان از همه جهات ضعیف میبود باعث این همه اختراعات و اکتشافات نمیشد. اگر انسان ضعیف میبود اشرف مخلوقات نمیبود. اگر انسان یک موجود ضعیف میبود مقام خلیفه خدا(ج) در روی زمین برایش داده نمیشد و برایش اسماء آموخته نمیشد. انسان از نگاه جسمی در مقابل حیوانات ضعیف است. مثلاً یک فیل بسیار با قوت تر ازیک انسان است و از نگاه نفسانی ضعیف است به خاطریکه انسان با نفس اماره یعنی بخش از هویت حیوانی انسان، میتواند سخت قسی القلب، ظالم و جایز الخطا باشد.

یَٰٓأَیُّهَا ٱلَّذِینَ ءَامَنُوا۟ لَا تَأۡکُلُوٓا۟ أَمۡوَٰلَکُم بَیۡنَکُم بِٱلۡبَٰطِلِ إِلَّآ أَن تَکُونَ تِجَٰرَةً عَن تَرَاضٖ مِّنکُمۡۚ وَلَا تَقۡتُلُوٓا۟ أَنفُسَکُمۡۚ إِنَّ ٱللَّهَ کَانَ بِکُمۡ رَحِیمٗا (۲۹)

معنی: ای آنانیکه ایمان آورده‌اید اموال همدیگر را به ناحق مخورید مگر اینکه داد و ستدی به موافقه یکدیگر باشد و یکدیگر را مکشید. بدون شک خداوند (ج) با شما مهربان است.

تفسیر: در این آیه مسلمانان را قرآن، زندگی مدنی و به اساس قانون می آموزد. حقوق همدیگر را پایمال نکنید، مال و دارایی همدیگر را حیف و میل نکنید، چیزیکه امروز در افغانستان جریان دارد. خانه‌های مردم را به زور غصب کرده‌اند وبه زور تفنگ زورمندان با مردم معامله میکنند. این عمل ظلم است و نابخشودنی است مگر اینکه آبرومندانه تجارت کنید و

به اساس قانون تجارت با هم داد و ستد نمایید. و یکدیگر را نکشید که این هم هر روز در افغانستان اتفاق می افتد زیرا در کشور عدالت نیست.

وَمَن يَفْعَلْ ذَٰلِكَ عُدْوَانًا وَظُلْمًا فَسَوْفَ نُصْلِيهِ نَارًا ۚ وَكَانَ ذَٰلِكَ عَلَى اللَّهِ يَسِيرًا (۳۰)

معنی: و هر که چنین تجاوز و ستم کند او را به آتش دوزخ در آوریم و این [کار] بر خداوند (ج) آسان است.

تفسیر: دین اسلام، دین عدل و اخلاق است نه ظلم و ستم. مردم به اساس قانون باید مراوده داشته باشند. ظلم و تعدی و حقوق مردم را پایمال کردن جزای آن آتش دوزخ است و این را تنها کسانی میدانند که خداشناس هستند و هم حقوق خود را میدانند و هم از دیگران را. قرآن اول مردم را به وجدان خود شان مسئول میسازد. اگر مسلمانان خدا(ج) و احکام قرآن را تطبیق کنند احتیاج به قانون نمیباشد پس همه باید وجدان خدا پرستی داشته باشند و اما افسوس که چنین نیست و در اینجاست که حکومت عدل باید بر پا شود.

إِن تَجْتَنِبُوا كَبَائِرَ مَا تُنْهَوْنَ عَنْهُ نُكَفِّرْ عَنكُمْ سَيِّئَاتِكُمْ وَنُدْخِلْكُم مُّدْخَلًا كَرِيمًا (۳۱)

معنی: از گناهان بزرگی که منع شده‌اید دوری کنید، بدی‌های [کوچک] شما را میپوشانیم و شما را در مقام پرافتخار داخل میکنیم.

تفسیر: بزرگترین گناه در اسلام شرک است و بعد از آن پایمال کردن حقوق مردم است که مسأله حق العبد در میان می‌آید که تا مردم حقوق خود را نبخشند خداوند (ج) نمی‌بخشد و بعد قتل مردم بی گناه است که نابخشودنی است چنانچه طالبان هر روز مرتکب این جنایت شده اند. در اسلام، شیعه و سنی فهرست طولانی در مورد گناهان دارند. گل سخن در اینجاست که گناهان کبیره آن است که مردم در حق خدا(ج) و مردم انجام میدهند. طور مثال اگر کسی نماز ادا نمیکند به خود ظلم کرده است و این را خداوند(ج) میبخشد یا نمی بخشد مربوط خداوند (ج) است و اما اگر دزدی میکند این گناه عظیم است زیرا به حقوق مردم تجاوز صورت میگیرد و یا مشرک است. همچنان اسراف، خودخواهی، کبر وغرور، جهل و زنا (چون به خانواده آسیب میرسد) از جملۀ گناهان کبیره است. خداوند(ج) شرک را هرگز نمی‌بخشد و اینکه قرآن میگوید

از گناهان کبیره دوری کنید بقیه را می‌بخشد به خاطر این است که اگر شما در مقابل مردم مرتکب گناه شوید او را خداوند(ج) نمی‌بخشد تا مردم نبخشد. راکت باران کابل بخشودۀ نمیشود تا خدا(ج) نبخشد و مرتکبین آن در همین دنیا جزا خواهند دید.

وَلَا تَتَمَنَّوۡاْ مَا فَضَّلَ ٱللَّهُ بِهِۦ بَعۡضَكُمۡ عَلَىٰ بَعۡضٍۚ لِّلرِّجَالِ نَصِيبٌ مِّمَّا ٱكۡتَسَبُواْۖ وَلِلنِّسَآءِ نَصِيبٌ مِّمَّا ٱكۡتَسَبۡنَۚ وَسۡـَٔلُواْ ٱللَّهَ مِن فَضۡلِهِۦٓۚ إِنَّ ٱللَّهَ كَانَ بِكُلِّ شَيۡءٍ عَلِيمٗا (٣٢)

معنی: و آنچه خداوند(ج) بعضی شما را بر بعضی دیگر برتری داده آرزو نکنید. مردان را از آنچه کسب کرده‌اند بهره ای است و زنان را از آنچه کسب کرده‌اند بهره ای است و هر چه از فضل خداوند(ج) بخواهید که بدون شک خداوند(ج) به هر چیزی آگاه است.

تفسیر: آیه از حقوق مساوی بین مردان و زنان سخن میگوید. خداوند(ج) انسانها را، زن و مرد که همه از نفس واحد خلق شده است با پنج ظرفیت بدون تبعیض خلق کرده است: عقل، استعداد، شعور، ذکاوت و فطرت اسلامی. حال انسانها هستند که به شکل متفاوت از این ظرفیت‌ها استفاده میکنند. بعضی زیاد تر زحمت میکشد و بعضی کمتر. مردم نباید هم چشمی و حسودی کنند و آرزو کنند که ای کاش مانند آنها باشند در حالیکه خودش باید از پنج ظرفیتی که برایش تحفه داده شده است استفاده کند. آیه میگوید که زن و مرد را بهره ای است و این نظر به زحمت خود انسان است و وقتی شما خدا پرست باشید و هر چه بخواهید خداوند(ج) از فضل خود میدهد و اما باید زحمت کشید و از عقل کار گرفت، زن باشد و یا مرد باشد. خداوند(ج) هیچگونه تبعیض بین مرد و زن را روا ندانسته است.

وَلِكُلّٖ جَعَلۡنَا مَوَٰلِيَ مِمَّا تَرَكَ ٱلۡوَٰلِدَانِ وَٱلۡأَقۡرَبُونَۚ وَٱلَّذِينَ عَقَدَتۡ أَيۡمَٰنُكُمۡ فَـَٔاتُوهُمۡ نَصِيبَهُمۡۚ إِنَّ ٱللَّهَ كَانَ عَلَىٰ كُلِّ شَيۡءٖ شَهِيدٗا (٣٣)

معنی: و برای هر کس آنچه والدین و خویشاوندان به جا گذاشته‌اند وارثانی قرار داده‌ایم و نیز کسانیکه با ایشان عهد بسته اید[مانند همسران] بهره ای شانرا بدهید بدون شک خداوند(ج) بر هر چیزی گواه است.

تفسیر: باز مسأله حقوق مطرح میشود که اول مهاجرین و انصار از نگاه میراث مطرح شد و همه مانند برادر و خواهر رابطه قایم کرده بودند و

از همدیگر میراث میگرفتند. بعداً که مسأله خانواده مطرح میشود اینجا اول اقارب و خویشاوندان را خطاب میکند که حقوق شانرا عادلانه بپردازید. خداوند(ج) بر همه اعمال ما شاهد است و قضاوت خواهد کرد پس ما نباید حق هیچ عضو خانواده و خویشاوندان ونزدیکان را پایمال کنیم.

ٱلرِّجَالُ قَوَّٰمُونَ عَلَى ٱلنِّسَآءِ بِمَا فَضَّلَ ٱللَّهُ بَعْضَهُمْ عَلَىٰ بَعْضٍ وَبِمَآ أَنفَقُوا۟ مِنْ أَمْوَٰلِهِمْ ۚ فَٱلصَّٰلِحَٰتُ قَٰنِتَٰتٌ حَٰفِظَٰتٌ لِّلْغَيْبِ بِمَا حَفِظَ ٱللَّهُ ۚ وَٱلَّٰتِى تَخَافُونَ نُشُوزَهُنَّ فَعِظُوهُنَّ وَٱهْجُرُوهُنَّ فِى ٱلْمَضَاجِعِ وَٱضْرِبُوهُنَّ ۖ فَإِنْ أَطَعْنَكُمْ فَلَا تَبْغُوا۟ عَلَيْهِنَّ سَبِيلًا ۗ إِنَّ ٱللَّهَ كَانَ عَلِيًّا كَبِيرًا (٣٤)

معنی: مردان با زنان با عدالت رفتار کنند چرا که خداوند(ج) به بعضی انسان‌ها (نظر به شرایط جسمی) برتری بخشیده است و به خاطر آنکه آنها (زن و مرد) از اموال خود مصرف میکنند و زنان صالح فرمانبردارند و اوامر الهی را حفظ میکنند و آنانیکه در حالت نُشُوز قرار میگیرند اول پند دهید و بعد در بستر از آنها دوری کنید و اگر مؤثر نبود جدا شوید پس اگر اطاعت [خدا(ج) را] کردند بهانه جویی نکنید همانا خداوند(ج) بزرگ مرتبه و بزرگوار است.

تفسیر: یکی از آیه‌های قرآن مجید است که شدید غلط تفسیر شده است و باعث زن ستیزی بسیار عمیق گردیده است. تفسیر غلط این آیه زن را از مرد کمتر میداند در حالیکه زن و مرد از نفس واحد خلق شده است. اشتباه در پنج مورد است: اول آیهٔ قَوامون است که غلط معنی شده است. دوم مردان را بر زنان بر تری داده است در حالیکه قرآن میگوید زن لباس مرد است و مرد لباس زن است یعنی در خانواده حقوق شان مساوی است. سوم مرد و زن از اموال خود خرج میکنند نه تنها مردان. چهارم زنان را بزنید در حالیکه قرآن میگوید که خداوند(ج) خانه را برای آرامش شما فراهم کرده است. پنجم معنی و تفسیر نُشُوزهن است که مرد هم میتواند در حالت شاز باشد. برای توضیح این آیه باید به تفصیل مطالب فوق بپردازیم.

در تفسیر آیهٔ ۳۴ سورهٔ نساء، سه بخش از علوم یعنی تاریخ، بشر شناسی فرهنگی و بشر شناسی زبانشناسی دست به دست هم داد و باعث بدبختی نسوان در اسلام شد.

اول تاریخ: بعد از دورهٔ خلفای راشدین اتفاقات ناگوار افتاد و تاریخ نقش خود را بازی کرد. در زمان پیامبر(ص) و خلفای راشدین جزیی ترین

تبعیض و تعصب بر علیه زن وجود نداشت. زنان درداخل مسجد با مردان یکجا بودند. زنان در داخل مسجد از خلیفه سؤال میکردند. دختران جوان باید به نکاح خود راضی میبودند یعنی کسی نمی توانست یک دختر را بدون اجازه اش در عقد کسی داخل کند. آموختن علم برای زن و مرد فرض اعلام شده بود. زنان ثروتمند تجارت میکردند و مردان را برای کار استخدام میکردند. زن طلاق میخواست و مرد باید فوراً طلاق میداد نه اینکه بهانه جویی کند. در این دوره تساوی مطلق از نگاه مدنی حکمفرما بود.

بی بی عایشه صدیقه(رض) همسر محبوب پیامبر(ص) نقش بارز در فن حدیث و علم سیاست بازی کرد. وقتی مردان سؤال میداشتند از بی بی عایشه(رض) جواب خود را میگرفتند. زنان مانند مردان دانشمند و ادیب بودند. از بی بی عایشه(رض) روایت است که میگوید: "در بین زنان مانند فاطمه دانشمند ندیدم". بی بی عایشه(رض) اولین زن در اسلام بود که داخل مسایل سیاسی شد و مردان را دورخود گرد آورد و درمقابل حضرت علی(رض) داماد پیامبر(ص) جنگید. اینکه حق به جانب بود و یا نبود مورد بحث ما نیست. اینها همه مهره‌های اساسی تاریخ اسلام هستند. مورد بحث ما این است که منحیث یک زن و یک شخصیت تاریخی و سیاسی نقش فعال در سیاست داشت نه تنها که یک محدث و عالم دین بود، بلکه یک مبارز سیاسی هم بود. نقش تاریخی عایشه صدیقه(رض) زنگ خطر بود برای آن عده قوم گرایان عرب که نمیخواستند تسلط مرد سالاری از بین برود. بعد از مرگ عایشه(رض) آهسته آهسته مردم قوم پرست و آنانیکه منافع قومی و قبایلی شان به خطر افتاده بود در صدد این برآمدند تا چگونه نقش زن را از بین بردارند و زن را مطیع مرد سازند. زن را چنان از صحنه دور کردند که دیگر نه شخصیت داشته باشد نه نقش در سیاست داشته باشد ونه صدا داشته باشد وفقط آن چیزی که مرد میگوید باید لبیک گوید و بس. بطورمطلق از صحنهٔ سیاسی و اجتماعی به دور ساختند حتی از مسجد او را بیرون کردند. همه بی‌عدالتی‌هائی که در مورد زن امروز به مشاهده میرسد بعد از خلفای راشدین و مخصوصاً بعد از درگذشت بی بی عایشه صدیقه(رض) است، نه پیشتر از آن.

نقش انتروپولوژی یا بشر شناسی: علم بشر شناسی چهار بخش دارد: بشر شناسی بیولوژیکی که مسایل خلقت، نشان انگشت، مسایل ارثی و امور مربوط به علم حیه را احتوا میکند. بشر شناسی فرهنگی که مسایل فرهنگی مردم را به مطالعه میگیرد. بشر شناسی زبان‌شناسی که مسایل زبان و ساخت

و بافت و ریشهٔ زبان و غیره را به مطالعه میگیرد و بشر شناسی باستانشناسی است که مسایل باستانی را از زیر خاک بیرون کرده مورد مطالعه قرار میدهد. در قسمت زن ستیزی در اسلام، بشر شناسی فرهنگی و بشر شناسی زبانشناسی نقش عمده را بازی کرده است و تأثیرات آن به اندازهٔ عمیق است که از بین بردن آن کاری است بس دشوارمشروط بر اینکه همه عدالت خدا(ج) را ببینند و خود را از این حالت شرم آور نجات دهند.
دوم: نقش بشر شناسی فرهنگی در زن ستیزی: جهان عرب قبل از اسلام متشکل از اقوام جنگجو، ستیزه جو، لجوج و جاهل بود. همه معیار های اجتماعی، سیاسی و خانوادگی، وابستگی به قوم داشت و هنوز هم است. اقوام همیشه در جنگ بودند. خون بها و بدل وتعصب و تبعیض جهان شمول بود. زن جزئی ترین اهمیت در عصر عرب جاهلیه نداشت. دختران را زنده به گور میکردند. عده کثیر زنان که اهل نسب نبودند و یا ثروتمند نبودند برده مطلق مرد بودند. به هرتعدادی که یک مرد میخواست زن داشته باشد، زن میگرفت و هر وقت آرزو میکرد بدون جزئی ترین مسئوولیت زن را طلاق میگفت. انتقام، غیرت و ناموس از انگاشت های دورهٔ جاهلیه عرب است که آنرا با اسلام خمیر کرده‌اند و امروز متاسفانه به نام فرهنگ اسلام یاد میشود. داستان قوم گرایی و قوم پرستی عرب فوق‌العاده شرم آوراست.
بعد از ظهور محمد(ص)، اسلام حقوق مدنی زن و مرد را مساوی اعلام کرد. هیچ مردی بر زنی و هیچ زنی بر مردی برتری نداشت به جز از تقوا و دانش. این حالت تساوی تا وقتی دوام کرد که بی بی عایشه صدیقه(رض) حیات داشت و بعد از درگذشت آن بی بی عالم و سیاستمدار، پدیدهٔ شوم قوم گرایی نگذاشت زن سر بالا کند و دوباره به نام اینکه زن غیرت مرد و ناموس مرد است، زن را از همه حقوق انسانی اش محروم ساختند. قسمیکه گفتیم انگاشت های قومی و قبایلی را مانند غیرت و ناموس با اسلام گره دادند. درحالیکه زن در اسلام یک شخصیت مستقل بود. طورمثال در زمان پیامبر(ص) زن طلاق میخواست و آزادانه طلاق میگرفت و حتی از دلیل جدایی کسی سؤال نمیکرد و بعد از دوره عده، زن یک شوهر دیگر میگرفت. اما قوم گرایان عرب همه حقوق زن را بر گشتاندند به حالت دوره جاهلیه یعنی قبل از اسلام و با تفسیرغلط آیه، قوم گرایی خود را مانند شیرینی نُقل کنبار یک روپوش اسلامی دادند.
سوم: نقش زبانشناسی در زن ستیزی: اینجاست که دو بخش از علوم بشر شناسی یعنی بشر شناسی فرهنگی و بشر شناسی زبانشناسی باهم برای از

بین بردن نقش زن همکاری میکند. قوم گرایان عرب برای سرکوبی زنان دست خود را با کسانیکه آنها دسترسی به منابع زبانی قرآن که کتاب بود و اما تفسیر میشد و حدیث که هنوز شفاهی بود، بسته کردند. یعنی مذهب و قوم گرا دست به دست هم میدهد و به نام دین و سنت نقش زن را محو میکند تا زن هرگز صدای خود را کشیده نتواند. تفسیر و تاویل غلط قرآن که تا امروز همان غلط را نقل قول میکنند، مطلق نقش زن بخش تفسیر طوری قرآن را تفسیر کردند که زن ابدا منحیث یک شخصیت مستقل عرض اندام نکند و آنرا به نام کلام خدا(ج) پیشکش مردم کردند. حالا میپردازیم به تفسیر مکمل آیه مورد بحث ما.

در تفسیر آیهٔ «اضربوهُن» تفسیر کرده‌اند «زنان با ضرب (اندک و خفیف بمنظور تأدیب و تنبیه نه به قصد تعذیب و اهانت) تنبیه نمائید». این جملات که به قصد تعذیب و اهانت نزنید در قرن بیستم در اثر فشار های سازمان های حقوق بشر در تفاسیر زیاد شده است، در غیر آن همانا زدن بوده است. از یک طرف رسول خدا(ص) گفته است که زنان تانرا مانند دوره جاهلیت نزنید که تفسیر آیه از نگاه تفسیر قرآن به رویت حدیث همین است که نزنید و تفسیر قرآن به رویت قرآن این است که قرآن میگوید، «والله جعل لکم من بیوتکم سَکنا» یعنی و خداوند(ج) از خانه‌های تان برای شما مایهٔ آرامش پدید آورد. از طرف دیگر مذهبیون که دستش با قوم گرایان بسته است میگوید اگر زنان اطاعت نکردند بزنید ایشان را. تفسیر حیله گرانه اینکه مردان سرپرست زنان هستند مثال دیگری است از تفسیر زن ستیز که توسط اتحاد قوم جاهلی عرب و مفسر که دست خود را با قوم پرست عرب یکجا کرده است شخصیت زن را محو و نابود کرده است. مهمتر اینکه در اسلام اطاعت تنها و تنها از خداوند(ج) است و بس. مرد باشد و یا زن باشد. اینکه تفسیر کرده‌اند که زنان از شوهران اطاعت کنند از عیسویت داخل متون دینی ما شده است نه اینکه در متن قرآن باشد. زن خودش مانند مرد عقل دارد. تفسیر این آیه زن را مطلق برده مرد ساخته است که از عدالت قرآن و خدا(ج) به دور است.

اکثراً قوامون را سرپرست ترجمه کرده‌اند. خوب توجه کنید که مشکل در کجاست. در زبان عربی از نگاه علم ایتومولوژی یا لغت شناسی آیهٔ «قوام»، با (فتحه، کسره و ضمه یعنی زبر، زیر و پیش) نوشته میشود و معنی لغت با اعراب تفاوت میکند. جا دارد که توجه شما را به یک نکتهٔ دیگر هم جلب کنم و آن اینکه در آغاز اسلام قرآن بدون اعراب بود و مردم همانطوریکه از پیامبر(ص) شنیده بودند تلفظ میکردند و قرآن به خط کوفی

بود که بدون نقطه و بدون اعراب بود. در نیمهٔ اول قرن اول هجری نفوس مسلمانان رو به افزایش میرفت و گروههای مختلف به دین اسلام پیوستند و برای درست خواندن قرآن اعراب گذاری شد. ("القوام با زبر") یعنی قامت و بلندی، راستی و عدل معنی میدهد. (القُوام با پیش)، یک نوع بیماری است که دست و پای را میگیرد. (القوام با زیر) یعنی آنچه بدان قایم و پا بر جا باشد، نظام کار، آن مقدار طعام که برای انسان پسنده باشد و (القوامه) یعنی سرپرستی و قیمومیت. آیهٔ قرآن مجید با «زبر» است نه با «زیر» و القَوام یعنی راستی و عدل معنی میدهد. همچنان آغاز آیهٔ ۳۴ در رابطه با خانواده است. "رجل" در عربی «مرد» و هم «شوهر» معنی میدهد. و امتداد آیه همه موضوعات نفقه و اطاعت زن است که در رابطه با روابط زن وشوهر میشود. همه مردان اجتماع متکفل نفقه زنان نیستند مگر تنها شوهران. پس تفسیر درست آیه چنین است: شوهران با زنان به راستی و عدل رفتار کنند. مسأله دیگر، «نُشُوزُهن» است که هر دو مرد و زن میتواند در حالت شاز باشد نه تنها زنها که در تفسیر میخوانیم. توجه کنید! در کتاب «حیله های شرعی ناسازگار با فلسفهٔ فقه» اثر عبدالوهاب بحیری، ترجمهٔ حسین صابری میخوانیم که "نشوز در لغت به معنای بلند شدن و برخاستن است و در شرع نیز به معنای سرپیچی هر یک از زن و مرد از وظایف متقابل و بیرون شدن از دایرهٔ اطاعت و فرمانبری همدیگر بنا نشوز هم از سوی مرد ممکن است و هم از سوی زن و بدین اعتبار مرد را ناشز و زن را ناشزه گویند. در قرآن کریم نیز نشوز به زن و به مرد هر دو نسبت داده شده است". (صفحه ۸۰ سال ۱۳۷۶، تهران). این تعریف و تشریح در دانستن درست آیه فوق‌العاده حایز اهمیت است. زن و مرد میتوانند در حالت نشوز باشند. مرد هم میتواند از اطاعت خدا(ج) برآید و این کار زن است که او را امر به معروف کند. زن هم میتواند در حالت شاز باشد و مرد با سخن نیکو او را امر به معروف کند. و اگر طرفین اصلاح نمی‌آورند و همه کوشش ها به ناکامی می‌انجامد باید از هم جدا شوند نه اینکه مرد زن را بزند زیرا این زدن مغایر آیهٔ «و لقد کرمنا بنی آدم» قرار میگیرد که خداوند(ج) به بندگانش مرد باشد و یا زن باشد کرامت داده است. مهمتر اینکه در فقه اسلامی طلاق فرض است و نکاح سنت. یعنی اگر نمیتوانند به شکل آبرومند ادامه دهند بهتر است جدا شوند.

وَإِنْ خِفْتُمْ شِقَاقَ بَيْنِهِمَا فَابْعَثُوا حَكَمًا مِّنْ أَهْلِهِ وَحَكَمًا مِّنْ أَهْلِهَا إِن يُرِيدَا إِصْلَاحًا يُوَفِّقِ ٱللَّهُ بَيْنَهُمَا إِنَّ ٱللَّهَ كَانَ عَلِيمًا خَبِيرًا (٣٥)

معنـی: اگریـم داشتید کـه ضدیـت بیـن شـان زیـاد میشـود یـک میانجی از طـرف مـرد و یـک میانجی از طرف زن تعییـن کنیـد، اگـر نیـت آشـتی داشـته باشـند، خداونـد(ج) بیـن شـان روحیـه توافـق را بـه وجـود مـی آورد. بـدون شـک خداونـد(ج) دانـا و آگـاه اسـت.

تفسیر: زن و مرد میتواننـد کـه در مـوارد مختلـف اختـلاف نظـر داشـته باشـند. حدیـث پیشـوای اسـلام اسـت کـه یکـی از فرایضـی کـه خداونـد(ج) روا دانسـته و دوسـت نـدارد طـلاق اسـت. پـس زن و مـرد مؤمـن کـه بـه خدا(ج) و قرآن و رسـالت پیامبر اعتقـاد دارنـد بایـد کوشـش کننـد تـا از طـلاق جلوگیـری کننـد. درآنصورت بایـد اگـر خـود شـان بـه یـک توافـق نمیرسـند، دو میانجی محتـرم و عـادل از خانواده‌هـای خـود انتخـاب کننـد کـه اگـر آنهـا بتواننـد بیـن شـان صلـح بیـاورد. اگـر میانجی هـا ناکـام میماننـد بهتراسـت بـه اداره هـای حـل و فصـل مسـایل خانـواده رجـوع کننـد. اگـر آنهـم ناکـام میمانـد بـدون اینکـه همدیگر را توهیـن کننـد و یـا صدمـه برسـانند بایـد جـدا شـوند نـه اینکـه بـرای اینکـه زن گـوش نمیکنـد، شـوهر او را لـت و کـوب کنـد. اگـر نیـت آشـتی و اصـلاح باشـد خداونـد(ج) در قلب هـای شـان الفـت و مَحبـت را زنـده میکنـد زیـرا خداونـد(ج) بـه بـد و جگرخونـی بنـدگان خـود نیسـت و امـا اگـر از اول نیـت آشـتی نباشـد همـه کوشـش هـا بـی نتیجـه میمانـد.

۞ وَٱعْبُدُوا ٱللَّهَ وَلَا تُشْرِكُوا بِهِ شَيْئًا وَبِٱلْوَالِدَيْنِ إِحْسَانًا وَبِذِى ٱلْقُرْبَىٰ وَٱلْيَتَامَىٰ وَٱلْمَسَاكِينِ وَٱلْجَارِ ذِى ٱلْقُرْبَىٰ وَٱلْجَارِ ٱلْجُنُبِ وَٱلصَّاحِبِ بِٱلْجَنبِ وَٱبْنِ ٱلسَّبِيلِ وَمَا مَلَكَتْ أَيْمَانُكُمْ إِنَّ ٱللَّهَ لَا يُحِبُّ مَن كَانَ مُخْتَالًا فَخُورًا (٣٦)

معنـی: خداونـد(ج) را پرسـتش کنیـد و بـه او چیـزی را شـریک نسـازید و بـا پـدر و مـادر خویـش نیکـی کنیـد و همچنـان بـا خویشـاوندان، یتیمـان، مسـتمندان، همسـایگان خویشـاوند و همسـایگان بیگانـه و همنشـین نزدیـک (دوسـتان) درمانـدگان و آنهائیکـه شـما بـه آنهـا دسـت بـالا داریـد (کسـانیکه بـرای شـما خدمـت میکننـد ماننـد خدمـه، آشـپز، راننـده و کارگـران و دهقانـان) بـه یقیـن خداونـد(ج) کسـی را کـه خودخـواه و مغـرور باشـد دوسـت نـدارد.

تفسیر: زیر بنـای همـه در زندگـی یـک مسـلمان اولا خدا پرسـتی اسـت. وقتـی مـا خدا(ج) را شـناختیم خدا پرسـتی درسـت و سـالم در قلـب مـا رخنـه کـرد

و خداوند(ج) را در همه امور حاضر دیدیم دیگر مسایل زندگی خود به خود به یک نظم اخلاقی داخل میشود. مشکل مردم این است که میگویند خدا(ج) را میشناسد بدون اینکه به اوامر خداوند(ج) توجه کنند. اولین توقع خداوند(ج) از بنده شناخت اوست. یعنی بنده باید بداند که خدای او خدای عالمیان است و همانطوریکه به همه جهان خلقت یک روش زندگی را مهیا کرده است به انسان هم یک سنت الهی است که باید پیروی کرد. بعد از آن با والدین احسان کنید. این مسأله به اندازه‌ای عمیق است که کمتر مسلمان پیدا میشود به والدین خود احترام نداشته باشد. اما نکتهٔ مهم که در این آیه است که ما باید به همه پدران و مادران احترام بگذاریم. متأسفانه هستند مردانی که مادر خود را احترام میکنند و به مادر اولاد خود که از نگاه شرعی حق و حقوق دارد توجه نمیکنند. مادر خود را پرستش میکنند و مادر اولاد خود را لت و کوب میکنند در حالیکه همسرش هم یک مادر است. بعد برای تساند جامعه نیکی را به خویشاوندان، یتیمان و بینوایان، همسایگان از خود و بیگانه، دوستان، مسافران و آنانیکه برای شما کار میکنند و در خدمت شما هستند فرض میسازد. می‌بینید که آیه شما را محور خوبی‌ها قرار میدهد و در آخر میگوید که خداوند(ج) آنان را که متکبر و خود خواه و مغرور هستند دوست ندارد. یکی از صفات بسیار پلید و بد انسانی کبر و غرور است و سخت تباهی دارد. انسان نباید به هیچ چیز دنیا مغرور شود زیرا همه چیز یک امانت است. برای نجات ما نیست. اولاد، ثروت، علم، قدرت سیاسی و اجتماعی همه و همه یک امانت است و ما باید دلبستگی نداشته باشیم و اما با مردم محترمانه رویه کنیم و چیزیکه امانت است در اختیار مردم قرار دهیم.

ٱلَّذِينَ يَبْخَلُونَ وَيَأْمُرُونَ ٱلنَّاسَ بِٱلْبُخْلِ وَيَكْتُمُونَ مَآ ءَاتَىٰهُمُ ٱللَّهُ مِن فَضْلِهِۦ ۗ وَأَعْتَدْنَا لِلْكَٰفِرِينَ عَذَابًا مُّهِينًا (٣٧)

معنی: آنهائیکه بخل میورزند و مردم را به بخل فرا میخوانند و آنچه را خداوند(ج) از فضل خود به ایشان بخشیده است پنهان میکنند و [ما] برای کافران عذاب تحقیرآمیز مهیا ساخته‌ایم.

تفسیر: آنانیکه به ایشان از فضل الهی ثروت و مال و علم بخشیده شده است و اینها آن را در راه مردم به مصرف نمیرسانند و بخیلی میکنند و پنهان میکنند اینها شامل عذاب بزرگ در این دنیا و در آخرت میشوند. این طبقه ناسپاس هستند. بخیلی به مثابهٔ کفر در قرآن خوانده شده است و اما اینجا

ناسپاسی معنی میدهد. این آیه متوجه کسانی است که سرمایه و ثروت و علم دارند و اما در خدمت مردم نیستند، به چیزیکه دارند ناسپاس هستند و این ناسپاسی که نه شکرگزار هستند و نه مال و ثروت و علم شان در اختیار مردم است. در این حالت است که به عذاب خفت بار مواجه میشوند. همچنان آنانیکه مردم را به بخیلی فرا میخوانند. طور مثال یکی میخواهد به یک بینوا کمک کند و یکی دیگر با دلایل گوناگون او را مانع میشود، این اشخاص به همان عذاب گرفتار میشوند.

وَٱلَّذِينَ يُنفِقُونَ أَمْوَٰلَهُمْ رِئَآءَ ٱلنَّاسِ وَلَا يُؤْمِنُونَ بِٱللَّهِ وَلَا بِٱلْيَوْمِ ٱلْأَخِرِۗ وَمَن يَكُنِ ٱلشَّيْطَٰنُ لَهُۥ قَرِينٗا فَسَآءَ قَرِينٗا (٣٨)

معنی: و کسانیکه اموال شانرا ریاکارانه [برای اینکه خود را نشان داده باشند و به چشم مردم زنند] انفاق میکنند و [اما] به روز آخرت ایمان ندارند [اینها] کسانی هستند که شیطان دوست اوست و (شیطان) چه همنشین بد است.

تفسیر: یکی از صفات بسیار بد و پلید انسانی ریا و خودنمایی است. ریا و خود نمایی همه اعمال نیک انسان را محو میکند و هیچ اجر و ثوابی ندارد. وقتی ما برای خود نمایی صدقه و خیرات میدهیم و یا کمک میکنیم جزئی ترین ثواب ندارد. هستند دربین مسلمانان و غیر مسلمانان اشخاصیکه کمک میکنند و اما به آخرت ایمان ندارند. بار ها شنیده شده که فلان شخص را ببین چقدر به مردم بیچاره و بینوا کمک میکند پس او در دوزخ میرود؟ قرآن به ما در این آیه میگوید که آنانیکه برای خودنمایی به مردم کمک میکنند و اما به روز آخرت ایمان ندارند دوستان شیطان هستند.

وَمَاذَا عَلَيْهِمْ لَوْ ءَامَنُواْ بِٱللَّهِ وَٱلْيَوْمِ ٱلْأَخِرِ وَأَنفَقُواْ مِمَّا رَزَقَهُمُ ٱللَّهُۚ وَكَانَ ٱللَّهُ بِهِمْ عَلِيمًا (٣٩)

معنی: به آنان چه نقص میرسید اگر به خداوند(ج) و روز آخرت ایمان می آوردند و از آنچه خداوند(ج) به ایشان بخشیده بود (رزق و ثروت و علم) می بخشیدند؟ خداوند(ج) به اعمال شان آگاه است.

تفسیر: بازهم خداوند(ج) انسان را خود مختار میداند و میگوید چه عیبی است اگر مردم به خداوند(ج) و روز آخرت ایمان آورند و هر چه خداوند(ج) به ایشان از رزق و ثروت و علم بخشیده است با بندگان

خدا(ج) شریک شوند. اینجا خداوند(ج) جامعه ای انسانی را یک نظام واحد پیشکش میکند و میرساند اینکه سعادت شما در سعادت دیگران نهفته است. نکته ای مهم در این آیه محکوم کردن انحصار هر چیزی است که به شما داده است. بنده مؤمن باید بداند که هر چیزی که دارد یک امانت خداست و بعد از مصارف مایحتاج باید در راه مردم به مصرف رسد. در مورد علم، مؤمن باید علم خود را شریک شود تا همه از یک زندگی مرفع مستفید شوند و پرورش در یک کشور مسلمان باید رایگان باشد. در آموختن علم نباید تبعیض باشد که ثروتمند بیاموزد و فقیر محروم ماند و یا ثروتمند در دانشگاه خوبتر تحصیل کند و مستمند در دانشگاه بد تر. این تبعیضات در غرب است و متاسفانه در بعضی کشور های اسلامی تقلید کورکورانه کرده اند.

إِنَّ اللَّهَ لَا يَظْلِمُ مِثْقَالَ ذَرَّةٍ وَإِن تَكُ حَسَنَةً يُضَاعِفْهَا وَيُؤْتِ مِن لَّدُنْهُ أَجْرًا عَظِيمًا (٤٠)

معنی: خداوند(ج) به اندازه ذره ای ظلم نمیکند و اگر عمل نیکی انجام داده باشند دو چند آنرا پاداش میدهد و از پیشگاه خود به بندگان اجر بزرگ میدهد.

تفسیر: نکته ای قابل توجه برای ما این است که ما با خدای بسیار مهربان و سخاوتمند طرف هستیم. خدائیکه برای هر کار نیک دو برابر پاداش میدهد. مردم فراموش میکنند که خداوند(ج) به بد مردم نیست. خداوند(ج) مظهر خوبی ها و محور سعادت بشری است. خداوند(ج) میخواهد تا بنده اش به معراج کمال و خوشبختی برسد و از همین سبب برای کار های نیک دو برابر پاداش میدهد تا بنده دلسرد نشود و برعکس کار های پسندیده، مثمر، مهم و کارآمد را زیاد تر تشویق میکند. ببینید در جامعه ای بشری شما در یک موسسه خدمت خوب میکنید از طرف بالا دستان تشویق میشوید، پس در اینجا می بینیم که خداوند(ج) با نزول این آیه نظم اداره و رابطه ای کارگر و کارفرما را به انسان می آموزد که باید با زیر دستان رفتار نیکو کنید و برای کار نیک شان پاداش خوبتر دهید.

فَكَيْفَ إِذَا جِئْنَا مِن كُلِّ أُمَّةٍ بِشَهِيدٍ وَجِئْنَا بِكَ عَلَىٰ هَٰؤُلَاءِ شَهِيدًا (٤١)

معنی: پس حالت [آنان] چگونه است آنگاه که برای هر امتی شاهدی بیاوریم و تو را برای اینان گواه آوردیم.

تفسیر: هر انسان در زندگی به یک مرشد یا مربی نیازمند است. طور مثال مربی کودکان والدین هستند و پسانتر استادان هم نقش مرشد را بازی میکنند. در جامعه ای بشری هم، باید مرشد باشد تا مردم راهیاب شوند. خداوند(ج) پیامبران را برای همین منظور فرستاد تا مردم پیروی کنند و راهیاب شوند. پیشوای اسلام محمد مصطفی(ص) نه تنها برای مسلمانان بلکه جامعه ای بشری فرستاده شد تا مردم بیاموزند که حق را از باطل تفکیک کنند. حالا میگوید حالت این مردم چگونه خواهد بود وقتی شاهدین یا گواهان برای شان بفرستیم و آنها گوش نکنند. اینجا هدف از گواه یک ضمانت است از جانب خداوند(ج) که ما برای شما پیامبر(ص) را منحیث شاهد فرستادیم تا گواه باشد که ما شما را تنها نگذاشته ایم تا رهنمایی شوید. حالا که خود گوش نمیکنید حالت شما خوب نخواهد شد.

يَوْمَئِذٍ يَوَدُّ ٱلَّذِينَ كَفَرُوا۟ وَعَصَوُا۟ ٱلرَّسُولَ لَوْ تُسَوَّىٰ بِهِمُ ٱلْأَرْضُ وَلَا يَكْتُمُونَ ٱللَّهَ حَدِيثًا (٤٢)

معنی: آن روز کسانیکه کافر شدند و پیامبر(ص) را بی اطاعتی کردند آرزو میکنند ای کاش با خاک یکسان میشدند و [دانستند که] هیچ سخنی را از خدا(ج) نمیتوان پوشیده دارند.

تفسیر: به ادامه آیه گذشته که پیامبر(ص) را برای رهنمایی میفرستد و اما با بی اطاعتی کافر شدند و آرزو کردند تا با خاک یکسان میشدند تا به روز محشر بر انگیخته نمیشدند. انسان با جهل و غفلت خود به بیراهه میرود و تصور میکند که خداوند(ج) نه او را میبیند و نه میشنود و نه از اعمال او آگاه است.

يَـٰٓأَيُّهَا ٱلَّذِينَ ءَامَنُوا۟ لَا تَقْرَبُوا۟ ٱلصَّلَوٰةَ وَأَنتُمْ سُكَـٰرَىٰ حَتَّىٰ تَعْلَمُوا۟ مَا تَقُولُونَ وَلَا جُنُبًا إِلَّا عَابِرِى سَبِيلٍ حَتَّىٰ تَغْتَسِلُوا۟ وَإِن كُنتُم مَّرْضَىٰٓ أَوْ عَلَىٰ سَفَرٍ أَوْ جَآءَ أَحَدٌ مِّنكُم مِّنَ ٱلْغَآئِطِ أَوْ لَـٰمَسْتُمُ ٱلنِّسَآءَ فَلَمْ تَجِدُوا۟ مَآءً فَتَيَمَّمُوا۟ صَعِيدًا طَيِّبًا فَٱمْسَحُوا۟ بِوُجُوهِكُمْ وَأَيْدِيكُمْ ۗ إِنَّ ٱللَّهَ كَانَ عَفُوًّا غَفُورًا (٤٣)

معنی: ای آنانیکه ایمان آورده اید در حال مستی به نماز نزدیک نشوید تا بدانید چه میگویید ونه در حالت جنابت مگر رهگذر باشید تا زمانی که غسل کنید و اگر بیمار یا مسافر بودید یا کسی از قضای حاجت می

آمد و یا با همسران تان تماس داشتید و آنگاه آب نیافتید برخاک تیمم کنید و صورت و دستهای تانرا مسح کنید که خداوند(ج) بخشاینده ای آمرزنده است.

تفسیر: انسان موجودی است که از جسم و روح خلق شده است. این آیه حکم پاکی جسم و روح آدمی را مطرح میکند. اول شما باید روح و روان تانرا از مضرات ومسکرات پاک داشته باشید و با ذهن آلوده به نماز نزدیک نشوید زیرا شما نمیدانید که چه میگویید. نماز نه تنها ستون دین است بلکه منبع آرامش روح و روان آدمی است.

منطق نماز چیست؟ مسلمانان همه حکمت نماز را در اسلام از دید آیات متعدد قرآن مجید و احادیث ثقۀ پیشوای اسلام(ص) میدانند که نماز فرض است یعنی برای کسیکه اسلام را دین خود انتخاب کرده است. نماز گناهان را پاک میکند و تسلیمی مطلق به ذات اقدس الهی است و اجر وحسنات زیاد در دنیا و آخرت دارد که در متون دینی ما مفصل گزارش یافته است. انسان از نگاه منطق علمی دین شناسی در سه رابطه زندگی میکند و با همین سه رابطه نه تنها خود را میشناسد بلکه از نگاه اجتماعی عرض وجود میکند. این سه رابطه عبارت اند از, Psycho-ethics, Socio-ethics وTheo-ethics میباشد. سایکو-ایتکس رابطۀ شخص با خودش است. پیشوای اسلام فرموده است: (هر کی خود را شناخت، خدا(ج) را شناخته است). بزرگترین بحث اساساً همین منطق خود شناسی است. از کجا آمده ایم؟ به کجا میرویم؟ هدف از زندگی ما چه است؟ چرا میمیریم؟. با سایکو-ایتکس انسان خود را پیدا میکند. منحیث یک موجود آزاد برای خود تصمیم میگیرد. زندگی، موجودیت او در این جهان بیکران، و تاریخ برایش مفهوم پیدا میکند. خود را محور قرار میدهد و از تجارب تلخ و شیرین زندگی می آموزد و دید و بینش خود را میسازد. نماز یکی از راه های خود شناسی است زیرا نقطۀ وصل را پیدا کردن است. داستان حضرت ابراهیم(ع) هزاران سال قبل از محمد(ص) که از خود مکرر سؤال میکند و ستاره و مهتاب و آفتاب را در شروع خود شناسی، خدا(ج) میشمارد و بالاخره به نتیجه میرسد که اینها همه توسط یک ذات خلق شده است و اداره میشود و او منحیث یک انسان جز همین خلقت است. ابراهیم(ع) به سجده میرود و سجده در نماز(عبادت خداوند(ج)) رکن اساسی را تشکیل میدهد و شکل سمبولیک سجده به خود نشان میدهد که انسان از خاک زاده شده و دوباره خاک میشود و خالقی است که همه از نزد او آمده اند و به او بر میگردند (انا لله و انا الیه راجعون). با نماز و سجده انسان خودش

را پیدا میکند و خود را از آن او میداند و از حالت سر در گمی، بی ثباتی فکری، بی هدفی و تشویش خارج میشود و با گفتن لا اله ا لا الله همه هستی برایش معنی و حقیقت پیدا میکند چنانچه دردیوان شمس تبریزی از مولانا میخوانیم:

از ذکر بسی نور نزاید مه را   در راه حقیقت آورد گمره را

هرصبح و شام نماز برای خودسازی و گفتن لا اله ا لا الله، سوسیو-ایتکس رابطهٔ شخص با اجتماع است زیرا انسان یک موجود اجتماعی است. ازآنجائیکه نماز انسان را نظر به نص قرآن از بدی ها پاک میسازد پس به انسان منحیث یک موجود اجتماعی تجلی اخلاقی میدهد زیرا انسان که هدف اساسی نماز را دانسته است او همیشه از اخلاق انسانی کار میگیرد. اینکه اکثریت نماز گزاران مردمان نامطلوب هستند و هستند مردمانی که نماز ادا نمیکنند اما مردمان شریف هستند؛ برای این است که نمازگزاران به شکل اساسی معنی و مفهوم نماز را ندانسته اند، فقط آموخته اند که باید نماز ادا کنند و اینکه نماز نتوانسته اخلاق شانرا تغییر دهد برای این است که این اشخاص با اینکه نماز گزار هستند به شکل توحیدی نمی اندیشند و تفکر توحیدی ندارند. یعنی قبل از اقامه نماز دانستن توحید امر ضروری است که چرا ما باید نماز بخوانیم. اکثریت امروز نماز میخوانند برای اینکه فرض است و اما اینکه نمازگزار در قبال نماز که برایش فرض شده است چه مسئولیت های بزرگ دارد بی خبر است. به عبارت دیگر همین منطق نماز او را مسئول میسازد تا به دیگر امور به شکل توحیدی رسیدگی کند. در گذشته گفتیم، مدنیت اسلام به اساس سه(ع) استوار است یعنی علم، عبادت و عدالت. اکثر این مردمان چون هدف نماز را ندانسته اند، به اساس علم و عبادت راستین خداوند(ج) و عدالت اجتماعی زندگی ندارند. همچنان دین اسلام در زندگانی روزمره به اساس سه (ع) دیگر استوار است یعنی عقل، عقیده و عمل که جمله شش(ع) میشود. پیر طریقت خواجه عبدالله انصاری چه قشنگ گفته است: «الهی آنرا که عقل دادی چه ندادی و آنرا که عقل ندادی چه دادی؟» این تفکر توحیدی است که انسان را به اعلی علیین میرساند و پیاده کردن تفکر توحیدی چه در سطح فردی و چه خانوادگی و چه کشوری چالش بزرگ است و دلیل اینکه نماز گزار قادر نیست که افکار توحیدی را در عمل پیاده کند، به نظر ما نه خود را شناخته است و نه خدا(ج) را و نتیجه اینکه چون اعمالش غیر توحیدی است یعنی با منطق نماز که ادا میکند مطابقت

ندارد، او را به اسفل سافلین کشانده است. همه بدبختی هائی که ما با آن سر دچار هستیم مانند شخصیت پرستی، مادیات پرستی و مصرف گرائی و اسراف و سود خوری؛ قوم پرستی و پایمال کردن حقوق دوشیزگان؛ ملیت پرستی و رواج پوسیدۀ قبایلی و قوم گرائی، ناسیونالیزم، مذهب پرستی و غلو گرائی در مذهب، نژاد پرستی، خرافه پرستی، خارجی پرستی به جای خدا پرستی، «ایزم پرستی» مانند کاپیتالیزم، صهیونیزم، کمونیزم، فاشیزم و غیره «ایزم» ها که همه مغایر فطرت انسانی است زیرا آزادی انسان را سلب میکند؛ کنترل عقل و فکر مردم به نام حزب سیاسی و بالاخره به نام دین، تحمیل دین بالای مردم به فشار و زور و ناسزا گفتن مردم برای اینکه تبلیغات دینی شانرا قبول ندارند در حالیکه دین یک موضوع اختیاری است؛ منازعات خانوادگی و لت و کوب زنان، تهمت و توهین و فحش گفتن که خلاف کرامت انسانی است؛ غیبت و سخن چینی که خلاف اخلاق اسلامی است؛ بی احترامی به عقاید مردم، بی احترامی به بزرگان خانواده واهل علم و معرفت، زن ستیزی و زنان را از صحنۀ سیاسی و اجتماعی حتی مسجد خدا(ج) کنار زدن؛ بی تفاوتی و بی محبتی در مقابل کودکان، تقلید های کورکورانه که مولانا چه زیبا گفته است:

خلق را تقلید شان بر باد داد

ای دو صد لعنت بر این تقلید باد

خود نمائی و کبر و غرور، دفاع از ناحق، توجیهات نادرست و فاسد سیاسی و اجتماعی، پشتیبانی و همکاری با مردم فاسد و نمایندۀ اجنبی و فروخته شده و متقلب به خاطر پول و قدرت، مردم مسلمان را به کُفر گرفتن، اهل کتاب را کافر گفتن، تملق و چاپلوسی، عقده و کینه و حسادت، همچشمی ها، همه و همه از عدم دانش و تفکر توحیدی است که نماز در عمل راه حل آن است نه بی نمازی. بزرگترین منطق نماز رد شرک است که در هر سجده انسان بر علیه شرک قیام و مبارزه میکند. زیرا شرک و کفر تنها انکار خداوند(ج) نیست، بلکه تایید به کفر و شرک توازن وتعادل جهان هستی را بر هم میزند و جهان را برای آدمیزاد و محیط زیست او فاسد میسازد. منطق علمی نماز از نگاه علمی و یا ساینس، رابطۀ انسان با نظام خلقت از دید روانی و روحی است و این مطلب علمی را ما در نظام شمسی و چرخش زمین می بینیم که نماز در اوقاتی فرض شده که زمین در مدار خود برای تعیین زمان یعنی شب و روز حرکت میکند. قرآن میگوید: «اقم الصلوۀ لِدُلُوک الشمس الی غسق الیل و قرآن الفجر ان قرآن الفجر کان مشهودا» (سوره اسرا آیه ۷۸)و همچنان در سوره نساء

آیهٔ ۱۰۳ میگوید: «ان الصلوة کانت علی المومنین کتاباً موقوتا» در سوره اسراء می بینیم که نماز در اوقات قبل از طلوع آفتاب و نیم روز (خط استوا) و قبل از غروب و شب است و در سورهٔ نساء از اوقات معین یاد میکند. چون انسان جز خلقت است و خلقت جز انسان است؛ در همان وقت سجده میکند که در اثر گردش زمین به محور خود با مدار یک دوره را که بیست و چهار ساعت است با طبیعت همسان و همآهنگ باشد، زمین در مدار خود تکمیل میکند. همین موضوع، آفتاب برآمد و آفتاب نشست را در نقاط مختلف جهان تعیین میکند. میزان دورانی مغز انسان هم، به همین اساس بیست و چهار ساعت عیار شده است که این خود توازن روح و روان سالم انسانی را بر قرار میسازد زیرا با طبیعت هماهنگ است. منطق به دوش گرفتن مسئولیت عظیم امانت جهان که به انسان میسپارد (سوره احزاب آیه ۷۲) که انسان در آن زیست میکند و آن مسئولیت بزرگ دیگر که انسان را قرآن خلیفه خداوند(ج) در زمین قرار داد (سوره بقره آیه ۳۰)؛ این دو مسئولیت یعنی به عهده دار شدن جهان و نمایندگی آن ذات اقدس الهی یعنی خلافت انسانی در زمین به پایهٔ تکامل نمیرسد تا اول انسان به مکارم اخلاقی و علم نرسد. مکارم اخلاقی از طریق آموزش و پرورش سالم امکان پذیر است که باید علمی باشد زیرا زیر بنای اسلام علم است و اساس علم از عبادت خداوند(ج) شروع میشود که آغاز عبادت همانا نماز است. اولین آیهٔ را که خداوند(ج) به بشر نازل کرد "اقرا" یعنی بخوان بود و پیشوای اسلام فرموده است که اولین چیزی را که خدا(ج) خلق کرد "قلم" بود. اینجاست که زیر بنای دین ما و روش زندگی ما باید علم باشد که حصول این علم از طریق همان (عبادت) خداوند(ج) متصور است و بس. پیشوای اسلام(ص) گفته است: «من برای تکامل مکارم اخلاق آمده ام» و چون آغاز مکارم اخلاق در نمازاست، انسان بدون اندیشهٔ توحیدی نمیتواند و قادر نیست تا این محیط زیست را به وجه احسن نگهداری کند و یا خلافت کند در صورتیکه او قانون خدا(ج) را که در عین زمان قانون طبیعت است نفیه کند، یعنی اساساً خدا(ج) را نفیه میکند. همه مطالب منفی غیر توحیدی که در بالا تذکر دادیم چون جای جای خداپرستی را میگیرد، با توحید و نماز توحیدی در تضاد است. بیجا نبوده که پیشوای اسلام(ص) فرموده است که: «نماز ستون دین است» و حال ما خوب میدانیم که ستون دین همانا یکتا پرستی یعنی توحید است و اولین رکن پروردگار بعد از ایمان آوردن، در هر دین که باشد عبادت خالق یکتا و بی همتا است. شاعر چه زیبا گفته است:

نقش معکوس نگین از سجده میگردد درست
سرنوشت واژگون را راست میسازد نماز

همچنان هستند مردمان شریفی که نماز ادا نمیکنند و اما در اثر فشار روزگار خود کشی میکنند. شریف هستند و اما شدید مادی پرست هستند. شریف هستند و اما قوم پرست و نژاد پرست و یا زن ستیز هستند و مثال ها زیاد است که نمایانگر این است که راز خلقت و اینکه هدف شان در این دنیای هستی چه است ندانسته اند. این اشخاص شریف ناکام مانده اند که هدف زندگی خود را به درستی درک کنند و خود و خانوادهٔ خود را به بدبختی ها کشانده اند. گل سخن در این است که یکتا پرستی از طریق عبادت خداوند(ج) تنها اندیشهٔ مسلمان نباید باشد زیرا توحید جهانی است. به هر دین و آئین که انسان باشد قادر است تا توحید را بشناسد زیرا مبدا توحید یگانگی خدا(ج) با جهان هستی است که خلق کرده است. توحید یعنی خدا(ج) یکی است؛ کاینات یکی است، انسان یکی است و علم یکی است. توحید یعنی نظام هستی با نظم خاص و توازن خلق شده است و انسانی که جز همین خلقت است اگر از دایرهٔ توحید خارج میشود دچار به چالش های گوناگون دچار میشود زیرا دیگر در توازن نیست و یک موجود غیرطبیعی است. در این طرز تفکر همه مخلوقات به شمول انسان شامل است و اینکه خداوند(ج) میگوید انس و جن را برای عبادتش خلق کرده است (سوره ذاریات آیه ۵۶) زیرا مرجع و مبداء برای همه هستی یکی است و مسلمان و نا مسلمان همه شریک اند و از همین لحاظ است که گفت "رب العلمین". ونه گفت رب المسلمین. رکوع و سجده به ذات اقدس الهی نمایانگر این است که ما از آن او هستیم و همه هستی و نیستی ما از آن اوست و ما با ادای نماز تعهد میکنیم که غیر از او دیگر سرور و قانونگزار و روزی دهنده و حامی و پشتیبان نداریم. تنها به او تسلیم هستیم و بس. "تیو-ایتکس" رابطهٔ انسان با خالق است و این رابطه تنها از طریق نماز و عبادت خداوند(ج) بر قرار میگردد و اولین راه رسیدن به منزل مقصود در به پا داشتن نماز است. خداوند(ج) به نماز ما محتاج نیست و اما ما این ما هستیم که باید نقطهٔ وصل را پیدا کنیم و اصل خویش را دریابیم. اصل ما در دو پدیده نهفته است و آن جسم و روح ماست. ازدید فلاسفه انسان یک موجود "هایلو مورفیک" خوانده شده است. هایلو» یعنی روح» و مورفیک «یعنی جسم». سوال در اینجاست که این روح از کی است و از کجا در قالب انسان دمیده است؟ تنها قرآن مجید جواب میدهد: از تو در باره روح میپرسند؛ بگو روح از [عالم] امرپروردگاراست؛

و شما را از علم جزء اندکی نداده اند(سوره اسراء آیه ۸۵). یگانه راه که این روح به آرامش زندگی کند با ذکر خالق است که از طریق نماز، ذکر و دعا روح را با نشاط داشته باشد و در نتیجه خودش را با نشاط داشته باشد زیرا تا روز اجل، روح برعکس جسم که پیر میشود، هرگز پیر نمیشود و بالاخره با نَفس آخری دوباره به پیش همان موجودی میرود که به ما به امانت گذاشته بود. دل، مرکز و جایگاه روح است. و قرآن میگوید: "و تطمین قُلوبهم بذکر الله" یعنی با ذکر خداوند(ج) دلها آرام میگیرد. اساساً وقتی که ما خوب دقت کنیم تیو-ایتکس که رابطهٔ انسان با خالقش میباشد در صورت شناخت اصولی توحید، دو رابطهٔ دیگر را مستحکم میکند. اما متأسفانه ما می بینیم که شناخت اصلی از توحید نداریم و در سطح فردی، خانوادگی و کشوری افسردگی های گوناگون، بی نظمی های گوناگون، بد اخلاقی های گوناگون همه سرچشمه میگیرد از اینکه «ستون دین» را ما خود به دست خود ویران کرده ایم و نتیجه اش را هم خوب می بینیم. در اخیر میخواهم این داستان زندگی خود را به ارتباط نماز به شما تعریف کنم. شبی از شب ها در منزل تنها بودم و یک کتاب در دستم بود و سرگرم مطالعه بودم که دفعتاً برق های منزل قطع شد. بیرون رفتم دیدم چند تن از همسایگان هم بیرون برآمده اند و آرزو داشتند بدانند که چرا برق منطقهٔ ما قطع شده است. کسی همدیگر را نمیدید. کوچهٔ ما تاریک بود. همسایه دست راستی منزل من نزدیک شد و گفت میخواست جائی برود و اما موترش داخل گراج است و در باز نمیشود و علاوه کرد که چی تاریکی عجیبی! همه چیز تاریک است و کسی را نمی بیند. لبخند در لبانم نقش بست و در دل گفتم چه ساده مردیست این امریکائی، فراموش کرده و یا نمیداند که موجودی که این تاریکی را هست کرده همه را میبیند. بازگشتم به خانه و وقت نماز عشاء بود. از الماری آشپزخانه یک شمع را پیدا کردم که برای روز های مبادا همیشه همسرم نگهداری میکند، گرفتم و با کبریت روشن کردم. برق ها هنوز هم خاموش بود. یخچال، تلویزیون، رادیو؛ ساعت های برقی، همه آلات منزل از کار افتاده بودند و گویی زمان متوقف شده است. حتماً متوجه شده اید که منبع تکنالوژی عصر حاضر اساساً برق است اگر برق نباشد همه نظام انسان متمدن سقوط میکند. چنانچه منبع اساسی انرژی در طبیعت آفتاب است و اگر آفتاب نباشد زندگی جهان هستی دیگر وجود نمیداشته باشد. من در حالیکه شمع را خاموش میکردم و جای نماز را باز میکردم تا نماز عشاء ادا کنم، این آیه در مغزم خطور کرد: "الحمد الله

الـذی – خلق السموت و الارض و جعل الظلمـت و النـور" (سوره انعام آیـهٔ اول) یعنی سپاس خداونـدی را کـه آسمانها و زمین را آفریـد و پدیـد آورد تاریکی ها و روشـنائی هـا را. گفتم الهـا هـر چـه قطع میشود، شود؛ امـا وصـل مـن را بـا خـودت قطع نکن زیـرا منبـع همه انرژی و همه توانائی و همه روشنائی و همه در گشائی ها توئی و چون ایمان تصدیق به قلب است و اعتراف بـه زبـان گویـا، بـه دل نیت کـردم و بـه جحر الله و اکبر گفتـم و در تاریکی منزل خود شروع کردم به نماز. نماز یعنی آزادی انسان ازهر گونه اسارت، بندگی و غلامی.

أَلَمْ تَرَ إِلَى ٱلَّذِينَ أُوتُواْ نَصِيبًا مِّنَ ٱلْكِتَبِ يَشْتَرُونَ ٱلضَّلَلَةَ وَيُرِيدُونَ أَن تَضِلُّواْ ٱلسَّبِيلَ (٤٤)

معنـی: آیا کسـانی را کـه از کتـاب بهـره ای داده شـدند ندیـدی کـه [بـرای خـود] گمراهـی تصاحب میکننـد و میخواهند شما هـم بیـراه شـوید.

تفسیـر: هـدف آیه کفار اهل کتـاب است کـه بخشی از کتاب بـه ایشان داده شد و بـه جای اینکه از آن برای هدایت و بهبود زندگی خود استفاده کنند بـا بهانـه جـویی هـا و سنگ انـدازی هـا خـود را بـه بیراهـه کشیدند و اینجـا بـه مؤمنین میگویـد کـه احتیـاط کنید کـه شما را بـه بیراهه میکشـانند. این آیه در زنـدگانی امـروز هـم حایـز اهمیت است که هـر روز بـا سـوال هـای گوناگـون، انتقـاد هـا وقرآن را زیـر سـوال بـردن و طعنه دادن مسـلمانان و ریشـخند مسـلمانان میخواهنـد آنـانی را کـه عقیـده ای ضعیف دارنـد بیـراه کنند.

وَٱللَّهُ أَعْلَمُ بِأَعْدَآئِكُمْۚ وَكَفَىٰ بِٱللَّهِ وَلِيًّا وَكَفَىٰ بِٱللَّهِ نَصِيرًا (٤٥)

معنـی: و خداونـد(ج) [از روحیـه] دشـمنان شـما آگاه تـر است و کـافی است کـه خداونـد(ج) دوسـت شـما باشـد و کـافی است کـه خداونـد(ج) یـاور شـما باشـد.

تفسیـر: در اینجـا بـه تعقیب آیـه قبلی کـه مسـلمانان را هشدار میدهـد کـه گمـراه نشـوند؛ در این آیـه اطمینـان میدهـد کـه خداونـد(ج) دوسـت شماسـت و یـاور شماسـت و از هیـچ چیـز هـراس نداشـته باشـید. در دو آیـه فـوق خداونـد(ج) هـم موقـف مؤمـن را روشـن میکنـد و هـم موقـف خود را بـرای مؤمنـان واضـح میسـازد کـه تکیـه گاه مؤمـن تنهـا خداونـد(ج) است.

مِنَ ٱلَّذِينَ هَادُواْ يُحَرِّفُونَ ٱلْكَلِمَ عَن مَّوَاضِعِهِۦ وَيَقُولُونَ سَمِعْنَا وَعَصَيْنَا وَٱسْمَعْ غَيْرَ مُسْمَعٍ وَرَٰعِنَا لَيًّۢا بِأَلْسِنَتِهِمْ وَطَعْنًا فِى ٱلدِّينِۚ وَلَوْ أَنَّهُمْ قَالُواْ سَمِعْنَا وَأَطَعْنَا وَٱسْمَعْ وَٱنظُرْنَا لَكَانَ خَيْرًا لَّهُمْ وَأَقْوَمَ وَلَٰكِن لَّعَنَهُمُ ٱللَّهُ بِكُفْرِهِمْ فَلَا يُؤْمِنُونَ إِلَّا قَلِيلًا (٤٦)

معنـی: از یهودان کسانی هستند که کلمات را از جای شان تغییر میدهد و از راه زبان بازی و طعنه به دین میگویند: شنیدیم و نافرمانی کردیم و بشنو سخن ما را و ناشنیده بگیر و [با تمسخر میگویند]: راعنا، حال آنکه اگر میگفتند شنیدیم و اطاعت کردیم و سخن ما را بشنو و به ما نظر کن، قطعاً برای شان بهتر میبود. ولی خداوند(ج) آنها را به خاطر کفر (ناسپاسی) شان لعنت کرده که جز اندکی ایمان نمی آورند.

تفسیر: یک عده ای از یهودان همیشه آیات کلام الله مجید را که نازل شده بود نادیده میگرفتند، تمسخر میکردند. تورات را تحریف میکردند. این مطالب را در گذشته هم گفتیم. در این آیه خداوند(ج) واژه راعنا را مثال می آورد که اساساً به معنی ما را مراعات کن و مهلت بده میباشد. مسلمانان که از پیامبر بشنوند، به خاطر بسپارند و عمل کنند. اما یهودان کجروی میکردند و این واژه را به شکل عبری آن به تمسخر میگفتند یعنی که بشنو که هرگز نشنوی. بدین ترتیب چنین میخواستند که مردم انتباه بگیرند که پیامبر مردم را اغفال میکرده است. امروز هم وقتی ما اسناد قضائی را مطالعه میکنیم و همدستان شان با واژه ها بازی میکنند و با این بازی های سردرگم کننده مردم جهان را فریب میدهند. توجه کنید که در این آیه واژه کفر ناسپاسی معنی میدهد نه کفر بالله.

يَٰٓأَيُّهَا ٱلَّذِينَ أُوتُواْ ٱلْكِتَٰبَ ءَامِنُواْ بِمَا نَزَّلْنَا مُصَدِّقًا لِّمَا مَعَكُم مِّن قَبْلِ أَن نَّطْمِسَ وُجُوهًا فَنَرُدَّهَا عَلَىٰٓ أَدْبَارِهَآ أَوْ نَلْعَنَهُمْ كَمَا لَعَنَّآ أَصْحَٰبَ ٱلسَّبْتِۚ وَكَانَ أَمْرُ ٱللَّهِ مَفْعُولًا (٤٧)

معنـی: ای کسانیکه کتاب داده شده اید به آنچه نازل کردیم تصدیق کننده ای همان است که به شما نازل شده است، [پس] ایمان بیاورید پیش از آنکه چهره هائی را مسخ و محو کنیم و آنها را واپس گردانیم یا لعنت شان کنیم چنانکه اهل سبت را لعنت کردیم و امر خدا(ج) امکان پذیر است.

تفسیـر: در این آیه خداوند(ج) به اهل یهود هشدار میدهد که قبل از

اینکه دیر نشده است خود را اصلاح کنند و ایمان بیاورند. مسخ و محو چهره در اینجا کنایه از گمراهی از دانستن حقانیت است که به خاطر همین موضوع دچار مشکلات گوناگون خواهند شد که تاریخ گواه است که همینطور هم شد. این بدین معنی نیست که همه ای شان چنین است بلکه هستند یهودیانی که خداوند(ج) را به وحدانیت او می شناسند. اصحاب سبت گروهی از تبهکاران بنی اسرائیل بودند که بی اطاعتی میکردند و از رحمت پروردگار بی نصیب شدند. مشکل یهود همیشه لج کردن بود. در دین اسلام چه از نگاه توحیدی که در مقابل آیات مردم لج و لج بازی کند و چه از نگاه اجتماعی که مردم با همدیگر لج و لج بازی کند هر دو شدیداً محکوم شده است. در این آیه اشاره ای بزرگ به روگردان معنی و فکری و تعقلی است که شدیداً برای انسان زیان آور است. آنانیکه ایمان ندارند و ارزش ایمان را نمیدانند تصور میکنند که تنها دانستن علوم و داشتن ثروت کافی است. ما امروز داریم مسلمانان گمراه که فکر میکنند تنها علم و ثروت جوابگوی نیازمندی های بشری است. اینها سخت در اشتباه هستند مانند آن عده یهودیانی که آیات را رد کردند.

إِنَّ ٱللَّهَ لَا يَغْفِرُ أَن يُشْرَكَ بِهِۦ وَيَغْفِرُ مَا دُونَ ذَٰلِكَ لِمَن يَشَآءُ وَمَن يُشْرِكْ بِٱللَّهِ فَقَدِ ٱفْتَرَىٰٓ إِثْمًا عَظِيمًا (٤٨)

معنی: مسلماً خداوند(ج) کسی را که با او شریک قایل شود نمی بخشد و هر گناهی که فرو تر از آن باشد هر که را خواهد می بخشد و هر که برای خدا(ج) شریک گیرد بدون شک گناه بزرگ را مرتکب شده است. **تفسیر:** شرک آن است که با خداوند(ج) بنده یا مخلوق شریک قایل شود. این را بسیار مردم مسلمان میدانند و مرتکب همچو گناه بزرگ نمیشوند. اما مطلب را که یک عده مسلمانان نمیدانند این است که قانون خدا(ج) و قانون طبیعت هر دو یکی است و اگر ما این موضوع را انکار میکنیم هم مشرک میشویم و این گناه عظیم است که ما ندانیم که قانون دهنده ای جهان هستی یک موجود است و مسایل زندگانی انسانی را تکه تکه و پارچه پارچه ببینیم در حالیکه همه جهان هستی یک بافت دارد و هیچ چیز از همدیگر مجزا نیست. تنها موضوع یکتا بودن خداوند(ج) در توحید مطرح نیست بلکه دید و بینش توحیدی که همه جهان یک جهان است، انسان یکی است، علم یکی است و خدا(ج) یکی است. برای خلقت خود یک نظم و قانون داده است نباید ما همه چیز را از هم

جدا ببینیم.

أَلَمْ تَرَ إِلَى الَّذِينَ يُزَكُّونَ أَنْفُسَهُمْ بَلِ اللَّهُ يُزَكِّي مَن يَشَاءُ وَلاَ يُظْلَمُونَ فَتِيلاً (۴۹)

معنی: آیا احوال آنانی را که خود را پاک نفس قلمداد میکنند و خود ستایی میکنند، ندیدی؟ در حالیکه این خداوند(ج) است که هر که را بخواهد ستایش میکند و ذره ای به آنها ستم نمیشود.

تفسیر: یکی از مشکلات روحی و روانی بشر خود ستایی است. تنها بین افراد نیست بلکه ملت ها هم دچار این مشکل و صفت ناپسند است. هستند خانواده هائی که خود پسند هستند و دیگر خانواده ها را کمتر از خود میدانند. این روحیه طبقات را به وجود می آورد و باعث تبعیض و تنگ نظری و تعصب میشود. خداوند(ج) مردمان را به ایمان شان قضاوت میکند و چون از حال و احوال دلها آگاهی کامل دارد از اینرو او میداند که کی را ستایش کند.

اُنظُرْ كَيْفَ يَفْتَرُونَ عَلَى اللَّهِ الْكَذِبَ وَكَفَى بِهِ إِثْمًا مُّبِينًا (۵۰)

معنی: ببین چگونه برخداوند(ج) دروغ می بندند، و همین به تنهایی گناهی آشکار است.

تفسیر: به پیامبر خاطر نشان میکند که آنانیکه ایمان ندارند، چگونه به آسانی به خداوند(ج) دروغ می بندند و همین دروغ بستن شان تنها گناه روشن و کافی است که کفر شان را ثابت سازد. امروز هم داریم اشخاصی که در تلویزیون های بیرون مرزی زیر عنوان آزادی کلام و بیان به اشکال گوناگون به خداوند(ج) دروغ می بندند و میگویند که فلان مطلب که در قرآن آمده است العیاذ بالله دروغ است و حقیقت ندارد. پس این مسأله نو نیست و آنانیکه ایمان نمی آورند همیشه برای مسلمانان مشکل خلق میکنند. دروغ بستن به خداوند(ج) کفر است و در کشور اسلامی افغانستان باید قانون مطبوعات طوری تنظیم شود که مردم بی ایمان، ایمان دیگران را مسخره نکنند. مسلمانان باید همه اصول زندگی مدرن را از طریق قانون مطرح کنند نه اینکه هر کس یکدیگر را به کفر گیرد. ترس مسلمانان از دموکراسی همین است که مردم به نام آزادی جامعه را به انارشی میکشانند، چنانچه ما در تظاهرات قتل یک سیاه پوست امریکایی دیدیم. آزادی بیان و کلام باید در چارچوب قانون تدوین گردد و

مردم به اساس قانون با هم برخورد کنند.

أَلَمْ تَرَ إِلَى ٱلَّذِينَ أُوتُوا۟ نَصِيبًا مِّنَ ٱلْكِتَٰبِ يُؤْمِنُونَ بِٱلْجِبْتِ وَٱلطَّٰغُوتِ وَيَقُولُونَ لِلَّذِينَ كَفَرُوا۟ هَٰٓؤُلَآءِ أَهْدَىٰ مِنَ ٱلَّذِينَ ءَامَنُوا۟ سَبِيلًا (٥١)

معنی: آیا کسانی را که از کتاب آسمانی بهره ای یافته اند ندیدی که به هر بُت و طغیانگری میگروند و در باره ای کافران میگویند اینان از مؤمنان راه یافته تر اند.

تفسیر: این آیه فوق العاده جالب است. آنانیکه ایمان آورده اند، در زندگی امروز مسلمان و یهود و نصارا صدق میکند مبنی بر اینکه داریم کسانیکه چون در دل منافق هستند دست خود را با کفار یکجا میکنند و بر ایشان میگویند که آنها بهتر اند. اصلاً این آیه در مورد یهودان نازل شده که به خاطر دشمنی با مسلمانان روی به کفار آوردند و به آنها گفتند که آنها از مسلمانان بهتر هستند. اما امروز هم قسمیکه گفته آمد ما داریم مسلمانانی که دست خود را با اجنبی بر علیه مسلمانان یکی میکنند و به آنها همین سخن را میگویند که آنها بهتر از مسلمانان هستند و مسلمانان متعصب هستند، مسلمانان به آزادی بیان و انسان اعتقاد ندارند وغیره، اینجاست که مسلمانان امروزی باید هوشیار باشند و کاری نکنند که موقع را برای منافقین فراهم سازند. امروز الگوی یک مسلمان به جای پیامبر(ص) یک شخصی است که او در مقابل دین طغیانگر است و همین طغیانگر صاحب مقام و منصب هم است. مشاور امور سیاسی است و مسلمان نادان او را بهتر از یک مسلمان میداند.

أُو۟لَٰٓئِكَ ٱلَّذِينَ لَعَنَهُمُ ٱللَّهُ ۖ وَمَن يَلْعَنِ ٱللَّهُ فَلَن تَجِدَ لَهُۥ نَصِيرًا (٥٢)

معنی: اینان کسانی هستند که خداوند(ج) لعنت شان کرده است و هر که را خدا(ج) لعنت کند هرگز کمک دهندی نخواهی یافت.

تفسیر: بلی کسانیکه مردم کفر و اهل کفر را بر مردم مؤمن ترجیح میدهد اینها توسط خدا(ج) لعنت میشوند. لعنت یعنی از رحمت خداوند(ج) بی نصیب میشوند و براستی که همینطور است وقتی می بینید که یک مسلمان برای منافع خودش دست خود را با اجنبی یکی میکند شاید به مقاصد دنیوی برسد و اما خوب که توجه کنید زندگی شان خوار است و عزت و آبرو بین مردم ندارند.

أَمْ لَهُمْ نَصِيبٌ مِنَ ٱلْمُلْكِ فَإِذًا لَّا يُؤْتُونَ ٱلنَّاسَ نَقِيرًا (٥٣)

معنی: یا آنها را بهره ای از حکومتداری است که در اینصورت به مردم ذره ی ناچیزی هم کمک نمیکنند.

تفسیر: این آیه ای مبارک بر زندگی امروز بعضی کشور های اسلامی صدق میکند. به زور و قوت خارجی به قدرت میرسند و حکومتداری میکنند و اما سر سوزن به مردم توجه ندارند. خود شان در قصر ها زندگی میکنند و حتی نام خود را مجاهد گذاشته اند. تصور میکنند که مردم فریب میخورند. هر روز توسط مردم به خاطر دست داشتن شان با قوای اجنبی مسخره میشوند و اما این تمسخر را آزادی بیان و کلام مردم میدانند و به خود نمیگیرند. اینها امانت سیاسی مردم را خیانت کرده اند. آیه در مورد یهودان نازل شده است که همیشه فکر میکردند که زمامداری جهان از ایشان است اما اگر به زمامداری ایشان برسند به دیگران کمک نخواهند کرد.

أَمْ يَحْسُدُونَ ٱلنَّاسَ عَلَىٰ مَآ ءَاتَىٰهُمُ ٱللَّهُ مِن فَضْلِهِۦ فَقَدْ ءَاتَيْنَآ ءَالَ إِبْرَٰهِيمَ ٱلْكِتَٰبَ وَٱلْحِكْمَةَ وَءَاتَيْنَٰهُم مُّلْكًا عَظِيمًا (٥٤)

معنی: یا اینکه بر مردم به آنچه خداوند(ج) از فضل خود داده است حسادت میورزند، ما به خاندان ابراهیم(ع) کتاب آسمانی و نبوت دادیم و به آنان فرمانروایی بزرگی بخشیدیم.

تفسیر: مردم یهود ازینکه نبوت به پیامبر اکرم(ص) رسیده بود رشک میبردند و برای شان گفته میشود که به خاندان ابراهیم(ع) کتاب و حکمت دادیم و رسول اکرم(ص) هم از آل ابراهیم است. آیه به ایشان میرساند که حسادت شان بیمورد است زیرا محور خداشناسی حضرت ابراهیم(ع) و حضرت محمد(ص) تکامل آن است. آیه تکامل نبوت را به ایشان میرساند. دراینجا هدف از مُلکِ عظیم تکامل دین است که همه از آن خداست.

فَمِنْهُم مَّنْ ءَامَنَ بِهِۦ وَمِنْهُم مَّن صَدَّ عَنْهُ وَكَفَىٰ بِجَهَنَّمَ سَعِيرًا (٥٥)

معنی: پس یک عده به وی ایمان آوردند و یک عده ایمان نیاوردند و اینان را آتش افروخته‌ء جهنم کافی است.

تفسیر: آیات کلام الله مجید تنها برای گذشتگان نیست. آیات برای همه اعصار نازل شده است. مانند دوران مکه و مدینه که یک عده ایمان

نیاوردند، امروز هم هستند بسیاری مردمان که ایمان ندارند. هدف ما کفار و اهل کتاب نیست. آنهائیکه در دامان مادر و پدر مسلمان بزرگ شده اند اما ایمان ندارند. همیشه دین را انتقاد میکنند به جای اینکه حقیقت را برای خود پیدا کنند. دین را از چشم ملای متعصب و آخوند متعصب و یا طالب نادان می بینند. این روحیه ایشان را از بار مسئوولیت خلاص نمیکند. آیه برای همه ای ماست که گمراه شده ایم. نباید غافل باشیم و به دست خود راه جهنم را باز کنیم.

إِنَّ الَّذِينَ كَفَرُوا بِآيَاتِنَا سَوْفَ نُصْلِيهِمْ نَارًا كُلَّمَا نَضِجَتْ جُلُودُهُم بَدَّلْنَاهُمْ جُلُودًا غَيْرَهَا لِيَذُوقُوا الْعَذَابَ إِنَّ اللَّهَ كَانَ عَزِيزًا حَكِيمًا (٥٦)

معنی: کسانیکه آیات ما را کُفر پنداشتند به زودی آنان را به آتشی در آوریم که هر بار که پوست شان بسوزد پوستی دیگری بر جایش می نهیم تا عذاب را درست حس کنند. بدون شک خداوند(ج) پیروزمند با حکمت است.

تفسیر: در گذشته هم گفتیم که چرا خداوند(ج) بالای کفار و آنانیکه کُفر را بر ایمان ترجیح میدهند شدید سخت گرفته است و جزای سنگین و طاقت فرسا تعیین کرده است. دلیل آن این است که وقتی انسان کافر میشود و آیات را تکذیب میکند میتواند به مقام انسانیت و جهان هستی و خلقت شدیداً صدمه وارد کند. زیرا شخص کافر مسئوولیت عمیق در مقابل نظام هستی ندارد. همه اش مفاد خودش است و بس. توجه کنید به یکی دو مثال: انسان بی ایمان صد ها فیل را میکشد و عاج آن را برای مفاد اقتصادی به مصرف میرساند. این جنایاتی که نسل حیوانات کم شود شرایط زیست و محیط زیست را بر هم میزند. آلودگی هوا مشکل دیگری است که به زندگی انسان و جهان هستی را به مخاطره انداخته است. اسراف که نظام اقتصادی امروزی از انسان یک موجود مصرف کننده ساخته است که این از نگاه اجتماعی تعادل اقتصادی را بر هم میزند.

وَالَّذِينَ آمَنُوا وَعَمِلُوا الصَّالِحَاتِ سَنُدْخِلُهُمْ جَنَّاتٍ تَجْرِي مِن تَحْتِهَا الْأَنْهَارُ خَالِدِينَ فِيهَا أَبَدًا لَّهُمْ فِيهَا أَزْوَاجٌ مُّطَهَّرَةٌ وَنُدْخِلُهُمْ ظِلًّا ظَلِيلًا (٥٧)

معنی: و کسانیکه ایمان آوردند و کار های نیک و شایسته کردند به بهشت های ایشان را وارد میکنیم که از پای درختان آن نهر ها جاری است که برای همیشه در آن بمانند و در آنجا برای شان همسرانی پاکیزه

است و ایشان در سایه ای پایدار در آوریم.

تفسیر: محور همه زندگانی انسان خدا شناسی است. در این آیه دو نکته ای مهم است. اول کسانیکه کار شایسته کنند به بهشت داخل میشوند. اینجا نگفته است که تنها مسلمانان در بهشت داخل میشوند. هر کسیکه خدا شناس باشد و کار شایسته کند مورد مرحمت خداوند(ج) قرار میگیرد. نکته ی دوم همسران پاکیزه است که برای زنان مؤمن و خدا شناس و مردان مؤمن و خدا شناس میباشد. آیه از زوج سخن میگوید و زوج برای مرد و زن است نه تنها مردان. همچنان انسان مؤمن زندگی جاودان دارد و مانند یک علف هرزه نیست که بمیرد و زندگی اش خاتمه پذیرد. بر عکس زندگی جاودان دارد و مرگ یک سفر است از دنیای فانی به دنیای جاودانی.

﴿ إِنَّ ٱللَّهَ يَأْمُرُكُمْ أَن تُؤَدُّوا۟ ٱلْأَمَٰنَٰتِ إِلَىٰٓ أَهْلِهَا وَإِذَا حَكَمْتُم بَيْنَ ٱلنَّاسِ أَن تَحْكُمُوا۟ بِٱلْعَدْلِ ۚ إِنَّ ٱللَّهَ نِعِمَّا يَعِظُكُم بِهِۦٓ ۗ إِنَّ ٱللَّهَ كَانَ سَمِيعًۢا بَصِيرًا ﴾ (۵۸)

معنی: خداوند(ج) به شما حکم میکند که امانات را به صاحبان آن باز گردانید، و چون بین مردم حکم کردید به عدالت حکم کنید، خداوند(ج) شما را به اساس احسان و نعمت هایش پند میدهد همانا خداوند(ج) شنوای بیناست.

تفسیر: دو موضوع نهایت مهم در این آیه نهفته است. اول باز گرداندن امانات به مردم. امانت چیست؟ در اساس همه چیز زندگی نزد ما امانت است. نباید مغرور شویم و نباید حقوق مردم را پایمال کنیم. از نگاه دین اسلام اولین امانت نزد مردم دین است. دین یک امانت خداوندی است که ما باید بسیار دقیق باشیم و به دین خیانت نکنیم. خیانت به دین چیست؟ دین یک رسم زندگی است. اگر ما دین را به شکل اصولی آن تطبیق نکنیم، به دین خیانت کرده ایم. در نماز خواندن و روزه گرفتن و ریش ماندن ما دیندار نمیشویم. وقتی ما دیندار میشویم که در رابطه به مردم خداوند(ج) را حاضر ببینیم و از هیچ نگاه حقوق شانرا پایمال نکنیم. زیرا کتاب خدا(ج) با الله آغاز می یابد و به الناس ختم میشود. این کتاب، کتاب مردم است پس باید در قدم اول مردم را در نظر داشت که هیچگونه حق تلفی صورت نگیرد. مثلاً آزادی بیان حق شرعی یک مسلمان است. اگر ما کسی را از حق بیان محروم میکنیم به دین خیانت کرده ایم. چون خداوند(ج) به انسان کرامت داده است اگر ما به کسی توهین میکنیم به

دین خیانت کرده ایم. دوم همسران، دختران، خواهران و زنان در اجتماع در مجموع امانت هستند. این بدین معنی است که باید طبقه ای نسوان درست و اصولی تحصیل یافته شود که از حقوق میراث محروم نشود و به ایشان هیچگونه بی حرمتی صورت نگیرد. بعضی مردان که از عدالت و فرهنگ اسلامی آگاهی ندارند همسران خود را لت و کوب میکنند که این مطلق خلاف اخلاق و ادب اسلامی است. زنان بالای مردان حقوق دارند و اولین حق زن بالای مرد احترام و مُحبت است. اولین نفقه بالای مرد از نگاه معنوی مُحبت است. سوم مال مردم و پول مردم است که باید به وقت زمان معین رسانده شود. امانت داری سطح بلند فرهنگی یک شخص را نشان میدهد. مال مردم را بیجا کردن خیانت به دین است چنانچه به زنان بی احترامی کردن خیانت به دین است. چهارم آبروی مردم است که نزد مسلمان به امانت است. هیچ وقت نباید یک مسلمان به آبروی مردم تجاوز کند و یا بی حرمتی کند. احترام مردم حتی که اختلاف نظر موجود باشد مسئوولیت هر مسلمان است. اساس دین اسلام در روابط اجتماعی تربیه و اخلاق است. بالاخره راز مردم یک امانت است. نباید، اگر کسی یک موضوع خصوصی را شریک میسازد آنرا با دیگران بر ملا کرد و اگر این کار صورت میگیرد خیانت به دین است.

يَـٰٓأَيُّهَا ٱلَّذِينَ ءَامَنُوٓا۟ أَطِيعُوا۟ ٱللَّهَ وَأَطِيعُوا۟ ٱلرَّسُولَ وَأُو۟لِى ٱلْأَمْرِ مِنكُمْ ۖ فَإِن تَنَـٰزَعْتُمْ فِى شَىْءٍ فَرُدُّوهُ إِلَى ٱللَّهِ وَٱلرَّسُولِ إِن كُنتُمْ تُؤْمِنُونَ بِٱللَّهِ وَٱلْيَوْمِ ٱلْـٔاخِرِ ۚ ذَٰلِكَ خَيْرٌ وَأَحْسَنُ تَأْوِيلًا (٥٩)

معنی: ای آنانیکه ایمان آورده اید از خدا(ج) اطاعت کنید و از رسول(ص) اطاعت کنید و کسانیکه در راس کار قرار دارند. پس هر گاه در موضوعی اختلاف کردید آن را به خدا(ج) و پیامبر(ص) راجع سازید اگر به خدا(ج) و روز آخرت ایمان دارید که این بهترین و نیکو ترین است.

تفسیر: این آیه از چند نگاه مهم است. اول اینکه مسلمانان باید در همه امور خدا(ج) را حاضر ببینند و توجه کنند که خداوند(ج) در موارد زندگی چه گفته است و این در صورتی است که اختلاف عمیق در موضوعات رخ میدهد و دیده شود خدا(ج) و بعد پیامبر(ص) چه گفته اند. به هر حال باید توجه کرد که اول این آیه برای مسلمانان صدر اول اسلام گفته شده است زیرا پیامبر(ص) حیات داشتند. اما امروز پیامبر(ص) حیات ندارد و تفاسیر متعدد به دسترس ما قرار دارد. همچنان زمانیکه زندگی میکنیم

زمان پیامبر(ص) نیست. دراینصورت مسلمانان باید از مشوره و عدالت کار گیرند و همان شخصی را که به اکثریت آرا تعیین کرده اند اطاعت کنند تا از هرج و مرج سیاسی جلوگیری به عمل آید. دوم تفسیر قرآن نظر به شرایط زمان و مکان است که باید مدنظر گرفته شود و سوم احادیث پیامبر(ص) باید به نص قرآن مجید مطابقت داشته باشد. در مورد اینکه کسیکه در راس باشد مسلمان باشد قرآن اشاره نکرده است و اما مهم این است که در اینجا مسأله امامت دین تنها مطرح نیست بلکه مسایل سیاسی و نظامی و علمی است که اشخاصی باید در خدمت باشند که شایستگی آنرا دارند. ریاست جمهوری یک کار ملکی است و تنها شایستگی و پابندی به قانون را ایجاب میکند مسلمان باشد یا نباشد. امروز در غرب مسلمانان آمرین غیر مسلمان دارند و مسایل علمی و ساینس مطرح است که آنها دست بالا دارند و ما باید از ایشان بیاموزیم و اطاعت کنیم. در مسایل کشوری باید ببینیم که مسایل بر اساس عدالت همگانی باشد.

أَلَمْ تَرَ إِلَى ٱلَّذِينَ يَزْعُمُونَ أَنَّهُمْ ءَامَنُواْ بِمَا أُنزِلَ إِلَيْكَ وَمَا أُنزِلَ مِن قَبْلِكَ يُرِيدُونَ أَن يَتَحَاكَمُوٓاْ إِلَى ٱلطَّاغُوتِ وَقَدْ أُمِرُوٓاْ أَن يَكْفُرُواْ بِهِۦ وَيُرِيدُ ٱلشَّيْطَانُ أَن يُضِلَّهُمْ ضَلَالًۢا بَعِيدًا (٦٠)

معنی: مگر ندیدی آن (منافقین) که ادعا میکردند آنچه به تو نازل شده و آنچه پیش از تو نازل شده است ایمان دارند؟ و اما [بازهم] به بهانه مذاکره میخواهند قضاوت را به پیش طاغوت ببرند در حالیکه دستور یافته اند که به آن کافر شوند ولی شیطان میخواهد آنان را به گمراهی دوری بکشاند.

تفسیر: آیات ۶۰ و بعد آن در تسلسل کامل است برای رهنمایی بشریت. اینجا از منافقین یاد آور میشود. اینکه ادعا میکنند مبنی بر اینکه به آیاتی که خداوند(ج) به محمد (ص) نازل کرده است و به پیامبران پیشین نازل شده ایمان دارند و اما وقتی مسایل به قضاوت میرسد برای آنانی میبرند که مخالف ایمان و خدا(ج) و پیامبران هستند. این آیه از نگاه سیاسی بسیار مطرح است که در امور کشوری و سیاسی به جای اینکه مسلمانان خود مشوره کنند و ببینند که عدالت برای امت را چگونه و چطور میتوانند از قرآن و ارشادات پیامبر(ص) تحقیق کنند یک عده منافقین که ادعای ایمانداری میکنند خود را در دامن طاغوت آنانیکه چشم بر سرنگونی اسلام دارند و چشم به منابع طبیعی ما دوخته اند، قضاوت را نزد آنها میبرند.

جزء پنجم ۴۲۵

طالبان مثال خوب است به جای اینکه با مسلمانان به مذاکره بروند با امریکا به مذاکره میروند و قرار د اد بسته میکنند برای سرکوبی مسلمانان.

وَإِذَا قِيلَ لَهُمْ تَعَالَوْاْ إِلَىٰ مَاۤ أَنزَلَ ٱللَّهُ وَإِلَى ٱلرَّسُولِ رَأَيْتَ ٱلْمُنَٰفِقِينَ يَصُدُّونَ عَنكَ صُدُودٗا (۶۱)

معنی: و چون به آنها گفته شود به سوی آنچه خداوند(ج)[قرآن] نازل کرده و پیامبر(ص) بیایید، منافقان را می بینی که مطلق از تو رویگردان میشوند.

تفسیر: از آغاز رسالت تا امروز جنگ میان کُفر و ایمان دوام دارد. امروز هم هستند مردمانی که از روحیه منافقت کار میگیرند و وقتی با ایشان از قرآن و ارشادات پیامبر(ص) صحبت میکنی از تو رویگردان میشوند. جالب اینکه اینها خود را مسلمان هم میگویند. در دل به قرآن ایمان ندارند که رهنمای بشریت است، چون ایمان ندارند زیر تاثیر افکار بیگانه رفته اند و به جای آموختن از قرآن و تحقیق قرآنی، قرآن را زیر سوال میبرند. یکی از دلایل عمده ای بد بختی کشور های مسلمان موجودیت منافقین است.

فَكَيْفَ إِذَاۤ أَصَٰبَتْهُم مُّصِيبَةُۢ بِمَا قَدَّمَتْ أَيْدِيهِمْ ثُمَّ جَآءُوكَ يَحْلِفُونَ بِٱللَّهِ إِنْ أَرَدْنَاۤ إِلَّاۤ إِحْسَٰنٗا وَتَوْفِيقًا (۶۲)

معنی: پس وقتی به سبب اعمالی که به دست خود مرتکب شده اند، مصیبتی به آنها رسید، نزد تو می آیند و به خداوند(ج) سوگند یاد میکنند که ما جز نیکی و سازش نیت دیگری نداشتیم.

تفسیر: منافقین دوران پیامبر(ص) هم در نعل میزدند و هم در میخ. از یک سو اعتقاد نداشتند و از سوی دیگر وقتی راز منافقت شان فاش میشد به پیامبر(ص) میگفتند که نیت بدی نداشتند در حالیکه میخواستند اسلام را تخریب کنند. امروز هم کدام تفاوت زیاد از گذشته نیست. عراق را تخریب کردند، سوریه را تکه تکه کردند، افغانستان به اشغال درآمد. جالب اینجاست که در همه این عملیات ها مار از آستین خود ما برآمده است و منافقین داخلی با منافقین خارجی همکاری میکند.

أُو۟لَـٰٓئِكَ ٱلَّذِينَ يَعْلَمُ ٱللَّهُ مَا فِى قُلُوبِهِمْ فَأَعْرِضْ عَنْهُمْ وَعِظْهُمْ وَقُل لَّهُمْ فِىٓ أَنفُسِهِمْ قَوْلًۢا بَلِيغٗا (۶۳)

معنی: آنها کسانی هستند که خداوند(ج) از دلهای شان آگاه است. پس

از آنها روی گردان و برای شان پند بده و برای شان سخن رسا و موثر بگو که در نفس های شان اثر گذارد و[متوجه شوند که تواز اعمال شان آگاهی داری].

تفسیر: یکی از کمبودی های مردم که ایمان ندارند و منافق هستند این است که تصور میکنند که هیچ کسی از دلهای شان آگاهی ندارد در حالیکه خداوند(ج) از دلها آگاه است. پندی که از این آیه میگیریم این است که اول ما باید یقین داشته باشیم که خداوند(ج) از اعمال و کردار و افکار ما خواه ایمان داشته باشیم و یا خواه ایمان نداشته باشیم آگاه است. دوم زمانیکه ما درک کردیم که طرف مقابل روحیه منافقت آمیز دارد باید از ایشان فاصله بگیریم و طرح دوستی عمیق با ایشان نریزیم اما به جای طعنه و کنایه و توهین و اهانت قرآن به ما پند میدهد که با ایشان سخنان نیکو و موثر بگوییم که بدین صورت واقعیت را درک کنند. قرآن به هیچ صورت توهین و اهانت را اجازه نداده است. سخنان ما باید با منطق و استدلال علمی باشد تا چشم و گوش شان باز شود.

وَمَا أَرْسَلْنَا مِن رَّسُولٍ إِلَّا لِيُطَاعَ بِإِذْنِ اللَّهِ وَلَوْ أَنَّهُمْ إِذ ظَّلَمُوا أَنفُسَهُمْ جَاءُوكَ فَاسْتَغْفَرُوا اللَّهَ وَاسْتَغْفَرَ لَهُمُ الرَّسُولُ لَوَجَدُوا اللَّهَ تَوَّابًا رَّحِيمًا (٦٤)

معنی: و هیچ پیامبری را نفرستادیم مگر آنکه به اذن خداوند(ج) اطاعت کنند و اگر آنها [منافقین] وقتی به خود ظلم و ستم روا میداشتند، پیش تو می آمدند و از خداوند(ج) طلب مغفرت میکردند و پیامبر(ص) برای آنها هم طلب مغفرت میکرد. بدون شک، خداوند(ج) توبه پذیر و مهربان است.

تفسیر: دو سه نکته مهم در این آیه نهفته است. اول اینکه پیامبران دو نوع سخن داشتند. یکی سخن وحی بود و دیگری منحیث یک انسان سخن ازخود شان. سخنی که از جانب وحی به ایشان سپرده میشد، در آن تصرف نداشتند و اطاعت میکردند و همان را به مردم میرساندند. سخن خود شان مشهور است به نام حدیث پیامبر(ص) که منحیث انسان از خود میگفتند. اما سخنانی که از خود هم میگفتند مغایرت با وحی نداشت و مطابق قرآن بود زیرا قرآن علم است و پیامبر(ص) مظهر علم است. نکته دیگر این است که آنانیکه اشتباه میکردند و مرتکب گناه میشدند، از خداوند(ج) استغفار میکردند و وقتی این کار را میکردند، پیامبر(ص) هم برای شان طلب مغفرت میکرد نه اینکه ایشان را بیازارد. معنی این نکته اخلاقی این

است که وقتی کسی ایمان آورد نباید گذشته او را یاد آور شد و دوم اینکه در مسایل روزمره اجتماعی اگر کسی اشتباه میکند و معذرت میخواهد او را باید عفوه کرد و گذشته را باید فراموش کرد نه اینکه به رخ او کشید. نکته آخری اینکه تنها خداوند(ج) توبه پذیر است نه پیامبران، توبه و استغفار تنها از آن خداوند(ج) است.

فَلَا وَرَبِّكَ لَا يُؤْمِنُونَ حَتَّىٰ يُحَكِّمُوكَ فِيمَا شَجَرَ بَيْنَهُمْ ثُمَّ لَا يَجِدُوا۟ فِىٓ أَنفُسِهِمْ حَرَجًۭا مِّمَّا قَضَيْتَ وَيُسَلِّمُوا۟ تَسْلِيمًۭا (٦٥)

معنی: اما نی! سوگند به پروردگارت که ایمان نمی آورند تا تو را قاضی خود در چیزیکه اختلاف دارند، نگیرند و در مقابل تصمیمی که اتخاذ میکنی مقاومت نشان ندهند و بدون چون و چرا قبول کنند و تسلیم شوند.

تفسیر: مردم منافق هرگز ایمان نمی آورند تا رسول خدا(ص) را در امور خود قاضی نگیرند. اساساً این آیه در رابطه به منافقان دوران مدینه نازل شده است. اما امروز هم منافقان به اصول دین و ارشادات پیامبر(ص) رجوع نمیکنند تا مسایل را حل کنند. به جای ارشادات پیامبر(ص) به آنانیکه ایمان ندارند رجوع میکنند. نتیجه اینکه جامعه مسلمان به تباهی کشانده شده است.

وَلَوْ أَنَّا كَتَبْنَا عَلَيْهِمْ أَنِ ٱقْتُلُوٓا۟ أَنفُسَكُمْ أَوِ ٱخْرُجُوا۟ مِن دِيَـٰرِكُم مَّا فَعَلُوهُ إِلَّا قَلِيلٌۭ مِّنْهُمْ ۖ وَلَوْ أَنَّهُمْ فَعَلُوا۟ مَا يُوعَظُونَ بِهِۦ لَكَانَ خَيْرًۭا لَّهُمْ وَأَشَدَّ تَثْبِيتًۭا (٦٦)

معنی: و اگر برای آنها فرمان دادیم که از خود تان را بکشید (بیگناه گنهکار را بکشد) و یا از دیار تان خارج شوید، یک عده کم شان عمل میکردند اما اگر چیزی برای شان گفته شده بود عمل میکردند، برای شان بهتر میبود و ایمان شانرا قوی میساخت.

تفسیر: در این آیه دو نکته مهم نهفته است. اول خداوند(ج) حکم میکند که ازخود تان را بکشید نه اینکه خود را بکشید که در بعضی تفاسیر به اشتباه معنی شده است. هدف این است که برای پاکی جامعه و تامین عدالت باید یک پاک سازی شود و مردمی که گناه بزرگ شان ثابت میشود باید برای پند دیگران از بین برده شوند تا دیگران پند گیرند و این برای مصونیت مردم بسیار مهم است. دوم فرمان میدهد که از دیار تان

خارج شوید یعنی برای آزادی خود شما نباید در یک قطعه زمین خود را محصور کنید و بیرون روید و زندگی آبرومند داشته باشید. محدود کسانی است که سخن حق را میشنوند. یک دلیل خواری و بیچارگی مردم بی اطاعتی از خداوند(ج) است زیرا درک این را ندارند که خداوند(ج) به سود شان فرمان میدهد.

وَإِذًا لَّآتَيْنَـٰهُم مِّن لَّدُنَّآ أَجْرًا عَظِيمًا (٦٧)

معنی: [اگر اطاعت میکردند] بدین صورت ما اجر بزرگ برای شان از جانب خود میدادیم.

تفسیر: ایمان اصلی به غیب است. وقتی ما ایمان می آوریم باید بدانیم که اطاعت از پروردگار اجر بزرگ دارد. اگر ما در این مورد شک میکنیم توقع پاداش را در هیچ مورد نباید داشته باشیم.

وَلَهَدَيْنَـٰهُمْ صِرَٰطًا مُّسْتَقِيمًا (٦٨)

معنی: و بدون شک به راه راست هدایت شان میکردیم.

تفسیر: راه راست راه توحید و خدا پرستی است که هم در این دنیا و هم در آن دنیا پاداش بزرگ دارد و مؤمن هرگز خوار و بیچاره نمیشود.

وَمَن يُطِعِ ٱللَّهَ وَٱلرَّسُولَ فَأُوْلَـٰٓئِكَ مَعَ ٱلَّذِينَ أَنْعَمَ ٱللَّهُ عَلَيْهِم مِّنَ ٱلنَّبِيِّـۧنَ وَٱلصِّدِّيقِينَ وَٱلشُّهَدَآءِ وَٱلصَّـٰلِحِينَ وَحَسُنَ أُوْلَـٰٓئِكَ رَفِيقًا (٦٩)

معنی: و هر که اطاعت خدا(ج) و رسول(ص) را کند آنها با کسانی محشور میشوند که خداوند(ج) ایشان را ازنعمات بزرگ خود ارزانی کرده به مانند پیامبران، راستی پیشگان (صدیقین) و شهدا و نیکو کاران (صالحین).

تفسیر: این آیه از نگاه علم سوسیو-سایکولوژی یعنی روح و روان شخص با مردم که نشست و برخاست دارد، حایز اهمیت است. توجه کنید که اسلام طبقات اجتماعی را که در نظام سرمایه داری وجود دارد نمی پذیرد مانند اهل ثروت و اهل مقام و قدرت و اما کسانی نزد خدا(ج) مانند پیامبران راستی پیشگان و شهدا و نیکوکاران نزد خدا(ج) منزلت بزرگ دارد. این به خاطری است که اول همین ها هستند که در راه خدا(ج) برای مردم کار میکنند و ثانیاً ثبات جامعه را با ایمان نیکو کار و راستکار استوار نگه میدارد. چون این اشخاص مقرب درگاه خداوند(ج) هستند در

آن دنیا مردم مؤمن و راستکار هم با همین اشخاص محشور میشوند.

ذَٰلِكَ ٱلْفَضْلُ مِنَ ٱللَّهِ وَكَفَىٰ بِٱللَّهِ عَلِيمًا (۷۰)

معنی: این فضل از جانب خداوند(ج) است و کافی است که خداوند(ج) علیم (دانا) است.

تفسیر: تفضل خداوند(ج) هم در این دنیا برای مؤمنان صدیقان و راستکاران است و هم در آن دنیا. خداوند(ج) از امور مردم آگاه است پس زندگی به صدق و صفا پاداش بزرگ دارد.

يَٰٓأَيُّهَا ٱلَّذِينَ ءَامَنُواْ خُذُواْ حِذْرَكُمْ فَٱنفِرُواْ ثُبَاتٍ أَوِ ٱنفِرُواْ جَمِيعًا (۷۱)

معنی: ای آنانیکه ایمان آورده اید! آمادگی خود را برگیرید و گروه گروه و یا دسته جمعی برای مبارزه بیرون شوید.

تفسیر: این آیه یک آیه مدنی است و مسلمانان را برای رسیدن به هدف برای مبارزه دعوت میکند. این مبارزه میتواند با سلاح باشد و یا با تظاهرات و اعتصابات باشد که هر دو درست است. واژه "حذر" تنها سلاح نظامی معنی نمیدهد چنانچه در بعضی تفاسیر می بینیم. میشود که سلاح مبارزه استدلال باشد و یا مسلمانان از جانب کفار به خطر مواجه نباشند و اما بین خود مشکل داشته باشند که میشود با سلاح قلم و منطق مبارزه کرد، نه تنها جنگ با سلاح، زیرا مسلمان نباید مسلمان را به ناحق بکشد مگر با ثبوت محکم قصاص آنهم به رای محکمه و یا غیر مسلمان را هم نمیتواند بکشد مگر اینکه تجاوز نظامی از طرف غیر مسلمان صورت گرفته باشد. یعنی جهاد در راه خدا(ج) تنها با سلاح نیست و با قلم و برای اعتلای عدالت میتواند با غیر سلاح هم باشد.

وَإِنَّ مِنكُمْ لَمَن لَّيُبَطِّئَنَّ فَإِنْ أَصَٰبَتْكُم مُّصِيبَةٌ قَالَ قَدْ أَنْعَمَ ٱللَّهُ عَلَيَّ إِذْ لَمْ أَكُن مَّعَهُمْ شَهِيدًا (۷۲)

معنی: و به یقین از شما کسی است که به عقب میماند و برای مبارزه در راه خدا(ج) سستی به خرج میدهد و چون مصیبتی به او رسد میگوید خداوند(ج) بر من رحم کرد با آنها حاضر نبودم.

تفسیر: همیشه در بین مردم مردمانی هستند که تمایل برای مبارزه ندارند و همان حالت کنونی را قبول میکنند. آیه مانند آیه ای بالا میتواند مبارزه علیه کفار باشد و هم میتواند مبارزه برای عدالت در داخل جمعیت مسلمان

باشد. اگر ما چنین تصور کنیم که مبارزه تنها بر علیه کفار است مفهوم و وسعت این آیه را درك نكرده ایم زیرا ما همیشه باید برای پاسبانی عدالت و نظم جامعه و ثبات جامعه مبارزه کنیم. آیه از کسی سخن میگوید که با مبارزین برای اعتلای عدالت و یا راه حق و خدا پرستی بیرون نمیشود. آیه از واژه مصیبت سخن میگوید. مصیبت رویداد ها و حوادث طبیعی است که دامنگیر مردم میشود مانند آتش سوزی های تباه کن و یا سیلاب عظیم که از اداره انسان خارج میشود. حالا مبارزه در راه خدا(ج) میتواند جهاد پاك كاری شهر از کثافات باشد و یا کمك به آسیب زدگان یك سیلاب باشد و در این وقت است که یك اتفاق جدید می افتد و اوئیکه تنبل است و در مبارزه با همسنگران شرکت نکرده است میگوید خداوند(ج) بر من رحم کرد که با ایشان نبودم. با تفصیل این موضوع باید بدانیم که جهاد یك مصیبت نیست و کسیکه در راه خدا(ج) جان خود را از دست میدهد او زنده است. پس مبارزه در راه خدا(ج) و یا جهاد در راه خدا(ج) شکل های گوناگون دارد و تنها مبارزه با کفار نیست. جهاد بر علیه فقر است که گروه گروه میتوانیم بیرون شویم و برای مردم فقیر غذا تهیه کنیم.

وَلَئِنْ أَصَابَكُمْ فَضْلٌ مِّنَ اللَّهِ لَيَقُولَنَّ كَأَن لَّمْ تَكُن بَيْنَكُمْ وَبَيْنَهُ مَوَدَّةٌ يَا لَيْتَنِي كُنتُ مَعَهُمْ فَأَفُوزَ فَوْزًا عَظِيمًا (٧٣)

معنی: اگر به شما خیر و پیروزی از خدا(ج) رسد، چنین تصور میکند که دوستی بین شما و او نبوده و میگوید ای کاش با آنها میبودم تا به کامیابی بزرگ دست می یافتم.

تفسیر: این آیه رابطه شخص را با خدا(ج) نشان میدهد که به کدام اندازه یك مسلمان به خداوند(ج) اعتماد دارد. وقتی اعتماد به خداوند(ج) نباشد شخص از نگاه روانشناسی به حالت دو دله گی قرار میگیرد که واژه قرآنی آن ممترین است. وقتی مبارزین پیروز بر میگردند در اینجا ندامت میکشد که ای کاش با آنها میبودم در حالیکه همین فرصت به او مانند دیگران داده شده بود. پس بد ترین روحیه نداشتن اعتماد به خداوند(ج) است که ما باید با عزم متین در هر کار خیر که صلاح مردم و جامعه در آن نهفته است بدون شك کردن و دو دلی بر خیزیم و در کنار مؤمنین باشیم. خداوند(ج) در نماز هم همین مثال مردمان تنبل و دو دله را می آورد که از کسالت به نماز اقامه نمیکنند و اینکه چه فیض بزرگ را از

دست میدهند درک و شعور آنرا ندارند.

۞ فَلْيُقَاتِلْ فِي سَبِيلِ ٱللَّهِ ٱلَّذِينَ يَشْرُونَ ٱلْحَيَوٰةَ ٱلدُّنْيَا بِٱلْأَخِرَةِ وَمَن يُقَاتِلْ فِي سَبِيلِ ٱللَّهِ فَيُقْتَلْ أَوْ يَغْلِبْ فَسَوْفَ نُؤْتِيهِ أَجْرًا عَظِيمًا (٧٤)

معنی: پس کسانیکه زندگی دنیا را به آخرت مصالحه میکنند باید در راه خدا(ج) مبارزه کنند و آن کسیکه در راه خدا(ج) مبارزه میکند اگر کشته شود و یا پیروز شود ما اجر بزرگ برایش میدهیم

تفسیر: آیه بدین معنی نیست که مسلمانان از زندگی دنیا لذت نبرند. تا وقتیکه ما خدا(ج) را و احکام خدا(ج) را فراموش نکنیم، دنیا برای استفاده مشروع ما در اختیار ما گذاشته شده است. اما اگر ما خدا(ج) و احکام خدا(ج) را فراموش میکنیم آنجاست که دچار بدبختی میشویم. مبارزه در راه خداوند(ج) در هر حالت پاداش بزرگ دارد. اگر در راه خدا(ج) کشته شویم و یا نشویم خداوند(ج) اجر و پاداش بزرگ به ما میدهد و این وعده او حق است پس ما باید در هر حالت چه جهاد اجتماعی و سیاسی باشد و چه جهاد بر علیه کفار باشد نباید فراموش کنیم که خداوند(ج) با ماست و تنبلی و دو دلی را از خود دور کنیم و برای عدالت و خدا پرستی قیام کنیم.

وَمَا لَكُمْ لَا تُقَاتِلُونَ فِي سَبِيلِ ٱللَّهِ وَٱلْمُسْتَضْعَفِينَ مِنَ ٱلرِّجَالِ وَٱلنِّسَآءِ وَٱلْوِلْدَٰنِ ٱلَّذِينَ يَقُولُونَ رَبَّنَآ أَخْرِجْنَا مِنْ هَٰذِهِ ٱلْقَرْيَةِ ٱلظَّالِمِ أَهْلُهَا وَٱجْعَل لَّنَا مِن لَّدُنكَ وَلِيًّا وَٱجْعَل لَّنَا مِن لَّدُنكَ نَصِيرًا (٧٥)

معنی: و چرا در راه خدا(ج) و [اعاده حقوق] مستضعفان، مردان و زنان و کودکان مبارزه نمیکنید که میگویند: خدایا! ما را از این شهری که اهل آن ظالم است بیرون کن و از طرف خود برای ما سرپرستی تعیین کن و از طرف خود برای ما یاوری قرارده.

تفسیر: آیه فوق در شرایط کنونی افغانستان و باقی کشور های اسلامی بسیار صدق میکند. مردم هر روز از کشور های مسلمان برای اینکه کار ندارند، به فقر زندگی میکنند و دربدر هستند، حقوق شان پایمال است، مردم فقیر، فقیر تر شده اند و ثروتمند، ثروتمند تر، کودکان در روی خیابان ها کفش پاک میکنند به جای اینکه به مکتب بروند و مردم در فساد زندگی میکنند و اهل قدرت در فکر حفظ قدرت است نه به فکر مردم. قرآن مردم را وا میدارد که برای اعاده حقوق خود برخیزند و از

حقوق مستمند، زن و مرد مسلمان دفاع کنند. زنان مسلمان به زور و بدون اینکه از ایشان سوال شود نکاح میشوند. از درس و تعلیم محروم هستند و صدها جفای دیگر. اهل قدرت باید از قدرت برطرف شوند و عدالت واقعی حکمفرما گردد. مردم دعا میکنند و از خدا(ج) کمک میخواهند که با تعیین یک سرپرست عادل و یاور دلسوز ایشان را نجات دهد.

ٱلَّذِينَ ءَامَنُواْ يُقَٰتِلُونَ فِى سَبِيلِ ٱللَّهِ وَٱلَّذِينَ كَفَرُواْ يُقَٰتِلُونَ فِى سَبِيلِ ٱلطَّٰغُوتِ فَقَٰتِلُوٓاْ أَوۡلِيَآءَ ٱلشَّيۡطَٰنِۖ إِنَّ كَيۡدَ ٱلشَّيۡطَٰنِ كَانَ ضَعِيفًا (٧٦)

معنی: آنانیکه ایمان آورده اند در راه خدا(ج) مبارزه میکنند و آنهائیکه کافر شده اند در راه طاغوت؛ پس با دوستان شیطان بجنگید که بدون شک فریب شیطان سست و ضعیف است.

تفسیر: آیه فوق دو تفسیر میتواند داشته باشد. یکی مبارزه ایمان بر علیه کُفراست تا مردم با ایمان نجات پیدا کنند و باید بدانید که اگر اهل ایمان در ایمان خود راسخ باشند طاغوت در مقابل شان سست و ضعیف است و نابود میگردد. تفسیر دیگر این است که طاغوت تنها شیطان معنی نمیدهد بلکه هر چه غیر از خدا(ج) و اطاعت خداست، طاغوت است. پس وقتی یک کشور مسلمان به جای عملکرد اقتصاد اسلامی که برای مستضعفان است از روش های بانک جهانی کار میگیرد عمل طاغوت است. و یا به جای اینکه در امور با خود مشوره کنیم و راه حل اصولی را پیدا کنیم به امریکا و روسیه و غرب رجوع میکنیم. وظیفه و رسالت هر یک از ماست تا هر چه بر علیه حکم و عدالت خداست باید مبارزه کنیم.

أَلَمۡ تَرَ إِلَى ٱلَّذِينَ قِيلَ لَهُمۡ كُفُّوٓاْ أَيۡدِيَكُمۡ وَأَقِيمُواْ ٱلصَّلَوٰةَ وَءَاتُواْ ٱلزَّكَوٰةَ فَلَمَّا كُتِبَ عَلَيۡهِمُ ٱلۡقِتَالُ إِذَا فَرِيقٞ مِّنۡهُمۡ يَخۡشَوۡنَ ٱلنَّاسَ كَخَشۡيَةِ ٱللَّهِ أَوۡ أَشَدَّ خَشۡيَةٗۚ وَقَالُواْ رَبَّنَا لِمَ كَتَبۡتَ عَلَيۡنَا ٱلۡقِتَالَ لَوۡلَآ أَخَّرۡتَنَآ إِلَىٰٓ أَجَلٖ قَرِيبٖۗ قُلۡ مَتَٰعُ ٱلدُّنۡيَا قَلِيلٞ وَٱلۡأٓخِرَةُ خَيۡرٞ لِّمَنِ ٱتَّقَىٰ وَلَا تُظۡلَمُونَ فَتِيلًا (٧٧)

معنی: آیا ندیدی آنهائی را که به ایشان گفته شد [فعلاً] دست از مبارزه بر دارید و نماز بر پا دارید و زکات دهید اما وقتی جهاد بر ایشان گماشته شد و مقرر گردید، یک گروهی از آنان چنان از [مشرکان مکه] می ترسیدند که از خدا(ج) نمی ترسیدند و حتی شدید تر از آن و با خود میگفتند خدایا! چرا بر ما جهاد را مقرر کردی؟ چرا ما را برای یک مدت کوتاه مهلت ندادی؟ بگو: بهره ای دنیا ناچیز است و آخرت برای

کسیکه تقوا پیشه میکند بهتر است و به باریکی تار پوست خرما به شما ظلم نخواهد شد.

تفسیر: انسان یک موجود سرکش است و گپ شنو نیست و بسیاری اوقات انسانی که دقیق نیست اولویت های زندگی را نمیداند. یک عمل را انجام میدهد بدون اینکه به آن دقیق فکر کند. وقتی وقت مبارزه نبود برای شان گفته میشود که برای حال شما نماز بر پا کنید و زکات دهید و این کار را نکردند و وقتی جهاد فرض شد شکوه کردند که چرا جهاد را مقرر کردی و در این حالت چنان از مشرکان مکه ترس داشتند که از خدا(ج) زیاد تر. شان نزول این داستان در زمان پیامبر(ص) اتفاق افتاد که یک عده مسلمانان را مشرکین اذیت میکردند و آنها میخواستند که با مشرکین جنگ کنند و پیامبر(ص) ایشان را به صبر و حوصله مندی دعوت میکرد و برای شان نماز و زکات و بردباری را توصیه میکرد. اما وقتی جهاد فرض شد شانه خالی کردند و بهانه جویی نمودند. اینجا نه تنها که حکمت و راز خداوند(ج) را درک نکردند در عین زمان نشان دادند که ایمان قوی ندارند. ایمان قوی از اطاعت پروردگار سرچشمه میگیرد. زندگی دنیا را بر فرمان خدا(ج) ترجیح دادند. این بدین معنی نیست که مسلمانان زندگی دنیا را نادیده بگیرند. برعکس باید از زندگی دنیا بهره گیرند و لذت برند و اما در چارجوب ایمان و اطاعت پروردگار باید از زندگی بهره برد نه غیر آن. خداوند(ج) برای شان میگوید که آخرت برای کسیکه تقوا پیشه میکند بهتر است و برابر به باریکی تار پوست خرما هم به شما ظلم نخواهد شد.

أَيْنَ مَا تَكُونُوا يُدْرِككُّمُ ٱلْمَوْتُ وَلَوْ كُنتُمْ فِى بُرُوجٍ مُّشَيَّدَةٍ وَإِن تُصِبْهُمْ حَسَنَةٌ يَقُولُوا۟ هَٰذِهِۦ مِنْ عِندِ ٱللَّهِ وَإِن تُصِبْهُمْ سَيِّئَةٌ يَقُولُوا۟ هَٰذِهِۦ مِنْ عِندِكَ قُلْ كُلٌّ مِّنْ عِندِ ٱللَّهِ فَمَالِ هَٰٓؤُلَآءِ ٱلْقَوْمِ لَا يَكَادُونَ يَفْقَهُونَ حَدِيثًا (۷۸)

معنی: هر جا که باشید مرگ شما را در می یابد، حتی که در تعمیرات بلند و مستحکم باشید. و اگر خوبی به آنها رسد، گویند: این از جانب خداست و اگر بدی به آنها رسد گویند این از جانب توست، بگو: همه از جانب خداوند(ج) است. این قوم را چه شده است که کوشش نمیکنند سخن را بفهمند؟

تفسیر: مرگ یک راز است که نزد خداوند(ج) است و به سراغ همه آمدنی است. دلیل اینکه راز است که مردم به ایمان توجه کنند. پس

هر جا که باشید به سراغ شما آمدنی است و از مرگ در هیچ جا حتی جا های بلند و تعمیرات مستحکم گریزی نیست. این آیه مردم را مسئول میسازد که هر خوبی و خیر به شما رسد از طرف خداست و اما اگر بدی به شما میرسد شما باید دقت کنید که چه اشتباه را مرتکب شده اید که به شما بدی رسیده است. اینجا انسان را قاضی وجدان خودش میسازد.

مَّآ أَصَابَكَ مِنْ حَسَنَةٍ فَمِنَ ٱللَّهِ وَمَآ أَصَابَكَ مِن سَيِّئَةٍ فَمِن نَّفْسِكَ وَأَرْسَلْنَٰكَ لِلنَّاسِ رَسُولًا وَكَفَىٰ بِٱللَّهِ شَهِيدًا (۷۹)

معنی: هر خیری به تو رسد از جانب خداست و هر بدی به تو رسد از خود توست و تو را به عنوان پیامبر(ص) به مردم فرستادیم و کافی است که خداوند(ج) شاهد است.

تفسیر: در آیه فوراً خداوند(ج) میگوید که هر خوبی به شما رسد از جانب اوست و هر بدی به شما رسد از گناه، اشتباه، خطا و غفلت خود شماست. یعنی انسان به تمام معنی اینجا مسئول اعمال و کردار خود میشود و وظیفه ای پیامبر(ص) تنها پیام رساندن است و بس او هم مسئول اعمال و کردار ما نیست. در این آیه نه تنها که انسان را مسئول میسازد در عین زمان یک موجود آزاد میسازد که به هیچ کس مسئول نیست به جز از خداوند(ج) و بعد خودش و وجدانش و ایمانش.

مَّن يُطِعِ ٱلرَّسُولَ فَقَدْ أَطَاعَ ٱللَّهَ وَمَن تَوَلَّىٰ فَمَآ أَرْسَلْنَٰكَ عَلَيْهِمْ حَفِيظًا (۸۰)

معنی: هر که پیامبر(ص) را اطاعت کرده است بی گمان خدا(ج) را اطاعت کرده است و هر که روی گرداند، ما تو را مراقب آنها نفرستاده ایم.

تفسیر: این آیه بسیار مهم است. قرآن را پیامبر(ص) به ما پیشکش نمود. پس ما نمیتوانیم پیامبر(ص) را انکار کنیم. امروز پیامبر(ص) در زندگی ما نیست و اما سنت و حدیث او که مطابقت به قرآن و عدالت داشته باشد، نزد ما هست. سنت مقید به زمان و مکان است. طور مثال در زمان پیامبر(ص) مسواک رواج داشت اما امروز مسواک به دسترس ما نیست و اما کریم/خمیردندان و برس دندان است که ما باید همیشه دندان های خود را پاک کنیم. پیامبر(ص) با مسواک کردن نظافت دهن و دندان را آموخت. حالا به کدام وسیله ما دهن خود را پاک میکنیم مطرح نیست. با مسواک، با برس و کریم و یا برس های برقی جدید. هدف نظافت

دهن و دندان است. حدیث جهانی است و مقید به زمان و مکان نیست. طور مثال وقتی پیامبر(ص) گفته است که آموختن علم برای مرد و زن مسلمان فرض است تا جهان باقی است آموختن علم فرض است و این سخن تغییر نمیکند. قرآن را ما وقتی خوب تر درک میکنیم که ارشادات رسول کریم را در زندگی روزمره نادیده نگیریم. مهمتر اینکه ما فرهنگ اسلامی نمیداشته باشیم اگر تطبیق حدیث پیامبر(ص) را در زندگی نداشته باشیم. طور مثال این سطور را وقتی می نویسیم که شیوع مرض کرونا در امریکا به اوج آن است. ببینید پیشوای اسلام چه گفته است: «مؤمن هوشیار و دقیق و محتاط میباشد.» و در حدیث دیگر در رابطه به شرایط امروز مرض میگوید «نظافت نصف ایمان است». یک عده در امریکا حدیث را رد میکنند و در حالیکه حدیث قرآن را مشرح تر میسازد. حدیث فرهنگ دهنده است و قرآن یک کتاب هدایت است. اما باید توجه کرد که چون احادیث صد و پنجاه سال بعد از رحلت محمد(ص) جمع آوری شده است، یک تعداد آن مشکل دارد و درست نیست. مخصوصاً احادیثی که در مورد زنان است اکثر آن ساختگی و جعلی است. اسلام هیچگونه تبعیض و تعصب در مقابل زن ندارد و زن و مرد در اسلام از نگاه مدنی حقوق مساوی دارند. زن و مرد حق دارد تا همسر خود را خودش انتخاب کند. زن و مرد باید بیاموزد. زن و مرد حق کار و تجارت را دارد. زن و مرد از همه امور مدنی مساویانه برخوردار است.

وَيَقُولُونَ طَاعَةٌ فَإِذَا بَرَزُواْ مِنْ عِندِكَ بَيَّتَ طَآئِفَةٌ مِّنْهُمْ غَيْرَ ٱلَّذِى تَقُولُ وَٱللَّهُ يَكْتُبُ مَا يُبَيِّتُونَ فَأَعْرِضْ عَنْهُمْ وَتَوَكَّلْ عَلَى ٱللَّهِ وَكَفَىٰ بِٱللَّهِ وَكِيلًا (٨١)

معنی: و [در مقابل تو] میگویند اطاعت کردیم! ولی چون از نزد تو بیرون شوند گروهی از آنها بر خلاف آنچه تو میگویی شبانه با هم مشوره میکنند. خداوند(ج) آنچه شبانه نقشه میکشند مینویسد از آنها روی بگردان و به خدا(ج) توکل کن که حمایه و پشتیبان کافی است.

تفسیر: در این آیه اشخاص منافق و دو روی را پیامبر(ص) شناسایی میکند. وقتی نزد پیامبر(ص) هستند با او موافقت میکنند و که دور شدند بر علیه پیامبر(ص) و اسلام نقشه میکشند. امروز هم نه تنها منافقین غیر مسلمان این کار را میکنند بلکه آنانیکه خود را مسلمان میگویند با مسلمانان یک رویه دارند و در پشت سر مسلمانان بر علیه اسلام دسیسه میکنند. پس چه باید کرد؟ ما مسلمانان باید در عقیده خود بسیار قوی باشیم. دسیسه

و نقشه کشی منافقین وقتی کار گر می افتد که ما در ایمان خود ضعیف باشیم. در این صورت است که ما را به نام قوم و مذهب و نژاد و زبان به جان هم می اندازند. ما باید هوشیار باشیم چنانچه پیامبر اکرم(ص) فرموده است که: «مؤمن هوشیار و دقیق و محتاط میباشد.» نقشه کشی شان موثر نخواهد بود وقتی ما در همه امور از قرآن و ارشادات حضرت رسول کریم(ص) پیروی کنیم. چون منافقین اعتقاد راسخ به خداوند(ج) و کلام او ندارند تصور میکنند که اعمال و کردار شان مخفی میماند. نه تنها که مخفی نمیماند و خداوند(ج) میداند همه دسیسه ها نوشته میشود و منافقین هم در این دنیا و آخرت شرمسار خواهند شد. این نکته را تنها کسی درست میداند که به خداوند(ج) و روز واپسین اعتقاد داشته باشد.

أَفَلَا يَتَدَبَّرُونَ ٱلْقُرْءَانَۚ وَلَوْ كَانَ مِنْ عِندِ غَيْرِ ٱللَّهِ لَوَجَدُوا۟ فِيهِ ٱخْتِلَٰفًا كَثِيرًا (٨٢)

معنی: آیا در قرآن تدبر نمیکنند؟ اگر از جانب غیر خدا(ج) میبود بدون شک در آن بسیار اختلاف پیدا میکردند.

تفسیر: بزرگترین معجزه پیامبر اسلام محمد(ص) قرآن است که امروز آیات علمی و اخلاقی و اجتماعی آن جهانیان را به شگفت وا داشته است. در طول تاریخ بسیار کوشش شده است تا قرآن را تحریف کنند و به غلط تعبیر کنند و نعوذ بالله این کتاب را بی معنی نشان دهند و اما نتوانستند. به جای اینکه درست تدبر کنند خواستند انتقاد کنند که جایی را نگرفت. این کار منافقین است که میخواهند قرآن را غلط نشان دهند و در تلویزیون ها و رسانه های اجتماعی (سوشل میدیا) تمسخر کنند. تمسخر کردند و اما نتوانستند که در آن اختلاف پیدا کنند.

وَإِذَا جَاءَهُمْ أَمْرٌ مِنَ الْأَمْنِ أَوِ الْخَوْفِ أَذَاعُوا بِهِ وَلَوْ رَدُّوهُ إِلَى الرَّسُولِ وَإِلَىٰ أُولِي الْأَمْرِ مِنْهُمْ لَعَلِمَهُ الَّذِينَ يَسْتَنْبِطُونَهُ مِنْهُمْ وَلَوْلَا فَضْلُ اللَّهِ عَلَيْكُمْ وَرَحْمَتُهُ لَاتَّبَعْتُمُ الشَّيْطَانَ إِلَّا قَلِيلًا (٨٣)

معنی: و زمانی خبری از امن و یا ترس به ایشان برسد آنرا فوراً افشا و پخش میکنند در حالیکه اگر آنرا به پیامبر(ص) و اولیای امور خود راجع میساختند، بدون شک بودند کسانیکه [از روی علم] استنباط درست میکردند و آنرا می فهمیدند. و اگر فضل و رحمت خدا(ج) بر شما نبود مسلماً به جز یک عده محدود همه از شیطان پیروی میکردند.

تفسیر: آنانیکه در ایمان خود به خدا(ج) و رسول کریم(ص) ضعیف هستند به جای اینکه تصامیم معقول بگیرند و در آن زمان به پیامبر(ص) رجوع میکردند و یا به اهل خرد رجوع کنند زود دست و پاچه میشوند. اخبار را بدون غور و تعمق و نتیجه گیری سالم یک زاغ را چهل زاغ میسازند. امروز هم به جای اینکه ببینند که قرآن چه اشاره ای در مورد دارد و یا حدیث در مورد است و یا نیست و بعد تصمیم درست اتخاذ کنند بدون موجب افشا گری میکنند و کج بحثی میکنند. این آیه به ما می آموزاند که نباید بدون غور و تعمق و مشوره با اهل خرد و دانش ما به عجله دست و پاچه شویم. این رویه باعث میشود تا به بیراهه کشانیده شویم و راه شیطان همان است که ما به بیراهه رویم. وظیفه اهل خرد و علمائیک تعصب شیعه و سنی ندارند، تعصب قومی و زبانی ندارند همین است که مردم را رهنمایی کنند. و مردم هم باید وقتی یک خبر را میشنوند و خود نمیدانند به اهل خرد رجوع کنند ما منحیث مسلمانان قرن بیست و یکم باید به علم تکیه کنیم و از علم کار بگیریم. طور مثال اخبار راست و دروغ در زمان کرونا بسیار بخش شد و این خانواده ها را سراسیمه کرد و این وظیفهٔ ماست که به اهل ساینس رجوع میکردیم و فوراً هر غلط را بخش نمیکردیم.

فَقَٰتِلْ فِى سَبِيلِ ٱللَّهِ لَا تُكَلَّفُ إِلَّا نَفْسَكَ ۚ وَحَرِّضِ ٱلْمُؤْمِنِينَ ۖ عَسَى ٱللَّهُ أَن يَكُفَّ بَأْسَ ٱلَّذِينَ كَفَرُوا۟ ۚ وَٱللَّهُ أَشَدُّ بَأْسًا وَأَشَدُّ تَنكِيلًا (٨٤)

معنی: در راه خدا(ج) مبارزه کن که تنها [تو] بر نفس خود مکلف هستی و مؤمنان را بر مبارزه [درراه خدا(ج)] تشویق کن که [بدین صورت] خداوند(ج) شدت کارزار کافران را باز دارد که قدرت خداوند(ج) بیشتر و مجازاتش سخت تر است.

تفسیر: ما هر کدام مسئوول نفس های خود هستیم و باید برای رسیدن به هدف در راه خدا(ج) مبارزه کنیم. اما این مبارزه باید از خود ما آغاز یابد. یعنی اول ما باید نفس های خود را از هرگونه پلیدی و شرک و بد نیتی پاک سازیم و بعد دیگران را تشویق به مبارزه در راه خدا(ج) کنیم. وقتی ما راه حق و راستی را دریافتیم و به ایمان خود استوار بودیم این شدت عملیات دشمن را کم میکند و حتی میتواند از بین برد. خداوند(ج) پر قدرت است و اگر ما خود ما به بیراهه میرویم جزای خودرا خواهیم دید.

مَّن يَشْفَعْ شَفَـٰعَةً حَسَنَةً يَكُن لَّهُۥ نَصِيبٌ مِّنْهَا ۖ وَمَن يَشْفَعْ شَفَـٰعَةً سَيِّئَةً يَكُن لَّهُۥ كِفْلٌ مِّنْهَا ۗ وَكَانَ ٱللَّهُ عَلَىٰ كُلِّ شَىْءٍ مُّقِيتًا (٨٥)

معنی: هر آن کسیکه به امر نیکویی سفارش میکند او را از آن بهرهٔ باشد و هر آن کسیکه به امر بدی سفارش میکند سهمی در آن دارد و [بدون شک] خداوند(ج) بر هر چیز پاسدار و دقیق است واضح و روان.

تفسیر: این آیه در زندگی ما فوق العاده مهم است. عدالت خداوندی را بیان میکند که اگر شما عمل نیکی انجام میدهید و یا سخن نیکویی میگویید ثواب آن به شما میرسد. اما اگر عمل بدی را انجام میدهید و یا سفارش بدی میکنید شما در گناه آن سهیم هستید. چنین تصور نشود که شما در خرابکاری سهم نگرفته اید. به عبارت دیگر در جرم شریک هستید. خداوند(ج) بر هر چیز نگهبان و در حساب بسیار دقیق است. پس ما باید بسیار محتاط باشیم وقتی به مردم نظر میدهیم زیرا اگر نظر ناسنجیده داده باشیم و آن شخص به غلط برود ما هم در آن اشتباه سهیم هستیم.

وَإِذَا حُيِّيتُم بِتَحِيَّةٍ فَحَيُّواْ بِأَحْسَنَ مِنْهَآ أَوْ رُدُّوهَآ ۗ إِنَّ ٱللَّهَ كَانَ عَلَىٰ كُلِّ شَىْءٍ حَسِيبًا (٨٦)

معنی: و چون به شما سلام گفته شود، پس به درودی بهتر از آن مبادرت ورزید و یا بالمثل پاسخ گوئید. بدون شک خداوند(ج) حسابرس همه چیز است.

تفسیر: اسلام دین صلح و آداب اجتماعی است. سلام گفتن به مردم در اول ثواب زیاد دارد. هر که سلام اول داد ثواب بیشتر برد. سبقت در سلام دادن تواضع را نشان میدهد. در اجتماع ما هستند مردان متکبر که منتظرند که اول دیگران به ایشان سلام گویند و این کبر و غرور را نشان میدهد. هر برخورد اجتماعی در اسلام باید با سلام دادن به طرف مقابل آغاز یابد. سلام سلامتی روح و روان آدمی است. سه حدیث را برای شما از حضرت محمد(ص) نقل قول میکنم: «بخیل ترین مردم آن کس است که از سلام دادن بخل ورزد». در حدیث دیگر پیامبر خدا(ص) می فرماید: «آنکس که با سلام آغاز کند از تکبر بر کنار است» و همچنان می فرماید «از جمله لوازم آمرزش ادای سلام و نیکی کلام است».

ٱللَّهُ لَآ إِلَٰهَ إِلَّا هُوَۚ لَيَجْمَعَنَّكُمْ إِلَىٰ يَوْمِ ٱلْقِيَٰمَةِ لَا رَيْبَ فِيهِۗ وَمَنْ أَصْدَقُ مِنَ ٱللَّهِ حَدِيثًا (۸۷)

معنی: خداوند(ج) است که جز او معبودی نیست. بدون شک شما را در روز قیامت دور هم جمع خواهد کرد و کیست راستگو تر از خدا(ج)؟
تفسیر: محور اساسی زندگی انسانی خداوند(ج) است. خداوند(ج) برای انسان مؤمن همه چیز است. خداوند(ج) روزی دهنده است، شریعت دهنده است، عزت دهنده است، میراننده است، زنده کننده است و دست گیرنده است. یک طبیعت است و یک خدا(ج) و یک انسان. و توحید همین است. همه هستی و نیستی ما از آن خداست و اینجاست که جز او معبودی برای پرستش نیست. رکن اساسی ایمان، اعتقاد به خداوند(ج) و روز آخرت است که بدون شک همه بر انگیخته میشویم و جوابگوی اعمال و گفتار و کردار خود هستیم. اگر ما خدای ناخواسته خدا(ج) را نفیه میکنیم اساساً همه نظام خلقت را نفیه میکنیم وخود را نفیه میکنیم زیرا ما همه جز خلقت هستیم. انسان جز خلقت است و خلقت جز طبیعت. اینجاست که نفیه خدا(ج) به سود بنی آدم نیست.

۞ فَمَا لَكُمْ فِى ٱلْمُنَٰفِقِينَ فِئَتَيْنِ وَٱللَّهُ أَرْكَسَهُم بِمَا كَسَبُوٓاْۚ أَتُرِيدُونَ أَن تَهْدُواْ مَنْ أَضَلَّ ٱللَّهُۖ وَمَن يُضْلِلِ ٱللَّهُ فَلَن تَجِدَ لَهُۥ سَبِيلًا (۸۸)

معنی: چرا در مورد منافقان دو دسته شده اید؟ در حالیکه خداوند(ج) بر آنچه کرده اند ایشان را شرمسار ساخت. آیا میخواهید کسی را که خدا(ج) گمراه کرده شما به راه بیاورید؟ و هر که را خدا(ج) گمراه کند هرگز راهی برایش نخواهی یافت.
تفسیر: در صدر اسلام یک عده مسلمان میشدند و اما با گروه منافقین و مشرکین همدست بودند. مسلمانان راستین دچار وسوسه میشدند زیرا نمیدانستند چگونه با ایشان رفتار کنند. بسیار مشکل بود که مسلمانان ایشان را تفکیک کنند. اما آنها در موارد مختلف ثابت کردند که اهل ایمان نیستند. از رسول کریم(ص) پرسیده شد که چگونه ایشان را شناسایی کنند؟ فرمود در وقت سخن گفتن دروغ میگویند، امانت را خیانت میکنند و به وعده وفا نمیکنند. برای بسیاری کسان بخش دوم آیه سوال بر انگیز است که اگر خداوند(ج) نخواهد آنها ایمان نمی آرند. پس گناه مردم نیست زیرا خدا(ج) نخواسته که ایمان بیاورند.

ایمان یک موضوع عقلی و تفکری است. خداوند(ج) حق را از باطل تفکیک کرده است و راه راست را به بندگان نشان داد. آنهائیکه ایمان نمی آورند و در کُفر خود پافشاری میکنند خود شان مسئول هستند، چون شق میکنند خداوند(ج) به کُفر شان می افزاید و رهنمائی شان نمیکند. خداوند(ج) به انسان عقل، استعداد، ذکاوت، شعور و فطرت اسلامی داده است. همچنان تفکر آزاد تا خودش حق را از باطل تفکیک کند. با این همه هدایا که به بشر داده شده است و نمیخواهد خودش خود را و روحیه خود را تغییر دهد اینجا خودش مسئول است.

وَدُّواْ لَوْ تَكْفُرُونَ كَمَا كَفَرُواْ فَتَكُونُونَ سَوَاءٌ فَلَا تَتَّخِذُواْ مِنْهُمْ أَوْلِيَآءَ حَتَّىٰ يُهَاجِرُواْ فِى سَبِيلِ ٱللَّهِ فَإِن تَوَلَّوْاْ فَخُذُوهُمْ وَٱقْتُلُوهُمْ حَيْثُ وَجَدتُّمُوهُمْ وَلَا تَتَّخِذُواْ مِنْهُمْ وَلِيًّا وَلَا نَصِيرًا (٨٩)

معنی: آنها دوست دارند که شما مانند آنها کُفر ورزید تا با آنها هم مثل شوید. پس از آنها دوست مگیرید تا اینکه در راه خدا(ج) هجرت کنند و اگر [از سخن حق] رویگردان شدند ایشان را در هر جا که یافتید اسیر گیرید و [اگر تجاوز کردند] بکشید ایشان را و از آنها دوست و یاور نگیرید.

تفسیر: این آیه چند نکته مهم را در رابطه با کُفار مطرح کرده است. اول اینکه کفار آرزو دارند که شما از دین خود برگردید و مثل آنها شوید و آنوقت است که با شما همکاری میکنند. این آیه خاص برای کفار است نه اهل کتاب و آنانیکه به خداوند(ج) ایمان دارند. وقتی شما از دین خارج شدید از راه مدنیت و انسانیت بیرون میشوید. باید تجاوز کنید که در اسلام منع است. باید حقوق دیگران را پایمال کنید که در اسلام منع است. باید سود بخورید که در اسلام منع است. باید به طبقات اجتماعی مانند هندوستان یعنی کاست سیستم اعتقاد داشته باشید که در اسلام منع است. یعنی وقتی شما کافر میشوید بر میگردید به دوره جاهلیه. وقتی شما میتوانید آنها را دوست گیرید که خدا شناس شوند در غیر آن دوستی با کفار مجاز نیست. همچنان شما باید سخن حق را به ایشان با وعظ حسنه و تواضع برسانید و اگر روگردان شدند وظیفه شما خداشناس ساختن آنها نیست زیرا دین و خدا شناسی به زور نمیشود. اما اگر تجاوز کردند یعنی بالای شما حمله کردند در آنصورت ایشان را بکشید. اما مسلمانان حق تجاوز را حتی به کفار ندارند. خداوند(ج) دوست ندارد که شما آنهائیکه

به دین شما تجاوز میکنند دوست گیرید چه کُفار باشد و یا غیر آن.

إِلَّا ٱلَّذِينَ يَصِلُونَ إِلَىٰ قَوْمٍ بَيْنَكُمْ وَبَيْنَهُم مِّيثَٰقٌ أَوْ جَآءُوكُمْ حَصِرَتْ صُدُورُهُمْ أَن يُقَٰتِلُوكُمْ أَوْ يُقَٰتِلُوا۟ قَوْمَهُمْ ۚ وَلَوْ شَآءَ ٱللَّهُ لَسَلَّطَهُمْ عَلَيْكُمْ فَلَقَٰتَلُوكُمْ ۚ فَإِنِ ٱعْتَزَلُوكُمْ فَلَمْ يُقَٰتِلُوكُمْ وَأَلْقَوْا۟ إِلَيْكُمُ ٱلسَّلَمَ فَمَا جَعَلَ ٱللَّهُ لَكُمْ عَلَيْهِمْ سَبِيلًا (۹۰)

معنی: مگر آنها با گروهی پیوند حاصل میکنند که میان شما و آنها یک پیمان است. یا در حالی پیش شما می آیند که از جنگ با شما و یا با قوم خود به تنگ آمده باشند. و اگر خداوند(ج) میخواست بدون شک آنها را بر شما مسلط میساخت و با شما میجنگیدند. پس اگر آنها از سر راه شما کنار رفتند و با شما نیت جنگ را نداشتند و به شما پیشنهاد صلح دادند خداوند(ج) اجازه جنگ را با آنها به شما نمیدهد.

تفسیر: بعضی اوقات قوه های متخاصم برای سرکوبی شما و یا طرف شدن با شما با گروهی پیوند سیاسی حاصل میکنند که شما با آنها هم یک پیمان دارید. نظر به شرایط اوضاع سیاسی در افغانستان گروه طالبان با امریکایی ها پیمان بستند در حالیکه افغانستان هم با امریکا یک پیمان امنیتی دارد. به هر صورت آن، اسلام اجازه تجاوز را نمیدهد که مسلمان به دیگران تجاوز کند در حالیکه گروه طالبان هر روز تجاوز میکردند و مردم بیگناه را به قتل میرساندند. به جای اینکه با حکومت کابل، از اول به میز مذاکره می نشستند با گروه امریکایی که مسلمان نبودند و اما با افغانها یک پیمان داشتند به مذاکره نشستند. آیه میگوید که از قوم خود به تنگ آمده باشند. بلی! گروه طالبان با خود هم مشکل زیاد داشتند و انشعاب کردند. از طرف دیگر حکومت کابل میخواست که صلح کند و اما گروه طالبان بهانه ها میتراشیدند و این مذاکرات را به بن بست کشاند. آیۀ فوق در شرایط کنونی سیاسی افغانستان حایز اهمیت است. آیه یک آیۀ سیاسی است و در شرایط جنگ با کُفار و مسلمانان با مسلمانان صدق میکند.

سَتَجِدُونَ ءَاخَرِينَ يُرِيدُونَ أَن يَأْمَنُوكُمْ وَيَأْمَنُوا۟ قَوْمَهُمْ كُلَّ مَا رُدُّوٓا۟ إِلَى ٱلْفِتْنَةِ أُرْكِسُوا۟ فِيهَا ۚ فَإِن لَّمْ يَعْتَزِلُوكُمْ وَيُلْقُوٓا۟ إِلَيْكُمُ ٱلسَّلَمَ وَيَكُفُّوٓا۟ أَيْدِيَهُمْ فَخُذُوهُمْ وَٱقْتُلُوهُمْ حَيْثُ ثَقِفْتُمُوهُمْ ۚ وَأُو۟لَٰٓئِكُمْ جَعَلْنَا لَكُمْ عَلَيْهِمْ سُلْطَٰنًا مُّبِينًا (۹۱)

معنی: و کسانی دیگر را خواهید یافت که میخواهند هم از جانب شما

در امان باشند و هم قوم خود شان. هر بار که رو به فتنه میکنند شرمسار میشوند. اما اگر از شما دوری نکردند و صلح نکردند واز شما دست بر نداشتند آنها را بگیرید و هر کجا یافتید بکشید. در این حالت است که دست شما را برای مبارزه با ایشان باز گذاشته ایم.

تفسیر: این آیات تنها برای کفار نیست چنانچه در تفاسیر کلاسیک معنی شده است. ببینید قرآن برای هر زمان است. در آیه واژه های کافر و مشرک را نمی بینید. این آیه بسیار خوب شرایط مسلمانان را با خود شان ترسیم میکند. طالبان در افغانستان هم میخواستند از جانب دولت در امان باشند و هم از طرف قوم خود شان. هر باری که انتحاری میکردند خود شان در جامعه ای بین المللی شرمسار بودند. با این گروه مذاکره سود ندارد و چون مسلمانان را به ناحق میکشند باید با ایشان مبارزه کرد و ایشان را دستگیر کرده به مجازات رساند.

وَمَا كَانَ لِمُؤْمِنٍ أَن يَقْتُلَ مُؤْمِنًا إِلَّا خَطَأً ۚ وَمَن قَتَلَ مُؤْمِنًا خَطَأً فَتَحْرِيرُ رَقَبَةٍ مُّؤْمِنَةٍ وَدِيَةٌ مُّسَلَّمَةٌ إِلَىٰ أَهْلِهِ إِلَّا أَن يَصَّدَّقُوا ۚ فَإِن كَانَ مِن قَوْمٍ عَدُوٍّ لَّكُمْ وَهُوَ مُؤْمِنٌ فَتَحْرِيرُ رَقَبَةٍ مُّؤْمِنَةٍ ۖ وَإِن كَانَ مِن قَوْمٍ بَيْنَكُمْ وَبَيْنَهُم مِّيثَاقٌ فَدِيَةٌ مُّسَلَّمَةٌ إِلَىٰ أَهْلِهِ وَتَحْرِيرُ رَقَبَةٍ مُّؤْمِنَةٍ ۖ فَمَن لَّمْ يَجِدْ فَصِيَامُ شَهْرَيْنِ مُتَتَابِعَيْنِ تَوْبَةً مِّنَ اللَّهِ ۗ وَكَانَ اللَّهُ عَلِيمًا حَكِيمًا (۹۲)

معنی: و هیچ مؤمنی نباید مؤمنی را به قتل رساند جز به خطا [ثابت شده] و هر که به خطا مؤمنی را به قتل رساند باید یک مؤمن را از اسارت آزاد کند و به خویشاوندان او خون بها بپردازد مگر اینکه آنها عفوه کنند و اگر مقتول از گروه دشمن شماست ولی مؤمن است نجات او از اسارت کافی است. و اگر از گروهی است که بین شما و آنها پیمان وجود دارد باید به خویشاوندان او خون بها پرداخت و مؤمنی را از اسارت نجات داد و هر که مؤمنی نیافت [که نجات دهد] دو ماه پیهم روزه گیرد و این برای قبولی توبه اوست از جانب خداوند(ج) و خداوند(ج) دانای حکیم است.

تفسیر: در این آیه خداوند(ج) به حقوق زندگی حُرمت میدهد و میگوید هیچ کس حق ندارد یک مؤمن را بدون خطا و ثبوت جرم به قتل رساند. شما شاهد هستید که طالبان هر روز مردمان بیگناه را که نه به سیاست دست دارند و نه به دولت داری و مردمان عادی هستند وبرای یک لقمه نان در بازار کار میکنند به قتل میرسانند. در تفاسیر کلاسیک واژهٔ برده به کار رفته است. قرآن نظر به زمان و مکان معنی و تفسیر میشود. اساساً آیه

اسیر مؤمن معنی میشود نه برده. اول اینکه جهان، دنیای بردگی نیست و دوم اینکه واژهٔ مؤمن به کار رفته است. مؤمن تنها برای مسلمانان به کار نمیرود. یهود و عیسوی هم در دین خود مؤمن هستند. پس این آیه از حقوق همه دفاع میکند که بدون جرم و خطا و ثبوت آن، کسی را نباید به قتل رساند. این آیه از نگاه حقوقی یک آیهٔ انقلابی است زیرا چهارده صد سال قبل اسلام به حقوق بشر احترام قایل میشود و کرامت انسانی را در جامعه بشری مطرح میکند و جزای آن را هم تعیین میکند.

وَمَن يَقْتُلْ مُؤْمِنًا مُّتَعَمِّدًا فَجَزَآؤُهُ جَهَنَّمُ خَٰلِدًا فِيهَا وَغَضِبَ ٱللَّهُ عَلَيْهِ وَلَعَنَهُ ۥ وَأَعَدَّ لَهُ ۥ عَذَابًا عَظِيمًا (٩٣)

معنی: و هر که مؤمنی را عمداً به قتل رساند جزای او برای همیش یعنی جاودانه دوزخ است. قهر خدا(ج) بر او نازل شده و خداوند(ج) لعنتش کرده و برای او عذاب بزرگ آماده کرده است.

تفسیر: امروز در جهان غرب هر روز مردم بیگناه در روی خیابان ها به قتل میرسند زیرا ایمان وجود ندارد. طالبان هم مردم بی ایمان هستند زیرا مردم را بیگناه به قتل میرسانند و جای شان جاودانه در دوزخ است. این است آیهٔ حقوق بشر در اسلام.

يَٰٓأَيُّهَا ٱلَّذِينَ ءَامَنُوٓا۟ إِذَا ضَرَبْتُمْ فِى سَبِيلِ ٱللَّهِ فَتَبَيَّنُوا۟ وَلَا تَقُولُوا۟ لِمَنْ أَلْقَىٰٓ إِلَيْكُمُ ٱلسَّلَٰمَ لَسْتَ مُؤْمِنًا تَبْتَغُونَ عَرَضَ ٱلْحَيَوٰةِ ٱلدُّنْيَا فَعِندَ ٱللَّهِ مَغَانِمُ كَثِيرَةٌ كَذَٰلِكَ كُنتُم مِّن قَبْلُ فَمَنَّ ٱللَّهُ عَلَيْكُمْ فَتَبَيَّنُوٓا۟ إِنَّ ٱللَّهَ كَانَ بِمَا تَعْمَلُونَ خَبِيرًا (٩٤)

معنی: ای آنانیکه ایمان آورده اید! هنگامیکه شما در راه خدا(ج) گام بر میدارید پس دقت کنید و کسی را که به شما اظهار اسلامیت میکند نگوئید که مؤمن نیستی تا بدین وسیله بهرهٔ دنیا برید چرا که غنایم نزد خداوند(ج) بسیار است. [به یاد بیاورید] که در گذشته خود شما همین گونه بودید و خداوند(ج) بر شما منت نهاد. پس به درستی تحقیق کنید که خداوند(ج) به آنچه میکنید آگاه است.

تفسیر: این آیه در زندگانی اجتماعی ما مسلمانان بسیار با اهمیت است. ایمان یک موضوع قلب و دل است. عقل و تفکر و تعمق است. یک موضوع ظاهری نیست. پس اگر کسی به شما اظهار اسلامیت میکند و میگوید که مسلمان است شما نباید به ایمان او شک کنید. زیرا ایمان

ظاهری نیست حتی که خلاف سلیقه شما مسلمان باشد. زود مردم را قضاوت نکنید زیرا ایمان به چشم دیده نمیشود. آیه خاطر نشان میکند که در گذشته شما هم زندگی متفاوتی داشتید پس متوجه باشید که خود چگونه بودید. وقتی شما در راه خدا(ج) یعنی جهاد و یا مسافرت برای تجارت و هر دلیلی که باشد بیرون از منزل میشوید و با مردم برخورد میکنید از کبر و غرور کار نگیرید. مردم را به کفر محکوم نکنید. تواضع داشته باشید. کاری نکنید که به خاطریکه مسلمان هستید حقوق دیگران را نادیده بگیرید. آیه زیست با هم‌ی را تدریس میکند که چگونه ما میتوانیم از در مسالمت و تواضع با مسلمان و غیر مسلمان رویه داشته باشیم.

لَا يَسْتَوِي ٱلْقَٰعِدُونَ مِنَ ٱلْمُؤْمِنِينَ غَيْرُ أُو۟لِي ٱلضَّرَرِ وَٱلْمُجَٰهِدُونَ فِى سَبِيلِ ٱللَّهِ بِأَمْوَٰلِهِمْ وَأَنفُسِهِمْ ۚ فَضَّلَ ٱللَّهُ ٱلْمُجَٰهِدِينَ بِأَمْوَٰلِهِمْ وَأَنفُسِهِمْ عَلَى ٱلْقَٰعِدِينَ دَرَجَةً ۚ وَكُلًّا وَعَدَ ٱللَّهُ ٱلْحُسْنَىٰ ۚ وَفَضَّلَ ٱللَّهُ ٱلْمُجَٰهِدِينَ عَلَى ٱلْقَٰعِدِينَ أَجْرًا عَظِيمًا (٩٥)

معنی: آن مؤمنانی که به جای خود نشسته اند [در جهاد شرکت نمیکنند] با آنانیکه با مال و جان خود جهاد کرده اند برابر نیستند. خداوند(ج) آنان را که در راه خدا(ج) جهاد کرده اند در مقابل آنانیکه به جای خود باقی مانده اند برتری داده است. خداوند(ج) به همه [بندگان] وعده نیکو داده است و اما مجاهدان را بر آنانیکه در راه خدا(ج) جهاد نمیکنند با اجر بزرگ برتری داده است.

تفسیر: جهاد در راه خدا(ج) تنها این نیست که مردم سلاح گیرند و به دفاع از اسلام بجنگند. در گذشته جهاد اکبر و اصغر را تشریح کردیم. میشود که هیچ وقت احتیاج به جهاد نباشد پس آیا جهاد متوقف میشود؟ نخیر: در این آیه جهاد هم به مفهوم دفاع از اسلام است و هم به مفهوم خود سازی و هم به مفهوم زندگی سازی. وقتی ما در راه مبارزه با بیسوادی مبارزه میکنیم تا مردم را از بیسوادی که خلاف سنت اسلام است نجات دهیم ما جهاد کرده ایم. وقتی ما در نظافت شهر میکوشیم جهاد کرده ایم. وقتی ما سخت کار میکنیم تا برای خانواده خود آسایش فراهم کنیم جهاد کرده ایم. وقتی ما برای خود سازی خود که چطور یک انسان خوب باشیم کار میکنیم جهاد کرده ایم. یعنی جهاد معنی وسیع دارد و در اینجا ما از جهاد سازندگی گفتیم که هم خود را بسازیم و هم دنیای ماحول خود را. جهاد با قلم است برای راه آزادی و راه حق و عدالت و

جهاد بر علیه ظلم و استبداد است که مؤمن مسئول است.

دَرَجَٰتٍ مِّنْهُ وَمَغْفِرَةً وَرَحْمَةً وَكَانَ ٱللَّهُ غَفُورًا رَّحِيمًا (٩٦)

معنی: منزلت ها و آمرزش و رحمت خداوند(ج) برای آنهاست و خداوند(ج) بخشایندۀ مهربان است.
تفسیر: گفتیم که جهاد تنها سلاح گرفتن نیست بلکه خود سازی و زندگی سازی هم است. خداوند(ج) برای آنانی برتری میدهد که با زبان و قلم و بالاخره در صورتیکه لازم افتد با سلاح برای حق، آزادی، ظلم و استبداد مبارزه میکند.

إِنَّ ٱلَّذِينَ تَوَفَّىٰهُمُ ٱلْمَلَٰٓئِكَةُ ظَالِمِىٓ أَنفُسِهِمْ قَالُوا۟ فِيمَ كُنتُمْ ۖ قَالُوا۟ كُنَّا مُسْتَضْعَفِينَ فِى ٱلْأَرْضِ ۚ قَالُوٓا۟ أَلَمْ تَكُنْ أَرْضُ ٱللَّهِ وَٰسِعَةً فَتُهَاجِرُوا۟ فِيهَا ۚ فَأُو۟لَٰٓئِكَ مَأْوَىٰهُمْ جَهَنَّمُ ۖ وَسَآءَتْ مَصِيرًا (٩٧)

معنی: آنانیکه فرشتگان جان آنها را به خاطریکه به خود ظلم کرده اند میستاند و به آنها میگوید شما در چه حالی بودید؟ میگویند ما در روی زمین از ناتوانان و مظلومان بودیم. فرشتگان گویند مگر زمین خدا(ج) فراخ نبود که هجرت میکردید؟ اینان جایگاه شان دوزخ است و بد سرانجامی دارد.
تفسیر: این آیه مخاطب آنان است که به خود ظلم میکنند و آزادی خود را مصالحه میکنند. و دلیل می آورند که ناتوان هستند. خداوند(ج) به ایشان میگوید مگر زمین خدا(ج) فراخ نبود که هجرت میکردید. در این آیه اسلام ناسیونالیزم را رد و نفیه میکند که وقتی یک مسلمان به ظلم وستم گرفتار میشود باید راه هجرت به پیش گیرد و وطن و خانه وکاشانه را رها کند. وقتی نیت هجرت در راه خدا(ج) باشد خداوند(ج) دستگیرنده و یاور است. این آیه در درجه دوم میرساند که مسلمان نباید به خاطر جاه و مال و وطن که زاده شده آزادی خودش را مصالحه کند. امروز جهان به خاطر یک قطعه زمین که مردمان گیتی بالای آن جنگ دارند و مرتکب جنایات گوناگون شده اند. لشکر کشی ها، غصب سرزمین ها مانند فلسطین و کشمیر و عراق و افغانستان همه به خاطر حرص جهان گشایی است. در این حالت باید هجرت کرد و هر جا مُلک ماست که ملک خدای ماست. در دین ناسیونالیزم یا ملیت گرایی نیست و این آیه به وضاحت میگوید که اگر شما زیر هر گونه فشار قرار میگیرید باید راه هجرت به پیش گیرید و خود را به خاطر یک قطعه زمین به

نام وطن محدود نسازید. مهمتر اینکه وطن در دین آن نیست که ما زاده شدیم. هدف وطن در دین آخرت است. شیخ نجم الدین رازی در کتاب مرصاد العباد چنین مینویسد: یعنی اینها را که بروزگار دنیا مشغولند یاد شان ده آن روز های خدای تعالی که در جوار حضرت و مقام قربت بودند، باشد که باز آن مهر و مُحبت در ایشان بجنبد دیگر باره قصد آشیانۀ اصلی و وطن حقیقی کنند لعلهُم یتذکرُون، لعلهُم یرجعون، اگر مُحبت آن وطن در دل بجنبد عین ایمان است (حُب الوطن مِن الایمان) و اگر آن مُحبت نجنبد و طلب مراجعت نکند و دل در این جهان بندد نشان بی ایمانیست.

إِلَّا ٱلْمُسْتَضْعَفِينَ مِنَ ٱلرِّجَالِ وَٱلنِّسَآءِ وَٱلْوِلْدَٰنِ لَا يَسْتَطِيعُونَ حِيلَةً وَلَا يَهْتَدُونَ سَبِيلًا (٩٨)

معنی: مگر آن مردان، زنان و کودکان بیچاره ای که چاره جویی نتوانند و راهی نداشته باشند.

تفسیر: امکان این میرود که یک عده نتوانند هجرت کنند و یا در راه خداوند(ج) مبارزه کنند. این ضعف تنها اقتصادی نیست و میتواند جسمی باشد که قدرت سفر و یا جهاد را نداشته باشند و یا ضعف اقتصادی باشد و یا حتی ضعف عقلی و فکری باشد که اهمیت هجرت و یا جهاد را نمیداند. من شخصاً می شناسم اشخاصی را که در زمان جهاد امکانات برای شان بود و اما نمیتوانستند از خانه و زندگی که داشتند دل بکنند و این نداشتن درک و فهم عمیق از هجرت و جهاد بود زیرا هجرت فوق العاده آموزنده است و یک مکتب است.

فَأُوْلَٰٓئِكَ عَسَى ٱللَّهُ أَن يَعْفُوَ عَنْهُمْ وَكَانَ ٱللَّهُ عَفُوًّا غَفُورًا (٩٩)

معنی: خداوند(ج) اینها را سزاوار عفوه بداند و خداوند(ج) عفوه کننده و آمرزگار است.

تفسیر: در معنی آیه عسی الله در گذشته یک اشتباه رخ داده است و آن اینکه گفته اند امید است خداوند(ج) ایشان را عفوه کند. بدین ترتیب آیه از زبان شخص میشود و این درست نیست. این خداوند(ج) است که مردمان را سزاوار عفوه میبیند یا خیر زیرا یگانه و بزرگترین بخشاینده و عفوه کننده خداوند(ج) دانا و توانا است که از همه اعمال ما آگاهی دارد. این بندگان هستند که امید میکنند.

۞ وَمَن يُهَاجِرْ فِى سَبِيلِ ٱللَّهِ يَجِدْ فِى ٱلْأَرْضِ مُرَٰغَمًا كَثِيرًا وَسَعَةً ۚ وَمَن يَخْرُجْ مِنۢ بَيْتِهِۦ مُهَاجِرًا إِلَى ٱللَّهِ وَرَسُولِهِۦ ثُمَّ يُدْرِكْهُ ٱلْمَوْتُ فَقَدْ وَقَعَ أَجْرُهُۥ عَلَى ٱللَّهِ ۗ وَكَانَ ٱللَّهُ غَفُورًا رَّحِيمًا (١٠٠)

معنی: و هر که در راه خدا(ج) هجرت کند، در زمین خدا(ج) سر پناه و [در امور] گشایش می یابد و هر که از خانه اش برای هجرت به سوی خدا(ج) و به خاطر [پشتیبانی] رسول(ص) او خارج شود و در این هنگام مرگ به سراغ او آید، قطعاً اجر آن به عهده ای خداوند(ج) است و خداوند(ج) آمرزنده ای مهربان است.

تفسیر: از نگاه علم تاریخ هجرت زندگی ساز است. تمدن های بزرگ بشری به شمول تمدن اسلامی با هجرت بنا شده است. هجرت انسان را با چالش ها برابر میکند و همین چالش هاست که انسان می آموزد. اگر هجرت خواه به هدف سفر باشد، خواه حج باشد، خواه بیرون برآمدن در راه جهاد باشد وخواه برای آموختن علم باشد، چنانچه پیامبر(ص) فرمود:"در جستجوی علم باش حتی در چین". علم انسان ساز و جامعه ساز است. انسان را برای تلاش برای زنده ماندن پخته میسازد. نظرات جدید می آموزد. با فرهنگ های جدید برخورد میکند و این باعث میشود تا از تنگ نظری و تعصب و تبعیض رهایی یابد. تاریخ اسلام با تولد پیامبر(ص) آغاز نمیشود. تاریخ اسلام با نزول قرآن آغاز نمیشود. تاریخ اسلام با بعثت آغاز نمیشود. تاریخ اسلام با هجرت آغاز میشود. اگر نیت هجرت در زمان پیامبر(ص) حمایه و پشتیبانی از محمد(ص) بوده است که مسلمانان در جهاد شرکت کردند و یا امروز برای این هجرت میکنیم تا آزادی و دین خود را پاسداری کنیم چنانچه با ظلم کمونیستان ما راهی دیار هجرت شدیم اگر در این حالت جهان فانی را وداع میگوییم بدون شک اجر بزرگ دارد و پشیمانی ندارد و وعده ای خدا(ج) حق است.

وَإِذَا ضَرَبْتُمْ فِى ٱلْأَرْضِ فَلَيْسَ عَلَيْكُمْ جُنَاحٌ أَن تَقْصُرُوا۟ مِنَ ٱلصَّلَوٰةِ إِنْ خِفْتُمْ أَن يَفْتِنَكُمُ ٱلَّذِينَ كَفَرُوٓا۟ ۚ إِنَّ ٱلْكَٰفِرِينَ كَانُوا۟ لَكُمْ عَدُوًّا مُّبِينًا (١٠١)

معنی: و چون در زمین [خدا(ج)] سفر کردید و اگر بیم داشتید که آنانیکه کفر ورزیده اند به شما آسیب میرسانند، گناهی بر شما نیست که نماز را کوتاه کنید چرا که کُفار همواره دشمن آشکار اند.

تفسیر: اینکه نماز ها در ایام سفر قصر میشود از همین آیه به ما رسیده است. در ایام سفر برای اینکه مردم آسیب نبینند نماز فرض ظهر، عصر و عشاء قصر میشود. نماز های سنت خوانده نمیشود. در زندگانی امروز در شاهراه ها در ایام سفر مسأله امنیت هم است که نباید خالی ذهن بود.

وَإِذَا كُنتَ فِيهِمْ فَأَقَمْتَ لَهُمُ ٱلصَّلَوٰةَ فَلْتَقُمْ طَآئِفَةٌ مِّنْهُم مَّعَكَ وَلْيَأْخُذُوٓا۟ أَسْلِحَتَهُمْ فَإِذَا سَجَدُوا۟ فَلْيَكُونُوا۟ مِن وَرَآئِكُمْ وَلْتَأْتِ طَآئِفَةٌ أُخْرَىٰ لَمْ يُصَلُّوا۟ فَلْيُصَلُّوا۟ مَعَكَ وَلْيَأْخُذُوا۟ حِذْرَهُمْ وَأَسْلِحَتَهُمْ وَدَّ ٱلَّذِينَ كَفَرُوا۟ لَوْ تَغْفُلُونَ عَنْ أَسْلِحَتِكُمْ وَأَمْتِعَتِكُمْ فَيَمِيلُونَ عَلَيْكُم مَّيْلَةً وَٰحِدَةً وَلَا جُنَاحَ عَلَيْكُمْ إِن كَانَ بِكُمْ أَذًى مِّن مَّطَرٍ أَوْ كُنتُم مَّرْضَىٰٓ أَن تَضَعُوٓا۟ أَسْلِحَتَكُمْ وَخُذُوا۟ حِذْرَكُمْ إِنَّ ٱللَّهَ أَعَدَّ لِلْكَافِرِينَ عَذَابًا مُّهِينًا (۱۰۲)

معنی: و چون [در هنگام خطر] در میان ایشان بودی و مکلفیت بر پا نمودن نماز را به عهده میداشتی پس باید گروهی [از همراهان] با تو به نماز اقتدا کنند و سلاح خود را با خود داشته باشند. چون به سجده رفتند (و رکعت دوم را فردی تمام کردند) باید پشت سر شما قرار گیرند و گروه دیگری که نماز نخوانده اند اقتدا کنند و (رکعت دوم) را با تو نماز گزارند و باید جانب احتیاط را مراعات کنند و سلاح خود را داشته باشند زیرا کافران دوست دارند که شما از سلاح تان غافل شوید تا دفعتاً به شما حمله کنند و مانعی بر شما نیست. اگر از ریزش باران یا بیماری در زحمت هستید سلاح خود را بر زمین بگذارید ولی مراقب خود باشید. همانا خداوند(ج) برای کفار عذابی ذلت آور آماده کرده است.

تفسیر: در اینجا قرآن مجید دو موضوع را مطرح میکند: اول استراتیژی نماز را در وقت خطر و جنگ. دوم اهمیت نماز برای مسلمانان. میبینیم که خداوند(ج) میخواهد که در ایام جنگ نمیشود که نه از نماز غافل بود و نه از دشمن. این نماز خوف است که اول یک گروه یک رکعت را میخواند و گروه دوم رکعت دومی را میخواند و از همدیگر پاسداری میکنند. در این وقت است که نباید سلاح را به زمین گذاشت مشروط بر اینکه مجاهد به خاطر باران و یا خستگی و بیماری باید سلاح خود را به زمین بگذارد و اما نباید غافل بود. اینجا میبینیم که مسلمان در هیچ حالت نباید نه مسئولیت های دنیایی خود را فراموش کند و نه از یاد خدا(ج) غافل باشد. از این آیه درس بزرگ می آموزیم که چنانچه پیامبر(ص) فرموده است که:"نماز ستون دین است". ما در هیچ حالت نباید از نماز غافل

باشیم. این نماز است که ما را به سر منزل مقصود میرساند.

فَإِذَا قَضَيْتُمُ ٱلصَّلَوٰةَ فَٱذْكُرُوا۟ ٱللَّهَ قِيَـٰمًا وَقُعُودًا وَعَلَىٰ جُنُوبِكُمْ ۚ فَإِذَا ٱطْمَأْنَنتُمْ فَأَقِيمُوا۟ ٱلصَّلَوٰةَ ۚ إِنَّ ٱلصَّلَوٰةَ كَانَتْ عَلَى ٱلْمُؤْمِنِينَ كِتَـٰبًا مَّوْقُوتًا (۱۰۳)

معنی: و چون نماز تانرا بر گزار کردید، خداوند(ج) را ایستاده، نشسته و خوابیده یاد کنید. وقتی که از[خوف] ایمن شدید نماز را مکمل ادا کنید چرا که نماز برای مؤمنان بر وقت معین فرض است.

تفسیر: نکات مهمی در این آیه نهفته است. اول این آیه موضوع خوف را مطرح میکند که در این حالت شما میتوانید نماز را ایستاده، نشسته و خوابیده ادا کنید. اما تفسیر آیه تنها منحصر به حالت خوف نیست بلکه دیگر مشکلات هم است. مثلاً یک شخص مریض میباشد و نمیتواند به طور عادی نماز ادا کند و در بستر مریضی است و وقتی که صحت شُد نماز را مکمل و درست ادا کند. نکتۀ دیگر که در این آیه آمده است که ما باید نماز ها را به وقت و زمان معین ادا کنیم. حکمت این موضوع در چه است؟ اساساً نماز ما مسلمانان به اساس چرخش زمین به دور آفتاب است. هر گاهی که زمین از موقف خود در دور آفتاب تغییر میکند نماز روا میشود. این بسیار مهم است زیرا یک موضوع طبیعی است و چون انسان جزء طبیعت است و طبیعت جزء انسان است از اینرو با همتراز شدن آفتاب و زمین است که روح و روان انسان به آرامش میرود لذا در همان وقت معین سجده از نگاه روحی و روانی آرامش واقعی را به بار می آورد.

وَلَا تَهِنُوا۟ فِى ٱبْتِغَآءِ ٱلْقَوْمِ ۖ إِن تَكُونُوا۟ تَأْلَمُونَ فَإِنَّهُمْ يَأْلَمُونَ كَمَا تَأْلَمُونَ ۖ وَتَرْجُونَ مِنَ ٱللَّهِ مَا لَا يَرْجُونَ ۗ وَكَانَ ٱللَّهُ عَلِيمًا حَكِيمًا (۱۰٤)

معنی: و در تعقیب قوم مشرک سستی نورزید. اگر شما [به خاطر جنگ] رنج هائی برده اید آنها هم مانند شما رنج برده اند [با این تفاوت که] شما امید به خدا(ج) دارید و آنها ندارند و خداوند(ج) دانای حکیم است.

تفسیر: در زمان جنگ هر دو طرف درد میکشد و رنج میبرد. این یک موضوع طبیعی انسانی است. مطلبی که در این آیه از نگاه روانشناسی حایز اهمیت است این است که مسلمان چون در راه خدا(ج) جهاد میکند امید قوی به خداوند(ج) دارد و این نکته را بسیار استوار نگه میدارد در حالیکه طرف مقابل همین روحیه را ندارد. سربازان امریکایی در جنگ

عراق بسیار صدمه روحی دیدند زیرا هیچ هدف جنگ را نمیدانستند. تحقیقات نشان میدهد که عساکر امریکایی بعد از بازگشت از جنگ دچار مشکلات روحی و روانی شده اند. عساکر گزارش داده اند که نمیدانستند چرا جنگ میکنند و هدف از جنگ و کشتن مردم بیگناه چه است ؟

إِنَّآ أَنزَلۡنَآ إِلَيۡكَ ٱلۡكِتَٰبَ بِٱلۡحَقِّ لِتَحۡكُمَ بَيۡنَ ٱلنَّاسِ بِمَآ أَرَىٰكَ ٱللَّهُ وَلَا تَكُن لِّلۡخَآئِنِينَ خَصِيمٗا (١٠٥)

معنی: همانا ما این کتاب را بر حق بر تو نازل کردیم تا میان مردم طبق آنچه خدا(ج) به تو آموخته حکم کنی و از خیانتکاران که خصومت میکنند جانبداری مکن.

تفسیر: در این آیهٔ کوتاه چند نکتهٔ مهم نهفته است: اول اینکه خداوند(ج) به پیامبر(ص) حکم میکند به اساس قرآن که به او پند داده شده است با مردم معامله کند. یعنی از خود چیزی گفته نمیتوانست. تحلیل موضوع این است که هر حکم که پیامبر(ص) میکرد به اساس قرآن بود و هر سخنی که میگفت تا مردم را رهنمائی کند باید مطابقت با قرآن میداشت. نتیجه اینکه یک حدیث نمیتواند با قرآن مطابقت نداشته باشد. همچنان قرآن میگوید که از خیانتکاران که خصومت میکنند جانبداری مکن. امروز می بینیم که دولت ها نه تنها از خیانتکاران جانبداری میکنند بلکه آنها را حتی به مقام رسانده اند. بزرگترین خیانت در اسلام خیانت به دین است. خیانت به دین تنها این نیست که مردم دین را نادیده گیرند و عمل نکنند. آن عمل نادیده گرفتن دین کفر است. خیانت به دین اساساً این است که ما به اساس قرآن با مردم رویه نکنیم. هستند مردمانی که نماز میخوانند و اما با مردم به اساس قرآن معامله نمیکنند. هستند دولت هائی که خود را مسلمان میگویند و اما حکم شان به اساس قرآن نیست و این خیانت به دین است.

وَٱسۡتَغۡفِرِ ٱللَّهَۖ إِنَّ ٱللَّهَ كَانَ غَفُورٗا رَّحِيمٗا (١٠٦)

معنی: و از خدا(ج) آمرزش بخواه که خداوند(ج) بخشایندهٔ مهربان است.
تفسیر: عفوه کنندهٔ واقعی و بخشایندهٔ واقعی خداوند(ج) است. ما همیشه باید بار بار استغفار کنیم. در اثر استغفار ماست که خداوند(ج) ما را به راه راست هدایت میکند و میبخشد.

وَلَا تُجَدِلْ عَنِ ٱلَّذِينَ يَخْتَانُونَ أَنفُسَهُمْ إِنَّ ٱللَّهَ لَا يُحِبُّ مَن كَانَ خَوَّانًا أَثِيمًا (١٠٧)

معنی: و از کسانیکه به خود خیانت میکنند دفاع مکن که خداوند(ج) کسان خیانتگر و گناه پیشه را دوست ندارد.

تفسیر: دین برای این آمد تا مردم از هر نگاه یک زندگی آبرومند و با عزت و بدون مشکل داشته باشند. آنانیکه به خود خیانت میکنند، دین در زندگی شان نیست یعنی احکام خدا(ج) را به بازی میگیرند. نماز نمیخوانند. به خود غفلت میکنند و در اثر غفلت به خود مرتکب گناه هم به خود میشوند و هم به دیگران زیرا کسیکه به خود خیانت میکند خیانت به دیگران برایش آسان است. ما نباید از اشخاصی که به خود خیانت میکنند و مرتکب گناه میشوند دفاع کنیم و موضوع را سطحی فکر کنیم زیرا گناه و خیانت شان میتواند جهان شمول شود.

يَسْتَخْفُونَ مِنَ ٱلنَّاسِ وَلَا يَسْتَخْفُونَ مِنَ ٱللَّهِ وَهُوَ مَعَهُمْ إِذْ يُبَيِّتُونَ مَا لَا يَرْضَىٰ مِنَ ٱلْقَوْلِ وَكَانَ ٱللَّهُ بِمَا يَعْمَلُونَ مُحِيطًا (١٠٨)

معنی: [خیانت و گناه] خود را از مردم پنهان میکنند و اما نمیتوانند از خدا(ج) پنهان کنند در حالیکه خداوند(ج) به سخنانی که خلاف خشنودی خداوند(ج) اظهار میدارند آگاه است و با ایشان است و خداوند(ج) به آنچه میکنند احاطه دارد.

تفسیر: آیه تنها جنبه توحیدی ندارد که مردمان دوران پیامبر(ص) خلاف خدا(ج) صحبت میکردند و میخواستند پیامبر را تخریب کنند و یا اسلام را تمسخر میکردند. در زندگی امروز هم هستند و داریم مردمانی که دین را تخریب میکنند و گناه خود را پنهان میکنند. و یا داریم اشخاص جهادی که گناهان شانرا که در ایام جهاد کرده اند پنهان میکنند و به روی مردم خاک می پاشند و فکر میکنند مردم فریب سخنان شانرا میخورد. از خدا(ج) هیچ چیز را نمیتوان پنهان کرد و بالاخره این اشخاص به سزای اعمال خود میرسند، و یا در امور خانوادگی و اجتماعی حقوق مردم را و اعضای خانواده خود را پایمال میکنند و فکر میکنند که خدا(ج) را فریب میدهند. هرگز نی، هر بی عدالتی هر گناه و هر خیانت از خود جواب دارد و ما همه جواب دادنی هستیم.

هَـٰٓأَنتُمْ هَـٰٓؤُلَآءِ جَـٰدَلْتُمْ عَنْهُمْ فِى ٱلْحَيَوٰةِ ٱلدُّنْيَا فَمَن يُجَـٰدِلُ ٱللَّهَ عَنْهُمْ يَوْمَ ٱلْقِيَـٰمَةِ أَم مَّن يَكُونُ عَلَيْهِمْ وَكِيلًا (۱۰۹)

معنی: هان! این شما ها هستید که در زندگی دنیا از ایشان دفاع میکنید، پس چه کسی در روز آخرت از ایشان در برابر خدا(ج) جانبداری میکند؟ چه کسی پشتیبان و حامی شان خواهد بود؟

تفسیر: این آیه دو نکتۀ نهایت ارزنده را از نگاه دین شناسی مطرح میکند: اول این از این موضوع غافل نباشید که شما جواب دادنی نیستید. حقیقت این است که هستید و اما خود را فریب میدهید یعنی روز رستاخیز یک حقیقت انکار ناپذیر است. دوم آیه مطرح میکند که از مسیر عدالت بیرون نشوید. امروز هر مطلب را توجیه میکنید، پنهان میکنید برای مردم دروغ میگوئید اما در آخرت این کار را کرده نمیتوانید. ما همه ساخته کاری ها و دروغ ها و توجیه های سیاسی را بعد از جهاد افغانستان دیدیم و نظر به این آیه ما یقین داریم که هیچ چیز در آخرت پنهان نیست و دفاع از آنانیکه به جهاد خیانت کردند بیفایده است. حالا دفاع کنید و اما در آخرت کی از آنها دفاع میکند؟ این آیه همه اعمال ما را به آخرت وصل میدهد پس بهتر است بیدار باشیم و خود را فریب ندهیم و از ناحق دفاع نکنیم.

وَمَن يَعْمَلْ سُوٓءًا أَوْ يَظْلِمْ نَفْسَهُۥ ثُمَّ يَسْتَغْفِرِ ٱللَّهَ يَجِدِ ٱللَّهَ غَفُورًا رَّحِيمًا (۱۱۰)

معنی: و هر کسی عمل بدی انجام دهد و یا به خود ظلم کند و بعد از خداوند(ج) آمرزش بخواهد، خداوند(ج) بخشاینده بسیار مهربان است.

تفسیر: قرآن مجید با نام خدای بسیار غفور و رحیم آغاز می یابد. یعنی ما با خدای بسیار مهربان و بخشاینده طرف هستیم نه یک خدای ظالم. خداوند(ج) بندگان خود را دوست دارد. میداند که بنده اشتباه میکند، به خطا میرود؛ گناه میکند و اما مژده میدهد که هر گاهی که شما از کردۀ نادرست خود پشیمان شوید، استغفار و توبه کنید خداوند(ج) بخشایندۀ کریم است و میبخشد. پس بنده هیچگاهی نباید از عفوه و بخشش پروردگار نا امید شود.

وَمَن يَكْسِبْ إِثْمًا فَإِنَّمَا يَكْسِبُهُۥ عَلَىٰ نَفْسِهِۦ وَكَانَ ٱللَّهُ عَلِيمًا حَكِيمًا (۱۱۱)

معنی: و هر که گناهی را مرتکب شود، تنها به خود آسیب میرساند و خداوند(ج) دانا و با حکمت است.

تفسیر: در این آیه نکتهٔ مهم نهفته است که اگر کسی به خود ظلم میکند یعنی طور مثال نماز نمیخواند و یا کفر میورزد تنها خودش مسئول است نه دیگران و به خود آسیب میرساند. اگر گناهی میکند که دیگران صدمه میبیند درآنصورت قانون جزایی کشور تصمیم میگیرد نه اینکه مردم او را محکوم به گناه کنند. در این آیه قرآن مسأله فردیت را مطرح میکند که مردم مسئول اعمال خود هستند و خود شان بار گناه خود را میبردارند. در اسلام هیچ کس حق ندارد کسی را محکوم به گناه کند مگر قوای قضائیهٔ کشور نظر به ثبوت جرم.

وَمَن يَكْسِبْ خَطِيٓـَٔةً أَوْ إِثْمًا ثُمَّ يَرْمِ بِهِۦ بَرِيٓـًٔا فَقَدِ ٱحْتَمَلَ بُهْتَـٰنًا وَإِثْمًا مُّبِينًا (١١٢)

معنی: و هر که خطا یا گناهی را مرتکب شود و آنرا به بی گناهی نسبت دهد [خود را] به بهتان و گناه آشکاری مواجه ساخته است.

تفسیر: گناه اساساً دوصورت دارد: یکی گناه به خود است. طور مثال شخص نماز نمیخواند و یا روزه نمیگیرد و یا حتی متوجه صحت خود نیست و نمیداند که جسم او یک امانت است و بی احتیاطی میکند یا در صدد آموختن نیست. در این صورت خودش مسئول نفس خود است و نزد خداوند(ج) جواب دادنی است. دوم گناهی است که به مردم صدمه میرساند و اینجا موضوع حق العبد مطرح میشود یعنی حقوق بندگان خدا(ج). در این صورت خودش نمیتواند خودش را تبرئه کند مگر قانون مدنی و جزایی یک کشور مسلمان باشد و یا غیر مسلمان. مسلمانان در کشور های غیر مسلمان که زندگی دارند باید پابند قانون همان کشور باشند. اگر گناه خود را به بی گناهی نسبت میدهند در این صورت به مشکل آشکار مواجه میشود وقتی خود را بیگاه قلمداد میکند.

وَلَوْلَا فَضْلُ ٱللَّهِ عَلَيْكَ وَرَحْمَتُهُۥ لَهَمَّت طَّآئِفَةٌ مِّنْهُمْ أَن يُضِلُّوكَ وَمَا يُضِلُّونَ إِلَّآ أَنفُسَهُمْ وَمَا يَضُرُّونَكَ مِن شَىْءٍ وَأَنزَلَ ٱللَّهُ عَلَيْكَ ٱلْكِتَـٰبَ وَٱلْحِكْمَةَ وَعَلَّمَكَ مَا لَمْ تَكُن تَعْلَمُ وَكَانَ فَضْلُ ٱللَّهِ عَلَيْكَ عَظِيمًا (١١٣)

معنی: و اگر فضل و رحمت خداوند(ج) بر تو نبود، گروهی از آنها قصد داشتند تا تو را از راه گمراه کنند، ولی آنها جز خویشتن کسی دیگر را گمراه نمیکنند و به تو هیچ آسیبی رسانده نمیتوانند و خداوند(ج) کتاب حکمت را نازل کرد و به تو چیزی را آموخت که نمیدانستی و فضل خداوند(ج) بر تو بزرگ است.

تفسـیر: این آیه در مورد رسول کریـم(ص) نازل شـده است کـه مخالفین در صـدد این بودنـد تـا او را بـا سـخنان گونـاگون و فریبکارانـه گمـراه کننـد. امـا نمیدانسـتند کـه پیامبـر اُمـی در زیـر سـایه فضـل و رحمـت پـروردگار عالمیـان قـرار دارد. بـرای پیامبـر(ص) قـوت دل میدهـد کـه برایـش کتـاب حکمـت را نـازل کـرده اسـت. نقـش ایـن آیـه در زندگـی مـا مسـلمانان چیسـت در صورتیکـه مـا میدانیـم کـه ایـن آیـه خـاص بـرای پیامبـر(ص) نـازل شـده اسـت؟ آیـه بـه مـا می آمـوزانـد کـه اگـر مـا منحیـث مسـلمانان متعهـد بـه قـرآن، قـرآن را در زندگـی داشـته باشـیم هرگـز کسـی مـا را بیـراه و گمـراه کـرده نمیتوانـد. وقتـی مـا گمـراه میشـویم کـه قـرآن را در زندگـی روزمـره فرامـوش کنیـم و ایـن واقعیـت تنهـا در زندگـی سیاسـی نیسـت بلکـه همـه شـئون زندگـی ماسـت. در صورتیکـه مـا بـه قـرآن چنـگ زنیـم مخالفیـن خـود را فریـب داده انـد نـه مـا را. یکـی از دلایلـی کـه در جهـان اسـلام امـروز آشـوب بـر پاسـت بـرای ایـن اسـت کـه مسـلمانان از کتـاب علـم و حکمـت بـه دور هسـتند کـه بـه صـورت معتـدل و حـد وسـط بایـد در زندگـی شـان باشـد کـه نیسـت.

۞ لَّا خَيْرَ فِي كَثِيرٍ مِّن نَّجْوَىٰهُمْ إِلَّا مَنْ أَمَرَ بِصَدَقَةٍ أَوْ مَعْرُوفٍ أَوْ إِصْلَاحٍ بَيْنَ ٱلنَّاسِ ۚ وَمَن يَفْعَلْ ذَٰلِكَ ٱبْتِغَآءَ مَرْضَاتِ ٱللَّهِ فَسَوْفَ نُؤْتِيهِ أَجْرًا عَظِيمًا (١١٤)

معنـی: در بسـیاری از راز و نیـاز هـای شـان خیـر نیسـت مگـر کسـیکه بـه صدقـه و یـا عمـل نیکـو و اصـلاح میـان مـردم امـر کنـد و هـر کـه بـرای خوشـنودی خدا(ج) کاری را انجام دهـد پـس او را اجر بـزرگ خواهیـم داد.

تفسـیر: دیـن اسـلام دیـن عمـل اسـت نـه تنهـا سـخن گفتـن بیهـوده مثلیکـه در بعضـی مجالـس شـاهد هسـتیم. در عیـن زمـان دیـن اسـلام دیـن اجتمـاع و زندگـی سـازی اسـت. تنهـا قـرآن خوانـدن و نمـاز خوانـدن نیسـت. در ایـن آیـه خداونـد(ج) بُعـد اجتماعـی دیـن را نشـان میدهـد کـه از راز و نیـاز هـای بیهـوده خیـر نیسـت. دسـت بـه کار شـوید، دسـت فقیـر را بگیریـد و بـا فقـر مبارزه کنیـد، بیـن مـردم اصـلاح بیاوریـد و یـا کار هائـی کنیـد کـه جامعـه روز بـه روز اصـلاح شـده بـرود. در نظـم و نسـق، آداب معاشـرت، نظافـت شـهر، آمـوزش و پـرورش و مبـارزه بـا فسـاد و رشـوه و هـر اصـلاح دیگـر کـه آورده میتوانیـد کمـر همـت بسـته کنیـد. در جامعۀ اسـلامی هـر مسـلمان مکلـف اسـت تـا دسـت بـه دسـت هـم دهنـد و در بـاز سـازی و بهتـر سـاختن زندگـی شـان کوشـش کننـد.

وَمَن يُشَاقِقِ ٱلرَّسُولَ مِنۢ بَعْدِ مَا تَبَيَّنَ لَهُ ٱلْهُدَىٰ وَيَتَّبِعْ غَيْرَ سَبِيلِ ٱلْمُؤْمِنِينَ نُوَلِّهِۦ مَا تَوَلَّىٰ وَنُصْلِهِۦ جَهَنَّمَ ۖ وَسَآءَتْ مَصِيرًا (۱۱٥)

معنی: و هر که پس از روشن شدن راه هدایت با پیامبر(ص) به ستیزه و مخالفت بر خیزد و راه غیر از مؤمنان را در پیش گیرد، او را به همان راهی که خود بر گزیده وا میداریم و به دوزخ میکشانیم و چه بد جایی است.

تفسیر: پیامبر(ص) آمد و کتاب علم و حکمت را با راه روشن به مردم نشان داد تا مردم به اساس هدایت قرآن و ارشادات پیامبر(ص) زندگی آسوده داشته باشند و از مهمترین موضوع که کفر و شرک است بپرهیزند. دین یک مسأله عقلی، تفکری و حقیقت را پیدا کردن است وتحمیل نمیشود. اینجاست که خداوند(ج) بندگان را آزاد گذاشته است تا حقیقت را درک کنند. خود را از شرک و کفر نجات دهند. پیامبر(ص) وظیفهٔ پیام رساندن را داشت نه تحمیل دین را بالای مردم. سوال در این است که وقتی مردم خدا شناسی را عمیق فکر نمیکنند و خدا(ج) و خلقت او را انکار میکنند چرا باید به دوزخ روند؟ جواب ساده این است که وقتی ما خدا(ج) را انکار میکنیم در حقیقت خلقت او را هم انکار میکنیم در حالیکه او مالک همه هستی میباشد. آیا یک انسان از ملکیت خود حتی که یک خانهٔ عادی باشد چشم پوشی میکند؟ وقتی ما مالک جهان هستی را و ملکیت او را انکار میکنیم برای خود و دیگران تباهی خلق میکنیم و این آرزوی خداوند(ج) برای بشر نیست که در ملکیت او و خلقتش دست درازی کند و تباهی به بار آورد. وقتی ما پیامبر(ص) را رد میکنیم در حقیقت خدا(ج) را رد کرده ایم زیرا پیام خدا(ج) را همین پیامبر(ص) به ما آورد. قرآن و هدایت قرآن را پیامبر(ص) آورد.

إِنَّ ٱللَّهَ لَا يَغْفِرُ أَن يُشْرَكَ بِهِۦ وَيَغْفِرُ مَا دُونَ ذَٰلِكَ لِمَن يَشَآءُ ۚ وَمَن يُشْرِكْ بِٱللَّهِ فَقَدْ ضَلَّ ضَلَٰلًۢا بَعِيدًا (۱۱٦)

معنی: خداوند(ج) هرگز کناه شرک را نمیبخشد ولی غیر آن را از هرکس باشد میبخشد. و هر که به خدا(ج) شرک آورد دچار گمراهی بزرگ شده است.

تفسیر: همه نظام خلقت به اساس توحید استوار است. توحید یعنی خدا(ج) یکی است، خلقت و جهان هستی یکی است، انسان، یک انسان است و علم یکی است. مرجع همه خداست. شرک تنها اینکه ما بگوئیم

نعـوذ بـالله خـدا(ج) چندگانـه اسـت، نیسـت. بسـیاری مـردم هسـتند کـه بـه خـدای واحـد و یگانـه ایمـان دارنـد و امـا حقیقـت جهـان هسـتی را کـه همـه بـه هـم یـک بافـت دارد درک نکـرده انـد. اینهـا هسـتند کـه همـه مرکبـات جهـان هسـتی و بشـری را از هـم جـدا مـی بیننـد در حالیکـه هیـچ چیـزاز هـم جـدا نیسـت و همـه بـا هـم بسـته اسـت و یـک بافـت دارد. وقتـی خـدای ناخواسـته مـا شـرک مـی آوریـم نـه تنهـا خالـق را انـکار کـرده ایـم، سـاخت و بافـت جهـان هسـتی را انـکار کـرده ایـم و مصیبـت بشـری همیـن اسـت زیـرا مـا نـه معنـی حقیقـی شـرک را دانسـته ایـم و نـه درک حقیقـت توحیـد را کـرده ایـم. وقتـی قـرآن مـا را از سـود منـع میکنـد و مـا سـود میگیریـم و بانـک هـای مـا بـه اسـاس سـود کار کنـد ایـن شـرک اسـت و شـرک اقتصـادی اسـت. وقتـی مـا نتوانیـم عـدل را بـه اسـاس عدالـت و مهربانـی و تواضـع در جامعـه پیـاده کنیـم ایـن شـرک سیاسـی اسـت کـه مـا توصـل جسـتیم.

إِن يَدْعُونَ مِن دُونِهِ إِلَّا إِنَاثًا وَإِن يَدْعُونَ إِلَّا شَيْطَانًا مَّرِيدًا (117)

معنـی: [مشـرکان] غیـر از خـدا(ج) بـت هائـی را پرسـتش میکننـد کـه اثـری ندارنـد و یـا شـیطان سـرکش را بـه [کمـک] میخواهنـد.

تفسـیر: در ایـن آیـه شـرک بـه مفهـوم لغـوی آن یعنـی بـه جـای خـدای واحـد و یگانـه، بـت هـای سـاختگی را پرسـتش میکننـد و آنهـا را بـه کمـک میخواهنـد در حالیکـه جزیـی تریـن اثـری نـدارد و خـود را فریـب میدهنـد و یـا شـیطان سـرکش و ویرانگـر را بـه کمـک میخواهنـد. جالـب اینکـه نـام بـت هـای خویـش را نـام هـای مونـث داده انـد زیـرا اعتقـاد شـان همیـن بـود کـه مونـث اسـت کـه خلـق میکنـد یعنـی تولـد میکنـد. بـت اللات بـه معنـی الهـه کـه مونـث الله بـود و بـت عـزی مونـث اعـز. ایـن موضـوع کـه الهـه هـا مونـث بودنـد تنهـا در عـرب نبـود و در یونـان باسـتان هـم وجـود داشـت ماننـد الهـه ثیمـس کـه مشـهور اسـت بـه نـام الهـه عدالـت یـا افرودیـت، الهـه عشـق و زیبایـی. در مجسمـه سـازی هـای بعـد از یونـان باسـتان هـم نقـش مونـث بـی تاثیـر نبـوده اسـت ماننـد مجسـمه آزادی درشـهر نیویـارک، ایـالات متحـده امریـکا، کـه شـهرت بیـن المللـی دارد. خـوب، در جهـان امـروز بـرای پرسـتش نیسـت و یـک سـمبول اسـت و امـا ریشـه از مونـث گرایـی الهـه هـای یونـان باسـتان دارد. امـا در ازمنـۀ قدیـم مـورد پرسـتش بودنـد و مقـدس شـمرده میشـدند و شـرک همیـن اسـت کـه بـه جـای خداونـد واحـد کـه خالـق همـه جهـان هسـتی اسـت، انسـانی کـه مخلـوق همـان یـک ذات اسـت، یعنـی الله اسـت، سـنگ و چـوب را کـه خـود

ساخته است و نامگزاری کرده است پرستش کند و یا شیطان سرکش و ویرانگر را که به جز تباهی کاری ندارد به جای خدای خود گیرد. در آیه شیطان مَرید آمده است. مَرید از ماده مَرود یعنی طغیانگر و سرکش است. شیطان طغیانگر و سرکش به صورت های گوناگون عرض اندام میکند و انسان را از راه انسانیت و خدا پرستی به دور میکند. چون شرک یک روحیه است، در روح و روان انسان جا میگیرد و انسان را تباه میکند. و این وقتی دامنگیر انسان میشود که انسان خدا(ج) را فراموش کند. بی عدالتی، شهوت رانی، جهان گشایی، حرص و حقوق مردم را پایمال کردن، دروغ گفتن، کاذب بودن، اسراف کردن، خود نمایی کردن همه و همه وقتی به سراغ انسان می آید که انسان خدا(ج) و حکم خدا(ج) را فراموش کند. یعنی شیطان وقتی عرض اندام میکند و در روح و روان و پوست و گوشت ما جا میگیرد که ما اول خدا(ج) و بعد حکم خدا(ج) را فراموش میکنیم. جالب این است که از نگاه روانشناسی، انسان به خود نمیگیرد که شیطان او را بیراه کرده است و اعمال خود را توجیه میکند. طور مثال مُسرف است و دلیل او این است که خداوند(ج) برایش داده است چرا مصرف نکند. خدا(ج) نگفته است که مصرف نکنیم و یا زندگی خوب نداشته باشیم و اما اسراف را محکوم کرده است و گفته است مسرفین برادران شیاطین هستند.

لَعَنَهُ اللَّهُ وَقَالَ لَأَتَّخِذَنَّ مِنْ عِبَادِكَ نَصِيبًا مَفْرُوضًا (۱۱۸)

معنی: خداوند(ج) او را از رحمتش به دور ساخته است و [شیطان] گفت: از بندگان تو سهم معین [برای خود] بر خواهم گرفت.
تفسیر: لعن به معنی دور ساختن از رحمت پروردگار است. تنها خداوند(ج) حق لعن کردن را دارد نه بندگان. از بندگان تنها علما میتوانند لعن کنند و اما به دل، نه علنی. کسیکه از جانب خداوند(ج) لعنت میشود از رحمت بیکران پروردگار محروم میشود. کسانی را خداوند(ج) لعنت میکند که شرک می آورند زیرا شرک گناه نابخشودنی است. هدف از اینکه شیطان میگوید که سهم معین از بندگان بیراه ساختن مردم است. اما این را باید بدانیم که شیطان تنها به آنهائی راه پیدا میکند که در اعتقاد خود به خداوند(ج) ضعیف هستند. شیطان به همه حیله و نیرنگ که دارد قدرت ندارد که اشخاصی را که واقعاً خدا پرست هستند بیراه کنند. زیرا اشخاص خدا پرست واقعی هرگز از اصول دین که هدایت است برای

بشر بیرون نمیشوند. حتی اشخاصی به اصطلاح دینی را شیطان بیراه کرده است زیرا از اصل اصول دین با اینکه مردم ایشان را به نام عالم دین می شناختند، برای منافع شخصی بیرون شدند. طور مثال در کنفرانس بُن در مورد افغانستان خلیلزاد پیشنهاد کرد که یک پشتون باید در افغانستان در قدرت باشد. خلیلزاد یک شخص دینی نبود و اما آقای عبدالستار سیرت بود و مرتکب اشتباه شد زیرا از اصول دین بیرون شد. اول اینکه به سخن یک شخص گوش داد که او از یک قدرت غیر مسلمان نمایندگی میکرد. دوم در اسلام نظر به آیهٔ سیزدهم سوره حجرات، مردم به اساس تقوا شناخته میشوند نه تفوق قومی. سوم از نگاه جامعه شناسی اسلامی اکثریت و اقلیت در اسلام نیست. هر کس کلمه گوی است در دایرهٔ اسلام شامل است. در جامعهٔ مسلمان، مسلمان و غیر مسلمان است. مسایل مذهب مسایلی است که بعد از رحلت به وجود آمده و منشاء دینی ندارد. یعنی شیطان به رسم های گوناگون میتواند کسی را فریب دهد و سهم معین او همین است. وقتی ما فریب شیطان را میخوریم که احکام خدا(ج) بطور دقیق و ثابت در زندگی ما نباشد. پس ما اگر محتاط میباشیم شیطان جزیی ترین کاری را کرده نمیتواند.

وَلَأُضِلَّنَّهُمْ وَلَأُمَنِّيَنَّهُمْ وَلَآمُرَنَّهُمْ فَلَيُبَتِّكُنَّ ءَاذَانَ ٱلْأَنْعَمِ وَلَآمُرَنَّهُمْ فَلَيُغَيِّرُنَّ خَلْقَ ٱللَّهِ وَمَن يَتَّخِذِ ٱلشَّيْطَنَ وَلِيًّا مِّن دُونِ ٱللَّهِ فَقَدْ خَسِرَ خُسْرَانًا مُّبِينًا (۱۱۹)

معنی: [شیطان میگوید]"آنان را گمراه میکنم وبا آرزو های دور و دراز [سرگرم] میکنم و وادار شان میکنم تا گوشهای چهار پایان را بشگافند و وادار شان میکنم تا آفریدهٔ خدا(ج) را دگرگون سازند". ولی هر کس به جای خدا(ج) شیطان را دوست گیرد، بدون شک دستخوش زیان آشکار شده است.

تفسیر: در مورد اینکه شیطان، انسان را گمراه میکند و گمراهی شکل ها و صورت های گوناگون دارد گفتیم که از عدم ایمان کامل به خداوند(ج) و یا فراموش کردن احکام خداوند(ج) در همه امورو تطبیق آن، ما را غافلگیر میسازد و گمراه میکند. در این آیه نکات جالب است که توجه شما را جلب میکنم. شیطان ما را به آرزو های دور و دراز سرگرم میکند. بهترین مثال آن قمار است که قمار باز فکر میکند که بالاخره برنده میشود و آرزو های دور و دراز را در سر میپرورانند. همچنان شیطان انسان را به خرافات که حقیقت ندارد وادار میکند و ما آنرا یک خوشگذرانی میدانیم. طور مثال

جشن هلوین یک خرافات بزرگ است و ما اولاد خود را به جای تدریس درست از یک زندگی مدنی او را به خرافات سوق میدهیم. گوش سوراخ کردن حیوانات از خرافات دورۀ جاهلیه بود که قرآن کریم مثال میدهد. خرافات آن است که حقیقت علمی ندارد. در فرهنگ افغانستان و ایران خرافات به نام شگون خوب و بد زیاد است. طور مثال کفش نوک به نوک میشود گویند جنگ میشود. یا روز چهارشنبه فاتحه و عرض تسلیت نمیکنند که شگون بد دارد. و بالاخره میگوید آفریدۀ خدا(ج) را دگرگون میسازم. این مطلب در زندگانی عصر تکنالوژی وساینس خیلی ها جالب است زیرا انسان مغرور امروز روی مسایلی کار میکند و در تلاش است تا به خلقت دست درازی کند، دگرگونی را به بار آورده است. مانند نسل گیری ها در حیوانات، میوه جات ژنتیک که اصلاً عطر و ذایقۀ طبیعی ندارد و یا ولادت هائیکه به اساس تلقیح مصنوعی صورت میگیرد که زیر نام ساینس صورت گرفته است. اسلام مخالف ساینس و تحقیقات و پیشرفت بشری نیست اما مخالف دگرگونی طبیعت است که مشکلات عمده را به بار آورده است.

يَعِدُهُمْ وَيُمَنِّيهِمْ وَمَا يَعِدُهُمُ ٱلشَّيْطَٰنُ إِلَّا غُرُورًا (١٢٠)

معنی: شیطان وعدۀ شان میدهد و آنها را در دام آرزو ها اسیر میسازد ولی شیطان جز فریب وعده نمیدهد.

تفسیر: وعدۀ شیطان چیست؟ اساساً این وعده ها در تفکر خیالی و تصورات باطل خود ماست که ما خود را فریب میدهیم. خود ما مسایل را به نحوه از انحا توجیه میکنیم و با خود میگوییم که میشود. غلط فهمی نشود که انسان نمیتواند تصمیم بگیرد و یا از عقل خود کار نگیرد. انسان از دید قرآن در اعمال و کردار خود، خود مختار است، اما نباید به خود وعده هائیکه خلاف اساسات خلقت و اخلاق و پیشرفت واقعی انسانی است، بدهد. در کار خلقت دست درازی کند و همه چیز را دگرگون کند. امروز ببینید دریا ها همه آلوده است و این فریب است که ما خود را دادیم و هزار بیهوده و جفای بزرگ را به نظام ایکولوژیک کردیم.

أُو۟لَٰٓئِكَ مَأْوَىٰهُمْ جَهَنَّمُ وَلَا يَجِدُونَ عَنْهَا مَحِيصًا (١٢١)

معنی: آنها جایگاه شان جهنم است و هیچ راه گریزی ندارند.

تفسیر: قبلاً گفتیم که انسان نزد خداوند(ج) مسئول است زیرا همه برای

انسان یك امانت است. شیطان كوشش میكند كه به فكر و ذهن ما داخل شود و ما را وادار به اعمالی كند كه خلاف اساسات خلقت، اخلاق و مدنیت است. خداوند(ج) به ما عقل داده است و عقل جوهر انسانیت است و ما باید از عقل كار گیریم. درست است كه شیطان میخواهد ما را گمراه كند و اما ما باید در همه امور از عقل كار گیریم در غیر آن كار شیطان را خود آسان كردیم و عقل ما وقتی درست كار میكند كه اول توجه كنیم كه خداوند(ج) به ما چه حكم كرده است. بعد ببینیم كه پیامبر خدا(ص) در مورد سخنی دارد یا خیر. بعد به عقل رجوع كنیم به اساس عدالت زیرا وظیفهٔ ما تامین عدالت در امور است.

وَٱلَّذِينَ ءَامَنُوا۟ وَعَمِلُوا۟ ٱلصَّٰلِحَٰتِ سَنُدْخِلُهُمْ جَنَّٰتٍ تَجْرِى مِن تَحْتِهَا ٱلْأَنْهَٰرُ خَٰلِدِينَ فِيهَآ أَبَدًۭا ۖ وَعْدَ ٱللَّهِ حَقًّۭا ۚ وَمَنْ أَصْدَقُ مِنَ ٱللَّهِ قِيلًۭا (۱۲۲)

معنی: و كسانیكه ایمان آورده اند و اعمال شایسته انجام داده اند آنها را به جنت هائیكه از پای درختان آن جویبار ها جاری است داخل میسازیم كه همیشه در آن جاودان اند. وعده خدا(ج) حق است و چه كسی از خدا(ج) راستگوتر است؟

تفسیر: عدالت خداوند(ج) همین است كه اهل ایمان یك امتیاز دارد و اما این امتیاز به انجام كار های مفید و شایسته در خانواده و جامعه است. اعمال شایسته كدام اند؟ اعمال شایسته آن اعمالی است كه شخص و جامعه را به سوی ترقی سوق میدهد. بزرگترین آن از نگاه جامعه شناسی اسلامی دست بینوا را گرفتن است كه یك كسیكه ایمان می آورد دو عمل را باید برای خود و برای مردم انجام دهد. برای خود عبادت خدا(ج) را كند و برای مردم صدقه دهد. بعداً چون اولین آیه اقراء بود پس وظیفه ما این است تا با بیسوادی مبارزه كنیم. هر شخص تحصیل یافته باید یك بیسواد را با سواد سازد. یعنی در تكثیر علم و معرفت بكوشیم. سوم در نظافت خود و شهری كه زندگی میكنیم توجه كنیم تا از شیوع مرض جلوگیری كنیم. در كنار این كار ها باید موارد اخلاق مدنی را مانند به وقت بودن، احترام به عقاید دیگران، محترم شمردن زنان، مُحبت به كودكان، محترم شمردن بزرگان و استادان، جلوگیری از غیبت و سخن چینی كه اعمال ضد كرامت انسانی است پرهیز كنیم. یا هر كار نیك میتوانیم انجام دهیم كه به سود جامعه و رفاه جامعه است باید دریغ نكنیم.

لَّيْسَ بِأَمَانِيِّكُمْ وَلَآ أَمَانِيِّ أَهْلِ ٱلْكِتَٰبِ مَن يَعْمَلْ سُوٓءًا يُجْزَ بِهِۦ وَلَا يَجِدْ لَهُۥ مِن دُونِ ٱللَّهِ وَلِيًّا وَلَا نَصِيرًا (١٢٣)

معنی: [پاداش و جزا] به دلخواه شما و یا اهل کتاب نیست، هر که بدی کند بدان جزا میبیند و به غیر از خدا(ج) دوست و یاوری برای خود نمی یابد.

تفسیر: همانطوریکه زنده شدن و مردن ما به دست خداوند(ج) است، اجر و پاداش و جزای اعمال خوب و بد ما هم در دست خداوند(ج) است و این مطلب مهم است زیرا مردمانی که تصور میکنند هر کار بدی که میکنند جواب دهنده نیستند. در این دنیا اگر ما کار بدی انجام میدهیم خداوند(ج) بازخواست کننده است و کیفر اعمال ما را میدهد. شاید ما از دید مردم پنهان کنیم و اما از دید خدا(ج) پنهان نمیماند. بد ترین عمل در نزد خدا(ج) شرک است که انسان مسلمان باشد و یا اهل کتاب باشد جداً پرهیز کند. دوم پایمال کردن حقوق مردم به شمول حق تلفی اعضای خانواده و غفلت در امور کودکان که پاک و معصوم هستند و از خود اراده ندارند و این والدین هستند تا به ایشان رسیدگی درست کند. در آیه همه را خطاب میکند، مسلمان و غیر مسلمان زیرا خداوند(ج) رب العلمین است تنها رب مسلمانان نیست. و دین اسلام دین جهانی است از یک گروه خاص و ملیت خاص نیست.

وَمَن يَعْمَلْ مِنَ ٱلصَّٰلِحَٰتِ مِن ذَكَرٍ أَوْ أُنثَىٰ وَهُوَ مُؤْمِنٌ فَأُوْلَٰٓئِكَ يَدْخُلُونَ ٱلْجَنَّةَ وَلَا يُظْلَمُونَ نَقِيرًا (١٢٤)

معنی: و هر که مرد باشد و یا زن باشد کار نیک انجام دهد و مؤمن باشد آنها داخل جنت میشوند و ذره ای به آنها ظلم نمیشود.

تفسیر: در این آیه دو نکتۀ مهم نهفته است: اول حقوق مساوی زن و مرد در اجتماع است که مرد باشد و یا زن باشد، کار های نیک در جامعه انجام دهند خداوند(ج) اجر کار نیک شانرا میدهد. این آیه واضح شرکت زنان را در امور اجتماعی تصریح میکند. دوم، این در حالی است که باید اول مؤمن باشند. این هم یک امتیاز است که برای اهل ایمان قایل است که کار شان باید به اساس ایمانداری باشد در غیرآن بی نتیجه خواهد بود زیرا بسیاری مراتب زندگانی است که خدا شناسی آنرا مطرح میکند و بدون آن یک شخص نمیتواند چیزی که خدا(ج) میخواهد به نام کار

نیک انجام دهد. به عبارت دیگر خدمات ما باید نه تنها برای رضای خداوند(ج) باشد در عین زمان آرزوی خداوند(ج) که تامین عدالت است در روی زمین پیاده شود. یک کسیکه ایمان ندارد از یکسو برای فقرا غذا پخته میکند که عمل نیک است و فردای آن همین شخص در گروه نژادی سفید پوستان بر ضد اقلیت ها رای میدهد. اینجاست که اعمال ما باید برای رفاه بشریت هماهنگی داشته باشد نه اینکه ضد و نقیض باشد.

وَمَنْ أَحْسَنُ دِينًا مِّمَّنْ أَسْلَمَ وَجْهَهُ ۚ لِلَّهِ وَهُوَ مُحْسِنٌ وَاتَّبَعَ مِلَّةَ إِبْرَاهِيمَ حَنِيفًا ۗ وَاتَّخَذَ اللَّهُ إِبْرَاهِيمَ خَلِيلًا (۱۲۵)

معنی: و دین چه کسی بهتر است که او خود را به خداوند(ج) تسلیم کرده و نیکو کار است و از روش ابراهیم که حق گراست پیروی میکند. ابراهیم که خدا(ج) او را دوست گرفت.

تفسیر: این آیه از نگاه فلسفهٔ توحید نهایت ارزنده است. دین در این بحث اول توحید است و دوم روش زندگانی. از آنجائیکه توحید یگانگی خدا(ج)، خلقت و خلق خداست پس انسان جزء همین طبیعت است. طبیعت جزء انسان است. یعنی قانون خدا(ج) و قانون طبیعت هر دو یکی است. انسان وقتی به خدا(ج) تسلیم میشود برای این است که جزء همین خلقت است و قانون خدا(ج) را منحیث یک موجود طبیعی قبول میکند و از روش ملت ابراهیم پیروی میکند. حضرت ابراهیم دو نقش عمده در دین شناسی دارد اول پدر توحید است. به اراده پروردگار بانی سمبول یکتا پرستی یعنی کعبه است و اولین شخصی بود که سر تسلیم به ذات اقدس الهی فرود آورد و سجده کرد. یک معنی "وَجْهَهُ لِلَّهِ" در آیه جبین خود را گذاشتن و سر تسلیم فرود آوردن است به پروردگار که همه جهان هستی از آن اوست و ساخت و بافت طبیعی دارد زیرا انسان یک موجود طبیعی است. وقتی انسان خدا پرست میباشد هماهنگی خودش را با طبیعت خوب تر درک میکند و به طبیعت صدمه نمیرساند زیرا اگر به طبیعت صدمه برساند اصلاً به خود صدمه رسانده است. اهمیت تسلیمی به ذات خداوند(ج) و پیروی از ابراهیم (ع) همین است که انسان نه تنها به یگانگی خداوند(ج) اعتراف میکند بلکه به یگانگی خلقت و طبیعت هم اعتراف میکند که خودش جزء همین سیستم یا نظام است و برای بقای خود باید نیکو کاری انجام دهد. این نیکوکاری در حفاظت طبیعت است تا خودش آسوده زندگی کند.

وَلِلَّهِ مَا فِى ٱلسَّمَـٰوَٰتِ وَمَا فِى ٱلْأَرْضِۚ وَكَانَ ٱللَّهُ بِكُلِّ شَىْءٍ مُّحِيطًا (۱۲۶)

معنی: و آنچه در آسمانها و در زمین است از آن خداست و خدا(ج) همواره بر هر چیز احاطه [علمی] دارد.

تفسیر: میبینید که به تعقیب آیهٔ قبلی اینجا میگوید که همه چیز از آن خداست یعنی طبیعت از آن خداست. منابع طبیعی از آن خداست و نزد انسان یک امانت است و خداوند(ج) بر همه چیز احاطه علمی دارد. یعنی طبیعت و موشگافی در طبیعت یک کار علمی است. ذخایر معدنی همه و همه موضوعات علمی است که در احاطه خداوند(ج) است و برای استفادهٔ اصولی انسان خلق شده است نه اینکه انسان از آن سوء استفاده کند.

وَيَسْتَفْتُونَكَ فِى ٱلنِّسَآءِۖ قُلِ ٱللَّهُ يُفْتِيكُمْ فِيهِنَّ وَمَا يُتْلَىٰ عَلَيْكُمْ فِى ٱلْكِتَـٰبِ فِى يَتَـٰمَى ٱلنِّسَآءِ ٱلَّـٰتِى لَا تُؤْتُونَهُنَّ مَا كُتِبَ لَهُنَّ وَتَرْغَبُونَ أَن تَنكِحُوهُنَّ وَٱلْمُسْتَضْعَفِينَ مِنَ ٱلْوِلْدَٰنِ وَأَن تَقُومُوا۟ لِلْيَتَـٰمَىٰ بِٱلْقِسْطِۚ وَمَا تَفْعَلُوا۟ مِنْ خَيْرٍ فَإِنَّ ٱللَّهَ كَانَ بِهِۦ عَلِيمًا (۱۲۷)

معنی: و از تو در بارهٔ زنان نظر میخواهند. بگو خدا(ج) در باره آنها به شما فتوا میدهد و نیز آنچه در کتاب [قرآن] به شما تلاوت میشود، در مورد دختران یتیمی که حقوق آنها را نمی پردازید و آرزو دارید با آنها ازدواج کنید و نیز در بارهٔ کودکان صغیر و ناتوان [پاسخ میدهد] که در حق یتیمان عدل و انصاف برپا کنید و هر کار خوبی که انجام دهید بدون شک خداوند(ج) از آن آگاهی دارد.

تفسیر: یکی از مسایل عمدهٔ یک جامعهٔ اسلامی حقوق زنان است که متاسفانه در کشور های اسلامی امروزی شدید پایمال شده است. اول اینکه حقوق زنان از نگاه مدنی با مردان مساوی است و حتی از زنان زیاد تر است. دوم نظر به آیهٔ قبلی زنان مانند مردان در اجتماع دخیل هستند و میتوانند کار کنند. در رابطه به آیهٔ فوق میگوید که شما نمیتوانید با آنها یعنی زنان بی سرپرست و دختران یتیم ازدواج کنید مگر اینکه اول حقوق آنها را بپردازید. حقوق شان اول در ازدواج خود موافق باشند و خوش باشند و دوم مهریه شان پرداخته شود و سوم چون در نکاح شرط است باید شروط زنان برای نکاح شنیده شود. قرآن یکی از کتاب هائی است که موضوع یتیم را شدید مطرح میکند که باید دولت های اسلامی و مردم همه برای کودکان یتیم احساس مسئوولیت کنند و نگذارند تا

کودک یتیم بینوا باشد و بی تحصیل باقی بماند و در خورد سالی مجبور شود کار کند. در اینجا همه مردم مسئول هستند نه تنها دولت. وقتی یتیم بینوا و بی سرنوشت است این بی کفایتی نظام سیاسی را نشان میدهد. در جامعهٔ اسلامی و یا غیر اسلامی هر کس کار خوبی کند خداوند(ج) پاداش او را میدهد.

وَإِنِ ٱمْرَأَةٌ خَافَتْ مِنْ بَعْلِهَا نُشُوزًا أَوْ إِعْرَاضًا فَلَا جُنَاحَ عَلَيْهِمَا أَن يُصْلِحَا بَيْنَهُمَا صُلْحًا وَٱلصُّلْحُ خَيْرٌ وَأُحْضِرَتِ ٱلْأَنفُسُ ٱلشُّحَّ وَإِن تُحْسِنُوا۟ وَتَتَّقُوا۟ فَإِنَّ ٱللَّهَ كَانَ بِمَا تَعْمَلُونَ خَبِيرًا (۱۲۸)

معنی: اگر زنی از حالت نشوز شوهرش بیم دارد پس گناهی بر آنان نیست که بین خود اصلاح بیاورند و صلح کنند که صلح و آشتی بهتر است [این در حالتی است که] نفس هر دو با هم در حرص و کینه توزی است و اما اگر نیکی کنید و تقوا پیشه کنید، خداوند(ج) به آنچه میکنید آگاه است.

تفسیر: در این آیه زن را توصیه میکند که اگر از حالت نشوز شوهرش بیم دارد که رویگردانی صورت نگیرد بهتر است میان خود اصلاح بیاورند و صلح کنند که صلح و آشتی بهتر است. باید بدانیم که نشوز که در آیه آمده است چه است؟ نشوز در شرع "به معنای سرپیچی هر یک از زن و مرد از وظایف متقابل و بیرون شدن از دایرهٔ اطاعت و فرمانبری از همدیگر [است]، نشوز از جانب زن به معنای نافرمانی از شوهر و دشمن داشتن اوست و از جانب مرد آزار دادن وزدن زن. نشوز از سوی مرد ممکن است و هم از سوی زن و بدین اعتبار مرد را ناشز و زن را ناشزه میگویند". (حیله های شرعی ناسازگار با فلسفه فقه اثر محمد عبدالوهاب بحیری، ترجمهٔ حسین صابری؛ صفحه ۸۰). از دید قرآن مجید زن و شوهر مکمل همدیگر هستند زیرا زن لباس مرد است و مرد لباس زن. در صورتیکه اختلافی پیش می آید باید در مسأله مشوره کنند و بین خود اصلاح بیاورند. هیچ زن و مرد نباید از جادهٔ اخلاق بیرون شود. زن نباید آزار ببیند و زدن زن در اسلام وقتی ما قرآن را با رویت حدیث پیامبر تفسیر میکنیم مجاز نیست. رسول خدا (ص) فرموده است که زنان را مانند دورهٔ جاهلیت نزنید. زن و مرد باید در مُحبّت و نیکی به همدیگر رقابت کنند نه حرص و آز و کینه توزی. از خداوند(ج) پروا کنند، تقوا پیشه کنند زیرا خداوند(ج) به همه امور آگاهی دارد. بعضی مردان چنین فکر میکنند که زن ملکیت شان است و هر چه آنها میگویند باید مانند برده زن همان را بکند. در حالیکه

قرآن حقوق زن و مرد را از نگاه مدنی مساوی دانسته است و زن و مرد در داخل خانواده با هم باید همنوا باشند تا زندگی خانوادگی مرفع داشته باشند. حقوق همدیگر را پایمال نکنند. مرد حق ندارد به حقوق اقتصادی زن دست درازی کند و یا او را از حقوق نفقه محروم سازد. هستند مردانی که زن را بی سرنوشت رها کرده اند و خود شان بدون در نظرداشت حقوق شرعی زن همسر دیگر گرفتند و یا در امریکا کوشش کردند از قانون امریکایی سوء استفاده کنند و ملکیت زن را تصاحب کنند. اینها نزد خداوند(ج) مسئوول هستند و روز خوبی نخواهند دید.

وَلَن تَسْتَطِيعُوا أَن تَعْدِلُوا بَيْنَ ٱلنِّسَاءِ وَلَوْ حَرَصْتُمْ فَلَا تَمِيلُوا كُلَّ ٱلْمَيْلِ فَتَذَرُوهَا كَٱلْمُعَلَّقَةِ وَإِن تُصْلِحُوا وَتَتَّقُوا فَإِنَّ ٱللَّهَ كَانَ غَفُورًا رَّحِيمًا (۱۲۹)

معنی: و هرگز نمیتوانید میان زنان عدالت کنید هر چند [بر عدالت] حریص باشید، پس به یکطرف یکسره تمایل نورزید تا [زن دیگر را] بلا تکلیف رها کنید و اگر سازش و تقوا را پیشه کنید، بدون شک خداوند(ج) آمرزندهٔ مهربان است.

تفسیر: در این آیه تعدد زوجات مطرح است یعنی اگر مرد دو همسر میداشته باشد، قرآن مسئوولیت شوهر را در قبال عدالت مطرح میکند و آن اینکه شما نمیتوانید به لحاظ مُحبت قلبی به یک زن عدالت را هر قدر که در مورد عدالت حریص باشید، جامه عمل بپوشید. این با فطرت انسانی برابر است که مشکل است از نگاه قلبی دو زن را همزمان دوست داشت. حتماً یکی را مرد زیاد تر تمایل نشان میدهد و اما مرد نباید از راه انصاف و عدالت بیرون شود که یکی را مطلق به فراموشی بسپارد و احتیاجات او را مرفوع نسازد. در اینجا مرد مسئوولیت اخلاقی، ایمانی و وجدانی دارد تا به زن که کمتر مُحبت دارد باید ازهر نگاه رسیدگی، احترام و سازش و عدالت را پیشه کند. اگر از نگاه دل تمایل ندارد از نگاه مسایل زندگانی زناشوهری باید از عدالت کار گیرد تا حقوق انسانی زن پایمال نشود. اگر مرد نمیتواند راه انصاف و عدالت را به پیش گیرد نباید همسر دوم را در نکاح خود داخل سازد. اسلام نکاح دوم را اگر عدالت تامین نمیشود مجاز نمیداند. اسلام تعدد زوجات را برای رفاه جامعه که اجتماع در اثر جنگ ها و عوارض طبیعی مانند سیلاب و زلزله زنان شوهران خود را از دست میدهند و بی سرپرست و بی سرنوشت میشوند مجاز میداند. و یا زن نمیتواند نظر به وضع صحی و سلامتی به شوهرش رسیدگی کند. برای

اینکه جامعه از فساد اخلاقی به دور باشد تعدد زوجات را مجاز میداند.

وَإِن يَتَفَرَّقَا يُغْنِ ٱللَّهُ كُلًّا مِّن سَعَتِهِۦ ۚ وَكَانَ ٱللَّهُ وَٰسِعًا حَكِيمًا (۱۳۰)

معنی: و اگر از هم جدا شوند خداوند(ج) هر یک را از گشایش خود بی نیاز میسازد و خدا(ج) همواره گشایشگر با تدبیر است.

تفسیر: به ادامهٔ آیهٔ قبلی در صورتیکه مرد عدالت را تامین کرده نمیتواند و زن ناراضی میباشد خداوند(ج) به ایشان اجازه داده است تا از هم جدا شوند. با اینکه جدایی و طلاق نزد خداوند(ج) منفور است اما در صورتیکه زنان و مردان نمیتوانند از نگاه کرامت انسانی، اخلاق مدنی، عدالت و انصاف با هم رابطه داشته باشند. طلاق در اسلام فرض است و نباید یک انسان، زن باشد یا مرد از حقوق انسانی محروم شود. کوشش شود که از طلاق جلوگیری به عمل آید و اما اگر همه میانجیگری ها ناکام میماند باید آبرومندانه بدون اینکه به همدیگر آسیب برسانند، جدا شوند. خداوند(ج) از دل ها آگاه است و از رحمت بیکران خود هر دو را در امور شان گشایش میکند.

وَلِلَّهِ مَا فِى ٱلسَّمَٰوَٰتِ وَمَا فِى ٱلْأَرْضِ ۗ وَلَقَدْ وَصَّيْنَا ٱلَّذِينَ أُوتُوا۟ ٱلْكِتَٰبَ مِن قَبْلِكُمْ وَإِيَّاكُمْ أَنِ ٱتَّقُوا۟ ٱللَّهَ ۚ وَإِن تَكْفُرُوا۟ فَإِنَّ لِلَّهِ مَا فِى ٱلسَّمَٰوَٰتِ وَمَا فِى ٱلْأَرْضِ ۚ وَكَانَ ٱللَّهُ غَنِيًّا حَمِيدًا (۱۳۱)

معنی: و آنچه در آسمانها و در زمین است از آن خداست و به کسانیکه پیش از شما به ایشان کتاب داده شده و [نیز] به شما توصیه کردیم که از خدا(ج) پروا کنید و اگر کفر ورزید [به حقیقت حیرت انگیز توجه عمیق کنید] که آنچه در آسمانها و زمین است از آن خداست و خداوند(ج) غنی و حمید است یعنی بی نیاز و ستوده است.

تفسیر: این آیه آگاهی از توحید دارد که همه هستی در جهان کاینات از آن خداست. اگر شما قبول نکنید و کفر ورزید توجه داشته باشید که شما ای مردم ملکیت و سرنوشت جهان هستی را ندارید و چون شما جز همین نظام هستید پس از آینده سرنوشت خود هم بیخبرید زیرا آنهم به دست خدا(ج) است. این دنیا که شما مغرور میشوید نزد شما یک امانت است. این مطلب را به مردمان پیش از شما که کتب آسمانی نازل شد خداوند(ج) به مردم گفته بود و یک مطلب نو نیست. خداوند(ج) باز از طریق قرآن به جهانیان گوشزد میکند که خداوند(ج) را بشناسند و کفر نه

ورزند زیرا که انسان در همه موارد به سود انسانهای دیگر نیست و اما خداوند(ج) از همه چیز بی نیاز است و حمید است در حالیکه انسان بی نیاز نیست.

وَلِلَّهِ مَا فِى ٱلسَّمَـٰوَٰتِ وَمَا فِى ٱلْأَرْضِ ۚ وَكَفَىٰ بِٱللَّهِ وَكِيلًا (۱۳۲)

معنی: و آنچه در آسمانها و در زمین است از آن خداست و خداوند(ج) کافی [در همه امور] کار ساز است.

تفسیر: آیه از توحید سخن دارد. هر آنچه در کاینات است از آن خداست و کسی دسترسی به آن داشته نمیتواند. خداوند(ج) مالک جهان هستی است و حافظ و حامی او هم خداوند(ج) است. خداوند(ج) بی نیاز است و از همه چیز مکمل است. آیه به انسان اشاره دارد که مغرور نشود زیرا اصلاً انسان هیچ چیز را در اختیار ندارد و باید تفکر کند که خدایش را بشناسد اگر میخواهد سرنوشت واژگون نداشته باشد. وقتی خداوند(ج) میگوید آنچه در آسمانها و زمین است بدین معنی است که اصل اختیار طبیعت به دست اوست و ما جزء طبیعت هستیم. انسان اختیار خود را دارد و اما اختیار طبیعت را ندارد.

إِن يَشَأْ يُذْهِبْكُمْ أَيُّهَا ٱلنَّاسُ وَيَأْتِ بِـَٔاخَرِينَ ۚ وَكَانَ ٱللَّهُ عَلَىٰ ذَٰلِكَ قَدِيرًا (۱۳۳)

معنی: [توجه داشته باشید] اگر خداوند(ج) بخواهد یک مردم را از بین میبَرَد و دیگران را پدید می آورد خداوند(ج) بر هر کار تواناست.

تفسیر: این آیه برای ما مسلمانان فوق العاده مهم است. از بین بردن مردم میتواند چندین معنی شود. اول خداوند(ج) قادر است تا یک نسل را که مرتکب گناه و خرابکاری میشوند ازبین ببرد مانند قوم لوط. دوم خداوند(ج) قادر است تا مردمی را که غافل هستند از بین ببرد زیرا مردم غافل نه به درد خود میخورد و نه به درد جامعه. افغانستان به خاطر غفلت تباه شد. از دید قرآن چند موضوع است که باعث تباهی یک مردم میشود: اول کبر و غرور و خود خواهی. دوم جهل. سوم غفلت و چهارم اسراف. همچنان خداوند(ج) وقتی یک مردم را از بین میبرد که رسالت اساسی شان که عبارت است از رفاه و آسایش، تکثیر علم و پخش عدالت است، جامه عمل نمیپوشند. زیر بنای دین اسلام علم، عبادت و عدالت است. امروز مسلمانان بسیار ضعیف شده اند زیرا تکثیر علم و بندگی خدا(ج) و تامین عدالت در بین شان نیست و از نگاه معنوی خشکیده اند و از بین رفته

به شمار می‌آیند. مسلمانان شان و شوکتی که در قرون نهم الی دوازدهم را داشتند، ندارند. اینجاست وقتی که ما غفلت کنیم خداوند(ج) یک مردم دیگر را بر ما مقرر میکند که کرده است. اقتصاد مسلمانان در دست یهود و نصارا است. کشور های اسلامی زیر یوغ استعمار نو است. ما چون به علم تکیه نکردیم حالا دیگر اختراعات و کشفیات نداریم و متکی به دیگران هستیم. تنها قرآن را از بر کردن کافی نیست. ما باید در همه علوم متخصصین داشته باشیم و خود ما برای خود تصمیم بگیریم. زن و مرد مسلمان باید با سواد باشد و جوانان باید شدید در راه تحصیلات اکادمیک بکوشند و نسل نو مسلمان به جای عبا و قبا خود را عالم فزیک و کیمیا و ساینس بسازد تا مسلمانان از این بدبختی نجات پیدا کنند.

مَّن كَانَ يُرِيدُ ثَوَابَ ٱلدُّنْيَا فَعِندَ ٱللَّهِ ثَوَابُ ٱلدُّنْيَا وَٱلْءَاخِرَةِ وَكَانَ ٱللَّهُ سَمِيعًۢا بَصِيرًا (١٣٤)

معنی: هر که ثواب دنیا را بخواهد، ثواب دنیا و آخرت نزد خداوند(ج) است و خداوند(ج) شنوا و بیناست.

تفسیر: ثواب دنیا و آخرت در راه علم و آموختن علم است. هر کسیکه در این راه کوشش میکند بداند که اجر و ثواب دنیا و آخرت را کمایی میکند. علمی که منفعت آن نه تنها به خودش بلکه به مردم برسد. ما امروز بسیار شدید به علمای ساینس و تکنالوژی نیازمند هستیم. ما به علمای متبحر اقتصادی نیازمند هستیم تا مردم مسلمان اقتصاد خود را داشته باشند. ما به علمای خانه سازی و سرک سازی نیازمند هستیم تا با درایت کامل طرح و سبک اسلامی را مروج دهند و از تقلید جلوگیری کنند. وقتی قرآن از ثواب سخن میگوید هدف آن علم نافع و کمک به مردم است تا مردم از جهل و ناداری و بدبختی نجات پیدا کنند.

يَٰٓأَيُّهَا ٱلَّذِينَ ءَامَنُواْ كُونُواْ قَوَّٰمِينَ بِٱلْقِسْطِ شُهَدَآءَ لِلَّهِ وَلَوْ عَلَىٰٓ أَنفُسِكُمْ أَوِ ٱلْوَٰلِدَيْنِ وَٱلْأَقْرَبِينَ إِن يَكُنْ غَنِيًّا أَوْ فَقِيرًا فَٱللَّهُ أَوْلَىٰ بِهِمَا فَلَا تَتَّبِعُواْ ٱلْهَوَىٰٓ أَن تَعْدِلُواْ وَإِن تَلْوُۥٓاْ أَوْ تُعْرِضُواْ فَإِنَّ ٱللَّهَ كَانَ بِمَا تَعْمَلُونَ خَبِيرًا (١٣٥)

معنی: ای کسانیکه ایمان آورده اید! بر پاکنندگان عدل و انصاف باشید و به [صداقت] به خدا(ج) شهادت دهید گرچه که به زیان و نقص شما و پدر و مادر و خویشاوندان شما باشد. اگر طرفین غنی و یا فقیر باشد،

جانب خدا(ج) را گرفتن سزاوار تر است. پس از هوای نفس پیروی نکنید که از حق و عدالت عدول کنید و اگر انحراف کنید و از [عدالت] روی گردان شدید، بدون شك به آنچه میکنید خداوند(ج) آگاه است.

تفسیر: در بالا گفتیم که زیر بنای تمدن اسلامی علم، عبادت و عدالت است. این آیه عدالت را مطرح میکند که شما باید از عدل و انصاف عدول نکنید. در این آیه خداوند(ج) خویش خوری را محکوم میکند که در کشور های اسلامی زیاد رواج دارد. با در نظر داشت طبقات اجتماعی نباید به عدالت صدمه زند که اگر ناتوان بود عدالت به نفع ثروتمند باشد. نخیر! عدالت باید به سود عدالت باشد نه به نفع ثروتمند و یا مستمند. اگر اولاد شما باشد یا پدر و مادر شما باشد نباید از عدالت عدول کنید. بسیار دیده میشود که ما همیشه از خویشاوندان و اقارب دفاع میکنیم و این نه تنها بی عدالتی است بلکه عمل ناپسند هم است. شهادت دروغ گناه کبیره است و باید آنانیکه ایمان آورده اند اجتناب کنند. ما جزای اعمال بد خود را در این دنیا خواهیم دید به گونه های گوناگون.

يَـٰٓأَيُّهَا ٱلَّذِينَ ءَامَنُوٓاْ ءَامِنُواْ بِٱللَّهِ وَرَسُولِهِۦ وَٱلْكِتَـٰبِ ٱلَّذِى نَزَّلَ عَلَىٰ رَسُولِهِۦ وَٱلْكِتَـٰبِ ٱلَّذِىٓ أَنزَلَ مِن قَبْلُۚ وَمَن يَكْفُرْ بِٱللَّهِ وَمَلَـٰٓئِكَتِهِۦ وَكُتُبِهِۦ وَرُسُلِهِۦ وَٱلْيَوْمِ ٱلْءَاخِرِ فَقَدْ ضَلَّ ضَلَـٰلًۢا بَعِيدًا (١٣٦)

معنی: ای آنانیکه ایمان آورده اید! به خدا(ج) و رسول و کتابی که بر پیامبر نازل کرده و کتابی که قبلاً نازل کرده ایمان داشته باشید و هر که به خدا(ج) و فرشتگان و کتاب های آسمانی و فرستادگان او، و به روز آخرت کافر شود بدون شك به گمراهی دور و درازی دچار شده است.

تفسیر: این آیه مفردات ایمان را برای آنانیکه به خداوند(ج) ایمان دارند واضح توضیح میکند. یعنی هر شخصی که به خداوند(ج)، فرشتگان الهی، کتاب های آسمانی که نازل شده است، پیامبران او و روز آخرت از دل و قلب ایمان نداشته باشد و كفر ورزد، گمراه مطلق است. این آیه به ما میگوید که مسلمانان باید به همه ادیان احترام داشته باشند نه اینکه آنها را به كُفر محکوم کنند. مسلمانی که به این مفردات ایمان کامل داشته باشد و گنهکار باشد کافر شمرده نمیشود. ایمان یك مسأله دل و قلب است و به چشم دیده نمیشود. ما نباید به ایمان کسی شك کنیم. تنها خداوند(ج) میداند که کی واقعاً ایمان دارد و کی ندارد. شك کردن در ایمان مردم گناه کبیره است. بسیار اوقات شخص میتواند تظاهر به ایمان

کند در حالیکه ایمان ندارد. ایمان یک موضوع مطلق شخصی و خصوصی است و از همین سبب دین تحمیل نمیشود.

إِنَّ ٱلَّذِينَ ءَامَنُواْ ثُمَّ كَفَرُواْ ثُمَّ ءَامَنُواْ ثُمَّ كَفَرُواْ ثُمَّ ٱزْدَادُواْ كُفْرًا لَّمْ يَكُنِ ٱللَّهُ لِيَغْفِرَ لَهُمْ وَلَا لِيَهْدِيَهُمْ سَبِيلًا (١٣٧)

معنی: آنانیکه ایمان آوردند سپس کافر شدند و باز ایمان آوردند، سپس کافر شدند، آنگاه به ناسپاسی خود افزودند، خداوند(ج) آنها را قطعاً نخواهد بخشید و راهی برای شان نمودار نخواهد کرد.

تفسیر: قبلاً گفتیم که دین یک موضوع دل و قلب است و خداوند(ج) به انسان عقل، شعور، استعداد، ذکاوت و وجدان خداپرستی عنایت کرده است. انسان نباید یک موجود بی اراده و بی تصمیم باشد. انسان یک موجود متفکر است و باید از عقل و تفکر کار گیرد و کوشش کند خودش را بشناسد و راه حقیقت هستی خود را پیدا کند. آنانیکه دو دله هستند هنوز خود را نشناخته اند و این برای روحیات و معنویات شان صدمه وارد میکند. هدف زندگی شان تنها مادی میباشد. اینها مردمانی هستند که مانند یک فضانورد که در فضا معلق میماند و تکیه گاه ندارد. انسان بی ایمان نمیداند که بی سرنوشت است و باید از بی سرنوشتی خودش را نجات دهد. آنانیکه از عقل کار نمیگیرند و درست مسایل را نمیسنجند و گاهی پیش میروند گاهی پس، تنها به خود آسیب نمیرسانند به دیگران هم آسیب میرسانند زیرا با بی سرنوشتی خود دیگران را هم بی سرنوشت میسازند. اصول اخلاقی مدنی در زندگی شان نیست. همه مادی فکر میکنند. من، این مفسر این حالت را در خانواده ها زیاد دیده ام که یکی از طرفین بی اعتقاد بوده است و به چه چالش های که خانواده دچار نشده است. خداوند(ج) اشخاصی را دوست دارد که به اساس روش و سنت خداوند(ج) زندگی را سر و سامان میدهد و خداوند(ج) بی سر و سامانی را دوست ندارد و نمیبخشد.

بَشِّرِ ٱلْمُنَٰفِقِينَ بِأَنَّ لَهُمْ عَذَابًا أَلِيمًا (١٣٨)

معنی: به منافقان مژده بده که عذاب دردناکی در [پیشرو] دارند.

تفسیر: منافقت آن است که دل و زبان انسان یکی نیست و اینها مردم فریب هستند. اما خداوند(ج) را نمیتوانند فریب دهند. چطور میتوانیم اینها را شناسایی کنیم. حضرت رسول کریم(ص) فرموده است: وقتی سخن

میگویند دروغ میگویند. امانت را خیانت میکنند. و به وعده وفا نمیکنند. اینها آزمایش هائی است که شما میتوانید بکنید تا مردم منافق را شناسایی کنید.

ٱلَّذِينَ يَتَّخِذُونَ ٱلۡكَٰفِرِينَ أَوۡلِيَآءَ مِن دُونِ ٱلۡمُؤۡمِنِينَۚ أَيَبۡتَغُونَ عِندَهُمُ ٱلۡعِزَّةَ فَإِنَّ ٱلۡعِزَّةَ لِلَّهِ جَمِيعًا (١٣٩)

معنی: آنانیکه غیر از مؤمنان، کافران را به دوستی میگیرند، آیا عزت را نزد آنان میجویند؟ به یقین که عزت، همه نزد خداوند(ج) است.

تفسیر: در این آیه مسلمانان را هشدار میدهد تا مردم مؤمن و معتقد آنانیکه مؤمن نیستند نباید کارساز خود بگیرند. از نگاه لغوی ولی با جمع اولیا دوست معنی میدهد. اما این دوستی های عادی روزمره که ما با غیر مؤمنان هر روز کار میکنیم، نیست. هدف از اولیا در اینجا کسانی است که آنها برای ما تصمیم میگیرند. در مسایل روزمره زندگی ما هم باید محتاط باشیم زیرا نشست و برخاست با آنانیکه مؤمن نیستند مشکلات خود را خواهد داشت مخصوصاً که شخص به اعتقادات خودش ضعیف باشد. بعضی اوقات تصور میکنند که اگر با غیر مؤمن دوستی کنی صاحب عزت میشوی در حالیکه عزت نزد خداست.

وَقَدۡ نَزَّلَ عَلَيۡكُمۡ فِی ٱلۡكِتَٰبِ أَنۡ إِذَا سَمِعۡتُمۡ ءَايَٰتِ ٱللَّهِ يُكۡفَرُ بِهَا وَيُسۡتَهۡزَأُ بِهَا فَلَا تَقۡعُدُواْ مَعَهُمۡ حَتَّىٰ يَخُوضُواْ فِی حَدِيثٍ غَيۡرِهِۦۤۚ إِنَّكُمۡ إِذٗا مِّثۡلُهُمۡۗ إِنَّ ٱللَّهَ جَامِعُ ٱلۡمُنَٰفِقِينَ وَٱلۡكَٰفِرِينَ فِی جَهَنَّمَ جَمِيعًا (١٤٠)

معنی: البته [هشدار] را در این کتاب به شما نازل کرده است که وقتی شنیده میشود مورد انکار و ریشخند [غیر مؤمنان] قرار میگیرد؛ با آنها منشینید تا به سخن دیگری بپردازند چرا که در این صورت شما هم مثل آنها خواهید شد. خداوند(ج) منافقان و کافران را همه در جهنم گرد خواهد آورد.

تفسیر: با آمدن رسانه های اجتماعی یا سوشل میدیا در سطح جهانی آنانیکه ایمان ندارند میخواهند مخالفت خود را علنی و غیر علنی به اسلام نشان دهند. غرب خواه مخواه این را آزادی فکر و آزادی مطبوعات میداند. مسلمانان اگر کنترول کنند تاپه دیکتاتوری میخورند و این یک واقعیت است که ما نمیتوانیم دین را با دیکتاتوری مواظبت کنیم و یا از گلوی مردم بگیریم و این رویه راه اسلام نیست. قرآن تصریح دارد که با آنانیکه

دین اسلام را به مسخره میگیرند یکجا نشوید مگر اینکه موضوع صحبت را تغییر دهند. وظیفه مسلمانان در این حالت که دین را ریشخند میکنند این است که اول مجلس را ترک گویند و در مسأله سوشل میدیا خود را خاموش گیرند زیرا جواب ابله ها خاموشی است و دوم اعمالی را انجام دهند که مخالفین شرمنده شوند مثلاً کمک علنی به بینوایان، دایر کردن کورس های مبارزه با بیسوادی، حقوق زنان را محترم شمردن و هر کار نیکو که بتواند مخالفین را شرمنده سازد. در عین زمان ما باید از نشست و برخاست با آنانیکه ایمان ندارند دوری کنیم زیرا ضیاع وقت است. مردمی که با هم دوست میشوند اکثراً به خاطر زبان مشترک و یا علایق مادی است و اما اسلام به ما تدریس میکند به گفته مولانا که همدلی از همزبانی بهتر است. مادیات امروز است و فردا نی و دیده شده که مادیات مردم را زیاد تر دشمن ساخته از اینکه دوست ساخته باشد.

ٱلَّذِينَ يَتَرَبَّصُونَ بِكُمْ فَإِن كَانَ لَكُمْ فَتْحٌ مِّنَ ٱللَّهِ قَالُوٓا۟ أَلَمْ نَكُن مَّعَكُمْ وَإِن كَانَ لِلْكَٰفِرِينَ نَصِيبٌ قَالُوٓا۟ أَلَمْ نَسْتَحْوِذْ عَلَيْكُمْ وَنَمْنَعْكُم مِّنَ ٱلْمُؤْمِنِينَ فَٱللَّهُ يَحْكُمُ بَيْنَكُمْ يَوْمَ ٱلْقِيَٰمَةِ وَلَن يَجْعَلَ ٱللَّهُ لِلْكَٰفِرِينَ عَلَى ٱلْمُؤْمِنِينَ سَبِيلًا (١٤١)

معنی: [منافقان] آنهائی هستند که منتظر هستند اگر به شما پیروزی نصیب شود میگویند مگر ما با شما نبودیم و اگر برای کفار نصیبی باشد گویند مگر ما شما را از گروه مؤمنان باز نمیداشتیم. خداوند(ج) در روز آخرت بین شما حکم خواهد کرد و هرگز برای کافران نسبت به مؤمنان راه تسلط را قرار نداده است.

تفسیر: منافقان چون ایمان ندارند هم به نعل میزنند و هم به میخ. هر جا که منافع اقتصادی و اجتماعی و سیاسی شان مطرح باشد به همان سو میروند. در عین زمان مردم را برای منافع خود شان تحریک میکنند. بسیار مردم خطرناک هستند زیرا در هر حالت قیافه شان تغییر میخورد. مسلمانان وقتی فریب منافقان را میخورند که از اصول اساسی دین خود بیرون شوند اما اگر مسلمانان با ثبات باشند هرگز منافقت منافقین کارگر نمی افتد. در آخرت جوابگو هستند.

إِنَّ ٱلْمُنَٰفِقِينَ يُخَٰدِعُونَ ٱللَّهَ وَهُوَ خَٰدِعُهُمْ وَإِذَا قَامُوٓاْ إِلَى ٱلصَّلَوٰةِ قَامُواْ كُسَالَىٰ يُرَآءُونَ ٱلنَّاسَ وَلَا يَذْكُرُونَ ٱللَّهَ إِلَّا قَلِيلًا (١٤٢)

معنی: منافقین [تصور میکنند] که خدا(ج) را فریب میدهند در حالیکه خدا(ج) ایشان را [با تدبیر خود] به حیرت می اندازد [زیرا خداوند(ج) را کسی فریب داده نمیتواند]؛ چون به نماز بایستند به کسالت بر میخیزند. با مردم ریاکاری میکنند و خدا(ج) را جز اندکی یاد نمیکنند.

تفسیر: آیه در مورد منافقین است که ما باید بیاموزیم و متوجه باشیم. منافقین از نگاه جامعه شناسی اسلامی دو نوع است: توحیدی و اجتماعی. منافقین توحیدی آنانی هستند که در دل به خداوند(ج) ایمان ندارند و برای فریب مردم تظاهر میکنند و اما منافقین اجتماعی میتواند مسلمان باشد و اما ریا کارو دروغگوی. اینها به کسالت به نماز می ایستند و در مسایل اجتماعی مردم را فریب میدهند. به نعل و به میخ میزند. نکتۀ که در ترجمه های این آیت در تفاسیر مختلف دیده میشود که مترجم از نگاه ادب زبان فارسی یا خداوند(ج) را نیرنگ زن ترجمه کرده و یا فریب دهنده. العیاذ بالله! اینجاست که مفسر قرآن و مترجم قرآن (با اینکه قرآن چون آیه است ترجمه نمیشود زیرا ترجمه از زبان انسان به انسان است) باید دقت کند تا مفهوم آیه را به خواننده برساند نه اینکه تحت الفظ ترجمه شود.

مُّذَبْذَبِينَ بَيْنَ ذَٰلِكَ لَآ إِلَىٰ هَٰٓؤُلَآءِ وَلَآ إِلَىٰ هَٰٓؤُلَآءِ ۚ وَمَن يُضْلِلِ ٱللَّهُ فَلَن تَجِدَ لَهُۥ سَبِيلًا (١٤٣)

معنی: بین این و آن مردد هستند. [اساساً] نه با آن گروه هستند و نه با این گروه. و خدا(ج) هر که را گمراه کند هرگز برای او راه نجات نخواهی یافت.

تفسیر: گروه منافقین، مردم ثابت قدم نیستند. هر جا مفاد شان باشد مانند دانه ماش همانسو لول میخورند. گاهی با شما هستند و گاهی با طرف مقابل. این برای این است که منافق از خود یک اندیشه اخلاقی زندگی ندارد. اینها خود شان خود را با عدم پذیرش ایمان گمراه کرده اند. زیرا حق از باطل برای شان گفته شد و اما قبول نمیکنند. وقتی قبول نمیکنند خداوند(ج) آنها را در همان گمراهی که خود انتخاب کرده اند به حال شان میگذارد و راه نجات ندارند.

يَـٰٓأَيُّهَا ٱلَّذِينَ ءَامَنُوا۟ لَا تَتَّخِذُوا۟ ٱلْكَـٰفِرِينَ أَوْلِيَآءَ مِن دُونِ ٱلْمُؤْمِنِينَ ۚ أَتُرِيدُونَ أَن تَجْعَلُوا۟ لِلَّهِ عَلَيْكُمْ سُلْطَـٰنًا مُّبِينًا (١٤٤)

معنی: ای کسانیکه ایمان آورده اید کافران را به جای مؤمنان ولی خود نگیرید. آیا میخواهید در پیشگاه خداوند(ج) بر علیه خود تان ثبوت واضح و روشن فراهم کنید؟

تفسیر: ما باید در زندگانی دنیا کاری نکنیم که در آخرت بر علیه خود ما یک دستاویز فراهم کرده باشیم. خداوند(ج) هشدار میدهد که کفار را ولی تان یعنی کارساز تان نگیرید. ما باید در مقابل کفار و اهل کتاب که آنها کافر نیستند موقف خود را داشته باشیم و با اساس هدایات الهی با ایشان روابط داشته باشیم تا صدمه نبینیم و مورد استثمار قرار نگیریم.

إِنَّ ٱلْمُنَـٰفِقِينَ فِى ٱلدَّرْكِ ٱلْأَسْفَلِ مِنَ ٱلنَّارِ وَلَن تَجِدَ لَهُمْ نَصِيرًا (١٤٥)

معنی: بدون شک منافقین در پست ترین طبقه آتش قرار دارند و هرگز برای آنها مددگاری نمی یابی.

تفسیر: باید بدانیم که موقف آنانیکه در منافقت حیات به سر میبرند بسیار خطرناک است زیرا اینها هم تصور میکنند مردم را فریب دهند و هم خداوند(ج) را، در حالیکه خداوند(ج) از اعمال و کردار شان آگاه است و به سزای منافقت شان میرسد. وقتی منافق را شناسایی کردید از او دوری کنید.

إِلَّا ٱلَّذِينَ تَابُوا۟ وَأَصْلَحُوا۟ وَٱعْتَصَمُوا۟ بِٱللَّهِ وَأَخْلَصُوا۟ دِينَهُمْ لِلَّهِ فَأُو۟لَـٰٓئِكَ مَعَ ٱلْمُؤْمِنِينَ ۖ وَسَوْفَ يُؤْتِ ٱللَّهُ ٱلْمُؤْمِنِينَ أَجْرًا عَظِيمًا (١٤٦)

معنی: مگر کسانیکه توبه کردند و خود را اصلاح کردند و به خداوند(ج) توسل جستند و دین خدا(ج) را خالصانه [قبول کردند] پس آنها با مؤمنان هستند و خداوند(ج) به مؤمنان اجر بزرگ خواهد داد.

تفسیر: در توبه همیشه باز است و خداوند(ج) به بندگانی که جایز الخطا هستند غفور و رحیم است. فرصت ها را مهیا میسازد. هدایات روشن است. در دین اکراه نیست. فقط راه هدایت است اگر کسی میخواهد هدایت شود و اگر نمیخواهد هدایت شود باید نتیجه اندیشه خود را جوابگو باشد زیرا خودش مسئول است. آنانیکه توبه میکنند، با مؤمنان هستند و تشویش نداشته باشند.

مَّا يَفْعَلُ ٱللَّهُ بِعَذَابِكُمْ إِن شَكَرْتُمْ وَءَامَنتُمْ ۚ وَكَانَ ٱللَّهُ شَاكِرًا عَلِيمًا ﴿١٤٧﴾

معنی: خداوند(ج) به عذاب [مردم] کاری ندارد وقتی شما شکر گزار باشید و ایمان بیاورید. خداوند(ج) حق شناس آگاه [در امور] است.

تفسیر: ما با خداوند بسیار غفور و رحیم طرف هستیم. خدای عادل و خدای که حق شناس مردم است. هرگز مردم را عذاب نمیکند اگر مردم شاکر باشند و ایمان بیاورند. زیرا بی ایمانی باعث بربادی جامعهٔ انسانی میشود و از همین سبب خداوند(ج) سخت میگیرد زیرا او حامی خلقت خود است و نمیخواهد به ملکیت او که جامعه انسانی و طبیعت است صدمه برسد.

جزء ششم

۞ لَّا يُحِبُّ ٱللَّهُ ٱلْجَهْرَ بِٱلسُّوٓءِ مِنَ ٱلْقَوْلِ إِلَّا مَن ظُلِمَ وَكَانَ ٱللَّهُ سَمِيعًا عَلِيمًا (١٤٨)

معنی: خداوند(ج) دوست ندارد که کسی به طورعلنی بدی دیگران را گوید مشروط بر اینکه بر او ظلم شده باشد. و خداوند(ج) شنوا و دانا است.

تفسیر: دین اسلام، دین تربیه مدنی و اخلاقی است. اول اینکه غیبت در اسلام حرام است و از گناه های کبیره است. دوم اینکه دیگران را به بدی یاد کردن سویۀ پایان فرهنگی شخص را نشان میدهد. معلوم میشود که شخص عقده دارد و یا حسود است که به بدی یاد میکند. امروز در رسانه های اجتماعی یا«سوشل میدیا» این رواج پیدا کرده است که مردم دیگران را به بدی یاد میکنند که این یک رویۀ اخلاقی نیست. تنها راهی که یک شخص میتواند به آواز بلند کسی را ملامت کند وقتی است که بالای او ظلم صورت گرفته باشد. در همین حالت هم، روابط اجتماعی ایجاب میکند که اول با شخصی که مرتکب ظلم شده صحبت شود و اگر موضوع حل نشد باید به قانون مراجعه کند. پیشوای اسلام فرموده است که مؤمن آن است که مردم از دست و زبانش در امان باشند. پس ما نباید در هیچ صورت از جادۀ اخلاق و کرامت انسانی خارج شویم.

إِن تُبْدُوا۟ خَيْرًا أَوْ تُخْفُوهُ أَوْ تَعْفُوا۟ عَن سُوٓءٍ فَإِنَّ ٱللَّهَ كَانَ عَفُوًّا قَدِيرًا (١٤٩)

معنی: اگر نیکی را آشکار کنید یا پنهان دارید، یا از بدی درگذرید البته خداوند(ج) بخشاینده ای تواناست.

تفسیر: مردم میتوانند که نیکی ها را آشکار کنند اما این هم یک شرط دارد که اگر شما به کسی نیکی میکنید نباید طرف مقابل حس کند که شما میخواهید او مدیون شما باشد و یا نیکی را به شکل طعنه آمیز یاد کنید. در این حالت است که نه تنها که شما از عمل نیک تان ثواب کمایی نمیکنید بلکه شامل گناه هم میشوید زیرا طعنه دادن و به رُخ مردم کشیدن کار شایسته نیست. همچنان، اگر شما از بدی کسی میگذرید، این شخصیت بالای شما را که صبر و بردباری دارید نشان میدهد. گذشت یک صفت بسیار والای انسانی است.

إِنَّ ٱلَّذِينَ يَكۡفُرُونَ بِٱللَّهِ وَرُسُلِهِۦ وَيُرِيدُونَ أَن يُفَرِّقُواْ بَيۡنَ ٱللَّهِ وَرُسُلِهِۦ وَيَقُولُونَ نُؤۡمِنُ بِبَعۡضٍ وَنَكۡفُرُ بِبَعۡضٍ وَيُرِيدُونَ أَن يَتَّخِذُواْ بَيۡنَ ذَٰلِكَ سَبِيلًا (١٥٠)

معنی: آنانیکه به خدا(ج) و پیامبران(ص) او کُفر میورزند و بین خدا(ج) و پیامبران(ص) جدایی قایل شوند و میگویند به بعضی ایمان داریم و به برخی ایمان نداریم و میخواهند یک راه جدا را انتخاب کنند.

تفسیر: کسانیکه خداوند(ج) را قبول دارند پس پیامبران(ص) او را هم قبول دارند. پیامبران(ص) همه یک رسالت داشتند و رسالت شان تبلیغ پیام توحید و خداشناسی بود. هستند مردمانی که میگویند ما قرآن را قبول داریم و اما پیامبر(ص) را قبول نداریم. استغفرالله! همین پیامبران(ص) بودند که پیام الهی را به ما رساندند. پس ما چطور میتوانیم که از ایشان انکار کنیم؟ امروز پیامبران(ص) در بین جامعهٔ بشری نیستند و اما سنت های شان است که در صورتیکه مطابقت به قرآن داشته باشد ما باید پیروی کنیم. راه دومی وجود ندارد که ما انتخاب کنیم و خدا(ج) و پیامبران(ص) را از هم جدا ببینیم. پیامبران(ص) نه تنها رسالت خدا پرستی را دارند بلکه بنیانگزار فرهنگ انسانیت هستند و ما از ایشان فرهنگ انسانیت را آموختیم.

أُوْلَـٰٓئِكَ هُمُ ٱلۡكَـٰفِرُونَ حَقّٗاۚ وَأَعۡتَدۡنَا لِلۡكَـٰفِرِينَ عَذَابٗا مُّهِينٗا (١٥١)

معنی: آنان به راستی کافرند و ما برای کافران عذاب توهین آمیزی آماده کرده ایم.

تفسیر: به ادامهٔ آیهٔ قبلی کسانیکه خدا(ج) و پیامبر(ص) را قبول ندارد و یا پیامبران(ص) را به حیث رسولان خدا(ج) در زمین نمی بیند، اینها براستی کافر هستند و خداوند(ج) برای همچو مردم عذاب بزرگ آماده کرده است. اساساً اوئیکه پیامبر(ص) را قبول ندارد، خدا(ج) را قبول ندارد زیرا پیامبر(ص) فرستادهٔ خداست، هشدار میدهد که به عذاب توهین آمیز و رسوا کننده دچار خواهند شد. وقتی ما سلسلهٔ پیامبران(ص) را که همه آورندهٔ پیام توحید هستند انکار میکنیم اینجاست که اصالت توحید را انکار میکنیم که همه نظام از جانب خداوند(ج) طرح شده است و برای نظم و اخلاق و انسجام نظام بشری پیامبران(ص) را فرستاد. همچنان، یکی از ارکان رکن ایمان اعتقاد به خداوند(ج) و پیامبران(ص) است.

وَالَّذِينَ ءَامَنُواْ بِٱللَّهِ وَرُسُلِهِۦ وَلَمْ يُفَرِّقُواْ بَيْنَ أَحَدٍ مِّنْهُمْ أُوْلَٰٓئِكَ سَوْفَ يُؤْتِيهِمْ أُجُورَهُمْۗ وَكَانَ ٱللَّهُ غَفُورًا رَّحِيمًا (۱۵۲)

معنی: و کسانیکه به خدا(ج) و پیامبران(ص) او ایمان آوردند و میان هیچ یک از آنها تفاوت قایل نشدند اجر آنها را خواهد داد که خداوند(ج) آمرزنده ای مهربان است.

تفسیر: همه پیامبران(ص) یک رسالت داشتند و آن عبارت بود از خدا پرستی. خواه مخواه تفاوت دروظایف پیامبران(ص) در زمان مختلف که آمده اند وجود دارد. مسئوولیت های شان تفاوت داشت. اما رسالت همانا خدا پرستی بوده است. این آیه به یهود و نصارا گفته شده است که یهودان حضرت عیسی (ع) را به رسمیت نمی شناختند.

يَسْـَٔلُكَ أَهْلُ ٱلْكِتَٰبِ أَن تُنَزِّلَ عَلَيْهِمْ كِتَٰبًا مِّنَ ٱلسَّمَآءِۚ فَقَدْ سَأَلُواْ مُوسَىٰٓ أَكْبَرَ مِن ذَٰلِكَ فَقَالُوٓاْ أَرِنَا ٱللَّهَ جَهْرَةً فَأَخَذَتْهُمُ ٱلصَّٰعِقَةُ بِظُلْمِهِمْۚ ثُمَّ ٱتَّخَذُواْ ٱلْعِجْلَ مِنۢ بَعْدِ مَا جَآءَتْهُمُ ٱلْبَيِّنَٰتُ فَعَفَوْنَا عَن ذَٰلِكَۚ وَءَاتَيْنَا مُوسَىٰ سُلْطَٰنًا مُّبِينًا (۱۵۳)

معنی: اهل کتاب از تو میخواهند که [یکباره] از آسمان کتابی نازل کنی، البته از موسی(ع) بزرگتر از این را تقاضا کردند و گفتند: خدا(ج) را آشکارا به ما نشان بده! پس به جزای ظلم شان صاعقه آنها را فرا گرفت. آنگاه پس از آن همه معجزه های روشن که برای شان آمده بود گوساله را به پرستش گرفتند و ما از این گناه های شان در گذشتیم و به موسی(ع) حجتی آشکار عطا کردیم.

تفسیر: خداوند(ج) خودش را با علایم گوناگون خلقت خود به انسان نشان داده است. اما اینکه انسان توقع کند که او را با چشم فزیکی ببیند محال است زیرا خدا(ج) ماده نیست که او را با چشم دید. خدا(ج) جسم نیست که با چشم مادی که ما داریم او را ببینیم. خدا(ج) یک معنی واقعی در جهان هستی است و با معنی درک میشود. خداوند(ج) معجزات را آشکار نشان داد و اما قوم یهود همیش مثل لجاجت به خرج دادند و نخواستند که واقعیت را قبول کنند. به خاطر خواست نا معقول شان آنها را صاعقه گرفت. ایشان گوساله پرستی را شروع کردند. خداوند(ج) به حضرت موسی(ع) برتری رهبری میدهد تا بساط گوساله پرستی چیده شود.

وَرَفَعۡنَا فَوۡقَهُمُ ٱلطُّورَ بِمِيثَٰقِهِمۡ وَقُلۡنَا لَهُمُ ٱدۡخُلُواْ ٱلۡبَابَ سُجَّدٗا وَقُلۡنَا لَهُمۡ لَا تَعۡدُواْ فِى ٱلسَّبۡتِ وَأَخَذۡنَا مِنۡهُم مِّيثَٰقًا غَلِيظٗا (١٥٤)

معنـی: و کـوه طور را بـه خاطر عهدی کـه کردنـد بـالای شـان قـرار دادیـم و بـه آنها گفتیـم: بـا تواضـع از ایـن دروازه داخـل شـویـد و گفتیـم کـه روز شنبـه را تعدی نکنید و از ایشان پیمان محکم گرفتیم.

تفسیر: موضوع کـوه طور و قـرار گرفتـن کـوه بـالای یهـودان در سـوره بقـره آیـات ۶۳ و ۶۴ بحث شـد. در ایـن آیـه اشـاره بـه دروازه ای بیـت المقـدس است کـه بـرای اینکـه از گناهـان توبـه کـرده باشـند خداونـد(ج) خواسـت کـه از ایـن دروازه بـا تواضـع و خشـوع داخـل شـوند. روز شـنبـه در دریـا بـه صیـد ماهـی نپردازنـد و تعـدی و ظلـم نکننـد. امـا یهـودان بـه ایـن پیمـان هـا وفـا نکردنـد بـا اینکـه تعهـد کـرده بودنـد. در دیـن یهـود روز شـنبـه، روز اسـتراحت اسـت. شـنبـه روز هفتـم هفتـه اسـت و یهـودان اعتقـاد دارنـد کـه خداونـد(ج) بعـد از ختـم خلقـت در ایـن روز اسـتراحت کـرد امـا روز شـنبـه از سـیاره«سَتَرن» گرفتـه شـده اسـت کـه زُحل اسـت و رومـی هـا ایـن روز را در قـرن دوم نامگـذاری کـرده انـد.

فَبِمَا نَقۡضِهِم مِّيثَٰقَهُمۡ وَكُفۡرِهِم بِـَٔايَٰتِ ٱللَّهِ وَقَتۡلِهِمُ ٱلۡأَنۢبِيَآءَ بِغَيۡرِ حَقّٖ وَقَوۡلِهِمۡ قُلُوبُنَا غُلۡفُۢ بَلۡ طَبَعَ ٱللَّهُ عَلَيۡهَا بِكُفۡرِهِمۡ فَلَا يُؤۡمِنُونَ إِلَّا قَلِيلٗا (١٥٥)

معنـی: پـس بـه جـزای پیمـان شـکنی شـان و ناسپاسـی و انکـار بـه آیـات خدا(ج) و کشـتن پیامبـران(ص) بـه نـا حـق و بـه خاطـر سـخنان شـان کـه [گفتنـد] دل هـای مـا در غـلاف اسـت، خـدا(ج) بـه خاطـر ناسپاسـی شـان بـه دلهـای آنهـا مهُـر زد و بـه جـز از یـک تعـداد کـم شـان ایمـان نمـی آورنـد.

تفسیر: ایـن آیـه کـه بـرای یهـودان نـازل شـده اسـت بـرای مـا مسـلمانان نهایـت ارزنـده اسـت. اول ناسپاسـی کـه گنـاه عظیـم اسـت و بایـد هیـچ مسـلمان نـه تنهـا بـه خداونـد(ج) بلکـه بـه مـردم ناسپـاس نباشـد. رسـول کریـم(ص) فرمـوده اسـت: «کسـیکه سـپاس مـردم را بـه جـا نکـرد سـپاس خداونـد(ج) را بـه جـا کـرده نمیتوانـد.» دوم، ناسپاسـی و انکـار آیـات کـه میتوانـد کُفـر بـالله شـود و نـا بخشـودنی اسـت زیـرا انسـان از دایـره خلقـت خـودش خـارج میکنـد و ایـن تبـاه کننـده اسـت. انسـان جـزء همیـن خلقـت اسـت نـه اینکـه خـودش خـود را خلـق کـرده باشـد و یـا یـک خـدای دیگـر او را خلـق کـرده باشـد. یهـودان بـرای حفـظ منافـع خـود و اینکـه همـه چیـز خـود شـان هسـتند پیامبـران(ص) را

قبـول نمیکردنـد و حتـی بـا دسیسـه هـا بـه قتـل میرسـاندند و ایـن گنـاه بـزرگ دیگر است که نابخشودنی است. میگفتند که در دل های شان یک پرده است یعنی از کبر و غرور و ناسپاسی سخنان پیامبـران(ص) را نمی شنیدند و حتـی آنهـا را بـه قتـل میرسـاندند. خداونـد(ج) میگویـد کـه در دل هـای شـان مهُـر زده شـده اسـت و خـود شـان باعـث ایـن بدبختـی شـان شـده انـد. راسـتی وقتـی امـروز مـی بینیـم یهـودان مـردم بسـیار پیشـرفته و لایـق هسـتند و امـا از عدالـت بـه دور هسـتند. قضیـه فلسطیـن مثـال بـزرگ اسـت. پـول و ثـروت دارنـد و امـا آرام نیسـتند و مشـکلات گوناگـون دارنـد. یهـودان مردمـی هسـتند کـه بـه آخـرت قسـمیکه مسلمانـان اعتقـاد دارنـد، اعتقـاد ندارنـد و از همیـن سـبب در مسـایل متجـاوز هسـتند زیـرا اعتقـاد ندارنـد کـه در آخـرت جوابگـو هسـتند.

وَبِكُفْرِهِمْ وَقَوْلِهِمْ عَلَىٰ مَرْيَمَ بُهْتَٰنًا عَظِيمًا (١٥٦)

معنـی: و بـه سـبب کُفـر شـان و سـخن نادرسـتی کـه بُهتانـی بـه حضـرت بـی بـی مریـم زدنـد.

تفسـیر: یهـودان چـون بـه حکمـت خداونـد(ج) اعتقـاد نداشـتند کـه خداونـد(ج) قـادر اسـت هـر کاری را بکنـد چنانچـه حضـرت بـی بـی مریـم بـدون اینکـه شـوهر داشـته باشـد بـاردار شـد، بـه او تُهمـت ناباکاری را زدنـد. یعنـی بـرای حفـظ موقـف خـود از دروغ، تُهمـت و قتـل کار میگرفتنـد. مسـایلی کـه همـه در هر دین حرام است.

وَقَوْلِهِمْ إِنَّا قَتَلْنَا ٱلْمَسِيحَ عِيسَى ٱبْنَ مَرْيَمَ رَسُولَ ٱللَّهِ وَمَا قَتَلُوهُ وَمَا صَلَبُوهُ وَلَٰكِن شُبِّهَ لَهُمْ ۚ وَإِنَّ ٱلَّذِينَ ٱخْتَلَفُوا۟ فِيهِ لَفِى شَكٍّ مِّنْهُ ۚ مَا لَهُم بِهِۦ مِنْ عِلْمٍ إِلَّا ٱتِّبَاعَ ٱلظَّنِّ ۚ وَمَا قَتَلُوهُ يَقِينًۢا (١٥٧)

معنـی: و سـخن ایشـان کـه مـا مسـیح عیسـی بن مریم پیامبر خدا(ج) را کشـته ایـم حـال آنکـه او را نکشـتند و نـه بـه دار زدنـد بلکـه بـر ایشـان امـر مشـتبه شـد و کسـانیکه در بـاره او اختـلاف کردنـد، بـدون شـک در مـورد آن دچـار شـک شـده انـد و هیـچ علمـی بـر آن ندارنـد جـز آنکـه از حـدس و گمـان پیـروی میکننـد.

تفسـیر: یهـودان ادعـا کردنـد کـه عیسـی(ع) را بـه دار زدنـد و کشـتند. در اینجـای شـک نبـود کـه یهـودان یـک دسیسـه بـرای قتـل حضـرت عیسـی(ع) طـرح کـرده بودنـد و امـا خداونـد(ج) طـرح شـانرا خنثـی کـرد و بـه جـای حضـرت عیسـی(ع) کسـی دیگـر را عوضـی گرفتنـد و حضـرت عیسـی(ع) چـون

در حمایهٔ پروردگار بود به آسمان برده شد نه اینکه کشته شده باشد. امروز عقیدهٔ همه عیسویان همین است که عیسی(ع) بدار زده شده است و بعد از سه روز دوباره زنده شده است و با حواریون سخن گفته و غذا صرف کرده و بعد دوباره به آسمان رفته است. قرآن این داستان ها را خیالبافی و دور از حقیقت میداند. قرآن میگوید اینکه به حدس و گمان سخن میگویند و حقیقت را نمیدانند و در این مورد علم ندارند. به هر حال ما مسلمانان با اینکه میدانیم که آنها یعنی عیسویان با حدس و گمان که در اسلام حرام است به غلط رفتند، ایشان را منحیث پیروان حضرت عیسی(ع) قبول و احترام داریم. ما حق نداریم ایشان را کافر خطاب کنیم و یا به دینی که خود جوابگو هستند بی احترامی کنیم. مخصوصاً که در معاینهٔ سنت کاترین پیشوای اسلام ایشان را برادر خطاب کرده است و در فرهنگ اسلامی اهل ذمه یاد میشوند یعنی عیسویان و یهودان هر دو زیر حمایهٔ مسلمانان قرار دارند وقتی در قلمرو مسلمانان زندگی دارند.

بَل رَّفَعَهُ ٱللَّهُ إِلَيْهِ وَكَانَ ٱللَّهُ عَزِيزًا حَكِيمًا (۱۵۸)

معنی: بلکه خداوند(ج) او را به سوی خود رفعت داد و خداوند(ج) توانا و با حکمت است.

تفسیر: خداوند(ج) نگذاشت تا حضرت عیسی(ع) را به قتل برسانند و او را به سوی خود برکشید. رفعه بالا بردن، بلندی، تکریم، تعظیم، بزرگواری و جلال و عزت معنی میدهد. اما در اینجا رفعه یعنی او را به عزت و تکریم و جلال به پیش خود خواند. در مورد مردن دقیق حضرت عیسی(ع) نظرات گوناگون وجود دارد. اما جمهور علما را عقیده بر این است که زنده است و در نزد خداست. مهم این است که برای خداوند(ج) هیچ کاری مشکل نیست و قادر و توانا و دانای مطلق است.

وَإِن مِّنْ أَهْلِ ٱلْكِتَٰبِ إِلَّا لَيُؤْمِنَنَّ بِهِۦ قَبْلَ مَوْتِهِۦ وَيَوْمَ ٱلْقِيَٰمَةِ يَكُونُ عَلَيْهِمْ شَهِيدًا (۱۵۹)

معنی: و از اهل کتاب کسی نیست مگر آنکه قبل از مرگش ایمان می آورد و در روز قیامت [عیسی(ع) هم] بر آنان شاهد خواهد بود.

تفسیر: در ادامهٔ آیهٔ قبلی می بینیم که از زنده بودن حضرت عیسی(ع) قرآن سخن میگوید. در مورد اینکه جسماً زنده است و یا روحاً، اختلاف نظر است. اما واقعیت این است که هیچ کس به شمول پیامبران(ص) از

مرگ جسمی رهایی نداشته اند. هر نفس که تولد شده باشد مزهٔ مرگ را می چشد. پس روحاً زنده است و اما برای خداوند(ج) آسان است که او را جسماً هم زنده کند. زندگی حضرت عیسی (ع) آسان است که یک معجزه بود و در عین زمان تمثیل قدرت خداوند(ج) با مسایلی که در زندگی کوتاه او رُخ داد. داستان حضرت عیسی(ع) به ما میگوید که زندگی پیامبران را به بازی نگیرید. داستان به ما میگوید که قدرت خداوند(ج) را دست کم نگیرید. ما مسلمانان به همه پیامبران اعتقاد راسخ داریم در غیر آن مؤمن نخواهیم بود. درس بزرگ در رسالت حضرت عیسی(ع) نهفته است که برای تبلیغ حق و حقیقت جان شما در خطر میباشد و اما اگر نیت شما پاک و بی آلایش است که خداوند(ج) از آن میداند شما در حمایهٔ پروردگار قرار دارید و نباید تشویش داشته باشید.

فَبِظُلْمٍ مِنَ ٱلَّذِينَ هَادُوا۟ حَرَّمْنَا عَلَيْهِمْ طَيِّبَٰتٍ أُحِلَّتْ لَهُمْ وَبِصَدِّهِمْ عَن سَبِيلِ ٱللَّهِ كَثِيرًا (١٦٠)

معنی: به سبب ظلمی که از طرف [یهودان] سَر زد و به سبب آنکه بسیار [مردم] را از راه خدا(ج) باز داشتند چیزهای پاکیزه را که بر آنان حلال شده بود حرام ساختیم.

تفسیر: این آیه بسیار آموزنده است و آن اینکه ظلم در حق مردم و مردم را بیراه ساختن کار نابخشودنی است. برای اینکه یهودان را به خاطر اعمال بد شان سرزنش کرده باشد بعضی از گوشت ها را مانند گوشت شتر، خرگوش، گوسفند و بُز برای شان حرام شد. باید بدانیم که در شریعت اسلام حق حرام کردن را تنها خداوند(ج) دارد و بس. خداوند(ج) چیز هائی را که حرام کرده است هرگز برای مسلمانان حلال نمیشود مانند گوشت خوک. ناگفته نماند که در شریعت یهود گوشت خوک هم حرام است. نکتهٔ مهم در این آیه این است که ما نباید مردم را برای مقاصد شخصی و سیاسی و اقتصادی خود بیراه کنیم چنانچه در بین مسلمانان رواج یافته است. به روی مردم نمیتوان خاک پاشید و حقیقت را مانند یهودان پنهان کرد.

وَأَخْذِهِمُ ٱلرِّبَوٰا۟ وَقَدْ نُهُوا۟ عَنْهُ وَأَكْلِهِمْ أَمْوَٰلَ ٱلنَّاسِ بِٱلْبَٰطِلِ ۚ وَأَعْتَدْنَا لِلْكَٰفِرِينَ مِنْهُمْ عَذَابًا أَلِيمًا (١٦١)

معنی: و به سبب سود خوری شان با اینکه از آن منع شده بودند و به

سبب اینکه مال مردم را به ناحق میخوردند، ما برای کافران عذاب دردناکی آماده کرده ایم.

تفسیر: یکی از کار های استثمارگر یهودان سود خوری است. یهودان از سود منع شده بودند. حضرت عیسی(ع) سود را حرام دانسته بود. سود برای بار سوم در قرآن حرام ساخته شد اما یهودان از این عمل ناشایسته و استثماری دست نکشیدند چون در طول تاریخ یهودان به اندوختن سرمایه شدید علاقمند بودند و تصور شان همین است که تنها پول است که زندگی انسانی را میسازد. همه بانک هائی که ظهور کرد به اساس سود است. سود جهان را شدید فقیر ساخته است. کشور های رو به انکشاف هرگز انکشاف نمیکنند، یک دلیل آن به خاطر سود بانکی است. امپریالیزم جهانی اساس آن سود است. همه سرمایه جهان را یک در صد از بزرگترین سرمایه داران هستند کنترول میکنند. وقتی کشور رو به انکشاف سود را پرداخت کرده نتوانست توقع شان دسترسی به ذخایر معدنی به نفع خود شان است. افریقا بالخصوص قربانی نژاد پرستی و سود شده است. بانک جهانی یک مرکز امپریالیستی است که کشور ها را زیر قرض گور کرده است و از طریق قرض سیاست های کشور ها را کنترول میکنند. 44.81 در صد امریکایی ها در سال 2020 قرض کرده اند. دلیل عمدهٔ قرض شان این بوده که قرض های گذشته را تادیه کنند. نظام اقتصادی سود خوری مردم را مطلق گروگان گرفته است و این حرص یهود است که به جهانیان عرضه کرده اند. یک مسلمان باید کوشش کند تا قرضدار نباشد و اگر مجبور میشود که قرض کند باید به همان اندازه قرض کند که به زودی تادیه کند. مسلمانان نباید قربانی اهداف استثماری نظام های امپریالیستی شوند.

لَّٰكِنِ ٱلرَّٰسِخُونَ فِى ٱلْعِلْمِ مِنْهُمْ وَٱلْمُؤْمِنُونَ يُؤْمِنُونَ بِمَآ أُنزِلَ إِلَيْكَ وَمَآ أُنزِلَ مِن قَبْلِكَ ۚ وَٱلْمُقِيمِينَ ٱلصَّلَوٰةَ ۚ وَٱلْمُؤْتُونَ ٱلزَّكَوٰةَ وَٱلْمُؤْمِنُونَ بِٱللَّهِ وَٱلْيَوْمِ ٱلْءَاخِرِ أُوْلَٰٓئِكَ سَنُؤْتِيهِمْ أَجْرًا عَظِيمًا (162)

معنی: ولی کسانی از ایشان که درعلم استوار است، بدانچه بر تو نازل شده و آنچه پیش از تو نازل شده ایمان دارند؛ [به] نمازگزاران، و زکات دهندگان و مؤمنان که به خدا(ج) و روز آخرت ایمان دارند همه را پاداش بزرگ خواهیم داد.

تفسیر: گفتیم که سود خوری در ادیان ابراهیمی منع قرار داده شده است

و این نکته را که چرا سود خوری حرام ساخته شده است تنها آنهائی میدانند که در علم اجتماع و اقتصاد دانا و استوار هستند. مردم عادی همه چیز را کورکورانه تعقیب میکند. قرآن مجید مکمل کتاب های پیشین است که ما مسلمانان به آن اعتقاد داریم. خداوند(ج) به کسانی پاداش میدهد که بدون ریا نمازگزار و زکات دهنده هستند و به روز آخرت و روز باز خواست اعتقاد دارند. یهودان در مسأله ی روز آخرت که جوابگو هستند اعتقاد ندارند. در دین یهود در بارهٔ آخرت نظریات گوناگون وجود دارد.

﴿ إِنَّا أَوْحَيْنَا إِلَيْكَ كَمَا أَوْحَيْنَا إِلَىٰ نُوحٍ وَٱلنَّبِيِّـۧنَ مِنۢ بَعْدِهِۦ ۚ وَأَوْحَيْنَا إِلَىٰٓ إِبْرَٰهِيمَ وَإِسْمَٰعِيلَ وَإِسْحَٰقَ وَيَعْقُوبَ وَٱلْأَسْبَاطِ وَعِيسَىٰ وَأَيُّوبَ وَيُونُسَ وَهَٰرُونَ وَسُلَيْمَٰنَ ۚ وَءَاتَيْنَا دَاوُۥدَ زَبُورًا (١٦٣)

معنی: ما به تو وحی کردیم همانطور که به نوح(ع) و پیامبران(ص) بعد از او، وحی کردیم [چنانچه] به ابراهیم و اسماعیل و اسحاق و یعقوب و اولادهٔ او و عیسی و ایوب و یُونس و هارون و سلیمان وحی فرستادیم و به داود زبور را دادیم.

تفسیر: در این آیه خداوند(ج) نه تنها سلسله نبوت را خاطر نشان میکند در عین زمان میرساند که مطالبی را که در باره خداپرستی در گذشته به پیامبران(ص) نازل کردیم به محمد(ص) هم نازل کرده است. یعنی پیام حق و عدالت توسط همه پیامبران در ادوار مختلف نازل شده است و توجه مردمان گیتی را جلب کرده است.

وَرُسُلًا قَدْ قَصَصْنَٰهُمْ عَلَيْكَ مِن قَبْلُ وَرُسُلًا لَّمْ نَقْصُصْهُمْ عَلَيْكَ ۚ وَكَلَّمَ ٱللَّهُ مُوسَىٰ تَكْلِيمًا (١٦٤)

معنی: پیامبرانی را که داستان شان را پیش تر برای تو گفته ایم، و پیامبرانی را که داستان شان را به تو نگفته ایم، و خدا(ج) با موسی(ع) سخن گفت!

تفسیر: در این آیه نکتهٔ جالب است و آن اینکه آیه میرساند که برای نسل بشر پیامبران متعددی نازل شده است که یک عده را خداوند(ج) بازگو کرده و یک عده را نکرده است. یعنی ما چنین تصور نکنیم که تنها پیامبرانی که در قرآن مجید اسمای مبارک شان تذکر رفته تنها همانها بوده اند. روایات حاکی است که صد و بیست چهار هزار پیامبر آمده است و همه در همه نقاط جهان پیام خدا پرستی را رسانده اند. زیرا در

همه مذاهب بشری به نحوی از انحا نام خدا پرستی است. پیام برای همه رسیده است و اما اینکه چگونه بعد از پیامبری که رسانده است تبلیغ شده است بحث جداگانه است. زیرا ما در قوم یهود دیدیم که پیام برای شان رسید و اما آنها خود شان به بیراهه رفتند و به گوساله پرستی پرداختند. موضوع دیگری که در این آیه حایز اهمیت است اهمیت علم تاریخ است. قصص، داستان و سرگذشت معنی میدهد. و واژهٔ قصه که در ادبیات فارسی داریم از عربی به ما رسیده است. در این آیه قرآن مجید میگوید که تاریخ از علوم انسانی است و باید توجه کرد زیرا ما از گذشته می آموزیم. نکتهٔ آخر این است که قرآن میگوید که خدا(ج) با حضرت موسی(ع) سخن گفت. باید گفت که سخن خداوند(ج) با موسی(ع) از طریق روبرو شدن نبوده است مگر با امواج صوتی که گاه گاهی حضرت موسی(ع) می شنیده است. هدف آیه شنیدن صوت و آواز در کوه طور بوده است. از همین سبب حضرت موسی(ع) ملقب به کلیم الله است. برای دیگر پیامبران یا وحی میشد و یا الهام میشد.

رُسُلًا مُّبَشِّرِينَ وَمُنذِرِينَ لِئَلَّا يَكُونَ لِلنَّاسِ عَلَى ٱللَّهِ حُجَّةٌۢ بَعْدَ ٱلرُّسُلِۚ وَكَانَ ٱللَّهُ عَزِيزًا حَكِيمًا (١٦٥)

معنی: پیامبرانی که مژده دهنده و هشدار دهنده بودند تا مردم را بعد ازینکه پیامبران فرستاده شد [و پیام را رساندند] در مقابل خداوند(ج) دلیل و برهان باقی نمانده باشد و خداوند(ج) شکست ناپذیر و با حکمت است.
تفسیر: انسان همیشه به یک رهنما نیازمند است تا برای او حق و حقانیت را پیشکش کند. پیامبران وظیفهٔ شان رهنمایی بود که هم مژده دهنده بودند و هم هشدار دهنده برای آنانیکه حق را قبول نمیکردند تا پسان انسان ناسپاس شکایت نداشته باشد و در مقابل خداوند(ج) قد اعلم نکنند. خداوند(ج) از محبتی که به انسان دارد نمی خواهد او را تنها بگذارد. عزیز معانی مختلف دارد. در این آیه هدف آن از قدرت بزرگ وموجود شکست ناپذیر است. همچنان، ما میتوانیم بگوییم که خداوند(ج) به بنده عزیز هم است.

لَّٰكِنِ ٱللَّهُ يَشْهَدُ بِمَآ أَنزَلَ إِلَيْكَۖ أَنزَلَهُۥ بِعِلْمِهِۦۖ وَٱلْمَلَٰٓئِكَةُ يَشْهَدُونَۚ وَكَفَىٰ بِٱللَّهِ شَهِيدًا (١٦٦)

معنی: ولی خداوند(ج) شهادت میدهد که آنچه به تو نازل کرده از روی

علم خودش نازل کرده و فرشتگان هم شهادت میدهند گرچه شهادت خداوند(ج) کافی است.

تفسیر: خداوند(ج) با پیامبر(ص) که شخص اُمی بود با زبان ساده و فصیح صحبت میکند. به پیامبر(ص) اطمینان میدهد که چیزیکه به او نازل شده است از روی علم بی انتهای خداوند(ج) است و در آن کمی و کمبودی نیست که پیامبر(ص) تشویش داشته باشد. در عین زمان، خداوند(ج) به پیامبر(ص) میگوید که از علم خودش آیات را نازل کرده است. از دید دین شناسی و ساینس، نه خداوند(ج) دروغ میگوید و نه علم. پس نتیجه اینکه خداوند(ج) خود، اساس و جوهر علم است و از همین سبب در شروع خودش را (رَب) گفته است یعنی موجودی که از او باید آموخت. شهادت دادن خداوند(ج) یک موضوع اطمینان است تا یک شخص اُمی تشویش و وسواس نداشته باشد. چون فرشتگان مقربان دربار خداوند(ج) هستند آنها هم به علم خداوند(ج) شهادت میدهند در حالیکه شهادت خداوند(ج) کافی است. همچنان آیه میرساند که چیزی که از روی علم نازل شده است بسیار جامع و مکمل است و این چیزی است که بشریت نیازمند است زیرا پیامبر(ص) نه تنها پیامبر خدا(ج) بود، رسول هم بود و رسالت پیامبر(ص) به اساس علم است و پیامبر(ص) هم مظهر علم است که به اِذن خداوند(ج) برایش داده شده است.

إِنَّ ٱلَّذِينَ كَفَرُوا۟ وَصَدُّوا۟ عَن سَبِيلِ ٱللَّهِ قَدْ ضَلُّوا۟ ضَلَـٰلًۢا بَعِيدًا (١٦٧)

معنی: بدون شک، کسانیکه کافر شدند [و مردم را] از راه خدا(ج) باز داشتند به گمراهی دور و درازی افتاده اند.

تفسیر: در بالا گفته شد که خداوند(ج) هم به بندگان مژده میدهد و هم هشدار میدهد. اینجا هشدار میدهد آنانیکه کفر میورزند به گمراهی دور ودرازی در گیر می افتند و خود مسئوول هستند. و چرا کفر شدید تقبیح شده است برای این است که انتی تز ایمان کُفر است و تا کُفر است جامعه یک جامعه ای آزاد و با رسالت به اساس کرامت انسانی وجود نمیداشته باشد.

إِنَّ ٱلَّذِينَ كَفَرُوا۟ وَظَلَمُوا۟ لَمْ يَكُنِ ٱللَّهُ لِيَغْفِرَ لَهُمْ وَلَا لِيَهْدِيَهُمْ طَرِيقًا (١٦٨)

معنی: کسانیکه کافر شدند و ظلم کردند، خداوند(ج) آنها را نمی بخشد و به هیچ راهی هدایت نمیشوند.

تفسیر: همانطوریکه انتی تز ایمان، کُفر است، اینجا می بینیم که مترادف کُفر، ظلم است. کسیکه کافر شد او مرتکب ظلم میشود. این طبقه نه تنها بخشیده نمیشوند چون خود شان همین راه را انتخاب کرده اند، خداوند(ج) کمک شان نمیکند تا راهیاب شوند. می بینیم که خداوند(ج) انسان را با اختیار آفریده است. انسان اختیار دارد که کفر را قبول میکند و یا ایمان را. این اختیار به خاطری به انسان داده شده است تا خودش نه تنها خدا(ج) را بشناسد و به حقیقت برسد که این از طریق انتی تز ایمان که کُفر است امکان پذیر است. انسان وقتی به حقیقت میرسد که ضد یک موضوع وجود داشته باشد.

إِلَّا طَرِيقَ جَهَنَّمَ خَٰلِدِينَ فِيهَآ أَبَدٗاۚ وَكَانَ ذَٰلِكَ عَلَى ٱللَّهِ يَسِيرٗا (١٦٩)

معنی: مگر به راه جهنم که در آنجا جاودانه خواهند ماند و این برای خدا(ج) آسان است.

تفسیر: برای انسان بار بار حقانیت موضوع گفته شده است و تشریح شد که چرا خداوند(ج) کُفر را نمی پذیرد. حالا راه انتخاب به دست انسان است، جهنم یا جنت.

يَٰٓأَيُّهَا ٱلنَّاسُ قَدۡ جَآءَكُمُ ٱلرَّسُولُ بِٱلۡحَقِّ مِن رَّبِّكُمۡ فَـَٔامِنُواْ خَيۡرٗا لَّكُمۡۚ وَإِن تَكۡفُرُواْ فَإِنَّ لِلَّهِ مَا فِي ٱلسَّمَٰوَٰتِ وَٱلۡأَرۡضِۚ وَكَانَ ٱللَّهُ عَلِيمًا حَكِيمٗا (١٧٠)

معنی: ای مردم! این پیامبر از سوی پروردگار تان حق را برای شما آورده است پس ایمان بیاورید که برای شما بهتر است و اگر کافر شوید بدانید آنچه در آسمانها و در زمین است از آنِ خداست و خدا(ج) دانای حکیم است.

تفسیر: حق چیست؟ حق همانا توحید است که خداوند(ج) خدای واحد و یگانه است؛ انسان یک انسان است؛ جهان هستی همه یکی است و همه چیز با هم یک بافت دارد و هیچ چیز از هم جدا نیست و علم، یک علم است و مرجع همه خداوند(ج) است. اگر کسی این نکته را ندانست بیراه است.

يَـٰٓأَهْلَ ٱلْكِتَـٰبِ لَا تَغْلُوا۟ فِى دِينِكُمْ وَلَا تَقُولُوا۟ عَلَى ٱللَّهِ إِلَّا ٱلْحَقَّ إِنَّمَا ٱلْمَسِيحُ عِيسَى ٱبْنُ مَرْيَمَ رَسُولُ ٱللَّهِ وَكَلِمَتُهُۥٓ أَلْقَىٰهَآ إِلَىٰ مَرْيَمَ وَرُوحٌ مِّنْهُ ۖ فَـَٔامِنُوا۟ بِٱللَّهِ وَرُسُلِهِۦ ۖ وَلَا تَقُولُوا۟ ثَلَـٰثَةٌ ۚ ٱنتَهُوا۟ خَيْرًا لَّكُمْ ۚ إِنَّمَا ٱللَّهُ إِلَـٰهٌ وَٰحِدٌ ۖ سُبْحَـٰنَهُۥٓ أَن يَكُونَ لَهُۥ وَلَدٌ ۘ لَّهُۥ مَا فِى ٱلسَّمَـٰوَٰتِ وَمَا فِى ٱلْأَرْضِ ۗ وَكَفَىٰ بِٱللَّهِ وَكِيلًا (١٧١)

معنی: ای اهل کتاب در دین خود غلو نکنید و در بارهٔ خدا(ج) جزء حق نگویید. جزء این نیست که مسیح، عیسی ابن مریم فرستاده ای خدا(ج) و کلمه گوی اوست که آنرا به مریم عنایت فرمود و روحی از جانب او بود. پس به خدا(ج) و پیامبر آن ایمان بیاورید و نگویید که خدا(ج) سه تا است. از این دوری کنید و به خیر شماست. خداوند(ج) فقط معبود یگانه است؛ منزه است او از اینکه او را فرزندی باشد. او راست آنچه در آسمانها و در زمین است و خداوند(ج) در امور کارسازی کافی است.

تفسیر: در این آیه نکات مهم نهفته است. اول اینکه در دین خدا(ج) غلو نکنید که این عمل زشت را مسلمانان هم مرتکب شده اند. دین را تحمیل میکنند. بالای مردم سخت گیری میکنند. مردم را بدون توجیه به کفر میگیرند وغیره. دوم بشارت میدهد که عیسی(ع) پسر مریم است و ازروح اوست و سوم تثلیث یعنی سه گانگی خدا(ج) را رد میکند. واژه تثلیث در قرن دوم میلادی ظهور کرد و قبل از آن وجود نداشت. ترتولیان اولین کسی بود که واژه تثلیث را استفاده کرد. در کتاب مقدس یا «بایبل» هم تذکری از تثلیث نیامده است. مطلب مهم که در این آیه توجه ما را جلب میکند دیکتاتوری در دین و دهشت و وحشت است که حتی مسلمانان به وجود آوردند. در این مورد زیاد تر مینویسیم.

در قرون وسطی عیسویان به اساس رهبری و تسلط کامل کلیسا زندگی میکردند. کلیسا همه زندگی مردم را اداره میکرد؛ چه بخورند، چه بپوشند، چه بگویند و چه نگویند. تمام زندگی مردم در اسارت کلیسا بود. به اندازهٔ ترس و وحشت و تاریکی را کلیسا به وجود آورده بود که این دوره را در تاریخ اروپا « دوره تاریک» یاد میکنند. کلیسا به اندازهٔ تاریک بود که هیچگونه دلیل و برهان را که خلاف عقیده خود ساخته شان میبود، قبول نمیکردند. به علم جزیی ترین اعتقاد نداشتند. داستان گالیله ایتالوی که به خاطر تحقیقات درعلم نجوم و استفاده تلسکوپ توسط کلیسا محکمه شد. برایش حبس دایمی را حُکم کردند و در زندان به سر برد. کلیسا برای استحکام و تحکیم قدرت خود یک مرکز دینی را به

وجود آورده بود. مردم باید از مرکز دینی اطاعت میکردند. همه مسایل باید از طریق کلیسا حل و فصل میشد و همه راه های عقلی، استدلال و برهان کفر و بدعت بود. در این زمان بود که اروپایی ها همه مطالب علمی و فلسفی را از یونانی ها و مسلمانان می آموختند و اما از خود حق تشبث علمی و عقلی را نداشتند. این حالت باعث شد تا مردم در مقابل کلیسا شورش کنند و تسلط کلیسا را در هم شکنند و اروپا به کمک علم ومعرفت مسلمانان شامل دورۀ مشهور رنسانس شد.

اسلام بعد از عیسویت عرض اندام کرد و مطلق بر خلاف کلیسا عمل نمود. با اینکه عیسویان را مشرک و کافر نگفت و اما تغییرات بنیادی را در جامعۀ بشری برای کرامت انسانی پیشکش نمود.

اول، اسلام زیر بنای دین را به اساس آیۀ مبارکه «اقراء» یعنی بخوان که وحی اول قرآن بود، علم قرار داد. بدین ترتیب باید یک مسلمان هر موضوع را از دید علمی میدید. نتیجه اینکه، در تاریخ تمدن میخوانیم که بین ۹۰۰ الی ۱۲۰۰میلادی زمانیکه اروپا در تاریکی بسر میبرد مسلمانان در ساحه علمی پیشرفت شایان نمودند. این پیشرفت به خاطر آزادی عقل و فکر و تفکر بود.

دوم انسان را مسئول اعمال و کردار خودش و تنها مسئول نزد خداوند(ج) ساخت نه یک ارگان به نام مرکز دینی یا مسجد و یا دیگران. انسان را خود مختار در امور زندگی‌اش دانست. بدین ترتیب انسان یک موجود مستقل شد و خودش بار دوش گناه و ثواب را به عهده گرفت. هیچ کس مسئول کسی دیگر نیست. حتی که اصول را تعقیب نکند، کافر و مشرک شمرده نمیشود. تنها گنهکار محسوب میگردد اما تنها در نزد خداوند(ج) نه مردم و بعد نزد قانون. مردم حق قضاوت را ندارند و مکلف نیستند گناه دیگران را به دوش گیرند و مردم هم این حق را ندارند تا دیگران را به کفر گیرند و متهم به گناه کنند. اسلام به انسان آزادی بخشید و خودش را مسئول ساخت نه مردم و نه یک مرکز دینی را. در کتاب «اسلام در تاریخ جهانی» اثر دکتور نذیر احمد، شهروند هندی و مقیم ایالات متحدۀ امریکا که فارسی آن توسط دانشمند گرامی جناب محمد نعیم مجددی، برگردانده شده است، میخوانیم که «اسلام اشعار میداشت که انسانها آزاد بدنیا آمده‌اند و به جزء الطاف الهی به چیز دیگری مدیون نیستند» (صفحه ۱۶). باز در همین کتاب میخوانیم «دین اسلام به مسلمانها آموخته بود که انسانها آزاد بدنیا آمده‌اند نه باید به جزء در برابر خداوند(ج) به مقام و یا شخص سر فرو آورند» (صفحه ۴۲).

حضرت عمر (رض) فرموده است "از روی چه مردمان را بنده میسازید درحالیکه مادران شان آنها را آزاد زاده اند." حضرت علی (رض) فرموده است "تمام مردم آزاد آفریده شده اند، مگر کسانیکه از روی اختیار بردگی را برای خود پذیرفته اند". این است مقام آزادی انسان در اسلام.
سوم اسلام مرکزیت دینی را اجازه نداد تا کسی مسئول یک دستگاه دینی مذهبی گردد. بدین ترتیب راه دیکتاتوری دینی را که در عیسویت رواج داشت، مسدود ساخت. اسلام از انسان یک موجود آزاد، مستقل و خود مختار ساخت و قرآن به وضاحت گفت که در دین اجبار نیست.
اسلام از نگاه سوسیو پولیتیک یعنی رابطۀ اجتماع با سیاست اجتماعی سه مطلب را برای مردم مطرح ساخت که مردم به تشبث خود اقدام کنند:
اول خواست تا مردم مدنی شوند و ازطریق آموزش و پرورش، از قانون به تشبث خود پیروی کنند.
دوم به اساس اخلاق مدنی با هم رابطه داشته باشند نه خلاف اخلاق. پس توهین و اهانت و به کُفر بستن مردم را منع قرار داد و محمد(ص) گفت من برای تکامل مکارم اخلاق آمده ام.
سوم خود عادل باشند و عدل را اول ازخانواده خود شروع کنند و قرآن در این زمینه گفت که در بین مردم با عدل حکم کنید.
وظیفۀ یک دولت اسلامی تحمیل دین نیست و اینکه در عربستان و ایران دین را به نام اسلام تحمیل کرده‌اند خلاف حقیقت اسلام است. این اسلام نیست، دیکتاتوری است و دین اسلام دیکتاتوری نیست. وظیفۀ اساسی یک دولت و نظام اسلامی قرار ذیل است:
اول آموزش و پرورش مردم به اساس علمی
دوم امنیت تام کشور از نگاه امنیتی؛ سیاسی و اقتصادی
سوم قرار داد های امنیتی و اقتصادی با غیر مسلمانان
چهارم انفاذ قانون که به اکثریت آراء آن قانون پاس شده باشد نه اینکه دولت خود بدون مشوره مردم قانون بسازد.
پنجم معرفی نماینده های دولت به دیگرممالک.
اگر یک دولت اسلامی دین را بالای مردم تحمیل میکند آن دولت ظالم است و از اسلام به دور است. هیچ دولت اسلامی حق ندارد که سر مردم ریش بگذارد و یا به زور زنان حجاب کنند.
وقتی که اولین وظیفه دولت آموزش و پرورش باشد، زن و مرد مسلمان به تشبث خود احکام را پیروی میکند نه اینکه دین بالای شان تحمیل شود.
امروز در افغانستان دیده میشود که یک عده قوم پرستان که همیشه دست

شـان بـا طبقـه مذهبیـون یکـی بـوده میخواهنـد دیـن را بـالای مـردم بقبولاننـد به نام اینکه ما حکومـت اسلامی میخواهیـم. حضرت رسـول کریـم(ص) به معیار امروزی کـدام دولـت و حکومـت نداشـت. مـواد پنجگانـهٔ کـه در بـالا ذکـر کردیـم سلطه سیاسـی حضرت محمد مصطفی(ص) را میساخـت و بـس. در هیـچ برگـه تاریـخ اسـلام دیـده نمیشـود کـه مـردم را بـه زور بـه نمـاز و یـا حجاب و یـا روزه وادار کـرده باشـد. زمان خلفـای راشدین هـم دیگـر نیسـت کـه مـا خلیفـه داشـته باشـیم و امـا از اخـلاق سیاسـی و اجتماعی خلفـای راشدین زمامـداران امـروزی بسـیار میتواننـد بیاموزنـد.

امیـدوارم طبقه جـوان کـه آینـده کشـور را میسـازند بـه ایـن مـوارد توجـه کننـد تـا مـا بتوانیـم یـک نظـام سیاسـی کـه بـه اسـاس عدالـت اجتماعـی بـرای همـه، زن و مـرد، همـه اقـوام نـه یـک نظـام فاشیسـتی زیـر نـام اسـلام کـه چنـد قـوم پرسـت میخواهنـد بـه نـام اسـلام مـردم را فریـب دهنـد و یـک دیکتاتـوری جدیـد را روی کار بیاورنـد بـه نـام دیـن چنانچـه درعربسـتان و ایـران بـه نـام دیـن اسـلام بـه وجـود آورده انـد. در اسـلام هـر کسـیکه مسلمـان اسـت از نـگاه قانـون بـا هـم مسـاوی اسـت. آنهائیکـه مسلمـان نیسـت هـم از نـگاه قانـون بـا مسلمانان مسـاوی هسـتند زیـرا وقتـی کـه اسـلام از عدالـت اجتماعـی صحبـت میکنـد همـه را در بـر میگیـرد نـه تنهـا مسلمانـان را. زیـرا مـردم غیـر مسلمان در خلقـت بـرادر مسلمان اسـت و ایـن از سـخنان حضرت علـی(رض) اسـت. و مهمتـر اینکـه از نـگاه اجتماعـی و سیاسـی در شـروع قرآن میگویـد «رب العلمیـن» نـه اینکـه رب المسلمین گویـد. دیـن اول یـک هدایـت اسـت بـرای رسـتگاری. هـر کـس نظـر بـه تـوان خـود از آن بهـره میگیـرد. اگـر در بعضـی مـوارد اصـول را تعقیـب نمیکنـد در حالیکـه ادعـای اسـلامیت میکنـد خـودش نـزد پـروردگار مسـئوول اسـت نـه دیگـران و دیگـران هـم حـق بـه کفـر بسـتن و توهیـن و اهانـت هیـچ‌کـس را ندارنـد. دوم دیـن یـک مسـأله فکـری و تعقلـی و کار دل اسـت نـه ظاهـری.

لَّن يَسْتَنكِفَ ٱلْمَسِيحُ أَن يَكُونَ عَبْدًا لِّلَّهِ وَلَا ٱلْمَلَـٰٓئِكَةُ ٱلْمُقَرَّبُونَ ۚ وَمَن يَسْتَنكِفْ عَنْ عِبَادَتِهِۦ وَيَسْتَكْبِرْ فَسَيَحْشُرُهُمْ إِلَيْهِ جَمِيعًا (١٧٢)

معنـی: هرگـز مسـیح و نـه فرشتگان مقـرب الهـی از ایـن عـار نداشـتند کـه بنـده ای خـدا(ج) باشـند و هـر کـه از عبودیـت و بندگـی خـدا(ج) روی برتابـد و بزرگـی فروشـد همـه را در روز قیامـت بـه حضـور خـود دورهـم جمـع خواهـد کـرد.

تفسیر: نزاکت موضوع در این است که حضرت عیسی(ع) هرگز ادعای خدایی و یا اینکه پسر خدا(ج) باشد نکرده است. یک مؤمن بود و فرستاده ای خدا(ج) و به این اساس وظیفۀ خود میدانست تا پیام خدا پرستی را تبلیغ کند.

فَأَمَّا ٱلَّذِينَ ءَامَنُواْ وَعَمِلُواْ ٱلصَّٰلِحَٰتِ فَيُوَفِّيهِمْ أُجُورَهُمْ وَيَزِيدُهُم مِّن فَضْلِهِۦ ۖ وَأَمَّا ٱلَّذِينَ ٱسْتَنكَفُواْ وَٱسْتَكْبَرُواْ فَيُعَذِّبُهُمْ عَذَابًا أَلِيمًا وَلَا يَجِدُونَ لَهُم مِّن دُونِ ٱللَّهِ وَلِيًّا وَلَا نَصِيرًا (۱۷۳)

معنی: اما آنهائیکه ایمان آوردند و اعمال صالح انجام دادند [خداوند(ج)] پاداش شان را مکمل خواهد داد و از فضل خویش برای آنها خواهد افزود. و اما آنهائیکه عار کردند و گردن کشی کردند، مجازات دردناکی خواهند داشت. و برای خود غیر از خدا(ج)، سرپرست و کمک گری نخواهند یافت.

تفسیر: انتی تز ایمان کُفر است. اینجا خداوند(ج) به آنهائیکه اعمال صالح انجام میدهند پاداش شان را مکمل خواهد داد و از فضل و کرم خویش به آن افزود خواهد کرد. عدالت خداوند(ج) همین است که یک تفاوت میان کُفر و ایمان را بین مردم قائل شده است. اعمال صالح زیاد تر صدقه جاریه، زکات و همین را گفتند در حالیکه اعمال صالح فهرست آن بسیار طولا است. با سواد ساختن مردم، مردم را به راه راست هدایت کردن، میان مردم صلح آوردن، از غضب و قهر دوری کردن، مردم را به کُفر نگرفتن، به بزرگان و استادان احترام کردن، به خوردان مُحبت کردن، حقوق زنان را محترم شمردن، همه و همه از اعمال صالح شمرده میشود. ما در جامعۀ افغانی می بینیم که از یک طرف خودش را مسلمان میگیرد و اما همیشه مغرور ومتکبر است. از دیگران خود را بالا تر میداند و جزیی ترین احترام به بزرگتر از خود ندارد. مو سفید و سر سفید برایش بی اهمیت است. فهرست منفی ها هم زیاد است که یک انسان را متمرد وسرکش میکند. یعنی اسلام یک فرهنگ است و باید با فرهنگ زیست کرد. اشخاصی که از اهداف قرآن برای انسانیت و ارشادات رسول کریم برای بهتر زیستن کار نمیگیرند تنها کلمه گفتن شان جزیی ترین خدمتی برای خودش و بشریت نکرده است. یعنی وقتی ما ادعای ایمانداری میکنیم باید با یک اصول اخلاقی زندگی کنیم که مشمول فضل و کرم خداوند(ج) گردیم.

يَـٰٓأَيُّهَا ٱلنَّاسُ قَدْ جَآءَكُم بُرْهَٰنٌ مِّن رَّبِّكُمْ وَأَنزَلْنَآ إِلَيْكُمْ نُورًا مُّبِينًا (١٧٤)

معنی: ای مردم! براستی که برهان قاطع از جانب پروردگار تان آمده است و نوری روشنگر را برای شما نازل کردیم.

تفسیر: برهان و حجت تام همانا توحید و خداپرستی است. یگانه راهی که انسان به معراج خوشبختی برسد تنها و تنها شناخت خالق یکتاست و چون انسان مخلوق است باید زندگی را به اساسات خدا پرستی تدوین کرد. قرآن مجید نور هدایت است. بشر را از تاریکی ها به روشنایی ها هدایت کرد. اساس پیشرفت انسانی را علم و معرفت قرار داد. خلقت زن و مرد را از نفس واحد اعلام داشت. عدالت را معیار همه روابط اجتماعی و سیاسی قرار داد. تمدن اسلام را به اساس علم و عبادت و عدالت بنا کرد. عقل را جوهر انسانیت قرار داد و تمدن را به بار آورد که انسان با پیشرفت هایش به شگفت میشود. متاسفانه مذهب گرایی، شیعه گری و سُنی گری باعث نفاق شد و اسلام از رسالتی که داشت به دور ماند. این نور هدایت تنها برای یک شخص نیست بلکه برای همه بشریت است و اما اعتراف میکنیم که به بیراهه کشانده شد. امروز همه بدبختی شامل حال مسلمانان است.

فَأَمَّا ٱلَّذِينَ ءَامَنُواْ بِٱللَّهِ وَٱعْتَصَمُواْ بِهِۦ فَسَيُدْخِلُهُمْ فِى رَحْمَةٍ مِّنْهُ وَفَضْلٍ وَيَهْدِيهِمْ إِلَيْهِ صِرَٰطًا مُّسْتَقِيمًا (١٧٥)

معنی: اما آنها که به خدا(ج) ایمان آوردند و به خدا(ج) تمسک جستند همه را در جوار رحمت و فضل خود در خواهد آورد و آنها را به سوی خودش و راه راست هدایت خواهد کرد.

تفسیر: پاداش ایمان همین است که انسان دیگر تنها نخواهد بود. خدا(ج) با شخص با ایمان است. کسانیکه راه ایمان را جستجو کنند نه تنها به رحمت حق خواهند رسید در عین زمان راه راست را یافته اند که همانا خدا پرستی و توحید است.

يَسْتَفْتُونَكَ قُلِ ٱللَّهُ يُفْتِيكُمْ فِى ٱلْكَلَٰلَةِ إِنِ ٱمْرُؤٌا۟ هَلَكَ لَيْسَ لَهُۥ وَلَدٌ وَلَهُۥٓ أُخْتٌ فَلَهَا نِصْفُ مَا تَرَكَ وَهُوَ يَرِثُهَآ إِن لَّمْ يَكُن لَّهَا وَلَدٌ فَإِن كَانَتَا ٱثْنَتَيْنِ فَلَهُمَا ٱلثُّلُثَانِ مِمَّا تَرَكَ وَإِن كَانُوٓا۟ إِخْوَةً رِّجَالًا وَنِسَآءً فَلِلذَّكَرِ مِثْلُ حَظِّ ٱلْأُنثَيَيْنِ يُبَيِّنُ ٱللَّهُ لَكُمْ أَن تَضِلُّوا۟ وَٱللَّهُ بِكُلِّ شَىْءٍ عَلِيمٌ (١٧٦)

معنی: از تو نظر [شرعی] میخواهند. بگو: خداوند(ج) در بارهٔ کلاله (ارث خواهر و برادر) به شما حکم میکند. اگر مردی بمیرد و فرزندی نداشته باشد و [اما] خواهری دارد، نصف میراث از خواهر است. و او نیز از خواهرش [اگر فرزند نداشته باشد] ارث میبرد. اگر دوخواهر باشند مشترکاً دو ثلث میراث را میگیرند. و اگر چند خواهر و برادر بودند برای هر مرد دو برابر سهم زن است. خداوند(ج) احکام را به شما بیان میکند تا گمراه نشوید و خداوند(ج) به همه چیز داناست.

تفسیر: آیه در مورد میراث خواهر و برادر است وقتی که یک مرد فوت میکند و از خود فرزندی ندارد که میراث برد. در این حالت اگر یک خواهر دارد نصف میراث آن مرد که فرزند ندارد به خواهرش میراث میرسد. همچنان اگر یک خواهر فوت میکند و از خود فرزند نمیداشته باشد نصف میراث به برادر میرسد. اگر دو خواهر باشند دو ثلث میراث برادر را میگیرند. و اگر چند خواهر و برادر است هر مرد دو برابر سهم زن را میگیرد.

توضیح لازم: در آیه می بینیم که اول دختران را در میراث مطرح میکند نه برادران متوفی را. این بدین معنی است که آیت قرآن حقوق زنان را محترم شمرده و نخواسته است تا حقوق شان پایمال شود. دوم در آن زمان زنان امی و طبقه متوسط و طبقه پایین جامعه جزیی ترین حق و حقوق نداشتند و از همین خاطر آیه از میراث و حقوق زن صحبت میکند. همچنان اگر یک زن فوت میکند و فرزند نمیداشته باشد برادرش نصف میراث زن را میگیرد. اینجا می بینیم که قرآن بین خواهر و برادر مطلق از مساوات و عدالت کار گرفته است. آیه حکم میکند در صورتیکه چندین خواهر و برادر باشند مردان دو سهم زنان را میگیرند. در آنزمان مردان همه نظام اقتصادی را به پیش میبردند و همه مسئولیت بالای مردان بود. دختران با خانواده ها زندگی میکردند و از خود عاید نداشتند. یعنی مسئولیت اعاشه زنان مانند خواهران و زنان خانواده به دوش مردان بود. زنان جزیی ترین مسئولیت اقتصادی در قبال خانواده نداشتند. امروز شرایط زندگی فرق کرده است. دختران خود نفقه آورنده شده اند و در نظام اقتصادی سهیم

هستند و یا آرزو ندارند که با خانواده زندگی کنند و میخواهند مستقل باشند. در عین زمان تفسیر آیات نظر به زمان و مکان تغییر میخورد. ابن عباس(رض) گفته است: القرآن یُفَسِرالزمان. یعنی قرآن نظر به تفاوت زمان و تغییراتی که رخ میدهد میتواند دوباره تفسیر شود. آیه به جای خود است و اما تفسیر آن میتواند تغییر کند. در کنار اینکه آیات نظر به زمان و مکان تفسیر میشود اگر ما آیه را به اساس حدیث تفسیر کنیم، حضرت رسول کریم(ص) فرموده است « از خدا(ج) بترسید و میان فرزندان خود به عدالت رفتار کنید همانطوریکه میخواهید با شما به نیکی رفتار کنند.» (حدیث شماره ۷۵۴ نهج الفصاحه). مجموعهٔ کلمات قصار حضرت رسول اکرم(ص) کار ما را مطلق حل میکند که فرموده است: «خداوند(ج) دوست دارد که میان فرزندان خود حتی در بوسیدن آنها به عدالت رفتار کنید.» در زمان امروز شریعت حکم میکند که خانواده ها حق دارند تا قبل از فوت وصیت کنند و حقوق فرزندان خود را به قسمیکه است بدهند. امروز جهان حقوق بشر است و تساوی حقوق بین افراد جامعه است و اگر ما از تفسیر درست قرآن بر مبنای زندگی امروز کار نمیگیریم ما به دست خود اسلام را بد نام میکنیم. زن و مرد از نگاه قرآن حقوق مساوی دارند. آیات نظر به صوابدید جامعهٔ آن زمان نازل شده است و تفسیر آن در طول تاریخ فرق میکند.

سُورَةُ المَائدةُ

بِسْمِ اللهِ الرَّحْمٰنِ الرَّحِيمِ

سورهٔ مائده، سورهٔ پنجم قرآن مجید است و از سوره های مدنی است. یعنی در مدینه نازل شده است. این سوره شامل ۱۲۰ آیه میباشد که ۸۲ آیهٔ آن در جزء ششم است و بقیه در جزء هفتم. بحث عمدهٔ سوره غلط فهمی عیسویان است که خدا(ج) را سه تا گفتند و تثلیث را از خود طرح کردند. موضوع تثلیث در کتاب مقدس یا «بایبل» تذکر داده نشده است. و یا اینکه حضرت عیسی(ع) این موضوع را مطرح کرده باشد. برای اولین بار واژه تثلیث توسط ترتولیان در قرن دوم میلادی استعمال شد. همچنان این سوره مسایل مدنی را برای یک زندگی آبرومند مطرح میکند مانند غذای حلال و حرام، چنانچه اساساً مائده در لغت به ظرفی گفته میشود که در آن غذا باشد، که غذا برای صحت حیاتی است. همچنان این آیه از نظافت جسم، و عدالت اجتماعی برای زیست با همی، شهادت به عدل و تحریم قتل نفس که متاسفانه امروز مسلمانان همدیگر را به قتل میرسانند سخن دارد.

در این سوره، نظر به تفاسیر متعدد آیهٔ آخری که عبارت است از الیوم اکملت لکم دینکم میباشد در ایام حج حضرت رسول کریم(ص) نازل شده است. امام غزالی طوسی علیه الرحمه این سوره را در تقسیم بندی که در مورد آیات در کتاب جواهر القرآن دارد، گوهر علم خوانده است.

بِسْمِ اللَّهِ الرَّحْمَٰنِ الرَّحِيمِ

يَـٰٓأَيُّهَا ٱلَّذِينَ ءَامَنُوٓا۟ أَوْفُوا۟ بِٱلْعُقُودِ أُحِلَّتْ لَكُم بَهِيمَةُ ٱلْأَنْعَٰمِ إِلَّا مَا يُتْلَىٰ عَلَيْكُمْ غَيْرَ مُحِلِّى ٱلصَّيْدِ وَأَنتُمْ حُرُمٌ إِنَّ ٱللَّهَ يَحْكُمُ مَا يُرِيدُ (۱)

معنی: ای کسانیکه ایمان آورده اید به تعهدات و قراردادها وفا کنید. [گوشت] چهارپایان بر شما حلال گردانیده شده است مگر آنچه بر شما تذکر داده میشود. اما هنگامیکه در لباس احرام هستید شکار حیوانات بر شما حرام است. خداوند(ج) هرچه بخواهد [که به صلاح مردم است] حکم میکند.

تفسیر: آیه دو موضوع مهم را مطرح میکند. اول وفا به عهد و پیمان. یکی از مسایل عمدهٔ اجتماعی و سیاسی وفادار بودن در تعهداتی است که ما با مردم و یا خانواده و یا جامعهٔ بین المللی میکنیم. این مسأله در روابط اجتماعی شخصیت سالم و با ایمان ما را نشان میدهد و در جامعهٔ بین المللی احترام به حقوق انسانی و سیاسی دیگران را به تمثیل میکشد. خداوند(ج) به انسان عقل داده است تا در امور خود تصمیم بگیرد. پس ما باید در امور خوب بسنجیم با همدیگر مشوره کنیم و بعد تعهد کنیم. و وقتی تعهد کردیم نباید آنرا نقض کنیم. با کمال تاسف وعده خلافی در بین مسلمانان زیاد رواج دارد و قطعاً فکر نمیکنند که وعده خلافی و پیمان را شکستاندن به شخصیت ما صدمه میرساند و ما را یک انسان بی شخصیت و بی ثبات در جامعه معرفی میکند. وعده دروغ با کودکان خانواده، کودک را دروغگو بار می آورد. در مناسبات بین المللی به صلح و زیست باهمی صدمه میرساند. از حضرت رسول اکرم(ص) سوال کردند که منافقین را چگونه شناسایی کنیم؛ فرمود منافق وقتی سخن میگوید دروغ میگوید و به وعده وفا نمیکند و امانت را خیانت میکند. می بینیم که کسیکه وعده خلافی میکند در زمره منافقین قلمداد شده است. باید یاد آور شویم که یکی منافقین تیولوژیک است و یکی سوسیولوژیک. تیولوژیک آن عده منافقان هستند که با خدا(ج) پیمان بسته اند که او را پرستش میکنند و اما در دل مؤمن نیستند و به خدا(ج) اعتقاد ندارند. جای این منافقین جهنم است. منافقین سوسیولوژیک آنهائی هستند که در اجتماع دروغ میگویند و یا وعده خلافی میکنند که این هم شخصیت پایان شانرا نشان میدهد با اینکه مؤمن هستند. اینها فرهنگ اسلامی ندارند.

باعث مشکلات در خانواده و جامعه میشوند. بخش دوم آیه موضوع گوشت است که در زندگانی امروز نهایت مهم است. برای مسلمانان حکم شده است که گوشت چهارپایان برای شان حلال گردانیده شده است به جزء آن عده که برای شان تذکر داده میشود مانند گوشت خوک. چند نکته قابل توجه است. گوشت حیوانات چهار پای مانند گوسفند، گاو و بُز طور مثال حلال است. اما یک عده مردم گیاه خور شده اند در حالیکه خداوند(ج) به مسلمانان گوشت را حلال دانسته است. مشکل در اینجاست که هدف از گوشت حلال در اسلام آن است که حیوان مطلق آزاد تربیه شده باشد و در چراگاه چَرِش کرده باشد نه اینکه به حیوان هورمون تزریق کنند و یا غیر طبیعی حیوان بزرگ شود. آن حیوانی که با هورمون تزریق شده است با اینکه ذبح حلال شده باشد برای ما صحی نیست زیرا ما مرجعی را که از آن هورمون آمده است نمیدانیم و یا به حیوانات انتی بیوتیک میدهند. این مراتب برای صحت انسانی درست نیست. انتی بیوتیک که در حیوانات میدهند مقاومت بکتریا را تزئید میبخشد و این باعث امراض گوناگون میشود. برای مسلمانان آن گوشت حلال است که آزاد چریده باشد و انتی بیوتیک و هورمون تزریق نشده باشد. یعنی در دنیای امروز تنها مسأله ذبح حلال نیست که ما باید توجه کنیم. گوشت وقتی برای ما حلال است که بدانیم حیوان چگونه تربیه شده است. ایام حج، ایام صلح و عبادت است نه اعمال دیگر و از این رو شکار و دیگر تفریح ها منع قرار داده شده است.

يَـٰٓأَيُّهَا ٱلَّذِينَ ءَامَنُوا۟ لَا تُحِلُّوا۟ شَعَـٰٓئِرَ ٱللَّهِ وَلَا ٱلشَّهْرَ ٱلْحَرَامَ وَلَا ٱلْهَدْىَ وَلَا ٱلْقَلَـٰٓئِدَ وَلَآ ءَآمِّينَ ٱلْبَيْتَ ٱلْحَرَامَ يَبْتَغُونَ فَضْلًا مِّن رَّبِّهِمْ وَرِضْوَٰنًا ۚ وَإِذَا حَلَلْتُمْ فَٱصْطَادُوا۟ ۚ وَلَا يَجْرِمَنَّكُمْ شَنَـَٔانُ قَوْمٍ أَن صَدُّوكُمْ عَنِ ٱلْمَسْجِدِ ٱلْحَرَامِ أَن تَعْتَدُوا۟ ۘ وَتَعَاوَنُوا۟ عَلَى ٱلْبِرِّ وَٱلتَّقْوَىٰ ۖ وَلَا تَعَاوَنُوا۟ عَلَى ٱلْإِثْمِ وَٱلْعُدْوَٰنِ ۚ وَٱتَّقُوا۟ ٱللَّهَ ۖ إِنَّ ٱللَّهَ شَدِيدُ ٱلْعِقَابِ (٢)

معنی: ای آنانیکه ایمان آورده اید به شعایر الهی و نه ماه حرام و نه حیواناتی که برای قربانی هستند و نه [حیوانات] که نشانی شده است، نه مردمی که به زیارت خانه خدا(ج) میروند و در جستجوی بدست آوردن فضل پروردگار و خشنودی خداوند(ج) هستند بی حرمتی نکنید. اما وقتی از احرام بیرون شدید شکار مانعی ندارد، البته نباید دشمنی جماعتی که شما را از مسجد الحرام باز داشتند، به تجاوز وادار تان کند و در راه نیکی

تفسیر یونس ۵۰۲

و تقوا بـا همدیگر همکاری کنید و در راه گنـاه و تجاوز دستیار هـم نشوید و از خدا(ج) بترسید کـه مجازات خدا(ج) شدید است.

تفسیر: کسیکه خدا(ج) را بـه تمام معنی میشناسد و حرمت مینهد همه شعایر الهی را کـه بـرای آرامـی و سرفرازی انسان مؤمن است هـم احترام میگذارد. در این آیـه حکم میکند کـه بـه شعایر الهی و ماه هـای حـرام و حیوانات کـه بـرای قربانی هستند و آن عـده حیواناتی کـه نشانی شده اند و مردمی کـه بـه زیارت خانه خدا(ج) میروند بی حرمتی نکنید. شعایر الله(ج) زیاد تر مناسک حج تفسیر شده است. و اما شعایر خدا(ج) گوناگون است. در اصل هـر حکـم خداوند(ج) میتواند شعایر خدا(ج) باشد اما تفسیر آن نظر به زمان و مکان تغییر میکند. در آیـه از مشرکانی کـه باعث اذیت مسلمانان شده بودند و مانع حج میشدند، یاد شده است. آیـه بـه جـای خـود است و اما امروز دیگر کسی نمیتواند مانع حج مردم شود و مزاحمت تولید کند. در این آیـه به مسلمانان توصیه میکند کـه از تعدی یعنی تجاوز پرهیز کنید. در راه نیکی و تقوا همکاری کنید نـه در راه گنـاه و تعدی. معلوم میشود که طالبان و آنانیکه جامعه را تهدید میکنند از این آیـه بـی خبرانـد. مسلمانان بایـد همیشـه از حوصله مندی و گذشت کار گیرنـد و اول مـردم نباشند کـه دست بـه تجاوز میزنـد. تجاوز نـه در حالت فـردی و نـه اجتماعی و نـه سیاسی کار و عمل یـک مسلمان نیست. فحش گفتن و بـه شخصیت مـردم تجاوز کردن همـه در اسلام منع است. خداوند(ج) را همیشه حاضر ببینید تا باعث بی حرمتی نـه در مقابل شعایر خدا(ج) و نـه مـردم شـوید.

حُرِّمَتْ عَلَيْكُمُ ٱلْمَيْتَةُ وَٱلدَّمُ وَلَحْمُ ٱلْخِنزِيرِ وَمَا أُهِلَّ لِغَيْرِ ٱللَّهِ بِهِۦ وَٱلْمُنْخَنِقَةُ وَٱلْمَوْقُوذَةُ وَٱلْمُتَرَدِّيَةُ وَٱلنَّطِيحَةُ وَمَا أَكَلَ ٱلسَّبُعُ إِلَّا مَا ذَكَّيْتُمْ وَمَا ذُبِحَ عَلَى ٱلنُّصُبِ وَأَن تَسْتَقْسِمُوا۟ بِٱلْأَزْلَـٰمِ ذَٰلِكُمْ فِسْقٌ ٱلْيَوْمَ يَئِسَ ٱلَّذِينَ كَفَرُوا۟ مِن دِينِكُمْ فَلَا تَخْشَوْهُمْ وَٱخْشَوْنِ ٱلْيَوْمَ أَكْمَلْتُ لَكُمْ دِينَكُمْ وَأَتْمَمْتُ عَلَيْكُمْ نِعْمَتِى وَرَضِيتُ لَكُمُ ٱلْإِسْلَـٰمَ دِينًا فَمَنِ ٱضْطُرَّ فِى مَخْمَصَةٍ غَيْرَ مُتَجَانِفٍ لِّإِثْمٍ فَإِنَّ ٱللَّهَ غَفُورٌ رَّحِيمٌ (٣)

معنـی: گوشت مردار، خون، گوشت خوک، آنچه بـه غیر از نـام خدا(ج) ذبح شده، حیوان خفه شده و یـا حیوانی کـه در اثرضربـه مرده باشد، آنچه بـه اثر سرنگون شدن از جـای بلند [ماننـد کـوه] مـرده باشد، یـا در اثر شاخ زدن حیوان دیگر مرده باشد و آنچه را حیوانی درنده [حمله کـرده] خورده باشد حرام گردانیده شده است. مگر آنچه زنده یافتید و بـه موقع ذبح

کرده باشید . [همچنان] آنچه برای بُتان قربانی شده باشد، و آنچه در اثر تیر هـای کـه شـرط زده شـده باشـد؛ همـه ای اینهـا بـرای شما حرام است و همه ای این اعمال فسق و گناه است. امروز کفار که ایمان را رد کرده اند با دین شما همه امید را از دست دادند اما از ایشان نترسید، از من بترسید. امروز دین شما را برای شما کامل کردم و نعمت خود را به شما تمام کردم و دین اسلام را بر شما پسندیدم. اما اگر هرغذایی کـه در اثر قحطی، بـدون نیت قصد گناه، خورده شـود خداونـد(ج) بـدون شـک آمرزنده ای مهربان است.

تفسیر: رژیم غذایی و اینکه انسان چه بخورد وچه نخورد و چه برای انسان از نگاه صحی درست است در این آیه در قسمت حیوانات تذکر داده شده است کـه چه چیز هـا بـرای انسان حرام گردانیـده شده اسـت. خداونـد(ج) انسان را خلـق کـرده است و نیازمنـدی هـای غذایـی اش را میداند. خداوند(ج) میداند کـه بـرای مـزاج انسان چه قابـل هضم است و چه نیست. انسان حیوان نیست. فطرت و مزاج انسان از حیوانات فرق دارد. آیه بیان میدارد که شما بـه مشکل قحطی و گرسنگی کـه هیچ چیـز برای خوردن پیدا نشود، شما میتوانید همان که حرام است بخورید. توجه کنیـد کـه ایـن در حالتی است کـه قطعاً چیـزی دیگر بـرای خوردن نباشد. در کنار اینکه بـرای ما انسانها چه حرام است و چه حلال است، میخوانیم که دین بـرای ما منحیث یک نعمت الهی تکمیل شده است و خداوند(ج) اسلام را بـرای بشریت برگزیده است. در اینجا دو موضوع است کـه بایـد تشریح شود. اول در تکمیل دین. دوم در واژه اسلام است. اول اینکه دین را تکمیل کـرده است بدین معنی است کـه از امـروز در این دین چیـزی کمی و کمبودی نیست. یعنی ضرور نیست که ما مسلمانان بـرای یـک موضوع به بیرون از قـرآن دسـت و پـای بزنیم. ما بایـد قـرآن را بـه اسـاس ایجابـات و مقتضیـات و نیازمنـدی هـای عصـر خـود تفسـیر کنیم و در زنـدگی تطبیـق کنیـم. کتـاب قـرآن وقتی میگوید تکمیل شد یعنی که در اقتصاد، سیاست، مسایل خانوادگی، مسایل بین المللی، نزاکت هـای اجتماعی، رفت و آمد و برخورد هـای اجتماعی آداب معاشرت همه و همه در این دیـن اسـت زیرا ایـن دیـن یـک فرهنگ عظیم انسانیت است و هیچ کمبودی نـدارد. دوم مسأله واژه اسلام است. اسلام در اینجا تنها تسلیمی به خداوند(ج) است و قبول توحید میباشد نه اینکه همه دنیا مانند ما مسلمان باشند. خلقت انسان گوناگون است. درمتن قرآن ما میخوانیم که مردمان گیتی مؤمن است، منافق است، کافر است، مسلمان است، مُشرِک است یعنی جهان

خلقت همه یکسان نیست و راه انتخاب را با فکر آزاد به مردم گذاشته است. یعنی نظر به نص قرآن همه مؤمن بوده نمیتوانند و اما حق از باطل تفکیک شده است و انسان خود مختار است. ما باید چنین تصور نکنیم که همه مانند ما مسلمان باشند. خداوند(ج) در قرآن به اهل کتاب با اینکه کجروی کردند و به بیراهه رفتند حرمت قائل شده است. حضرت رسول کریم(ص) با یهودان و عیسویان معاهدات به امضا رساند که این همه نمایانگر این حقیقت است که جهان انسانیت در طرز تفکر و عقیده گوناگون است و ما منحیث امت آخری باید همه را احترام کنیم نه اینکه چون مانند ما مسلمان نیست به کُفر بگیریم. پیشوای اسلام فرموده است که اگر میخواهید دین شما احترام شود دین دیگران را احترام کنید. یک معنی دین روش زندگی است. یک عده مردم به غلط فهمیده اند وقتی قرآن گفته است اسلام را برای شما پسندیدیم چنین تصور کردند که همه مردم جهان باید مانند ما مسلمان باشند. اینطور نیست. هدف اسلام در آیه خدا پرستی و توحید است.

يَسْأَلُونَكَ مَاذَا أُحِلَّ لَهُمْ ۖ قُلْ أُحِلَّ لَكُمُ الطَّيِّبَاتُ ۙ وَمَا عَلَّمْتُمْ مِنَ الْجَوَارِحِ مُكَلِّبِينَ تُعَلِّمُونَهُنَّ مِمَّا عَلَّمَكُمُ اللَّهُ ۖ فَكُلُوا مِمَّا أَمْسَكْنَ عَلَيْكُمْ وَاذْكُرُوا اسْمَ اللَّهِ عَلَيْهِ ۖ وَاتَّقُوا اللَّهَ ۚ إِنَّ اللَّهَ سَرِيعُ الْحِسَابِ (٤)

معنی: از تو میپرسند: چه چیز برای آنها حلال شده است؟ بگو: حلال برای شما همه چیز هایست که پاک و خالص است و آن حیوانات [اهلی] که خود شما برای شکارتربیه کردید که شکار را بگیرد به ترتیبی که خداوند(ج) شما را رهنمایی کرده است. چیزی را [حیوانات شکاری]که از شکار میگیرند، قبل از خوردن نام خدا(ج) را بگیرید. از خدا(ج) بترسید که خدا(ج) سریع الحساب است.

تفسیر: وقتی قرآن نازل شد، خواه مخواه مردم سوالات زیاد داشتند که پیامبر(ص) باید جواب میگفت. دو موضوع قابل یادآوری است اول اینکه با اینکه قرآن به زبان مردم نازل شده و برای مردم اُمی نازل شده و هر کس میتواند برداشتی و فهمی از قرآن داشته باشد، با اینهم قرآن تفسیر دارد و اولین مفسر قرآن مجید حضرت رسول کریم(ص) میباشد. دوم چون قرآن ۱۴۰۰ سال قبل نازل شده آیات تفسیر آن نظر به زمان و مکان فرق میکند. قسمیکه در گذشته تذکر دادیم، طور مثال بعضی آیات در مورد بردگی تذکری دارد. حالا دیگر عصر بردگی نیست که ما برده داشته

جزء ششم

باشیم پس آیه پا بر جای است و اما تفسیر آن فرق میکند. ما امروز برده ماشین شده ایم، برده سرمایه دار شده ایم، برده مادی پرستی شده ایم، و صد ها بردگی دیگر. در آیۀ بالا از پیامبر(ص) سوال میکنند که چه چیز ها برای شان حلال است، میگوید هر چیزیکه پاک و خالص باشد. هدف از پاک تنها حلال در زندگی امروز نیست. هدف از پاک در زندگی امروز یعنی که از هرگونه آلودگی کیمیاوی پاک باشد. طور مثال لوبیا حلال است و اما ما امروز لوبیای سر بسته قوطی داریم که ده ها مواد کیمیاوی را به آن اضافه کرده اند که خراب نشود، گنده نشود، تازه بماند که اینها همه برای صحت شدیداً مضر است. ما باید لوبیای عادی بخریم و عادی جوش بدهیم. این پاک است. حیوانات شکاری که برای شکار و دیگر مقاصد مانند سگ پولیس تربیه شده اند وقتی چیزی را به نام شکار میگیرند باید نام خدا(ج) گرفته شود تا برای ما حلال شود. یا سگ پولیس چیزی را به نام خوراک از یک جامه دان سفری در فرودگاه و یا مرز های زمینی پیدا میکند باید نام خدا(ج) گرفته شود.

ٱلۡيَوۡمَ أُحِلَّ لَكُمُ ٱلطَّيِّبَٰتُۖ وَطَعَامُ ٱلَّذِينَ أُوتُواْ ٱلۡكِتَٰبَ حِلٌّ لَّكُمۡ وَطَعَامُكُمۡ حِلٌّ لَّهُمۡۖ وَٱلۡمُحۡصَنَٰتُ مِنَ ٱلۡمُؤۡمِنَٰتِ وَٱلۡمُحۡصَنَٰتُ مِنَ ٱلَّذِينَ أُوتُواْ ٱلۡكِتَٰبَ مِن قَبۡلِكُمۡ إِذَآ ءَاتَيۡتُمُوهُنَّ أُجُورَهُنَّ مُحۡصِنِينَ غَيۡرَ مُسَٰفِحِينَ وَلَا مُتَّخِذِيٓ أَخۡدَانٖۗ وَمَن يَكۡفُرۡ بِٱلۡإِيمَٰنِ فَقَدۡ حَبِطَ عَمَلُهُۥ وَهُوَ فِي ٱلۡأٓخِرَةِ مِنَ ٱلۡخَٰسِرِينَ (۵)

معنی: امروز چیزهای پاکیزه برای شما حلال شد و طعام اهل کتاب برای شما حلال و طعام شما برای آنها حلال است. و [نکاح] با زنان پاکدامن با ایمان و زنان پاکدامنی که قبل از شما به ایشان کتاب داده شده (یهود و نصارا) بر شما حلال است به شرطی که مهر شانرا بپردازید. پاکدامن باشید، مرتکب فحشا نشوید و به صورت پنهانی رابطۀ جنسی بر قرار ننمائید و هر کسیکه از ایمان انکار کند بدون شک عمل اش بیهوده است و او در زمرۀ زیانکاران است.

تفسیر: در قسمت اول آیه میگوید که طعام اهل کتاب به شما حلال و طعام شما بر اهل کتاب حلال شد. در اینجا دو موضوع مهم است که در زندگانی امروز مطرح است. اول اینکه آن غذای اهل کتاب برای ما حلال است که در دین خود ما حرام نشده باشد. گوشت خوک و یا مشروبات الکهلی در دین ما حرام است و یا هر چیزی دیگری که برای ما حرام است و برای اهل کتاب شاید حلال باشد. دوم مسأله ذبح حیوان

در سلاخی های عیسویان و یهودان است که اسلامی نیست و برای ما مسلمانان غیر قابل قبول است. طور مثال استفاده از تفنگچه برای کشتن حیوان و یا بیهوش کردن حیوان قبل از ذبح. دکتور یوسف قرضاوی گفته است که چون قرآن غذای اهل کتاب را برای مسلمانان روا دانسته است پس نباید قرآن را در مورد ذبح زیر سوال بریم که ذبح شان برای ما درست نیست، در زمان قدیم ذبح میکردند و اما امروز ذبح نمیکنند. اصل موضوع این است که ذبح اسلامی یک موضوع صحی و سلامتی است که برای سلامت بدن بسیار مهم است. چهار رگی که با کارد تیز بریده میشود وقتی خون فواره میکند همه بکتریای که در خون است بیرون میشود و این باعث میشود که گوشت تازه ماند و این برای صحت و سلامتی بدن بسیار مهم است. موضوعات شرعی که نام خدا(ج) گرفته شود و حیوان رو به قبله باشد مطالب دیگر است که برای مسلمانان حایز اهمیت فراوان است و در سلاخی های غیر مسلمانان نیست. یعنی ذبح حیوان در زمان پیامبر(ص) تا امروز که غیر مسلمانان انجام میدهند بسیار تفاوت دارد. موضوع دوم آیه این است که با زنان پاکدامن مسلمان و اهل کتاب نکاح کنید. نکاح مرد مسلمان با زنان اهل کتاب جایز است و اما نکاح زن مسلمان با اهل کتاب جایز نیست. نکاح یا ازدواج یک موضوع اگزوگامی است. دختر از خانه خود و یا پدر و مادر خود خارج میشود و به خانه شوهر میرود، همین جریان را در جامعه شناسی ازدواج، اگزوگامی میگویند. دین اسلام آمد و ادیان سماوی گذشته را تکمیل کرد و توحید را معرفی کرد. حالا اگر دختر به خانه غیر مسلمان میرود از محیط توحیدی داخل محیط غیر تکامل یافته توحیدی میشود و این یک روش پسرفت است. دین اسلام دین پیشرفت است، پسرفت نیست. از نگاه عیسویت زن بدون قید و شرط باید از شوهرش اطاعت کند. در حالیکه در اسلام زن تا وقتی از شوهر اطاعت میکند که شوهر خودش در راه اسلام باشد. نکاح یعنی پیمان و قرار داد معنی میدهد. به مجردی که شوهر از راه اسلام خارج شود زن حق دارد طلاق بخواهد. مسایل فرهنگی و تربیه اولاد است که باید شدید مد نظر گرفت. شوهر مسلمان مسئوول تربیه اسلامی اولاد خود است در حالیکه شوهر غیر مسلمان این مسئوولیت را ندارد. همچنان مرد مسلمان حق ندارد که نام خانوادگی همسرش را مسلمان باشد و یا نباشد تغییر دهد. در اسلام، زن ملکیت مرد نیست. زن همسر مرد است و شوهر همسر زن است و نظر به آیهٔ سوره بقره که زن لباس مرد است و مرد لباس زن؛ حقوق شان در داخل خانه مساوی میباشد. مرد مسلمان حق ندارد تا

زن اهل کتاب را به زور و فشار مسلمان سازد. مرد مسلمان باید آنقدر از مهربانی، تواضع و همکاری و مُحبت کار گیرد تا زن غیر مسلمان به تشبث خود مسلمان شود. مرد و زن مسلمان باید از اعمال خلاف اخلاق دوری کنند. حق دارند آزادانه نامزد شوند به جای اینکه روابط پنهانی داشته باشند و باعث آبرو ریزی خود و خانواده های شان شوند. اگر در ایام نامزدی دانستند که برای همدیگر ساخته نشده اند آبرومندانه از هم جدا شوند و اگر دیدند که میتوانند زوج خوب باشند، نکاح کنند. روابط زن و شوهر و یا نامزدان باید بر اساس ایمان به خدا(ج) استوار است. در همه مسایل وقتی ایمان انکار شود همه اعمال ما به تباهی و بیهودگی است چون ما مخلوق هستیم و از دایرۀ خلقت خارج نیستیم با انکار ایمان ما خود را بی سرنوشت میسازیم و به یک فضا نوردی میمانیم که در فضا خارج از جو زمین معلق میماند و جائی ندارد تا بنشیند.

يَٰٓأَيُّهَا ٱلَّذِينَ ءَامَنُوٓاْ إِذَا قُمْتُمْ إِلَى ٱلصَّلَوٰةِ فَٱغْسِلُواْ وُجُوهَكُمْ وَأَيْدِيَكُمْ إِلَى ٱلْمَرَافِقِ وَٱمْسَحُواْ بِرُءُوسِكُمْ وَأَرْجُلَكُمْ إِلَى ٱلْكَعْبَيْنِ ۚ وَإِن كُنتُمْ جُنُبًا فَٱطَّهَّرُواْ ۚ وَإِن كُنتُم مَّرْضَىٰٓ أَوْ عَلَىٰ سَفَرٍ أَوْ جَآءَ أَحَدٌ مِّنكُم مِّنَ ٱلْغَآئِطِ أَوْ لَٰمَسْتُمُ ٱلنِّسَآءَ فَلَمْ تَجِدُواْ مَآءً فَتَيَمَّمُواْ صَعِيدًا طَيِّبًا فَٱمْسَحُواْ بِوُجُوهِكُمْ وَأَيْدِيكُم مِّنْهُ ۚ مَا يُرِيدُ ٱللَّهُ لِيَجْعَلَ عَلَيْكُم مِّنْ حَرَجٍ وَلَٰكِن يُرِيدُ لِيُطَهِّرَكُمْ وَلِيُتِمَّ نِعْمَتَهُۥ عَلَيْكُمْ لَعَلَّكُمْ تَشْكُرُونَ (6)

معنی: ای آنانیکه ایمان آورده اید! چون به نماز برخاستید صورت و دست های خود را تا آرنج ها بشوئید، سر خود را مسح کنید و پا های خود را تا بُجُلکـ ها بشوئید و اگر جُنب باشید [همه بدن] خود را خوب پاک کنید [غسل کنید]. اما اگر مریض و یا به سفر باشید یا یکی از شما از قضای حاجت آمد و یا با زنان نزدیکی کرده باشید و آب نیافتید پس بر خاک پاک تیمم کنید و از آن بر صورت و دستهای تان بکشید. خداوند(ج) نمیخواهد برای شما دشواری قرار دهد بلکه میخواهد شما را پاک و نعمتش را بر شما تمام کند تا باشد که سپاسگزار شوید.

تفسیر: در این آیه مراتب وضو را تدریس میکند تا بندگان خدا(ج) همیشه پاک باشند. وضو فواید زیاد دارد. اول نظافت است. دوم به انسان تازگی میبخشد. سوم روی جلد از چربی که در پوست طبیعتاً تولید میشود آنرا پاک میکند ومجرا های تنفسی پوست و جلد پاک میشود که برای صحت مهم است. از بوی عرق و تعفن دهن در پنج وقت وضو جلوگیری

به عمـل مـی آیـد. بعضـی فقهـا تنهـا مسـح پـا را در وضـو توصیـه میکننـد و بعضـی فقهـا شسـتن پـا را. وقتـی بـه آیـه از نـگاه زبانشناسـی بـه دقـت توجـه کنیـم، آیـه شسـتن پـا را توصیـه میکنـد. قبـلا گفتیـم کـه آیـه تفسـیر دارد. اینکـه مـا چگونـه آیـه را میخوانیـم هـم نقـش بـارز در فهـم آیـه دارد. توجـه کنیـد: فَاغسلُوا ایدیَکم؛ ایدیَکم بـه فتحه تلفظ میشود یعنـی بشوئید دسـتان خـود را تـا آرنـج هـا. بِرُءُوسـکم، س بـه کسـره تلفظ میشـود ماننـد ب، کـه فقـط بـ«آن (یعنـی سـر آدمـی) اِرتبـاط میگیـرد. یعنـی مسـح کنیـد سـر خـود را. در ارجُلَکـم الـی الکعبیـن، ارجُلکـم ، حـرف ل بـه فتحـه تلفـظ میشـود (یعنـی مفعـول اسـت) و ارتبـاط میگیـرد بـه فاغسـلوا کـه در بـالا آمـده یعنـی بشـوئید پـا هـای خـود را تـا بُجُلَکـک هـا. ایـن اسـت ایجـاب دسـتور زبـان در عربـی. همـه تـلاوت هـای قبـول شـده «ل» ارجلکـم را فتحـه میدهنـد یعنـی قسـمیکه گفتیـم بـه فاغسـلوا ارتبـاط میگیـرد یعنـی بشـویید پـا هـای خـود را. ایـن تـلاوت بـه اسـاس تـلاوت اولـی میباشـد کـه سـند هـای آن ذکـر شـده اسـت و تـا خلفـای راشـدین و رسـول اکـرم(ص) میرسـد. پـس گفتـه نشـود کـه پـا هـای خـود را مسـح کنیـد کـه در قـرآن چنیـن آمـده اسـت کـه پـا هـای خـود را مسـح کنیـد. ضـرورت شسـتن الـی الکعبیـن منطقـاً و عقـلاً ماننـد «الـی المرافـق» اسـت.

بایـد تذکـر داده شـود کـه تنهـا مسـح، پـا هـا را پـاک نمیکنـد. در گذشـته مـردم کفـش امـروزی را نداشـتند و پـا هـا زیـاد تـر کثیـف میشـد و قـرآن میگویـد تـا بُجُلَـک هـا بشـویید. نـه اینکـه پشـت پـا را مسـح کنیـد. در زندگانـی امـروز، اکثـر جـوراب هـا از مـواد سـنتتیک سـاخته شـده اسـت و پـا عـرق میکنـد لـذا مخصوصـاً کـه در مسـجد میرویـم بایـد پـا هـا بـو ندهـد. مسـأله غسـل در اسـلام بعـد از نزدیکـی بـا زنـان یـک مسـأله علمـی اسـت. دانشـمندان مینویسـند کـه بـا خـروج آب منـی و همچنـان انـزال زن بـدن بـه یـک سسـتی مواجـه میشـود. در بـدن دو سلسـله اعصـاب نباتـی وجـود دارد. ایـن سلسـله هـا فعالیـت هـای بـدن را کنتـرل میکنـد و در همـه بـدن انتشـار دارد و بـه نـام هـای سـمپاتیک و پـارا سـمپاتیک یـاد میشـوند. وظیفـۀ عصـب سـمپاتیک سـریع سـاختن اعضـای عصبـی بـدن و وظیفـۀ پاراسـمپاتیک سُسـت سـاختن اعضـای عصبـی در بـدن اسـت. جریانـات سـمپاتیک، در اثـر خـارج شـدن آب منـی، جریـان عصبـی شـدید سـریع میشـود و همـان تعـادل خـود را از دسـت میدهـد. غسـل و آب روی بـدن همـان تعـادل از دسـت رفتـه را احیـا میکنـد و انسـان دوبـاره اسـتوار میشـود و هـر دو رشـته عصبـی بـه شـکل نورمـال در مـی آیـد. غسـل جنابـت در اسـلام تنهـا مسـأله پاکـی بـدن و آلـۀ تناسـلی نیسـت بلکـه یـک موضـوع علمـی مطالعـات اعصـاب اسـت در اثـر انـزال زن و مـرد. در صورتیکـه آب نیباشـد تیمـم بـا

خاک پاک سفارش شده است که در این قسمت پاکی روحی و معنوی مطرح است مخصوصاً که ما به نماز اقتدا میکنیم. همچنان اگر در سفر و یا مریض هستیم میتوانیم تیمم کنیم. اما امروز امکانات آب نظر به هزار سال قبل زیاد تر است مخصوصاً کشور های غربی و همچنان شرایط سفر آسان تر شده است. به هر حال خداوند(ج) میگوید که نمیخواهد برای بندگان دشواری باشد و کار را با تیمم آسان کرده است تا به بندگان مؤمن مشکل نباشد. همچنان، موضوع قضای حاجت هم تذکر یافته است. رسول خدا(ص) فرموده است که نظافت نصف ایمان است. پاک کردن مقعد بعد از قضای حاجت برای جلوگیری امراض فوق العاده مهم است که باید درست پاک شود و بعد دستان با صابون شسته شود.

وَاذْكُرُوا نِعْمَةَ ٱللَّهِ عَلَيْكُمْ وَمِيثَاقَهُ ٱلَّذِى وَاثَقَكُم بِهِۦٓ إِذْ قُلْتُمْ سَمِعْنَا وَأَطَعْنَا ۖ وَٱتَّقُوا ٱللَّهَ ۚ إِنَّ ٱللَّهَ عَلِيمٌۢ بِذَاتِ ٱلصُّدُورِ (۷)

معنی: و نعمت خدا(ج) را که بر شما ارزانی داشته و پیمانی که با شما بسته است به یاد بیاورید که گفتید شنیدیم و اطاعت کردیم، و از خداوند(ج) بترسید که خداوند(ج) از راز دل ها آگاه است.

تفسیر: اسلام بزرگترین نعمت است که خداوند(ج) به انسان مؤمن ارزانی داشته است و پیمانی که بین خدا(ج) و بنده بسته شده است که وقتی اسلام را قبول کردند گفتند شنیدیم و اطاعت کردیم. در تفسیر پیمان، نظریات گوناگون وجود دارد. پس این پیمان کدام است؟ این پیمان میتواند فطری باشد که چون انسان با فطرت اسلام خلق شده است پس وقتی حقیقت را درک کردند به خداوند(ج) لبیک گفتند. همچنان چون انسان خودش راز و فن زندگی را نمیدانست و خدا(ج) به او آموخت پس همه آموزش هائی که انسان فرا گرفته است میتواند یک میثاق بین خدا(ج) و بنده باشد که اطاعت کند. به عبارت دیگر وقتی خداوند(ج) یک حکم کرده و انسان آنرا قبول کرده و اطاعت کرده است این خود یک پیمان است که با خدا(ج) بسته است. طور مثال ما قبول کردیم که گوشت خوک حرام است و نمیخوریم، همین خود یک پیمان و میثاق است که با خدا(ج) بسته ایم که چیزی که به ما گفته است شنیدیم و اطاعت کردیم و همین اطاعت کردن به ذات خود پیمان بستن است که ما باید به یاد بیاوریم. نکتۀ که در آخر آیه تذکر میدهد که ما نباید به خود دروغ بگوئیم زیرا خداوند(ج) از راز دل ها آگاه است و این موضوع را تنها کسانی دقیق درک

میکنند که به خداوند(ج) به تمام معنی ایمان دارند.

يَٰٓأَيُّهَا ٱلَّذِينَ ءَامَنُوا۟ كُونُوا۟ قَوَّٰمِينَ لِلَّهِ شُهَدَآءَ بِٱلْقِسْطِ ۖ وَلَا يَجْرِمَنَّكُمْ شَنَـَٔانُ قَوْمٍ عَلَىٰٓ أَلَّا تَعْدِلُوا۟ ۚ ٱعْدِلُوا۟ هُوَ أَقْرَبُ لِلتَّقْوَىٰ ۖ وَٱتَّقُوا۟ ٱللَّهَ ۚ إِنَّ ٱللَّهَ خَبِيرٌۢ بِمَا تَعْمَلُونَ (۸)

معنی: ای آنانیکه ایمان آورده اید در راه خدا(ج) با ثبات باشید و شاهدان عدل و قضاوت باشید و هرگز دشمنی یک عده شما را بر این ندارد که عدالت نکنید. عدالت کنید که این به تقوا و پرهیزگاری نزدیک تر است و از خدا(ج) بترسید که خدا(ج) به آنچه انجام میدهید آگاه است.

تفسیر: این آیه خاص مؤمنان است. توصیه میشود که در راه خدا(ج) و واجبات خداوند(ج) استوار باشید یعنی نه لغزید زیرا خداوند(ج) با مؤمنان است. در راه عدالت گواه باشید. حتی اگر کسی با شما دشمنی کند از راه عدل خارج نشوید. این آیه برای مردم قومی و قبائلی بسیار مهم باید باشد زیرا در نظام های قومی و قبائلی مانند افغانستان عدل قطعاً وجود ندارد به جز دشمنی. افغانستان مثال خوبی از دشمنی های گوناگون است که چهل سال است دوام دارد. برای مردم مؤمن میگوید که متوجه باشید که اعمال و کردار و گفتار شما از خداوند(ج) پنهان نیست و کوشش نکنید که خود را فریب دهید.

وَعَدَ ٱللَّهُ ٱلَّذِينَ ءَامَنُوا۟ وَعَمِلُوا۟ ٱلصَّٰلِحَٰتِ ۙ لَهُم مَّغْفِرَةٌ وَأَجْرٌ عَظِيمٌ (۹)

معنی: خداوند(ج) کسانی را که ایمان آورده اند و کار های شایسته کرده اند وعده ای مغفرت و اجر بزرگ داده است.

تفسیر: بلی! عدالت خداوند(ج) همین است که کسانیکه ایمان آورده اند و اعمال خوب انجام داده اند هم مورد آمرزش قرار میگیرند و هم پاداش خدمات شان برای بشریت داده میشود. در این آیه که قبلاً هم نوشته ایم یک موضوع مهم است و آن اینکه کار نیک همیشه با ایمان بستگی دارد. همچنان هر کسیکه به خداوند(ج) ایمان داشته باشد و کار نیک کند مورد مغفرت قرار میگیرد و برایش اجر داده میشود. این تنها برای مسلمانان نیست بلکه برای همه بشریت است.

وَٱلَّذِينَ كَفَرُوا۟ وَكَذَّبُوا۟ بِـَٔايَٰتِنَآ أُو۟لَٰٓئِكَ أَصْحَٰبُ ٱلْجَحِيمِ (۱۰)

معنی: و کسانیکه کافر شدند و آیات ما را تکذیب کردند آنها اهل دوزخ

هستند .

تفسیر: اینجا به ادامه آیهٔ قبلی واضح میسازد که کسانیکه آیات خدا(ج) را تکذیب کردند جای شان جهنم است. بازهم این برای همه ادیان گفته شده است نه تنها مسلمانان. وقتی یک یک عیسوی آیاتی که برای شان آمده بود تکذیب کردند جای شان دوزخ است و یا اگر مسلمانان آیات قرآن را تکذیب کنند عین سرنوشت را خواهند داشت. نکتهٔ مهم در این آیه این است که این آیات جنبه عمومی دارد و برای کسانی گفته شده است که ایمان نیاورده اند خواه مسلمان باشند و خواه نباشند. به عبارت دیگر امت هر دین به اساس دین خود شان مواخذه میگردند. هر کس باید به دین خود ثابت قدم باشد.

يَٰٓأَيُّهَا ٱلَّذِينَ ءَامَنُوا۟ ٱذْكُرُوا۟ نِعْمَتَ ٱللَّهِ عَلَيْكُمْ إِذْ هَمَّ قَوْمٌ أَن يَبْسُطُوٓا۟ إِلَيْكُمْ أَيْدِيَهُمْ فَكَفَّ أَيْدِيَهُمْ عَنكُمْ ۖ وَٱتَّقُوا۟ ٱللَّهَ ۚ وَعَلَى ٱللَّهِ فَلْيَتَوَكَّلِ ٱلْمُؤْمِنُونَ (١١)

معنی: ای آنانیکه ایمان آورده اید نعمت های خداوند(ج) را بر خود یاد کنید؛ وقتی قومی خواستند بر شما دست درازی کنند و خداوند(ج) دست شان را از سر شما کوتاه کرد و از خدا(ج) بترسید و مؤمنان تنها به خدا(ج) توکل کنند.

تفسیر: بزرگترین عبادت در اسلام شکر گزاری به دربار خداوند(ج) است. با اینکه نمازفرض است و مسئوولیت هر مسلمان است و اما منافق هم میتواند در محضر عام برای فریب مردم نماز ادا کند. اما شکر چون در دل است و خداوند(ج) از راز دل ها آگاه است بنابر این فضیلت بزرگ دارد. شما در هر حالت میتوانید شاکر باشید و از نعمت هائی که به شما ارزانی کرده بدون اینکه کسی بداند، شکر کنید. شکر گزاری نقطه وصل است با پروردگار، ذکر حق تعالی است و مؤمن واقعی هر لمحهٔ زندگی شاکر میباشد. در مورد قوم که میخواستند مسلمانان را نابود کنند نظریات مختلف وجود دارد. در تفاسیر میخوانیم که طرح یهودان برای نابودی پیامبر(ص) درمدینه بود. در تاریخ معاصر روسیه شوروی میخواست افغانستان را نابود کند. اسرائیل در صدد نابودی فلسطین است و تقریباً به خاطر غفلت مسلمانان نابود اش کرده است. وقتی یک انسان، یک خانواده، یک ملت ویک کشور نابود میشود که این پنج موضوع در زندگی رخ دهد: اول کبر، غرور و خود خواهی. دوم جهل، سوم غفلت، چهارم اسراف و پنجم بی اتفاقی.

﴿ وَلَقَدْ أَخَذَ اللَّهُ مِيثَاقَ بَنِي إِسْرَاءِيلَ وَبَعَثْنَا مِنْهُمُ اثْنَيْ عَشَرَ نَقِيبًا وَقَالَ اللَّهُ إِنِّي مَعَكُمْ لَئِنْ أَقَمْتُمُ الصَّلَاةَ وَآتَيْتُمُ الزَّكَاةَ وَآمَنْتُمْ بِرُسُلِي وَعَزَّرْتُمُوهُمْ وَأَقْرَضْتُمُ اللَّهَ قَرْضًا حَسَنًا لَأُكَفِّرَنَّ عَنْكُمْ سَيِّئَاتِكُمْ وَلَأُدْخِلَنَّكُمْ جَنَّاتٍ تَجْرِي مِنْ تَحْتِهَا الْأَنْهَارُ فَمَنْ كَفَرَ بَعْدَ ذَلِكَ مِنْكُمْ فَقَدْ ضَلَّ سَوَاءَ السَّبِيلِ (١٢)

معنی: و همانا خداوند(ج) از بنی اسرائیل پیمان گرفت و [گفت که] از ایشان دوازده نماینده [قومی] بر انگیختیم و[پس] خدا(ج) گفت: من با شما هستم اگر نماز را بر پا دارید و زکات دهید و به فرستادگان من ایمان بیاورید، حمایت شان کنید و [به خاطر] خدا(ج) قرض حسنه دهید؛ بدون شک بدی های تانرا از شما میپوشانیم و شما را در باغهائی که زیر پای درختان آن نهر ها جاری است، در می آورم. پس هر که از شما بعد از این کافر شود، به یقین از راه راست منحرف شده است.

تفسیر: می بینیم که پیام الهی بر یهودان، قبل از آمدن پیشوای اسلام حضرت محمد(ص) همان پیمان بوده که برای مسلمانان پسان در قرآن نازل شد. خدا پرست باشید و به یهودان میگوید که نماز بخوانید و زکات دهید چنانچه نماز و زکات برای مسلمانان فرض شد. از آنجائیکه یهودان از روی تعصب و خودخواهی و گردن شخی پیامبران الهی را میکشتند در اینجا از ایشان تقاضا میشود که به فرستادگان خدا(ج) ایمان بیاورید و حمایت شان کنید و برای شان همان وعده ای که برای مسلمانان در قرآن داده شده است به بهشت داخل میشوند که در زیر درختان آن نهر ها جاری است. و اگر سرپیچی کنند به یقین به راه غلط رفته اند و منحرف شدند. دو نکتهٔ دیگر در این آیه است: یکی دوازده قوم که در بنی اسرائیل بر انگیخته میشود و دیگر مسأله سود خوری یهودان. از ایشان تقاضا میشود که از برای خدا(ج) به مردم قرض حسنه دهند. در این مورد نه تنها یهودان گوش نکردند بلکه امروز جهان با سود خوری و سود بانکی مخصوصاً کشورهای عقب مانده تباه شده است. همه نظام سرمایه داری امروز به حساب سود است و جهان را تباه کرده است. سود در قرآن حرام دانسته شد. دوازده نماینده یا سرپرست، مقصد از دوازده قوم یهود همانا کنفدراسیون قبایل سامی در عصر آهن است که پسان همین ها یهود نامیده شدند. همچنان فرزندان و نوادگان حضرت یعقوب(ع) به این نام نامیده میشدند. گفته میشود که اسباط دوازده گانه اسرائیل شامل دوازده

نفر بودند که چهارمین آن یهود نام داشت و او چهارمین پسر حضرت یعقوب(ع) بود و تنها بازمانده اقوام بنی اسرائیل است.

فَبِمَا نَقْضِهِم مِّيثَٰقَهُمْ لَعَنَّٰهُمْ وَجَعَلْنَا قُلُوبَهُمْ قَٰسِيَةً ۖ يُحَرِّفُونَ ٱلْكَلِمَ عَن مَّوَاضِعِهِۦ ۙ وَنَسُوا۟ حَظًّا مِّمَّا ذُكِّرُوا۟ بِهِۦ ۚ وَلَا تَزَالُ تَطَّلِعُ عَلَىٰ خَآئِنَةٍ مِّنْهُمْ إِلَّا قَلِيلًا مِّنْهُمْ ۖ فَٱعْفُ عَنْهُمْ وَٱصْفَحْ ۚ إِنَّ ٱللَّهَ يُحِبُّ ٱلْمُحْسِنِينَ (١٣)

معنی: پس به خاطر اینکه عهد را شکستند آنها را از رحمت خود به دور کردیم. و دل های شانرا سخت گردانیدیم؛ آنها کلمات را ازجایش تحریف میکردند و قسمت هائی را که به یاد آوری شده بودند فراموش کردند و تو همواره به خیانت های شان آگاه میشوی، مگر تعداد کم شان [که خیانت نمیکنند] و اما تو از آنها در گذر و چشم پوشی کن که خداوند(ج) نیکوکاران را دوست دارد.

تفسیر: جای بسیار تعجب است که با همه ثروتی که امروز یهودان دارند و همه ای شان در مقام های بزرگ مخصوصاً در امریکا و اروپا کار میکنند و حتی به حیث وزیر خارجه امریکا ایفای وظیفه میکنند و در فرانسه به مقام ریاست جمهوری رسیدند و اما دل های شان آرام ندارند. ضدیت با یهود زیاد شده و کم نی. یهودان همه تعصب را در مقابل شان از جهل مردم میدانند اما ما مسلمانان اعتقاد داریم که این همه ضدیت با یهود به خاطریست که با خدا(ج) عهد و پیمان را شکستند و دل های شان سخت شد چنانچه بر مردم فلسطین رحم ندارند و آنها به مشکل ترین وضعیت زندگی میکنند. یهودان در متون دینی دست درازی میکردند و کلمات را به نفع خود بیجا میکردند. امروز هم در محاکمات اروپایی و امریکایی در وقت دفاع از موکل، وکلای مدافع با کلمات بازی میکنند و کلمات را به نفع خود تعبیر و تاویل میکنند که میراث یهودان است. به پیامبر(ص) گوشزد میشود که همواره خیانت شان را می بینی مگر یک تعداد کم شان که خیانت نمیکنند. بلی در هر گروه به شمول مسلمانان هستند مردمان خاین که به نفع خود کار میکنند نه به نفع عدالت و جانبداری از خدا(ج) اما به پیامبر و مسلمانان خاطر نشان میکند که ما باید چشم پوشی کنیم و در گذریم بهتر است و خداوند(ج) آنان را که نیکو کار است دوست دارد و کمک میکند، و براستی اگر خوب دقت کنید بالاخره حق به جای خود قرار میگیرد حتی که زمانگیر باشد.

وَمِنَ ٱلَّذِينَ قَالُوٓاْ إِنَّا نَصَٰرَىٰٓ أَخَذۡنَا مِيثَٰقَهُمۡ فَنَسُواْ حَظّٗا مِّمَّا ذُكِّرُواْ بِهِۦ فَأَغۡرَيۡنَا بَيۡنَهُمُ ٱلۡعَدَاوَةَ وَٱلۡبَغۡضَآءَ إِلَىٰ يَوۡمِ ٱلۡقِيَٰمَةِۚ وَسَوۡفَ يُنَبِّئُهُمُ ٱللَّهُ بِمَا كَانُواْ يَصۡنَعُونَ (١٤)

معنی: و از کسانیکه گفتند: ما نصرانی هستیم، از آنها نیز پیمان گرفتیم. ولی آنها بخش مهمی از آنچه [برای شان] تذکر داده شده بود، به فراموشی سپردند؛ پس ما تا روز قیامت بین شان دشمنی و کینه افگندیم. و به زودی خداوند(ج) آنها را به آنچه میکردند آگاه میسازد.

تفسیر: در قرآن مجید یهود و نصارا کافر خطاب نشده است و اما ناسپاس، نافرمان وفراموشکار خطاب شده اند. مانند یهودان خداوند(ج) همرای نصرانیان هم عهد وپیمان میکند و اما آنها همه را به فراموشی میسپارند. به جزای اعمال شان خداوند(ج) بین شان دشمنی و کینه می افگند. وقتی ما در تاریخ نگاه میکنیم دشمنی و کینه اول آن ضدیت بر علیه کلیسا بود که نه تنها کاتولیک و پروتستانت عرض اندام کرد، بلکه عده ای کثیرمطلق با دین بریدند وبی دین شدند. جنگ ها بین عیسویان در اروپا بود که کلیسای انگلیس عرض اندام کرد، هیتلر عرض اندام کرد و میلیون ها نفر کشته شد. جنگ های مذهبی در آیرلند سالها دوام کرد. کتاب مقدس را تحریف کردند و از خود زیاد و کم کردند.

يَٰٓأَهۡلَ ٱلۡكِتَٰبِ قَدۡ جَآءَكُمۡ رَسُولُنَا يُبَيِّنُ لَكُمۡ كَثِيرٗا مِّمَّا كُنتُمۡ تُخۡفُونَ مِنَ ٱلۡكِتَٰبِ وَيَعۡفُواْ عَن كَثِيرٖۚ قَدۡ جَآءَكُم مِّنَ ٱللَّهِ نُورٞ وَكِتَٰبٞ مُّبِينٞ (١٥)

معنی: ای اهل کتاب! همانا فرستاده ما به سوی شما آمده است که بسیاری از حقایق کتاب آسمانی را که پنهان میکردید برایتان روشن سازد. از بسیاری در میگذرد. از جانب خدا(ج) نور و کتاب روشنگری برای شما آمده است.

تفسیر: این آیه حایز اهمیت است که قرآن یهود و نصارا را اهل کتاب خطاب میکند، نه کافر و مشرک. دوم برای شان یادهانی میکند که بسیاری مطالب را شما پنهان میکردید و برای شما روشن میسازد و کتاب نور و روشنگری برای شما آمده است. بلی مشکل یهود و نصارا به خاطر کبر و غرور و خودخواهی و اینکه یهود میگفت برای آمدن یک پیامبر جدید احتیاجی نیست و پیام خدا(ج) را تحریف مینمودند و عیسویان مسایل را نادیده میگرفتند و تا اندازۀ زیر تاثیر یهود بودند مثلیکه امروز هستند و از

خود یک قوه متحد بر علیه مسلمانان ساختند و اجازه نمیدهند تا مسلمانان مانند کشور ایران انرژی هسته یی داشته باشند و حقایق را هر دو پنهان میکردند این آیه نازل شد که باید به خود بیابند که هیچ چیز از پیش خدا(ج) پُت و پنهان نیست.

يَهْدِى بِهِ ٱللَّهُ مَنِ ٱتَّبَعَ رِضْوَٰنَهُۥ سُبُلَ ٱلسَّلَٰمِ وَيُخْرِجُهُم مِّنَ ٱلظُّلُمَٰتِ إِلَى ٱلنُّورِ بِإِذْنِهِۦ وَيَهْدِيهِمْ إِلَىٰ صِرَٰطٍ مُّسْتَقِيمٍ (١٦)

معنی: خداوند(ج) هر کس را که در پی رضای اوست به وسیلۀ کتاب به راه های امن و سلامتی رهنمایی میکند و به خواست خود، آنها را از تاریکی ها به سوی روشنایی و راه راست هدایت میکند.

تفسیر: انسان یک موجود خود مختار و آزاد خلق شده است. خودش برای خود باید تصمیم بگیرد. اوئیکه در جستجوی رضای پروردگار است و خودش میخواهد که در راه حق و راستی باشد خداوند(ج) او را با هدایاتش که در کتاب نازل شده است رهنمایی میکند و از تاریکی به روشنایی میبرد. نکتۀ مهم در این آیه همین است که نشان میدهد که انسان خود تصمیم گیرنده است و برای سرنوشتش تصمیم میگیرد. تاریکی یا روشنایی؟

لَّقَدْ كَفَرَ ٱلَّذِينَ قَالُوٓا۟ إِنَّ ٱللَّهَ هُوَ ٱلْمَسِيحُ ٱبْنُ مَرْيَمَ ۚ قُلْ فَمَن يَمْلِكُ مِنَ ٱللَّهِ شَيْـًٔا إِنْ أَرَادَ أَن يُهْلِكَ ٱلْمَسِيحَ ٱبْنَ مَرْيَمَ وَأُمَّهُۥ وَمَن فِى ٱلْأَرْضِ جَمِيعًا ۗ وَلِلَّهِ مُلْكُ ٱلسَّمَٰوَٰتِ وَٱلْأَرْضِ وَمَا بَيْنَهُمَا ۚ يَخْلُقُ مَا يَشَآءُ ۚ وَٱللَّهُ عَلَىٰ كُلِّ شَىْءٍ قَدِيرٌ (١٧)

معنی: آنهائیکه گفتند: خدا(ج) همان مسیح پسر مریم است، به یقین کافر شدند. بگو: اگر خداوند(ج) اراده کند که مسیح، پسر مریم و مادرش و هر کس دیگر که در زمین است همه به هلاکت برساند چه کسی میتواند [از ایشان] دفاع کند؟ فرمانروایی آسمانها و زمین و آنچه میان آنهاست خاص خداوند(ج) است و او هر چه بخواهد می آفریند و خداوند(ج) بر هر چیزی تواناست.

تفسیر: یکی از کجروی هائی که اهل نصارا کرد همین بود که عیسی(ع) را پسر خدا(ج) گفتند. این نه تنها کُفراست بلکه مخالف اساس خدا پرستی و توحید است. امروز برای این اشتباهات توجیهاتی دارند که قانع کننده نیست. خداوند(ج) برای شان خاطر نشان میکند که اگر همه مردم

تفسیر یونس ۵۱۶

زمین را به شمول عیسی پسر مریم و مادرش و هر کسی دیگر را در زمین هلاک کند کی میتواند از ایشان دفاع کند. خداوند(ج) قادر مطلق است و برای هر کاری تواناست.

وَقَالَتِ ٱلۡيَهُودُ وَٱلنَّصَٰرَىٰ نَحۡنُ أَبۡنَٰٓؤُاْ ٱللَّهِ وَأَحِبَّٰٓؤُهُۥۚ قُلۡ فَلِمَ يُعَذِّبُكُم بِذُنُوبِكُمۖ بَلۡ أَنتُم بَشَرٞ مِّمَّنۡ خَلَقَۚ يَغۡفِرُ لِمَن يَشَآءُ وَيُعَذِّبُ مَن يَشَآءُۚ وَلِلَّهِ مُلۡكُ ٱلسَّمَٰوَٰتِ وَٱلۡأَرۡضِ وَمَا بَيۡنَهُمَاۖ وَإِلَيۡهِ ٱلۡمَصِيرُ (۱۸)

معنی: و یهود و نصارا گفتند: ما پسران خدا(ج) و دوستان او هستیم. بگو: پس چرا او [خداوند(ج)] شما را به کیفر گناهانتان عذاب میکند؟ بلکه شما هم [مانند دیگران] بَشَر هستید که آفریده است. او هر که را بخواهد میبخشد و هر که را بخواهد عذاب میکند. ومِلکیت آسمانها و زمین و آنچه میان آنهاست از آن خداست و بازگشت همه به سوی اوست.

تفسیر: اینجا بدون تعمق یهود و نصارا هردو واضح بیان میکنند که پسران خدایند و از دوستان خداوند(ج). با این همه گستاخی خداوند(ج) ایشان را کافر و مشرک خطاب نمیکند و برای شان خاطر نشان میکند پس چرا به کیفر گناه هانتان عذاب میشوید. خاموش میمانند. برای شان گفته میشود که شما هم بشر هستید نه اینکه از دیگران برتری داشته باشید. همه جهان هستی از آن خداوند(ج) است و قادر است کی را عفوه کند و کی را عذاب کند. با اینهم یهود و نصارا پشت گوش میکنند و به راه خود روان شدند و به جای قبول حقیقت از حقیقت انکار کردند و ناسپاسی کردند. مسلمانان ایشان را منحیث اهل کتاب میشناسد. مطلب مهم که در این آیه تکرار آمده است این است که یهود و نصارا درک نمیکردند که همه جهان هستی و آنچه در بین آن است صلاحیت آن، از آن خداوند(ج) است و بشر با همه پیشرفت نتوانسته است همه چیز را بداند. و تا امروز نمیخواهند بدانند که همه صلاحیت طبیعت یعنی جهان هستی از خداوند(ج) است.

يَٰٓأَهۡلَ ٱلۡكِتَٰبِ قَدۡ جَآءَكُمۡ رَسُولُنَا يُبَيِّنُ لَكُمۡ عَلَىٰ فَتۡرَةٖ مِّنَ ٱلرُّسُلِ أَن تَقُولُواْ مَا جَآءَنَا مِنۢ بَشِيرٖ وَلَا نَذِيرٖۖ فَقَدۡ جَآءَكُم بَشِيرٞ وَنَذِيرٞۗ وَٱللَّهُ عَلَىٰ كُلِّ شَيۡءٖ قَدِيرٞ (۱۹)

معنی: ای اهل کتاب! پیامبر(ص) بعد از یک فاصلۀ زمانی از پیامبران گذشته به سوی شما آمد تا حق را برای شما بیان کند، تا نگویید که مژده دهنده و بیم دهنده ای نیامد. حالا مژده دهنده و هشدار دهنده به

سوی شما آمده است و خداوند(ج) بر هر کاری تواناست.

تفسیر: باز برای اهل کتاب یعنی یهود و نصارا میگوید که بعد از شش صد سال و یا بعد از ظهور حضرت عیسی(ع) مژده دهنده و بیم دهنده یا هشدار دهنده فرستاده شد تا هم دین را منحیث یک روش کامل زندگی پیشکش کند و هم کجروی ها و غلط فهمی هائی که اوشان مرتکب شده بودند اصلاح کند. «فَتَرَةٍ» دو سه معنی دارد که در این آیه آمده است. اول سکون و آرامش است که میان دو دورۀ بیداری فکری گفته میشود. دوم یک فاصله زمانی است که بین رسالت حضرت عیسی(ع) و حضرت محمد(ص) به وقوع پیوسته است که مشهور است به نام «فترت رسل» که در آیه آمده است. این را به خاطر فترت رسل یاد میکنند که بعد از حضرت عیسی(ع) تا آمدن حضرت محمد(ص) پیامبری فرستاده نشد. همچنان دورۀ فتور یک دورۀ است که مردم بیراه شده بودند و باید رهنمایی میشدند و این کلام آخری بود تا مردم بیدار شوند و راه حق را از باطل تشخیص کنند.

وَإِذْ قَالَ مُوسَىٰ لِقَوْمِهِۦ يَـٰقَوْمِ ٱذْكُرُواْ نِعْمَةَ ٱللَّهِ عَلَيْكُمْ إِذْ جَعَلَ فِيكُمْ أَنۢبِيَآءَ وَجَعَلَكُم مُّلُوكًا وَءَاتَىٰكُم مَّا لَمْ يُؤْتِ أَحَدًا مِّنَ ٱلْعَـٰلَمِينَ (٢٠)

معنی: و زمانیکه موسی(ع) به قوم خود گفت: ای قوم من! نعمت خدا(ج) را بر خود یاد کنید، آنگاه که درمیان شما پیامبرانی قرار داد و شما را صاحب اختیار خود کرد و به شما چیز هائی بخشید که به هیچ یک از جهانیان [قبلاً] نداده بود.

تفسیر: حضرت موسی(ع) به قوم خود سپاسگزاری را یادآور میشود. قبلاً گفتیم که شکر گزاری از عبادات بسیار عمده است و اما قوم یهود از نعمت هائی که برای شان داده شده بود سپاسگزار نبودند. همیشه شکایت داشتند و همیشه در راه حق سنگ اندازی میکردند. قسمیکه میدانیم نعمت های خداوند(ج) بی انتها است و حساب کردن آن ناممکن است. اما برای یهود یارآور میشود دو سه نعمت است که مهم است. اول برای رهنمایی شان قسمیکه در متن آیه می بینیم پیامبران را فرستاد. پیامبران بزرگترین نعمت است که خداوند(ج) به بندگان ارزانی داشته است و آنها قدر شانرا نمیدانستند. دوم برای شان کتاب فرستاد تا از روی آن زندگی شانرا نظم و نسق دهند که تورات باشد. سوم از ظلم فرعون ایشان را نجات داد. و بدین ترتیب چون آزاد شدند اختیار زندگی شانرا داد. ناگفته نماند که دین

همیشـه در راه آزادی مبـارزه کرده زیرا انسان را نعمت آزادی بخشیده است. همچنان سرزمین مقدس را بـرای شان ارزانی داشت کـه در آیـهٔ بعـدی مـی بینیم.

يَـٰقَوْمِ ٱدْخُلُواْ ٱلْأَرْضَ ٱلْمُقَدَّسَةَ ٱلَّتِى كَتَبَ ٱللَّهُ لَكُمْ وَلَا تَرْتَدُّواْ عَلَىٰٓ أَدْبَارِكُمْ فَتَنقَلِبُواْ خَـٰسِرِينَ (۲۱)

معنـی: ای قوم مـن! بـه سـرزمین مقدس کـه خـدا(ج) بـرای شـما مقرر داشته وارد شوید و به عقب باز نگردید که خساره مند میشوید.

تفسیر: سـر زمیـن مقـدس تقریبـاً همـه منطقه شـام و سـینا را در بـر میگیـرد. تنها بیت المقدس نیست. نـه تنها حدود ایـن سـاحه در تـورات تذکر رفتـه در عیـن زمـان مـا پیشروی اسرائیل را بعـد از اینکـه در سـال ۱۹۴۸ به وجود آمـد مـی بینیم. اسرائیل مناطق گـولان را اشغال کـرده است. فلسطین را مطلق از خود کـرده است. و هنـوز هـم در صـدد پیشروی است. یهـودان زیر عنوان سرزمین وعده شـده کـه در کتاب مقدس (بایـبـل) تذکـر بـه عمل آمـده است در تـلاش هستنـد تـا مصـر و عـراق و سـوریه را مطلق از خود کنند. در کتاب هائـی کـه در مـورد صهیونیـزم نوشـته شـده پیشرویی اسرائیلی هـا توسط رهبـران شـان تذکـر داده شـده است. جنـگ در خـاور میانـه تنها روی مسـأله سـرزمین اشغالی فلسطین نیست بلکـه همـه نفـاق و خیط کـردن اوضاع بـه خـاطر تسـلط منطقه است.

قَالُواْ يَـٰمُوسَىٰٓ إِنَّ فِيهَا قَوْمًا جَبَّارِينَ وَإِنَّا لَن نَّدْخُلَهَا حَتَّىٰ يَخْرُجُواْ مِنْهَا فَإِن يَخْرُجُواْ مِنْهَا فَإِنَّا دَٰخِلُونَ (۲۲)

معنـی: گفتند: ای موسی! در آنجا قوم زورمند و ستمگر است و تا آنها از آنجـا بیـرون نشـوند مـا هرگـز داخـل نمیشـویم. اگر آنها از آنجا بیرون شـوند مـا داخـل خواهیـم شـد.

تفسـیر: یهـودان نمیخواسـتند از حضرت موسـی(ع) اطاعـت کننـد. طفره میرفتنـد. نمیخواسـتند تـا سـرزمین وعـده شـده را بدست بیاورنـد. ماننـد سـود خـوری، میخواسـتند مفت خوری کنند. به جای اینکه برای یـک هـدف کـار کننـد. حـالا در قـرن بیسـت و یکم وضـع تغییـر کـرده است. قـوی تریـن و مجهـز تریـن قـوه نظامـی در خـاور میانـه بـه کمـک ایـالات متحده امریکا از اسرائیل است. فلسطین را هم به کمـک انگلیس و امریکا بدسـت آوردنـد نـه اینکـه بـرای آن خود شـان بـه تنهایـی مبـارزه کـرده باشـند. انگلیس هـا را مغـز

شویی کردند و آنها ایشان را در مناطق اشغالی مستقر ساختند. حالا نه تنها که سرزمین فلسطین را اشغال کردند، بلکه در صدد تصاحب سرزمین های اطراف هم هستند.

قَالَ رَجُلَانِ مِنَ ٱلَّذِينَ يَخَافُونَ أَنْعَمَ ٱللَّهُ عَلَيْهِمَا ٱدْخُلُوا۟ عَلَيْهِمُ ٱلْبَابَ فَإِذَا دَخَلْتُمُوهُ فَإِنَّكُمْ غَـٰلِبُونَ ۚ وَعَلَى ٱللَّهِ فَتَوَكَّلُوٓا۟ إِن كُنتُم مُّؤْمِنِينَ (٢٣)

معنی: دو نفر از مردان که از خدا(ج) میترسیدند و خداوند(ج) برای شان نعمت خود را ارزانی کرده بود گفتند: از آن دروازه داخل شوید، که اگر از آنجا وارد شوید بدون شک پیروز میشوید. بر خدا(ج) توکل کنید اگر ایمان دارید.

تفسیر: این دو مرد کی ها بودند؟ این دو مرد در تفاسیر میخوانیم که یوشع ابن نون و کالب ابن یوقنا بودند. نعمت هائی که خداوند(ج) برای شان ارزانی کرده بود اول ایمان به خداوند(ج) بود و دوم شجاعت و شهامت. برای هر کار سالم، ایمان، شهامت و تصمیم گیری ضروری است و اینها خواستند تا با ایمان راسخ به خداوند(ج) وتوکل به او، و همچنان به رسمیت شناختن حضرت موسی(ع) از دروازه شهر داخل شوند. در ایام قدیم شهر ها دروازه میداشت و حتی چندین در ورودی میداشت. برنامه این بود که باید دشمن را که در داخل بود با یک حمله ورودی غافلگیر کنند. این کار صورت گرفت و امروز هم اسرائیل از حملات غافلگیرانه با همسایگان خود کار گرفته است و این رویه اسرائیل نو نیست. یک آموزش تاریخی دارند. هیتلر آلمانی هم از حملهٔ غافلگیرانه در پولند کار گرفت که در تاریخ به نام «بلیتزکِګی» مشهور است.

قَالُوا۟ يَـٰمُوسَىٰٓ إِنَّا لَن نَّدْخُلَهَآ أَبَدًۭا مَّا دَامُوا۟ فِيهَا ۖ فَٱذْهَبْ أَنتَ وَرَبُّكَ فَقَـٰتِلَآ إِنَّا هَـٰهُنَا قَـٰعِدُونَ (٢٤)

معنی: گفتند: ای موسی! تا وقتی که آنها در آن [سرزمین] هستند، ما هرگز در آنجا داخل نمیشویم. پس تو و پروردگارت بروید و بجنگید و ما همین جا منتظر هستیم.

تفسیر: می بینید که بازهم طفره رفتن و بی اطاعتی کردن و مشکل تراشیدن با پیامبر خود شان، این خاصه یهودان بود. سخن پیامبر را نادیده گرفتند. سخن دو مرد با ایمان یعنی یوشع بن نون و کالب بن یوقنا را مسخره کردند و نمیخواستند داخل شهر شوند. وضع در اثر تبلیغات سوء

خراب شد و میخواستند تا موسی(ع) و دو مرد با ایمان را سنگباران کنند و دوباره به مصر برگردانند که در زیر ظلم فرعون قرار گیرند و به موسی(ع) گفتند که برو همـرای خدایـت بجنـگ و مـا نمیرویـم و همیـن جـا از جـای خـود شـور نمیخوریـم ونشسـته ایـم.

قَالَ رَبِّ إِنِّى لَآ أَمْلِكُ إِلَّا نَفْسِى وَأَخِى ۖ فَٱفْرُقْ بَيْنَنَا وَبَيْنَ ٱلْقَوْمِ ٱلْفَٰسِقِينَ (٢٥)

معنی: [موسی] گفت: پـروردگارا! جـزء اختیـار خـود و بـرادرم را نـدارم. پـس میان ما و این قوم فاسق جدایی افگن.

تفسیر: حضرت موسی(ع) می بیند که واقعاً این قوم سخن ناشنو و بی اطاعت و سرکش است و ایشان را فاسق خطاب میکند. فاسق دو معنی دارد: یکی کسیکه آشکارا گناه میکند ودوم از اوامر الهی سرپیچی میکنند. حضرت موسی(ع) چاره نمی بیند به جز اینکه به پروردگار عرض میکند که او را کمک کند و خودش و برادرش را که هـم جانشـین او بـود و هـم از نـگاه خانـوادگـی نزدیـک تریـن شـخص برایـش محسـوب میشـد از دام ایـن قوم نجات دهد. حضرت موسی(ع) از دست قوم و مردم خودش به ستوه آمـده بـود.

قَالَ فَإِنَّهَا مُحَرَّمَةٌ عَلَيْهِمْ أَرْبَعِينَ سَنَةً ۚ يَتِيهُونَ فِى ٱلْأَرْضِ ۚ فَلَا تَأْسَ عَلَى ٱلْقَوْمِ ٱلْفَٰسِقِينَ (٢٦)

معنـی: [خدا(ج)] فرمـود: ایـن سـرزمین تـا چهـل سـال بـر آنهـا ممنـوع شـد. در ایـن سـرزمین سـرگردان خواهنـد مانـد، پـس تـو بـر ایـن قـوم سـرکش انـدوه مخور.

تفسیر: در اینجا تاریـخ اندوهگین یهـود را می بینیـد کـه بـا سرکشـی از اوامـر الهی چهل سال آواره میشوند. دانشمندان از تورات نقل قول میکنند که یهـودان در دشـت پـاران آواره شـدند. در دشـت پـاران بـه شـمال و جنـوب و شـرق بـالا و پاییـن میرفتنـد همـان محـل کـه امـروز از بـالا خلیـج عقبـه اسـت و از شـرق بـه بحـر المیـت میرسـید تـا وقتیکـه از دریـای اُردن عبـور کردنـد. ایـن دشت زیاد تر متصل به سرزمین طور و سینا میباشد.

آنانیکه از بیسـت سـال بـه بـالا بودنـد مردنـد و بـه سـرزمین مقـدس نرسـیدند. غضب خداوند(ج) بسیار شدید بـود. تنهـا نـو جوانـان زنـده ماندنـد. در تـورات گفته شده که حضرت موسی(ع) بـرای شـان شفاعت خواسـت و امـا پذیرفتـه نشد.

۞ وَاتْلُ عَلَيْهِمْ نَبَأَ ابْنَيْ ءَادَمَ بِالْحَقِّ إِذْ قَرَّبَا قُرْبَانًا فَتُقُبِّلَ مِنْ أَحَدِهِمَا وَلَمْ يُتَقَبَّلْ مِنَ الْءَاخَرِ قَالَ لَأَقْتُلَنَّكَ قَالَ إِنَّمَا يَتَقَبَّلُ اللَّهُ مِنَ الْمُتَّقِينَ (۲۷)

معنی: و داستان دو فرزند آدم را به حق بر آنها بخوان آنگاه که [هر یک از ایشان] قربانی را پیشکش خداوند(ج) کردند. پس از یکی ‌شان پذیرفته شد و از یکی دیگر پذیرفته نشد. [قابیل] گفت: حتماً تو را خواهم کشت. [هابیل] گفت: خداوند(ج) تنها از مُتقیان می‌پذیرد.

تفسیر: داستان هابیل و قابیل برای همه نسل ها بسیار آموزنده است. هابیل برادر کوچکتر و اما متقی بود. قابیل برادر بزرگتر و اما سرکش و حسود بود. داستان از نگاه روانشناسی و زیست باهمی فوق العاده حایز اهمیت است. در اینجا عمل قابیل نادرست بود و به درگاه خداوند(ج) قبول نشد و او برادر خود را از روی حسادت تهدید به کشتن میکند. اینجا می بینیم که حسادت از اعمال فوق العاده ناشایسته است و در مقابل تقوا قرار میگیرد. نا گفته نباید گذاشت که نام های هابیل و قابیل در قرآن تذکر نیافته است و در روایات اسلامی و اسرائیلیات آمده است. همچنان یکی از کمبودی های قوم بنی اسرائیل همین حسادت در مقابل عیسویان بود و پسان در مقابل مسلمانان. قتل اول در روی زمین از نگاه دین شناسی که قدیمترین تاریخ را دارد از روی کینه و حسادت بود و بد ترین صفت انسانی است. تنها آنانی ازین انگیزهٔ شوم نجات می‌یابند که متقی یعنی پرهیزگار باشند. خدا(ج) را به واقعیت آن شناخته باشند. اینکه عمل قابیل چه بود که از جانب خداوند(ج) پذیرفته نشد در قرآن تذکری به عمل نیامده است. در روایات میخوانیم که آن دو قربانی های خود را در بالای کوهی بردند و صاعقه به هابیل خورد و این همانا قبولی بود و به دیگری اصابت نکرد، پس قبول نشد. از نگاه روانشناسی دین باید یاد آور شویم که هر عمل ما به نیت ما بستگی دارد و چون خداوند(ج) از راز دلها است آگاه میدانست که نیت قابیل چه بود و از هابیل چه بود. این موضوع را تنها متقیان و اهل ایمان میدانند و بس. هر دو قربانی برده بودند چرا یکی قبول شد و دیگری نشد مربوط به نیت هر دو برادر بود.

لَئِنْ بَسَطْتَ إِلَيَّ يَدَكَ لِتَقْتُلَنِي مَا أَنَا بِبَاسِطٍ يَدِيَ إِلَيْكَ لِأَقْتُلَكَ إِنِّي أَخَافُ اللَّهَ رَبَّ الْعَالَمِينَ (۲۸)

معنی: اگر تو برای کشتن من دست دراز کنی من هرگز به قتل تو

دست دراز نمیکنم. من از پروردگار عالمیان میترسم.
تفسیر: هابیل میگوید که اگر تو دست به کشتن من دراز کنی من این کار را نمیکنم زیرا از خدا(ج) میترسم. درس آموزنده است. ما نباید عمل منفی را به منفی جواب گوییم. کسانی نفاق میکنند و از در صلح پیش نمی آیند که آنها در دل خود حس کینه جویی و انتقام دارند مانند طالبان در افغانستان که مردم بیگناه را مانند قابیل به قتل میرساندند. کسانیکه خداپرست هستند آنها از در صلح پیش می آیند و دست به قتل و قتال نمیزنند زیرا خداوند(ج) قتل نفس را حرام کرده است و قتل نفس از گناهان کبیره است. دین، از روز اول، دین صلح و زیست باهمی بوده است نه ستیزه جویی. از همین لحاظ اوئیکه نیت نادرست داشته است نه قربانی او قبول میشود نه نماز او و نه اعمال او بدون تقوا و خدا پرستی. و این درس بزرگ است که ما از تاریخ دین در قسمت هابیل و قابیل میگیریم. درس دومی که ازین داستان میگیریم این است که درست که ما باید بزرگتر را احترام کنیم مشروط بر اینکه بزرگ درراه تقوا و خدا پرستی باشد. یک دلیل قابیل این بود که چون او بزرگتر است باید قربانی او قبول میشد. قبولی اعمال به سن و سال مربوط نیست که خورد باشد و یا بزرگ باشد. این بستگی به خدا پرستی و بعد نیت دارد.

إِنِّي أُرِيدُ أَن تَبُوءَ بِإِثْمِي وَإِثْمِكَ فَتَكُونَ مِنْ أَصْحَابِ ٱلنَّارِ ۚ وَذَٰلِكَ جَزَٰٓؤُا۟ ٱلظَّٰلِمِينَ (۲۹)

معنی: [هابیل گفت:] من میخواهم تو بار گناه من و گناه خودت را بر دوش کشی تا از دوزخیان گردی و جزای ظالمین همین است.
تفسیر: هابیل به برادرش میگوید که اگر این عمل شوم را انجام دهد نه تنها که گناه کرده میباشد بلکه گناه او را هم به دوش میگیرد زیرا او را از حق زندگی محروم میسازد. کسیکه همچو عملی را انجام دهد از دوزخیان است و جزای مردم ستمکار همین است. اینجا می بینیم که برادر کُشی در اسلام و در تاریخ دین مطلق حرام است زیرا همه در دین و یا در خلقت با هم برادر اند. اما متاسفانه امروز مسلمانان، مسلمانان را میکشند و جزیی ترین درک ندارند. قدرت خواهی، پول و نوکر اجنبی شدن همه اساس صلح را به هم زده است و هم کور شده اند و بی عقل.

فَطَوَّعَتْ لَهُ ۥ نَفْسُهُ ۥ قَتْلَ أَخِيهِ فَقَتَلَهُ ۥ فَأَصْبَحَ مِنَ ٱلْخَٰسِرِينَ (٣٠)

معنی: نفس [سرکش] وی را به قتل برادر تشویق کرد پس او را کشت و از زیانکاران گردید.

تفسیر: خداوند(ج) به انسان عقل و نفس داده است و این دو در اختیار انسان است نه خداوند(ج). اوئیکه پرهیزگار است از این دو به طور سالم استفاده میکند و اوئیکه پرهیزگار نیست قدرت استفاده از عقل را ندارد و اداره نفس از دستش خارج میشود. باید بدانیم که نفس زیر حکم عقل است. پس انسان سرکش اساساً یک موجود بی عقل است و چون عقل جوهر انسانیت است، انسان بی عقل با تشبث خود بی عقلی را انتخاب کرده و خودش را از جوهر انسانیت محروم کرده است. نه تنها در مسأله قتل؛ بلکه در همه موارد انسانی که از عقل کار نگیرد رسوایی بر پا کند.

فَبَعَثَ ٱللَّهُ غُرَابًا يَبْحَثُ فِى ٱلْأَرْضِ لِيُرِيَهُۥ كَيْفَ يُوَٰرِى سَوْءَةَ أَخِيهِ ۚ قَالَ يَٰوَيْلَتَىٰٓ أَعَجَزْتُ أَنْ أَكُونَ مِثْلَ هَٰذَا ٱلْغُرَابِ فَأُوَٰرِىَ سَوْءَةَ أَخِى ۖ فَأَصْبَحَ مِنَ ٱلنَّٰدِمِينَ (٣١)

معنی: سپس خداوند(ج) زاغی را فرستاد تا زمین را کاوید تا به او نشان دهد که چگونه جسد برادرش را پنهان کند. [قابیل گفت] وای بر من! آیا [اینقدر] بیچاره بودم که مانند این زاغ باشم تا جسد برادرم را دفن کنم؟!! آنجا بود که ندامت کشید.

تفسیر: اول اینکه وقتی انسان از عقل کار نگیرد پشیمان میشود و گاهی این پشیمانی ناوقت است. دوم انسان اساساً زادۀ طبیعت است و از طبیعت می آموزد اما به اذن خداوند(ج). اینجا رسم دفن کردن را خداوند(ج) با فرستادن یک زاغ به انسان می آموزاند. دلایل دفن یا گور کردن میت میتواند اینها باشد: اول اینکه انسان یک موجود با کرامت است و جسد او نباید مانند حیوانات در بیابان باشد. پس دفن کردن یک موضوع محترم شمردن مقام انسانیت است. دوم در اثر مردن، میت بو میگیرد و تعفن تولید میشود که این باعث شیوع امراض و میکروب میشود و برای محیط زیست خوب نیست. سوم وقتی انسان دفن میشود قبراو میتواند یادگاری برای آیندگان باشد.

مِنْ أَجْلِ ذَٰلِكَ كَتَبْنَا عَلَىٰ بَنِىٓ إِسْرَٰٓءِيلَ أَنَّهُۥ مَن قَتَلَ نَفْسًۢا بِغَيْرِ نَفْسٍ أَوْ فَسَادٍ فِى ٱلْأَرْضِ فَكَأَنَّمَا قَتَلَ ٱلنَّاسَ جَمِيعًا وَمَنْ أَحْيَاهَا فَكَأَنَّمَآ أَحْيَا ٱلنَّاسَ جَمِيعًا ۚ وَلَقَدْ جَآءَتْهُمْ رُسُلُنَا بِٱلْبَيِّنَٰتِ ثُمَّ إِنَّ كَثِيرًا مِّنْهُم بَعْدَ ذَٰلِكَ فِى ٱلْأَرْضِ لَمُسْرِفُونَ (۳۲)

معنی: به همین سبب به بنی اسرائیل حکم کردیم که اگر کسی مرتکب قتل نشده و فساد بر پا نکرده باشد، کشته شود مثل این است که همه مردم را کشته باشید. و اگر کسی را از مرگ نجات دهید مثل این است که همه بشریت را نجات داده اید و به یقین که پیامبران ما نشانه های روشن آورده اند و اما بسیاری [مردم با اینکه برای شان تذکر داده شده است] در زمین تعدی و زیاده روی کردند.

تفسیر: در گذشته گفتیم که قتل نفس حرام است و گناه کبیره است. در آیه خداوند(ج) صریح بیان میدارد که اگر بدون دلیل محکم کسی قتل کرده باشد و یا فساد بر پا کرده باشد که در اینجا مقصد از فساد شرک است، کسی حق قتل نفس را ندارد. اگر همچو جنایت صورت میگیرد مانند این است که همه بشریت را کشته باشید. در زندگی امروز جُرم اشخاص از محکمه صادر میشود نه اینکه مردم قانون جزا را در دست خود گیرند و محکمهٔ صحرایی را بر پا کنند. این خلاف مدنیت اسلام است. اگر کسی یک نفر را نجات میدهد مانند این است که همه بشریت را نجات داده است. پیامبران که فرستادگان خدا(ج) هستند با پیام ها و نشانه های روشن آمدند تا مردم را رهنمایی کنند و اما با اینهم مردم مانند طالبان از تجاوز و زیاد روی کار میگیرند. چه جالب است که اگر یک نفر را بدون دلیل موجه بکشی مانند این است که همه بشریت را کشتی و اگر یک نفر را نجات دهی مانند این است که همه بشریت را نجات دادی. امروز مردمان جهان به خاطر منافع اقتصادی و راه بردی و به قدرت رسیدن و پول و سرمایه بیگناهان را به قتل میرسانند.

إِنَّمَا جَزَٰٓؤُا۟ ٱلَّذِينَ يُحَارِبُونَ ٱللَّهَ وَرَسُولَهُۥ وَيَسْعَوْنَ فِى ٱلْأَرْضِ فَسَادًا أَن يُقَتَّلُوٓا۟ أَوْ يُصَلَّبُوٓا۟ أَوْ تُقَطَّعَ أَيْدِيهِمْ وَأَرْجُلُهُم مِّنْ خِلَٰفٍ أَوْ يُنفَوْا۟ مِنَ ٱلْأَرْضِ ۚ ذَٰلِكَ لَهُمْ خِزْىٌ فِى ٱلدُّنْيَا ۖ وَلَهُمْ فِى ٱلْءَاخِرَةِ عَذَابٌ عَظِيمٌ (۳۳)

معنی: جزای کسانیکه به خدا(ج) و رسولش به جنگ بر میخیزند و در زمین به فتنه و فساد سعی میورزند، جز این نیست که کشته شوند یا به

دار زده شوند و یا دست و یا پایشان از جانب مخالف بریده شود یا تبعید شوند. این رسوایی آنان در دنیاست و برای شان در آخرت عذاب بزرگی خواهد بود.

تفسیر: مخالفین اسلام این آیه را نقد میکنند که اسلام آنانی را که عقیده ندارند و یا مسلمان نیستند به دار میزند و یا دست و پای شانرا میبُرد و اگر اسلام را قبول نکنند ایشان را تبعید میکند. این تعبیر مطلق غلط از آیه است. اول اینکه دین در اسلام تحمیلی نیست و کسی نمیتواند دین را تحمیل کند. دوم اینجا مسأله جنگ با خدا(ج) و رسول(ص) مورد بحث است و آن اینکه در آن زمان یهودان بر علیه پیامبر خود شان قد اعلم کرده بودند و این آیه چنانچه از آیات قبلی دانستیم در رابطه به یهودان و پیامبر شان است. اینکه این آیه برای مسلمانان تفسیر شده است نادرست است. قسمیکه گفتیم قرآن اهل کتاب را محترم شمرده است و در اسلام اجازه دارند تا به دین خود باقی مانند. آیه در مورد یهودان است که وقتی با حضرت موسی(ع) به مخالفت برخاستند حتی در دشت پاران تبعید شدند. دوم مسأله فتنه و فساد است. هر ملت به شمول مسلمانان قانون جزاء دارند. شاید بعضی وقت جزاء برای اینکه مردم از عمل یک جنایت خوف داشته باشند بسیار سنگین باشد تا شهروندان هرگز به فکر عمل آن جنایت نباشند. به هر حال، توجه کنید که قرآن در بالا میگوید که اگر یک نفر را شما بکشید همه بشریت را کشته اید و اگر یک نفر را نجات دهید همه بشریت را نجات داده اید. پس چطور امکان دارد که سر بریدن و کشتن مردم را روا بدارد؟. محمد(ص) وقتی مکه را فتح کرد یک نفر مشرک و کافر را نکشت در حالیکه آنها بر علیه خدا(ج) و پیامبر جنگیده بودند. این آیه خاص قوم یهود و به ارتباط سرکشی از حضرت موسی(ع) است نه مسلمانان. برای مسلمانان این آیه یک اندرز است برای نسل های آینده که وقتی با خدا(ج) و رسولش جنگیدند سزای شان در آن زمان همان بود. توجه داشته باشید که آیات به اساس ایجابات همان زمان هم نازل شده است تا مردم آگاه شوند، پند گیرند و از خدا(ج) بترسند و از رسولش اطاعت کنند. اینکه این آیه در طول تاریخ غلط دانسته شده و حتی دین را بالای مسلمانان تحمیل کرده اند و یا مردم را به خاطریکه مسلمان نبودند به قتل رسانده اند این امیران و خلفای بعد ار خلفای راشدین خلاف اسلام رویه کرده اند. مهم اینکه جنگ با خدا(ج) و رسول(ص) هم در زمانی بود که پیامبران حیات داشتند. چون پیامبران رحلت کردند دیگر جنگی با پیامبر(ص) وجود ندارد.

إِلَّا ٱلَّذِينَ تَابُواْ مِن قَبْلِ أَن تَقْدِرُواْ عَلَيْهِمْۖ فَٱعْلَمُوٓاْ أَنَّ ٱللَّهَ غَفُورٌ رَّحِيمٌ (٣٤)

معنی: مگر کسانیکه پیش از آنکه آنان را دستگیر کنید توبه کنند پس بدانید که خداوند(ج) بخشنده ای مهربان است.

تفسیر: ببینید اینجا میگوید که کسانی را که دستگیر کنید. این خود نشان دهنده اوضاع جنگ است. و جنگ هم وقتی مانند کفار مکه و مشرکین بر علیه خدا(ج) و رسول(ص) بود و نه جنگ های امروزی. اینکه وهابیان، صفویان ایران و سنی ها و دیگر مذاهب در طول تاریخ به خاطر عقاید خود شان مردم بیگناه مسلمان را قلع و قمع کردند این نادانی شان را از دین نشان میدهد. آیه در زمان جنگ است بر علیه خدا(ج) و پیامبر(ص). پس اگر کسانیکه باغی هستند توبه میکنند باید مورد عفوه قرار گیرند و خداوند(ج) بخشنده و مهربان است. امروز هم اگر کسی بر علیه خدا(ج) قیام میکند و خودش کفر میگوید موقف دولت اسلامی کشتن او نیست بلکه تحقیق بر اساس عدالت است که چرا قیام کرده است. آیا مریض روحی است و یا در مقابل او بی عدالتی صورت گرفته است.

يَـٰٓأَيُّهَا ٱلَّذِينَ ءَامَنُواْ ٱتَّقُواْ ٱللَّهَ وَٱبْتَغُوٓاْ إِلَيْهِ ٱلْوَسِيلَةَ وَجَـٰهِدُواْ فِى سَبِيلِهِۦ لَعَلَّكُمْ تُفْلِحُونَ (٣٥)

معنی: ای آنانیکه ایمان آورده اید از خدا(ج) بترسید و تقرب به خداوند(ج) را وسیله سازید و در راه خدا(ج) جهاد کنید تا باشد که رستگار شوید.

تفسیر: از دید خدا(ج) و دین خدا(ج) یگانه راه سعادت بشر نزدیکی به خداوند(ج) است تا انسان بتواند نه تنها یک زندگی آسوده داشته باشد در عین زمان فراموش نکند که تنها نیست و خداوند(ج) با اوست. مشکلات زندگانی امروز تنها به خاطر این نیست که زندگی پُر از چالش ها نیست، به خاطر این است که ما را موجودی که خلق کرده است و برای ما اصول یک زندگی سالم به خاطر رحمتی که به بندگان دارد فراموش میکنیم و این باعث بدبختی ما میشود. طور مثال خداوند(ج) گفته است که علم بیاموزید. این را برای همه گفته است نه یک طبقه خاص. آیا کسیکه می آموزد و نمی آموزد برابر است؟ در حالیکه برای همه توصیه آموختن داده شده است. وقتی ما در راه خدا(ج) با احکام خدا(ج) و برای خدا(ج) زندگی میکنیم این خود جهاد است. جهاد تنها به شمشیر نیست. اول بر نفس است یعنی جهاد اصلاح خود ماست که به نام جهاد اکبر

مشهور است.

إِنَّ ٱلَّذِينَ كَفَرُواْ لَوْ أَنَّ لَهُم مَّا فِى ٱلْأَرْضِ جَمِيعًا وَمِثْلَهُۥ مَعَهُۥ لِيَفْتَدُواْ بِهِۦ مِنْ عَذَابِ يَوْمِ ٱلْقِيَٰمَةِ مَا تُقُبِّلَ مِنْهُمْ وَلَهُمْ عَذَابٌ أَلِيمٌ (٣٦)

معنی: در حقیقت کسانیکه کافر شدند؛ اگر همه ای آنچه در روی زمین است و همه مال آنها باشد و همه ای آنرا برای نجات از عذاب روز قیامت بدهند، از آنها پذیرفته نخواهد شد و عذابی دردناکی خواهند داشت.

تفسیر: در آیهٔ قبلی تذکر داد که آنهائی رستگار میشوند که تقرب به خداوند(ج) کنند. در اینجا هشدار میدهد که تصور نکنید که مال دنیا که شما اندوخته اید شما را از کیفر عذاب دوزخ نجات میدهد. در سرشت انسان است که فکر میکند چون در دنیا همه چیز را با پول و قوه میتواند به دست آورد در آخرت هم شاید همچو چیزی باشد. فراعنه را با زیورات دفن میکردند زیرا آنها هم به تفکر خود چنین فکر میکردند که همین قدرت و زر و زیور که در دنیا داشتند در آخرت هم به درد شان خواهد خورد. یهودان هم چون اتکا زیاد به ثروت داشتند و هنوز هم دارند فکر میکردند که مال و ثروت دنیا نجات دهنده است. تنها ایمان به خدا(ج) است که ما را نجات میدهد و بس.

يُرِيدُونَ أَن يَخْرُجُواْ مِنَ ٱلنَّارِ وَمَا هُم بِخَٰرِجِينَ مِنْهَا وَلَهُمْ عَذَابٌ مُّقِيمٌ (٣٧)

معنی: میخواهند از آتش بیرون شوند ولی از آن خارج شدنی نیستند و برای شان عذابی پایدار است.

تفسیر: اینجا نه تنها توجه کفار و مشرکین را بلکه همه را به شمول اهل کتاب جلب میکند که تصور نکنید که شما بدون ایمان از آتش دوزخ نجات پیدا میکنید. شما همواره کوشش میکنید که از آن بیرون شوید و اما خارج شدنی نیستید و خود را فریب ندهید.

وَٱلسَّارِقُ وَٱلسَّارِقَةُ فَٱقْطَعُوٓاْ أَيْدِيَهُمَا جَزَآءًۢ بِمَا كَسَبَا نَكَٰلًا مِّنَ ٱللَّهِ وَٱللَّهُ عَزِيزٌ حَكِيمٌ (٣٨)

معنی: دست مرد و زن دزد را به جزائی که مرتکب شده اند به عنوان مجازات الله قطع کنید و خداوند(ج) توانای با حکمت است.

تفسیر: قانون جزا در اسلام فوق العاده سنگین است تا جامعه از شر دزد و رهزن آسوده باشد و مال مردم مصئون و امنیت تام بر قرار باشد. در

آیهٔ فوق دو سه مطلب مهم است که باید توضیح داده شود. اول اینکه مرد و زن دزد گفته است. نه تنها هر دو زن و مرد مرتکب گناه میشوند بلکه زنان هم در اجتماع هستند که میتوانند دزدی کنند مانند مردان. دوم اینکه دزدی میکنند باید دست شان قطع شود. اسلام به حیث یک دین که بر اساس آن عدالت اجتماعی است نمیگوید که دست کسی دفعتاً بدون محکمه قطع شود. باید دیده شود که چرا دزدی صورت گرفته است؟ اگر از روی حرص و طمع باشد این در قضای اسلامی یک جنایت بزرگ است زیرا یکی از اساسات عمدهٔ جامعه اسلامی تامین امنیت است توسط آنانیکه در راس کار هستند. اگر دزدی از روی فقر و گرسنگی و بیکاری است در اینجا مسأله قطع دست دیگر مطرح نیست. اینجا آنانیکه در راس کار هستند مسئول هستند که چرا یک عضو جامعه همچو حالت داشته باشد و دست به خرابکاری باید بزند؟ حضرت عمر(رض) بخاطری او را فاروق لقب داده بودند که شدید در مسأله عدالت محتاط بود. فتوائی که در مورد قطع دست داد همین بود که اگر کسی دزدی را شغل خود ساخته باشد باید دست او قطع شود و اما اگر از قحطی و گرسنگی و خشکسالی باشد قطع نمیشود و خلیفه مسئول است. دلیل اینکه قانون جزاء در اسلام بسیار شدید است برای این است که مردم حتی به فکر شان نرسد که مرتکب همچو اعمالی شوند. امروز در امریکا که یک کشور فوق العاده پیشرفته است و قدیمترین دموکراسی در روی زمین است، هر روز جنایت است. هر روز دزدی است و زندان ها از دزد و رهزن پُر است. این برای این است که در دموکراسی عدالت نیست. مال و جان مردم مصئون نیست و هر روز تفنگچه کشی است و بی امنیتی، کشتن و قتل مردم بیگناه توسط مردان و زنان دزد و رهزن.

فَمَن تَابَ مِنۢ بَعْدِ ظُلْمِهِۦ وَأَصْلَحَ فَإِنَّ ٱللَّهَ يَتُوبُ عَلَيْهِ إِنَّ ٱللَّهَ غَفُورٌ رَّحِيمٌ (٣٩)

معنی: پس هر که بعد ازینکه [در حق مردم] ظلم کرده است توبه میکند و خودش را اصلاح میکند، خداوند(ج) توبهٔ او را میپذیرد که خداوند(ج) آمرزنده و مهربان است.

تفسیر: دیده میشود که قطع دست حکم آخری و نهایی نیست. این آیه در مورد کسانی است که از روی حرص دست به جنایت زده اند و خداوند(ج) چون غفور و رحیم است برای چنین اشخاص راه توبه و اصلاح را باز گذاشته است که اگر توبه کنند و خود را اصلاح کنند باید

مورد عفوه قرار گیرند. در زندگانی امروز کورس های تربیوی برای رفاه جامعه ضروری است. شاید شخص توبه کند و اما نظام اسلامی باید راه هائی که یک شخص چطور میتواند یک انسان خوب شود باز کند و این از طریق آموزش و پرورش تامین میشود. مطالعات جامعه شناسی نشان میدهد هستند اشخاصی که بعد از اینکه از زندان آزاد شده اند دوباره به جنایت رجوع کرده اند. اسلام طُرق بهتر را به جای زندان توصیه میکند. توبه کند و ما باید کوشش کنیم تا از طریق آموزش و پرورش او را اصلاح کنیم و این اصلاح باید توام با دلسوزی و مُحبت باشد.

أَلَمْ تَعْلَمْ أَنَّ ٱللَّهَ لَهُۥ مُلْكُ ٱلسَّمَـٰوَٰتِ وَٱلْأَرْضِ يُعَذِّبُ مَن يَشَآءُ وَيَغْفِرُ لِمَن يَشَآءُ ۗ وَٱللَّهُ عَلَىٰ كُلِّ شَىْءٍ قَدِيرٌ (٤٠)

معنی: آیا نمیدانی که ملکیت زمین و آسمان از آن خداست. هر که را خواهد عذاب میکند و هر که را خواهد میبخشد و خداوند(ج) بر هر چیز قادر است.

تفسیر: در گذشته هم ملکیت زمین و آسمان تذکر یافته است که این موضوع را تنها اهل ایمان به دقت میدانند. درست است که در زندگی سیاسی و اقتصادی و اجتماعی و خانوادگی ما اختیارات داریم و اما ملکیت طبیعت را نداریم. این بیانگر این حقیقت است که صلاحیت های انسانی محدود است و انسان باید دقیق فکر کند که وقتی صلاحیت طبیعت را ندارد و خودش جزء همین طبیعت است پس چطور میتواند زندگی اش را نجات دهد؟ این را انسان عاجز است و تنها کسی به عمق موضوع رسیده است که ایمان به خداوند(ج) و وحدانیت خداوند(ج) دارد.

﴿ يَـٰٓأَيُّهَا ٱلرَّسُولُ لَا يَحْزُنكَ ٱلَّذِينَ يُسَـٰرِعُونَ فِى ٱلْكُفْرِ مِنَ ٱلَّذِينَ قَالُوٓا۟ ءَامَنَّا بِأَفْوَٰهِهِمْ وَلَمْ تُؤْمِن قُلُوبُهُمْ ۛ وَمِنَ ٱلَّذِينَ هَادُوا۟ ۛ سَمَّـٰعُونَ لِلْكَذِبِ سَمَّـٰعُونَ لِقَوْمٍ ءَاخَرِينَ لَمْ يَأْتُوكَ ۖ يُحَرِّفُونَ ٱلْكَلِمَ مِنۢ بَعْدِ مَوَاضِعِهِۦ ۖ يَقُولُونَ إِنْ أُوتِيتُمْ هَـٰذَا فَخُذُوهُ وَإِن لَّمْ تُؤْتَوْهُ فَٱحْذَرُوا۟ ۚ وَمَن يُرِدِ ٱللَّهُ فِتْنَتَهُۥ فَلَن تَمْلِكَ لَهُۥ مِنَ ٱللَّهِ شَيْـًٔا ۚ أُو۟لَـٰٓئِكَ ٱلَّذِينَ لَمْ يُرِدِ ٱللَّهُ أَن يُطَهِّرَ قُلُوبَهُمْ ۚ لَهُمْ فِى ٱلدُّنْيَا خِزْىٌ ۖ وَلَهُمْ فِى ٱلْـَٔاخِرَةِ عَذَابٌ عَظِيمٌ (٤١)

معنی: ای پیامبر! آنانیکه به سوی کُفر رغبت نشان میدهند تو را اندوهگین نسازد، آنانیکه به زبان گفتند: ایمان آوردیم ولی از دل ایمان نیاورده اند، و خواه از یهودانی که به سخنان دروغ گوش فرا میدهند، آنها جاسوسان

قومی دیگراند که خود شان نزد تو نیامده اند. آنها کلمات را ازجایش بیجا میکنند و به [یکدیگر] میگویند: این حُکم را که ما میخواهیم و برای شما داده شده بپذیرید و اگر [از طرف ما] داده نشدید نپذیرید و از آن حذر کنید. و کسی را که فتنه بر پا میکند، خدا(ج) هلاکش را بخواهد تو نمیتوانی عذاب خدا(ج) را برطرف کنی. آنها کسانی هستند که [به تشبث خود شان] خدا(ج) نخواسته که دلهای شان را پاک سازد. برای آنها در دنیا رسوایی و در آخرت عذاب بزرگ است.

تفسیر: حضرت رسول کریم(ص) به ارادهٔ خداوند(ج) در یک شهری هجرت کرد که اکثریت تام شان یهودان بودند؛ یعنی مدینه. حضرت رسول کریم(ص) با چالش های جدید روبرو شد. پیامبر(ص) توقع نداشت که یهودان به این اندازه لجوج باشند و فتنه برپا کنند، به مردم یهود منحیث اهل کتاب و اینکه دین شان از ادیان ابراهیمی است احترام داشت و اما یهودان همان دید و بینش را در مقابل پیامبر(ص) نداشتند. در این آیه کُفر ناسپاسی معنی میدهد زیرا یهودان خدا(ج) را میشناختند و پیامبر داشتند و اما در مقابل خدا(ج) و پیامبر(ص) ناسپاس بودند. یهودان میخواستند تا کلمات وحی را تغییر دهند و به مردم خود میگفتند که چیزی که ما میگوییم قبول کنید و وقتی نزد پیامبر(ص) می آمدند روحیه خود را تغییر میدادند. در دل ایمان نیاورده بودند و نمیدانستند که هیچ موضوع از خدا(ج) پنهان نیست. خداوند(ج) به پیامبر(ص) میگوید که ای پیامبر تو اندوهگین مباش وقتی به کفر یعنی ناسپاسی تلاش دارند. دل های شان به تشبث خود شان دیگر پاک نیست و خدا(ج) همین را برایشان خواسته است زیرا حرف حق را خود رد کردند.

سَمَّـٰعُونَ لِلْكَذِبِ أَكَّـٰلُونَ لِلسُّحْتِۚ فَإِن جَآءُوكَ فَٱحْكُم بَيْنَهُمْ أَوْ أَعْرِضْ عَنْهُمْۖ وَإِن تُعْرِضْ عَنْهُمْ فَلَن يَضُرُّوكَ شَيْـًٔاۖ وَإِنْ حَكَمْتَ فَٱحْكُم بَيْنَهُم بِٱلْقِسْطِۚ إِنَّ ٱللَّهَ يُحِبُّ ٱلْمُقْسِطِينَ (٤٢)

معنی: [آنها] به هر دروغی گوش فرا میدهند و حرام خوارانند. پس اگر نزد تو آمدند میان آنها قضاوت کن [اگر قبول نکردند] از ایشان روی گردان. و اگر از آنها روی گردانی به تو آسیبی نمیرسد و چون قضاوت کردی به انصاف میان شان قضاوت کن. بدون شک خداوند(ج) منصفان را دوست دارد.

تفسیر: در این آیه چند نکته نهفته است. اول اینکه یهودان به سخنان

پیامبر(ص) گوش میدادند نه برای اینکه او را تائید کنند بلکه میخواستند او را بعد از اینکه شنیدند تکذیب کنند زیرا دلهای پاک نداشتند. برای پیامبر(ص) خداوند(ج) یادآوری میکند دروغ را باور میکنند و حرام خور هستند. تکذیب بودن خود یک منافقت است و حرام خواری نه تنها که برای صحت خوب نیست بلکه نفس انسان را پلید میسازد. یکی از سرشناسان یهود با زن شوهر داری زنا کرده بود. سنگسار اصلاً در مذهب یهود بود. مجرم چون مرد سرشناس بود نخواستند تا این حد را انجام دهند و برای اینکه توجه پیامبر اسلام را جلب کرده باشند که یعنی او را دوست دارند، موضوع را بزرگان یهود مدینه به پیامبر اسلام راجع ساختند. حضرت محمد(ص) نظر به حکمی که در تورات آمده بود فتوا داد که همانا سنگسار بود. آنها قبول نکردند زیرا یهودان نمیخواستند اشخاص ثروتمند و سرشناس سنگسار شود. سنگسار در مذهب یهود بوده است و اینکه پیامبر(ص) حکم آنرا قسمیکه گفتیم فتوا داد و خواست که احکام خود شان تطبیق شود و دین اسلام بالای آنها تحمیل نشود. اگر به حساب دین اسلام میبود باید چهار شاهد برای عمل زنا حاضر میکردند. دوم چون آنها اهل کتاب بودند دین و مذهب شانرا به رسمیت میشناخت. به اساس همین روایات تاریخی است که مسلمانان یهود و نصارا را همیشه منحیث اهل ذمه حمایه و پشتیبانی کرده اند و ایشان در امپراطوری های اسلامی نقش داشتند. مسأله دوم که ما می آموزیم از این آیه آن است که عدالت یک موضوع بشری و انسانی و حقوقی برای همه است نه اینکه تنها مسلمانان باشد. وقتی مسأله عدالت مطرح میشود، هر کس که باشد خواه مسلمان باشد یا نباشد باید عدالت مطرح شود.

وَكَيْفَ يُحَكِّمُونَكَ وَعِندَهُمُ ٱلتَّوْرَىٰةُ فِيهَا حُكْمُ ٱللَّهِ ثُمَّ يَتَوَلَّوْنَ مِنْ بَعْدِ ذَٰلِكَ وَمَآ أُوْلَـٰٓئِكَ بِٱلْمُؤْمِنِينَ (٤٣)

معنی: آنها چگونه تو را به قضاوت دعوت میکنند در حالیکه تورات نزد ایشان است و حکم خدا(ج) در آن وجود دارد. [و] پس از قضاوت تو، آنها روی میگردانند و آنها مؤمن نیستند.

تفسیر: اینجا می بینیم که بزرگان یهود نه تنها با پیامبر اسلام صادق نبودند درحالیکه تورات برای شان حکم را داده بود. اینجا یک نوع نیرنگ بازی کردند. موضوع بسیار مهم در این آیه این است که در اخیر آیه میخوانیم که آنها مؤمن نیستند. یک عدهٔ زیاد مسلمانان تعریف مؤمن را

غلط فهمیده اند. چنین تصور میکنند که هر کس به قرآن اعتقاد نداشت مؤمن نیست. در آیه فوق هدف این است که آنها به کتاب خود مؤمن نبودند. از دید اسلام هر دین آسمانی و یا ابراهیمی به اساس دین خود مؤمن خود هستند و یا نیستند و مورد بازخواست قرار میگیرد. حکم سنگسار برای شان داده شده بود و میخواستند آنرا نادیده بگیرند و به کتاب خود و پیامبر خود مؤمن نبودند.

إِنَّآ أَنزَلْنَا ٱلتَّوْرَىٰةَ فِيهَا هُدًى وَنُورٌ يَحْكُمُ بِهَا ٱلنَّبِيُّونَ ٱلَّذِينَ أَسْلَمُواْ لِلَّذِينَ هَادُواْ وَٱلرَّبَّٰنِيُّونَ وَٱلْأَحْبَارُ بِمَا ٱسْتُحْفِظُواْ مِن كِتَٰبِ ٱللَّهِ وَكَانُواْ عَلَيْهِ شُهَدَآءَ فَلَا تَخْشَوُاْ ٱلنَّاسَ وَٱخْشَوْنِ وَلَا تَشْتَرُواْ بِـَٔايَٰتِى ثَمَنًا قَلِيلًا وَمَن لَّمْ يَحْكُم بِمَآ أَنزَلَ ٱللَّهُ فَأُوْلَٰٓئِكَ هُمُ ٱلْكَٰفِرُونَ (٤٤)

معنی: ما تورات را نازل کردیم که در آن نوروهدایت است. پیامبران [بنی اسرائیل] که به فرمان خداوند(ج) تسلیم بودند، از طریق آن به [قوم یهود] حکم میکردند. و علما و دانشمندان[شان] با همین کتاب که به آنها سپرده شده بود شهادت میدادند [و] قضاوت مینمودند. پس از مردم نترسید، از من بترسید و آیات من را [برای منافع شخصی خود] مصالحه نکنید. و هر آن کسیکه به اساس آیات الهی حکم نکند آنها بدون شک کافر اند.

تفسیر: اول اینکه در این آیه می بینیم که خداوند(ج) اهل کتاب را به کتاب خود شان مسئول میسازد. دانشمندان یهود از طریق تورات حکم میکردند. اما وقتی بعضی مسایل به نفع شان نمیبود طفره میرفتند. در تفاسیر گذشته "لاتشترو" نفروشید ترجمه شده است. از نگاه لغوی این معنی درست است و اما از نگاه لفظی معنی درست نیست زیرا آیات اول فروخته نمیشود و دوم اینکه ترجمه کرده اند که به بهای کم نفروشید یعنی اگر (العیاذ بالله) به بهای گران میفروشید درست است!!!. اینجا مفهوم آیه مصالحه است که یعنی آیات من را برای منافع شخصی مصالحه نکنید. به یهودان گفته میشود که اگر به اساس تورات حکم نمیکنند کافر هستند. قابل یاد آوری است که دراسلام با آمدن حضرت رسول کریم(ص)، شخص پیامبر بسیاری آیات قرآن مجید را تفسیر میکردند و این اجازه به دیگران هم داده شد چنانچه بعد ازرحلت پیامبر اسلام، حضرت ابن عباس(رض) بزرگترین مفسر قرآن بود. یعنی قرآن نه تنها توسط دیگران تفسیر شده است و تفسیر میشود نظر به شرایط زمان تفسیر میشود و زیبایی قرآن کریم در همین است. زیرا قرآن برای همه اعصار

نازل شده است و میتواند تفسیر شود. دوم اینکه در اسلام، پیشوای اسلام گنجینه حدیث خودش را که مطابقت به قرآن دارد به میراث گذاشت. یعنی قرآن مانند تورات متنی مورد استفاده نیست و او از خود تفسیر دارد. تفسیر آیه به آیه، تفسیر آیه به اساس حدیث، تفسیر آیه به اساس علم امروزی، تفسیر آیه به اساس علم تاریخ و دیگر علوم.

وَكَتَبْنَا عَلَيْهِمْ فِيهَا أَنَّ ٱلنَّفْسَ بِٱلنَّفْسِ وَٱلْعَيْنَ بِٱلْعَيْنِ وَٱلْأَنفَ بِٱلْأَنفِ وَٱلْأُذُنَ بِٱلْأُذُنِ وَٱلسِّنَّ بِٱلسِّنِّ وَٱلْجُرُوحَ قِصَاصٌ ۚ فَمَن تَصَدَّقَ بِهِۦ فَهُوَ كَفَّارَةٌ لَّهُۥ ۚ وَمَن لَّمْ يَحْكُم بِمَآ أَنزَلَ ٱللَّهُ فَأُو۟لَٰٓئِكَ هُمُ ٱلظَّٰلِمُونَ (٤٥)

معنی: [در تورات] به آنها حکم کردیم که جان در مقابل جان، چشم در مقابل چشم، بینی در مقابل بینی، گوش در مقابل گوش، دندان در مقابل دندان و زخم ها را قصاص باید کرد و هر که از قصاص در گذرد، آن کفاره گناهان او خواهد بود و هر که مطابق آیات الهی قضاوت نکند آنها بدون شک از ظالمین هستند.

تفسیر: دیده میشود که حکم قصاص برای یهودان نازل شد که در آیه واضح است. یک غلط فهمی بزرگ در بین مسلمانان است که تصور میکنند که احکام قصاص که برای یهودان نازل شده است، در اسلام هم قابل تطبیق است. در حالیکه این احکام برای یهودان و در تورات نازل شده است. در اسلام اول مساله ثبوت جرم است. دوم شرایطی که جرم اتفاق افتاده است و همچنان مهمتر اینکه در اسلام عفوه و بخشش است که مجرم میتواند از روی صله رحم بخشیده شود. در اسلام هم شخصی که به او تعدی صورت گرفته میتواند عفوه کند و هم قاضی میتواند عفوه کند وقتی شرایط درست مطالعه و بررسی شود. همچنان قسمیکه در بالا گفتیم قرآن نظر به شرایط زمان و مکان تفسیر میشود. جهان امروز از زمان پیامبر (ص) تفاوت دارد و احکام قضایی میتواند نظر به شرایط اوضاع کنونی جهانی بررسی شود و مورد تطبیق قرار گیرد. در اسلام سنت مقید به زمان و مکان است. یعنی بعضی روش های پیامبر اسلام برای زمان خودش بود نه امروز. طور مثال حفر کردن خندق در زمان جنگ امروز موثر و کارگر نیست. یا در زمان پیامبر تاکید شده بود که مسلمانان دندان های خود را مسواک کنند و اما امروز مسواک به دسترس ما قرار ندارد و به جای آن از بُرس و کریم استفاده میکنیم. هدف پاکی دندان است نه وسیلهٔ که از آن استفاده کرد. وقتی علمای کرام گفته اند «اختلف

خود شان مورد مواخذه قرار گیرند. سوم آیه به وضاحت میگوید که اگر خداوند(ج) میخواست همه را یک امت واحد میساخت و اما چنین نکرد. پس گوناگونی فرهنگ های دینی حکم و رضای پروردگار است و ما باید احترام کنیم. در هر دینی که هستیم آخر ما رفتن به سوی خداست و او ما را مورد قضاوت قرار میدهد. احتیاج به کفر گرفتن و سر بریدن و تحقیر کردن و توهین کردن مردم نیست. وظیفۀ همه ما این است که چطور در کار های نیک که برای سعادت بشر است سبقت میجوئیم و در راه عدالت بشری کوشا باشیم.

وَأَنِ ٱحۡكُم بَيۡنَهُم بِمَآ أَنزَلَ ٱللَّهُ وَلَا تَتَّبِعۡ أَهۡوَآءَهُمۡ وَٱحۡذَرۡهُمۡ أَن يَفۡتِنُوكَ عَنۢ بَعۡضِ مَآ أَنزَلَ ٱللَّهُ إِلَيۡكَۖ فَإِن تَوَلَّوۡاْ فَٱعۡلَمۡ أَنَّمَا يُرِيدُ ٱللَّهُ أَن يُصِيبَهُم بِبَعۡضِ ذُنُوبِهِمۡۗ وَإِنَّ كَثِيرٗا مِّنَ ٱلنَّاسِ لَفَٰسِقُونَ (٤٩)

معنی: و بین آنها مطابق آنچه خدا(ج) نازل کرده حکم کن و از هوس هایشان پیروی مکن و از سوی شان آگاه باش که مبادا تو را از بعضی مواردی که خدا(ج) بر تو نازل کرده است غافل سازند. پس اگر رو گشتاندن، یقین داشته باش که به خاطر جنایات شان خدا(ج) میخواهد ایشان را جزا دهد و براستی که اکثر مردم فاسق اند.

تفسیر: اینجا هم به پیامبر(ص) در بارۀ اهل کتاب یاد آوری میکند که متوجه باشد که او را در بعضی موارد منحرف نسازند. اگر از داوری و قضاوت پیامبر(ص) روی گشتاندند و قبول نکردند؛ خداوند(ج) به جزای جنایات شان ایشان را جزا میدهد. قابل تذکر است که پیامبر(ص) یک انسان بود و میتوانست که فراموش کند زیرا انسان از انس آمده یعنی موجودی که فراموش میکند. خداوند(ج) از پیامبر خواست تا مراقب اوضاع و احوال و رفتار و گفتار اهل کتاب مخصوصاً یهودان باشد تا مسیر حق و عدالت را تغییر ندهند زیرا یهودان زیاد تر میخواستند تا پیامبر(ص) را تخریب کنند با این همه پیامبر(ص) به ایشان از در صلح و همزیستی مسالمت آمیز پیش آمده بود.

أَفَحُكۡمَ ٱلۡجَٰهِلِيَّةِ يَبۡغُونَۚ وَمَنۡ أَحۡسَنُ مِنَ ٱللَّهِ حُكۡمٗا لِّقَوۡمٖ يُوقِنُونَ (٥٠)

معنی: آیا آنها از تو حکم دوران جاهلیت را میخواهند؟ برای اهل یقین حکم چه کسی میتواند از [حکم] خدا(ج) بهتر باشد؟

تفسیر: با کجروی هائی که اهل کتاب میکردند و نمیخواستند اعتقاد

داشته باشند پس چه را میخواستند؟ حکم دوران جاهلیت را؟ اسلام آمد تا هر نوع خرافات و موهومات و نادانی هائی که مغایر انسانیت بود نابود شود و انسان راه تمدن و تجدد گرایی را به اساس همان زمان مدرنیته را مردم با ایمان پیشه سازند زیرا اسلام از هر نگاه میخواست مردم از نگاه فرهنگی در همه موارد تغییر کنند که مسلمانان کردند. اما اهل کتاب میخواستند که به همان عقاید پوچ و جاهلی باشند. امروز در افغانستان و کشور های اسلامی هنوز هم مردم با همان عقاید پوچ و خرافه پرستی زندگی میکنند زیرا از قرآن نیاموختند. اعمالی که در وقت وفات یک شخص انجام میدهند مثال خوبی از خرافه پرستی است که به نام رسم ورواج یاد میشود و مردم به ستوه آمده اند. و اما از بند خرافات خود را نجات داده نمیتوانند زیرا سخن مردم برای شان بالا تر از قرآن و ارشادات رسول اکرم(ص) که شدید مخالف خرافه پرستی بود، میباشد.

﴿ يَٰٓأَيُّهَا ٱلَّذِينَ ءَامَنُوا۟ لَا تَتَّخِذُوا۟ ٱلْيَهُودَ وَٱلنَّصَٰرَىٰٓ أَوْلِيَآءَ بَعْضُهُمْ أَوْلِيَآءُ بَعْضٍ ۚ وَمَن يَتَوَلَّهُم مِّنكُمْ فَإِنَّهُ مِنْهُمْ ۗ إِنَّ ٱللَّهَ لَا يَهْدِى ٱلْقَوْمَ ٱلظَّٰلِمِينَ (٥١) ﴾

معنی: ای آنانیکه ایمان آورده اید یهود و نصارا را حامی و پشتیبان خود نگیرید. آنها حامیان و پشتیبان همدیگر اند و هر که ایشان را پشتیبان خود گیرد از آنهاست. بدون شک خداوند(ج) مردم ظالم را هدایت نمیکند.

تفسیر: در اینجا مسلمانان را هشدار میدهد که یهود و نصارا را از نگاه سیاسی و امور امت حامی و پشتیبان نگیرید و هر کسیکه ایشان را حامی و یا پشتیبان خود سازد از جملۀ آنهاست و این طبقه مردم از ظالمین هستند. دو سه نکته مهم قابل تذکر است. یکی از معانی «ولی» دوست است. در این آیه هدف این نیست که شما یهود و نصارا را به رسم اجتماعی دوست نگیرید. ما به همه ادیان باید همزیستی مسالمت آمیز داشته باشیم. امروز هستند مسلمانانی که دوستان و همسایگان اهل کتاب دارند و با ایشان کار میکنند و به اصطلاح رفت و آمد دارند. چالش مسلمانان در این زمینه حفظ و نگهداری ارزش های فرهنگی خود شان است و باید چنان رویه مناسب به آنها صورت گیرد که به اسلام جذب شوند. در این آیه هدف این است که مانند عربستان سعودی و افغانستان آنها را حامی خود قرار ندهند تا آنها در امور سیاسی ما مداخله کنند. کسانیکه ایشان را پشتیبان و حامی میگیرد از جملۀ ایشان است. هستند افغانانی که در امور افغانستان به جای پیشکش کردن اسلام، امریکا و دیگر کشور ها را پشتیبان گرفتند

و کشور مطلق به بیراهه سوق داده شد. و نکتهٔ سوم آنهایی که ایشان را حامی و پشتیبان میگیرد از جملهٔ آنهاست و از ظالمین هستند یعنی بالای مسلمانان ظلم میکنند.

فَتَرَى ٱلَّذِينَ فِى قُلُوبِهِم مَّرَضٌ يُسَٰرِعُونَ فِيهِمْ يَقُولُونَ نَخْشَىٰٓ أَن تُصِيبَنَا دَآئِرَةٌ فَعَسَى ٱللَّهُ أَن يَأْتِىَ بِٱلْفَتْحِ أَوْ أَمْرٍ مِّنْ عِندِهِۦ فَيُصْبِحُواْ عَلَىٰ مَآ أَسَرُّواْ فِىٓ أَنفُسِهِمْ نَٰدِمِينَ (٥٢)

معنی: آنهائیکه در دل های شان بیماری است به [دوستی] آنها می شتابند و میگویند: میترسم حادثهٔ بدی برای ما رخ ندهد. ولی خداوند(ج) پیروزی یا اتفاقی خوب دیگری برای [مسلمانان] از جانب خود پیش آورد تا [گروه اهل کتاب] از چیزیکه در دل داشتند پشیمان شوند.

تفسیر: جالب است آنهائیکه میخواهند اهل کتاب را تکیه گاه خود سازند تنها در مسایل سیاسی نیست؛ در مسایل اجتماعی هم است که مردم نادان از ایشان تقلید میکنند. و این تقلید کورکورانه است که مردم را بی فرهنگ ساخته است. امروز که این جملات را مینویسم هستند مردمانی که میگویند اگر امریکا از افغانستان خارج شود ما چه کنیم؟ یک حادثهٔ بدی رخ ندهد. اینها اهل ایمان نیستند. در حالیکه هدف و نیت اهل کتاب در مورد مسلمانان چیز دیگری است و ما خود را فریب میدهیم. یکی از بدبختی های کشور های اسلامی پیروی و تقلید بیجا از امریکا و روسیه بود که به جز بربادی، نفاق و بی فرهنگی برای مردم مسلمان چیزی دیگری به ارمغان نداشته است.

وَيَقُولُ ٱلَّذِينَ ءَامَنُوٓاْ أَهَٰٓؤُلَآءِ ٱلَّذِينَ أَقْسَمُواْ بِٱللَّهِ جَهْدَ أَيْمَٰنِهِمْ إِنَّهُمْ لَمَعَكُمْ حَبِطَتْ أَعْمَٰلُهُمْ فَأَصْبَحُواْ خَٰسِرِينَ (٥٣)

معنی: و کسانیکه ایمان آوردند میگویند: آیا اینها بودند که با تاکید به خداوند(ج) سوگند یاد میکردند که واقعاً با شما هستند. اعمال شان تباه شد و خسارمند شدند.

تفسیر: بلی منافقین چه مسلمان باشد و چه اهل کتاب باشد سوگند ناحق یاد میکنند که با شما هستند در حالیکه چنین نیست. اعمال این گروه با منافقت شان تباه میشود و در زیان هستند. قسم خوردن در اسلام مجاز نیست. قسم ناحق گناه کبیره است. قسم خوردن به نام پدر و اولاد و غیره مطلق ناجایز است و تنها مسلمان در یک حالت خاص نزد قاضی

در محکمه به نام خدا(ج) قسم یاد میکند نه اینکه در هر مورد روزمره سوگند یاد کند.

يَـٰٓأَيُّهَا ٱلَّذِينَ ءَامَنُواْ مَن يَرْتَدَّ مِنكُمْ عَن دِينِهِۦ فَسَوْفَ يَأْتِى ٱللَّهُ بِقَوْمٍ يُحِبُّهُمْ وَيُحِبُّونَهُۥٓ أَذِلَّةٍ عَلَى ٱلْمُؤْمِنِينَ أَعِزَّةٍ عَلَى ٱلْكَـٰفِرِينَ يُجَـٰهِدُونَ فِى سَبِيلِ ٱللَّهِ وَلَا يَخَافُونَ لَوْمَةَ لَآئِمٍ ذَٰلِكَ فَضْلُ ٱللَّهِ يُؤْتِيهِ مَن يَشَآءُ وَٱللَّهُ وَٰسِعٌ عَلِيمٌ (٥٤)

معنی: ای آنانیکه ایمان آورده اید! هر کس از شما از دینش برگردد، خداوند(ج) به زودی مردمی را به عرصه وجود می آورد که دوست شان دارد و دوستش میدارند. با مؤمنان فروتن و با کافران سختگیر اند؛ در راه خدا(ج) جهاد میکنند و از ملامت هیچ ملامتگری هراس ندارند. این فضل خداوند(ج) است که به هر کس بخواهد ارزانی میکند و خداوند(ج) گشایشگر داناست.

تفسیر: به مسلمانان خاطر نشان میکند که هر کس از دین برگردد به زیان خودش است. به خداوند(ج) کدام آسیبی نمیرسد. به جای منافقین خداوند(ج) یک جمعیت دیگر را بر می انگیزد که با مردم مؤمن با تواضع بر خورد میکنند و با کافران خشن هستند. در راه عقیده خود از هیچ کس هراس ندارند و محافظه کار نیستند و آنقدر در عقیدهٔ خود راسخ هستند که هیچگونه تخریب و سخن چینی و شایعه پراگنی و تهمت و بهتان آنها را از مسیر شان تغییر نمیدهد. آنها خداوند(ج) را به واقعیت آن دوست دارند و خداوند(ج) هم آنها را دوست دارد. نا گفته نباید گذاشت که در این آیه مردم یا قوم که پا به عرصهٔ وجود میگذارد، گفته نشده است که حتما مسلمان هستند زیرا در آیه نه کلمهٔ مؤمن آمده است و نه مسلمان. از این سبب یک تفسیر میتواند این باشد که اگر مسلمانان از دین روی گردان میشوند، در راه حق و عدالت و علم و معرفت زحمت نمی کشند؛ یک جمعیت دیگر میتواند عرض اندام کند که آنها خدا(ج) را دوست دارند و خداوند(ج) هم آنها را دوست دارد. میتواند این جمعیت مسلمان باشد و یا نباشد و اما به دین خود مؤمن باشد. این آیه یک هشدار است برای مسلمانان که اگر از دین حق خارج میشوند نشود که بیگانگان که به دین خود راسخ هستند بالای مسلمانان غالب شوند و این خدا ناخواسته تباهی فرهنگ اسلام است.

إِنَّمَا وَلِيُّكُمُ ٱللَّهُ وَرَسُولُهُۥ وَٱلَّذِينَ ءَامَنُواْ ٱلَّذِينَ يُقِيمُونَ ٱلصَّلَوٰةَ وَيُؤْتُونَ ٱلزَّكَوٰةَ وَهُمْ رَٰكِعُونَ (٥٥)

معنی: بیگمان حامی و پشتیبان شما خدا(ج) است و رسول(ص) است و آنانیکه ایمان آورده اند؛ آنهائی که نماز را بر پا میکنند زکات میدهند و تواضعانه به رکوع میروند.

تفسیر: بلی! دوست و پشتیبان و حامی اصلی اهل ایمان خدا(ج) و در عالم اسباب رسول اکرم(ص) است. حالا پیامبر(ص) حیات ندارد و اما قرآن و گفتار گهربار رسول کریم(ص) برما رهنما و روش زندگی را می آموزاند تا همیشه در راه حق و راستی و عدالت باشیم و خدمتی به خود (نماز) و خدمتی به خلق خدا(ج) (زکات) کرده باشیم. ما وقتی بیچاره میشویم که خود، خدا(ج) و خلق را فراموش کنیم. سعادت یک مؤمن در نماز بی ریا و عبادت بی ریا و خدمت به مردم است و بس.

وَمَن يَتَوَلَّ ٱللَّهَ وَرَسُولَهُۥ وَٱلَّذِينَ ءَامَنُواْ فَإِنَّ حِزْبَ ٱللَّهِ هُمُ ٱلْغَٰلِبُونَ (٥٦)

معنی: و آنانیکه به دوستی خدا(ج) و رسول(ص) توصل جوید ودر معاشرت آنانیکه ایمان آورده اند، باشند، بدون شک در دوستی و همدمی خداوند(ج) قرار دارند و پیروز هستند.

تفسیر: سعادت بشر و مردم با ایمان همان است که به خداوند(ج) نزدیک باشند و برای اینکه فرهنگ والای انسانی و زندگی مدنی داشته باشند پیامبر(ص) را دوست دارند و ارشادات آن ناجی بشریت را در زندگی خود داشته میباشند. در این آیه، حزب دوستی و همدمی معنی میدهد و هدف از حزب سیاسی نیست. اساساً حزب سیاسی در اسلام وجود نداشته است و اگر ما حزب اسلامی میگوییم یک اشتباه است. حزب و حزب بازی به جزء نفاق و خود خواهی چیز دیگری نیست. همچنان حزب خداوند(ج)، اگر هدف آیهٔ ۲۲ سوره مجادله باشد، رستگاران اند که آنها همه وقت در فکر و ذهن و عبادت خداوند(ج) هستند. رهبران سیاسی نمیتوانند این ادعا را کنند که از جملهٔ پرهیزگاران و رستگاران هستند. بر عکس آنانیکه نفاق تولید میکنند و مسلمانان بیگناه را به خاطر قدرت طلبی به قتل میرسانند آنها از دید قرآن در حزب شیطان هستند.

يَـٰٓأَيُّهَا ٱلَّذِينَ ءَامَنُواْ لَا تَتَّخِذُواْ ٱلَّذِينَ ٱتَّخَذُواْ دِينَكُمْ هُزُوًا وَلَعِبًا مِّنَ ٱلَّذِينَ أُوتُواْ ٱلْكِتَـٰبَ مِن قَبْلِكُمْ وَٱلْكُفَّارَ أَوْلِيَآءَ وَٱتَّقُواْ ٱللَّهَ إِن كُنتُم مُّؤْمِنِينَ (٥٧)

معنی: ای آنانیکه ایمان آورده اید؟ کسانیکه دین شما را تمسخر و ریشخند میکنند چه از آنانیکه پیش از شما کتاب داده شده است و چه از کافران - دوستان خود مگیرید و از خداوند(ج) بترسید اگر واقعاً مؤمن هستید.

تفسیر: اینجا قرآن مجید موقف مسلمانان را روشن میکند و میگوید آنانیکه دین اسلام را تمسخر و ریشخند میکنند نباید به دوستی گرفت حتی که از اعضای خانواده باشد. اهل کتاب و کُفار خواه ومخواه مشکلات خود را با اسلام دارند و استهزا میکنند. اگر از راه احترام متقابل پیش نمی آیند دوستی اجتماعی با ایشان مجاز نیست. یا آنانیکه بدون علم صحبت میکند و خودش را مسلمان میگوید باید برایش توصیه شود که معلومات خودش را در باره اسلام تقویه کند. هستند در خانواده ها که بدون داشتن علم تبصره های بیجا میکنند که این نادانی شانرا نشان میدهد. اگر اصلاح میشوند چه خوب و اگر نمیشوند دوستی و معاشرت مجاز نیست و اما احترام شان واجب است زیرا خود را مسلمان میگویند. و ما نباید به ایمان کسی شک کنیم. اما وقتی نادانی شان ثابت میشود باید موقف ما روشن باشد. اما این بدین معنی نیست که مسلمانان حق سوال را ندارند و یا حق ندارند تبصره کنند. اما وقتی که برای حقیقت یابی باشد نه تمسخر.

وَإِذَا نَادَيْتُمْ إِلَى ٱلصَّلَوٰةِ ٱتَّخَذُوهَا هُزُوًا وَلَعِبًا ذَٰلِكَ بِأَنَّهُمْ قَوْمٌ لَّا يَعْقِلُونَ (٥٨)

معنی: و آنگاه که [با آذان] به نماز فرا میخوانید آنرا به مسخره و بازی میگیرند. این به خاطر آنست که مردم نادان هستند.

تفسیر: مردمان نادان چه اهل کتاب و کُفار باشد و چه مسلمانان نادان باشند وقتی به نماز آذان گفته میشود آنرا مسخره میکنند. امروز مردم مسلمان نادان زیاد داریم که وقتی آذان گفته میشود از جای خود تکان نمیخورند یعنی که نشنیده اند. آغاز بدبختی مسلمانان از بی نمازی است. از نگاه دین، نادان کسی است که از قرآن روی گردان است و یا قرآن و ارشادات رسول کریم(ص) در زندگی اونیست. یک شخص میتواند که در یک رشته دکتورا داشته باشد و اما هنوز هم نادان باشد.

قُلْ يَٰٓأَهْلَ ٱلْكِتَٰبِ هَلْ تَنقِمُونَ مِنَّآ إِلَّآ أَنْ ءَامَنَّا بِٱللَّهِ وَمَآ أُنزِلَ إِلَيْنَا وَمَآ أُنزِلَ مِن قَبْلُ وَأَنَّ أَكْثَرَكُمْ فَٰسِقُونَ (٥٩)

معنی: بگو: ای اهل کتاب! شما ما را تایید نمیکنید به خاطریکه ما به خدا(ج) و آنچه به ما و آنچه پیش از ما نازل شده است ایمان آورده ایم؟ براستی که اکثر شما فاسقید.

تفسیر: اینجا قرآن مجید واضح میرساند که پیام حضرت محمد(ص) و انبیاء ماقبل از او که خدا پرستی بوده است یکی است. به اهل کتاب نمیگوید که شما وقتی تایید نمیکنید کافر هستید بلکه ایشان را فاسق میگوید. در اینجا فسق گنهکار معنی میدهد.

قُلْ هَلْ أُنَبِّئُكُم بِشَرٍّ مِّن ذَٰلِكَ مَثُوبَةً عِندَ ٱللَّهِ مَن لَّعَنَهُ ٱللَّهُ وَغَضِبَ عَلَيْهِ وَجَعَلَ مِنْهُمُ ٱلْقِرَدَةَ وَٱلْخَنَازِيرَ وَعَبَدَ ٱلطَّٰغُوتَ أُوْلَٰٓئِكَ شَرٌّ مَّكَانًا وَأَضَلُّ عَن سَوَآءِ ٱلسَّبِيلِ (٦٠)

معنی: بگو: آیا از کسانیکه در نزد خداوند(ج) از این عاقبت بد تر داشته اند شما را آگاه سازم؟ [اینان] کسانی هستند که خداوند(ج) لعنت شان کرده و بر آنان غضب شده است و برخی از آنها را به میمون ها و خوکها مسخ نموده [زیرا] طاغوت را به پرستش گرفتند. اینها جایگاه شان بسیار بد تر و از راه راست گمراه تر اند.

تفسیر: آنانیکه از راه حق پیروی نمیکنند و خود را به دست خود گمراه میکنند خداوند(ج) لعنت شان میکند و ایشان مانند بوزینه و خوک مسخ میکند برای اینکه به جای خدا(ج) شیطان را پرستش میکنند. اینها بسیار وضع بدی خواهند داشت. انسانهای نا فرمان و سرکش به دو حیوان تشبیه میشود که هر دو صفت وفاداری دارند و اما وفاداری به شیطان. علامه یوسف علی مینویسد که آنانیکه احکام الهی را تحریف کردند به بوزینه یعنی حیوان بی بند و بار تشبیه شده است و آنانیکه دسخوش زندگانی حیوانی و پست شدند به خوک تشبیه شدند. خداوند(ج) بر هر کاری قادر است و مسخ میتواند جسمی باشد که انسانهای سرکش و نا فرمان را مسخ جسمی کند. اما هدف آیه از مسخ صفات انسانی به حیوانی است که انسان صفات حیوانی را میگیرد.

وَإِذَا جَآءُوكُمْ قَالُوٓاْ ءَامَنَّا وَقَد دَّخَلُواْ بِٱلْكُفْرِ وَهُمْ قَدْ خَرَجُواْ بِهِۦ ۚ وَٱللَّهُ أَعْلَمُ بِمَا كَانُواْ يَكْتُمُونَ (٦١)

معنی: و وقتی نزد شما می آیند گویند: ایمان آوردیم در حالیکه با [قلب های] کفر آمیز داخل شده اند و با کفر برگشته اند و خداوند(ج) به آنچه پنهان میکنند آگاه است.

تفسیر: یک موضوع فوق العاده مهم و اساسی بین اوئیکه ایمان دارد و اوئیکه ایمان ندارد این است که شخصی که به واقعیت ایمان داشته باشد میداند که خداوند(ج) او را میبیند، میشنود و از قلب او آگاهی دارد. شخصی که ایمان ندارد و حتی ایمان دارد و در ایمان خود ضعیف است درک و شعور این واقعیت را ندارد که خداوند(ج) از دل و اعمال و ذهن او آگاه است. ما در هیچ حالت تنها نیستیم و خداوند(ج) از نیت ما و اینکه در دل ما چه است میداند. این آیه در مورد منافقین گفته شده است که نزد رسول خدا آمده بودند که دلهای شان با کُفر است نه ایمان. اما مطلب که برای مسلمانان باید مطرح باشد این است که مسلمان هم فراموش میکند که خداوند(ج) از همه چیز آگاهی دارد پس نباید از در منافقت اجتماعی کار گیرد.

وَتَرَىٰ كَثِيرًا مِّنْهُمْ يُسَٰرِعُونَ فِى ٱلْإِثْمِ وَٱلْعُدْوَٰنِ وَأَكْلِهِمُ ٱلسُّحْتَ ۚ لَبِئْسَ مَا كَانُواْ يَعْمَلُونَ (٦٢)

معنی: و بسیاری از آنها را میبینی که در معصیت و حرام خوری و تعدی [از همدیگر] سبقت میجویند. واقعاً بسیار بد عمل میکردند.

تفسیر: آنانیکه دلهای کفر آمیز دارند. آنهائیکه دلهای نفاق دارند و به خدا(ج) ایمان ندارند همه چیز برای شان بی تفاوت است. در گناه و تجاوز و حرام خوری در مسابقه هستند و حتی اعمال خود را افتخار آمیز میدانند. ظلم و ستم و حرامخوری از بی ایمانی سر میزند. هستند مسلمانانی که حرام میخورند و از تجاوز و ستم بر علیه مسلمان و غیر مسلمان عمل میکند و این شعور اصلی دین را ندارد که هرگونه تعدی و یا تجاوز و ظلم در حق مردم بیگناه مجاز نیست و حرام است. کشتن مردم بیگناه توسط طالبان، قاچاق مواد مخدر و تجاوز به حقوق مردم امروز تنها کار و عمل کُفار نیست اعمال مسلمانان هم است که خجالت آور است.

لَوْلَا يَنْهَىٰهُمُ ٱلرَّبَّٰنِيُّونَ وَٱلْأَحْبَارُ عَن قَوْلِهِمُ ٱلْإِثْمَ وَأَكْلِهِمُ ٱلسُّحْتَ لَبِئْسَ مَا كَانُوا۟ يَصْنَعُونَ (٦٣)

معنی: چرا عُلما و دانشمندان آنها را از گفتار گناه آلود و گرفتن مال حرام باز نمیدارند؟ براستی بسیار زشت است [قسمیکه] عمل میکنند.

تفسیر: این آیه در رابطه به دانشمندان و عُلمای یهود و نصارا نازل شده است که غافل بودند و یا نمیخواستند تا مردم آگاه شوند و مردم را رهنمائی درست کنند. ربانیون از رب آمده است و به دانشمندان اطلاق میشود که مردم را دعوت میکنند تا از خدا(ج) بیاموزند. تفاوت "رب" و "الله" که هر دو خدا(ج) معنی میدهد این است که رب موجودی است که انسان از او می آموزد و "الله" موجودی است که یگانگی خدا(ج) و توحید را به ما پیشکش میکند. در این آیه هدف از ربانیون عُلمای نصرانی است. "احبار" که مفرد آن "حبر" است به آن دانشمندان اطلاق میشود که از خود عِلم به جای میگذارند. در این آیه روی سخن جانب علمای یهود است. در اسلام مقام عُلما بسیار شامخ است. وظیفهٔ عُلما در اسلام تحمیل دین نیست بلکه رهنمائی مردم با وعظ حسنه است. مسایل باید علمی پیشکش شود نه تنها قرآن و تدریس قرآن بلکه همه علوم زیرا از نگاه توحید هیچ چیز در دین از هم جدا نیست. پس یک عالم مسلمان در هر رشتهٔ که تحصیل کرده است آنرا با دید و بینش قرآنی به مردم توضیح دهد. متاسفانه اشخاص دینی در اسلام در یک رشته تحصیل نکرده است و قادر نیست تا دین را از نگاه مطالعات امروزی توضیح کند. یک دلیل پسمانی مسلمانان همین است که شخص دینی نتوانست دین را نه تنها بر مقتضیات عصر و زمان که زیست میکنند پیشکش مردم کنند؛ بلکه دین را از همه امور دیگر جدا دانستند و حتی گفتند کسیکه طور مثال فزیک تحصیل کرده او را به دین مربوط نیست. در حالیکه دین همه جهان هستی است و همه از نگاه توحید یک بافت دارد. همچنان در رابطه به آیهٔ فوق یک دلیل که دانشمندان یهود و نصارا مردم را درست رهنمائی نمیکردند به خاطر انحصار دین بود تا مردم همیشه متکی به ایشان باشد. در اسلام انحصار دین وجود ندارد که ما نزد یک شخص دینی یا مذهبی برویم. هر فرد مسلمان مکلف است که خودش بیاموزد و عمل کند. امروز یک عده مسلمانان به نام مذهبی هستند که میخواهند دین را انحصار کنند و همه متکی به آنها باشد و این درست نیست و خلاف اخلاق اسلامی و

شریعت وجفا به علم و علمیت است.

وَقَالَتِ ٱلۡيَهُودُ يَدُ ٱللَّهِ مَغۡلُولَةٌ غُلَّتۡ أَيۡدِيهِمۡ وَلُعِنُواْ بِمَا قَالُواْ بَلۡ يَدَاهُ مَبۡسُوطَتَانِ يُنفِقُ كَيۡفَ يَشَآءُ وَلَيَزِيدَنَّ كَثِيرٗا مِّنۡهُم مَّآ أُنزِلَ إِلَيۡكَ مِن رَّبِّكَ طُغۡيَٰنٗا وَكُفۡرٗاۚ وَأَلۡقَيۡنَا بَيۡنَهُمُ ٱلۡعَدَٰوَةَ وَٱلۡبَغۡضَآءَ إِلَىٰ يَوۡمِ ٱلۡقِيَٰمَةِۚ كُلَّمَآ أَوۡقَدُواْ نَارٗا لِّلۡحَرۡبِ أَطۡفَأَهَا ٱللَّهُۚ وَيَسۡعَوۡنَ فِي ٱلۡأَرۡضِ فَسَادٗاۚ وَٱللَّهُ لَا يُحِبُّ ٱلۡمُفۡسِدِينَ (٦٤)

معنی: یهود [به زبان عام] گفتند که دست خدا(ج) بسته است. دستهای شان بسته باد! به جزای این سخن که گفتند لعنت شدند؛ بلکه هر دو دست [خداوند(ج)] باز است؛ هر قسم که بخواهد میبخشد. و بدون شک آنچه از جانب خدا(ج) بر تو نازل شده [قرآن] بر کفر و سرکشی بسیاری از آنان می افزاید؛ و تا روز قیامت میان شان دشمنی و کینه افگندیم. هر زمان که آتش جنگی بر افروختند خدا(ج) آنرا فرو نشاند و [حالا نیز] در زمین به فساد تلاش میکنند و خداوند(ج) مفسدان را دوست ندارد.

تفسیر: بازهم کجروشی های اهل یهود را قرآن توضیح میکند. از روی حسادت و کینه به پیامبر(ص) و انکار حقیقت سخنان کفر آمیز میگفتند. خداوند(ج) به خاطر گفتار کفر آمیز شان ایشان را لعنت میکند یعنی از رحمت خود آنها را بی نصیب میسازد. هر زمان که یک جنگ را بر می افروختند خداوند(ج) آن را فرو مینشاند. یهود اگر دین حق را قبول نمیکرد نه برای خدا(ج) مطرح بود و نه پیامبر. مشکل یهود این بود که در راه پیامبر(ص) و اسلام سنگ اندازی میکردند. بر علیه اسلام توطئه میکردند. دست خود را با کفار یکی میکردند. حروف آیات را بیجا میکردند. پیامبر را تمسخر میکردند. و این بود که خدا(ج) از پیامبر(ص) حمایه میکند. جالب است که قرآن میگوید که همین حالا در زمین فساد میکنند. زیاد تر قمار خانه ها از یهودان است. در آلمان پیش از جنگ جهانی دوم زیاد تر خانه های فحشا از یهودان بود. پیمان های ملل متحد را در باره فلسطین زیر پا کرده اند. هر زمانیکه شما به طرفداری عدالت در مورد فلسطین صحبت کنید به ضد یهود متهم میکنند. با پول و آله قوی مطبوعات کشور های غربی را مهار کرده اند. با این همه ثروت و قدرت سیاسی هنوز هم آرام نیستند و همیشه در ترس زندگی میکنند.

وَلَوْ أَنَّ أَهْلَ ٱلْكِتَٰبِ ءَامَنُوا۟ وَٱتَّقَوْا۟ لَكَفَّرْنَا عَنْهُمْ سَيِّـَٔاتِهِمْ وَلَأَدْخَلْنَٰهُمْ جَنَّٰتِ ٱلنَّعِيمِ (٦٥)

معنی: و اگر اهل کتاب ایمان می آوردند و تقوا پیشه میکردند، بطور قطعی گناهان شان را میبخشیدیم و آنها را به باغ های پر نعمت داخل میکردیم.

تفسیر: هدف آیه در اینجا این نیست که آنها حتماً به قرآن ایمان بیاورند. هدف این بود که به کتاب و پیامبر خود شان درست ایمان بیاورند و به آن عمل کنند و از مطلب عمده که بین همه انبیاء مشترک است، پرستش خدای واحد است، پیروی کنند زیرا خدای آنها و خدای محمد(ص) هر دو یکی است. مشکل اهل کتاب این بود که پیام راستین که برای شان رسیده بود درست درک نکردند و به بیراهه رفتند. به پیامبر خود درست ایمان نداشتند. توحید را درست درک نکردند و تثلیث را به وجود آوردند و برای شان گفته شد که نگویید خدا(ج) سه گانه است و اما گوش نکردند. به حضرت عیسی(ع) تهمت بستند و به حساب خود شان او را به دار زدند. یهودان قطعاً به حضرت موسی(ع) گوش نمیدادند و موسی(ع) از دست شان به ستوه آمده بود که از خدا(ج) خواست که خودش و برادرش را از دست این قوم سرکش نجات دهد.

وَلَوْ أَنَّهُمْ أَقَامُوا۟ ٱلتَّوْرَىٰةَ وَٱلْإِنجِيلَ وَمَآ أُنزِلَ إِلَيْهِم مِّن رَّبِّهِمْ لَأَكَلُوا۟ مِن فَوْقِهِمْ وَمِن تَحْتِ أَرْجُلِهِم ۚ مِّنْهُمْ أُمَّةٌ مُّقْتَصِدَةٌ ۖ وَكَثِيرٌ مِّنْهُمْ سَآءَ مَا يَعْمَلُونَ (٦٦)

معنی: و اگر آنها از [احکام] تورات و انجیل و آنچه از جانب پروردگار نازل شده، پیروی میکردند از آسمان و زمین به ایشان روزی میرسید. در بین آنها گروهی میانه رو هستند ولی اکثر شان اعمال بدی انجام میدهند.

تفسیر: خداوند(ج) یهود و نصارا را به اساس احکامی که در تورات و انجیل نازل شده است مورد مواخذه قرار میدهد. به تعقیب آیۀ قبلی برای شان میگوید که اگر از احکام تورات و انجیل پیروی کنند از آسمان و زمین روزی شان فراهم میشود. در بین یهود و نصارا مردمان خیر اندیش با طینت نیک و با ایمان هستند که به احکام کتاب خود عمل میکنند و در امور میانه رو هستند. اما بسیار شان به نام یهود و عیسوی هستند و اما جزیی ترین عمل که مطابق به کتاب شان باشد انجام نمیدهند و همین ها

دنیای شان را به فساد کشانیده است. خواه مخواه هدف از احکام دستور های خداوند(ج) است که میان همه انبیا یکی است که اساس آن خدا پرستی است. همچنان دوری از هر گونه تعصب و کینه توزی و دامن زدن فساد و نفاق است. اگر آنها درست عمل کنند مانند مسلمانان که وعده بهشت داده شده اند به آن خواهد رسید.

۞ يَٰٓأَيُّهَا ٱلرَّسُولُ بَلِّغۡ مَآ أُنزِلَ إِلَيۡكَ مِن رَّبِّكَۖ وَإِن لَّمۡ تَفۡعَلۡ فَمَا بَلَّغۡتَ رِسَالَتَهُۥۚ وَٱللَّهُ يَعۡصِمُكَ مِنَ ٱلنَّاسِۗ إِنَّ ٱللَّهَ لَا يَهۡدِي ٱلۡقَوۡمَ ٱلۡكَٰفِرِينَ (٦٧)

معنی: ای پیامبر! آنچه از جانب پروردگارت بر تو نازل شده ابلاغ کن و اگر [ابلاغ] نکنی رسالت او را انجام نداده ای و خداوند(ج) تو را از آسیب مردم نگه میدارد. خداوند(ج) گروه کافران را هدایت نمیکند.

تفسیر: رسالت پیامبر(ص) تبلیغ توحید و خدا پرستی بود. برایش از جانب خداوند(ج) وظیفه داده میشود تا این رسالت را ابلاغ کند و برایش اطمینان میدهد که از مردم ترس نداشته باشد و او (پیامبر) از گزند مردم در امان خواهد بود. قرآن هرگز نگفته است که دین را بالای مردم تحمیل کن. وظیفهٔ پیامبر فقط رساندن پیام بود و بس. چون مخالفت ها زیاد بود برای پیامبر(ص) اطمینان میدهد که از گزند مردم در امان خواهد بود. وقتی دین تبلیغ میشود سنگ اندازی ها همیشه زیاد است. دشمنان اسلام زیاد شده است و کم نی. امروز از طریق رسانه ها به دین حمله میکنند. وظیفهٔ هر مسلمان است تا جائیکه میداند و فهم موضوعات دارد مردم را به راه راست رهنمایی کند. امر به معروف تنها کار عُلما نیست. از خانواده شروع میشود و ما هرکدام وظیفه داریم تا این دین حق را به مردم برسانیم.

قُلۡ يَٰٓأَهۡلَ ٱلۡكِتَٰبِ لَسۡتُمۡ عَلَىٰ شَيۡءٍ حَتَّىٰ تُقِيمُواْ ٱلتَّوۡرَىٰةَ وَٱلۡإِنجِيلَ وَمَآ أُنزِلَ إِلَيۡكُم مِّن رَّبِّكُمۡۗ وَلَيَزِيدَنَّ كَثِيرٗا مِّنۡهُم مَّآ أُنزِلَ إِلَيۡكَ مِن رَّبِّكَ طُغۡيَٰنٗا وَكُفۡرٗاۖ فَلَا تَأۡسَ عَلَى ٱلۡقَوۡمِ ٱلۡكَٰفِرِينَ (٦٨)

معنی: بگو: ای اهل کتاب! تا زمانیکه تورات و انجیل را که از جانب پروردگار تان به سوی شما نازل شده است تحکیم نبخشید برحق نیستید؛ و آنچه از جانب پروردگارت بر تو نازل شده بدون شک بر کفر و طغیان شان می افزاید پس بر قوم کافر اندوهگین مباش.

تفسیر: مشکل اهل کتاب این بود و امروز هم است با اینکه از کتاب شان بسیار حقایق تحریف شده است که به اصول دین خود پابند نیستند.

نه تنها که مقام کلیسا در قرون وسطی بسیار خرابی کرد و مردم را از حق و حقوق شان محروم ساخت و در دین غلو کردند و مردم را از دین بیزار ساختند؛ اعتراض بر علیه کلیسا نظام های لا دینی را رواج داد. خداوند(ج) به پیامبر(ص) میگوید که به ایشان خاطر نشان کند تا وقتیکه از کتاب خود پیروی نکنند بر حق نیستند و میگوید که بر پیامبر اسلام نازل شده بر طغیان و کفر شان می افزاید. یهودان و عیسویان هرگز پیامبر را به رسمیت نشناختند با اینکه همرای پیامبر(ص) مجبور شدند تا قرار داد ها امضاء کنند. رسالت جدیدی که متون شانرا اصلاح میکرد به کفر شان افزود. کُفر در این آیه ناسپاسی معنی میدهد.

إِنَّ ٱلَّذِينَ ءَامَنُواْ وَٱلَّذِينَ هَادُواْ وَٱلصَّٰبِـُٔونَ وَٱلنَّصَٰرَىٰ مَنْ ءَامَنَ بِٱللَّهِ وَٱلْيَوْمِ ٱلْءَاخِرِ وَعَمِلَ صَٰلِحًا فَلَا خَوْفٌ عَلَيْهِمْ وَلَا هُمْ يَحْزَنُونَ (٦٩)

معنی: از مؤمنان و یهودان و صابئین و مسیحیان و هر کسیکه به خداوند(ج) و روز آخرت ایمان بیاورد و عمل نیکو انجام دهد نه ترسی بر آنهاست و نه غمگین شوند.

تفسیر: این آیه عدالت خداوند(ج) را به وضاحت سر مخلوق خدا(ج) نشان میدهد که هر کسیکه مسلمان باشد و یا نباشد به خداوند(ج) و روز آخرت ایمان داشته باشد و کار نیکو انجام دهد و در خدمت خلق باشد نه ترسی باید داشته باشد ونه غمگین خواهد شد. در گذشته هم گفتیم که ایمان به خدا(ج) و کار نیکو و خدمت به خلق با هم یکجا است. ایمان مکمل نیست وقتی خدمت به خلق نباشد و خدمت به خلق بدون ایمان که برای خدا(ج) نباشد پیامد های دیگری دارد مانند خودخواهی، تسلط اداری و سیاسی، انحصار کردن اقتصاد و امور محوله و غیره. خدمت به مردم بدون هیچگونه طمع و توقع باید باشد. طور مثال یک میلیاردر در امریکا چند میلیون دالر به یک بیمارستان کمک میکند و توقع دارد که نام بیمارستان را به نام او کنند! صابئین کی ها هستند؟ آنانی هستند که نه مسلمان اند و نه یهود و نه نصارا یعنی ادیان دیگر. صابئین مردمان ازمنه بسیار قدیم جنوب عربستان بودند. زبان شان هم صابی، یکی از زبانهای قدیم جنوب عرب بود. اینها پادشاهی صبا را تشکیل دادند که یکی از قدیمترین سلطنت های جنوبی عربی به شمار میرود. این مردم عقیده داشتند که نسب شان به حضرت نوح (ع) میرسد. کتاب زبور را خوانده بودند و فرشتگان را عبادت میکردند. اما صابئین امروز، به آنانی

اطلاق میشوند که خدای واحد را بشناسند و کار نیک انجام دهند و به روز آخرت ایمان داشته باشد.

لَقَدْ أَخَذْنَا مِيثَاقَ بَنِي إِسْرَائِيلَ وَأَرْسَلْنَا إِلَيْهِمْ رُسُلاً كُلَّمَا جَاءَهُمْ رَسُولٌ بِمَا لَا تَهْوَى أَنْفُسُهُمْ فَرِيقًا كَذَّبُوا وَفَرِيقًا يَقْتُلُونَ (۷۰)

معنی: به تحقیق ما از بنی اسرائیل پیمان گرفتیم و پیامبرانی به سوی آنها فرستادیم؛ هرگاه ارشادات پیامبری به دلخواه شان نمیبود، گروهی را دروغگو خطاب میکردند و گروهی را میکشتند.

تفسیر: بنی اسرائیل همیشه چنین اعتقاد داشتند که از همه بهتر اند و کتاب و پیامبر برای شان آمده است و ضرورت به وحی و پیامبر دیگر نیست. این درک را نداشتند که ایجابات عصر بود تا رسالت پیامبران تجدید شود. زیرا دین هم در یک تکامل تدریجی قرارداشت و با رسالت محمد(ص) تکمیل شد. دوم اینکه حکمت خداوند(ج) را درک نمیکردند که خداوند(ج) چون خالق است، نیاز مخلوق را میداند و هر مطلبی که از جانب خداوند(ج) آمده برای رفاه و سعادت بشر بوده است. هر مطلبی را که خوش شان نمی آمد و به مفاد شان نمیبود، یا پیامبر(ص) را دروغگو خطاب میکردند و یا او را میکشتند. به اساس متون مسیحی حضرت عیسی(ع) را هم کشتند و اما قرآن آن را رد کرد که او نزد خدا(ج) صعود کرده است و به دار زده نشده است. و اگر ما متون عیسوی را قبول کنیم حضرت عیسی(ع) را هم دسیسه کردند و به دار زدند که چنین نیست. وقتی مِل گِبسون فیلم ساز امریکایی فیلم مشهور «شورمسیح» را در سال ۲۰۰۴ ساخت، یهودان یک غوغا بر پا کردند که واقعیت ندارد زیرا در آن فیلم واضح نشان میدهد که این یهودان بودند که دسیسه کردند تا حضرت عیسی(ع) به دار آویخته شود. آن فیلم به رویت داستان های کتاب مقدس ساخته شده است.

وَحَسِبُوا أَلَّا تَكُونَ فِتْنَةٌ فَعَمُوا وَصَمُّوا ثُمَّ تَابَ اللَّهُ عَلَيْهِمْ ثُمَّ عَمُوا وَصَمُّوا كَثِيرٌ مِنْهُمْ وَاللَّهُ بَصِيرٌ بِمَا يَعْمَلُونَ (۷۱)

معنی: آنها تصور کردند که آزمایشی و بازخواستی نخواهد بود لذا [از درک حقیقت] کور و کر شدند؛ سپس خداوند(ج) توبه شانرا پذیرفت؛ باز [به گمراهی رفتند] کور و کر شدند، و خداوند(ج) به آنچه عمل میکنند بیناست.

تفسیـر: آیـه در رابطـه بـه یهـودان سـخن میگویـد کـه تصور میکردنـد کـه روز جـزا و بازخواسـتی نخواسـتی نخواهـد بـود. یعنـی آخرتـی جـود نخواهـد داشـت و بـه جـزای ایـن نادانـی شـان کـور و کـر شـدند. توبـه کردنـد و خداونـد(ج) از ایشـان درگذشـت و بـاز موقـف شـان تغییـر کـرد و دوبـاره کـور و کـر شـدند. خداونـد(ج) بینـا و داناسـت هـر آنچـه مـردم عمـل میکننـد. امـروز هـم اهـل یهـود هـم هسـتند کـه بـه آخـرت ایمـان ندارنـد کـه از ایشـان بازخواسـت صـورت میگیـرد. مسـلمانان نـادان هـم در همیـن غفلـت هسـتند و چـون آخـرت بـرای ایشـان بـی معنـی اسـت مرتکـب گنـاه میشـوند و حتـی آنانیکـه بـرای اسـلام میجنگنـد چـون اساسـات عدلـی دیـن را نمیداننـد مرتکـب گنـاه میشـوند. طالبـان مثـال خـوب اسـت کـه مـردم بیگنـاه را تـرور کردنـد و بـه قتـل رسـاندند. آیـه بـه مـا مـی آمـوزاند کـه بایـد در دیـن دو دلـه نباشـیم کـه یـک روز اعتقـاد کنیـم و روز دیگـر منکـر شـویم. همچنـان اعتقـاد بـه آخـرت از اساسـات عمـدۀ ایمـان اسـت و مسـلمانی کـه بـه آخـرت ایمـان نداشـت، مسـلمان نیسـت. کسـانیکه ایمـان درسـت دارنـد نـه تنهـا کـه اعتقـاد قـوی بـه آخـرت دارنـد در عیـن زمـان بـه یقیـن میداننـد کـه خداونـد(ج) بینـا و دانـا و شنواسـت. یعنـی مـا را میبینـد، میشـنود و داناسـت و از همـه چیـز بـا خبـر اسـت.

لَقَدْ كَفَرَ ٱلَّذِينَ قَالُوٓاْ إِنَّ ٱللَّهَ هُوَ ٱلْمَسِيحُ ٱبْنُ مَرْيَمَۖ وَقَالَ ٱلْمَسِيحُ يَٰبَنِىٓ إِسْرَٰٓءِيلَ ٱعْبُدُوا۟ ٱللَّهَ رَبِّى وَرَبَّكُمْۖ إِنَّهُۥ مَن يُشْرِكْ بِٱللَّهِ فَقَدْ حَرَّمَ ٱللَّهُ عَلَيْهِ ٱلْجَنَّةَ وَمَأْوَىٰهُ ٱلنَّارُۖ وَمَا لِلظَّٰلِمِينَ مِنْ أَنصَارٍ (٧٢)

معنـی: آنهائیکـه گفتنـد: خداونـد(ج)، همـان مسـیح پسـر مریم اسـت، کافـر شـدند. در حالیکه مسـیح میگفـت: ای بنـی اسـرائیل! خـدای یگانـه را کـه خـدای مـن و شماسـت پرسـتش کنیـد کـه هـر کـس بـه خداونـد(ج) شـرك قائـل شـود خداونـد(ج) بهشـت را بـر او حـرام میکنـد و جایـگاه او دوزخ اسـت و ظالمیـن [کـه شـرك آورده انـد] مـددگاری ندارنـد.

تفسیـر: چـون حضـرت مسـیح بـه اذن خداونـد(ج) معجـزات داشـت، مـردم او را(العیـاذ بـالله) پسـر خـدا(ج) گفتنـد. قـرآن ایـن موضـوع را نـه تنهـا اصـلاح میکنـد بـه بنـی اسـرائیل خاطـر نشـان میکنـد کـه ایـن سـخن را حضـرت عیسـی(ع) نگفتـه اسـت. کسـانیکه بـه همچـو اعتقـاد رفتـه انـد عاقبـت شـان دوزخ اسـت. قابـل یـاد آوری اسـت کـه درعیسـویت فرقـه هـای گوناگـون امـروز وجـود دارد کـه یـک عـده شـان بـه نـام "گواهـان یهـوه" حضـرت عیسـی(ع) را پسـر خـدا(ج) نمیداننـد و بـه بازگشـت حضـرت مسـیح اعتقـاد دارنـد. ناگفتـه نبایـد گذاشـت

که خدای ادیان ابراهیمی یک خدای واحد است و از همین سبب است که آیه به اهل کتاب میگوید که خدای یگانه را پرستش کنید. با این سخن که مسیح پسر خداست عیسویان تثلیت را به وجود آوردند که آنها را گمراه ساخت و از مسیر توحید بیرون کرد.

لَقَدْ كَفَرَ ٱلَّذِينَ قَالُوٓا۟ إِنَّ ٱللَّهَ ثَالِثُ ثَلَٰثَةٍۢ ۘ وَمَا مِنْ إِلَٰهٍ إِلَّآ إِلَٰهٌۭ وَٰحِدٌۭ ۚ وَإِن لَّمْ يَنتَهُوا۟ عَمَّا يَقُولُونَ لَيَمَسَّنَّ ٱلَّذِينَ كَفَرُوا۟ مِنْهُمْ عَذَابٌ أَلِيمٌ (٧٣)

معنی: به تحقیق کسانیکه [تثلیث را قائل شدند] گفتند خدا(ج) سه گانه است کافر شدند در حالیکه هیچ خدایی جز خدای واحد نیست و اگر از آنچه میگویند دست نه بردارند عذاب دردناکی به آنهائیکه کافر شدند خواهد رسید.

تفسیر: یکی از دلایل محکمی که اسلام آمد همین غلط فهمی هائی است که یهود و نصارا مرتکب شدند . قرآن نه تنها رسالت همه پیامبران ماقبل را تکمیل کرد؛ بلکه اشتباهاتی که از اهل کتاب سر زد همه اصلاح شد تا بشریت به راه توحید و خدا(ج) پرستی راستین رهنمایی شود. توجیه عیسویان این است که میگویند: آنها هم به یک خدا(ج) اعتقاد دارند اما خدا(ج) نه شکل «واحد» بلکه به اساس پدیده «وحدت». آنها خداوند(ج) یگانه را در قالب سه اصل میشناسند. خداوند(ج) به نام پدر، خداوند(ج) به نام پسر و خداوند(ج) به نام روح القدس. گویند این سه همه یکی است نه اینکه سه خدا(ج) باشد. عیسویان میگویند که مسلمانان نباید چنین تصور کنند که ایشان سه خدا(ج) را پرستش میکنند. فارمولی که پیشکش میکنند این است که مسلمانان سه پدیدهٔ که در بالا تذکر رفت هر کدام را جدا جدا میبینند. یعنی ۱+۱+۱=۳ در حالیکه ایشان ادعا دارند اساساً ۱+۱+۱=۱یک است. برای عیسویان واژه های پدر و پسر واژه های معنوی و روحانی است که با روح القدس یکجا شده و هر سه در یک قالب نهفته است نه اینکه از هم جدا باشد. این تفصیل مهم است زیرا قرآن، با اینکه تثلیث را به وجود آوردند، ایشان را مشرک نمیگوید و اهل کتاب خطاب میکند. درست است که عیسویان خدا(ج) را میشناسند و اما با تثلیث از مسیر توحید که نه تنها خدا(ج)، خدای واحد است؛ همه نظام هستی یک است، بیرون شدند. این نکته را دقیق درک نکردند.

أَفَلَا يَتُوبُونَ إِلَى ٱللَّهِ وَيَسْتَغْفِرُونَهُۥ ۚ وَٱللَّهُ غَفُورٌ رَّحِيمٌ (٧٤)

معنی: چرا به [درگاه] خداوند(ج) توبه نمیکنند و از او طلب مغفرت نمیکنند؟ خداوند(ج) بخشاینده و مهربان است.

تفسیر: یگانه گناهی که خداوند(ج) نمیبخشد شرک است که خداوند(ج) هرگز نمیبخشد. آنانیکه از گفتار وعقیده باطل خود توبه و استغفار میکنند خداوند(ج) میبخشد. باید بدانیم که دین و عقیده یک مسأله تفکری است و باید اول تفکر خدا پرستی ما درست باشد. تفکر نا سالم انسان را به بیراهه میکشاند.

مَّا ٱلْمَسِيحُ ٱبْنُ مَرْيَمَ إِلَّا رَسُولٌ قَدْ خَلَتْ مِن قَبْلِهِ ٱلرُّسُلُ وَأُمُّهُۥ صِدِّيقَةٌ ۖ كَانَا يَأْكُلَانِ ٱلطَّعَامَ ۗ ٱنظُرْ كَيْفَ نُبَيِّنُ لَهُمُ ٱلْآيَاتِ ثُمَّ ٱنظُرْ أَنَّىٰ يُؤْفَكُونَ (٧٥)

معنی: مسیح بن مریم یک پیامبر بود که قبل از او [هم] پیامبرانی آمده بودند و مادرش بانوی بسیار صدیق بود و هر دو مانند انسانهای دیگر غذا صرف میکردند. ببین که چگونه آیات [خود را] به آنها به مشاهده گذاشتیم [که فرصت اندیشیدن داشته باشند] و باز ببین چگونه منحرف میشوند.

تفسیر: قرآن مجید تذکر میدهد که حضرت عیسی(ع) یک پیامبر بود و قبل ازاو پیامبران دیگر هم آمده بودند که پیام همه یکی بود. تصور نکنید که اینها(مادر و پسر) از دیگر انسانها تفاوت دارند و ببینید که مانند دیگران غذا میخورند. و قرآن شهادت میدهد که مادر حضرت عیسی(ع) بانوی بسیار راستکار و راست اندیش بود. آیات خود را برای مشاهده که درست فکر کنند در مقابل شان قرار دادیم و اما بازهم منحرف میشوند. پیشتر گفتیم که دین یک موضوع عقلی و تفکری انسانی است و برای بشر است. اما چون به شکل آیه یعنی راز نازل شده است از این رو تعمق میخواهد که انسان دقت کند و فکر کند و حقیقت را درک کند. آیه «انظُر» اکثراً «واضح ساختیم» ویا «روشن ساختیم» و یا «توضیح کردیم» و یا «بیان میکنیم» معنی کرده اند که اساس تفکری قرآنی را افاده نمیکند. اینجا «انظُر» مشاهده معنی میدهد که برای اندیشیدن و به حقیقت رسیدن در مقابل ما قرار میدهد تا ما خوب عمیق شویم و حقیقت را درک کنیم و اینکه به حقیقت نمیرسیم و منحرف میشویم برای این است که در معنی

آیاتی که همه راز است دقت نکرده ایم.

قُلْ أَتَعْبُدُونَ مِن دُونِ ٱللَّهِ مَا لَا يَمْلِكُ لَكُمْ ضَرًّا وَلَا نَفْعًا ۚ وَٱللَّهُ هُوَ ٱلسَّمِيعُ ٱلْعَلِيمُ (٧٦)

معنی: بگو: آیا به جای خدا(ج)، چیزی را میپرستید که نه به شما نفع میرساند و نه ضرر؟ خداوند(ج) شنوای داناست.

تفسیر: اینجا مقصد از بُتان مکه است که مشرکین و کفار پرستش میکردند که نه برای شان سودی میرساند و نه زیانی. از ایشان همین سوال میشود که شما به جای خدا(ج) چیزی های را پرستش میکنید که جزیی ترین خدمت به شما کرده نمیتوانند. اما امروز بتان همه محو و نابود شدند و جای این بتان را مادی پرستی، قوم پرستی، شخصیت پرستی و بیگانه پرستی وخرافه پرستی گرفته است. آیات واضح و روشن است و اما عقل ها همه منجمد شده است که همه فراموش کردند که خدای واحد را باید پرستش کنند و از ناپسند ها که جامعه را به بربادی سوق داده پرهیز کنند. امروز در جامعه مسلمان خونریزی، دزدی و فساد است برای اینکه همه به جای خدا(ج) چیز های دیگر را پرستش میکنند. راه چاره این است که از خود شروع کنیم اگر به خدا(ج) واقعاً ایمان داریم.

قُلْ يَٰٓأَهْلَ ٱلْكِتَٰبِ لَا تَغْلُواْ فِى دِينِكُمْ غَيْرَ ٱلْحَقِّ وَلَا تَتَّبِعُوٓاْ أَهْوَآءَ قَوْمٍ قَدْ ضَلُّواْ مِن قَبْلُ وَأَضَلُّواْ كَثِيرًا وَضَلُّواْ عَن سَوَآءِ ٱلسَّبِيلِ (٧٧)

معنی: بگو: ای اهل کتاب! در دین خود به ناحق زیاده روی و غلو نکنید؛ و از هوس و ارمان و آرزو های [باطل] مردم که پیش از شما بودند پیروی نکنید، که هم خود را گمراه کردند و هم بسیار [مردم] دیگر را به گمراهی کشیدند و از راه راست به دور ساختند.

تفسیر: با اینکه روی سخن جانب اهل کتاب است که در دین زیاده روی نکنند و سخنان باطل که هم خود شان بیراه شدند و هم دیگران را بیراه ساختند پیروی نکنند، این آیه برای مسلمانان هم است زیرا امروز مانند اهل کتاب که برای شان توصیه شده است در دین غلو میکنند، دین را تحمیل میکنند، مردمانی که با عقاید تندگرای شان مخالف است سر می بُرند که همه این اعمال خلاف دیانت اسلامی است. این گروه ها مانند طالبان و داعش و غیره مردم را از دین متنفر ساختند و کسانی با ایشان همنوا شدند که یا قومی و قبایلی بودند و یا تکلیف روانی و عقده

های شخصی داشتند ورنه مسلمان مدنی و سالم هرگز به این اعمال صحه نمیگذارد.

لُعِنَ ٱلَّذِينَ كَفَرُواْ مِنْ بَنِىٓ إِسْرَٰٓءِيلَ عَلَىٰ لِسَانِ دَاوُۥدَ وَعِيسَى ٱبْنِ مَرْيَمَ ۚ ذَٰلِكَ بِمَا عَصَواْ وَّكَانُواْ يَعْتَدُونَ (۷۸)

معنی: آنهائیکه از بنی اسرائیل کُفر ورزیده بودند و به زبان داود و عیسی بن مریم لعنت شدند برای این بود که سرکشی کردند و تجاوز نمودند.

تفسیر: در گذشته از خلاف رفتاری های بنی اسرائیل گفتیم اما در اینجا قرآن میگوید که به زبان داود(ع) و عیسی(ع) لعنت شدند. در مورد اینکه بنی اسرائیل توسط پیامبران بزرگ مانند داود(ع) و عیسی(ع) نفرین میشوند تفاسیر متعدد آمده است. اول اینکه در کتاب زبور نفرین برای بد کاران آمده است. در این زمینه به اساس کتاب زبور مسیحی و غضب بالای یهودان، علامه یوسف علی مینویسد که "قهر خداوند(ج) بر اسرائیل نازل شد زیرا ایشان به خداوند(ج) و اینکه خداوند(ج) مردم را نجات میدهد ایمان نداشتند". در تفسیر نمونه میخوانیم که "برخی نوشته اند که بسیاری از اهل کتاب افتخار داشتند که فرزندان داود هستند" و داود(ع) از کفر و طغیان مردم نفرت داشت و همچنان سرشناس ترین پیامبران بعد از موسی(ع) همین ها بودند" و از کُفر گفتن و سرکشی ایشان بیزار بودند.

كَانُواْ لَا يَتَنَاهَوْنَ عَن مُّنكَرٍ فَعَلُوهُ ۚ لَبِئْسَ مَا كَانُواْ يَفْعَلُونَ (۷۹)

معنی: آنها یکدیگر را از گناهانیکه مرتکب میشدند نهی نمیکردند، براستی آنچه میکردند بد بود.

تفسیر: یکی از اساسات عمدۀ اجتماعی در دین خدا پرستی قبل از آمدن اسلام و بعد از آن امر به معروف و نهی از منکر است. اهل کتاب، دانشمندان شان و مردم یکدیگر را از گناه نهی نمیکردند و این به حجم فساد اجتماعی می افزود. متاسفانه امروز مسلمانان زیر عنوان اینکه زندگی خصوصی شخص است یکدیگر را از گناه نهی نمیکنند و فساد اخلاقی در جامعۀ مسلمان هم کم نیست و حتی دولت ها بی تفاوت هستند. دین به همان اندازه که یک موضوع شخصی و خصوصی است به همان اندازه اجتماعی هم است. اجتماع وقتی سالم میباشد که مردم با همدیگر در خوبی ها همکاری کنند و در بدی ها یک دیگر را نهی کنند و این از خانواده شروع میشود زیرا خانواده واحد کوچک اجتماع است.

تَرَىٰ كَثِيرًا مِّنْهُمْ يَتَوَلَّوْنَ ٱلَّذِينَ كَفَرُوا۟ۚ لَبِئْسَ مَا قَدَّمَتْ لَهُمْ أَنفُسُهُمْ أَن سَخِطَ ٱللَّهُ عَلَيْهِمْ وَفِى ٱلْعَذَابِ هُمْ خَٰلِدُونَ (۸۰)

معنی: بسیاری آنها را می بینی که با کفار دوستی میکنند، چه بد اعمال پیش از پیش برای [آخرت] خود تهیه کردند تا که خدا(ج) بر آنها خشم گرفت و درعذاب جاودانه خواهد ماند.

تفسیر: یهودان با کفار بر علیه پیامبر اسلام(ص) طرح دوستی ریختند. اینجا از عذاب جاودانه به ایشان ابلاغ میکند و امروز هم هستند کسانیکه بر علیه مسلمانان با غیر مسلمانان و کفار دوستی میکنند. مسلمانان باید در مسایل روابط بین المللی خود بسیار محتاط باشند.

وَلَوْ كَانُوا۟ يُؤْمِنُونَ بِٱللَّهِ وَٱلنَّبِىِّ وَمَآ أُنزِلَ إِلَيْهِ مَا ٱتَّخَذُوهُمْ أَوْلِيَآءَ وَلَٰكِنَّ كَثِيرًا مِّنْهُمْ فَٰسِقُونَ (۸۱)

معنی: و اگر به خدا(ج) و پیامبر(ص) و آنچه بر او نازل شده ایمان می آوردند آنها [کافران] را دوست خود نمیگرفتند ولی بسیاری از ایشان فاسق هستند.

تفسیر: قسمیکه گفتیم روی سخن آیه جانب یهودان است که کفار را برعلیه پیامبر اسلام دوست گرفتند. پیامبر(ص) به ایشان منحیث امت دین ابراهیمی احترام داشت و اما آنها نخواستند تا یک فضای مسالمت آمیز در مدینه باشد و این تعهد شکنی ها و دوست گرفتن ها بر علیه مسلمانان مشکل زیست با همی را به وجود آورد که ترمیم آن حتی برای آیندگان مشکل شد.

۞ لَتَجِدَنَّ أَشَدَّ ٱلنَّاسِ عَدَٰوَةً لِّلَّذِينَ ءَامَنُوا۟ ٱلْيَهُودَ وَٱلَّذِينَ أَشْرَكُوا۟ۖ وَلَتَجِدَنَّ أَقْرَبَهُم مَّوَدَّةً لِّلَّذِينَ ءَامَنُوا۟ ٱلَّذِينَ قَالُوٓا۟ إِنَّا نَصَٰرَىٰۚ ذَٰلِكَ بِأَنَّ مِنْهُمْ قِسِّيسِينَ وَرُهْبَانًا وَأَنَّهُمْ لَا يَسْتَكْبِرُونَ (۸۲)

معنی: بیگمان شدید ترین مردم را در دشمنی با مؤمنان، یهودان و مشرکان را خواهی یافت؛ و بی تردید نزدیکترین به مؤمنان از روی مُحبت و دوستی کسانی را خواهی یافت که گویند: ما مسیحی هستیم و این به خاطری است که در بین شان کشیشان و راهبانی [خدا ترس] هستند و ایشان کبر و غرور ندارند.

تفسیر: در این آیه مسلمانان را یاد آورمیشود که یهودان و مشرکان با شما

دشـمنی دارنـد و آنانیکـه گوینـد مسـیحی هسـتند چـون راهبـان و کشیشـان شـان از خـدا(ج) میترسـند بـه شـما در دوسـتی نزدیـک هستند. مـا مسـلمانان در هـر حالـت بایـد احتـرام همـه را داشـته باشـیم زیـرا قـرآن بـه مـا حکـم میکنـد کـه بـدی را بـه خوبـی جـواب گوییـد. پیشـوای اسـلام (ص) فرمـوده اسـت کـه اگـر میخواهیـد دیـن شـما احتـرام شـود دیـن مـردم را احتـرام کنیـد. هـر جفائـی کـه در مقابـل مـا صـورت میگیـرد بایـد حوصلـه داشـته باشـیم و از تدبیـر و اخـلاق اسـلامی کار بگیریـم.

الها پروردگارا !
از مـن حقیـر و فقیـر و سـراپا تقصیرقبـول کـن و مـن را در جملـهٔ صالحیـن و شـاکرین و صدیقیـن در روز حشـر قـرار ده و در آخـرت شـرمنده نسـاز. بـه تـو ایمـان داریـم، بـه آیاتـی کـه بـرای سـعادت مـا نـازل کـردی ایمـان داریـم، بـه پیامبرانـی کـه بـرای رهنمایـی مـا فرسـتادی ایمـان داریـم، بـه روز آخـرت و بازپـرس ایمـان داریـم. پـروردگارا از گناهـان مـا درگـذر و بـه غفـوری و رحیمـی بـی انتهایـت مـا را مـورد عفـوه قـرارده. آمیـن

ختم شش جزء اول به تاریخ
یازدهم ماه مبارک رمضان ۱۴۴۳ هجری قمری
مطابق ۲۳ حمل/فروردین ۱۴۰۱ هجری خورشیدی
مصادف به دوازدهم اپریل ۲۰۲۲ مسیحی